추천의 글

목회자들에게 성경해석법과 강해설교를 가르치고 나면 좋은 주석을 추천해달라는 부탁을 종종 받곤 한다. 그런 질문을 받으면 마음이 아팠다. 왜냐하면 우리말로 번역된 주석 가운데 선뜻 추천할 만한 것이 떠오르지 않았기 때문이다. 그런데 이번에 디모데를 통해 『존더반 신약주석』이 번역된다는 소식을 듣고 여간 기쁘지 않았다. 이 주석 시리즈야말로 목회자들을 위한 최고의 주석 중 하나가 될 것이기 때문이다.

그동안 여타의 주석들은 매우 학문적이거나 아니면 지나치게 적용에만 치우친 것으로 그 종류가 나뉘어 설교자들은 여러 권의 주석을 한꺼번에 참조해야 했다. 또한 그것을 다시 종합하는 쉽지 않은 과정을 거쳐야 했다. 시간에 쫓기는 목회자에게 이러한 작업은 결코 쉽지 않은 것이다.

『존더반 신약주석』은 성경 각각의 구절을 어느 학문적 주석 못지않게 깊고 정확하게 연구해놓았을 뿐만 아니라, 그 연구 결과를 바탕으로 신학적 진리를 알기 쉽게 추출해놓았다. 책에서는 '석의적 개요'라고 지칭했지만 실제로는 '강해적 개요'에 가깝게 본문의 의미를 잘 강해해놓아 설교자가 곧바로 그 개요를 자신의 설교에 사용할 수 있도록 배려하였다. 거기에 더하여 따로 부문을 할애해 적용까지 충실하게 다루어주었다.

설교자가 반드시 알아야 할 전후 문맥을 잘 연구해놓은 것과 본문의 흐름을 명확하게 알 수 있도록 도표로 본문을 배열해놓은 점 그리고 헬라어에 능숙하지 않아도 충분히 의미를 이해할 수 있도록 배려한 점이 돋보인다. 만일 어느 설교자가 현존하는 우리말 주석 가운데 오직 한 권만 구입해야 한다면 나는 이 주석 시리즈가 될 것이라 확신한다. 신약을 깊고 올바르게 설교하려는 모든 설교자에게 이 시리즈를 추천한다. 설교자라면 반드시 서재에 비치하고 두고두고 보아야 할 주석이다.

박정근 _ 부산 영안침례교회 담임목사

나는 사람들과 나의 서가를 공유하는 것을 마다하지 않는다. 어떤 책이든 좋으니 다 꺼내 읽으라고 초대한다. 그럼에도 주석서만큼은 입장을 허용하지 않는다. 그만큼 설교자에게 주석서는 중요하다. 그럼에도 주석서를 탐구하며 말씀을 바르게 전하기 위해 노력하는 것보다 더욱 중요하게 생각하는 것이 있는데, 그것은 바로 하나님의 마음을 앞서지 않도록 머리가 지식으로 가득 차기 전에 멈추는 것이다. 이번에 한국에 소개되는 『존더반 신약주석』은 이런 염려에서 놓여날 수 있도록 해주었던 매우 탁월한 책이다.

주석서들은 보통 단어 해석이 탁월하거나, 배경 설명을 중점으로 하거나, 다양한 해석에 초점이 맞춰져 있는 등 어느 한쪽에 강점이 있기 마련이다. 때문에 준비하는 입장에서는 한 본문을 놓고도 많은 주석서를 참고해야 한다. 하지만 이 책은 관찰, 해석, 적용 이 세 가지 중 어느 하나도 놓치지 않고 있으며, 특히 적용까지 균형을 잃지 않고 담아놓았다. 무엇보다 찾기 쉽고 깔끔한 편집으로 핵심이 무엇인지 한눈에 파악할 수 있도록 배려했다.

통찰력 있지만 단순한 심령에 주님의 마음이 더 잘 담길 수 있다고 생각하는 이들에게 꼭 필요한 단 한 권의 주석서가 무엇인지 묻는다면, 나는 이 책이라고 생각한다. 최소한, 준비의 시작은 이 책이라고 권하고 싶다.

서정인 _ 한국컴패션 대표

교육가로서, 특히 어린이 사역자로서, 또 말씀을 선포하는 설교자로서 주석을 선정하는 기준은 두 가지다. 이 주석은 본문이 의미하는 바를 충분하고 명확한 그림으로 설명해주는가? 이 주석은 그 진리가 오늘 내 문제에 의미하는 바를 볼 수 있도록 분명하게 비추어주는가?

『존더반 신약주석』은 내가 원하는 내 스타일의 주석이다. 보배를 발견한 나의 가슴이 뛴다. 이 주석이 보배인 이유는 다음과 같다.

첫째, 정확한 그림을 보게 해주기 때문이다. 그 본문이 기록된 역사적 배경, 그 본문이 위치한 맥락과 각 단어의 종속관계 등을 면밀하게 살피는 문법적 분석, 성경이 하나님의 말씀이라는 복음주의 신학의 렌즈를 통해 본문이 독자에게 의미하는 바가 무엇인지를 정확히 드러내준다.

둘째, 큰 그림을 보게 해주기 때문이다. 본문을 통해 성경 저자가 말하려는 중심 사상을 한두 문장으로 졸여줌으로써 이 본문을 통해 내가 들어야 할 성령의 음성을 정확하게 붙들 수 있도록 도와준다.

셋째, 시각적으로 보여주기 때문이다. 성경은 평평한 지면에 검은 잉크로 인쇄되었기 때문에 거기에 사용된 어구의 높낮이나 의미상의 크기가 잘 구분되어 보이지 않는다. 그러나 이 주석은 그것을 입체적으로 시각화해주고 있다. 각 본문의 '번역' 부분은 헬라어의 문법적 구조에 따라 각 단어나 구가 어떻게 연결되고 종속되는지를 보여주는 멋진 그림이다.

단어나 문장의 위치를 통해 그리고 주동사 문장을 굵은 폰트로 강조함으로써, 한눈에 보아도 저자가 말하려는 중심 의도가 강조되고 있다.

넷째, 어떻게 적용해야 할지를 보여주기 때문이다. 성경을 연구하는 이유는 지적 유희를 위해서가 아니다. 그것은 순종하기 위해서다. 바른 진리를 알아야 하는 이유는 바른 삶을 살기 위해서다. 이 주석은 양쪽 언덕을 확고하게 이어주는 다리처럼 우리가 발견한 진리가 어떻게 우리 삶과 연결되는지까지 친절하게 연결해주고 있다. 더욱이 설교 구성이 서툰 설교자나 교사가 자신의 회중이나 학생들의 필요에 맞게 약간 조정만 하면 한 편의 설교안이나 교안이 될 개요까지 친절하게 제공해주고 있다.

『존더반 신약주석』을 통해 한국교회에 말씀의 능력으로 힘을 얻는 축복이 임하길 기대하며 기도한다.

양승헌 _ 세대로교회 담임목사, 파이디온 공동설립자 및 전(前) 대표,
한국해외선교회(GMF) 이사장

『존더반 신약주석』은 하나님이 본문에서 의도하신 뜻을 정확하게 찾아내 청중에게 전달하기 위해 본문을 진지하게 공부하는 이들에게 진정 복음과 같다. 이 시리즈는 주석이 갖추어야 할 모든 요소를 포함하고 있는 탁월한 석의적 주석이다. 철저한 단어 연구, 문법적 세부 사항, 역사적, 문화적 배경, 전후 문맥, 본문 비평적 문제 등의 연구를 통해 본문의 의미를 정확하게 설명하고 있다. 뿐만 아니라 중요한 해석적 쟁점들을 최고의 복음주의 학자들과 최근의 학문적 연구들을 기초로 하여 균형을 추구하면서 본문이 의도하는 뜻을 찾기 위해 최대한의 노력을 기울인다.

주석의 구조 또한 명료하다. 각 장마다 저자가 사고하는 연결성을 강조하는 전후 문맥으로 시작하여 본문의 전체 흐름을 한눈에 볼 수 있는 도해 그리고 본문의 메인 아이디어(주요 개념), 본문의 사고의 흐름을 볼 수 있는 석의적 개요, 세부적인 본문 설명 그리고 적용에서의 신학으로 장을 마치는 자연스러운 구조로 지루하지 않게 본문의 내용을 따라가게 한다. 특히 각 장의 마지막 부분에서 다루는 '적용에서의 신학'은 현 시대를 살아가는 청중에게 본문의 핵심 메시지를 삶에 실제로 적용할 수 있게 다룸으로써 언제나 적용을 고민해야 하는 설교자들에게 큰 유익이 된다.

『존더반 신약주석』은 하나님의 말씀을 정확하고 올바르게 전하기를 소원하는 성경교사나 설교자가 절대로 놓쳐서는 안 될 귀중한 자산이 될 것이다. 정확하게 해석된 말씀으로 성도를 올바로 세울 때 한국교회가 건강하게 세워질 것을 믿음의 눈으로 바라보며, 모든 설교자에게 탁월한 길잡이가 될 『존더반 신약주석』을 강력하게 추천한다.

이재학 _ 디모데성경연구원 원장

존더반 신약주석

강해로 푸는 갈라디아서

옮긴이 **김석근** 미국 달라스 신학교에서 박사 과정(신약 전공)을 이수하고 현재 성서침례대학원대학교 교수로 가르치고 있다. 역서로는 존더반 신약 주석 시리즈 중 『강해로 푸는 마태복음』(디모데)이 있다.

ZONDERVAN
Exegetical Commentary on the New Testament Galatians

존더반 ZONDERVAN 신약주석
강해로 푸는 갈라디아서

1쇄 인쇄 2017년 6월 27일
1쇄 발행 2017년 7월 10일

지은이 토마스 R. 슈라이너
책임편집 클린턴 E. 아놀드
펴낸이 고종율
옮긴이 김석근

펴낸곳 주) 도서출판 디모데 〈파이디온 선교회 출판 사역 기관〉
등록 2005년 6월 16일 제 319 – 2005 – 24호
주소 서울특별시 서초구 서초대로 141–25(방배동, 세일빌딩)
전화 마케팅실 070) 4018–4141
팩스 마케팅실 031) 902–7795
홈페이지 www.timothybook.com

값 45,000원
ISBN 978–89–388–1614–6 04230
ISBN 978–89–388–1578–1 (세트)

존더반 ZONDERVAN 신약주석

강해로 푸는 갈라디아서

토마스 R. 슈라이너 지음

클린턴 E. 아놀드 책임편집 | 김석근 옮김

나를 기쁨으로 충만하게 해준(딤후 1:4)
다이앤(Diane)에게 이 책을 바칩니다.

차례

시리즈 서론

복되게도 이 세대에는 탁월한 주석이 많다. 어떤 주석은 전문적인 것으로, 평론가들이 제기한 쟁점들을 잘 다룬다. 또 어떤 주석은 단어 용례에 대한 광범위한 정보를 제공하고, 다양한 해석적 문제들에 대한 거의 모든 견해를 나열한다. 또 어떤 주석은 문화적·역사적 배경 지식을 제공하는 데 초점을 맞춘다. 또한 적용을 위한 많은 통찰들을 끄집어내려는 주석도 있다.

문제는 당신이 주석에서 무엇을 찾고 있는가 하는 것이다. 당신이 다음 중 어느 하나에라도 해당된다면 이 주석 시리즈는 당신을 위한 것이다.

- 헬라어를 배웠으며, 자신이 잘 훈련받은 학자라고 생각하지는 않지만 배운 것을 적용하도록 도와줄 주석을 원한다.
- 주석가가 각 본문의 주된 요점으로 제시하는 간결한 한두 문장짜리 진술이 도움이 된다고 생각한다.
- 교회 생활과 관련이 없는 것처럼 보이는 학문적 문제에 얽히지 않으면서 성경에 나오는 말씀을 해석하는 데 도움을 얻고 싶다.
- 각 본문에서 사고의 흐름에 대한 시각적 설명(도해적 표시)을 보고 싶다.
- 원문의 의미를 가능한 명확하게 설명하고 중요한 해석적 쟁점들을 잘 헤쳐나가도록 돕는 견실한 복음주의 학자들의 전문적인 인도를 원한다.
- 본문의 의미를 조명하는 데 도움이 될 만한 최고이자 최근의 학문적 연구 결과와 역사적 정보에서 유익을 얻고 싶다.
- 각 본문에서 수집할 수 있는 핵심적인 신학적 통찰과 이러한 통찰이 오늘날 그리스도인들에게 적절한 것인가에 대한 논의의 요약을 얻기 원한다.

위의 사항들은 이 신약 주석 시리즈의 특징 중 몇 가지만 꼽은 것이다. 이 시리즈에 대한 아이디어는 편집국에서 목사와 교사들이 헬라어 본문에 기초한 주석 시리즈에서 원하는 것이 무엇인지 조사한 후 오랜 시간에 걸쳐 다듬어진 것이다. 이 일에 참여한 사람으로는 필자, 조지 거스리(George H. Guthrie), 윌리엄 마운스(William D. Mounce), 토마스 슈라이너(Thomas

R. Schreiner), 마크 스트라우스(Mark L. Strauss)와 존더반 전체 편집차장 벌린 버브루그(Verlyn Verbrugge)와 전(前) 존더반 원고 검토 편집차장 잭 쿠하섹(Jack Kuhatschek) 등이다. 우리는 또한 교회에 도움이 될 만한 주석 시리즈를 계획하는 과정에서 도움을 받기 위해 목회를 하고 있는 목사, 사역 지도자, 신학교 교수들로 구성된 자문 편집진을 모집했다. 존더반 원고 검토 편집차장 데이비드 프리스(David Frees)가 지금까지 그 과정을 이끌어왔다. 존더반 선임 도서 편집자 카트야 코브렛(Katya Covrett)이 이제 그 과정을 완성까지 이끌어왔으며, 콘스탄틴 캠벨(Constantine R. Campbell)이 위원회에서 섬기고 있다.

이제 각 성경 본문을 다루기 위한 일곱 가지 구성 요소가 포함된 설계도를 보자. 다음은 이 주요 요소들에 대한 간략한 안내다.

문학적 전후 문맥

이 부분에는 본문이 그 책의 광범위한 문학적 전후 문맥 안에서 어떤 역할을 하는지에 대한 간결한 논의가 나온다. 주석가는 그 책에서 앞에 나오는 자료 및 뒤에 나오는 자료와의 연결들을 강조하고, 이 본문의 핵심적 특징들을 관찰한다.

주요 개념

많은 독자는 이것이 이 주석 시리즈에서 대단히 유용한 특징임을 알게 될 것이다. 각 본문에 대해, 주석가는 본문의 큰 개념 혹은 중심 취지를 한두 문장으로 주의 깊게 기술한다.

번역과 도해식 레이아웃

이 시리즈의 또 다른 독특한 특징은 헬라어 본문에 대한 각 주석가의 번역을 도해로 제시한다는 것이다. 이 도해의 목적은 독자들이 본문 안에 나오는 사고의 흐름을 시각화해서 더 잘 이해하도록 돕는 것이다. 번역 자체는 이 주석의 '설명' 부분에서 각 주석가가 내린 해석적 결정들을 반영한다. 다음은 이 책의 구성 방식이다.

1. 구절을 나타내는 숫자 바로 옆에는 성경 본문의 각 절이나 문구의 기능을 나타내는 해석적 분류 표시가 나온다. 본문에서 그에 해당되는 부분은 분류 표시 바로 옆에 배치되었다. 쉽게 이해할 수 있도록 전문적인 특수 용어는 사용하지 않았다.

2. 일반적으로 모든 절(주어와 술어를 포함하는 단어들의 무리)을 별도의 행으로 잡으며, 그것이 어떻게 본문의 주요 주장을 뒷받침하는지 밝힌다(즉, 그것은 언제 행동이 일어났다고, 어떻게 그것이 일어났다고, 혹은 왜 그것이 일어났다고 말하고 있는가). 때로 더 긴 문구나 일련의 항목은 별도의 행으로 놓기도 했다.
3. 종속(혹은 독립)절과 문구들은 들여 써서 그것이 수식하는 단어 바로 밑에 둔다. 이것은 독자들이 본문의 흐름에서 절과 구의 관계의 특질을 더 쉽게 볼 수 있도록 돕는다.
4. 모든 주요 절은 굵은 활자로 되어 있으며, 분명히 알아볼 수 있도록 왼쪽 끝으로 밀어놓았다.
5. 때로 종속되는 말들이 너무 오른쪽에 놓이게 될 때 – 바울의 길고 복잡한 이야기가 종종 그렇듯이! – 이어지는 말들의 위치를 왼쪽으로 옮겨놓았다. 하지만 그렇게 했다는 것을 나타내기 위해 화살표를 사용했다.
6. 우리가 따른 전반적인 과정은 담화 분석 원리 및 이야기 비평(복음서와 사도행전에 대해서는) 원리에서 배운 것이다.

구조

번역 바로 다음에, 주석가는 본문에 나오는 사고의 흐름에 대해 말하고 어떻게 본문에서 각 절의 관계에 관한 해석적 결정들이 이루어졌는지 설명한다.

석의적 개요

상세한 석의적 개요에서는 본문의 전반적 구조를 묘사했다. 이것은 성경을 가르치거나 설교할 때, 본문에 나오는 사고의 흐름을 간결하게 설명할 수 있는 방식을 찾고 있는 사람들에게 특히 도움이 될 것이다.

본문 설명

이 책은 석의적 주석이므로, 본문의 의미를 해석하기 위해 헬라어를 사용한다. 당신의 헬라어가 다소 서툴다 해도(혹은 심지어 어느 정도 제한되어 있다 해도) 너무 염려하지 마라. 모든 헬라어 단어는 우리말 번역 다음에 괄호 안에 인용되어 있다. 우리는 이 주석이 비전문가들에게도 가능한 한 읽기 쉽고 유용한 것이 되도록 최선을 다했다.

이 주석에서 가장 도움을 받을 사람은 대학이나 신학교에서 2년 정도 헬라어 교육을 받은 사람일 것이다. 혹은 한두 학기 정도 중급 문법(Wallace, Porter, Brooks and Winberry 혹은 Dana and Mantey 같은)을 공부한 사람도 포함될 것이다. 저자들은 이 문법서들에 나오는 문법적 용어들을 사용한다. 하지만 본문의 문법에 관한 상세한 사항들은 본문 해석과 관련이 있을 때만 논한다.

본문의 이 부분을 강조하는 것은 의미를 전달하기 위해서다. 주석가들은 단어와 이미지, 문법적 세부 사항, 특정한 개념과 관련된 구약적·유대적 배경, 역사적·문화적 전후 문맥, 중요한 본문 비평적 문제, 표면에 부상하는 다양한 해석적 문제들을 검토한다.

적용에서의 신학

이것 역시 석의 주석 시리즈만의 독특한 특징이다. 우리는 본문이 다양한 세부 사항 속에서 무엇을 의미했는지 묘사하기 위해서뿐 아니라, 또한 그것이 신학적으로 기여하는 바를 성찰하기 위해서도 각 저자에게 이것이 중요하다고 생각했다. 이 부분에서는 본문의 신학적 메시지를 요약한다. 저자들은 본문의 신학을 그 책 안에서 그리고 더 광범위한 성경적–신학적 맥락에서 그것이 차지하는 위치에 비추어 논한다. 마지막으로, 각 주석가들은 본문의 메시지가 오늘날의 교회를 위해 무엇을 말하는지에 대해 몇 가지 제안을 한다. 이 시리즈 각 권 끝부분에는 이 책에서 다룬 신학적 주제 전체에 대한 요약이 나온다.

우리는 이 시리즈가 독자 스스로 신약 본문을 이해하기 위해서뿐 아니라, 하나님의 진리에 굶주린 사람들에게 그 말씀을 가르치고 설교하는 일에도 도움이 되기를 진심으로 바라고 기도한다.

클린턴 E. 아놀드(Clinton E. Arnold), 책임편집자

저자 서문

이 주석서는 특별히 헬라어 본문을 이해하는 데 도움을 얻고자 하는 목사와 학생을 위해 쓰였으며, 갈라디아서에 대한 종합적 주석서로 의도되지는 않았다. 나는 바쁜 목사와 평신도에게 도움을 주기 위해 간략하고 쉬운 주석서를 쓰려고 노력했다. 동시에, 갈라디아서에 대한 경쟁력 있는 견해들과 상호 작용하고자 했으며, 서두와 각주, 문제 구절(예를 들어, 갈 2:16과 3:10-14)에서 그 작업을 했다. 바울에 관한 새 관점의 출현으로 갈라디아서의 의미가 큰 논란을 일으켰다. 바울이 다룬 상황은 무엇이었으며, 갈라디아서에서 어떤 메시지를 전달하는가? 책임 있는 해석자라면 다른 견해들과 상호 교류해야 한다. 특별히, 많은 사람이 갈라디아서에 대한 개혁주의 견해에 질문을 던지기 때문이다. 그래서 나는 다른 견해들과 상호 교류하지 않고 단순히 나의 해석만을 전달할 수 있다고 생각하지 않았다. 일부 사람들이 마르틴 루터와 장 칼뱅을 구식으로 여기는 것을 알지만, 나는 그들의 갈라디아서 해석이 실질적으로 옳으며 그들이 이 편지를 목회에 적용한 것이 오늘날에도 유효하다고 생각한다.

뛰어난 편집장이자 나를 이 시리즈 부주필로 초청한 클린턴 아놀드(Clinton Arnold)에게 감사한다. 이 주석의 초고에 대한 그의 논평은 출판하기에 적합한 원고로 다듬는 데 큰 도움을 주었다. 조지 거스리(George Guthrie)는 도해에 대해 건설적으로 비평해주었다. 바쁜 일정 속에서도 도와준 데 감사한다. 또한 벌린 버브루그(Verlyn Verbrugge)에게 감사한다. 그의 뛰어난 편집 작업 덕분에 이 주석이 출판될 수 있었다.

남침례신학대학원(Southern Baptist Theological Seminary)의 앨버트 몰러 주니어(R. Albert Mohler Jr.) 총장과 신학부 학장 겸 교무행정 선임 부총장 러셀 무어(Russell Moore)에게도 감사한다. 그들은 내가 학문에 힘쓰도록 후원을 아끼지 않았으며 이 주석을 집필할 수 있도록 안식년을 허락해주었다. 나는 참으로 모든 남침례교인에게 빚지고 있다. 그들은 협력 프로그램을 아낌없이 후원하고 있는데 이것이 없었다면 이 주석을 쓸 시간이 없었을 것이다.

오렌 마틴(Oren Martin) 또한 이 주석을 쓰는 데 도움을 주었다. 그는 정기 간행물을 정리해 주고 어떤 일이든 기꺼이 도왔다. 릭 엘징가(Rick Elzinga, 오리건 주 포틀랜드 근교의 목사)에게도 감사한다. 그는 원고를 자세히 읽으며 실수를 지적하고 수정할 부분을 제안해 주었다.

그렉 반코트(Greg Van Court)에게 크게 감사해야 할 것 같다. 나는 이 주석을 쓰면서 인용한 자료들이 앞에서 인용되었는지 계속 추적하지도 않고, 거기에 포함된 것을 체계화하지도 않아 각주와 참고문헌 목록에 중복해서 추가했다. 그렉은 각주와 참고문헌 목록을 분류하고 체계화하는 큰 임무를 수행했으며, 그의 수고 덕분에 많은 시간을 절약할 수 있었다. 또한 그는 정기 간행물을 검색하고, 필요한 양식에 맞추어 도해를 고치고, 내가 요청한 많은 일을 수행했다. 그의 사랑의 수고와 면밀한 작업은 감사하다는 말로는 부족할 것이다.

나의 동료이자 친구인 짐 해밀턴(Jim Hamilton)은 주석 전체를 읽고 귀중한 것을 많이 제안해주었다. 바쁜 일정 속에서도 날카로운 편집적 안목으로 도와준 데 대해 감사한다.

나는 이 주석을 다이앤(Diane)에게 헌정한다. 그녀는 34년 동안 나의 아내이자 친구였다. 그녀가 17살인 나에게 생명의 말씀을 전해준 덕분에 나는 구원의 길로 인도받았다. 자녀들에게 그녀보다 더 좋은 엄마는 없을 것이다. 나의 사역에 보내준 격려와 후원은 말로 표현하기 어렵다. 다이앤을 아는 사람은 모두 그녀가 지닌 종의 마음과 하나님을 향한 철저한 믿음을 증언할 것이다. 빌립보서의 말씀으로 나의 감사를 마치려 한다. "내가 너희를 생각할 때마다 나의 하나님께 감사하며"(빌 1:3).

토마스 R. 슈라이너

2010년 1월

약어표

AB	Anchor Bible
ABD	*Anchor Bible Dictionary*. Edited by D. N. Freedman. 6 vols. New York, 1992.
Abraham	*On the Life of Abraham* (Philo)
ABR	*Australian Biblical Review*
Ag. Ap.	*Against Apion* (Josephus)
AGJU	Arbeiten zur Geschichte des antiken Judentums und des Urchristentums
Alleg. Interp.	*Allegorical Interpretation* (Philo)
AnBib	Analecta biblica
Ant.	*Jewish Antiquities* (Josephus)
ANTC	Abingdon New Testament Commentaries
ASV	American Standard Version
2 Bar.	*2 Baruch (Syriac Apocalypse)*
BBR	*Bulletin for Biblical Research*
BDAG	Bauer, W., F. W. Danker, W. F. Arndt, and F. W. Gingrich. *Greek-English Lexicon of the New Testament and Other Early Christian Literature*. 3rd ed. Chicago, 2000.
BDF	Blass, F., A. Debrunner, and R. W. Funk. *A Greek Grammar of the New Testament and Other Early Christian Literature*. Chicago, 1961.
BECNT	Baker Exegetical Commentary on the New Testament
BETL	Bibliotheca ephemeridum theologicarum lovaniensium
BEvT	Beiträge zur evangelischen Theologie
Bib	*Biblica*
Bib. Ant.	*Liber antiquitatum biblicarum* (Pseudo-Philo)
BIS	Biblical Interpretation Series
BJRL	*Bulletin of the John Rylands University Library of Manchester*
BNTC	Black's New Testament Commentaries
BSac	*Bibliotheca sacra*
BT	*The Bible Translator*
CBQ	*Catholic Biblical Quarterly*

CC	Continental Commentaries
Creation	*On the Creation of the World* (Philo)
CRINT	Compendia rerum iudaicarum ad Novum Testamentum
CTJ	*Calvin Theological Journal*
CurrBR	*Currents in Biblical Research*
Decalogue	*On the Decalogue* (Philo)
DPL	*Dictionary of Paul and His Letters*. Edited by G. F. Hawthorne, R. P. Martin, and D. G. Reid. Downers Grove, IL, 1993.
Dreams	*On Dreams* (Philo)
Eccl. Hist.	*Ecclesiastical History* (Eusebius)
EIN	Einheitsübersetzung-KBA (1980)
ELO	Unrevidierte Elberfelder (1905)
1 En.	*1 Enoch (Ethiopic Apocalypse)*
2 En.	*2 Enoch (Slavonic Apocalypse)*
ESV	English Standard Version
ETL	*Ephemerides theologicae lovanienses*
EvJ	*Evangelical Journal*
EvQ	*Evangelical Quarterly*
ExpTim	*Expository Times*
FBJ	French Bible Jerusalem
GNV	Good News Version
GTJ	*Grace Theological Journal*
HDR	Harvard Dissertations in Religion
HNT	Salkinson-Ginsburg Hebrew New Testament
HNTC	Harper's New Testament Commentaries
HRD	Herder Translation (Revised Version 2005)
HTKNT	Herders theologischer Kommentar zum Neuen Testament
HTR	*Harvard Theological Review*
ICC	International Critical Commentary
Int	*Interpretation*
ISBE	*International Standard Bible Encyclopedia*. Edited by G. W. Bromiley. 4 vols. Grand Rapids, 1979–1988.
IVPNTC	InterVarsity Press New Testament Commentary
JBL	*Journal of Biblical Literature*
JBMW	*Journal of Biblical Manhood and Womanhood*
JETS	*Journal of the Evangelical Theological Society*
JGRChJ	*Journal of Greco-Roman Christianity and Judaism*
Jos. Asen.	*Joseph and Aseneth* (Pseudepigrapha)
JSJ	*Journal for the Study of Judaism in the Persian, Hellenistic, and Roman Periods*
JSJSup	Journal for the Study of Judaism Supplements

JSNT	*Journal for the Study of the New Testament*
JSNTSup	Journal for the Study of the New Testament: Supplement Series
JTS	*Journal of Theological Studies*
Jub.	*Jubilees*
Jud	*Judaica*
J.W.	*Jewish War* (Josephus)
KEK	Kritisch-exegetischer Kommentar über das Neue Testament (Meyer-Kommentar)
KJV	King James Version
Lib. Ed.	*De liberis educandis* (Plutarch)
Life	*The Life* (Josephus)
LNTS	Library of New Testament Studies
LSG	Louis Segond, 1910
LUT	Lutherbibel, 1545
LUO	Lutherbibel, 1912
LXX	Septuagint
m. ʿAbod. Zar.	*ʿAbodah Zarah* (Mishnah)
m. ʾAbot	*ʾAbot* (Mishnah)
m. Demai	*Demai* (Mishnah)
Mem.	*Memorabilia* (Xenophon)
MNTC	Moffatt New Testament Commentary
Moses	*On the Life of Moses* (Philo)
m. Šabb.	*Šabbat* (Mishnah)
MT	Masoretic Text
NA	Nestle-Aland, *Novum Testamentum Graece*
NAC	New American Commentary
NACSBT	New American Commentary Studies in Bible and Theology
NCB	New Century Bible
NDBT	*New Dictionary of Biblical Theology*. Edited by T. Desmond Alexander and Brian S. Rosner. Downers Grove, IL, 2000.
Neot	*Neotestamentica*
NET	NET Bible
NICNT	New International Commentary on the New Testament
NICOT	New International Commentary on the Old Testament
NIDNTT	*New International Dictionary of New Testament Theology*. Edited by C. Brown. 4 vols. Grand Rapids, 1975–1985.
NIGTC	New International Greek Testament Commentary
NIV	New International Version
NIVAC	NIV Application Commentary
NovT	*Novum Testamentum*
NovTSup	Novum Testamentum Supplements

NSBT	New Studies in Biblical Theology
NRSV	New Revised Standard Version
NT	New Testament
NTM	New Testament Monographs
NTS	*New Testament Studies*
OT	Old Testament
Pesiq. Rab.	*Pesiqta Rabbati*
PNTC	Pillar New Testament Commentary
Prelim. Studies	*On the Preliminary Studies* (Philo)
Presb	*Presbyterion*
Pss. Sol.	*Psalms of Solomon*
RelSRev	*Religious Studies Review*
RevExp	*Review and Expositor*
Rhet.	*Rhetoric* (Aristotle)
RSV	Revised Standard Version
SBG	Studies in Biblical Greek
SBJT	*Southern Baptist Journal of Theology*
SBLABib	Society of Biblical Literature Academia Biblica
SBLDS	Society of Biblical Literature Dissertation Series
SBLSP	Society of Biblical Literature Seminar Papers
SBT	Studies in Biblical Theology
SCH	Schlachter Bibel, 2000
SEÅ	*Svensk exegetisk årsbok*
SJT	*Scottish Journal of Theology*
SNTSMS	Society for New Testament Studies Monograph Series
Spec. Laws	*On the Special Laws* (Philo)
SR	*Studies in Religion*
ST	*Studia theologica*
TBei	*Theologische Beiträge*
T. Benj.	*Testament of Benjamin*
TDNT	*Theological Dictionary of the New Testament.* Edited by G. Kittel and G. Friedrich. Translated by G. W. Bromiley. 10 vols. Grand Rapids, 1964–1976.
Tg. Onq.	*Targum Onqelos*
Tg. Ps.-J.	*Targum Pseudo-Jonathan*
THKNT	Theologischer Handkommentar zum Neuen Testament
T. Isaac	*Testament of Isaac*
TJ	*Trinity Journal*
T. Jud.	*Testament of Judah*
T. Reu.	*Testament of Reuben*
T. Sol.	*Testament of Solomon*

TynBul	*Tyndale Bulletin*
WBC	Word Biblical Commentary
WTJ	*Westminster Theological Journal*
WUNT	Wissenschaftliche Untersuchungen zum Neuen Testament
ZNW	*Zeitschrift für die neutestamentliche Wissenschaft und die Kunde der älteren Kirche*
ZTK	*Zeitschrift für Theologie und Kirche*

갈라디아서 서론

마르틴 루터는 다음과 같이 갈라디아서와 예수님의 가르침(마 5:3)을 잘 포착했다.

> 따라서 하나님은 버려진 자만 받아들이고, 병자만 고치며, 눈먼 자만 눈뜨게 하고, 죽은 자만 살리고, 죄인의 죄만 씻으며, 지혜 없는 어리석은 자에게만 지혜를 주신다. 요컨대 그분은 비천한 자에게만 자비를 베풀고, 은혜 안에 거하지 않은 자에게만 은혜를 주신다. 따라서 교만한 성도와 지혜롭거나 의로운 사람은 하나님이 일하시는 대상이 될 수 없으며, 그들 안에서 하나님의 목적이 성취될 수 없다. 그들은 자신의 행위에 머물러 있으며, 스스로 거짓의, 가장하는, 인공의, 공허한 성도, 즉 위선자가 된다.[1]

놀랍게도 고든 피(Gordon Fee)는 전혀 다른 관점을 제시한다. 그는 사람들이 "종교개혁이 일어나지 않은 것처럼" 갈라디아서를 읽도록 돕는 것이 자신의 목표라고 말한다.[2] 피가 본문을 그 자체로 읽으려 한다는 점에서 그의 목표는 칭찬할 만하다. 하지만 이것은 매우 순진하면서도 역사를 고려하지 않은 생각이다. 그가 중립적 관찰자로서 교회의 역사와 별개로 갈라디아서를 읽을 수 있는 것처럼 가장하기 때문이다. 종교개혁을 변호하기 위해 갈라디아서를 읽어야 한다고 제안하는 것이 아니다. 종교개혁의 일부 강조점들이 바르지 않을 수 있다는 점을 부정하는 것도 아니다. 하지만 종교개혁이 일어나지 않은 것처럼 갈라디아서를 읽을 수 없다는 사실을 알아야 한다. 그런 식으로 갈라디아서를 읽기에는 5백 년이나 늦었다. 또한 우리는 20세기가 아직 오지 않은 것처럼, 혹은 이그나티우스, 이레나이우스, 아우구스티누스, 안셈, 아퀴나스 등의 저작을 제쳐놓고 갈라디아서를 읽을 수 없다. 종교개혁의 강조점들이 옳은지 그른지(나는 옳다고 주장할 것이다) 고려할 수는 있지만, 우리가 갈라디아서의 첫 번째 독자인 것처럼 읽을 수는 없다.

---

1. Martin Luther, "The Seven Penitential Psalms", trans. by Arnold Guebert, in Selected *Psalms III from Luther's Works*(ed. Jaroslav Pelikan; St. Louis: Concordia, 1958), 14:163.

2. Gordon D. Fee, *Galatians*(Pentecostal Commentary Series; Dorset: Deo, 2007), 1.

바울은 이 편지에서 복음을 위해 싸우고 있으며, 이 말씀은 오늘날 우리에게도 여전히 유효하다. 갈라디아서에서는 그리스도인의 삶을 위한 중요한 문제들이 다뤄진다. 바울은 복음의 핵심을 분석한다. 우리는 믿음으로 의롭다 함을 받는 것의 의미와 중요성을 이해한다. 루터가 이것을 가리켜 교회를 서고 넘어지게 하는 조항이라고 주장한 것은 옳았다. 사람이 거룩하신 하나님 앞에서 어떻게 죽음을 면할 수 있는가? 바울은 갈라디아서에서 그 질문에 답한다.

예수 그리스도 또한 갈라디아서에서 중심이 되신다. 우리는 예수님이 온전한 하나님이시기에 경배를 받으셔야 한다는 것을 보게 될 것이다. 그리고 이 편지에서는 그리스도의 십자가가 근본적인 역할을 한다. 십자가 없이 누구도 의롭다 함을 얻지 못하기 때문이다. 신자가 하나님께 받아들여지는 이유는 그가 받아야 할 저주를 그리스도가 십자가에서 담당하시고 죽음과 부활을 통해 죄의 권세에서 우리를 해방하셨기 때문이다.

또한 바울은 신자의 삶에 활동하는 성령의 능력을 강조한다. 우리는 그리스도인으로서 오직 성령을 의지함으로 하나님을 기쁘시게 할 수 있기 때문이다. 그리스도인의 삶은 자율성이나 자신의 노력이 아닌 성령을 의지하여 사는 것이다. 그리고 바울은 그리스도인의 삶에서 율법이 맡은 역할을 설명한다. 우리는 이를 통해 옛 언약과 새 언약, 율법과 복음, 옛 시대와 다가올 시대 사이의 관계를 더 분명히 이해할 수 있다. 갈라디아서는 구원론에 집중하는 동시에 죄의 특성을 말한다. 이로써 우리는 예수 그리스도의 죽음이 절대적으로 중요한 이유를 더욱 명확하게 이해할 수 있다. 단순히 학문적인 활동으로 갈라디아서를 읽어서는 안 된다. 그 안에서 바울이 선포하는 복음은 주님이 교회를 부흥시키시는 데 종종 사용되었다. 우리는 복음에 대한 바울의 열정을 통해 삶과 죽음의 문제가 복음에 달려 있음을 보게 된다.

저자

바울이 갈라디아서를 썼는지에 대해 중대한 학문적 논쟁은 없다.[3] 사실 갈라디아서는 전형적인 바울 서신으로 알려져 있다. 따라서 나는 더 이상 변론하지 않고 갈라디아서의 저자가 바울이라고 가정할 것이다.

---

3. 갈라디아서 해석에 관한 역사를 이해하는 데 도움이 되는 책으로 John Riches, *Galatians through the Centuries*(Blackwell Bible Commentaries; Oxford: Blackwell, 2008)를 보라.

4. Ben Witherington III, *Grace in Galatia: A Commentary on Paul's Letter to the Galatians*(Grand Rapids: Eerdmans, 1988), 2–3.

5. 같은 책, 5.

독자

갈라디아서의 수신지는 남갈라디아인가, 아니면 북갈라디아인가? 왜 그것이 중요한가? 먼저 이 편지의 수신지가 본문의 해석을 근본적으로 변화시키지 않는다고 말할 필요가 있다. 수신자가 차이를 일으키는 부분은 역사와 관련되어 있다. 편지의 수신지는 갈라디아서와 사도행전을 연결하는 방식을 결정한다. 예를 들어, 바울이 베드로에 맞선 사건(갈 2:11-14)은 사도행전 15장의 사도의 공회 전에 일어났는가(남갈라디아설을 지지하는 대부분의 사람들), 아니면 후에 일어났는가(북갈라디아설)? 그러므로 수신지는 해석에 어느 정도 영향을 미친다. 바울은 갈라디아서에서 예루살렘 방문 중 어떤 것을 언급하지 않는가(뒤의 자세한 설명을 참고하라)? 우리는 바울의 예루살렘 방문과 그에 관한 사도행전의 기록을 어떻게 연결하는가? 이 문제가 어느 정도 중요한 이유는 우리가 역사적인 믿음을 지니고 있으며 성경 역사에서 일어난 사건들이 중요하다고 믿기 때문이다. 하지만 이 문제의 중요성을 과장해서는 안 된다. 몇몇 독자는 다음 부분으로 건너뛰어 이 편지가 쓰인 상황을 살펴보기 원할 것이다.

갈라디아는 주전 25년에 로마 지구로 편입되었다. 이 지구에는 다양한 종족 출신의 사람들이 살았는데, 주전 278년에 소아시아로 이주했던 '켈트족'(Celt) 혹은 '갈라디아인'이 포함되어 있었다.[4] 바울 당시 이 지구는 북쪽의 흑해에서부터 남쪽의 지중해에 이르는 넓은 지역이었다. 그런데 시간이 흐르며 이 지구는 변화되었다. "주후 74년 베스파시아누스(Vespasian)는 비시디아(Pisidia)의 거의 모든 지역을 갈라디아에서 분리했으며, 주후 137년경 갈라디아의 루가오니아(Lycaonia)가 분리되어 길리기아(Cilicia)의 확장된 식민지가 되었다. 주후 297년 남부 갈라디아는 주변 지역에 연합되어 비시디아의 새로운 식민지를 형성했으며, 그 수도는 안디옥이었다."[5]

고대 교회사의 주석가들이 갈라디아서가 후기 로마 역사에 존재했던 지역으로 보내졌다고 자연스럽게 생각했기 때문에, 거의 모든 학자는 갈라디아서가 그 지구의 북쪽에 살았던 종족적 갈라디아 사람들에게 쓰여졌다고 믿었다. 하지만 20세기에 이르러 윌리엄 램지(William Ramsey)를 비롯한 여러 사람의 연구는 학자들이 갈라디아서의 수신지를 재검토하도록 자극했다. 바울 당시 갈라디아 지역의 크기가 알려졌기 때문이다. 따라서 지난 세기 동안 수신자가 누구인가를 두고 열띤 논쟁이 벌어졌다.

북갈라디아설은 이 편지가 갈라디아 지구 북쪽에 위치한 종족적 갈라디아인들에게 보내졌다고 주장한다.[6] 필립 에슬러(Philip Esler)의 말대로 북갈라디아설은 "종족적" 갈라디아로 묘사될 수 있다. 이 견해에 따르면 갈라디아서는 종족적으로 갈라디아인에게 보내졌기 때문이다.[7] 남갈라디아설은 이 편지가 사도행전 13-14장에 기록된 바울의 첫 번째 선교여행 방문 도

6. 독일 신약 학자들만이 이 견해를 받아들이는 것은 아니지만, 이것은 그들 대다수의 견해다. 예를 들어, Hans Dieter Betz, *Galatians: A Commentary on Paul's Letter to the Churches in Galatia*(Hermeneeia; Philadelphia: Fortress, 1979), 1-5.

7. Philip F. Esler, *Galatians*(New York/London: Routledge, 1998), 32. Esler는 북갈라디아설을 지지한다(32-36).

시들로 보내졌다고 주장한다.[8] 이 편지의 수신지를 자세하게 논하는 것은 본 주석서의 목적이 아니지만, 두 견해와 관련된 몇몇 주요 논증을 제시한 뒤 남갈라디아설의 가능성이 더 크다고 주장할 것이다. 북갈라디아설을 받아들이든 남갈라디아설을 받아들이든, 이 편지의 해석에는 크게 영향을 미치지 않는다.[9] 그런데 이 편지의 수신지에 대한 견해는 바울의 연대기와 밀접하게 관련되어 있다.

북갈라디아설에 대한 논증

먼저 북갈라디아설을 지지하는 논증으로 시작한 뒤 남갈라디아설을 지지하는 사람들의 반대 논증을 언급할 것이다.

(1) 라이트풋(J. B. Lightfoot)은 우리가 갈리아인(Gauls)에 대해 알고 있는 것처럼 그들의 변덕스럽고 미신적인 기질이 갈라디아 사람의 기질과 일치한다고 주장함으로써 북갈라디아설을 지지한다.[10] 갈리아 사람만 변덕스럽고 미신적인 것이 아니기 때문에 이러한 논증은 거의 설득력이 없다.[11]

(2) 사도행전 16:6과 18:23은 북갈라디아를 언급하는 것처럼 보인다. 이 두 방문은 갈라디아서 4:13과 일치한다. 여기에서 바울은 "처음에[이전에]"(πρότερον) 병들었을 때 갈라디아 사람들에게 복음을 전했다고 말한다. 그때 바울이 갈라디아를 처음으로 방문했다면 이후에 재차 갈라디아를 방문한 것이며, 이것은 사도행전 16:6과 18:23에 일치한다. 하지만 이러한 논증은 확고하지 않다. 사도행전 16:6은 새 교회를 세우는 일을 전혀 언급하지 않으며, 헬라어 단어는 "처음에"로 번역할 수 있지만 반드시 두 번의 방문을 암시하지 않는다. 또한 두 번 방문했다고 하더라도 바울은 사도행전 13-14장에서 자신이 왔던 길을 되돌아갔을 때를 두 번째 방문으로 생각했을 것이다.[12] 마지막으로, 사도행전 16:6의 "브루기아[땅]"라는 단어는 형용사로서 바울이 여행했던 갈라디아의 일부를 뜻하는 것으로 보이며, 사도행전 18:23은 바울이 아시아의 남부 갈라디아와 브루기아를 여행한 것을 묘사한다.[13]

---

8. 남갈라디아 수신지를 지지하는 논증으로 다음을 보라. Rainer Riesner, *Paul's Early Period: Chronology, Mission Strategy, Theology*(trans. Doug Scott; Grand Rapids: Eerdmans, 1998), 286-91; F. F. Bruce, The Epistle to the Galatians: *A Commentary on the Greek Text*(NIGNT; Grand Rapids: Eerdmans, 1982), 43-56; Richard N. Longenecker, *Galatians*(WBC; Dallas: Word, 1990), lxiii-lxxxvii; Colin J. Hemer, *The Book of Acts in the Setting of Hellenistic History*(WUNT 49; Tübingen: Mohr Siebeck, 1989), 247-51, 277-307; Stephen Mitchell, *The Rise of the Church*(vol. 2 of *Anatolia: Land, Men, and God in Asia Minor;* Oxford: Clarendon, 1993), 1-5; Cilliers Breytenbach, *Paulus und Barnabas in der Provinz Galatien: Studien zu Apostelgeschichte 13f.; 16,6; 18,23 und den Adressaten des Galaterbriefes*(AGJU; Leiden: Brill, 1996), 99-173; Richard Bauckham, "James, Peter, and the Gentiles", in *The Missions of James, Peter, and Paul: Tension in Early Christianity*(ed. Bruce Chilton and Craig Evans; NovTSup 115; Leiden: Brill, 2005), 135-36; James M. Scott, *Paul and Nations: The Old Testament and Jewish Background of Paul's Mission to the Nations with Special Reference to the Destination of Galatians*(WUNT 84; Tübingen: Mohr Siebeck, 1995), 181-215. 하지만 나라들의 표에 대한 Scott의 호소는 설득력이 없다. Scott에 대한 비판은 Eckhard J. Schnabel, *Jesus and the Twelve*(vol. 1 of *Early Christian Mission;* Downers Grove, IL: IVP, 2004), 498-99; 같은 저자, *Paul and the Early Church*(vol. 1 of Early Christian Mission; Downers Grove, IL: IVP, 2004), 1298-99를 보라.

9. 몇몇 학자는 북갈라디아 수신지를 지지하지만, 동시에 편지의 역사적인 정확성을 변호한다. 예를 들어, Lightfoot(다음 각주를 보

(3) 누가가 사도행전 13-14장에서 바울이 방문한 교회를 갈라디아 교회라고 명시하지 않는 것을 주목해야 한다. 그런데 우리는 여기서 주의해야 한다. 누가가 사용한 용어가 반드시 바울의 용어와 같을 필요가 없기 때문이다. 이 문제는 복잡해서 간단하게 해결할 수 없지만, 바울은 일반적으로 로마 지구(식민지)를 가리키는 반면, 누가는 그 지구의 종족을 가리킨다.[14]

(4) 바울이 남갈라디아 지역 사람들에게 "갈라디아 사람들"이라는 말을 사용하지 않았으리라 보는 이유는 그들이 종족적으로 "갈라디아 사람들"이 아니었기 때문이다.[15] 종족적 갈라디아인은 북쪽에 살았던 갈리아인이었으며, 세속적인 작가들은 보통 북쪽 갈라디아 사람들을 가리켜 "갈라디아인들"이라는 단어를 사용한다. 하지만 갈라디아 지구에 사는 여러 종족 출신의 사람들에게 바울이 달리 어떤 단어를 사용할 수 있었겠는가?[16] "갈라디아 사람들"만이 그들을 모두 포함하는 포괄적 단어였을 것이다.

(5) 바울이 첫 번째 여행에서 세운 교회들을 "갈라디아인들"이라고 불렀다면, 갈라디아서 1:21처럼 "그 후에 내가 수리아와 길리기아 지방에 이르렀으나"라고 쓰는 대신 '그 후에 내가 수리아와 길리기아에, 그리고 너희에게 이르렀으나'라고 썼을 것이다. 하지만 이러한 주장은 1:21이 첫 번째 선교여행이 아니라 사도행전 9:30과 11:25 사이의 기간을 가리키는 것을 인식하지 못했다.[17]

(6) 북갈라디아설을 지지하는 가장 강력한 논증 중 하나는 사도행전 15장과 갈라디아서 2:1-10의 관계다. 북갈라디아설을 지지하는 사람들은 사도행전 15장이 갈라디아서 2:1-10과 같은 사건을 가리킨다고 주장한다. 이 견해를 따르면 바울이 예루살렘을 방문한 시간적 순서는 다음과 같다. (a) 사도행전 9:26-28 = 갈라디아서 1:18, (b) 사도행전 11:30, 12:25은 갈라디아서에서 건너뜀, (c) 사도행전 15:1-35 = 갈라디아서 2:1-10.[18] 사도행전 15장과 갈라디아서 2:1-10을 동일시하는 논증은 상당히 인상적이다. 첫째, 두 본문의 주제는 동일하게 할례다. 둘째, 장소도 예루살렘으로 동일하다. 셋째, 인물도 야고보, 베드로, 요한, 바울, 바나바로 동일하다. 넷째, 할례를 요구하지 않기로 한 결정도 동일하다.[19] 이 주장에 대한 대답은 뒤에서 설명할 것이다.

라); J. Gresham Machen, *Machen's Notes on Galatians: Notes on Biblical Exposition and Other Aids to Interpretation of the Epistle to the Galatians from the Writings of J. Gresham Machen*(ed. John H. Skilton; Nutley, NJ: Presbyterian and Reformed, 1977), 22-26을 보라.

10. J. B. Lightfoot, *The Epistle of St. Paul to the Galatians with Introductions, Notes and Dissertations*(repr.; Grand Rapids: Zondervan, 1957), 4, 12-15.

11. Bruce, *Galatians,* 8에서도 동일하게 주장한다.

12. 같은 책, 44.

13. 참고. Bruce, *Galatians,* 11-13; Hemer, The *Book of Acts in the Setting of Hellenistic History,* 280-85; Witherington, *Galatians,* 6.

14. 참고. Bruce, *Galatians,* 15; Riesner, Paul's *Early Period,* 289.

15. J. Louis Martyn, *Galatians: A New Translation with Introduction and Commentary*(AB; New York: Doubleday, 1997), 16에서도 동일하게 설명한다.

16. Bruce, *Galatians,* 16; Riesner, *Paul's Early Period,* 287-88; Hemer, *The Book of Acts in the Setting of Hellenistic History,* 290-305에서도 동일하게 말한다.

17. Bruce, Galatians, 15-16; Schnabel, *Paul and the Early Church,* 1077에서도 동일하게 설명한다.

18. 다른 학자들은 사도행전의 이야기가 역사적으로 신빙성이 없다고 주장한다. 이러한 견해에 대한 대답으로 Hemer, *The Book of Acts in the Setting of Hellenistic History*를 보라.

19. Lightfoot, *Galatians,* 123-28을 보라.

(7) 바울은 갈라디아서 2:1-10에서 자신이 바나바와 함께한 선교 팀의 지도자였음을 보여준다. 하지만 갈라디아서 2:1-10이 사도행전 11:27-30, 12:25과 동일하다면(남갈라디아설 지지자들이 대부분 주장하듯),[20] 갈라디아서 2:1-10은 첫 번째 선교여행 전에 일어났다. 누가는 첫 번째 선교여행 초반부에 지속적으로 바나바를 바울 앞에 열거하는데(행 13장), 이는 당시 바나바가 지도자였음을 암시한다. 그런데 남갈라디아설의 견해가 옳다면 갈라디아서 2:1-10에서 바나바가 바울 앞에 열거되어야 한다. 따라서 2:1-10에서 바울을 먼저 언급하는 것은 그가 팀의 지도자임을 암시하며, 이는 2:1-10이 첫 번째 선교여행 후의 사건임을 반영한다(북갈라디아설 지지자들의 주장이다).[21] 하지만 이 주장은 설득력이 없다. 바울은 자연스럽게 자신의 관점에서 예루살렘 방문을 전하고 있으며, 이것이 바울이 주도적 인물이 되는 원인이 되기 때문이다.

(8) 갈라디아서 2:1-10에 의하면 바울은 사도로 인식된다. 그런데 남갈라디아설이 옳다면 바울은 무엇을 근거로 사도로 인정되었는가? 일반적인 남갈라디아설은 바울이 아직 첫 번째 선교여행에 오르지 않았다고 보기 때문이다. 누군가가 이방인들을 위한 사도라고 불렸다면, 그는 바울이 아니라 바나바였을 것이다(남갈라디아설이 옳다면). 북갈라디아가 수신지임을 지지하는 자들은 이미 첫 번째 선교여행이 있었고(행 13-14장) 갈라디아서 2:1-10과 사도행전 15:1-35이 동일하다면, 바울이 사도로 인정받는 것이 충분히 이해된다고 지적한다.[22] 하지만 남갈라디아설 지지자에게는 훌륭한 반론이 있다. 갈라디아서 2:1-10에서 바울의 사도직을 인정하는 것이 놀랍지 않은 이유는 그가 다소에 있는 동안 선교 사역을 했으리라 추측되기 때문이다. 어쨌든 바울과 바나바는 1년간 안디옥에서 이방인들 사이에서 함께 섬겼으며, 바울은 그곳에서 행한 사역에 근거하여 사도로 인정되었을 수 있다.

(9) 북갈라디아설 지지자들은 갈라디아서와 로마서의 주제가 유사하다는 사실이 두 서신서가 거의 비슷한 시기에 쓰였음을 암시한다고 말한다. 갈라디아서의 수신지가 북갈라디아였다면 갈라디아서는 주후 50-57년 사이에, 로마서는 아마도 주후 55-57년 사이에 쓰였을 것이기 때문에 둘의 저작 연대는 매우 근접하다. 그러나 주제의 유사성에 근거하여 저작 연대를 결정하는 것은 확실한 방법이 아니다. 게다가 갈라디아서와 로마서에는 몇몇 중요한 차이가 있다. 따라서 내용의 유사성에 근거하여 시기를 정하는 것은 독단적이다. 더욱이 서신서들의 내용이 상당히 중복된다고 하더라도 그것을 근거로 저작 연대를 확정할 수 없다. 우리는 단순히 바울이 편지를 쓴 10-15년 동안 율법에 관한 신학이 변동되지 않았다고 주장할 수 있다.[23] 우리는 모두 20-30 년 동안 견해가 크게 변하지 않은 사람들을 알고 있다. 특히 바울이 신약 정경에 포함된 첫 번째 편지를 쓰기 전까지 15년 이상 선교사로 일한 것을 고려하면, 바울도 마찬가지였다는 것을 의심할 이유가 없다.

---

20. R. Longenecker, *Galatians,* lxxvii-lxxxiii; Schnabel, *Paul and the Early Church,* 987-1003을 보라.

21. Robert H. Stein, "The Relationship of Galatians 2:1-10 and Acts 15:1-35: Two Neglected Arguments", *JETS* 17(1974): 241-42에서도 동일하게 설명한다.

22. 같은 책, 242.

(10) 교회사 전반에 걸쳐 학자들은 대부분 이 서신서가 북갈라디아로 보내졌다고 주장했다. 주후 74년에 남갈라디아가 북갈라디아와 분리되어 비시디아에 통합된 사실을 알게 되면 이런 주장은 크게 설득력을 잃는다. 후대 사람들은 바울이 갈라디아서를 썼을 당시 남갈라디아와 북갈라디아가 같은 지구에 속했던 것을 몰랐기 때문에 역사적으로 북갈라디아설이 지배적이었을 수 있다.

남갈라디아설에 대한 논증

나는 남갈라디아설을 선호하지만, 그것을 지지하는 논증은 의심을 제거하기에 충분히 분명하지 않다. 우리는 여기서 역사적 과업에 내재된 불분명함이라는 특성을 상기하게 된다. 확고한 결론에 이르게 하는 충분한 정보가 없기 때문이다. 바울이 남갈라디아로 편지를 보냈다면, 그는 사도행전 13–14장에 기록된, 자신이 복음을 전했던 교회들에 편지를 썼을 것이다. 이제 나는 남갈라디아설을 지지하는 몇 가지 논증에 집중하겠지만, 각 논증의 약점도 언급할 것이다.

(1) 일부 사람들은 바울이 헬라어로 썼으며, 그것은 북갈라디아인의 모국어가 아니었다고 말하면서 남갈라디아설을 지지한다. 하지만 헬라어가 그리스-로마 세계의 국제 공통어였기 때문에 이 주장은 강력하지 못하다. 바울이 모든 갈라디아 사람과 소통하기 위해 달리 어떤 언어를 사용할 수 있었겠는가?

(2) 바울은 일반적으로 지리적 사항을 언급할 때 로마 제국의 용어를 사용한다. 따라서 "갈라디아"는 갈라디아라는 로마 식민지를 가리킬 것이다. 이러한 관찰은 사실이기는 하지만 남갈라디아가 수신지임을 입증하지 못한다. 북갈라디아 또한 갈라디아의 일부였기 때문이다.

(3) 사도행전 16:6과 18:23은 북갈라디아에서 교회를 설립했음을 가리키지 않는다. 바울이 북갈라디아에 교회를 세웠을 가능성은 있다. 하지만 그가 남갈라디아에 교회를 세웠다는 것은 모두가 알고 있는 반면, 그가 북갈라디아에 그렇게 했다는 확고한 증거가 없다. 게다가 브루기아에 대한 언급은 단순히 사도행전 16:6에서 바울이 여행했던 종족적 갈라디아 지역을 가리킬 수 있다. 갈라디아와 브루기아 지역에 하나의 관사가 사용된 것이 이 주장을 지지할 수 있다. 어쨌든 사도행전 16:6과 18:23 모두 바울이 북갈라디아로 여행한 것조차 가리키지 않을 수 있다.

(4) 바울은 갈라디아 사람들이 바나바를 개인적으로 아는 것처럼 그를 언급한다(갈 2:13). 우리는 바나바가 바울과 여행하며 남갈라디아에 복음을 전한 것을 알고 있다(행 13–14장).[24] 하지만 바나바가 북갈라디아에 복음을 전했다는 말이 없으므로, 개인적인 언급은 필요 없어

23. 참으로, 바울이 율법에 대한 자신의 견해를 놀랍도록 일찍 개진했다는 주장이 있다. 김세윤, *The Origin of Paul's Gospel*(Grand Rapids: Eerdmans, 1982)을 보라.

24. Riesner, Paul's Early Period, 288–89에서도 그렇게 말한다.

보인다. 하지만 이 주장이 침묵에서 나온 논증임을 인정해야 한다. 고린도전서 9:6에서 바울은 바나바를 언급하지만 바나바가 고린도를 방문했다는 증거는 없다. 바나바가 북갈라디아를 방문했다는 기록은 없지만, 그렇게 했을 가능성도 있다.

(5) 사도행전 20:4은 남갈라디아 교회들이 예루살렘의 가난한 성도들을 위해 모금에 참여했다는 것을 암시하지만(참고. 롬 15:25-28; 고전 16:1-4; 고후 8:1-9:15), 북갈라디아 교회들이 모금에 동참했다는 말은 없다. 하지만 이것도 침묵에서 나온 논증임을 지적할 필요가 있다. 언급되지 않았지만 북갈라디아 교회들이 그렇게 했을 가능성이 있기 때문이다.

(6) 어떤 이들은 루스드라에서 사람들이 바울을 헬라의 신 헤르메스로 여겨 환호하며 열정적으로 영접하였다는 것(행 14:11-18)과 갈라디아서 4:14에서 바울이 "하나님의 천사"로 받아들여졌다고 말한 것을 지적했다. 이것은 확실히 근거가 빈약한 논증이다. 사도행전의 해당 본문에서 사람들은 바울에게서 돌아서서 그를 돌로 쳤기 때문이다! 나아가 바울이 갈라디아 사람들이 자신을 그리스도의 사자로 영접했다고 말하면서 자신이 헬라의 신 헤르메스로 환호받았던 사건을 떠올렸다고 믿기 어렵다. 사도행전은 바울과 바나바가 사람들에게 신으로 환호받았을 때 당황했다고 말한다.

(7) 바울은 주요 도시와 통상로에 전도활동을 집중했는데, 북갈라디아는 이러한 주요 통상로와 멀리 떨어져 있었다. 이러한 논증이 설득력이 떨어지는 이유는 더베와 루스드라가 큰 도시가 아니었으며, 북갈라디아의 앙키라(Ancyra)와 페시누스(Pessinus)는 소아시아에서 가장 중요한 도시에 속했기 때문이다.

(8) 바울에 반대했던 유대인 그리스도인 선교사들은 접근이 어려운 북갈라디아보다 상대적으로 가까운 남갈라디아를 여행했을 가능성이 더 크다.[25] 하지만 바울에게 적대적인 신학을 지지하던 열성적인 자들이 무엇을 했을지 가늠하기는 쉽지 않다. 그들은 북갈라디아도 갈 만큼 자극받을 수 있는 사람들이라는 점을 인정해야 한다.

(9) 갈라디아서에 언급된 베드로의 잘못(2:11-14)이 사도행전 15장의 사도의 공회(주후 48년) 전에 일어났다면 이해가 더 잘 된다.[26] 일부 사람들은 사도행전 15장의 사도의 공회에서 문제가 잘 정리된 후에 베드로가 잘못 행하지 않았으리라고 생각하기 때문이다. 이러한 논증이 어느 정도 이점이 있는 이유는 사도행전 15장의 공회 후에 야고보가 갈라디아 교회로 사자들을 보냈을 것 같지 않기 때문이다. 하지만 역사는 놀라운 일로 가득하며, 역사에서 공식적인 합의가 이루어진 후에도 논쟁이 벌어진 경우가 많다. 게다가 우리는 공식적으로 합의한 후에도

25. 같은 책, 286-87.

26. Schnabel, Paul *and the Early Church,* 1077. Hemer는 49년 초로 생각한다(*Book of Acts in the Setting of Hellenistic History,* 269).

27. 이 견해에 대한 지지는 Schnabel, *Paul and the Early Church,* 987-92를 보라.

28. Bauckham, "James, Peter, and the Gentiles", 136에서 그렇게 말한다.

29. Bauckham은 갈라디아서 2:1-10의 비공식적인 협약이 다시 논쟁으로 발전했다고 지적한다("James, Peter, and the Gentiles", 136-37). 그는 삶의 많은 영역에서 "빈번하게 계속해서 협의되어야 할 논쟁의 여지가 있는 주제에 대한 협약이 이루어졌다"고 말한다(136). 또한 "이방인 신자의 지위와 그들이 유대인 신자들과 맺는 관계와 같이 극도로 중요하고 피할 수 없는 논쟁의 대상이 되는 문제는 오랫동안 정기적으로 되풀이되는 논쟁을 촉발했으며 여러 상황에서 논의되었을 가능성이 매우 크다"(137). 우리는 역사에서 니케아 종

사람은 실수하며 위선적으로 살기 쉽다는 것을 안다.

(10) 디모데를 언급하지 않은 것은 사도행전 16장의 사건 이전에 쓰였음을 가리킬 수 있다. 에베소서와 디도서를 제외한 모든 서신에서 디모데가 언급되기 때문이다. 하지만 이것 역시 침묵에서 나온 논증이다.

(11) 남갈라디아 가설에 대한 강력한 논증 중 하나는, 갈라디아서 1-2장에서 바울이 예루살렘 사도들로부터 독립적임을 증명하기 원했으므로 그가 예루살렘을 방문한 동안 어느 것도 간과하지 않았으리라는 점이다. 만일 그가 하나라도 빠뜨렸다면, 예루살렘 사도들에게 영향받았던 경우를 언급하지 않았다는 책망을 피하기 어려웠을 것이다. 이 경우 갈라디아서 1:18은 사도행전 9:26-28과 동일하며, 갈라디아서 2:1-10은 사도행전 11:27-30과 12:25에 나오는 예루살렘 방문과 일치한다.[27] 이러한 해석을 따르면 사도행전 15:1-35에 기록된 예루살렘 방문은 갈라디아서에서 누락되는데, 바울이 이 편지를 썼을 때 사도행전에서 묘사하는 공회는 아직 일어나지 않았기 때문이다.[28]

앞에서 보았듯, 이러한 시나리오에 대한 가장 심각한 반대는 사도행전 15:1-35과 갈라디아서 2:1-10이 매우 유사하다는 사실이다. 두 모임에서 모두 할례가 논의되었고, 사도들은 이방인들에게 구원을 위해 할례를 요구하지 않기로 결정했다. 동일한 모임이 두 번 열렸을 가능성이 있을까? 남갈라디아설을 변호하는 많은 사람은 갈라디아서 2:1-10의 모임이 사도행전 15장의 공회와 다른 성격의 모임이라고 답한다. 전자는 사적인 모임이며 후자는 공적인 논의라는 것이다.[29] 사도행전에서는 공식적인 토의와 정식 결정을 하는 반면, 갈라디아서에서는 비공식적이며 사적인 판단이 이루어졌다.[30] 나아가 남갈라디아설 지지자들은 사도행전이 말하는 사건이 이미 일어났다면, 바울이 공회에서 결정된 사항을 갈라디아 교회에 진작 알렸을 것이라고 주장한다. 왜 중요한 결정 사항을 갈라디아 사람들에게 알리지 않았겠는가?

우리는 갈라디아서의 수신지를 해독하는 작업에서 얽힌 매듭을 푸는 것이 어려운 일임을 인정해야 한다.[31] 사도행전 15:1-35과 갈라디아서 2:1-10이 같은 모임을 다른 각도에서 기록하고 있을 가능성이 있다. 할례에 대한 논의가 여러 날 동안 혹은 더 오래 지속되었을 수 있고, 갈라디아서와 사도행전은 일어난 일을 요약하여 말하고 있다. 나아가 남갈라디아설을 받아들이면서도 갈라디아 2:1-10과 사도행전 15:1-35이 같은 사건을 가리킨다고 주장할 수 있다.[32] 바울이 예루살렘 방문을 모두 기록하지 않고 다만 사도들과 사적으로 논의한 중요한 방문만 포함시켰다고 주장할 수 있다. 따라서 그는 공적인 장소에서 사도들을 만났던 예루살렘 방문

교 회의가 삼위일체에 대한 논쟁을 끝내지 못했으며, 니케아에서 '해결된' 문제들도 그 후에 오랫동안 계속해서 논의되었음을 알 수 있다.

30. Hemer, *The Book of Acts in the Setting of Hellenistic History,* 247-51에서 그렇게 말한다. 하지만 Lightfoot은 같은 때에 공개적인 회의 이전에 사적인 만남이 있었다고 주장한다(*Galatians,* 103).

31. Matera도 이것을 인정한다. 그는 수신자들이 남갈라디아에 있었다는 쪽을 어느 정도 선호한다. Frank J. Matera, *Galatians*(Sacra Pagina; Collegeville, MN: Liturgical Press, 1992), 19-24를 보라.

32. Moisés Silva, *Interpreting Galatians: Explorations in Exegetical Method*(Grand Rapids: Baker, 2001), 129-38에서 그렇게 말한다.

을 포함시키지 않았을 수 있다. 우리는 갈라디아서에서 바울이 베드로와 야고보를 사적으로 만난 것(1:18–19)과 야고보, 요한, 베드로와 사적으로 만난 것(2:1–10)만 제한적으로 묘사하는 것을 볼 수 있다.

나아가, 갈라디아서 2:6이 사도행전 15장의 사도의 공회에서 결정된 사항을 압축된 형태로 요약한 것일 가능성이 있다. 바울은 공식적인 문서를 인용하지 않았지만 사도들이 자신의 신학에 동의했음을 보여주면서, 자신의 복음에 아무것도 더해지지 않았다고 선포한다. 다시 말해, 바울이 그 모임의 사건을 자신의 관점으로 전달했다는 것이다.

갈라디아서의 수신자를 밝히는 일은 바울의 연대기와 역사를 이해하는 데 중요하다. 하지만 그것이 이 편지를 해석하는 결정적인 요소는 아니며, 우리가 북갈라디아설을 선호하든 남갈라디아설을 선호하든 편지의 의미는 극적으로 변하지 않는다. 모든 것을 고려했을 때 남갈라디아설이 바람직해 보인다. 앞에서 말했듯 남갈라디아설을 지지하면서 갈라디아서 2:1–10과 사도행전 15:1–35을 같은 사건으로 볼 수 있지만, 나는 갈라디아서 2:1–10이 사도행전 11:27–30/12:25과 동일하다는 해석을 선호한다.

심층 연구

바울이 첫 번째 선교여행 중 방문한 도시들

갈라디아서가 남갈라디아로 보내졌다면 바울과 바나바가 첫 번째 선교여행에서 방문한 도시들, 즉 비시디아 안디옥, 이고니움, 루스드라, 더베가 구체적인 수신지다(행 13–14장). 남갈라디아를 수신지로 보는 것은 가설에 불과하므로 이런 정보에 갈라디아서의 해석이 달려 있지는 않다. 하지만 이 도시들에 관해 아는 내용을 간략하게 정리해보는 것은 어느 정도 가치가 있다. 미첼(Mitchell)은 구브로의 총독 서기오 바울이 비시디아 안디옥 출신이기 때문에, 바울이 구브로에 머물렀다가 비시디아 안디옥을 방문했다고 말한다(행 13:5–12).[33]

브루기아의 도시 비시디아 안디옥은 "셀레우코스 1세 니카토르(Seleukos I Nikator, 주전 358–281년)나 안티오쿠스 2세(Antiochus II, 주전 261–245년) 때 미안데르(Maeander) 강변에 위치한 마그네시아(Magnesia) 출신의 헬라 이주민들이 건설했다."[34] 이곳은 주전 25년 아우구스투스 통치 때 로마 군사의 식민지가 되었다. 그곳에는 브루기아의 달의 신 멘(Men)을 섬기는 신전이 있었는데 멀리에서도 사람들의 주의를

33. Mitchell, *The Rise of the Church,* 6–7.

34. Schnabel, *Paul and the Early Church,* 1098. 비시디아 안디옥에 대해서는 또한 Stephen Mitchell, "Antioch of Pisidia", *ABD,* 1:264–65; Schnabel, *Paul and the Early Church,* 1098–103; B. van Elderen, "Antioch(Pisidian)", *ISBE,* 1:142를 보라.

35. Mitchell, *The Rise of the Church,* 24–25.

36. Schnabel, *Paul and the Early Church,* 1100.

37. Stephen Mitchell, *The Celts and the Impact of Roman Rule*(vol. 1 of *Anatolia: Land, Men, and God in Asia Minor;* Oxford: Clarendon, 1993), 104. Mitchell은 황제숭배가 기독교와 경쟁 관계에 있었음이 분명하다고 말하지만 확실한 근거가 희박함을 인정한다(*The Rise of the Church,* 10).

38. Mitchell, *The Rise of the Church,* 7.

39. 이고니움에 대해서는 Schnabel, *Paul and the Early Church,* 1111; W. Ward Gasque, "Iconium", ABD, 3:357–58; D. A. Hagner, "Iconium", *ISBE,* 2:792–93을 보라.

끌었다.[35] 그 도시는 전략적으로 유리한 위치에 있었으며 비아 세바스테(Via Sebaste)라는 동서를 잇는 도로 위에 있었다. 로마의 영향력이 크게 미쳤고, "브루기아와 비시디아의 국경에 위치한 새로운 로마로 여겨졌다."[36] 그 지역에 아우구스투스를 위한 성전이 건축된 것은 놀랄 일이 아니다.[37] 미첼은 그 도시가 "헬라 동부에서 주요 로마 식민지로 부상했다"고 말한다.[38] 그곳은 어느 정도 물질적인 부를 누렸으며 유대인들이 상당수 살았다. 따라서 비시디아 안디옥은 유대와 로마와 지역 문화가 공존하며 혼합되는 문화 복합체였다.

이고니움은 오래된 도시였다(종족적으로 브루기아 사람들이 거주했다). 그 도시의 존재는 적어도 주전 3천년을 거슬러 올라간다.[39] 이 도시는 전략적으로 중요한 곳에 위치했고 주요 도로들이 그곳을 지나갔다. 로마의 영향력이 뚜렷하게 나타났으며, 무역과 농업으로 번성했다. 특별히 클라우디우스 황제(주후 41–54년)가 아꼈던 도시였을 것이다. 제우스를 섬기는 신전이 있었고 황제숭배의 증거도 발견된다.[40]

주전 25년 루스드라는 아우구스투스가 건설했다. 그곳은 비시디아 안디옥과 같은 군사 식민지였으며, 전략적인 교차로에 위치했다.[41] 제우스를 섬기는 신전이 있었으며, 물질적 풍요를 누린 흔적을 볼 수 있다. 따라서 이 도시가 중요하지 않았다는 견해는 받아들일 수 없다. 루스드라는 루가오니아에 속하지만 로마가 그곳의 성격에 영향을 미쳤다.

루가오니아의 도시 더베(Derbe)도 좀 더 중요한 도시인 이고니움과 연결되는 도로 위에 있었다.[42] 더베는 클라우디우스 황제와 특별한 관련이 있었음이 분명하다.

저작 연대

갈라디아서의 저작 연대는 수신자가 누구인지에 따라 결정된다. 남갈라디아설에 따라 이 서신을 사도행전 15:1–35의 사건 이전에 위치시킨다면, 갈라디아서는 가장 먼저 쓰인 바울 서신이며 주후 약 48년에 기록되었을 것이다.[43] 그런데 앞에서 남갈라디아설을 지지하면서 사도행전 15:1–35과 갈라디아서 2:1–10을 연결할 수 있다고 말했다. 이 경우 서신의 저작 연대를 50년대 초로 볼 수 있다. 북갈라디아설을 받아들이면 주후 50–57년 사이에 쓰였다고 볼 수 있다.

---

40. 후자에 대해서는 Mitchell, *The Celts and the Impact of Roman Rule,* 104를 보라.

41. 루스드라에 대해서는 Schnabel, *Paul and the Early Church,* 1112–13; D. S. Potter, "Lystra", *ABD,* 4:426–27; D. A. Hagner, "Lystra, *ISBE,* 3:192–93을 보라.

42. John D. Wineland, "Derbe", *ABD,* 2:144–45; Schnabel, *Paul and the Early Church,* 1121.

43. 여기서 Bruce, *Galatians,* 43–56; Schnabel, *Paul and the Early Church,* 1077; Hemer, *The Book of Acts in the Setting of Hellenistic History,* 269를 참조하라. Witherington은 주후 49년으로 본다(*Galatians,* 8–20). 하지만 남갈라디아설에서는 저작 연대를 이른 시기로 보지 않는다. Matera는 이 편지가 남갈라디아로 보내졌다고 생각하여 저작 연대를 50년대 중반으로 본다(*Galatians,* 26).

상황

거울독법(Mirror-Reading)

갈라디아의 상황은 서신 자체를 근거로 분별되어야 한다. 하지만 우리가 이 서신이 쓰인 시대에서 2천 년이나 떨어져 있고, 이 편지의 역사적 상황을 파악하는 데 우리에게 주어진 것이 바울의 설명과 그의 관점뿐인 지금 우리가 어떻게 일어난 일을 재구성할 수 있는가? 우리는 전화를 주고받는 대화에서 한쪽만 일방적으로 듣는 불이익을 당하고 있다고 종종 말한다. 바울은 갈라디아 사람들에게 모든 상황을 설명할 필요가 없었다. 그들은 무슨 일이 일어나고 있는지 알고 있었음이 분명하기 때문이다. 따라서 이 편지의 역사적 배경을 밝히기 위해 거울독법을 시작해야 한다. 거울독법의 방법은 존 바클레이(John Barclay)가 쓴 중요한 소논문에 설명되어 있으며, 나는 그의 말에 상당 부분 동의한다.[44] 나는 갈라디아서와 같은 논쟁의 편지에서 반대자를 밝히기 위해 바클레이가 말한 주요 요소를 밝히는 것으로 시작할 것이다.[45]

바클레이는 대적의 이름이 거론된 상황을 재구성하면서 지나친 자기 과신에 빠지는 것을 경고하며 시작한다. 우리는 바울의 관점만으로 상황을 보고 있기 때문이다. 게다가 그는 바울이 종종 논쟁적이고 감정적으로 대응해서 불가피하게 대적들의 성격을 왜곡한다는 사실에 주목한다. 바울이 대적들이 자신을 소개하듯 그들을 묘사하지 않았다는 바클레이의 인식은 옳다. 바울은 대적들의 신학을 객관적으로 보고하려 하지 않았을 것이다.

하지만 바울의 묘사가 부정확하다는 말은 아니다. 그가 대적들의 견해를 잘못 전달했다면, 그들에 대한 자신의 대답이 갈라디아 사람들을 효과적으로 설득할 수 없었을 것이기 때문이다. 또한 이것은 누구도 특정 상황을 '신의 시점'(God's-eye view)으로 볼 수 없는 경우에 해당된다. 하지만 우리가 성경을 하나님의 말씀으로 받아들인다면, 바울이 이 편지에서 한 말은 대적들에 대한 하나님의 관점을 나타내며 단순한 인간적 판단으로 제한할 수 없다. 다시 말해, 바울의 견해가 특권을 가졌다는 것이다. 성경을 인간의 책과 같은 수준으로 보는 사람들은 분명히 이러한 판단을 받아들이지 않을 것이다.

바클레이는 역사를 재구성할 때 일반적으로 따라올 수 있는 위험을 경고한다. 예를 들면, 타이슨(J. B. Tyson)은 대적들의 신원을 밝히기 위해 방어적인 진술에만 의존하면서 갈라디아서 3-4장을 빠뜨린다.[46] 편지의 삼분의 일을 차지하며 바울의 논증의 핵심을 담고 있는 부분을 무시하는 것은 방법론적으로 잘못되었다.[47] 또한 우리는 과도한 해석에 주의해야 한다. 어떤 학자들은 대적의 특성을 재구성할 때 5:11에 너무 많은 의미를 부여한다.

---

44. John M. G. Barclay, "Mirror-Reading a Polemical Letter: Galatians as a Test-Case", *JSNT* 31(1987): 73-93(또한 그의 글 *Obeying the Truth: Paul's Ethics in Galatians*[Minneapolis: Fortress, 1988], 36-74를 보라). 거울독법에 대해 또한 Silva, *Interpreting Galatians,* 104-8을 보라. B. H. Brinsmead, Galatians-*Dialogical Response to Opponents*(SBLDS 65; Chico, CA: Scholars Press, 1982), 23-33은 설득력이 다소 떨어진다. Barclay는 Brinsmead의 재구성이 지니는 약점을 지적한다("Mirror-Reading", 82-83).

같은 방식으로, 우리는 대적들의 구호와 표어를 밝히고 이것을 토대로 반대의 특성을 개략적으로 그리는 일에 주의해야 한다. 바클레이가 관찰하는 것처럼, 이런 과정은 다음과 같은 사항을 요구한다. (1) 바울이 대적들이 사용하는 "정확한 어휘"를 알았고, (2) 그가 이러한 어휘를 풍자적으로, 혹은 논쟁적으로 재사용했으며, (3) 어느 곳에서 바울이 대적들의 어휘를 차용하는지 우리가 분별할 수 있고, (4) 대적들이 본래 의도한 의미를 재구성할 수 있어야 한다.[48] 학문의 역사를 보면 학자들은 너무 자주 행간을 읽는 자신들의 능력을 과신했다.

나는 대적들을 인식하는 작업에 다음과 같은 원리를 제안하고자 한다.[49] (1) 우리는 대적들이나 편지의 수신자들에 대한 직접적 진술을 살펴보는 것으로 시작해야 한다. (2) 바울의 진술의 빈도와 명확성이 적대자의 특성을 가리킬 수 있다. (3) 더 복잡한 견해에 대한 강력한 증거가 없으면 가장 단순하고 명확한 재구성을 선호해야 한다. (4) 역사적으로 가장 개연성이 있는 재구성을 받아들여야 한다. 역사적 문서를 해석하는 일은 여전히 예술의 영역이기 때문에, 대적들의 특성을 결정할 때 아무 문제가 없는 방식은 없다. 하지만 바클레이가 제시한 원리는 다양한 재구성의 역사적 타당성을 해독하는 일에 있어서 중요한 진보다.

갈라디아서에 있는 증거

이러한 원리들을 갈라디아서에 적용할 때 우리는 본문에 나오는 구체적인 특성들에서 시작한다. 우리는 1:6-9에서 어떤 남자들이 갈라디아 사람들을 괴롭히고 다른 복음을 전하고 있음을 알게 된다. 바울의 표현으로 유추해보면 그들이 회중 밖에서 왔을 가능성이 가장 크다(확실하게 단정 지을 수는 없지만). 4:17에서 바울은 그 설교자들의 동기를 고발한다. 그들은 갈라디아 사람들에게 열심을 내지만, 실제로는 갈라디아 사람들이 자신에게 매료되기를 원하므로 그들의 열심은 불순한 동기로 얼룩져 있다. 여기에서 대적들이 갈라디아 사람들과 구별되기 때문에, 그들이 원래 회중의 일부가 아니었다고 볼 개연성이 있다.

갈라디아서 5:7-10은 갈라디아 사람들이 진리를 따르지 못하게 방해하고 잘못된 진로를 택하게 설득했던 어떤 사람을 언급한다. 바울은 갈라디아 사람들을 괴롭히는 이 사람에게 심판을 선언한다. 여기서 갈라디아 사람들을 "요동하게 하는 자"(ὁ ταράσσων)는 단수로 묘사되는 반면, 1:7에서는 복수가 사용된다["어떤 사람들(요동하게 하는 자들)", οἱ ταράσσοντες]. 5:12과 6:12-13에서도 대적자가 복수로 언급된다. 5:10에서는 반대자들의 지도자를 가리키는 것으로 보인다. 내가 보기에 더 개연성이 있는 다른 견해는 5:10의 단수가 총칭적 의미로 사용되었다는 것이다. 이 경우에는 바울이 5:10에서 특정 대적을 명시하지 않는다고 볼 수 있다. 다시 한 번 말

45. 대적들에 대한 분석에서 도움이 되는 또 다른 자료로 홍인규, *The Law in Galatians*(JSNTSup 81; Sheffield: Sheffield Academic Press, 1993), 97-120을 참고하라.

46. J. B. Tyson, "Paul's Opponents in Galatia", *NovT* 10(1968): 241-54.

47. 참고. 또한 홍인규, *Law in Galatians*, 102.

48. Barclay, "Mirror-Reading", 82.

49. Barclay는 일곱 가지 원리를 열거한다(같은 책, 85). 나는 여기서 그 원리의 일부를 문자적으로 인용했다.

하지만, 본문이 암시하는 증거는 외부인들이 갈라디아 사람들로 하여금 새로운 길을 따르도록 설득하려 했고, 그들이 경주에 임하고 있는 갈라디아 사람들을 막아섰다는 것이다(5:7).

대적들에 대한 가장 중요한 증거가 6:12–13에 나오는 것으로 보인다. 그들은 갈라디아 사람들이 할례를 받아야 한다고 주장한다. 물론 편지의 나머지 부분에서 대적들이 할례를 요구했다는 것이 분명히 암시되지만, 6:12–13에 따르면 그것은 의심의 여지가 없다. 물론 이 편지에서 할례의 중요성은 5:12에서도 암시된다. 거기서 바울은 어지럽게 하는 자들이 스스로 베어버리기를 비꼬듯이 제안하기 때문이다.

구체적인 특성들을 살핀 후에는 갈라디아서에서 대적들에 관해 무엇을 정당하게 유추할 수 있는지 물어야 한다. (1) 갈라디아서 1–2장을 보면 대적들이 바울의 사도직의 합법성을 의문시했다고 유추할 수 있다.[50] 어떤 학자들은 여기에 의문을 제기하며, 복음의 진리에 대한 실례로서 바울이 자신을 자전적으로 설명했다고 주장한다.[51] 하지만 본문의 방어적 논조는 그가 사도 직분의 정당성으로 공격받고 있었음을 암시한다. 갈라디아서의 첫 구절은 다른 모든 바울 서신의 서두와 달리 방어적 논조를 띤다. 나아가 바울은 사람을 기쁘게 한다는 비난에 맞서 구체적으로 자신을 변호하는데(1:10), 이러한 방어적 진술은 이어지는 내러티브 논증과 연결된다(본문의 석의를 보라). 덧붙여, 사도들이나 유대 교회들과 제한적으로 접촉했다는 바울의 주장(1:18–24)은 자신이 전한 복음의 독립성을 변호하고 있음을 암시한다. 마지막으로, 2:1–10의 이야기는 예루살렘 사도들이 바울의 복음에 동의하지 않았다고 대적들이 주장했음을 가리키는 것으로 보인다.[52]

(2) 바울은 예루살렘에서 거짓 형제들이 디도에게 할례를 강요했던 사건을 다시 말한다(2:3). 그가 이 이야기를 하는 이유는 예루살렘에서 일어난 일이 갈라디아의 상황을 반영하기 때문이다. 바울은 갈라디아서 2장의 이 시점에서 대적들이 할례를 강요했다고 구체적으로 밝히지는 않지만, 여기서 그는 논란이 되는 중심 이슈를 예측하고 있다.

---

50. Barclay의 생각은 옳다("Mirror-Reading", 87). 대조적으로 홍인규는 바울에 대한 그들의 논평이 '부수적인 진술'이었을 것이라고 생각한다(홍인규, *Law in Galatians,* 106).

51. 참고. G. Lyons, *Pauline Autobiography: Toward a New Understanding* (Atlanta: Scholars, 1985).

52. 4:25이 대적들이 예루살렘과 관계가 있음을 가리킨다고 한 Esler의 말이 아마도 옳을 것이다(*Galatians,* 74). Barclay는 그들이 거기서 오지 않았을지라도 예루살렘에 호소했을 가능성이 있다고 말한다(*Obeying the Truth,* 43, 59). 또한 Bruce, *Galatians,* 25–26; Matera, *Galatians,* 10을 참조하라.

53. Barclay, *Obeying the Truth,* 53, 66; 홍인규, *Law in Galatians,* 105; Martyn, "Law-Observant", 357; B. C. Lategan, "The Argumentative Situation of Galatians", in *The Galatians Debate: Contemporary Issues in Rhetorical and Historical Interpretation*(ed. Mark D. Nanos; Peabody, MA: Hendrickson, 2002), 387–89.

54. 참고. Todd A. Wilson, *The Curse of the Law and the Crisis in Galatia: Reassessing the Purpose of Galatians*(WUNT 2/225. Tübingen: Mohr Siebeck, 2007), 53–62. 아마도 또한 갈라디아 사람들은 그들이 Anatolia에서 자라는 가운데 경험했던 문화와 종교적인 요인 때문에 저주를 두려워했을 것이다(같은 책, 72–29).

55. 홍인규, *Law in Galatians,* 107, 113. 113에서 인용했다.

56. 대적들의 가르침에 대해 Martyn이 요약하는 것이 아마도 그들이 가르쳤던 것과 가까울 것이다("A Law-Observant Mission to Gentiles", in *The Galatians Debate*[ed. Mark D. Nanos; Peabody, MA: Hendrickson, 2002]).

57. Barclay, "Mirror-Reading", 86–87에서 그렇게 말한다. 참고. Bruce, *Galatians,* 28–29.

58. 이러한 견해는 적어도 Chrysostom까지 거슬러 올라간다(*Homilies on Galatians, Ephesians, Philippians, Colossians, Thessalonians, Timothy, Titus, and Philemon*[vol. 13 of *Nicene and Post-Nicene*

(3) 갈라디아서 3–4장의 긴 성경적 논증은 아마도 대적들의 석의에 대한 대답일 것이다. 대적들은 아브라함의 예에 호소하며, 할례받은 자만이 진정한 아브라함의 후손이라고 강조했을 것이다.[53] 그들은 아브라함을 대적하는 자에게 선언된 저주를 피하는 수단이 할례라고 말하며(창 12:3) 할례를 거부하는 자들에게 종말론적 저주로 위협했을 것이다.[54] 홍인규의 말대로, 대적들은 시내 산 언약이 아브라함 언약의 "성취와 완성"이라고 여기면서 두 언약 사이의 구원-역사적 연속성을 주장했던 것으로 보인다.[55]

(4) 갈라디아 사람들은 대적들의 가르침에 따라 여러 절기를 지켰다(4:9–10).[56]

(5) 마지막으로, 바울은 할례를 받아들이는 결과를 분명하게 경고한다(5:2–6). 의심의 여지없이, 갈라디아 사람들은 선동자들의 충동으로 할례를 받을 생각을 하고 있었다(6:12–13). 율법에 관한 바울의 광범위한 논증은, 대적들이 일반적으로 율법을 지키라고 주장했음을 암시한다.[57]

나는 다음의 범주도 개연성이 있다고 본다. 대적들은 예루살렘 교회와 연관되어 있었으며, 예루살렘 사도들이 선포하는 복음을 왜곡한다고 바울을 고발했을 수 있다.[58] 나아가, 아마 그들은 아브라함과 그의 후손이 계속해서 할례를 받아야 한다고 말하는 창세기 17:9–14을 들어 구체적으로 호소했을 것이다.[59] 그 구절은 갈라디아 사람들에게 큰 영향을 미쳤을 것이다. 또한 대적들은 자신의 입장을 보강하기 위해, 사라와 하갈의 이야기에 호소하며 아브라함과 이삭의 진정한 아들들이 모두 할례를 받았다고 주장했을 것이다(참고. 4:21–30).

그다음 범주는 가능하기는 하지만 확실성이 떨어진다. 5:11에 따르면, 갈라디아 사람들은 몇몇 경우 바울이 개종시킨 자들에게 할례를 받게 했다고 그에게 말했을 수 있다. 그들이 정확하게 무엇을 말했는지 파악할 충분한 자료는 없다. 아마도 그들은 바울이 다른 문맥에서 할례의 필요성을 선포했지만, 갈라디아서에서는 청중을 기쁘게 하기 위해 그것을 언급하지 못했다고 주장했을 것이다.[60]

Fathers of the Christian Church, 2nd series; ed. Philip Schaff; Grand Rapids: Eerdmans, 1983], 13:2). Martyn은 대적들이 예루살렘에서 온 사람들이 아니었어도 그들은 자신들이 예루살렘을 대표한다고 믿었다고 말한다("Law-Observant", 357). 여기서 또한 Barclay, "Mirror-Reading", 88을 참조하라. Baur는 대적들이 진정으로 예루살렘의 사도들을 대표하는 자들이었다고 주장한다(*Paul the Apostle of Jesus Christ: His Life and Works, His Epistles and Teachings,* 2 volumes in one[repr.; Peabody, MA: Hendrickson, 2003], 1:124–33). 하지만 그러한 해석은 갈라디아서에서 실제로 바울이 말하는 것과 일치하지 않으며, 유대주의자들은 바리새인 유대인과 같은 태도를 취하고 있을 가능성이 더 크다(행 15:2, 5의 바리새인들과 같이). 그리고 이러한 바리새인 유대인은 기둥 같은 사도들에게 동조하지 않았다. 여기서 *Lightfoot, Galatians,* 350을 보라(비록 Lightfoot은 기둥 같은 사도들이 유대주의자들에 대해 빨리 행동을 취하지 않았다고 제안하지만). 또한 Bruce, *Galatians,* 25–26; E. P. Sanders, *Paul, the Law, and the Jewish People*(Philadelphia: Fortress, 1983), 18; 홍인규, *Law in Galatians,* 118–20; Vincent M. Smiles, *The Gospel and the Law in Galatia: Paul's Response to Jewish-Christian Separatism and the Threat of Galatian Apostasy*(Collegeville, MN: Liturgical Press, 1998), 4–5, 7–8을 참조하라.

59. 갈라디아서 3–4장에 나오는 바울의 상당히 긴 성경적 논증은 갈라디아의 대적들이 율법에 대한 순종에는 흥미가 있었지만 신학에 대해서는 관심이 없었다고 하는 Harvey의 견해가 사실과 다름을 보여준다. A. E. Harvey, "The Opposition to Paul", in *The Galatians Debate: Contemporary Issues in Rhetorical and Historical Interpretation*(ed. Mark D. Nanos; Peabody, MA: Hendrickson, 2002), 321–33을 보라.

60. 5:11에 대한 주석을 보라.

마지막으로, 갈라디아의 상황을 파악하기 위한 근거로 삼아서는 안 되는 사안이 있다(몇몇은 고려될 수 있고 가능하기는 하다). 예를 들어, 대적들은 바울의 사역을 완성하는 것에 대해 말했을지도 모른다(3:3). 그리고 "그리스도의 법"이라는 표현을 사용했을 가능성도 있다(6:2). 하지만 마찬가지로 바울이 선동자들을 반격하기 위해 그런 표현을 만들었다고 생각할 수 있다. 또한 그들은 "초등학문"(στοιχεῖα, 4:3, 9)이라는 단어를 사용했을 수도 있지만, 이것은 확정하기 어려워 보인다. 갈라디아서에서 이 용어가 자주 사용되지 않기 때문이다.

심층 연구

갈라디아서에서 제국의 역할은 무엇인가?

저스틴 하딘(Justin Hardin)은 갈라디아서에서 바울이 교회를 위협했던 황제숭배에 대응하고 있다고 주장했다.[61] 최근 많은 학자들이 황제숭배가 신약의 글에 상당한 역할을 했다고 주장한다. 예를 들어, 라이트(N. T. Wright)는 소위 '바울에 관한 새 관점'이라는 논의에서 이 견해를 변호했다.[62] 그런데 갈라디아서와 관련하여 이러한 견해의 가장 중요한 변호는 하딘의 연구에서 볼 수 있다. 하딘은 율리우스-클라우디우스 왕조 시대와 갈라디아에서 종교의 역할을 상세히 말하면서, 6:12-13을 근거로 대적들이 자신의 안전한 지위를 확보하고 박해를 피하기 위해 할례를 추천했다고 주장한다.[63] 갈라디아의 개종한 이방인들은 이제 그리스도께 헌신했기 때문에 황제숭배를 중단했을 것이다. 대적들은 그들이 할례를 받아들임으로써 유대인 공동체와 동조하고, 새롭게 개종한 이방인들에게 "시민의 보복"을 하려는 자들(특히 지역 유대인 주민들)을 제지하기 위해 그들을 설득하려 했다.[64] 브루스 윈터(Bruce Winter)는 비슷한 논제를 펼치며, 할례를 받아들임으로써 개종한 이방인들이 유대주의의 일부가 되고, 이로써 황제숭배의 요구를 피하게 했다고 주장한다.[65]

하딘의 논문은 학문적으로 면밀하다는 평가를 받지만, 그와 윈터가 제시하는 견해는 성공적이지 않다고 판단해야 한다. 갈라디아서에 황제숭배가 문제가 되었다는 분명한 증거가 없다. 황제숭배가 편지에서 중요한 역할을 했다면, 바울이 그것을 언급하지 않은 것은 놀라운 일이다. 바울 서신에서 황제숭배가 그와 같이 중요한 역할을 했는지 의문이다. 데니 버크(Denny Burk)와 김세윤은 바울 서신에서 황제숭배에 대한 논박을 뒷받침하는 증거가 설득력 없다고 바르게 주장했다.[66] 다른 바울 서신이나 신약의 다른 곳에서 황제숭배가 주요 요소였다고 해도(버크와 김세윤이 보여주듯이 그 주장은 의심스럽다), 갈라디아서

61. Justin K. Hardin, *Galatians and the Imperial Cult: A Critical Analysis of the First-Century Social Context of Paul's Letter*(WUNT 2/237; Tübingen: Mohr Siebeck, 2008).
62. N. T. Wright, *Paul in Fresh Perspective*(Minneapolis: Fortress, 2005), 59-79.
63. Hardin, *Galatians and the Imperial Cult*, 24-81.
64. 같은 책, 85-115(특별히 115).
65. Bruce W. Winter, *Seek the Welfare of the City: Christians as Benefactors and Citizens*(Grand Rapids: Eerdmans, 1994), 123-43. Hardin과 Winter 사이의 가장 중요한 차이는 Hardin이 갈라디아의 유대인들이 여전히 황제숭배를 따르도록 요구했다고 주장한다는 것이다.
66. Denny Burk, "Is Paul's Gospel Counterimperial? Evaluating the Prospects of the 'Fresh Perspective' for Evangelical Theology", *JETS* 51

에서는 아무 역할도 하지 않는다. 하딘은 6:12–13에서 선동자들이 자신들의 위치를 걱정했다는 점은 바르게 보고 있지만, 이것에서 그들이 황제숭배의 요구를 염려했다고 유추하기는 어렵다. 바울은 갈라디아서에서 통치 세력에 대해 아무 말도 하지 않는다(로마서 13:1–7과 디도서 3:1과 대조적으로).[67]

하딘이 자신의 논제를 지지하는 기본적인 증거 중 하나는 6:13에 대한 해석이다. 하딘은 6:13에서 "지키다"(φυλάσσω)라는 단어가 모세 율법을 지키는 것이 아니라, 율법이 "이방인들 중에서 무시되지 않도록" 보호하는 것을 가리킨다고 그르게 해석한다.[68] 이것은 하딘의 실수임이 분명하다. "지키다"(φυλάσσω)는 구약과 신약에서 주로 하나님이 명하신 것을 지키는 것에 사용되었으며(참고. 창 26:5; 출 13:10; 15:26; 20:6; 31:13–14; 레 18:4–5, 26; 마 19:20; 행 7:53; 롬 2:26 등), 여기에서는 그것이 가장 자연스러운 의미이기 때문이다. 또한 하딘은 "날" 등을 지키는 것(갈 4:10)이 유대인의 절기보다 황제의 축제일을 가리키는 것이 더 자연스럽다고 주장한다.[69] 그의 주장은 설득력이 없다. 하딘과 대조적으로 이 편지의 나머지 부분의 유대 문맥이 4:10을 읽는 방식에 영향을 미쳐야 한다.[70] 특별히 4:10에서 언급된 축제가 황제와 관련된다고 암시하지 않기 때문에, 이것을 구약 율법에 따른 축제와 절기로 읽는 것이 가장 합리적이다.[71]

날들을 지키는 것과 관련하여, 여기서 바울의 말을 과도하게 해석하는 것을 주의해야 한다. 이 편지의 수신자들이 안식일과 월삭을 지키기 시작했으며, 후에 희년을 지키고 유월절과 오순절 같은 축제를 지키려고 했을 가능성이 있다.[72] 우리는 4:10에서 바울이 뜻하는 바를 정확히 모르지만, 유대주의 배경을 배제할 수 없다. 하딘은 바울이 다른 곳에서 유대 달력에 순응하고 따르기 때문에 여기에서 유대 절기를 반대하지 않을 것이라고 말한다.[73] 그러한 비평은 옳지 않다. 바울은 구약 율법을 지키는 것을 문화적인 이유로 반대하는 것이 아니며(행 16:3; 고전 9:19–23), 바울이 믿은 후에도 유대 절기를 신실하게 지켰다는 해석은 본문의 증거를 벗어난다.

게다가 바울은 갈라디아서에서 신자가 더 이상 시내 산 언약과 구약의 율법 아래 있지 않다고 분명히 말한다(본문의 주석을 보라). 따라서 바울이 4:10에서 갈라디아 사람들이 구약의 절기를 지킨 것을 책망하고 있다는 견해는 갈라디아서의 나머지 부분과 잘 조화된다. 달리 말해, 갈라디아서에서 바울은 구원에 필요하기 때문에 구약의 축제와 절기를 강요하는 데 반대하는 것이다. 우리는 윈터와 하딘의 자극적인 연구에 경의를 표할 수 있지만, 그들이 갈라디아서에서 황제숭배의 배경을 입증하려는 시도는 설득력이 없다.

(2008): 309–37; 김세윤, *Christ and Caesar: The Gospel and the Roman Empire in the Writings of Paul and Luke*(Grand Rapids: Eerdmans, 2008), 3–71.

67. Witherington은 갈라디아에서 황제숭배가 어느 정도 역할을 하고 있었다고 보지만, 그는 6:12의 배경에서 그것을 보는 것에 대해 바르게 문제를 제기한다(*Galatians*, 448).

68. Hardin, *Galatians and the Imperial Cult*, 89.

69. 같은 책, 116–47.

70. 같은 책, 110.

71. 축제가 이교도의 것이지만 황제숭배에 대한 언급으로 볼 이유가 없다.

72. Hardin, *Galatians and the Imperial Cult*, 120과 대조됨.

73. 같은 책, 120–21.

심층 연구

갈라디아서에서 이교 사상이 배경이 되고 있는가?

트로이 마틴(Troy Martin)은 갈라디아서 연구에서 다소 색다른 입장을 주장한다. 갈라디아 사람들이 유대주의로 돌아간 것이 아니라, 실제로 이전의 이교 사상으로 후퇴하는 유혹을 받았다는 것이다(4:8-11). 대적들에게 복음이 할례를 요구한다고 배웠을 때 그들은 할례에 순종하려 하지 않았기에 이교 사상으로 퇴보했으며, 따라서 바울은 자신의 복음이 할례를 요구하지 않는다는 것을 갈라디아 사람들에게 설득하고 있다고 주장한다.[74] 마틴의 해석이 창의적이고 독창적이기는 하지만, 율법과 할례에 대한 긴 논의는 갈라디아 사람들이 그것을 따르라고 유혹받았다는 설명이 가장 그럴 듯하다.

마틴은 4:21-5:6에서 바울이 갈라디아 사람들이 아닌 대적들에게 말한다는 주장으로써만 자신의 논제를 입증할 수 있다.[75] 그러한 해석은 절망적으로 들린다. 다른 바울 서신에서 대적들에게 직접 말한 예를 찾을 수 없다. 가장 중요한 것은 4:21을 시작으로 바울이 회중의 특정 무리에게 말한다는 분명한 증거가 없다는 점이다. 바울은 4:21에서 회중 전체에게 말하는 것이 거의 분명하며 왜 율법 아래 있고자 하는지 그들에게 묻기 때문에, 갈라디아 사람들이 과거에 따랐던 이교 사상으로 돌아가려 했다는 마틴의 주장을 받아들일 수 없다.

바울이 독자에게 할례를 받아들이면 마지막 때 심판을 받는다고 경고하기 때문에(5:2-4) 갈라디아 사람들이 과거의 이교도로 돌아가려는 유혹을 받고 있지 않았음이 분명하다.[76] 물론 바울은 갈라디아 사람들이 모세 율법을 지키려 한 것을 이교 사상으로 되돌아가는 것과 동일하게 여기지만(4:8-9), 문자 그대로 이교도의 길로 돌아가고 있었다는 것과는 크게 다르다.

수잔 엘리엇(Susan Elliott) 또한 마틴과는 다른 의미로 이교와의 연결성을 지지한다. 그녀는 바울이 "하나님의 어머니를 숭배하는 집단에 반감이 있고 스스로 거세하는 것을 혐오하기" 때문에 할례를 반대한다고 주장한다.[77] 바울이 편지에서 이교도 종파에 대해 아무 말도 하지 않으며, 갈라디아서에서 할례가 모세 율법을 규칙적으로 지키는 것과 연결되기 때문에(2:3-5; 5:2-4; 6:12-13) 그러한 해석은 받아들일 수 없다. 게다가 하딘은 5:12이 거세가 아니라, 신명기 23:2의 칠십인역에 따라 "남근을 절단하는 것"을 가리킨다고 주장한다.[78] 하딘은 엘리엇이 "갈리아(Gallia) 사람들의 거세 풍습과 할례를 연결하는 것이 설득력이 없다"고 올바르게 지적했다.[79]

또한 하딘은 엘리엇이 어머니 여신을 배경으로 선택한 것이 추리일 뿐이며, 당시 아나톨리아(Anatolia)에 많은 신이 있었기에 너무 제한적인 주장이고,[80] 그녀가 갈라디아서 자체에서 어머니 여신 이론을 뒷받침할 확고한 증거를 제시해야 한다고 예리하게 관찰했다. 다음과 같은 하딘의 말은 옳다.

---

74. Troy Martin, "Apostasy to Paganism: The Rhetorical Stasis of the Galatian Controversy", in *The Galatians Debate: Contemporary Issues in Rhetorical and Historical Interpretation*(ed. Mark D. Nanos; Peabody, MA: Hendrickson, 2002), 73-94.

75. 같은 책, 84-91.

76. Martin과 대조됨. A. Andrew Das, *Paul and the Jews*(Peabody, MA: Hendrickson, 2003), 19 n. 4를 보라.

77. Susan Elliott, *Cutting Too Close for Comfort: Paul's Letter to the Galatians in Its Anatolian Cultic Context*(JSNTSup 248; London: T&T Clark, 2003), 13.

"그녀가 바울이 편지를 썼을 당시의 '아나톨리아 지역'으로 묘사하는 곳은 실제로 6세기 넘게 아나톨리아 농촌 전역에 흩어져 있는 장소(종종 갈라디아 밖의!)에서 취합한 증거이며, 엘리엇은 이것을 갈라디아 독자들이 1세기 중반에 살았던 도시들에 대한 증거로 사용한다."[81]

클린턴 아놀드는 아나톨리아에 있는 비문들을 참고하면 갈라디아 사람들이 왜 대적들의 메시지를 받아들이고 싶어 했는지 설명하는 데 도움이 된다고 주장한다. 특정 종교의 요구를 지키고 선을 행하는 것은 지역 신을 섬겼던 경험을 반영한다.[82] 아놀드의 해석은 독자들의 문화적 · 종교적 배경을 이해하는 데 도움을 주며, 갈라디아 사람들이 유대주의를 고려하게 했던 동기 중 하나를 파악했다는 점에서 옳을 수 있다. 하지만 갈라디아의 상황을 파악하기 위해 본문 밖에 있는 증거를 사용하는 작업에는 주의가 필요하다. 특별히 갈라디아서 자체가 유대 관습과 구약 율법에 초점을 맞추고 있으며, 이교도의 관습은 직접적으로 언급하지 않기 때문이다. 하딘의 말처럼, 하나님의 용서라는 주제는 반드시 아나톨리아 사람들이 그것을 알고 싶어 했음을 의미하지 않는다. 그리스도 안에서 주어지는 용서는 초기 그리스도인들이 설교했던 주요 주제이기 때문이다. 게다가 갈라디아서에서 저주는 자연스럽게 구약에 비추어 해석된다(신 27–29장).[83]

덧붙여, 하딘은 아놀드가 인용하는 비문이 주후 1세기 갈라디아가 아니라 주로 주후 2세기 서부 아나톨리아에서 온 것이라고 말한다. 그리고 바울의 독자들이 "헬라인이나 로마인이므로 대부분 이런 독특한 '비헬라적인'…종교 관습에서 분리되었을" 가능성이 있다고 주장한다.[84] 바울이 갈라디아서에서 진정으로 주장하는 바는 구약 율법에 복종하려는 독자들의 열망이 이교 사상으로 돌아가는 것과 다를 바 없다는 것이다(4:8–11).

갈라디아서에 등장하는 대적들의 신원

대적들의 신원에 대해 여러 이론들이 제안되었다. 이제부터 다양한 견해들을 개관하고 비평할 것이다. 나는 대적들이 유대주의자라는 전통적인 견해가 가장 적합하다고 주장할 것이다. 독자들은 결국 거부할 견해를 살펴보는 것이 어떤 도움이 되는지 궁금해할 것이다. 그런데 거의 모든 이론에는 그것을 뒷받침하는 나름의 증거가 있음을 이해하는 것이 중요하다. 따라서 특정 견해가 궁극적으로 정확하지 않다고 판단되더라도 우리가 다른 이론들을 주의 깊게 검토하면, 갈라디아서가 가리키는 상황에 대한 견해를 분명하게 세우는 데 도움이 된다. 우리는

78. Hardin, *Galatians and the Imperial Cult*, 7을 보라.
79. 같은 책.
80. 같은 책, 8.
81. 같은 책.
82. Clinton E. Arnold, "'I Am Astonished That You Are So Quickly Turning Away!'(Gal 1.6): Paul and Anatolian Folk Belief", *NTS* 51(2005): 429–49.
83. Hardin, *Galatians and the Imperial Cult*, 9 n. 47.
84. 같은 책, 10.

지지하는 이론에 대해 다른 해석이 제안하는 것보다 더 납득할 만한 방식으로 모든 증거를 통합해야 한다. 그 이론이 다른 것들에 맞서 굳게 선다면, 우리는 대적들의 신원이 정확하다는 큰 확신을 얻을 수 있을 것이다.

두 전선을 가진 대적 이론

대적들의 신원에 대해 다양한 견해가 등장한 것이 놀랍지 않은 이유는 갈라디아서에 나타난 증거가 모호하기 때문이다. 전통적으로 갈라디아서의 대적들은 유대주의자로 밝혀졌다. 이 주석서에 사용되는 유대주의자들(Judaizers)이라는 용어는 대적들이 유대인의 생활 방식, 즉 구약 율법에 규정된 삶의 방식을 지키기 원했다는 것을 의미한다.[85] 1919년 뤼트게르트(Lütgert)는 전통적인 견해에 도전하여 갈라디아에 유대주의자와 자유분방주의자라는 두 대적이 있었다고 주장했다.[86] 1929년 로프스(Ropes)는 몇 가지를 수정하여 뤼트게르트의 논제를 수용했다.[87] 크라운필드(Crownfield)는 두 전선 가설의 주요 결함을 인식했다. 갈라디아서에 바울이 두 다른 무리를 말한다는 표시가 없다는 것이다.[88] 하지만 크라운필드가 대적들이 유대주의자라는 견해를 버린 것을 보면, 그가 뤼트게르트와 로프스의 연구에 영향받았다는 것을 알 수 있다. 그는 갈라디아서의 대적들이 혼합주의자로 묘사되어야 한다고 제안했다.[89] 다시 말해, 크라운필드의 견해에 따르면 갈라디아서의 선동자들은 유대주의자인 동시에 영적인 자(pneumatics)다. 크라운필드의 평론은 신약 학문에 큰 영향을 미치지 않았다. 자신의 논제를 확정하기 위한 세부적인 증거 자료가 결여되었기 때문이다.

85. 간략한 역사적 개관을 위해 F. F. Bruce, "Galatian Problems 3: The 'Other' Gospel", *BJRL* 53(1970): 253–57을 보라. Martyn이 이 용어에 반대하는 이유는 대적들에게 있는 보편적인 비전과 선교 때문이다. Martyn, "A Law-Observant Mission", 353–54를 보라. Martyn은 "선생들"이라는 중립적인 용어를 사용한다(Galatians, 117). Martyn과 대조적으로 대적들을 유대주의자로 명시하는 것이 적절해 보이는 것은 그들이 갈라디아 사람들이 유대 율법에 따라 살기를 원했기 때문이다(참고. 갈 2:14). Hays는 '유대주의자'라는 용어가 어울리지 않는 것은 논란이 유대인 사이에 있고, 그 용어는 유대인의 풍습을 받아들이는 것을 가리키며 따라서 이방인에게만 적용될 수 있기 때문이라고 설명한다. Richard B. Hays, *The Letter to the Galatians: Introduction, Commentary, and Reflections,* in *The New Interpreter's Bible,* vol. 11(Nashville: Abingdon, 2000), 185를 보라. Hays는 대적들이 유대인이지만 바울은 율법을 따라 유대인의 삶의 방식을 따르도록 유혹을 받는 이방인들에게 편지를 쓰고 있으며, 따라서 '유대주의자'나 '유대주의화'라는 용어를 사용하는 것은 적절해 보인다고 바르게 본다. Nanos는 이 단어가 유대인처럼 살려는 이방인들과 어울리지 않으며, 부정적인 의미가 담겨 있다고 주장한다. Mark D. Nanos, "The Inter-and Intra-Jewish Political Context of Paul's Letter to the Galatians", in The Galatians Debate: *Contemporary Issues in Rhetorical and Historical Interpretation*(ed. Mark D. Nanos; Peabody, MA: Hendrickson, 2002), 400. Nanos와 달리 바울은 2:14에서 그의 대적들의 견해를 가리키면서 이 용어를 사용한다(비록 그가 베드로에게 말하고 있지만). 나는 여기서 '유대주의자'라는 용어가 모든 문맥에서 한 가지 의미만을 나타낸다고 주장하는 것이 아니다. Cohen은 '유대주의자'라는 용어의 의미는 문맥에서 분별되어야 한다고 바르게 말하고 있기 때문이다. J. D. Cohen, "Crossing the Boundary and Becoming a Jew", *HTR* 82(1989): 33.

86. Wilhelm Lütgert, *Gesetz und Geist: Eine Untersuchung zur Vorgeschichte des Galaterbriefes*(Gütersloh: Bertelsmann, 1919).

87. J. H. Ropes, *The Singular Problem of the Epistle to the Galatians* (Cambridge: Harvard Univ. Press, 1929). Ropes는 Lütgert에 크게 의

영지주의 자유분방주의자 대적 이론

슈미탈스(Schmithals)는 분명히 크라운필드의 논문을 몰랐겠지만 그의 견해를 한 단계 발전시켰다.[90] 그는 갈라디아의 대적들이 유대인 그리스도인 영지주의자 단일 무리였다고 주장했다. 슈미탈스에 따르면 갈라디아에서의 문제는 율법주의(즉, 율법에 대한 헌신)가 아니라 대적들이 극단적인 자유분방주의자였다는 것이다(참고. 5:13–6:10). 슈미탈스는 대적들이 자유분방주의자였음을 보여주기 위해 뤼트게르트와 로프스가 인용한 구절을 많이(특별히 5:13–6:10) 사용했다. 그런데 슈미탈스가 재구성한 역사적 상황이 그들의 것보다 뛰어난 이유는 그가 두 대적이라는 의심스러운 이론에 의지하지 않기 때문이다. 또한 슈미탈스의 논증이 크라운필드보다 뛰어난 점은 크라운필드에게 부족했던 자세한 증거 자료를 포함한 것이다.

슈미탈스의 가설을 평가하기 전에 대적에 대한 주이트(Jewett)의 견해를 검토하려고 한다. 주이트는 대적들이 유대주의자라고 주장하지만, 그의 이론은 어떤 면에서 슈미탈스의 견해와 비슷하다.[91] 주이트는 대적들이 예루살렘에서 왔으며 모세 율법에 집중했다고 주장한다. 그들은 갈라디아 사람들이 온전해지려면 할례를 받아야 한다고 주장했지만(3:3), 그들이 할례를 옹호하는 동기는 팔레스타인 지역을 위협하던 열심당원(Zealot) 극단주의자의 박해를 면하려는 것이었다. 이 열심당원 혁명가들은 할례받지 않은 이방인과의 교제를 묵인하는 그리스도인 유대인에게 적대적이었다. 이런 열심당원들의 박해 때문에 선동자들은 이방인 회중을 방문하여 할례의 필요성을 장려하도록 자극받았다는 것이다(6:12–13).[92]

대적들이 박해 때문에 이방인을 복음화하도록 자극받았다는 주장은 주이트의 이론의 기초가 된다. 박해를 피하려는 그들의 열망은, 대적들이 갈라디아 사람들에게 할례를 받아들이고 종교적 절기를 지키는 것에는 율법 전체에 대한 복종이 필요하다는(5:3) 사실을 알리지 않

존했지만 그의 논문이 더 많은 관심을 끌었던 이유는 그의 글이 Lütgert보다 더 세밀하게 조직되었기 때문이다.

88. Frederic R. Crownfield, "The Singular Problem of the Dual Galatians", *JBL* 64(1945): 491–500.

89. Crownfield, 492; 참고. Robert Jewett, "The Agitators and the Galatian Congregation", in *The Galatians Debate: Contemporary Issues in Rhetorical and Historical Interpretation*(ed. Mark D. Nanos; Peabody, MA: Hendrickson, 2002), 335.

90. Walter Schmithals, *Paul and the Gnostics*(trans. John E. Steely; Nashville: Abingdon, 1972), 13–64.

91. Jewett, "Agitators", 334–47. 또한 Ralph P. Martin, *New Testament Foundations: A Guide for Christian Students*(rev. ed.; vol. 2, *The Acts, the Letters, the Apocalypse;* Grand Rapids: Eerdmans, 1978), 152–56을 참고하라.

92. 박해가 관련이 있었지만, Esler는 열심당원의 가설을 입증할 증거가 부족하다고 바르게 말한다(Esler, *Galatians,* 74). 좀 더 그럴듯하게 Muddiman은 박해가 "광신도 디아스포라 바리새파"로부터 왔다고 주장한다("Anatomy of Galatians", in *Crossing the Boundaries*[ed. Stanley E. Porter, Paul Joyce, and David E. Orton; BI 58; Leiden: Brill, 1994], 260). 그들은 율법에 헌신했으며, 이들 유대인 대적들은 갈라디아 사람들이 할례를 받도록 설득하려 했던 유대인 그리스도인 선동자들에게 두려움을 심어주었다. Muddiman은 "그렇다면 갈라디아에서 발생한 문제의 근본 원인은 박해에 대한 두려움 때문에 타협을 주장하는 자들이 아니라, 유대인 그리스도인들을 압박하여 그들의 동료인 비유대인 그리스도인들이 할례를 받아들이도록 요구하게 만들기 위해 회당 징계의 모든 수단, 즉 구금, 벌금, 매질과 추방을 기꺼이 사용하려는 교회 밖의 사람들이다"라고 말한다(261). 하지만 Muddiman은 대적들에게 신학적 동기가 있다는 생각을 부정하는 잘못을 범한다(264–70). 성경을 통한 바울의 논증(특별히 2:15–5:1)은 그가 반대되는 신학적 견해를 반박하고 있다고 생각하면 더 이해하기 쉽다. 또한 여기서 생각하는 바리새주의는 아마도 예루살렘에서 왔을 것이다.

았던 것의 설명이 될 수 있다. 주이트에 따르면 대적들은 시간이 지난 후에 할례의 결과를 말했을 것이다. 이러한 유대주의자들의 다소 오만한 접근은 중요한 결과에 이른다. 갈라디아 회중이 유대 율법을 자신의 그리스 문화의 관점으로 이해한 것이다.[93] 유대주의자들은 갈라디아 사람들이 할례를 받아들이는 것의 중대함을 오해한 것을 묵인했다. 열심당원들을 빨리 달래려는 결과에만 관심이 있었기 때문이다. 주이트는 절기의 경우(4:10) 대적들이 의도적으로 절기의 유대적 개념을 헬라 문화의 개념과 융합했다고 생각한다.

슈미탈스와 주이트가 제안하는 해석에는 상당한 차이가 있다. 주이트는 대적들을 영지주의자로 묘사하는 것의 정당성을 의심한다. 슈미탈스와 달리 주이트는 대적들이 모세 율법에 초점을 맞추고 있다고 생각한다. 갈라디아 사람들이 헬라 문화 세계관에 따라 율법을 자유분방주의 관점으로 해석한 것은 실제로 있었던 일이다. 슈미탈스와 주이트의 견해에 차이점이 있지만, 중요한 두 가지 유사점이 있다. 첫째, 두 학자 모두 회중의 주요 문제를 자유분방주의로 인식하며 주장을 확립하기 위해 5:13–6:10에 의존한다. 둘째, 두 학자 모두 최종적인 분석에서 갈라디아 사람들이 율법에 헌신한 것은 문제가 되지 않았다고 주장한다. 할례는 율법 전체에 대한 복종의 첫 발걸음으로서 행해지지 않았다. 할례가 나머지 율법이 요구하는 것에서 해방해주기 때문에 할례에 복종한 것이다.

두 해석 모두 자극적이고 도발적이지만 궁극적으로는 설득력이 떨어진다. 갈라디아서가 말하는 증거를 모두 적절하게 설명하지 않기 때문이다. 슈미탈스와 주이트가 의견을 같이하는 요점을 평가하기 전에 슈미탈스의 논증을 검토하려 한다.

대적들이 영지주의나 자유분방주의임을 지지하는 논증에 대한 평가

슈미탈스는 갈라디아서 3–4장이 갈라디아의 상황과 무관한 전형적인 바울 신학을 포함한다고 주장한다. 하지만 대적의 신원에 대한 증거로 자신의 이론과 조화되는 갈라디아서 본문(갈 1–2장; 5–6장)은 선택하고, 자신의 이론을 부정하는 본문(갈 3–4장)은 무시하는 것은 방법론적인 결함이 있다.[94] 슈미탈스는 갈라디아서 3–4장을 제외하는 정당한 이유를 제시하지 않는다.[95] 실제로 편지의 핵심과 거기에서 분명히 드러나는 대적들의 입장이 관련 없다는 주장은 개연성이 없다.[96]

또한 슈미탈스는 갈라디아서 1–2장에 나오는 바울의 변호를 오해한다. 그는 대적들이 유

93. Jewett, "Agitators", 342–43.

94. R. McL. Wilson, "Gnostics–n Galatia?" *Studia Evangelica*(Berlin: Akademie, 1968), 4:358–367, 특별히 365–66.

95. Barclay는 적절한 설명을 제공한다(*Obeying the Truth,* 17–18).

96. Barclay는 또한 Schmithals의 견해를 적절하게 반박하며, "어떤 영지주의 움직임에서도 문자적인 할례에 대한 긍정적인 평가의 증거가 극히 희박하다"라고 말한다(Barclay, *Obeying the Truth,* 48).

97. 여기서 Silva, *Interpreting Galatians,* 153–54; Timothy George, *Galatians*(NAC; Nashville: Broadman & Holman, 1994), 107; Smiles, *Gospel and Law in Galatia,* 34–5를 보라. Fee는 이 후자의 요점을 이해하지 못하여 바울의 자기변호를 오해한다(Galatians, 38).

98. John Bligh, *Galatians: A Discussion of St. Paul's Epistle*(London: St. Paul Publications, 1969), 33을 보라.

대주의자일 수 없는 이유를 다음과 같이 설명한다. 대적들이 유대주의자였다면, 바울이 사도들을 의지하는 것은 비판이 아닌 박수를 받을 것이기 때문이다. 하지만 증거를 이런 식으로 해석하면 대적들이 바울을 비평하는 중요한 요소를 간과하는 것이다. 대적들은 바울이 예루살렘을 의지했다는 것뿐 아니라, 그가 사도들에게 받았던 원래의 메시지를 변형했다는 것으로 그를 비판한다.[97] 갈라디아서 2:1-10은, 대적들이 바울의 복음과 사도들의 선포(kerygma)가 일치한다고 여겼다면 그들이 바울의 복음에 반대하지 않았으리라는 것을 암시한다. 바울에 대한 공격은 두 가지 양상을 띤다. (1) 그가 사도들을 의지했으며(1:10-24) (2) 그들의 메시지를 왜곡했다는 것이다(2:1-10). 자신의 복음이 다른 사람에게 받은 것이라는 비판에 바울은 그것이 거짓이라고 답한다. 그의 복음은 예수 그리스도의 계시를 통해 왔다(1:11-17). 예루살렘 사도들이 선포한 원래의 복음을 왜곡했다는 비판에는, 사도들이 그의 복음의 진정성을 인식하고 재가했기 때문에 그러한 비난은 명백한 거짓이라고 대답한다(2:1-10). 따라서 바울은 자신이 사도들을 의지하며 복음을 왜곡한다는 두 비판을 일축했다.[98]

주이트의 생각과 달리, 유대주의자들은 모세 율법에 대한 자신들의 견해를 헬라 문화의 자유분방주의로 해석하는 데 동의할 것 같지 않다. 주이트가 율법주의와 헬라주의의 융합을 유대주의자들이 받아들일 것이라고 주장하는 이유는, 그들이 빠른 결과를 원했고 열심당원을 달래기 위해 무엇이든 할 것이었기 때문이다. 하지만 그토록 심하게 유대주의를 왜곡하는 것이 열심당원을 만족시켰으리라 보기 어렵다.[99] 주이트에 따르면 갈라디아 사람들은 자유분방주의를 가리기 위해 할례와 종교적 절기를 은폐물로 사용했다.[100] 주이트는 대적들이 율법의 유효성을 부인했다고 주장하는 슈미탈스를 비판하지만, 이 문제에 대한 주이트의 견해가 슈미탈스와 어떻게 다른지 알기 어렵다.[101] 유대주의자들은 자신의 메시지가 혼합적으로 해석되는 것을 허용하고 격려까지 했기 때문이다. 주이트에 따르면 갈라디아 사람들은 율법주의자가 아니라 도덕률 폐기론자다. 주이트는 그들이 토라 전체를 지키는 첫 단계로서 할례와 절기를 지키지 않았다고 말한다. 그들은 토라에 헌신했기 때문에 이 의식들을 지켰던 것이 아니다.[102] 갈라디아 사람들은 할례와 절기가 헬라주의적 의미로 온전함에 이르는 첫 발걸음이었기 때문에 이러한 의식을 지켰던 것이다.

할례의 근본적인 이유에 대한 주이트의 견해는, 육체적 경험을 초월하기 위해 할례를 행했다는 슈미탈스의 견해와 실질적으로 구분되지 않는다. 두 경우 모두 할례는 나머지 구약 율법에 순종할 의무를 내포하지 않았다. 오히려 그 의식은 사람이 온전해지는 것과 율법에서 해방

99. 또한 박해가 진정으로 열심당원들에게서 온 것인지 분명하지 않다(Barclay, "Mirror-Reading", 88을 보라).

100. 또한 대적들이 그리스 문화의 노선을 따라 갈라디아로 들어왔는지 알기 힘든 이유는 헬라주의자들이 할례가 박해로 이어질 것이라고 생각했다는 증거가 없기 때문이다. Terence L. Donaldson, "'The Gospel That I Proclaim among the Gentiles'(Gal 2:2): Universalistic or Israel-Centred?" in *Gospel in Paul: Studies on Corinthians, and Galatians and Romans for Richard N. Longenecker*(ed. L. Ann Jervis and Peter Richardson; JSNTSup 108; Sheffield: Sheffield Academic Press, 1994), 179의 설명은 적절하다.

101. Jewett, "Agitators", 335를 보라.

102. 같은 책, 347.

되는 것을 상징했다. 이것은 회중 사이에 만연했던 자유분방주의를 설명한다. 그렇다면 슈미탈스와 주이트는 주요 요점에서 의견을 같이한다. 갈라디아 회중의 문제는 율법주의(율법을 지키는 것)가 아니라 자유분방주의라는 것이다.[103]

주이트, 슈미탈스와 대조적으로, 갈라디아서에는 자유분방주의가 아니라 모세 율법에 대한 헌신이 중요한 문제라는 증거가 나타난다.[104] 2:16-5:12의 논증은 이방인이 의롭다 함을 얻기 위해 율법을 지킬 필요가 없음을 입증하려 한다.[105] 바울은 토라가 아니라 믿음이 사람을 아브라함의 자녀로 만들며(3:6-9), 율법으로 의로워지려 하는 것은 사람을 저주 아래 두고(3:10-14), 율법의 언약은 아브라함 언약 이후에 주어졌으며(3:15-20), 메시아가 오심으로써 이제 시내 산 언약이 폐지되었고(3:15-4:11), 율법으로 돌아가는 것은 속박으로 돌아감을 의미하며(4:21-5:1), 율법으로 의로워지려는 자는 자신을 은혜와 그리스도에게서 끊는다고(5:2-12) 주장한다.

갈라디아 사람들이 지키려 했던 유일한 율법 조항이 할례뿐이라고 이해한다면 갈라디아서 3-5장을 오해하는 것이다. 실제로 바울은 갈라디아서 3-4장에서 할례를 언급하지도 않는다. 그는 율법의 행위로 의로워지려고 노력하는 문제 전체를 공격한다(3:10).[106] 갈라디아 사람들은 율법으로 의로워지고자 했기 때문에 율법에 순종하려고 했다(3:11).[107] 따라서 바울은 할례가 폐지되었을 뿐만 아니라 모세 율법 전체가 무효가 되었다고 주장한다. 할례를 받아들이는 것은, 율법을 행함으로 의로워지기 위해 율법 전체를 지키고자 하는 확고한 생각을 의미했다(5:3-4).[108]

4:21도 갈라디아 사람들이 율법 중심적이었다는 것을 가리킨다. 여기서 바울은 회중을 "율

103. Jewett가 대적에 대해 이해하는 것과 회중이 대적을 이해한 것을 분리할 필요가 있다. Jewett에 따르면 대적은 유대주의자였지만 회중은 유대주의자의 율법주의가 방탕한 생활을 지지한다고 해석했다.

104. Brinsmead는 Jewett가 대적과 갈라디아 회중을 날카롭게 구분하는 것을 비판한다(*Galatians*, 29-30). 그는 갈라디아서가 통일성이 있으며 거짓 선생들의 정체는 편지의 장르로 판별해야 한다고 강조한다. Brinsmead에 따르면 갈라디아서는 대화의 편지로 분류되어야 하며, 이 편지에서 바울은 그의 대적들에게 대답하고 있다. 그는 갈라디아의 대적들이 "묵시적이며 종파적인 유대교, 특별히 쿰란과 관련이 있는 집단"에서 온 자들이라고 주장한다(195). 따라서 갈라디아서, 골로새서, 고린도후서 사이에 많은 유사점이 있다(123-24, 142-32, 160-61, 196-200). 대적들은 "율법주의적인 열심"이 그 특징이며(198) 영지주의의 색깔을 띤다. Brinsmead는 Georgi의 영향을 받은 것으로 보이며(Brinsmead, Galatians, 20, 196-200), 대적들과 회중 모두 "신비주의 입회식"(mystery initiation)의 면에서 율법 준수와 할례를 장려했다고 주장한다(145). 그렇다면 할례는 일종의 신비주의 의식으로 간주되었다. 그것은 "절정의 성례전으로서 신비주의의 완성이며, 갈라디아 사람들은 세례로 그러한 종교의 초심자가 되었던 것으로" 이해된다(159). Brinsmead는 회중과 대적들이 분리되어서는 안 된다고 주장하는 가운데 Jewett와 의견을 달리한다. 하지만 이 이단의 특성이 우주적 세력과의 연합과 관련이 있고, 할례가 이러한 신비주의로 들어가는 입문식이며, 문제가 된 것은 어떤 종류의 열정적인 율법주의였다고 하는 그의 주장은 Jewett의 분석과 현저하게 유사하다. 물론 Brinsmead의 재구성이 Jewett보다 더 자세한 이유는 전자가 책 전체를 이 주제에 바치고 있기 때문이다. 하지만 두 학자의 일반적인 방침은 같다. Jewett의 이론에 대한 비판은 기본적으로 Brinsmead에게도 적용된다. 토라에 대한 바울의 고집스러운 관심사는 갈라디아에서의 율법주의의 열정적인 특성을 강조하는 한 가지 이론에 의해 적절하게 설명되지 않는다. 영지주의의 면에서 갈라디아서를 해석하는 것은 설득력이 없으며, Brinsmead가 갈라디아서에 대해 말하는 것은 실제로 골로새서와 더 가까운 듯하다(골로새에서 반대자의 정체 또한 논란이 되기는 하지만). 마지막으로, 할례가 신비주의의 입문식과 연관이 있다는 생각은 설득력이 없다. Barclay는 "우리의 자료 어느 곳에서도 할례가 신비주의 종파로 들어가는 입문식의 의식으로 해석된다는 분명한 암시가 없다"고 말한다(*Obeying the Truth*, 49). 또한 Brinsmead가 대적들의 가르침을 분별하는 데 사용하는 방법은 많은 잘못이 있다(Barclay, "Mirror-Reading", 82-83을 보라).

법 아래 있고자 하는 자들"로 특징짓는다. 어떻게 이러한 묘사가 자유분방주의자들에게 적용될 수 있는지 알기 어렵다. 하지만 이 진술은 갈라디아 사람들이 율법으로 의로워지려 했으며, 그들이 토라 전체를 지키고자 했다는 생각과 일치한다. 바울은 율법 아래 있기 원하는 것을 일반적인 용어로 말하고 있으므로 그가 율법 전체를 생각한다고 결론 내리는 것이 가장 자연스럽다.[109]

주이트와 슈미탈스가 주장하듯 회중의 주요 문제가 자유분방주의였다면, 바울이 신자에게 토라가 여전히 유효하다는 것에 왜 그토록 주의를 기울이는지 이해하기 어렵다. 회중이 도덕 폐기론자였다면, 신자가 율법의 지배에서 자유롭다고 강조하는 것은(갈 3:15–4:7; 4:21–5:1) 적절하지 않아 보인다.[110] 우리가 살펴본 것처럼 슈미탈스는 대적들이 율법 전체를 따를 것을 의도하지 않았다는 논제를 지지하기 위해 5:3과 6:13에 호소하지만, 이 구절에 대한 그의 해석은 강력하지 않다.[111] 여기서 바울이 강조하는 것은 의롭다 함을 얻기 위해 율법 전체를 지켜야 하는 의무(ὀφειλέτης)다(참고. 5:3–4). 달리 말해, 바울은 율법을 지키는 것이 불가능함을 지적함으로써 그들이 율법 지향의 종교를 단념하도록 힘쓰고 있다.[112]

주이트는 회중이 대적들의 율법주의와 자신들의 헬라주의를 융합했다는 주장의 근거로 4:8–11을 든다. 그들이 지킨 축제가 유대주의가 아닌 그리스 문화를 따른 것이기 때문이다.[113] 4:9에서 "초등학문"(στοιχεῖα)이라는 단어가 사용된 것 또한 그의 견해를 지지한다. 주이트에 따르면 그리스 문화에서 "초등학문"은 별의 영을 나타낸다. 하지만 주이트의 생각과 달리 4:10에 묘사된 축제는 유대 문화를 따랐을 가능성이 더 크다.[114] 브루스(F. F. Bruce)는 4:10의 단어들이 창세기 1:14에서 사용되는 것과 유사하기 때문에 이 축제가 유대적일 가능성이 있다고

---

105. Augustinus는 바울이 갈라디아 사람들에게 그들이 율법 아래에 있지 않다는 확신을 주고자 갈라디아서를 썼다고 주장했다. Eric Plumer, *Augustine's Commentary on Galatians: Introduction, Text, Translation, and Notes*(Oxford: Oxford Univ. Press, 2003), 125를 보라.

106. 물론 여기서 말하는 것은 논란의 여지가 있으며, 여기서 제안된 해석은 주석에서 변호할 것이다. Bruce Longenecker는 대적들이 갈라디아 사람들이 율법 전체를 지키기를 원했으며 할례에 한정하지 않았다고 바르게 말한다. Bruce W. Longenecker, *The Triumph of Abraham's God: The Transformation of Identity in Galatians*(Nashville: Abingdon, 1998), 30–33을 보라. 또한 Das, *Paul and the Jews,* 19–21을 보라.

107. Nanos, "Political Context", 404–5와 대조됨.

108. Gordon과 대조됨. 그는 초점이 믿음으로 말미암는 칭의보다 이방인들이 포함된다는 것에 있다고 말한다. T. David Gordon, "The Problem at Galatia", *Int* 41(1987): 32–43을 보라.

109. Drane은 "하지만 4:21은 문법적으로, 논리적으로 어떠한 의심의 여지도 없이 갈라디아의 이교도들이 할례뿐 아니라 율법의 준수를 조장하고 있었음을 입증하는 것으로 보인다"라고 말한다. John W. Drane, *Paul, Libertine or Legalist? A Study in the Theology of the Major Pauline Letters*(London: SPCK, 1975), 47.

110. 이 점에서 갈라디아서를 고린도 서신과 비교하는 것이 도움이 된다. 고린도에서 도덕률 폐기론의 증거가 있기 때문이다. 따라서 바울은 그리스도인의 자유보다 그리스도인의 의무를 더 강조한다. 이것은 갈라디아서와 반대되는 것으로 보인다.

111. 여기서 Jewett는 Schmithals와 의견을 달리하는데 그의 생각은 옳다(Jewett, "Agitators", 337–38).

112. 홍인규, *Law in Galatians,* 107의 설명은 적절하다.

113. Jewett, "Agitators", 343. 여기서 열거된 날과 축제가 황제숭배를 가리킨다는 견해에 대해 앞의 '심층 연구: 갈라디아에서 제국의 역할은 무엇인가?'를 보라.

114. Donald Guthrie, *Galatians*(NCB; Grand Rapids: Eerdmans, 1973), 117; John J. Gunther, *St. Paul's Opponents and Their Background: A Study of Apocalyptic and Jewish Sectarian Teachings*(NovTSup 35; Leiden: Brill, 1973), 89; Ernest De Witt Burton, *A Critical and Exegetical Commentary on the Epistle to the Galatians*(ICC; Edinburgh: T&T Clark, 1920), 232–33; Lightfoot, *Galatians,* 171.

주장한다.[115] 갈라디아서에서 구약 율법에 순종하려는 열망을 강한 어조로 말한 것(4:21)은 유대 절기를 염두에 두고 있음을 암시한다. "초등학문"(στοιχεῖα)이라는 언급이 반드시 이교도 축제를 뜻한다고 볼 수 없다. 이 단어가 별의 영을 가리키지 않을 수 있기 때문이다.[116] "초등학문"이 별의 영을 가리킨다고 해도, 갈라디아 사람들이 문자적으로 별의 신을 숭배하던 과거로 돌아가는 것을 책망하는 것은 아니다. 오히려 바울은 구약 율법과 할례에 대한 헌신을 이교 사상과 비교한다. 4:8–11에서 바울이 언급한 것은 선동자들이 자유분방주의자였음을 가리키지 않는다. 오히려 바울이 율법 중심의 종교를 우상숭배로 분류했음을 보여준다.

갈라디아서에서 5:13-6:10의 역할

갈라디아 사람들이 자유분방주의자였다고 주장하는 사람들은 이 편지에 내포된 삶의 정황을 결정하기 위해 5:3–6:10에 집중하는 방법론적 실수를 범한다. 갈라디아 사람들이 처했던 삶의 정황을 재구성하기 위해 편지의 권고 부분을 기본 자료로 삼는 것은 실수다.[117] 권고는 회중에게 아직 존재하지 않는 문제를 경고하기 위해 사용되며, 따라서 바울은 실제라기보다 일어날 가능성이 있는 잘못을 경고하고 있을 수 있다.[118]

대적들이 유대주의자였다는 전통적인 견해는 5:13–6:10이 편지의 끝부분에 위치하는 이유를 잘 설명한다.[119] 바울은 신자가 율법에서 자유롭다는 것을 강조한 후 자신의 메시지가 남용되고 곡해될 가능성을 경계하고자 한다. 그러므로 그는 방종하기 위한 핑계로 자유가 사용되어서는 안 된다고 회중에게 경고한다. 진정한 자유는 성령을 향한 사랑과 복종에서 드러난다.[120]

게다가 대적들이 유대주의자라는 주장과 일치하는, 5:13–6:10에 대한 다른 설명들이 있다.[121] 베츠(Betz)는 유대주의자들이 오기 전에 갈라디아 사람들이 자유분방주의에 빠졌기 때문에 바울이 5:13–6:10을 포함시켰다고 제안한다.[122] 베츠는 갈라디아 사람들이 바울이 전한 자유의 복음을 율법에서의 해방으로 오해해서 자유분방주의가 번성했다고 주장한다. 유대주

115. Bruce, *Galatians,* 205–6. Betz는 언급된 의식들을 유대교만으로 한정할 수 없다고 생각한다. 그는 갈라디아 사람들이 실제로 날들을 지키지 않았고, 이 직설법은 여기서 전형적인 종교적 태도를 묘사하기 위해 사용된다고 주장한다. 그들이 할례의 희생물이 되려 했던 것처럼 또한 그들은 그러한 의식에 참여하려 하고 있었다. Betz, *Galatians,* 216–17. 하지만 이러한 설명은 인위적인 것으로 보인다.

116. 4:3에 대한 주석을 보라.

117. W. G. Doty, *Letters in Primitive Christianity*(Philadelphia: Fortress, 1973), 37–38; Morna Hooker, "Were There False Teachers in Colossae?" in *Christ and Spirit in the New Testament: Studies in Honour of Charles Francis Digby Moule*(ed. Barnabas Lindars and Stephen S. Smalley; Cambridge: Cambridge Univ. Press, 1973), 317.

118. 이 부분의 역할에 관한 다양한 견해의 유형 분류 체계에 대해 Wilson, *Curse of the Law,* 4–16을 보라.

119. Ukwuegbu는 갈라디아서 5:13–6:10이 갈라디아에 있는 그리스도인 공동체에 대해 별도의 사회적 정체성을 제공하는 기능을 한다고 주장한다. Bernard O. Ukwuegbu, "Paraenesis, Identity-Defining Norms, or Both? Galatians 5:13–6:10 in the Light of Social Identity Theory", CBQ 70(2008): 538–59. 하지만 사회적 정체성은 바울의 윤리를 위한 동기가 아니라 그 결과일 뿐이다.

120. 이것은 학문의 역사에서 공통된 견해다. 예를 들면, W. G. Kümmel, *Introduction to the New Testament*(trans. A. J. Mattill Jr.; Nashville: Abingdon, 1975), 301; Franz Mussner, *Der Galaterbrief* (5th ed.; HTKNT; Freiburg: Herder, 1988), 364에서 이 견해가 발견된다.

의자들이 찾아왔을 때 회중은 윤리적으로 혼란스러웠으며, 이런 혼란은 유대주의자들이 견해를 내세우는 기반을 제공했다. 유대주의자들은 오직 하나님의 율법에 순종함으로써 육신을 극복할 수 있다고 대응했다. 성령 안에서 사는 것만으로는 방종에 이른다는 것이다.[123] 바클레이는 이 부분이 자유분방주의가 아닌 도덕적 혼란에 반대하기 위해 쓰였다고 생각하지만, 그의 견해는 베츠의 견해와 크게 다르지 않다.[124]

베츠와 바클레이의 견해는 가능하지만, 적어도 두 가지 문제가 있다.[125] 첫째, 5:21은 바울이 갈라디아를 처음 방문했을 때 육신에 굴복하는 위험을 이미 경고했음을 가리킨다.[126] 유대주의자들이 온 후에야 바울이 처음으로 육신과 관련하여 권고해야 할 책임을 느낀 것이 아니다. 둘째, 갈라디아서에서 강조하는 것은 율법 준수가 아니라 율법에서의 자유다. 따라서 갈라디아 사람들이 자유분방주의에 빠졌다는 주장은 의심스럽다.

보르겐(Borgen)은 또 다른 가능성을 제시한다.[127] 그는 5:13–6:10이 바울의 메시지에 대한 자유분방주의자들의 오해를 막기 위한 것이 아니라고 주장한다. 오히려 대적들이 스스로 바울의 복음을 보충한다고 생각했다는 것이다. 따라서 그의 견해를 따르면 우리는 5:13–6:10을 바울이 대적들을 논박한 결론으로 이해해야 한다.[128] 바울은 그들의 가르침이 자신의 복음을 보충한다는 주장을 거절하며 자신과 대적들이 동료가 아님을 보여준다. 할례와 율법 아래의 삶은 육신을 통제하지 않는다. 바울에 따르면 육신을 극복하는 유일한 길은 영으로 사는 것이다. 보르겐의 분석은 부분적으로 옳을 수 있지만, 대적들은 자신을 바울의 동지로 소개하지 않았을 것 같다.[129] 갈라디아서 1–2장은 주석에서 내가 주장하는 대로 그들이 바울을 날카롭게 비판했음을 보여준다.

요약하면, 대적들이 유대주의자였다는 개념이 갈라디아서의 모든 증거를 가장 적절하게 설명한다. 이 서신에서 5:13–6:10의 존재는 대적들이 자유분방주의자였음을 보여주지 않는다. 바울은 갈라디아 사람들이 자신의 복음을 왜곡하는 것을 경고하기 위해 이 부분을 포함시켰을 가능성이 가장 크다.

---

121. 5:13–6:10의 역할에 대한 다양한 설명을 개관하려면 Barclay, *Obeying the Truth,* 9–23을 보라.

122. Betz, *Galatians,* 8–9. 또한 Martyn, "Law-Observant", 358; Lategan, "Argumentative Situation of Galatians", 395를 보라.

123. Leander E. Keck이 말하는 것처럼 "그들은 할례로 자신들이 육체의 능력을 효과적으로 다루고 있다고 생각했다." *Paul and His Letters*(Philadelphia: Fortress, 1979), 87을 보라.

124. Barclay, *Obeying the Truth,* 71–72, 106, 218.

125. 홍인규, *Law in Galatians,* 115–16.

126. 참고. Wilson, *Curse of the Law,* 14–15.

127. Peder Borgen, "Observations on the Theme 'Paul and Philo': Paul's Preaching of Circumcision in Galatia(Gal 5:11) and Debates on Circumcision in Philo", in *The Pauline Literature and Theology*(ed. S. Pederson; Gottingen: Vandenhoeck & Ruprecht, 1980), 92–102. 5:13–6:10의 기능에 대한 비슷한 견해는 또한 George Howard, *Paul: Crisis in Galatia: A Study in Christian Theology*(2nd ed.; SNTSMS 35; Cambridge: Cambridge Univ. Press, 1990), 11–14를 보라.

128. 이 견해에는 분명히 진실의 요소가 있다. 갈라디아서 5–6장이 바울의 논증의 절정을 나타낸다고 하는 Matera의 논증을 보라. Frank J. Matera, "The Culmination of Paul's Argument to the Galatians: Gal 5.1–6.17", *JSNT* 32(1988): 79–91.

129. Barclay, *Obeying the Truth,* 50.

더 정확한 대적들의 신원 확인

대적들이 유대주의자였다는 이론은 대적들과 관련된 모든 문제를 해결하지 못한다. 뭉크(Munck)는 대적들의 신원을 확정하기 위해 6:13의 현재분사 "할례를 받은 그들"(οἱ περιτεμνόμενοι)을 지목한다.[130] 뭉크는 동사의 시제(현재시제)를 진지하게 받아들여서 이 표현이 최근에 할례받은 자들을 가리킨다고 말한다. 그들이 유대인일 수 없는 분명한 이유는 유대인들은 태어나면서 할례를 받기 때문이다. 따라서 바울이 가리키는 대상은 이방인들이라는 것이다. 하지만 뭉크의 해석은 옳지 않다. 이방인들이 할례를 지키려는 움직임을 시작했을 것 같지 않기 때문이다. 물론 그랬을 가능성을 완전히 배제할 수는 없다. 하지만 뭉크는 자신의 견해를 분사의 시제에 근거한다. 우리는 대적들이 언제 할례를 받았는지 파악하는 일에 분사의 시제를 억지로 적용해서는 안 된다.[131]

대적들이 유대인일 개연성은 있지만, 유대주의자들의 정확한 신원을 밝히는 일은 훨씬 까다롭다.[132] 타이슨(Tyson)은 대적들이 갈라디아 태생의 그리스도인 유대인이었다고 생각한다.[133] 엘리스(Ellis)는 대적들과 히브리인 사이의 유사점을 본다. 히브리인들은 예루살렘 종파에 엄격한 태도를 취했으며 에세네파와 비슷했으리라 보이는 유대인들로 간주된다.[134] 브루스는 유대주의자들이 바리새파 유대인이라는 전통적인 입장을 내세운다.[135] 이 견해를 따르면 대적들은 구원을 위해 할례가 필요하다고 주장했던 사도행전의 바리새파 유대인들과 유사하다(행 15:1, 5).[136]

타이슨이 대적들을 갈라디아 태생으로 확신하는 것은 가능하지만, 대적들의 출신을 확정하기 위한 증거가 충분히 없다. 어쨌든 증거들을 모아보면 그들이 회중 밖에서 온 것으로 보인다. (1) 바울은 자주 대적들과 회중을 구분하며, 대적들은 3인칭으로 회중은 2인칭으로 언급한다(1:6-7; 4:17; 5:7-12; 6:12-13).[137] (2) 갈라디아서 2장은 대적들이 어떤 점에서는 예루살렘

---

130. Johannes Munck, *Paul and the Salvation of Mankind*(trans. F. Clarke; Atlanta: John Knox, 1959), 89. 또한 Harvey, "Opposition to Paul", 326도 동일하게 주장한다.

131. 여기서 6:13에 대한 주석을 보라. Kümmel은 Munck의 견해가 "심히 가능성이 낮다"라고 말한다(*Introduction*, 300).

132. Hurd는 대적들이 고린도후서 8-9장에 언급된 모금을 도왔던 형제들이라는 무리한 주장을 펼친다. John C. Hurd, "Reflections concerning Paul's 'Opponents' in Galatia", in *Paul and His Opponents* (ed. Stanley E. Porter; Pauline Studies 2; Leiden: Brill, 2005), 129-48을 보라.

133. Tyson, "Opponents in Galatia", 248-52.

134. E. Earle Ellis, *Prophecy and Hermeneutic in Early Christianity: New Testament Essays*(Grand Rapids: Eerdmans, 1978), 110-12와 118-22; 참고. Gunther, *St. Paul's Opponents*, 315-17.

135. Bruce, *Galatians*, 30. Stanton은 Justin이 쓴 *Dialogue with Trypho*에서 Trypho의 견해는 일부 유대인이 율법에 대한 복종을 근거로 언약으로 들어간다고 믿었음을 보여준다고 말한다(*Dialogue* 8:4; 10:3-4; 19:3). Graham Stanton, "The Law of Moses and the Law of Christ: Galatians 3:1-6:2", in *Paul and the Mosaic Law*(ed. James D. G. Dunn; Tübingen: Mohr Siebeck, 1996), 104-6.

136. Howard는 대적들이 예루살렘에서 온 유대주의자였다는 것에 동의하지만, Bruce와 다른 방향으로 나아간다(Paul: *Crisis in Galatia*, 2-45). Howard에 따르면 문제는 유대주의자들이 바울 또한 할례의 복음을 전파했다고 잘못 생각했다는 것이다. 그들은 바울의 메시지가 예루살렘의 사도들에게서 온 것이라고 믿었다. 그래서 대적들은 바울의 적이 아니었다. 실제로 그들은 바울이 단지 그의 병 때문에 할례의 필요를 빠뜨렸고, 선한 믿음 가운데 자신들이 그의 사역을 완성했다고 생각했다. 갈라디아서 1-2장에서 바울의 변호는 사도의 직분에 대한 공격에 대응한 것이 아니라, 왜 사도들이 그가 전한 복음의 내용에 대해 아무것도 알지 못했는지 설

과 연결되었음을 암시할 수 있다.[138] (3) 바울이 개종시켰던 사람들이 그토록 빨리 그에게서 돌아설 것 같지 않다고 지적한 드레인(Drane)의 생각이 옳을 수 있다. 대적들이 외부에서 들어와 어린 신자들을 혼란스럽게 했을 가능성이 더 크다.[139]

대적들의 신원과 관련하여 브루스와 엘리스의 견해 중 하나를 선택하는 것은 좀 더 어렵다. 어느 경우든 대적들은 팔레스타인에서 왔으며, 의식에 엄격한 유대인이었을 것이다. 결국 가장 중요한 점은 브루스의 해석이 더 설득력이 있어 보인다는 것이다. 엘리스는 갈라디아의 대적들이 어떤 측면에서는 골로새 교회를 위협하던 이단 사상과 유사할 수 있다고 제안하기 때문이다.[140] 하지만 갈라디아의 대적들은 할례를 요구했다는 점에서 바리새인들과 유사한 반면(행 15:1, 5), 골로새의 이단은 할례를 그 정도로 강조하지 않았던 유대인 무리에서 파생된 것으로 보인다. 따라서 나는 이 주석에서 대적들을 유대주의자로 볼 것이며, 그들은 사도행전 15장의 바리새파 반대자들과 비슷했을 개연성이 있다.[141]

또한 대적들은 자신을 그리스도인으로 생각했을 가능성이 있다.[142] 그들은 바울이 갈라디아 사람들에게 선포했던 복음을 교정하고(1:6-9; 3:3) 십자가로 인한 박해를 피하고자 했다(6:12).[143] 유대주의자의 신학을 이해하는 한 가지 열쇠는 바울에 대한 그들의 견해였다. 바울의 복음이 사도의 권위를 지닌 것이 맞다면, 유대주의자들은 잘못 판단한 것이었다. 갈라디아서 1-2장에 나오는 바울의 변호에서 우리는 유대주의자들이 세 가지로 그를 고발했음이 분명하다고 유추할 수 있다. (1) 그의 복음은 사람, 즉 사도들에게서 온 것이다. (2) 바울은 갈라디아에 와서 율법의 유효성과 할례의 필요성을 주장하지 않았기 때문에 복음을 왜곡했다(1:6-10). (3) 바울이 그렇게 한 동기는 이방인이 원하는 것에 영합하기 위해서였다(1:1-10). 그는 성공을 원했기 때문에 자신이 원래 전했던 복음을 버렸다(5:11).

명한다. 그렇다면 문제는 단순히 대적들이 잘 몰랐다는 것이었다. 그들은 바울에 대한 특별한 적의는 없었다. 하지만 Howard의 생각과 달리, 대적들이 단순히 몰랐다는 것뿐이라면 바울이 그렇게 단호하게 자기를 변호했을 것이라고 믿기 어렵다. 편지 전체에 걸쳐 바울의 논쟁적인 언어는 문제가 단지 오해나 정보의 결여가 아니었음을 암시한다. Howard의 견해에 대한 비판은 A. J. M. Wedderburn, "Review: *Paul: Crisis in Galatia*", SJT 33(1980): 375-85; David Garland, "Review: *Paul: Crisis in Galatia*", *RevExp* 78(1981): 114-15를 보라.

137. 참고. Bruce, *Galatians,* 19; Barclay, *Obeying the Truth,* 43; Martyn, "Law-Observant", 352; 참고. Ellis, *Prophecy and Hermeneutic,* 110; 홍인규, *Law in Galatians,* 117.

138. Lightfoot, Galatians, 29; Kummel, *Introduction,* 301에서 그렇게 말한다.

139. Drane, *Libertine or Legalist,* 88.

140. Ellis, *Prophecy and Hermeneutic,* 110-25를 보라.

141. Riches는 19세기까지 주석가가 대부분 갈라디아서에 유대교에 대한 격렬한 비판이 있다고 믿었다고 말한다. *Galatians through the Centuries,* 67을 보라.

142. 이것은 대다수의 견해다. 예를 들어, Esler, *Galatians,* 73; Martyn, "Law-Observant", 353, 356-57; Barclay, "Mirror-Reading", 86을 보라. 그들이 믿지 않는 유대인이라는 생각에 대한 변호는 Nikolaus Walter, "Paul and the Opponents of the Christ-Gospel in Galatia", in *The Galatians Debate: Contemporary Issues in Rhetorical and Historical Interpretation*(ed. Mark D. Nanos; Peabody, MA: Hendrickson, 2002), 362-66을 보라. '심층 연구: 갈라디아의 대적들은 예수님이 그리스도이심을 믿었는가?'를 보라.

143. Jewett, "Agitators", 337.

대적들의 견해와 신학

대적들이 주장하던 신학의 핵심은 그들이 할례와 율법에 집중했다는 것이다. 그들은 하나님의 백성이 할례를 수용해야 한다고 주장했을 것이다.[144] 결국 할례받은 자만이 아브라함에게 주어진 약속을 받을 것이다.[145] 그들은 언약의 표시로서 할례를 요구한 창세기 17장에 호소했을 것이 분명하다.[146] 할례는 유대인에게만 제한되지 않았다. 여호와의 회중에 들어오기 원했던 외국인은 할례를 받아야 한다(창 17:11–13). 사실 할례는 아브라함이 많은 나라의 아버지가 되는 것과 연결된다(창 17:5–6). 그들은 이방인이 "아브라함의 자녀"가 되기 원한다면 그에 대한 언약의 표시를 받아야 한다고 추론했을 것이다.

또한 할례의 필요성이 시간적으로 제한되지 않은 이유는 하나님이 그 언약을 "영원한" 언약이라고 부르시기 때문이다(창 17:7, 8, 13). 유대주의자들은 창세기 17:14을 이용해 주장을 강화했을 것이다. "할례를 받지 아니한 남자 곧 그 포피를 베지 아니한 자는 백성 중에서 끊어지리니 그가 내 언약을 배반하였음이니라." 유대주의자들은 구원을 위해 할례가 필요하다고 주장했을 것이다. 버튼(Burton)은 그들의 견해를 다음과 같이 요약한다. "그들의 주장 전체는 창세기 17장에 근거했을 가능성이 크다. 구약에 영원한 권위가 있다는 그들의 전제가 옳다면 그들의 결론을 벗어날 수 없다."[147] 할례에 대한 해석은 토라에 대한 해석과 밀접하게 연관되어 있다. 할례는 사람이 율법 전체에 순종해야 한다는 표지이자 상징이었다. 율법은 하나님의 영감으로 된 말씀이기에 어겨서는 안 되며, 하나님의 법으로서 그것은 영원히 유효하다. 따라서 해석학적으로 그들은 성경을 직설적, 문자적으로 이해했다.

갈라디아서 1–2장에 나오는 바울의 자기변호를 보면, 대적들이 바울을 비판했고 바울에게 토라를 무효화할 권리가 없다고 주장했다는 결론을 내릴 수 있다. 유대주의자들은 바울과 대조적으로 예루살렘 사도들이 자신과 의견을 같이한다고 말했을 수 있다. 그들이 보기에 바울의 사도직은 의심스러웠다. 그는 원래 사도가 아니었기 때문이다. 유대주의자들은 바울이 전하는 복음이 예루살렘 사도들의 복음에 비해 열등하다고 주장했다(2:1–10).[148] 갈라디아서 3–4장에서 그들이 아브라함을 근거로 강하게 주장했다는 것을 유추할 수 있다. 아브라함의 복, 자녀의 신분, 상속권에 참여를 강조한 사실은 그들이 처해 있는 입장의 핵심을 가리킨다. 유대주의자들은 할례를 받지 않고서는 누구도 아브라함의 복에 참여하지 못하고, 아브라함의 자녀라 불리지도 못하며, 약속을 유업으로 받지 못한다고 주장했다. 아마도 그들은 바울이 할례를 부정하지 않았다고까지 주장했을 것이다(참고. 5:11). 그들은 바울이 갈라디아 개

---

144. 어떤 이들은 유대교 개종자가 되기 위해 항상 할례를 받아야 하지는 않았다고 주장한다. 예를 들어, Neil McEleney, "Conversion, Circumcision, and the Law", *NTS* 20(1974): 319–41을 보라. 아마도 소수 유대인이 개종자에 대해 할례의 필요성을 격하했을 수 있지만 주된 견해는 개종자가 할례를 받아야 한다는 것이었다. John Nolland, "Uncircumcised Proselytes?" *JSJ* 12(1981): 173–94; Cohen, "Crossing the Boundary", 26–30의 설명은 옳다.

145. 따라서 Garlington과 대조적으로 할례는 '그들의 언약의 지위를 유지'하기 위해 요구되지 않았다. Don Garlington, An *Exposition of Galatians: A Reading from the New Perspective*(3rd ed.; Eugene,

종자들을 혼란과 불안에 빠뜨리지 않기 위해 단순히 할례를 요구하지 않았을 것이라고 추정했을 수 있다(1:10). 바울이 성공적으로 개종시킬 사람을 모으기 위해 복음의 요구를 완화하고 누그러뜨리려 했다는 것이다.

이런 식으로 유대주의자들의 신학적 입장을 요약해보면, 그들의 견해가 가진 단순성과 논리와 매력을 볼 수 있다. 그들의 해결 방식은 실질적이고 구체적이며, 신학적으로 일관성이 있었다. 그것은 예루살렘 신자들의 생활 방식과 일치했다. 실제로 바울이 찾아가기 전에 신자는 대부분 그런 방식으로 살았다. 그렇기에 갈라디아 사람들이 바울의 복음에 의문을 품기 시작한 것도 당연하다. 바울은 할례가 아브라함의 복에 동참하는 길이라고 말하지 않았다. 얼핏 보면 성경의 가르침은 유대주의자들의 주장을 지지하는 것처럼 보였다. 곧, 언약 공동체에 들어가려면 할례를 받아야 한다는 것이다.

심층 연구

갈라디아의 대적들은 예수님이 그리스도이심을 믿었는가?

나는 대적들이 자신을 그리스도인으로 소개하며 예수님이 그리스도이심을 고백했다고 말했다. 대적들이 스스로 그리스도인이라고 주장했다는 것은 학자들이 동의하는 견해였지만, 이 견해가 최근 도전을 받고 있다. 무디먼(Muddiman)은 거짓 형제들이 스스로 그리스도인이라고 주장하지 않았으며, 유대 당국에 보고하기 위해 교회로 잠입했다고 주장한다.[149] 대적들이 스스로 그리스도인이라고 주장하지 않았을 가능성도 있지만, 그들이 예수 그리스도에 대한 믿음을 고백했다는 전통적인 견해가 여전히 선호되는 이유 세 가지를 들 수 있다. (1) 바울은 어디에서도 대적들이 예수님을 그리스도로 믿지 않는다고 비판하지 않는다. 그들이 그리스도에 대한 믿음을 부인했다면 바울은 그것을 분명히 지적했을 것이다. 요한1서와 요한2서에서 그것을 볼 수 있다. 거기서 요한은 대적들의 잘못된 기독론을 비판한다.

(2) 대적들이 예수님의 그리스도 되심을 부인했다면, 바울은 갈라디아서에서 예수님이 참으로 그리스도시라는 반론을 펼쳤을 것이다. 바울이 율법에 대한 그들의 견해를 다소 상세하게 반격하기 때문이다. 그런데 예수님의 메시아적 지위를 상세히 변호하지 않는 이유는 대적들이 그것을 문제 삼지 않았기 때문이라고 추측할 수 있다.

(3) 대적들이 사람들에게 이미 믿은 것에 더해 율법에 순종함으로써 바울의 복음을 보충하고 개선해야 한다고 주장하면서 바울의 복음에 상당 부분 동의했다면(그리하여 예수님을 그리스도로 고백했다면), 갈라디아 회중 안으로 쉽게 잠식할 수 있었으리라는 견해는 좀 더 개연성이 있다.

OR: Wipf and Stock, 2007), 11. 그보다 유대주의자들은 언약에 들어가기 위해 할례가 필요하다고 주장했다.

146. 참고. Smiles, *Gospel and Law in Galatia,* 64–65.

147. Ernest De Witt Burton, "Those Trouble–Makers in Galatia", *Biblical World* 53(1919): 557. 또한 Wilson, Curse of the Law, 61–62를 보라.

148. Bligh, *Galatians,* 29에서 그렇게 말한다.

149. John Muddiman, "An Anatomy of Galatians", 262–63. 또한 Nikolaus Walter의 견해를 보라(n 142).

마크 나노스(Mark Nanos)도 대적들이 그리스도를 믿지 않았다는 견해를 변호했다.[150] 그는 대적들이 "영향력을 행사하는 사람들"로 명시되어야 하고(그는 대적들을 부정적으로 특징짓는 것을 주의해야 한다고 말한다), 그들이 지역 회당의 유대인 대표였다고 주장한다. 또한 "다른 복음"에 대한 언급을 반어적으로 해석해야 하며(1:6-7), 그들이 십자가로 인해 박해받기를 거부했다는 것(6:12)을 두고 그들이 스스로 그리스도인임을 주장했다고 이해해서는 안 된다고 주장한다. 앞에서 말한 이유들 때문에 대적들이 밖에서 왔을 가능성이 가장 크지만, 나노스는 대적들이 갈라디아 밖에서 왔다는 증거가 때때로 주장되는 것만큼 강력하지 않음을 보여준다.

나노스는 대적들을 공정하게 다루려고 노력하며 그들을 특징짓는 부정적인 언어를 자제한다. 하지만 바울의 언어가 영감에 따른 말씀이며 대적들에 대한 하나님의 견해임을 받아들이는 우리는, 대적들에 대한 바울의 태도를 정확한 묘사로 받아들여야 한다. 그러므로 그들을 선동자, 문제를 일으키는 자, 복음을 대적하는 자, 하나님의 종말론적 화를 받아 마땅한 자로 명시하는 것은 정당하다(1:8-9).

나노스가 제안한 가장 창의적인 특성은 대적들이 그리스도를 믿지 않았다는 주장이다. 하지만 앞에서 무디먼의 견해에 반대하여 제시한 세 가지 주장은 나노스의 견해에 대한 반론도 될 수 있다. 또한 나노스와는 대조적으로, "복음"이라는 단어의 언급(1:6-7)을 반어적으로 해석해야 한다는 주장은 확실하지 않다. 반어법임을 간파하기 위해서는 제시된 것보다 더 많은 단서가 필요하다. 바울이 그들의 메시지를 "복음"이라 칭한 이유는 대적들이 그렇게 묘사했기 때문일 가능성이 더 크다. 그리고 대적들이 "복음"이라는 단어를 사용했다면, 그들이 예수님을 메시아로 믿는 믿음을 고백했을 가능성도 크다. 따라서 대적들은 믿지 않는 유대인이라기보다 예수님을 메시아로 고백한 자로 분류되어야 한다. 그들과 바울이 구별되는 점은 복음에 더해 할례를 요구하고 구약 율법에 대한 순종을 보충하려 했던 그들의 열망이었다.

구조[151]

수사비평

바울 서신은 최근 수사비평이라는 관점으로 연구되었다.[152] 바울은 그리스-로마의 핸드북, 특별히 쿠인틸리아누스(Quintilian)와 키케로(Cicero)의 저작이 제안하는 논증과 구조의 패턴을 사

150. Mark D. Nanos, *The Irony of Galatians: Paul's Letter in First-Century Context*(Minneapolis: Fortress, 2002).

151. 수사비평과 서신의 특성의 부분은 내가 쓴 "Interpreting the Pauline Epistles", in Interpreting *the New Testament: Essays on Methods and Issues*(ed. David A. Black and David S. Dockery; Nashville: Broadman & Holman, 2001), 422-25에서 가져온 것이다.

152. 도움이 되는 그리스 수사학에 대한 입문은 G. A. Kennedy, *New Testament Interpretation through Rhetorical Criticism*(Chapel Hill: Univ. of North Carolina, 1984)을 보라. 참고. 또한 D. F. Watson and A. J. Hauser, *Rhetorical Criticism of the Bible: A Comprehensive Bibliography with Notes on History and Method*(Leiden: Brill, 1994).

153. 갈라디아서의 문체에 대한 분석은 Terrance Callan, "The Style of Galatians", *Bib* 88(2007): 496-516을 보라. Callan은 이 편지의 문체가 상당히 평이하다고 주장한다.

용했는가?[153] 많은 학자는 이에 긍정적으로 대답하며, 바울 서신을 수사학적인 저술로 이해하려는 문헌이 점차 늘고 있다.

수사학은 (1) 사법(judicial), (2) 토의(deliberative), (3) 과시(epideictic)의 세 형태로 분류될 수 있다. 사법의 수사는 법정 언어로, 변호와 고발의 언어가 우세하며 유죄와 무죄가 고려된다. 토의의 수사는 사람들이 미래를 생각하도록 호소하며 특정 행동을 하거나 하지 않도록 설득한다. 연설자가 과시의 수사를 사용할 때는 통상적인 가치나 열망을 찬양하거나 책망받을 만한 일을 고발한다.

수사학적 연설에는 대부분 네 가지 요소가 포함된다. 그것은 (1) 연설을 소개하고 이어지는 내용에 공감을 이끌어 내는 서론(exordium), (2) 주된 제안이나 논제에 관련된 배경지식을 포함하는 서술(narratio), (3) 제안에 대해 논증하는 입증(probatio, 주 논제를 변호하는 증거), (4) 전체 논증을 요약하고, 청중을 설득하기 위한 호소력 있는 결론으로 이끄는 마무리(peroratio, 요약과 결론)다.

바울에 대한 수사비평의 연구는 베츠의 갈라디아서 주석에서 시작되었다.[154] 그는 갈라디아서를 다음과 같이 나누며 그것을 사법의 변증적 편지로 판정한다.

서언(prescript) 1:1–5
본체(body) 1:6–6:10
서론(*exordium*) 1:6–11
서술(*narratio*) 1:12–2:14
주 논제(*propositio*) 2:15–21
입증(*probatio*) 3:1–4:31
권고(*paraenesis*) 5:1–6:10
후기(postscript, 마무리를 포함) 6:11–18

베츠의 연구는 매우 흥미로우며, 그가 제안한 구조가 타당하다는 것을 즉각적으로 알 수 있다. 실제로 수사비평의 이점 중 하나는 바울 서신이 면밀하게 구성되고 작성되었음을 상기시킨다는 것이다. 하지만 최종적으로 베츠의 제안을 의심스럽게 하는 중대한 문제가 있다.[155] (1) 갈라디아서의 서론(exordium)은 청중에게 호의를 유발하지 않는다. 그들의 삶에서 하나님이

---

154. Betz, *Galatians,* 특별히 14–25를 보라. Betz는 주석서가 나오기 전에 한 논문에서 자신의 연구를 요약했다. 그가 쓴 "The Literary Composition and Function of Paul's Letter to the Galatians", *NTS* 21(1975): 352–79를 보라. 다른 이들은 기본적으로 Betz에 동의했다. Brinsmead, *Galatians,* 37–55; J. D. Hester, "The Rhetorical Structure of Galatians 1:1–2:14", *JBL* 103(1984): 223–33를 보라. 하지만 그 후 Hester는 이 편지를 과시적 수사(epideictic)로 분류했다. J. D. Hester, "Epideictic Rhetoric and Persona in Galatians 1 and 2", in *The Galatians Debate: Contemporary Issues in Rhetorical and Historical Interpretation*(ed. Mark D. Nanos; Peabody, MA: Hendrickson, 2002), 181–96.

155. Betz에 대한 평가는 G. Walter Hansen, *Abraham in Galatians: Epistolary and Rhetorical Contexts*(JSNTSup 29; Sheffield: Sheffield Academic Press, 1989), 25–27, 57–71을 보라.

하시는 일에 감사하는 대신 바울은 그들이 복음에서 떠나는 것에 놀라움을 표현한다(1:6–11). 독자에게 신뢰감을 형성하려는 노력이 보이지 않는다. (2) 갈라디아서의 많은 부분이 권고로 이루어져 있지만(5:1–6:10), 수사학 핸드북에는 권고의 부분이 없다. (3) 베츠는 갈라디아서와 비교할 수 있는 실제 변증의 편지에 대한 예를 들지 않는다.[156] (4) 이 분석에서 바울의 유대적 배경은 철저히 무시된다.[157] (5) 또한 베츠는 갈라디아서가 고대 마법의 편지를 모델로 삼았다고 보지만, 마법의 편지와 갈라디아서가 현저히 다르기 때문에 그러한 비교는 개연성이 없다.

어떤 학자들은 갈라디아서를 사법보다 토의의 수사로 분류해야 한다고 제안함으로써 베츠의 생각에 반응했다.[158] 갈라디아서가 기본적으로 토의적 의도로 쓰였다는 생각은 옳은 것으로 보이지만, 그만큼 헬라 수사학의 패턴을 정확하게 따르는지는 여전히 의문이다. 설득하려는 의도의 편지가 반드시 정확하게 수사의 범주에 들지는 않기 때문이다. 사실상 모든 바울 서신이 수사학적인 개요를 가진 것으로 생각되었다. 하지만 그러한 제안들은 수사학 범주에 정확히 들지 않는 바울 서신에 그러한 형식을 강제로 대입하는 잘못이 있으며, 이는 갈라디아서도 마찬가지다.[159] 편지가 실제로 말하는 내용을 억누르는 틀에 박힌 형식은 갈라디아서의 독특한 특징들을 잃어버리게 한다.[160]

그렇다고 해서 새로운 수사학적 접근이 아무 가치가 없다는 말은 아니다. 이를 통해 서신서가 면밀하게 구성되고 작성되었음을 다시금 확인할 수 있다. 바울의 편지가 서툴게 구성되었다면 이런 새로운 제안들은 심각하게 고려할 가치가 없을 것이다. 또한 바울은 수사학에 어느 정도 친숙했을 것이며, 헬라 문화의 영향은 분명히 팔레스타인에도 미쳤을 것이다.[161]그가 헬라 수사학을 전혀 몰랐다고 해도(그럴 것 같지는 않지만) 여전히 바울 서신에서 일부 수사학적 특성을 간파할 수 있는 이유는, 헬라 수사학을 아무것도 모르는 자들이 실제로 사용하는 효

156. Paul W. Meyer, "Review: *Galatians: A Commentary on Paul's Letter to the Churches of Galatia,* by Hans Dieter Betz", *RelSRev* 7(1981): 319; David E. Aune, "Review: *Galatians: A Commentary on Paul's Letter to the Churches of Galatia,* by Hans Dieter Betz", *RelSRev* 7(1981): 324의 설명은 옳다.

157. W.D. Davies는 Betz가 특별히 갈라디아서 3–4장에서 회당에서 행하던 성경적 관례를 충분히 설명하지 않는 것에 주목한다. 이 편지의 유대 배경과 그것의 메시아적 상황이 간과되었다. "Review: *Galatians: A Commentary on Paul's Letter to the Churches of Galatia, by Hans Dieter Betz*", *RelSRev* 7(1981): 314–17을 보라.

158. 예를 들어, Kennedy, *Rhetorical Criticism,* 145–47; R. G. Hall, "The Rhetorical Outline for Galatians: A Reconsideration", *JBL* 106(1987): 277–88; W. B. Russell, "Rhetorical Analysis of the Book of Galatians", BSac 150(1993): 341–58과 416–39; François Vouga, "Zur rhetorischen Gattung des Galaterbriefes", *ZNW* 79(1988): 291–92; Joop Smit, "The Letter of Paul to the Galatians: A Deliberative Speech", *NTS* 35(1989): 1–26을 보라. 바울이 머리말에서 사법, 토의, 과시의 수사를 사용한다는 주장의 좀 더 융통성 있는 설명은 R. M. Berchman, "Galatians(1:1–5): Paul and Greco-Roman Rhetoric", in *The Galatians Debate: Contemporary Issues in Rhetorical and Historical Interpretation*(ed. Mark D. Nanos; Peabody, MA: Hendrickson, 2002), 60–72를 보라.

159. 학자들은 다수의 다른 갈라디아서의 개요를 제안했다. 개관을 위해 D. Francois Tolmie, Persuading the Galatians: *A Text-Centred Rhetorical Analysis of a Pauline Letter*(WUNT 2/190; Tübingen: Mohr Siebeck, 2005), 1–19를 보라.

160. Robert A. Bryant, *The Risen Crucified Christ in Galatians*(SBLDS 185; Atlanta: SBL, 2001), 52–54에서 그렇게 말한다.

161. 이 요점은 논란이 되고 있다. 논의에 대한 소개로 Jeffery A. D. Weima, "What Does Aristotle Have to Do with Paul? An Evaluation of Rhetorical Criticism", *CTJ* 32(1997): 464–65를 보라.

162. 예를 들어, Esler는 갈라디아서가 안내서에서 설명되는 대로 형식면에서 토의의 수사와 일치하지 않지만 넓은 의미에서 토의의 수사라고 주장한다(*Galatians,* 19, 59–61).

163. 수사학적 범주들을 갈라디아서에 적용하는 것이 잘못이라고 하는 견해에 대해 Philip H. Kern, *Rhetoric in Galatians: Assessing an Approach to Paul's Epistle*(SNTSMS 101; Cambridge: Cambridge Univ. Press, 1998)을 보라. 또한 Weima의 논문 "What Does

과적인 전달의 요소들이 수사학 핸드북에 명시되기 때문이다.[162]

어쨌든 우리는 바울이 실제로 수사학 핸드북에 따라 편지 전체를 구성했는지 심각하게 생각해봐야 한다.[163] 수사학 핸드북에 나오는 수사학 법칙들은 연설을 위해 고안되었으며, 기록된 화법을 위한 것이 아니다.[164] 수사학 핸드북은 편지를 거의 언급하지 않으며, 사용된 논증의 형식(사법, 토의, 과시)에 따른 처방을 포함하지 않고, 특정 개요(서론, 서술, 입증, 마무리)에 따를 것을 권하지 않는다. 포터(Porter)는 다음과 같이 말하며 수사학 핸드북이 편지에 미친 영향에 대한 연구를 맺는다. "따라서 고대 핸드북에 나오는 수사학의 종류와 구성의 형식적인 범주들을 바울 서신의 분석에 적용하는 것은 이론적으로 정당화되지 않는다."[165] 고대 교부들이 바울 서신이 헬라 수사학을 따른다고 생각하지 않았다는 것도 유익한 정보다.[166] 교부들 상당수가 수사학을 잘 알거나 교육을 받았지만, 그들이 바울의 편지를 수사학 패턴을 따른 것으로 보았다는 암시가 없다. 오히려 그들은 때때로 그의 무례한 스타일에 당혹스러워하는 것처럼 보인다.

앞에서 언급한 것처럼 갈라디아서를 분류할 때 가장 심각한 문제는 서신서에 상세한 개요가 강요된 것처럼 보인다는 것이다. 하지만 그러한 결론은 바울 서신에서 일부 수사학적 특성이 사용되고 있음을 부정하지는 않는다.

서신의 특성

다른 학자들은 수사비평과 함께 바울 서신이 띠는 편지의 특성을 조사해야 한다고 주장한다.[167] 바울의 모든 편지는 서두, 본체, 종결로 구성된다.[168] 편지의 서두에 일반적으로 네 가지

Aristotle"을 보라. 하지만 나는 바울이 그리스 수사학을 배우지 않았다는 주장이 의심스럽다. Weima와 대조적으로 나는 또한 고린도전서 2:1-5에서의 수사학에 대한 바울의 부정적인 비평은 그의 설교로 한정해야 한다고 본다. 따라서 바울의 비평은 그의 글에서 수사학이 사용되었음을 배제하지 않을 가능성이 있다고 생각한다. 하지만 나는 Weima가 바울의 글에서 그러한 수사학의 사용을 입증하기 위한 증거가 부족하다고 말하는 것은 옳다고 생각한다. 또한 Tolmie, *Persuading the Galatians*, 24-27에서 제기되는 질문들을 보라.

164. 갈라디아서에서의 수사학의 역할에 대한 균형 잡힌 평가를 위해 Janet Fairweather, "The Epistle to the Galatians and Classical Rhetoric: Parts 1-2", TynBul 45(1994): 2-38; 같은 책에서 "The Epistle to the Galatians and Classical Rhetoric: Part 3", *TynBul* 45(1994): 213-43을 보라. Fairweather는 바울이 그리스 수사학을 배우지 않았다고 할지라도 수사학적인 특성이 있을 수 있음을 강조한다.

165. S. E. Porter, "The Theoretical Justification for Application of *Rhetorical Categories to Pauline Epistolary Literature", in Rhetoric and the New Testament: Essays from the 1992 Heidelberg Conference*(ed. S. E. Porter and T. H. Olbricht; Sheffield: JSOT Press, 1993), 115-16.

166. 이 점에 대해 Weima, "What Does Aristotle", 467을 보라.

167. Nils A. Dahl, "Paul's Letter to the Galatians: Epistolary Genre, Content, and Structure", in *The Galatians Debate: Contemporary Issues in Rhetorical and Historical Interpretation*(ed. Mark D. Nanos; Peabody, MA: Hendrickson, 2002), 117-42; Hansen, *Abraham in Galatians,* 21-54; G. Walter Hansen, "A Paradigm of the Apocalypse: The Gospel in the Light of Epistolary Analysis", in *The Galatians Debate: Contemporary Issues in Rhetorical and Historical Interpretation*(ed. Mark D. Nanos; Peabody, MA: Hendrickson, 2002), 143-54를 보라. 이 학자들은 갈라디아서가 책망-요청의 편지이며, 여기에서 갈라디아 사람들이 바울의 복음을 따르도록 책망과 격려를 받음을 강조한다. 편지의 규칙을 이해하는 것은 확실히 이 편지의 구조를 이해하는 데 도움을 준다. 하지만 이 학자들이 채택하는 접근은 전적으로 만족스럽지는 않다. 그들은 갈라디아서의 특성을 분별하기 위해 파피루스로 발견되는 비문학적인 편지들에 의존한다. 하지만 그러한 편지들은 갈라디아서와 크게 다르다. 파피루스 편지들은 특성상 개인적이며 매우 짧다. Bryant, *Crucified Christ in Galatians,* 43-44; Graham N. Stanton, "Review

요소가 있는데, (1) 발신자(예를 들어, 바울), (2) 수신자(예를 들어, 갈라디아 사람들), (3) 인사(예를 들어, 은혜와 평안이 있기 원한다), (4) 기도(일반적으로 감사)다. 서두 패턴의 변화와 강조를 통해 해석상의 중요한 단서를 발견할 수 있다. 예를 들어, 1:1의 변호하는 분위기는 다른 바울 서신에서 찾기 힘든 것으로서, 대적들이 바울의 사도 직분의 합법성에 의문을 제기했음을 암시한다.

바울은 1:2에서 발신자로서 자신뿐 아니라 "함께 있는 모든 형제"를 언급한다. 이 표현을 통해 그는 자신이 전파하는 복음이 단순히 개인적인 의견이 아니라는 사실을 전한다. 바울과 함께하는 모든 신자 또한 복음을 인정하기 때문에, 갈라디아 사람들이 그의 복음을 부인하는 것은 기독교 전통을 거부하는 것이다.

바울은 보통 감사로 서신을 시작하기 때문에 갈라디아서 1장에 감사가 없다는 점은 중요하다.[169] 바울은 감사보다 교회의 잘못에 놀란다. 일반적으로 편지의 서두는 두세 구절로 짧다. 갈라디아서가 특이한 이유는 서두가 다섯 구절로 되어 있기 때문이다. 가장 긴 서두는 로마서에서 발견된다. 거기서 바울은 직접 설립하지 않은 교회에 편지를 쓰고 있기 때문에, 공동 유대와 이해를 확고히 세우기 위해 시작부터 사도로서의 독특한 역할과 자신이 전파하는 복음을 강조한다.

바울 서신의 요지는 본체에서 발견되는데, 이는 일관성 있는 패턴 없이 눈에 띄게 창의적이다. 해석자의 임무는 바울의 논증을 면밀하게 추적하고, 본문 자체가 구조를 결정하게 하는 것이다.[170] 편지의 본체는 바울 서신의 독특한 특성을 강조한다. 그리스-로마 세계의 다른 편지들과 일부 겹치는 부분이 있지만, 또한 철저하고도 면밀한 해석을 요구하는 독특한 특성이 있다. 서신의 특성과 수사학적 특성은 이 편지를 해석하는 데 도움을 줄 것이다. 하지만 갈라디아서는 어느 구조도 정확하게 따르지 않음을 인식해야 한다.

바울 서신의 결말은 패턴이 다양하며 결말이 어디에서 시작되는지 분별하기 어려울 수 있지만, 해석상 중요하다.[171] 종종 결말에는 다음과 같은 요소들이 존재하는데, 여러 가지 예를 들 수 있지만 각각 둘씩만 언급할 것이다. (1) 여행 계획이나 개인적인 상황(롬 15:22-29; 고전 16:5-9, 갈라디아서에는 없음), (2) 기도(롬 15:33; 살전 5:23, 갈라디아서에는 없음), (3) 협력자들을 추천(롬 16:1-2; 고전 16:10-12, 갈라디아서에는 없음), (4) 기도 요청(롬 15:30-32; 골 4:2-4, 갈라디아서에는 없음), (5) 인사(롬 16:3-16; 고전 16:19-21, 갈라디아서에는 없음), (6) 마지막 지침과 권고(롬 16:17-20a; 고전 16:13-18, 갈라디아서에서 마지막 지침은 6:11-17에 나오며 편지의 해석에 중요하다),

---

of *Abraham in Galatians: Epistolary and Rhetorical Contexts*", *JTS* 43(1992): 614-15의 설명을 보라. 편지의 규칙에 집중함으로써 편지의 구조를 전적으로 풀 수 없을 것 같다. 갈라디아서는 구조가 독특하며, 그것은 편지에서 논증의 전개를 조심스럽게 살핌으로써 분별해야 한다. Bryant의 말처럼 "이 점에 있어서 바울의 편지가 다른 글들과 조화되지 않기 때문에 바울의 편지를 남아 있는 다른 편지들의 양식과 비교하는 것은 정확할 수 없다. 기껏해야 어림짐작할 뿐이다"(*Crucified Christ in Galatians,* 44).

168. Bligh는 그의 주석서에서 갈라디아서를 교차대구법 구조로 배열하지만(*Galatians,* 37-42), 그러한 개요를 무리하게 적용한다. C. K. Barrett, "The Allegory of Abraham, Sarah, and Hagar in the Argument of Galatians", *in Rechtfertigung: Festschrift für Ernest Käsemann*(ed. J. Friedrich, W. Pöhlmann, and P. Stuhlmacher; Tübingen: Mohr Siebeck, 1976), 3-5의 설명은 적절하다.

169 기도의 부분은 종종 이 편지의 중요한 주제의 전조가 된다. P. Schubert, *Form and Function of Pauline Thanksgivings*(Berlin:

(7) 거룩한 입맞춤(고전 16:20; 고후 13:12), (8) 자필의 인사(고전 16:21; 갈 6:11), (9) 은혜의 축복(롬 16:20; 갈 6:18).

결말의 중요성이 편지에 따라 다르다는 것을 인식해야 하지만, 결말이 편지의 해석에 중요하게 공헌한다는 것은 6:11-18에서 적절하게 예시된다.[172] 자필의 형식(6:11)이 결말의 무게감을 드러내는 이유는 이어지는 내용의 중요성을 강조하기 위해 큰 글자로 쓰고 있기 때문이다. 여기에서는 대적들과 바울의 대조가 가장 두드러진다.

- 대적들은 갈라디아 사람들의 할례를 자랑하지만(6:12-13), 바울은 그리스도의 십자가만을 자랑한다(6:14).
- 대적들은 "십자가로 인한 박해를 피하지만"(6:12) 바울은 "십자가로 인한 박해를 받아들이며"(6:17) 박해의 흔적을 몸에 지닌다.[173]
- 대적들은 갈라디아 사람들에게 할례를 강요하지만(6:12-13), 바울은 할례와 무할례 모두 선택 사항, 즉 아무래도 좋은 행위(adiaphora, 6:15)로 본다.
- 대적들은 세상 권세 아래 살지만(6:14), 바울은 오는 시대, 그리스도에 의해 시작된 "새로운 창조"로 인도되었다(6:15).

결말을 자세히 읽어보면 갈라디아서에서 근본적인 문제가 그리스도의 십자가임이 드러난다. 바울은 독자에게 십자가의 중요성을 상기시킴으로써 주요 문제를 요약한다(또한 1:4; 2:19-21; 3:1, 13; 4:4-5; 5:1, 11, 24을 보라). 결말에서 편지의 중심 주제들이 반복되기 때문에, "하나님의 이스라엘"(6:16)이 누구를 가리키는지 밝히는 데 도움이 된다. 바울은 편지 전체에 걸쳐 그리스도에 속하는 자는 모두 아브라함의 자녀이며 아브라함의 복에 참여한다는 사실을 강조한다. 그러므로 그는 그리스도를 믿는 유대인과 이방인 모두를 가리키는 데 "하나님의 이스라엘"이라는 표현을 사용하고 있으며, 편지의 결론에서 주요 주제 중 하나를 요약하는 것일 수 있다. 편지의 결말을 읽는 것은 편지의 나머지 부분을 이해하는 데 큰 도움이 될 수 있다. 특별히 갈라디아서와 로마서와 같이 결말이 좀 더 확장되는 경우가 그렇다.

Töpelmann, 1939); P. T. O'Brien, *Introductory Thanksgivings in the Letters of Paul*(Leiden: Brill, 1977); G. P. Wiles, *Paul's Intercessory Prayers: Prayer Passages in the Letters of St. Paul*(London: Cambridge Univ. Press, 1974)을 보라.

170. 바울 서신에서 논증을 추적하는 방법에 대해 Thomas R. Schreiner, *Interpreting the Pauline Epistles*(Grand Rapids: Baker, 1990), 97-126을 보라.

171. Jeffery A. D. Weima, *Neglected Endings: The Significance of Pauline Letter Closings*(JSNTSup 101; Sheffield: Sheffield Academic Press, 1994)를 보라.

172. 여기서 나의 논평은 특별히 Jeffrey A. D. Weima, "Gal 6:11-18: A Hermeneutical Key to the Galatian Letter", CTJ 28(1993): 90-107의 내용에 의존하고 있다.

173. 같은 책, 94.

개요[174]

I. 도입: 바울의 복음을 떠나는 것은 복음을 떠나는 것이다(1:1–2:21)
- A. 인사: 바울의 사도적 권위(1:1–5)
- B. 문제에 대한 설명: 복음을 떠남(1:6–10)
- C. 바울의 복음은 사람이 아니라 하나님에게서 왔다(1:11–2:21)
  - 1. 논제: 바울의 복음의 근원은 계시였다(1:11–12)
  - 2. 논제에 대한 증거(1:13–2:21)
    - a. 과거에 가졌던 적대감(1:13–14)
    - b. 하나님의 부르심(1:15–17)
    - c. 그가 유대에서 상대적으로 알려지지 않음(1:18–24)
    - d. 기둥 같은 사도들이 바울의 권위를 인정함(2:1–10)
    - e. 베드로를 책망한 것이 바울의 권위를 입증함(2:11–21)
      - i. 책망(2:11–14)
      - ii. 전환: 복음의 특성(2:15–21)

II. 경험과 성경을 통한 바울의 복음 변호(3:1–4:11)
- A. 경험을 통한 논증: 행위가 아닌 믿음으로 말미암아 성령을 받음(3:1–5)
- B. 성경을 통한 논증: 믿음으로 말미암아 아브라함의 복을 얻음(3:6–14)
  - 1. 믿음으로 아브라함 가족의 일원이 됨(3:6–9)
  - 2. 오직 그리스도 안에서 율법의 저주가 제거됨(3:10–14)
- C. 구원 역사를 통한 논증: 아브라함 언약이 우선되며 모세 언약은 임시적임(3:15–4:11)
  - 1. 율법이 더해진 것은 아브라함이 받은 약속을 무효화하지 못함(3:15–25)
    - a. 모세 언약의 임시적 특성(3:15–18)
    - b. 율법의 목적(3:19–25)
  - 2. 하나님의 자녀는 아브라함의 후손이다(3:26–29)
  - 3. 종에서 아들이 되는 것을 통한 논증(4:1–7)
  - 4. 율법으로 돌아가는 것은 어리석다(4:8–11)

III. 율법에서 자유롭고 성령 안에서 자유롭도록 부르심(4:12–6:10)
- A. 율법에서 자유롭게 살라: 친밀한 관계를 통한 논증(4:12–20)
- B. 자유 가운데 서라: 알레고리를 통한 논증(4:21–5:1)
- C. 위험한 속박의 메시지를 물리치라(5:2–12)
  - 1. 그것은 할례의 요구를 포함한다(5:2–6)

---

174. 유사한 개요는 Dahl, "Paul's Letter to the Galatians", 141–42; R. Longenecker, *Galatians,* c–cix; G. Walter Hansen, Galatians(IVPNTC; Downers Grove, IL: IVP, 1994), 29–30에서 찾을 수 있다.

    2. 그것을 전파하는 자는 심판을 받을 것이다(5:7–12)
  D. 성령 안에서 자유를 누리라(5:13–6:10)
    1. 사랑 안에서 표현되는 자유(5:13–15)
    2. 육신이 아닌 성령으로 살기(5:16–24)
    3. 성령을 통해 서로 돌아봄(5:25–6:5)
    4. 성령을 통해 선을 행함(6:6–10)
IV. 마지막 요약(6:11–18)

참고문헌

Armitage, D. J. "An Exploration of Conditional Clause Exegesis with Reference to Galatians 1,8 – 9." *Bib* 88 (2007): 365 – 92.

Arnold, Clinton E. "'I Am Astonished That You Are So Quickly Turning Away!' (Gal 1.6): Paul and Anatolian Folk Belief." *NTS* 51 (2005): 429 – 49.

———. "Returning to the Domain of the Powers: *Stoicheia* as Evil Spirits in Galatians 4:3, 9." *NovT* 38 (1996): 55 – 76.

Avemarie, Friedrich. "Erwählung und Vergeltung: Zur optionalen Struktur rabbinischer Soteriologie." *NTS* 45 (1999): 108 – 26.

———. "Paul and the Claim of the Law according to the Scripture: Leviticus 18:5 in Galatians 3:12 and Romans 10:5." Pages 125 – 48 in *The Beginnings of Christianity: A Collection of Articles*. Edited by Jack Pastor and Menachem Mor. Jerusalem: Yad Ben-Zvi Press, 2005.

Baasland, Ernst. "Persecution: A Neglected Feature in the Letter to the Galatians." *ST* 38 (1984): 135 – 50.

Bachmann, Michael. *Anti-Judaism in Galatians? Exegetical Studies on a Polemical Letter and on Paul's Theology*. Translated by Robert L. Brawley. Grand Rapids: Eerdmans, 2008.

Barclay, John M. G. "Mirror-Reading a Polemical Letter: Galatians as a Test Case." *JSNT* 31 (1987): 73 – 93.

———. *Obeying the Truth: Paul's Ethics in Galatians*. Minneapolis: Fortress, 1988.

Barrett, C. K. "The Allegory of Abraham, Sarah, and Hagar in the Argument of Galatians." Pages 1 – 16 in *Rechtfertigung: Festschrift für Ernest Käsemann*. Edited by J. Friedrich, W. Pöhlmann, P. Stuhlmacher. Tübingen: Mohr Siebeck, 1976.

———. *Freedom & Obligation: A Study in the Epistle to the Galatians*. Philadelphia: Westminster, 1985.

———. "Paul and the 'Pillar' Apostles." Pages 1 – 19 in *Studia Paulina in honorem Jr. de Zwaan*. Edited by J. N. Sevenster and W. C. van Unnik. Haarlem: Bohn, 1953.

Bauer, Walter, Frederick W. Danker, William F. Arndt, and F. Wilbur Gingrich. *A Greek-English Lexicon of the New Testament and Other Early Christian Literature*. Revised and edited by Frederick W. Danker. 3rd ed. Chicago: University of Chicago Press, 2000.

Belleville, Linda. "'Under Law': Structural Analysis and the Pauline Concept of Law in Galatians 3:21 – 4:11." *JSNT* 26 (1986): 53 – 78.

Betz, Hans D. *Galatians: A Commentary on Paul's Letter to the Churches in Galatia*. Hermeneia. Philadelphia: Fortress, 1979.

———. "The Literary Composition and Function of Paul's Letter to the Galatians." *NTS* 21 (1975): 352 – 79.

Bird, Michael F. *The Saving Righteousness of God: Studies on Paul, Justification, and the New Perspective*. Eugene, OR: Wipf & Stock, 2007.

Bird, Michael F., and Preston Sprinkle, eds. *The Faith of Jesus Christ: Exegetical, Biblical, and Theological Studies*. Peabody, MA: Hendrickson, 2009.

Blass, F. and A. Debrunner. *A Greek Grammar of the New Testament and Other Early Christian*

Literature. Translated and revised by Robert W. Funk. Chicago: University of Chicago Press, 1961.

Blinzer, Josef. "Lexikalisches zu dem Terminus τὰ στοιχεῖα τοῦ κόσμου bei Paulus." Pages 429 – 43 in *Studiorum Paulinorum Congressus Internationalis Catholicus*. Vol 2. AnBib 17 – 18. Rome: Pontifical Biblical Institute, 1961.

Brinsmead, B. H. *Galatians — Dialogical Response to Opponents*. SBLDS 65. Chico: Scholars Press, 1982.

Bruce, F. F. *The Epistle to the Galatians: A Commentary on the Greek Text*. NIGTC. Grand Rapids: Eerdmans, 1982.

Bryant, Robert A. *The Risen Crucified Christ in Galatians*. SBLDS 185. Atlanta: Society of Biblical Literature, 2001.

Burke, Trevor J. *Adoption into God's Family: Exploring a Pauline Metaphor*. NSBT 22. Downers Grove, IL: IVP, 2006.

Burton, Ernest De Witt. *A Critical and Exegetical Commentary on the Epistle to the Galatians*. ICC. New York: Scribner's, 1920.

Carson, D. A., Peter T. O'Brien, and Mark A. Seifrid, eds. *Justification and Variegated Nomism*. Vol. 1: *The Complexities of Second Temple Judaism*. WUNT 2/140. Tübingen/Grand Rapids: Mohr Siebeck/Baker, 2001.

Charlesworth, James H., ed. *The Old Testament Pseudepigrapha: Apocalyptic Literature and Testaments*. Vol. 1. Garden City, NY: Doubleday, 1983.

———. *The Old Testament Pseudepigrapha: Expansions of the "Old Testament" and Legends, Wisdom and Philosophical Literature, Prayers, Psalms, and Odes, Fragments of Lost Judeo-Hellenistic Works*. Vol. 2. Garden City, NY: Doubleday, 1985.

Ciampa, Roy E. *The Presence and Function of Scripture in Galatians 1 and 2*. WUNT 2/102. Tübingen: Mohr Siebeck, 1998.

Collins, C. John. "Galatians 3:16: What Kind of Exegete Was Paul?" *TynBul* 54 (2003): 75 – 86.

———. "A Syntactical Note (Genesis 3:15): Is the Woman's Seed Singular or Plural?" *TynBul* 48 (1997): 139 – 48.

Danby, Herbert. *The Mishnah*. New York: Oxford University Press, 1933.

Das, A. Andrew. "Another Look at ἐὰν μή in Galatians 2:16." *JBL* 119 (2000): 529 – 39.

———. *Paul and the Jews*. Peabody, MA: Hendrickson, 2003.

———. *Paul, the Law, and the Covenant*. Peabody, MA: Hendrickson, 2001.

Davis, Anne. "Allegorically Speaking in Galatians 4:21 – 5:1." *BBR* 14 (2004): 161 – 74.

Davis, Basil S. *Christ as Devotio: The Argument of Galatians 3:1 – 14*. Lanham: University Press of America, 2002.

Debanné, Marc J. *Enthymemes in the Letters of Paul*. LNTS 303. London: T&T Clark, 2006.

De Boer, Martinus C. "The Meaning of the Phrase τὰ στοιχεῖα τοῦ κόσμου in Galatians." *NTS* 53 (2007): 204 – 24.

———. "Paul's Quotation of Isaiah 54.1 in Galatians 4.27." *NTS* 50 (2004): 370 – 89.

———. "Paul's Use and Interpretation of a Justification Tradition in Galatians 2.15 – 21." *JSNT* 28 (2005): 189 – 216.

Donaldson, Terence L. "The 'Curse of the Law' and the Inclusion of the Gentiles: Galatians 3:13 – 14." *NTS* 32 (1986): 94 – 112.

Doty, W. G. *Letters in Primitive Christianity*. Philadelphia: Fortress, 1973.

Duncan, George S. *The Epistle of Paul to the Galatians*. MNTC. New York: Harper & Brothers, 1934.

Dunn, James D. G. *The Epistle to the Galatians*. BNTC. Peabody, MA: Hendrickson, 1993.

———. "The Incident at Antioch (Gal 2:11 – 18)." *JSNT* 18 (1983): 3 – 57.

———. *Jesus, Paul and the Law: Studies in Mark and Galatians*. Louisville: Westminster/John Knox, 1990.

———. *The New Perspective on Paul: Collected Essays*. WUNT 185. Tübingen: Mohr Siebeck, 2005.

———. "The New Perspective on Paul." *BJRL* 65 (1983): 95 – 122.

———. "Once More, *Pistis Christou*." SBLSP 30 (1991): 730 – 44.

———. *The Theology of Paul the Apostle*. Grand Rapids: Eerdmans, 1998.

———. "Works of the Law and the Curse of the Law (Galatians 3:10 – 14)." *NTS* 31 (1985): 523 – 42.

———. "Yet Once More — 'The Works of the Law': A Response." *JSNT* 46 (1992): 99 – 117.

Eastman, Susan G. " 'Cast Out the Slave Woman and Her Son': The Dynamics of Exclusion and Inclusion in Galatians 4.30." *JSNT* 28 (2006): 309 – 36.

———. "The Evil Eye and the Curse of the Law: Galatians 3.1 Revisited." *JSNT* 83 (2001): 69 – 87.

———. *Recovering Paul's Mother Tongue: Language and Theology in Galatians*. Grand Rapids: Eerdmans, 2007.

Eckstein, Hans-Joachim. *Verheissung und Gesetz: Eine exegetische Untersuchung zu Galater 2,15 – 4,7*. WUNT 86. Tübingen: Mohr Siebeck, 1996.

Elliott, Mark A. *The Survivors of Israel: A Reconsideration of the Theology of Pre-Christian Judaism*. Grand Rapids: Eerdmans, 2000.

Elliott, Susan. *Cutting Too Close for Comfort: Paul's Letter to the Galatians in Its Anatolian Cultic Context*. JSNTSup 248. London: T&T Clark, 2003.

Ellis, E. Earle. *Paul's Use of the Old Testament*. Grand Rapids: Baker, 1957.

———. *Prophecy and Hermeneutic in Early Christianity: New Testament Essays*. Grand Rapids: Eerdmans, 1978.

Esler, Philip F. *Galatians*. New York/London: Routledge, 1998.

Fee, Gordon D. *Galatians*. Pentecostal Commentary Series. Dorset: Deo, 2007.

Fitzmyer, Joseph A. "Crucifixion in Ancient Palestine, Qumran Literature, and the New Testament." *CBQ* 40 (1978): 493 – 513.

———. "Paul's Jewish Background and the Deeds of the Law." Pages 18 – 35 in *According to Paul: Studies in the Theology of the Apostle*. New York: Paulist, 1993.

Fung, Ronald Y. *The Epistle to the Galatians*. NICNT. Grand Rapids: Eerdmans, 1988.

Gaffin, Richard B. Jr. *"By Faith, Not By Sight": Paul and the Order of Salvation*. Waynesboro, GA: Paternoster, 2006.

Garlington, Don. *An Exposition of Galatians: A Reading from the New Perspective*. 3rd ed. Eugene, OR: Wipf and Stock, 2007.

———. Paul's " 'Partisan ἐκ' and the Question of Justification in Galatians." *JBL* 127 (2008): 567 – 89.

———. "Role Reversal and Paul's Use of Scripture in Galatians 3.10 – 13." *JSNT* 65 (1997): 85 – 121.

Gordon, T. David. "A Note on παιδαγωγός in Galatians 3.24 – 25." *NTS* 35 (1989): 150 – 54.

———. "The Problem at Galatia." *Int* 41 (1987): 32 – 43.

Guthrie, Donald. *Galatians*. NCB. Grand Rapids: Eerdmans, 1973.

Hahn, Scott W. "Covenant, Oath, and the Aqedah: Διαθήκη in Galatians 3:15 – 18." *CBQ* 67 (2005): 79 – 100.

Hall, R. G. "The Rhetorical Outline for Galatians: A Reconsideration." *JBL* 106 (1987): 277 – 88.

Hansen, G. Walter. *Abraham in Galatians: Epistolary and Rhetorical Contexts*. JSNTSup 29. Sheffield: Sheffield Academic Press, 1989.

———. *Galatians*. IVPNTC. Downers Grove, IL: IVP, 1994.

Hardin, Justin K. *Galatians and the Imperial Cult: A Critical Analysis of the First-Century Social Context of Paul's Letter.* WUNT 2/237. Tübingen: Mohr Siebeck, 2008.

Harmon, Matthew S. "She Must and Shall Go Free: Paul's Isaianic Gospel in Galatians." PhD diss. Wheaton, IL: Wheaton College Graduate School, 2006.

Harrisville III, Roy A. "Before ΠΙΣΤΙΣ ΧΡΙΣΤΟΥ: The Objective Genitive as Good Greek." *NovT* 41 (2006): 353 – 58.

Hays, Richard B. "Christology and Ethics in Galatians: The Law of Christ." *CBQ* 49 (1987): 268 – 90.

———. *The Faith of Jesus Christ: An Investigation of the Narrative Substructure of Galatians 3:1 – 4:11.* 2nd ed. Grand Rapids: Eerdmans, 2002.

———. *The Letter to the Galatians: Introduction, Commentary, and Reflections*. Pages 181 – 348 in *The New Interpreter's Bible*, vol. 11. Nashville: Abingdon, 2000.

———. "*Pistis* and Pauline Christology: What is at Stake?" SBLSP (1991): 714 – 29.

Hengel, Martin, and Anna Maria Schwemer. *Paul between Damascus and Antioch: The Unknown Years.* Translated by John Bowden. Louisville: Westminster John Knox, 1997.

Hofius, Otfried. *Paulusstudien I.* WUNT 51. Tübingen: Mohr Siebeck, 1989.

Hong, In-Gyu. "Does Paul Misrepresent the Jewish Law? Law and Covenant in Gal 3:1 – 14." *NovT* 36 (1994): 164 – 82.

———. *The Law in Galatians*. JSNTSup 81. Sheffield: Sheffield Academic Press, 1993.

Houlden, J. L. "A Response to James D. G. Dunn." *JSNT* 18 (1983): 58 – 67.

Hove, Richard W. *Equality in Christ? Galatians 3:28 and the Gender Dispute.* Wheaton: Crossway, 1999.

Howard, George. *Paul: Crisis in Galatia. A Study in Early Christian Theology.* 2nd ed. SNTSMS 35. Cambridge: Cambridge University Press, 1990.

Hübner, Hans. *Law in Paul's Thought.* Trans. James G. Greig. Edinburgh: T&T Clark, 1984.

Hunn, Debbie. "PISTIS CHRISTOU in Galatians 2:16." *TynBul* 57.1 (2006): 23 – 33.

———. "'Ἐὰν μή in Galatians 2:16: A Look at Greek Literature." *NovT* 49 (2007): 281 – 90.

Jewett, Robert. "The Agitators and the Galatian Congregation." Pages 334 – 47 in *The Galatians Debate: Contemporary Issues in Rhetorical and Historical Interpretation.* Edited by Mark D. Nanos. Peabody, MA: Hendrickson, 2002.

Jobes, Karen H. "Jerusalem, Our Mother: Metalepsis and Intertextuality in Galatians 4:21 – 31." *WTJ* 55 (1993): 299 – 320.

Johnson, H. Wayne. "The Paradigm of Abraham in Galatians 3:6 – 9." *TJ* 8 (1987): 179 – 99.

Kern, Philip H. *Rhetoric in Galatians: Assessing an Approach to Paul's Epistle.* SNTSMS 101; Cambridge: Cambridge University Press, 1998.

Kilgallen, J. J. "The Strivings of the Flesh ... (Galatians 5:17)." *Bib* 80 (1999): 113 – 14.

Kim, Seyoon. *Paul and the New Perspective: Second Thoughts on the Origin of Paul's Gospel*. Grand Rapids: Eerdmans, 2002.

———. *Christ and Caesar: The Gospel and the Roman Empire in the Writings of Paul and Luke.* Grand Rapids: Eerdmans, 2008.

Köstenberger, Andreas. "The Identity of the ἸΣΡΑΗΛ ΤΟΥ ΘΕΟΥ (Israel of God) in Galatians 6:16." *Faith and Mission* 19 (2001): 3 – 24.

Kuck, David W. "'Each Will Bear His Own Burden': Paul's Creative Use of an Apocalyptic Motif." *NTS* 40 (1994): 289 – 97.

Kümmel, W. G. *Introduction to the New Testament.* Translated by A. J. Mattill Jr. Nashville: Abingdon, 1975.

Kwon, Yon-Gyong. *Eschatology in Galatians: Rethinking Paul's Response to the Crisis in Galatia.* WUNT 2/183. Tübingen: Mohr Siebeck, 2004.

Lambrecht, Jan. "Abraham and His Offspring: A Comparison of Galatians 5,1 with 3,13." *Bib* 80 (1999): 525–36.

———. "Critical Reflections on Paul's 'Partisan ἐκ' as Recently Presented by Don Garlington." *ETL* 85 (2009): 135–41.

———. *Pauline Studies: Collected Essays by Jan Lambrecht.* BETL 115. Leuven: Leuven University Press, 1994.

Lightfoot, J. B. *The Epistle of St. Paul to the Galatians with Introductions, Notes and Dissertations.* Reprint. Grand Rapids: Zondervan, 1957.

Longenecker, Bruce W. *The Triumph of Abraham's God: The Transformation of Identity in Galatians.* Nashville: Abingdon, 1998.

———. "'Until Christ Is Formed in You': Suprahuman Forces and Moral Character in Galatians." *CBQ* 61 (1999): 92–108.

Longenecker, Richard N. *Galatians.* WBC. Dallas: Word, 1990.

Lull, D. J. "'The Law Was Our Pedagogue': A Study in Galatians 3.19–25." *JBL* 105 (1986): 481–98.

Luther, Martin. "The Freedom of a Christian." In *Three Treatises*. Translated by W. A. Lambert. Revised by Harold J. Grimm. Philadelphia: Fortress, 1970.

———. *Lectures on Galatians 1535: Chapters 1–4.* Vol. 26 of *Luther's Works.* Edited by Jarislov Pelikan. St. Louis: Concordia, 1963.

———. *Lectures on Galatians, 1535: Chapters 5–6. Lectures on Galatians 1519: Chapters 1–6.* Vol. 27 of *Luther's Works.* Edited by Jarislov Pelikan. St. Louis: Concordia, 1964.

Lutjens, Ronald. "'You Do Not Do What You Want': What Does Galatians 5:17 Really Mean?" *Presb* 16 (1990): 103–17.

Lyons, G. Pauline *Autobiography: Toward a New Understanding.* Atlanta: Scholars, 1985.

Machen, J. Gresham. *Machen's Notes on Galatians: Notes on Biblical Exposition and Other Aids to Interpretation of the Epistle to the Galatians from the Writings of J. Gresham Machen.* Edited by John H. Skilton. Nutley, NJ: Presbyterian and Reformed, 1977.

Martin, Troy W. "The Covenant of Circumcision (Genesis 17:9–14) and the Situational Antitheses in Galatians 3:28." *JBL* 122 (2003): 111–25.

Martyn, J. Louis. "Apocalyptic Antinomies in Paul's Letter to the Galatians." *NTS* 31 (1985): 410–24.

———. *Galatians: A New Translation with Introduction and Commentary.* AB. New York: Doubleday, 1997.

———. "A Law-Observant Mission to Gentiles." Pages 348–61 in *The Galatians Debate: Contemporary Issues in Rhetorical and Historical Interpretation.* Edited by Mark D. Nanos. Peabody, MA: Hendrickson, 2002.

Matera, Frank J. "The Culmination of Paul's Argument to the Galatians: Gal 5.1–6.17." *JSNT* 32 (1988): 79–91.

———. *Galatians.* Sacra Pagina. Collegeville, MN: Liturgical Press, 1992.

Matlock, R. Barry. "Detheologizing the πίστις Χριστοῦ Debate: Cautionary Remarks from a Lexical Semantic Perspective." *NovT* 42 (2000): 1–23.

———. "'Even the Demons Believe': Paul and πίστις Χριστοῦ." *CBQ* 64 (2002): 300–318.

———. "πίστις in Galatians 3:26: Neglected Evidence for 'Faith in Christ'?" *NTS* 49 (2003): 433–39.

———. "The Rhetoric of πίστις in Paul: Galatians 2.16, 3.22, and Philippians 3.9." *JSNT* 30 (2007): 173–203.

McEleney, Neil. "Conversion, Circumcision, and the Law." *NTS* 20 (1974): 319–41.

McKnight, Scot. *Galatians.* NIVAC. Grand Rapids: Zondervan, 1995.

Metzger, Bruce M. *A Textual Commentary on the Greek New Testament*. 2nd ed. Stuttgart: Deutsche Biblelgesellschaft, 2002.

Meyer, Jason. *The End of the Law: Mosaic Covenant in Pauline Theology*. Nashville: Broadman & Holman, 2009.

Mijoga, Hilary B. P. *The Pauline Notion of Deeds of the Law*. Lanham: International Scholars, 1999.

Moo, Douglas J. "'Law,' 'Works of the Law,' and Legalism in Paul." *WTJ* 45 (1983): 73 – 100.

Morland, Kjell Arne. *The Rhetoric of the Curse in Galatians: Paul Confronts Another Gospel*. Atlanta: Scholars Press, 1995.

Morris, Leon. *Galatians: Paul's Charter of Christian Freedom*. Downers Grove, IL: IVP, 1996.

Mussner, Franz. *Der Galaterbrief*. 5th ed. HTKNT. Freiburg: Herder, 1988.

Nanos, Mark D. *The Irony of Galatians: Paul's Letter in First-Century Context*. Minneapolis: Fortress, 2002.

———, ed. *The Galatians Debate: Contemporary Issues in Rhetorical and Historical Interpretation*. Peabody, MA: Hendrickson, 2002.

Neyrey, Jerome H. "Bewitched in Galatia: Paul and Cultural Anthropology." *CBQ* 50 (1988): 72 – 100.

Nolland, John. "Uncircumcised Proselytes?" *JSJ* 12 (1981): 173 – 94.

O'Brien, Peter T. "Was Paul Converted?" Pages 361 – 91 in *Justification and Variegated Nomism*. Vol. 2: *The Paradoxes of Paul*. WUNT 2/181. Edited by D. A. Carson, Peter T. O'Brien, and Mark A. Seifrid. Grand Rapids: Baker, 2004.

Oepke, Albrecht. *Der Brief des Paulus an die Galater*. 3rd ed. THKNT. Berlin: Evangelische Verlagsanstalt, 1973.

Owen, Paul L. "The 'Works of the Law' in Romans and Galatians: A New Defense of the Subjective Genitive." *JBL* 126 (2007): 553 – 77.

Plumer, Eric. *Augustine's Commentary on Galatians: Introduction, Text, Translation, and Notes*. Oxford: Oxford University Press, 2003.

Rainbow, Paul A. *The Way of Salvation: The Role of Christian Obedience in Justification*. Waynesboro, GA: Paternoster, 2005.

Räisänen, Heikki. "Galatians 2:16 and Paul's Break with Judaism." *NTS* 31 (1985): 543 – 53.

———. *Paul and the Law*. Philadelphia: Fortress, 1986.

Ramsey, William M. *Historical Commentary on Galatians*. Edited by Mark Wilson. Reprint. Grand Rapids: Kregel, 1997.

Rapa, Robert Keith. *The Meaning of "Works of the Law" in Galatians and Romans*. Studies in Biblical Literature 31. New York: Peter Lang, 2001.

Richardson, Peter. *Israel in the Apostolic Church*. SNTSMS 10. Cambridge: Cambridge University Press, 1969.

———. "Pauline Inconsistency: I Corinthians 9.19 – 23 and Galatians 2.11 – 14." *NTS* 26 (1979 – 80): 347 – 62.

Riches, John. *Galatians through the Centuries*. Blackwell Bible Commentaries. Oxford: Blackwell, 2008.

Ridderbos, Herman N. *The Epistle of Paul to the Churches of Galatia*. Translated by Henry Zylstra. NICNT. Grand Rapids: Eerdmans, 1953.

Riesner, Rainer. *Paul's Early Period: Chronology, Mission Strategy, Theology*. Translated by Doug Scott. Grand Rapids: Eerdmans, 1998.

Roo, Jacqueline C. R. de. *"Works of the Law" at Qumran and in Paul*. NTM 13. Sheffield: Sheffield Phoenix Press, 2007.

Sanders, E. P. *Judaism: Practice and Belief. 63 BCE — 66 CE*. Philadelphia: Trinity Press International, 1992.

———. *Paul, the Law, and the Jewish People*. Philadelphia: Fortress, 1983.

———. *Paul and Palestinian Judaism: A Comparison of Patterns of Religion*. Philadelphia: Fortress, 1977.

Schlier, Heinrich. *Der Brief an die Galater*. 12th ed. KEK. Göttingen: Vandenhoeck & Ruprecht, 1965.

Schmithals, Walter. *Paul and the Gnostics*. Translated by John E. Steely. Nashville: Abingdon, 1972.

Schnabel, Eckhard J. *Early Christian Mission*. 2 vols. Downers Grove, IL: IVP, 2004.

Schoeps, H. J. *Paul: The Theology of the Apostle in the Light of Jewish Religious History*. Translated by Harold Knight. Philadelphia: Westminster, 1961.

Schreiner, Thomas R. "Circumcision." *DPL*, 137 – 39.

———. *The Law and Its Fulfillment: A Pauline Theology of Law*. Grand Rapids: Baker, 1993.

———. "Law of Christ," *DPL*, 542 – 44.

———. *New Testament Theology: Magnifying God in Christ*. Grand Rapids: Baker, 2008.

———. "Paul and Perfect Obedience to the Law: An Evaluation of the View of E. P. Sanders." *WTJ* 47 (1985): 245 – 78.

———. *Romans*. BECNT. Grand Rapids: Baker, 1998.

———. "'Works of Law' in Paul." *NovT* 33 (1991): 217 – 44.

Scott, James M. *Adoption as Sons of God: An Exegetical Investigation into the Background of υἱοθεσιά in the Pauline Corpus*. WUNT 2/48. Tübingen: Mohr Siebeck, 1992.

Seifrid, Mark A. *Christ Our Righteousness: Paul's Theology of Justification*. Downers Grove, IL: IVP, 2000.

———. "Paul, Luther, and Justification in Gal 2:15 – 21." *WTJ* 65 (2003): 215 – 30.

Silva, Moisés, "Faith versus Works of Law in Galatians." Pages 217 – 48 in *Justification and Variegated Nomism*. Vol. 2: *The Paradoxes of Paul*. WUNT 2/181. Edited by D. A. Carson, P. T. O'Brien, and M. A. Seifrid. Grand Rapids: Baker, 2004.

———. "Galatians." Pages 785 – 812 in *Commentary on the New Testament Use of the Old Testament*. Edited by G. K. Beale and D. A. Carson. Grand Rapids: Baker, 2007.

———. *Interpreting Galatians: Explorations in Exegetical Method*. 2nd ed. Grand Rapids: Baker, 2001.

Smiles, Vincent M. *The Gospel and the Law in Galatia: Paul's Response to Jewish-Christian Separatism and the Threat of Galatian Apostasy*. Collegeville, MN: Liturgical Press, 1998.

Sprinkle, Preston. *Law and Life: The Interpretation of Leviticus 18:5 in Early Judaism and Paul*. WUNT 2/241. Tübingen: Mohr Siebeck, 2008.

Stanley, Christopher D. "'Under a Curse': A Fresh Reading of Galatians 3.10 – 14." *NTS* 36 (1990): 481 – 511.

Stanton, Graham N. "The Law of Moses and the Law of Christ: Galatians 3:1 – 6:2." Pages 99 – 116 in *Paul and the Mosaic Law*. Edited by James D. G. Dunn. Tübingen: Mohr Siebeck, 1996.

———. "Review of Abraham in Galatians: Epistolary and Rhetorical Contexts." *JTS* 43 (1992): 614 – 15.

Stendahl, Krister. *Paul among Jews and Gentiles and Other Essays*. Philadelphia: Fortress, 1977.

Stott, John R. W. *The Message of Galatians*. London: IVP, 1968.

Stuhlmacher, Peter. *Reconciliation, Law, and Righteousness*. Philadelphia: Fortress, 1986.

Thielman, Frank. *From Plight to Solution: A Jewish Framework for Understanding Paul's View of the Law in Galatians and Romans*. NovTSup 61. Leiden: Brill, 1989.

———. *Paul and the Law: A Contextual Approach*. Downers Grove, IL: IVP, 1994.

Tolmie, D. Francois. *Persuading the Galatians: A Text-Centred Rhetorical Analysis of a Pauline Letter.* WUNT 2/190; Tübingen: Mohr Siebeck, 2005.

Tomson, Peter J. *Paul and the Jewish Law: Halakah in the Letters of the Apostle to the Gentiles.* CRINT 3/1. Minneapolis: Fortress, 1990.

VanLandingham, Chris. *Judgment and Justification in Early Judaism and the Apostle Paul.* Peabody, MA: Hendrickson, 2006.

Vermes, Geza. *The Dead Sea Scrolls in English*. 3rd ed. New York: Penguin, 1987.

Vouga, François. "Zur rhetorischen Gattung des Galaterbriefes." *ZNW* 79 (1988): 291 – 92.

Wakefield, Andrew H. *Where to Live: The Hermeneutical Significance of Paul's Citations from Scripture in Galatians 3:1 – 14.* SBLABib 14. Atlanta: Society of Biblical Literature, 2003.

Wallace, Daniel B. "Galatians 3:19 – 20: A *Crux Interpretum* for Paul's View of the Law." *WTJ* 52 (1990): 225 – 45.

———. *Greek Grammar beyond the Basics.* Grand Rapids: Zondervan, 1996.

Wallis, Ian G. *The Faith of Jesus Christ in Early Christian Traditions.* SNTSMS 84. Cambridge: Cambridge University Press, 1995.

Watson, Francis. *Paul and the Hermeneutics of Faith.* London: T&T Clark, 2004.

Watts, Rikki E. " 'For I Am Not Ashamed of the Gospel': Romans 1:16 – 17 and Habakkuk 2:4." Pages 3 – 25 in *Romans and the People of God.* Edited by Sven K. Soderlund and N. T. Wright. Grand Rapids: Eerdmans, 1999.

Weima, Jeffrey A. D. "Gal 6:11 – 18: A Hermeneutical Key to the Galatian Letter." *CTJ* 28 (1993): 90 – 107.

———. *Neglected Endings: The Significance of Pauline Letter Closings.* JSNTSup 101. Sheffield: Sheffield Academic Press, 1994.

———. "What Does Aristotle Have to Do with Paul? An Evaluation of Rhetorical Criticism." *CTJ* 32 (1997): 458 – 68.

Westerholm, Stephen. *Israel's Law and the Church's Faith: Paul and His Recent Interpreters.* Grand Rapids: Eerdmans, 1988.

———. "On Fulfilling the Whole Law (Gal 5:14)." *SEÅ* 51 – 52 (1986 – 87): 229 – 37.

———. *Perspectives Old and New on Paul: The "Lutheran" Paul and His Critics.* Grand Rapids: Eerdmans, 2004.

Wilcox, Max. "The Promise of the 'Seed' in the New Testament and the Targumim." *JSNT* 5 (1979): 2 – 20.

———. " 'Upon the Tree' — Deut 21:22 – 23 in the New Testament." *JBL* 96 (1977): 85 – 99.

Williams, Sam K. *Galatians.* ANTC. Nashville: Abingdon, 1997.

———. "Justification and the Spirit in Galatians," *JSNT* 29 (1987): 91 – 100.

Willitts, Joel. "Context Matters: Paul's Use of Leviticus 18:5 in Galatians 3:12." *TynBul* 54 (2003): 105 – 22.

———. "Isa 54,1 and Gal 4,24b – 27: Reading Genesis in Light of Isaiah." *ZNW* 96 (2005): 188 – 210.

Wilson, Todd A. *The Curse of the Law and the Crisis in Galatia: Reassessing the Purpose of Galatians.* WUNT 2/225. Tübingen: Mohr Siebeck, 2007.

———. "The Law of Christ and the Law of Moses: Reflections on a Recent Trend in Interpretation." *CurrBR* 5 (2006): 123 – 44.

———. " 'Under Law' in Galatians: A Pauline Theological Abbreviation." *JTS* 56 (2005): 362 – 92.

———. "Wilderness Apostasy and Paul's Portrayal of the Crisis in Galatians." *NTS* 50 (2004): 550 – 71.

Winger, Michael. "Act One: Paul Arrives in Galatia." *NTS* 48 (2002): 548 – 67.

———. "The Law of Christ," *NTS* 46 (2000): 537 – 46.

Wisdom, Jeffrey R. *Blessing for the Nations and the Curse of the Law: Paul's Citation of Genesis and Deuteronomy in Gal 3.8–10*. WUNT 2/133. Tübingen: Mohr Siebeck, 2001.

Witherington, Ben, III. *Grace in Galatia: A Commentary on Paul's Letter to the Galatians*. Grand Rapids: Eerdmans, 1998.

———. "Rite and Rights for Women — Galatians 3.28." *NTS* 27 (1981): 593–604.

Yeung, Maureen W. *Faith in Jesus and Paul: A Comparison with Special Reference to "Faith That Can Move Mountains" and "Your Faith Has Healed/Saved You."* WUNT 2/147. Tübingen: Mohr Siebeck, 2002.

Young, Norman H. "*Paidagogos:* The Social Setting of a Pauline Metaphor." *NovT* 29 (1987): 150–76.

———. "Pronominal Shifts in Paul's Argument to the Galatians." Pages 205–15 in *Ancient History in a Modern University*. Vol. 2 in *Early Christianity in Late Antiquity and Beyond*. Edited by T. W. Hillard, R. A. Kearsley, C. E. V. Nixon, and A. M. Nobbs. Grand Rapids: Eerdmans, 1998.

Ziesler, J. A. *The Meaning of Righteousness in Paul: A Linguistic and Theological Enquiry*. SNTSMS 20. Cambridge: Cambridge University Press, 1972.

갈라디아서 1:1–5

1 CHAPTER

문학적 전후 문맥

그리스–로마 편지는 대부분 서두, 본체, 마무리로 구성된다. 바울 서신은 같은 요소로 이루어져 있지만, 본체는 일반적인 그리스–로마 편지보다 훨씬 길다. 갈라디아서는 (1) 저자("바울", 1:1), (2) 수신자("갈라디아 여러 교회들", 1:2), (3) 인사("은혜와 평강이 있기를 원하노라", 1:3)와 같이 전형적인 바울 서신의 구조로 시작된다. 그리스–로마 편지에서 통상적인 인사는 "평안할지어다"(χαίρειν)였다. 바울이 "은혜"(χάρις)라는 용어를 사용한 것은 전형적인 스타일을 개작했음을 나타낸다. 또한 "은혜"라는 단어를 사용함으로써 자신의 복음 중 중요한 주제를 도입한다. "평강"(εἰρήνη)이라는 용어는 인사할 때 그 단어를 사용했던 유대 편지에서 온 것일 수 있다 (2 Macc 1:1; *2 Bar.* 78:3).

바울 서신의 첫인사는 대부분 매우 간략하지만(고전 1:1–3; 고후 1:1–2; 엡 1:1–2; 빌 1:1–2; 골 1:1–2; 살전 1:1; 살후 1:1–2; 딤전 1:1–2; 몬 1:1–3), 갈라디아서에서는 약간 더 길다. 인사에 나타나는 독특한 특성이 매우 중요한 이유는 특별한 요소들이 편지의 주요 주제들을 미리 보여주기 때문이다.[1]

1. 바울의 사도 직분은 사람이 아니라 하나님에게서 왔다(1:1). 이를 통해 그는 대적들의 반대에 대항하여 자신을 변호한다.
2. 다른 신자들이 바울의 복음에 협력하고 있다(1:2).
3. 그리스도의 죽음과 부활을 통해 구원의 새 시대가 시간을 뚫고 들어왔으며, 그것은 신자들을 지금의 악한 시대에서 구원했다(1:1, 4).
4. 바울의 복음은 하나님께 영광을 가져온다(1:5).

1. 여기서 도입의 중요성에 대해 David Cook, "The Prescript as Programme in Galatians", JTS 43(1992): 511–19를 보라.

➦ **I. 도입: 바울의 복음을 떠나는 것은 복음을 떠나는 것이다(1:1–2:21)**

A. 인사: 바울의 사도적 권위(1:1–5)

B. 문제에 대한 설명: 복음을 떠남(1:6–10)

C. 바울의 복음은 사람이 아니라 하나님에게서 왔다(1:11–2:21)

주요 개념

갈라디아서 서두의 주요 요점은 갈라디아 사람들이 은혜와 평강을 누리기 원하는 바울의 열망이다. 바울은 그들이 은혜와 평강의 복을 누리도록 사도로 부르심을 받았으며, 그리스도는 은혜와 평강이 그들의 것이 되도록 죽으시고 부활하셨다.

번역

갈라디아서 1:1–5

1a	근원	사람들에게서 난 것도 아니요
b	매체	사람으로 말미암은 것도 아니요
c	매체	오직 예수 그리스도와
d	묘사	그를 죽은 자 가운데서 살리신
e	열거	하나님 아버지로 말미암아
f	저자	**사도 된 바울은**
2a	소개	**함께 있는 모든 형제와 더불어**
b	수신자/장소	**갈라디아 여러 교회들에게**
3a	근원	우리 하나님 아버지와
b	열거	주 예수 그리스도로부터
c	소망/기도	**은혜와 평강이 있기를 원하노라**
4a	목적	그리스도께서 하나님 곧 우리 아버지의 뜻을 따라 이 악한 세대에서 우리를 건지시려고
b	3b를 수식하는 묘사	우리 죄를 대속하기 위하여 자기 몸을 주셨으니
5	4a–b에 대한 감탄/유추	**영광이 그에게 세세토록 있을지어다 아멘**

구조

갈라디아서의 서두는 어떤 면에서 독특하지만, 편지를 시작하는 주요 요소 세 가지가 포함된다. (1) 바울은 자신을 발신자로 명시하고, (2) 편지의 수신자를 구체적으로 언급하며(갈라디아 사람들), (3) 기도의 소원을 말한다.

(1) 바울이 자신을 발신자로 명시하는 것으로 편지가 시작되지만, 그는 즉시 사도의 직분이 사람에게서나 사람을 통해 오지 않았다고 덧붙인다. 그는 다메섹으로 가는 길에 예수 그리스도께 사도로 부르심을 받았으며, 그리스도를 죽음에서 일으키신 하나님 아버지로 말미암아 사도가 되었다. 편지는 바울 개인에게서 왔을 뿐만 아니라 그와 함께하는 모든 동료 신자의 견해를 대표한다.

(2) 편지의 수신자는 "갈라디아 여러 교회들"에 속하는 자들로 명시된다.

(3) 서두의 주요 개념이자 두 번째 요점은 기도의 소원에서 전달된다. 바울은 갈라디아 사람들이 하나님 아버지와 주 예수 그리스도로부터 오는 은혜와 평강을 알게 되기를 기도한다. 그리스도를 언급한 후, 바울은 고백의 진술에서 그분을 죄를 위해 자신을 내어준 분으로 명시한다. 그리고 그분의 구속 사역의 목적이 신자들을 지금의 악한 세대에서 구원하기 위함이라고 말한다. 그리스도의 구속 사역은 아버지의 뜻에 따라 수행되었다. 그리하여 바울은 송영으로 끝을 맺으며 구원의 성취에서 모든 영광이 그분께 있음을 강조한다.

석의적 개요

I. 도입: 바울의 복음을 떠나는 것은 복음을 떠나는 것이다(1:1-2:21)

➦ **A. 인사: 바울의 사도적 권위(1:1-5)**

1. 발신자: 바울과 동료 신자들(1:1–2)
2. 기도의 소망(1:3)
3. 그리스도가 죽으신 목적(1:4)
4. 하나님께 영광(1:5)

본문 설명

갈 1:1f 사도 된 바울은(Παῦλος ἀπόστολος). 갈라디아서에서 가장 중요한 주제 중 하나는 바울의 사도적 권위이며, 그는 처음부터 사도직을 확정한다. 항상 그러지는 않지만(참고. 빌 1:1; 몬 1:1) 바울은 자주 편지의 서두에서 자신의 사도적 권위를 확정한다(롬 1:1; 고전 1:1; 고후 1:1; 엡 1:1; 골 1:1; 딤전 1:1; 딤후 1:1; 딛 1:1). 바울은 다메섹으로 가는 길에 예수님이 나타나셨을 때 사도로 부르심을 받았다(갈 1:12; 고전 9:1; 참고. 행 9:1–7). 특별히 그는 이방인에게 복음을 선포하기 위해 부르심을 받았다(롬 11:13; 갈 1:16; 딤전 2:7; 참고. 행 9:15). 바울의 사도직은 그가 설립한 교회(고전 9:2)와 행한 기적들(고후 12:12)로써 입증된다.[2]

갈 1:1a–b 사람들에게서 난 것도 아니요 사람으로 말미암은 것도 아니요(οὐκ ἀπ' ἀνθρώπων οὐδὲ δι' ἀνθρώπου). 놀랍게도 바울은 자신의 사도직이 사람에게서 오지 않았다고 강조한다. 사도직을 방어하는 진술은 그가 사도직의 합법성에 대한 공격에 대응하고 있음을 가리킨다.[3] 이런 변증은 다른 바울 서신의 서두에서는 발견되지 않는다. 바울은 자신의 사도직을 변호함으로써 처음 두 장의 중요한 주제를 예견한다.[4] 어떤 대적들이 바울의 복음이 사람에게서 왔다고 주장하면서 사도직의 신빙성을 의심했음이 분명하다. 우리는 "…으로부터"(ἀπό)와 "…을 통해"(διά)를 과도하게 구분하지 말아야 한다. 이는 두 전치사가 바울이 자신의 복음을 인간적인 근원에서 끌어내지 않았음을 강조하기 때문이다.[5]

갈 1:1c, e 오직 예수 그리스도와…하나님 아버지로 말미암아(ἀλλὰ διὰ Ἰησοῦ Χριστοῦ καὶ θεοῦ πατρός). 바울의 사도직은 인간에게서 비롯된 것이 아니다. 그는 예수 그리스도와 하나님 아버지를 통해 사도로 부르심을 받았다. 우리는 여기서 전치사를 과도하게 강조하면 안 된다는 것을 확인할 수 있다. 바울이 '…으로부터'(ἀπό)가 아닌 "…을 통해"(διά)를 사용하기 때문이다. 바울은 자신의 사도직이 예수 그리스도와 하나님 아버지'로부터'가 아니라 그들을 '통해' 왔다고 말하려 의도한 것 같지 않다. 오히려 일반적인 요점은 분명하다. 바울의 사도직이 예수 그리스도와 하나님 아버지로부터 유래한다는 것이다.

하나님이 바울을 임명하고 위임하셨기 때문에, 그가 전하는 복음은 권위가 있고 참되다. 또한 본문은 예수 그리스도와 하나님 아버지 모두 신적 존재임을 암시

---

2. Rengstorf는 사도의 권위가 유대 샬리아(*shaliach*) 제도에서 유래했다고 주장한다("ἀπόστολος", *TDNT,* 1:414–20). 하지만 두 제도 사이에 일부 차이가 존재하며, 따라서 그 불연속성에 대해서도 주목할 필요가 있다. 샬리아는 평생 지속되는 사도의 소명과 대조적으로 일시적인 파견이었다. 또한 샬리아는 전형적으로 종교적 문제보다 사업적 문제에서 특사의 임무를 수행했다. R. Longenecker, *Galatians,* 2–4의 논의를 보라. Martyn은 이러한 전통은 후에 발전된 것이기 때문에 바울이 말하는 개념의 근원이 될 수 없다고 말한다(*Galatians,* 93).
3. Bruce, *Galatians,* 72; R. Longenecker, *Galatians,* 4; Silva, *Interpreting Galatians,* 153; Bryant, *Crucified Christ in Galatians,* 113; Esler, *Galatians,* 70에서 그렇게 말한다. Esler는 경쟁이 특색을 이루는 문화에서 대적들이 바울을 비판했을 것으로(참고. 1:8–9; 5:12) 예상할 수 있다고 말한다(71).
4. 대조적으로 Johan S. Vos, "Paul's Argumentation in Galatians 1–2", in *The Galatians Debate: Contemporary Issues in Rhetorical and Historical Interpretation*(ed. Mark D. Nanos; Peabody, MA: Hendrickson, 2002), 171, 179–80을 보라. Gaventa는 갈라디아서 1–2장이 변증의 목적으로 제한되어서는 안 된다고 강조한다. 바울은 또한 여기서 갈라디아 사람들에게 모범을 보이고 있기 때문이다("Galatians 1 and 2: Autobiography as Paradigm", *NovT* 4 1986: 309–26). Gaventa는 갈라디아서 1–2장이 갖는 변증의 기능을 과소평가하지만, 이 부분을 편지의 나머지 부분과 연결시키는 다른 주제들에 주의를 환기한다. Barclay는 Gaventa의 분석이 지닌 약점을 언급한다. "이 부분에서 바울이 자신을 갈라디아 사람들을 위한 모범으로서 제시한다는 것이…단지 극히 제한된 범위에서 사실인 이유는 바울이 자세히 말하는 바가 전적으로 갈라디아 사람들의 경험과 다른 것이기 때문이다"(*Obeying the Truth,* 76, n. 1).
5. Silva, *Interpreting Galatians,* 53–54; Garlington, *Galatians,* 45의 설명은 적절하다. 하지만 R. Longenecker는 전치사들이 근원과 대리인을

한다. 바울이 단순히 인간에게 부름받은 것이 아니기 때문이다.[6] 물론 예수 그리스도가 신적 존재라고 말하는 것은 그분이 또한 인간임을 부정하지 않는다. "예수"라는 이름은 "그리스도"라는 칭호와 마찬가지로 그분의 인성을 가리킨다. 학문적으로 바울에게 그리스도라는 칭호가 아무 의미 없다고 말하는 것이 일반적이지만, 이런 통상적인 견해는 잘못된 것이 분명하다.[7]

갈 1:1d 그를 죽은 자 가운데서 살리신(τοῦ ἐγείραντος αὐτὸν ἐκ νεκρῶν). 바울은 자신이 사도로 섬기는 것이 하나님의 뜻이라고 자주 말하지만, 갈라디아서의 서두에서만 하나님이 예수 그리스도를 죽음에서 일으키셨다고 언급한다. 여기서 부활의 의미는 무엇인가? 부활은 하나님이 이스라엘과 온 세상에 주셨던 구원의 약속을 성취하실 새로운 시대가 밝았음을 가리킨다(참고. 사 26:19; 겔 37:1–14; 단 12:1–3).[8] 갈라디아서의 주요 주제 중 하나가 여기에서 나타난다. 갈라디아 사람들은 할례와 모세 율법에 순종함으로써 구속사에서 시계를 거꾸로 돌리고 있었다. 예수님이 죽음에서 일으킴을 받았으므로 신자들은 더 이상 모세 언약 아래에 있지 않다. 다시 한 번 바울은 이 편지의 중심 주제 중 하나(하나님의 종말론적 약속들의 성취)를 내다본다.

갈 1:2 함께 있는 모든 형제와 더불어 갈라디아 여러 교회들에게(καὶ οἱ σὺν ἐμοὶ πάντες ἀδελφοὶ ταῖς ἐκκλησίαις τῆς Γαλατίας). 바울 혼자 편지를 보낸 것이 아니라 그의 동료 신자들도 함께 보낸 것이다. "형제"라는 표현은 바울과 함께 여행하는 동료 그리스도인 지도자를 가리킬 수도 있지만,[9] 그가 편지를 쓰는 동안 함께 있는 동료 신자를 지칭할 가능성이 더 크다. 바울의 복음은 그가 유일한 선포자였던 것처럼 그만의 특유한 것으로 일축해 버릴 수 없다. 그와 반대로, 바울과 함께하는 형제들이 그가 선포하는 그 복음을 확정하며,[10] 그것은 할례의 의무를 포함하지 않는다.[11] 편지는 한 교회에만이 아니라 갈라디아에 있는 모든 교회로 보내졌다(참고. 고전 16:1, 19; 고후 8:1; 갈 1:22; 살전 2:14). 서론에서 설명한 것처럼 갈라디아 교회들은 아마도 남갈라디아에 위치한 교회를 가리킬 것이다.

갈 1:3 우리 하나님 아버지와 주 예수 그리스도로부터 은혜와 평강이 있기를 원하노라(χάρις ὑμῖν καὶ εἰρήνη ἀπὸ θεοῦ πατρὸς ἡμῶν καὶ κυρίου Ἰησοῦ Χριστοῦ).[12] 바울은 하나님 아버지와 예수 그리스도가 신자들에게 은혜와 평안을 내려주시기를 기도한다. 앞에서 말한 대로 바울은 전형적인 헬라 편지를 특징짓는 인사를 각색한다. 바울이 말하는 하나님의 은혜는 예수 그리스도를 믿는 모

뜻하는 것으로 본다(*Galatians*, 4).

6. 따라서 이것은 바울이 다메섹 도상에서 받은 소명에 대한 암시다(R. Longenecker, *Galatians*, 5).
7. 대조적으로 J. D. G. Dunn, *The Epistle to the Galatians*(BNTC; Peabody, MA: Hendrickson, 1993), 26–27. 하지만 N. T. Wright, *The Climax of the Covenant: Christ and the Law in Pauline Theology* (Minneapolis: Fortress, 1992), 41–55; Craig Blomberg, "Messiah in the New Testament", in *Israel's Messiah in the Bible and the Dead Sea Scrolls*(ed. Richard S. Hess and M. Daniel Carroll; Grand Rapids: Baker, 2003), 125–32의 설명은 적절하다.
8. 여기서 또한 Cook, "Prescript as Programme", 512–15를 보라.
9. Hays, *Galatians*, 202에서 그렇게 말한다. Ellis는 바울이 종종 "형제들"(ἀδελφοί)이라는 단어를 그리스도인 지도자를 가리키는 데 사용한다고 주장한다(*Prophecy and Hermeneutic*, 13–22, 특별히 15). 하지만 바울은 전형적으로 이 단어를 모든 동료 신자(남자와 여자)를 가리킬 때 사용하는 것으로 보인다. Dunn, *Galatians*, 30의 설명은 적절하다.
10. Chrysostom, *Galatians*, 4; R. Longenecker, *Galatians*, 5; Dunn, *Galatians*, 29; Bryant, *Crucified Christ in Galatians*, 115에서 그렇게 말한다.
11. 참고. Garlington, *Galatians*, 49.
12. '우리'(ἡμῶν)를 '하나님 아버지'(θεοῦ πατρός)보다 '주 예수 그리스도'(κυρίου Ἰησοῦ Χριστοῦ)와 함께 두는 강력한 외적 증거가 있다($\mathfrak{P}^{46}$, B, D, 1739, Byz). 하지만 바울 서신의 문체는 여기서 받아들이는 독법을 지지한다(참고. 롬 1:7; 고전 1:3; 고후 1:2; 엡 1:2; 빌 1:2; 몬 1:3). 또한 이 독법은 몇몇 견고한 외적 증거의 지지를 받고 있으며(ℵ, A, P, Ψ, 33, 81, 326, 1241), 여기서는 원래 본문으로 받아들여진다.

든 자에게 후히 주시는 값없는 자비를 가리킨다. 바울이 말하는 은혜는 과분한 호의에만 국한되어서는 안 되며 하나님의 변화시키시는 능력도 의미한다.[13] 갈라디아서에서 은혜에 대한 언급이 특별히 중요한 이유는 갈라디아 사람들이 하나님의 은혜를 부정하는 "복음"을 받아들일 위험이 있기 때문이다.

은혜는 구약의 단어 "은혜"(*ḥēn*)와 "불변하는 사랑"(*ḥesed*)에서 유래하며, 하나님의 신실한 사랑을 뜻한다. 하나님의 은혜와 자비는 출애굽기 34:6–7에서 두드러지게 나오며, 이 말은 구약에서 자주 반복되고(예를 들어, 느 9:17; 시 103:8; 145:8; 욜 2:13; 욘 4:2), 범죄하는 자기 백성에 대한 용서를 뜻한다. 구약은 자주 여호와의 신실한 불변의 사랑(*ḥesed*)을 찬양한다. 그 예로 시편 136편의 후렴을 들 수 있다.

인사의 순서("은혜" 다음에 "평강")가 중요할 수 있는 이유는 하나님이나 동역자와의 평화가 하나님이 내리신 은혜의 결과이기 때문이다.[14] 참으로 은혜와 평강은 모두 하나님의 선물이다. 그것은 하나님에게서 나오는데, 이것을 주시는 하나님은 신자와 주 예수 그리스도의 아버지시다. 신자가 누리는 평화는 에스겔에서 약속된 평화 언약의 성취이며(겔 37:26; 참고. 시 72:7; 사 54:10), 복음 선포를 통해 온다(사 52:7).[15] 바울이 갈라디아서 1:4에서 밝히듯 그러한 평화는 메시아의 도래(사 9:6–7)와 자기 백성을 위해 받으신 그분의 고난(사 53:5)을 통해 현실이 된다.

바울은 편지의 주요 주제를 내다본다. 신자가 예수 그리스도를 통해 하나님의 자녀가 되기 때문이다(3:26). 신자는 하나님의 가족으로 받아들여진다(4:1–7). 은혜와 평강은 하나님 아버지뿐만 아니라 예수 그리스도를 통해 온다. 그러한 진술이 높은 기독론(high Christology)을 드러내는 이유는 신약 어디에서도 은혜와 평안이 천사나 사람에게서 온다고 말하지 않기 때문이다.[16] 은혜와 평강이라는 선물은 오직 하나님에게서만 나온다. 따라서 우리는 여기에서 교회가 삼위일체 교리를 만드는 데 사용한 자료의 일부를 발견할 수 있다.

갈 1:4b 우리 죄를 대속하기 위하여 자기 몸을 주셨으니(τοῦ δόντος ἑαυτὸν ὑπὲρ[17] τῶν ἁμαρτιῶν ἡμῶν). 예수 그리스도로부터 오는 은혜와 평강은 그분이 십자가에서 자신을 주신 사건에 기초한다. 예수님은 신자들이 죄 사함을 받도록 그들을 대신하여 십자가에서 고난받으셨다. 예수 그리스도에 대한 언급은 바울을 십자가의 주제로 인도한다. 이 진술은 고백을 하는 듯한 느낌이 있으며, 일부 학자들은 바울이 여기에서 고백이나 찬양의 진술을 인용했다고 생각한다(참고. 또한 엡 5:2, 25; 딤전 2:6; 딛 2:14을 보라).[18] 학자들은 바울 이전의 전통을 파악하기 위한 여러 특징을 본문에서 찾아낸다. 하지만 바울이 여기에서 예수님의 죽음의 의미를 공식화하는 것일 가능성도 있기 때문에 그 특징은 결정적으로 객관적이지 않다.[19]

바울이 전통을 인용한다고 해도 본문은 갈라디아서의 문맥으로 해석되어야 한다. 다시 한 번 말하지만, 이 서두는 갈라디아서 전체의 중심 주제를 가리키는 전조다.[20] 갈라디아 사람들은 십자가의 의미를 잊었기 때

13. Dunn, *Galatians,* 31을 보라.
14. Fee, *Galatians,* 17에서 그렇게 말한다.
15. Roy E. Ciampa, *The Presence and Function of Scripture in Galatians 1 and 2*(WUNT 2/102; Tübingen: Mohr Siebeck, 1998), 49에서 그렇게 말한다. 참고. 또한 Matthew S. Harmon, "She Must and Shall Go Free: Paul's Isaianic Gospel in Galatians", PhD diss.(Wheaton, IL: Wheaton College Graduate School, 2006), 65–70.
16. Machen, *Galatians,* 27.
17. 전치사 '위하여'(ὑπέρ)에는 더 강력한 외적 증거가 있지만(ℵ[1], B, H, 6, 33, 81, 326, 630, 1241[s], 2464), 일부 사본에서 '…에 관하여'(περί)가 추가된 것(𝔓[46vid], ℵ[*], A, D, F, G, Ψ, 𝔐)은 코이네 헬라어에서 두 전치사가 중복되는 것을 입증한다(Fee는 '…에 관하여'[περί]를 선호한다. *Galatians,* 19–20, n. 21).
18. 예를 들어, Bruce, *Galatians,* 75; Martyn, *Galatians,* 88.
19. 이사야 53:4, 12이 암시되고 있을 가능성이 있다. 그 구절에서 주의 종은 자기 백성을 위해 자기 목숨을 버린다. Ciampa, *The Presence of Scripture in Galatians 1 and 2,* 51–60; 홍인규, *Law in Galatians,* 76–77; Fee, *Galatians,* 19를 보라.

문에 할례에 매료되었다(2:20–21; 3:1, 13; 4:4–5; 5:11, 24; 6:12, 14, 17). 하나님과의 바른 관계는 할례가 아니라 예수 그리스도의 십자가를 신뢰함으로써 얻을 수 있다. "주셨다"(δόντος)라는 용어는 2:20의 전조다. 바울은 2:20에서 하나님의 아들을 "나를 사랑하사 나를 위하여 자기 자신을 버리신[주신](παραδόντος)" 분으로 묘사한다. 예수님의 사랑은 자기 백성을 위한 자발적인 죽음에서 드러난다. 인간의 죄 때문에 예수님의 죽으심이 필요했으며, 그분은 자신을 주심으로써 그분을 신뢰하는 자들이 죄 사함을 얻게 하셨다. 또한 그리스도의 죽으심이 대리적인 이유는 죄의 결과가 죽음이지만(롬 6:23), 예수 그리스도가 죄를 속하기 위해 자기 생명을 내어주심으로써 신자가 하나님에게서 최종적으로 분리되는 것을 면하기 때문이다.

갈 1:4a 그리스도께서 하나님 곧 우리 아버지의 뜻을 따라 이 악한 세대에서 우리를 건지시려고(ὅπως ἐξέληται ἡμᾶς ἐκ τοῦ αἰῶνος τοῦ ἐνεστῶτος πονηροῦ κατὰ τὸ θέλημα τοῦ θεοῦ καὶ πατρὸς ἡμῶν). 이제 예수님이 자신을 내어주신 목적(ὅπως)이 설명된다. 예수님은 신자들을 이 세대의 악에서 구하기 위해 돌아가셨는데, 갈라디아 사람들은 할례받기를 고려함으로써 이 악에 굴복하고 있었다. 예수님의 죽으심은 하나님 아버지의 뜻과 목적 안에 있었기 때문에 구원이라는 하나님의 목적이 성취되었음을 의미하며, 따라서 구약의 예언을 성취한다. "건지다"(ἐξαιρέω)라는 동사는 구약에 귀 기울이며 주님이 자기 백성을 애굽에서 구하신 일을 상기시킬 것이다(출 3:8; 18:4, 8, 9, 10, LXX). 그러므로 이 표현은 미래에 자기 백성을 구하신다는 하나님의 약속을 가리킨다(사 31:5; 60:16; 겔 34:27).[21]

여기서 갈라디아서의 종말론적 특성이 나타나는데, 이는 예수님이 신자들을 "이 악한 세대에서" 구하기 위해 오셨기 때문이다.[22] 유대적 생각은 "이 세대"와 "오는 세대"를 구분한다.[23] 예수님의 가르침에서도 그러한 구분을 발견할 수 있다(마 12:32; 13:39, 40, 49; 24:3; 28:20; 막 10:30; 눅 18:30; 20:35). 바울도 이 세대와 오는 세대의 언어를 사용한다(엡 1:21). 또한 "지금 세대"로도 불리며(τῷ νῦν αἰῶνι, 딤전 6:17), 신자가 데마처럼(딤후 4:10) "이 세대"(롬 12:2)를 따르면 안 되는 이유는 세상이 불신자의 삶을 지배하기 때문이다(엡 2:2). 신자들은 지금의 세대에 살면서도(τῷ νῦν αἰῶνι, 딛 2:12), 오는 세대의 삶을 살기 위해 은혜를 받았다. 이 세대의 지도자들은 예수 그리스도가 영광의 주이심을 알지 못하기에 그분을 십자가에 못 박았다(고전 2:6, 8).

불신자들의 마음을 통제하는 지적 세계관은 이 세대에만 제한되며(고전 1:20; 3:18), 사탄은 이 세대의 신으로서 다스린다(고후 4:4). 오늘날의 악한 세대가 유일한 실제가 아닌 이유는 예수 그리스도 안에서 "말세"(τὰ τέλη τῶν αἰώνων)가 시작되었기 때문이다(고전 10:11). 그리스도의 십자가는 새 세대의 침투,[24] 혹은 바울이 갈라디아서 6:14–15에서 말하는 새 창조를 나타낸다. 실제로 갈라디아서 끝의 새 창조에 대한 언급과 현재 본문은 수미쌍관(inclusio)을 이룬다. 이로써 편지의 시작과 끝에서 그리스도 안에서 도래할 마지막 날이 두드러

---

20. 참고. Bryant, *Crucified Christ in Galatians,* 163–94; Cook, "Prescript as Programme", 516.

21. Ciampa, *The Presence of Scripture in Galatians 1 and 2,* 61–62, n. 104; Todd A. Wilson, "Wilderness Apostasy and Paul's Portrayal of the Crisis in Galatians", NTS 50(2004): 555–57에서 그렇게 말한다. Harmon은 바울이 여기서 또한 이사야 53장에 의지한다고 주장하며, 특별히 53:10을 염두에 두고 있다고 말한다("She Must and Shall Go Free", 71–84).

22. 종말론 혹은 Martyn이 묵시라고 부르는 것의 중요성에 대해 J. Louis Martyn, "Apocalyptic Antinomies in Paul's Letter to the Galatians", *NTS* 31(1985): 410–24를 보라.

23. 여기서 Ciampa, *The Presence of Scripture in Galatians 1 and 2,* 61, n. 103의 논의를 보라.

24. Bruce, Galatians, 76에서 그렇게 말한다. 대조적으로 권연경, *Eschatology in Galatians: Rethinking Paul's Response to the Crisis in Galatia*(WUNT 2/183; Tübingen: Mohr Siebeck, 2004), 156–61을 보라.

진다. 현재 모습의 세상은 지나간다(고전 7:31). 예수님은 이 악한 세대에서 통치하시며, 그분의 통치는 오는 세대에서 절정을 이룰 것이다(엡 1:21; 참고. 고전 15:24-28). 오는 세상에서는 예수 그리스도 안에 나타나는 하나님의 은혜에 모두가 놀랄 것이다(엡 2:7).

여기서 갈라디아서의 주요 주제가 다시 한 번 암시된다.[25] 바울은 갈라디아서 3-4장에서 율법이 옛 세대에 속하며 아브라함에게 주신 약속이 이제 그리스도 안에서 성취되고 있음을 밝히기 때문이다. 따라서 할례를 받는 자는 그리스도의 죽음을 통해 악한 옛 세대에서 건짐을 받은 후 다시 거기에 빠지는 것이다.[26] 우리는 여기서 바울의 생각에 녹아 있는 종말론적 긴장을 볼 수 있다. 그리스도 예수 안에서 새 세대가 이르렀지만 옛 세대가 완전히 사라지지 않았기 때문이다.[27] 신자는 '이미'와 '아직'이 겹치는 시기에 살고 있다. 그리스도 안에서 하나님의 약속이 이미 성취되었지만, 지금의 "악한 세대"는 여전히 존재하기 때문에 신자는 깨어 있고 계속해서 그리스도의 십자가를 의지해야 한다.

갈 1:5 영광이 그에게 세세토록 있을지어다 아멘(ᾧ ἡ δόξα εἰς τοὺς αἰῶνας τῶν αἰώνων, ἀμήν). 그리스도 안에 있는 하나님의 구원 사역은 바울을 송영으로 이끈다. 하나님의 영광과 명예와 찬양은 그리스도와 십자가에서 궁극적으로 나타난다. 나는 하나님의 영광을 그분의 있는 그대로의 아름다움, 장엄, 위대함으로 규정하고자 한다. 그러므로 구원이든 심판이든 그분이 하신 모든 것에서 그분 존재의 위대함이 드러난다. 참으로 하나님은 그리스도 안에서 이루신 구원 사역으로 영원히 찬양받으실 것이다.

적용에서의 신학

1. 바울의 사도적 권위

갈라디아서에서 우리가 보게 되는 첫 번째 주제는 바울의 사도적 권위다. 오늘날 우리는 이러한 주제를 어떻게 적용할 수 있을까? 역사 전반에 걸쳐 그리스도인들은 이 물음에 의견을 달리했다. 로마 가톨릭은 사도직 승계를 믿었으므로 궁극적으로 사도의 권위를 로마 가톨릭 교회의 고위 성직자인 교황을 통해 표현했다. 자유교회 전통에 속하는 신교도로서 나는 오늘날 교회 임원에게 초대 사도와 같은 지위나 권위가 없다고 믿는다. 신약에는 오순절 후 사도들이 후계자를 세웠다는 언급이 없다. 야고보가 순교했을 때도(행 12:2), 후계자가 지명되었다는 말이 없다.

이제 사도의 권위는 사도의 글에 간직되어 있다. 다시 말해, 교회에 대한 권위는 살아 있는 인간이 아닌 신약 정경에서 발견된다는 것이다. 우리가 성경을 자세히 연구하고 성경 본문

25. 갈라디아서 1:4이 갈라디아서에서 중요한 역할을 한다는 견해에 대해 Smiles, *Gospel and Law in Galatia*, 68-75를 보라.

26. 참고. Cook, "Prescript as Programme", 516-18. Dunn은 "아마도 그[바울]는 그의 독자들에 대한 책망의 일부로서 절들을 덧붙이려는 의도였을 것이다"라고 말한다(*Galatians*, 34).

27. 이 구절에 포함된 종말론적인 긴장감에 대해 Martyn, *Galatians*, 98; Witherington, *Galatians*, 76-77; Dunn, *Galatians*, 36을 보라. Betz는 "그것은 다가오는 영원한 시대가 이미 시작되었다고 말하지

을 풀이한 주석에 관심을 갖는 이유는 우리가 성경(구약을 포함하여)이 오늘날의 우리에게 하나님의 권위 있는 말씀임을 믿기 때문이다. 따라서 우리는 성경으로 모든 것을 판단하며, 성경을 해석하는 일에 주의를 기울이고 지혜롭게 행하려는 것이다.

어떤 카리스마파 집단은 오늘날에도 사도가 존재한다고 믿는다. 우리는 그들이 말하는 "사도"를 조심스럽게 구분해야 한다. 만일 그들이 바울이나 열두 제자와 같은 의미로 사도가 존재한다고 생각한다면 우리는 그러한 해석을 거부해야 한다. 오늘날 누구도 바울이나 베드로, 혹은 요한의 권위를 지니고 있지 않다. 살아 있는 사람에게 그런 의미의 권위가 있다고 말하는 것은 위험하며, 권위주의와 영적 남용에 쉽게 빠질 수 있다. 그러한 권위주의와 영적 남용이 사도의 권위를 주장하는 카리스마파 집단에 제한되지 않는다. 불행하게도, 압제적으로 권력을 휘두르는 몇몇 목사는 오늘날 사도가 없다고 믿으면서도 자신이 사도인 것처럼 행한다!

또 "사도"라는 단어를 이차적 의미로 이해하여, 선교사처럼 섬기는 자를 가리킨다고 해석하기도 한다. 바울은 갈라디아서 1:1에서 사도를 그런 식으로 생각하지 않지만, 다른 바울 서신에서 그러한 의미로 쓰인 것을 볼 수 있다(예를 들어, 롬 16:7). "사도"라는 단어를 선교사처럼 섬기는 자로 여길 때 우리는 자신을 베드로나 바울과 같은 수준의 사도라고 생각하며 쉽게 빠질 수 있는 권위주의를 피할 수 있다. 하지만 선교사를 가리켜 "사도"라는 단어를 사용하는 일은 피해야 할 것 같다. 많은 사람이 그 단어의 의미를 오해하기 쉬우며, 바울은 거의 항상 그 단어를 독특하고 독보적인 권위를 가진 자들에게 전문적인 의미로 사용하기 때문이다.

2. 나와 함께 있는 모든 형제

1:2에서 바울이 다른 형제들을 언급하며 그들이 자신의 복음에 동의함을 암시한 것은 본받을 점이 있다. 바울은 복음의 진리를 이해했던 유일한 사람이 아니었다. 우리는 2장에서 사도들 또한 바울의 복음을 확증한 것을 본다. 교회 역사를 통틀어 명확히 표현된 적이 없는 견해를 제시하는 것은 잘못된 일임이 틀림없다. 만일 어떤 사람이 교회 역사가 2천 년이 지난 후에 새로운 교리를 발견했다고 생각한다면, 우리는 그가 잘못되었다고 매우 자신 있게 말할 수 있다. 우리는 신자로서 분리되어 있지 않다. 우리는 공동체 안에서 살아가기 때문에, 우리 시대의 형제자매에게뿐만 아니라 우리보다 앞선 신자들에게서도 배운다.

따라서 우리는 열린 유신론(open theism) 같은 교리가 성경적이지 않음을 확신할 수 있다.[28] 가톨릭이든, 그리스 정교든, 개신교든, 기독교 교회의 어느 분파도 열린 유신론 신학에 찬성하지 않았다. 그것은 어느 고백의 진술에도 명시되지 않았으며, 어떤 주요한 신학자도 그 가르

않는다"라고 말하며 이것을 잘못 설명한다(Betz, *Galatians*, 42). 대조적으로 새 시대는 시작되었지만 완성되지 않았다. Betz와 비슷한 견해로 권연경, *Eschatology*, 156–57을 보라.

28. Bruce A. Ware, *God's Lesser Glory: The Diminished God of Open Theism*(Wheaton: Crossway, 2000)을 보라.

침을 채택하지 않았다. 역사적으로 전해진 교회의 보편적인 가르침은 버려서는 안 되며 믿을 만한 길잡이다.

3. 은혜와 평안

우리가 다른 사람을 위해 할 수 있는 기본적인 기도 중 하나는 그들이 하나님의 은혜와 평안을 알게 해달라는 것이다(1:3). 우리가 모두 죄인이며, 죄는 삶에 다툼과 고통을 가져오기 때문에 인간에게 가장 필요한 것 중 하나는 은혜다. 그렇기에 우리는 하나님의 은혜가 우리 마음과 교회에 평안을 확고히 가져다주기를 기도한다. 때때로 우리는 다른 사람들을 위해 무엇을 기도할지 모르지만, 모두에게는 하나님의 은혜와 평강이 날마다 필요하다. 실제로 은혜는 우리에게 어떤 영향을 미치는가?

- 은혜는 종교와 도덕성의 위험을 상기시킨다. 우리는 너무 쉽게 자신이 고상하다고 생각할 수 있다.
- 우리는 너무나 빨리 독선적이 되고 자신이 성취한 것에 만족한다.
- 우리는 자신과 다른 사람을 비교해서 자신이 더 낫다고 생각함으로써 자신을 위로한다.
- 우리는 가족을 다른 가족과 비교하여 자신의 자녀가 선량하다는 데서 위안을 구한다.
- 만일 내가 비판받을 때 방어적이 된다면, 나는 그리스도를 의지하지 않는 것이다.
- 자신에게 강한 확신을 갖는 것보다, 어린아이처럼 절망하며 연약함을 느끼고 그리스도의 의에 자신을 숨기는 것이 더 낫다.

4. 십자가에 달리신 그리스도

선포된 복음은 우리를 죄에서 구원하시는 분으로서 십자가에 달리신 그리스도께 초점을 맞춘다. 우리 죄의 깊이와 무거움을 알지 못하면, 그리스도의 죽으심이 필요 없다고 생각하여 복음의 놀라움과 아름다움을 망각하게 될 것이다. 실제로 우리 죄의 무게를 알고 느끼면 우리가 받은 용서에 대해 말로 표현할 수 없는 영광스러운 기쁨을 느낄 것이다. 바울은 여기서 그리스도가 우리 죄를 대신하여 죽으셨음을 암시한다. 그분이 우리 죄를 위해 자신을 주시고 우리가 맞아야 할 죽음을 담당하셨기 때문이다.

놀랍게도, 스스로 복음주의자라고 주장하는 어떤 사람들은 형벌을 대신 받는 것이 "우주적 아동 학대"라고 말했다.[29] 또 다른 이들은 대신 형벌 받는 것의 중심적 역할을 지속적으로

29. Steve Chalke, *The Lost Message of Jesus*(Grand Rapids: Zondervan, 2003), 182–83. Carson은 Chalk의 주장이 지닌 문제점을 보여주며, 따라서 Chalk가 대리 형벌에 대해 말하는 것은 진정한 학문으로 적합하지 않다(D. A. Carson, *Becoming Conversant with the Emergent Church: Understanding a Movement and Its Implications*[Grand Rapids: Zondervan, 2005], 185–87).

경시함으로써 그 중요성을 축소했다.[30] 하지만 그것은 분명히 속죄의 핵심적인 역할로 작용한다. 우리에게는 대신 죽음으로써 구원을 가져다줄 대리인이 가장 필요하기 때문이다.[31]

5. 새 시대: '이미'와 '아직'

그리스도 안에서 새 시대가 밝았지만 아직 완성되지는 않았다. 그리스도인으로서 우리는 두 시대 사이에 살고 있다. 우리는 그리스도의 죽으심으로 지금의 악한 세대에서 구원받았지만(1:4), 옛 시대로 되돌아가지 않도록 일깨워져야 한다. 우리는 죄에서 해방되었지만 죄는 여전히 남아 있다. 우리는 그리스도 안에서 완전하지만 아직 완전해지지 않았다. 따라서 우리는 그리스도인이 된 후에도 깨어 있어서, 실제로 우리를 이기심과 자만으로 이끄는 거짓 복음의 포로가 되지 않도록 노력해야 한다.

6. 하나님의 영광

그리스도 안에 있는 하나님의 구원 사역은 그분의 이름이 영광을 받기 위한 것이다. 많은 신자가 하나님의 영광을 말하는 것을 상투적으로 느끼지만, 그 중요성을 소홀히 여겨서는 안 된다. 그리스도가 십자가에서 이루신 위대한 사역과 그분의 낮아지심과 높아지심을 생각할 때, 바울은 이 사건에서 일어난 모든 것이 "하나님 아버지께 영광"(빌 2:11)이라고 말함으로써 결론을 내린다. 바울은 로마서 9-11장에서 구원 역사에 드러나는 하나님의 목적을 개관적으로 그리며, 유대인과 이방인을 모두 구원하시는 것과 그분의 계획을 연결한다. 그는 결론에서 갑자기 찬양으로 가득한 송영을 올려드리며 "만물이 주에게서 나오고 주로 말미암고 주에게로 돌아감이라 그에게 영광이 세세에 있을지어다"(롬 11:36)라고 확정한다. 바울은 선택과 구속, 그리스도 안에서 모든 것을 연합하시는 것, 성령을 주시는 가운데 나타난 하나님의 구원 사역을 논증하는 세 지점에서 하나님의 은혜를 찬양한다(엡 1:6, 12, 14).

바울이 작성한 가장 위대한 편지의 결론에서 그는 하나님께 영광을 돌려드린다(롬 16:27). 그는 고린도인들에게 모든 것을 하나님의 영광을 위해 해야 한다고 말한다(고전 10:31). 하나님께 감사와 자랑과 영광을 돌리지 않고 창조자보다 피조물을 높이는 것은 근본적인 죄다(롬 1:21-25). 믿음이 하나님을 기쁘시게 하는 이유는 그것이 하나님을 영화롭게 하며 그분을 신뢰할 수 있는 분으로 의지하는 것이기 때문이다(롬 4:20). 하나님께 영광을 드리기 때문에 신자들은 서로를 받아들여야 한다(롬 15:7). 실제적인 예를 하나만 들어도 충분하다. 우리는 운동하면서 어떻게 하나님을 영화롭게 하는가? 하나님이 우리에게 운동할 수 있는 능력을 주신

---

30. Joel B. Green and Mark D. Baker, *Recovering the Scandal of the Cross: Atonement in New Testament and Contemporary Contexts* (Downers Grove, IL: IVP, 2000).

31. 이 견해에 대한 변호는 Thomas R. Schreiner, "Penal Substitution View", in *The Nature of the Atonement: Four Views*(ed. J. Beilby and P. R. Eddy; Downers Grove, IL: IVP, 2006), 67-98을 보라.

데 감사하고, 상대편을 존중하며, 다른 팀 사람들과 의견이 달라도 다투지 않을 때 하나님을 영화롭게 할 수 있다.

바울은 갈라디아서에서 하나님의 구원 역사가 그분께 영광과 찬양과 자랑을 가져다준다는 것을 상기시킨다. 우리는 신자로서 그리스도께 중심을 두고, 하나님께 초점을 맞추며, 성령으로 충만해야 한다. 우선적으로 우리는 사람이 아닌 하나님께 초점을 맞추어야 한다. 우리가 모든 일을 하나님의 영광과 찬양을 위해 할 때 다른 사람을 사랑하게 된다. 우리는 위대함을 즐거워하고 경외하는 존재로 창조되었으며, 하나님 외에 우리 마음을 채울 수 있는 것은 없다. 그분은 우리 삶의 해와 달과 별이 되신다. 그분을 찬양함으로 우리 삶이 충만해지고 다른 이들에게도 그 풍성함이 흘러넘치기를 원한다.

CHAPTER 2

갈라디아서 1:6–10

문학적 전후 문맥

바울은 보통 편지의 서두 바로 다음이나(롬 1:8–15; 고전 1:4–9; 빌 1:3–11; 골 1:3–8; 살전 1:2–10; 살후 1:3–10; 딤전 1:12–17; 딤후 1:3–7; 몬 1:4–7) 축복 뒤에(엡 1:15–23) 감사를 넣는다. 따라서 갈라디아서에 감사가 빠져 있는 것은 관심을 끈다.[1] 그 대신 바울은 갈라디아서 1:6에서 놀라움을 표현한다. 갈라디아 사람들이 다른 복음으로 향하고 있기 때문이다. 편지의 특성에 비추어 볼 때 놀라움의 표현은 편지에서 책망 부분을 시작하는 것으로 해석될 수 있다.[2] 여기에서 편지의 본론이 시작되며, 갈라디아서의 주요 문제가 독자들에게 소개된다. 바울이 편지를 쓰는 이유는 갈라디아 사람들이 그리스도를 떠나 방향을 바꾸고 있기 때문이다. 그들의 변절은 외부의 영향 때문이며, 다른 복음을 선포하는 자들에게는 화가 선포된다.

I. 도입: 바울의 복음을 떠나는 것은 복음을 떠나는 것이다(1:1–2:21)
- A. 인사: 바울의 사도적 권위(1:1–5)
- ➦ **B. 문제에 대한 설명: 복음을 떠남(1:6–10)**
- C. 바울의 복음은 사람이 아니라 하나님에게서 왔다(1:11–2:21)
  1. 논제: 바울의 복음의 근원은 계시였다(1:11–12)
  2. 논제에 대한 증거(1:13–2:21)

1. O'Brien, *Introductory Thanksgivings*, 141, n. 1에서 이것을 지적한다.
2. Dahl, "Paul's Letter to the Galatians", 117–22; Vos, "Paul's Argumentation in Galatians 1–2", 171. 참고. Betz, *Galatians*, 46.

주요 개념

중심이 되는 개념은, 갈라디아 사람들이 그리스도의 복음으로 말미암아 받았던 은혜에서 떠난 것에 대한 바울의 놀라움이다. 단락의 나머지 부분은 복음을 떠나는 것이 왜 치명적인 결정인지를 설명한다.

번역

갈라디아서 1:6–10

6a	분리	그리스도의 은혜로 너희를 부르신 이를
b	비난	**이같이 속히 떠나 다른 복음을 따르는 것을 내가 이상하게 여기노라**
7a	단언	**다른 복음은 없나니**
b	7a와 대조	다만 어떤 사람들이 너희를 교란하여
c	7a의 진행	그리스도의 복음을 변하게 하려 함이라
8a	조건	**그러나** 우리나 혹은 하늘로부터 온 천사라도 우리가 너희에게 전한 복음 외에 다른 복음을 전하면
b	비난	**저주를 받을지어다**
9a	조건	우리가 전에 말하였거니와 내가 지금 다시 말하노니 만일 누구든지 너희가 받은 것 외에 다른 복음을 전하면
b	비난	**저주를 받을지어다**
10a	수사 질문/ 6–9에서 유추	이제 **내가 사람들에게 좋게 하랴 하나님께 좋게 하랴**
b	수사 질문/ 10a의 재진술	**사람들에게 기쁨을 구하랴**
c	단언 10a–b의 근거	**내가 지금까지 사람들의 기쁨을 구하였다면 그리스도의 종이 아니니라**

구조

편지의 본론은 갈라디아 사람들이 그토록 빨리 은혜의 복음을 떠나 다른 복음을 쫓는 것에 대한 놀라움["내가 이상하게 여기노라"(θαυμάζω)]을 표현하며 시작된다(1:6). 7–9절은 관계사 절로 시작하며 왜 새로운 복음은 절대 복음이 아닌지를 설명한다. 갈라디아 교회들 안으로 침투한 자들은 실제로 복음을 전파하는 것이 아니라 복음을 변질시키고 있다. 어쨌든 1:8–9의 두 조건절에서 바울은 복음이 바뀔 수 없다고 교리적으로 주장한다. 참으로 바울이나 천사라도 새로운 복음을 전한다면 하나님께 저주를 받을 것이다. 10절은 논증의 전환 구절이며, 8–9절에서 추론을 끌어내는 기능을 한다. 거짓 복음을 선포하는 자들에게 화를 선포하는 것은 바울이 사람을 기쁘게 하지 않음을 보여준다. 1:10c에서 바울은 왜 자신이 사람을 기쁘게 하지 않는지 분명히 설명한다. 사람을 기쁘게 하는 것이 그의 목적이라면, 바울은 예수 그리스도의 종이 아닐 것이기 때문이다.

석의적 개요

I. 도입: 바울의 복음을 떠나는 것은 복음을 떠나는 것이다(1:1–2:21)

A. 인사: 바울의 사도적 권위(1:1–5)

➦ **B. 문제에 대한 설명: 복음을 떠남(1:6–10)**

1. 복음이 아닌 다른 복음으로 전환하는 것(1:6–7)
2. 거짓 복음을 선포하거나 받아들이는 자에 대한 저주(1:8–9)
3. 바울은 사람을 기쁘게 하려 하지 않는다(1:10)

C. 바울의 복음은 사람이 아니라 하나님에게서 왔다(1:11–2:21)

본문 설명

갈 1:6 그리스도의 은혜로 너희를 부르신 이를 이같이 속히 떠나 다른 복음을 따르는 것을 내가 이상하게 여기노라(Θαυμάζω ὅτι οὕτως ταχέως μετατίθεσθε ἀπὸ τοῦ καλέσαντος ὑμᾶς ἐν χάριτι Χριστοῦ[3] εἰς ἕτερον εὐαγγέλιον). 편지의 본론은 바울이 긴급한 편지를 쓰게 된 상황을 소개한다. 바울은 갈라디아 사람들이 자신이 전한 복음에서 떠나는 것에 충격받고 있다.[4] 다른 유대 문헌에서 "떠나다"(μετατίθημι)라는 동사는 유대인의 삶의 방식에서 떠나는 것이나 배반하는 것을 묘사할 수 있다(예를 들어, 2 Macc 7:24).

바울은 갈라디아 사람들이 죄의 용서에 대한 유일한 소망에서 멀어지는 것에 괴로워한다. 따라서 놀라움의 표현은 비난의 역할도 한다.[5] "이같이 속히"(οὕτως ταχύς)라는 표현은 출애굽기 32:8(참고. 또한 삿 2:17)과 금송아

3. Χριστοῦ가 생략되었을 가능성이 있는 것은 $\mathfrak{P}^{46}$과 서방 본문에서 그것이 빠져 있기 때문이다. 동시에 그것이 포함된 외적 증거는 상당히 강하다. 결정이 쉽지 않지만, 외적 증거는 이 칭호를 포함하는 것을 선호한다(Fee, *Galatians*, 23, n. 27에서도 그렇게 한다).

4. 갈라디아 사람들은 복음에서 떠나는 과정에 있지만, 어떤 이들은 이러한 생각을 변호하기 위해 '떠나다'라는 동사의 현재 시제에 너무 많이 의존한다(예를 들어, R. Longenecker, *Galatians*, 14; Dunn, *Galatians*, 40). 과정을 나타내는 것은 전체 편지의 문맥이다.

5. 권연경은 자신의 논문에서 배교 문제의 중요성을 바르게 이해하지만(*Eschatology*), 갈라디아 사람들이 이미 배교했다고 바울이 주장한다고 말하며 증거를 넘어선다. 바울에 따르면 갈라디아 사람들은 배교하기 직전에 있다. 5:2–4에 대한 주석을 보라. 거기서 바울은

지 사건을 상기시킨다.[6] 이스라엘은 바로 얼마 전에 애굽에서 해방되었고, 시내 산에서 율법을 받았으며, 주와 언약을 맺었다. 모세가 산에 올랐을 때, 그들은 금송아지를 만들어 숭배했으며 주를 떠났다. 출애굽기 32:8은 이렇게 말한다. "그들은 내가 그들에게 명령한 길로부터 속히 떠났다"(παρέβησαν ταχύ, ESV). 갈라디아 사람들은 해방되고 얼마 지나지 않아 주를 떠남으로써 광야 세대의 잘못을 반복하는 것처럼 보인다.

갈라디아 사람들이 떠나는 것이 놀라운 이유는 그들이 그리스도 안에서 소유하는 은혜의 선물을 버리고 있기 때문이다. 바울은 하나님이 그들을 그리스도의 은혜 영역으로 부르셨음을 강조한다.[7] 그는 "부름"과 관련된 단어들(καλέω, κλῆσις, κλητός)을 선호한다. 복음이 유대인이나 헬라인 모두에게 "전파"되지만(κηρύσσω, 고전 1:22-23), 메시지를 듣는 사람 중 일부만 "부르심"을 받는다(κλητός, 고전 1:24). 이어지는 구절에서 "부르심을 받은"이라는 단어는 하나님이 택하신 자로 설명된다(ἐκλέγομαι, 고전 1:26-28).

부르심은 선포된 말씀을 통해 일어나는 것처럼 보인다. 그런데 부르심이 선포된 말씀과 완전히 겹치지 않는 이유는 말씀을 듣는 자 중 일부만 부르심을 받기 때문이다. 따라서 부르심은 구원으로 초청되는 것과 같을 수 없다. 선포된 말씀을 듣는 이가 모두 믿음과 순종을 권유받기 때문이다. 이 문맥에서 부르심이 택함을 받는 것과 겹치므로 부르심은 복음을 듣는 사람 중 일부를 구원받는 믿음으로 이끄는 하나님의 효과적인 사역을 가리키는 것으로 보인다(참고. 롬 8:30).[8]

하나님의 부르심이 미치는 효과는 바울의 글에서 반복되는 주제다. 하나님은 "존재하지 않는 것을 존재하도록 부르신다"(롬 4:17, ESV).[9] 문맥에서 이 구절은 하나님이 아브라함과 사라에게 자녀를 얻을 능력을 주신 것을 가리킨다. 하나님은 생명을 만들어 낼 능력이 없는 곳에 생명이 있도록 부르신다. 비슷하게, 바울이 교회를 박해하는 자에서 예수 그리스도의 사도로 변화되게 한 것은 하나님의 부르심이었다(갈 1:13-16). 로마서 9장에서 하나님의 부르심은 택하시는 사역과 밀접하게 관련되며, 하나님이 효과적으로 구원하심을 가리킨다(롬 9:7, 11, 24, 25, 26). 하나님은 택하신 자를 복음의 선포를 통해 믿음을 갖도록 부르신다(살후 2:13-14).[10] 능력으로 신자들을 자신에게 부르신 하나님은 성화의 사역도 완성하실 것이다(살전 5:24). 하나님의 부르심이 행위와 대조되는 이유는(롬 9:11; 딤후 1:9) 구원이 인간의 행위가 아닌 하나님의 은혜로만 가능하기 때문이다. 하나님의 부르심이 가진 능력은 분명하다. "하나님의 은사와 부르심은 취소할 수 없기" 때문이다(롬 11:29, ESV).

바울에게 "부르심"과 은혜의 복음은 분리될 수 없다. 갈라디아 사람들은 율법과 할례로 돌아섬으로써 그 복음을 떠나, 하나님의 은사가 아닌 인간의 성취에 기초한 복음으로 갔다. "복음"(εὐαγγέλιον)이라는 단어는 유배에서 돌아올 것이라는 구약의 약속을 연상시킨다(사 40:9;

그들이 이미 배교했다고 단언하기보다 그들에게 배교에 대해 경고한다.

6. 금송아지와 관련된 이스라엘의 죄는 그들의 의식 속에 선명하게 새겨져 있었으며, 그것은 종종 유대 전통에서 상기된다. Scott J. Hafemann, *Paul, Moses, and the History of Israel*(WUNT; Tübingen: Mohr Siebeck, 1995), 195-204, 227-31; Ciampa, *The Presence of Scripture in Galatians 1 and 2, 76-77;* Wilson, "Wilderness Apostasy", 557-58을 보라.

7. '은혜로'(ἐν χάριτι)라는 표현은 그리스도의 '은혜를 통하여'를 의미할 수 있지만, 여기서는 바울이 은혜의 영역을 나타냈을 가능성이 더 크다. Fee, *Galatians,* 23에서도 그렇게 설명한다.

8. 이것은 White의 생각과 대조된다. 그는 하나님이 아니라 바울이 갈라디아 사람들을 불렀다고 생각한다. L. Michael White, "Rhetoric and Reality in Galatians: Framing the Social Demands of Friendship", in *Early Christianity and Classical Culture: Comparative Studies in Honor of Abraham J. Malherbe*(ed. John T. Fitzgerald, Thomas H. Olbricht, and L. Michael White; NovTSup 110; Leiden: Brill, 2003), 326.

9. Martyn, Galatians, 109에서 이것을 바르게 설명한다.

10. 또한 C. A. Wanamaker, *The Epistles to the Thessalonians*(NIGTC; Grand Rapids: Eerdmans, 1990), 267에서도 그렇게 설명한다.

11. 여기서 Bruce, Galatians, 81-82; Garlington, *Galatians,* 67을 보라. Harmon은 이사야의 배경에 대한 더 풍부한 설명을 제공한다("She

52:7; 60:6; 61:1).[11] 이사야 40-66장에서 유배로부터의 귀환은 하나님이 이스라엘에게 주신 약속의 성취와 새로운 창조의 시작과 연결된다(사 65:17; 66:22). 바울은 하나님의 구원 약속의 성취라는 복음이 예수 그리스도의 사역, 죽음, 부활에서 현실화된다고 생각한다. 십자가로써 성취된 죄 용서는 하나님의 종말론적 약속의 성취를 나타낸다.

갈 1:7a 다른 복음은 없나니(ὃ οὐκ ἔστιν ἄλλο). 바울은 침입자들이 자칭 복음이라고 선포한 것은 절대 복음이 아니라고 밝힌다. 이전 세대 학자들은 "다른"을 뜻하는 두 헬라어(ἕτερος와 ἄλλος)를 구분하려 했다. 전자(ἕτερος)는 다른 종류의 다른 것을, 후자(ἄλλος)는 같은 종류의 다른 것을 가리킨다고 구별했다.[12] 신약이 기록될 당시 "다른"을 뜻하는 두 단어가 그런 전문적 정의로 쓰였는지 알 수 있는 분명한 증거는 없다.[13] 바울은 단순히 1:7에서 침입자들이 자칭 복음이라고 선포한 것은 복음이 절대 아님을 강조한다.

갈 1:7b 다만 어떤 사람들이 너희를 교란하여 그리스도의 복음을 변하게 하려 함이라(εἰ μή τινές εἰσιν οἱ ταράσσοντες ὑμᾶς καὶ θέλοντες μεταστρέψαι τὸ εὐαγγέλιον τοῦ Χριστοῦ). 이제 갈라디아 사람들이 그릇 행하게 된 이유가 제시된다. 다른 이들이 그들을 어지럽히고 있으며 바울이 전했던 복음의 정당성을 의심하게 만든 것이다. 문제를 일으킨 자들은 외부에서 왔으며, 바울이 전한 복음에 심각한 문제가 있다고 주장했을 것이다.[14] 여기서 "교란하는 자들"(οἱ ταράσσοντες)은 복수로서 여러 대적을 가리킨다. 5:10에서는 같은 단어가 단수로 사용된다. 갈라디아 사람들을 "요동[교란]하게 하는 자(ὁ ταράσσων)는 누구든지 심판을 받을 것이다."[15] 5:10에서 단수가 사용된 것은 갈라디아 사람들을 괴롭히는 자의 지도자를 가리킬 수 있지만, 이 표현은 총칭적인 단수로서 1:7에 나오는 무리를 가리킬 가능성이 더 크다.

바울은 갈라디아 사람들을 혼란에 빠뜨리는 자들이 그리스도의 복음을 "변하게 하려"(μεταστρέψαι) 한다고 말한다. "변하게 하다"(μεταστρέφω)라는 단어는 종종 강한 대조를 뜻하는 데 사용되며 "물이 피로, 민물이 바닷물로, 잔치가 애도로, 빛이 어둠으로 바뀌는 것 같은 극단적 변화를 가리킨다."[16] 대적들은 갈라디아 사람들이 진정한 복음의 빛에서 거짓 복음의 어둠으로 돌아서도록 유혹하고 있다. 이 말썽꾼들은 어떻게 그리스도의 복음을 변화시켰는가?[17] 우리는 갈라디아서 나머지 부분을 통해 대적들이 하나님 백성의 일원이 되려면 할례를 받아들이고 구약 율법에 순종하라고 갈라디아 사람들을 설득했음을 알 수 있다(참고. 5:2-6; 6:12-13; 참고. 2:3-5). 바울에 따르면 그러한 요구들은 복음을 왜곡하는 데까지 이른다. 이방인들이 구원을 위해 모세 언약을 받아들이도록 강요하기 때문이다.

Must and Shall Go Free", 85-90).

12. J. B. Lightfoot, *Galatians,* 76; Burton, *Galatians,* 420-22; George, *Galatians,* 93; Bruce, *Galatians,* 80-81. 하지만 Bruce는 바울이 이러한 구분을 지속적으로 유지하지 않음을 인식한다.

13. Martyn, *Galatians,* 110; Silva, *Interpreting Galatians,* 54-56. Garlington은 분명히 두 단어(ἕτερος와 ἄλλος)가 고린도후서 11:4에서 그 의미가 유사하다는 것에 주목한다(Galatians, 68).

14. 서론에서 편지의 '상황'에 대한 부분을 보라.

15. 대적을 "교란하는 자들"로 언급하는 것은 구약에 나오는 아간의 죄를 가리킨 것일 가능성이 있다(참고. 대상 2:7; 시 107:27). R. Longenecker, *Galatians,* 16; Ciampa, *The Presence of Scripture in Galatians 1 and 2,* 79-82에서도 같은 것을 말한다. Cummins는 1 Macc 3:5과 7:22의 평행에서 마카비 시대 박해와의 평행을 본다. Stephen Anthony Cummins, *Paul and the Crucified Christ in Antioch: Maccabean Martyrdom and Galatians 1 and 2*(SNTSMS 114; Cambridge: Cambridge Univ. Press, 2001), 101.

16. Dunn, *Galatians,* 43.

17. 소유격 '그리스도의'(τοῦ Χριστοῦ)를 목적어적 용법과 주어적 용법 둘 다로 보는 R. Longenecker의 해석이 옳을 수 있다(*Galatians,* 16).

갈 1:8 그러나 우리나 혹은 하늘로부터 온 천사라도 우리가 너희에게 전한 복음 외에 다른 복음을 전하면 저주를 받을지어다(ἀλλὰ καὶ ἐὰν ἡμεῖς ἢ ἄγγελος ἐξ οὐρανοῦ εὐαγγελίζηται ὑμῖν[18] παρ' ὃ εὐηγγελισάμεθα ὑμῖν, ἀνάθεμα ἔστω). 메시지의 진실성은 전달자가 가지고 있는 신임장보다 그 내용(복음과 일치하는지 여부)에 달렸다. 그러므로 바울이나 천사라도 거짓 복음을 전하면 하나님의 저주 아래 놓이게 된다. 1:8을 시작하는 ἀλλὰ는 대조보다 '더욱이'나 '참으로'로 번역해야 한다.[19] 8–9절은 다른 복음을 전하는 것이 작은 잘못이 아니라고 말한다. 바울은 다른 복음이 자신이 갈라디아에 가르치고 전파했던 것에 대한 사소한 변화라고 생각하지 않는다. 저주와 축복이 편지 전체의 틀을 형성하고 있음을 주목하라(참고. 6:16).[20]

바울은 신적 권위를 주장할 다른 근원이 없음을 말하기 위해 과장된 언어를 사용한다.[21] 여기서 갈라디아의 대적들이 실제로 천사에게 계시를 받았다고 주장했다는 암시는 없다.[22] 바울은 1:8–9에서 모두 조건절을 사용한다. 여기서 자신과 천사를 포함시키는 이유는 그 둘이 거짓 복음을 전파했거나 그렇다는 의심을 받았기 때문이 아니라, 복음의 변하지 않는 특성을 강조하기 위함이다.[23] 나아가 바울이 포함된 것은 그가 "자신의 뜻을 펼치기 위해서가 아니라 복음과 갈라디아 사람들을 위해 그들을 책망하고 있음"을 보여준다.[24] 말썽꾼들은 할례의 필요성을 주장하기 위해 천사가 아닌 구약에 호소한다(창 17:9–14). 하지만 천사에 대한 언급은, 하늘의 근원이나 그 계시에 호소하여 다른 복음을 전하는 것을 변호한다고 할지라도 그것을 변호할 수 없음을 보여준다.

거짓 복음을 선포하는 자들은 "저주를 받는다"(ἀνάθεμα). 본문에서 이 단어는 최종적인 멸망과 유죄 판결을 가리킨다. 예를 들어, 고린도전서 16:22은 주 예수를 사랑하지 않는 자가 저주를 받는다고 말한다. 그리고 바울은 자신이 저주받기를 원할 정도로 그리스도에게서 멀어진 유대인들이 구원받기를 갈망한다(롬 9:3). 이 표현은 구약의 "멸망"(*ḥērem*)이라는 단어에 뿌리를 둔다. 그것은 하나님께 드려진 것을 가리킨다(예를 들어, 레 27:28–29; 민 18:14; 신 7:26).[25] 바울은 이 단어가 멸망을 뜻하는 것으로 쓰인 구약 문맥에 근거를 둔다. 예를 들어, 다른 신에게 제사하는 자들은 멸망을 당할 것이다(*ḥrm*, 출 22:20). 약속의 땅에 있는 도시들은 완전히 파괴되었다(예를 들어, 민 21:2–3; 수 6:17). 그러므로 다른 복음을 선포하는 자들은 회복될 수 없는 징벌을 당할 것이다.

본문에서는 교회에서 추방되는 것보다[26] 하나님의 최종 심판을 뜻한다.[27] 강한 표현을 사용한 것으로 보아, 바울이 갈라디아의 대적들을 신자로 생각하지 않았음이 분명하다. 그들이 다른 복음을 전파하고 있었기 때문이다. 바울이 선포하는 화 또한 배교를 전파하는

18. 일부 사본에서 '너희에게'(ὑμῖν)가 빠진 것은 아마도 이 진술을 일반적인 것으로 만들기 위해서일 것이다. 외적 증거는 이 대명사를 포함하는 것을 지지하며, 이것이 원본에 가까울 가능성이 조금 더 크다.

19. 참고. D. J. Armitage, "An Exploration of Conditional Clause Exegesis with Reference to Galatians 1,8–9", *Bib* 88(2007): 383.

20. Wilson, *Curse of the Law,* 23.

21. 참고. Armitage, "Conditional Clause Exegesis", 375.

22. 대조적으로 Betz, *Galatians,* 53; Martyn, *Galatians,* 113(거짓 선생들을 통해 말함); Witherington, *Galatians,* 83(모세 율법을 통해); Clinton E. Arnold, "Returning to the Domain of the Powers: *Stoicheia* as Evil Spirits in Galatians 4:3, 9", *NovT* 38(1996): 75. George는 율법이 천사들을 통해 전달되었기 때문에 한 천사가 언급되었을 수 있다고 제안한다(*Galatians,* 98).

23. Armitage는 '…라도'(καί)라는 단어는 그러한 조건이 성취될 것 같지 않음을 보여준다고 말한다("Conditional Clause Exegesis", 377). 참고. 또한 Hays, *Galatians,* 206.

24. Armitage, "Conditional Clause Exegesis", 390.

25. 이 용어에 대한 조사는 Kjell Arne Morland, *The Rhetoric of the Curse in Galatians: Paul Confronts Another Gospel*(Atlanta: Scholars Press, 1995), 81–96을 보라.

26. Betz, *Galatians,* 54.

27. R. Longenecker, *Galatians,* 17; Armitage, "Conditional Clause Exegesis", 376에서 동일하게 설명한다.

28. Karl O. Sandnes, *Paul–One of the Prophets? A Contribution to the*

거짓 선지자가 죽임을 당하는 신명기 13:1-11을 연상시킬 수 있다.[28] 그런데 그러한 암시는 교회의 징계를 염두에 두고 있다는 뜻이 아니다. 하나님으로부터 오는 마지막 멸망이 거짓 복음을 전파하는 자들의 운명이 될 것이다.

갈 1:9 우리가 전에 말하였거니와 내가 지금 다시 말하노니 만일 누구든지 너희가 받은 것 외에 다른 복음을 전하면 저주를 받을지어다(ὡς προειρήκαμεν καὶ ἄρτι πάλιν λέγω, εἴ τις ὑμᾶς εὐαγγελίζεται παρ' ὃ παρελάβετε, ἀνάθεμα ἔστω). 바울은 8절에서 선포한 화를 다시 확정하고 더 넓게 적용한다. 여기서 바울은 거짓 복음을 선포하는 유대주의 자들을 염두에 둔 것으로 보인다. 그들은 물론이고 그가 전에 전파했던 복음에 반대되는 메시지를 전하는 모든 자에게 화를 선포한다.

바울은 화를 선포하기 전에 자신이 새로운 것을 말하는 것이 아님을 갈라디아 사람들에게 상기시킨다. 바울이 처음 복음을 전했을 때 복음은 변할 수 없다고 가르쳤다.[29] 논증은 1:8에서 1:9로 발전된다. 바울 같은 사도나 심지어 천사라도 다른 복음을 전파할 경우 저주를 받는다면, 거짓 복음을 전파하는 다른 누구도 저주를 피하지 못할 것이 분명하다.[30] 바울은 조건절을 사용하여 독자들이 그 조건을 충족시키는지 생각하도록 요청한다. 본 구절이 1:8과 다른 점은 가정법이 아닌 직설법이 사용된다는 것이다. 여기서 직설법을 사용하는 것은 "전적으로 덜 가정적인 적용을 하게 한다."[31] 즉, 다른 복음을 선포하는 대적들을 염두에 두고 있을 수 있으며, 바울은 다른 복음을 전하는 자들이 저주받을 것임을 확증한다는 것이다.

바울은 갈라디아 사람들에게 처음 복음을 전파했을 때 그들이 이미 진정한 복음을 듣고 받아들였음을 확인한다. 따라서 갈라디아에 복음을 전하는 자는 바울이 가르쳤던 것과 같은 복음을 선포해야 한다. 바울의 복음과 반대되는 복음을 가르친다면, 그들은 종말론적인 저주에 직면하게 될 것이다. 9절에서 하나님의 저주의 위험을 반복함으로써 다른 복음을 전파하는 자들이 범하는 죄의 중대함이 강조된다.

갈 1:10a-b 이제 내가 사람들에게 좋게 하랴 하나님께 좋게 하랴 사람들에게 기쁨을 구하랴(Ἄρτι γὰρ ἀνθρώπους πείθω ἢ τὸν θεόν; ἢ ζητῶ ἀνθρώποις ἀρέσκειν). 바울은 자신이 사람을 기쁘게 하려 하지 않았음을 강조하기 위해 수사학적 질문을 사용한다. 논증 안에서 1:10의 역할이 논란이 되고 있다. 1:10은 독립적인가, 아니면 앞 단락과 연결되는가, 다음 단락과 연결되는가? 아마도 전환으로 보는 것이 최선일 것이다.[32] 접속사는 이 문맥상 '따라서'(γάρ)로 해석되어야 한다.[33] 단어의 의미는 문맥으로 분별해야 하며, 1:10에서 그것은 1:8-9에 대한 이유보다

Apostle's Self-Understanding(WUNT 2/43; Tübingen: J. C. B. Mohr, 1991), 71-72; Ciampa, *The Presence of Scripture in Galatians 1 and 2*, 83-88; Wilson, *Curse of the Law*, 25-26에서 같은 것을 말한다. Morland는 또한 신명기 27-30장에 나오는 언약의 저주를 염두에 두고 있다고 제안한다(*The Rhetoric of the Curse in Galatians*, 151-53).

29. 대안으로서 Armitage는 "우리가 전에 말하였거니와"(ὡς προειρήκαμεν)라는 표현을 사용한 것은 바울이 이전의 경우에 구두로 갈라디아 사람들에게 말한 것보다 1:8을 상기시킴을 나타낸다고 주장한다("Conditional Clause Exegesis", 381).

30. Morland, *The Rhetoric of the Curse in Galatians*, 150에서 그렇게 말한다.

31. Armitage, "Conditional Clause Exegesis", 383, 389. 또한 Morland, *The Rhetoric of the Curse in Galatians*, 149; *Martyn, Galatians*, 114에서도 같은 것을 말한다.

32. George, *Galatians*, 100; Fee, *Galatians*, 32-33; Betz, *Galatians*, 54에서 그렇게 말한다(Betz는 또한 1:11을 전환의 일부로 본다). Garlington은 1:10을 1:6-9의 '절정'으로 명시한다(*Galatians*, 71). Dodd는 1:10의 중요성을 바르게 이해하지만, 나는 갈라디아서 1-2장이 변증적이 아니라고 하는 그의 주장이 납득이 가지 않는다("Christ's Slave, People Pleasers and Galatians 1.10", *NTS* 42[1996]: 90-104).

33. 다른 한편으로 이것은 느슨한 연결로 해석할 수 있다. Martyn, *Galatians*, 137.

결론을 제공한다. 바울이 거짓 복음을 전파하는 자들에게 화를 선포하는 것(1:8-9)은, 결과적으로 사람이 아닌 하나님만 기쁘시게 하려는 것이다(1:10).[34] "따라서"의 정의는 접속사(γάρ)가 뜻하는 의미의 영역에 속한다.[35]

πείθω는 보통 '설득하다'라는 의미지만, 해당 문맥에서는 사람이나 하나님을 기쁘게 하려는 욕구를 가리킨다.[36] 유대인 대적들은 바울이 복음 전부를 전파하지 않았다고 주장했던 것이 분명하다. 복음에는 할례가 포함되는데, 바울이 갈라디아 이방인의 환심을 사려고 할례를 생략했다는 것이다(참고. 5:11). 바울은 편지의 서두에서 자신의 사도적 권위를 변호했고, 이제 그는 자신이 사람을 기쁘게 한다는 말에 반박한다. 따라서 바울은 자신의 사도적 권위에 대한 변증을 시작하는 것으로 보인다.

갈 1:10c 내가 지금까지 사람들의 기쁨을 구하였다면 그리스도의 종이 아니니라(εἰ ἔτι ἀνθρώποις ἤρεσκον, Χριστοῦ δοῦλος οὐκ ἂν ἤμην). 이것은 제2 조건문, 즉 사실의 반대를 가정하는 조건문이다. 만일 바울이 사람을 기쁘게 하려 했다면(그러나 그는 그것을 원하지 않았다), 그는 그리스도의 종이 되지 않았을 것이다. 다른 복음을 선포하는 자를 향한 저주는 바울의 목적이 사람보다 하나님을 기쁘시게 하는 데 있다는 것을 보여준다. 자신이 동료에게 찬양받기 원했다면 그리스도의 추종자가 되지 않았을 것이라고 확정함으로써 자신의 입장을 정리한다.

바울은 이어지는 구절에서 왜 그러한지를 더 설명할 것이다. 곧바로 그는 유대주의에서 자신의 열정과 학문으로 존경받았다고 주장한다(1:13-14). 이와 반대로 바울은 그리스도인으로서 박해를 받았으며(5:11) 매를 맞았다(6:17). 사도로서 받은 고난은 그가 그리스도의 "종"(δοῦλος)이 되었으며 자신의 주처럼 비난과 공격을 받았음을 입증한다. 바울이 기꺼이 받은 고난은, 삶의 목표가 사람이 아닌 하나님을 기쁘시게 하는 것이었다는 사실과 그리스도의 종으로서 주가 명하시는 것은 무엇이든지 하고자 헌신되어 있었다는 사실을 입증한다.

적용에서의 신학

1. 탈선하려는 경향

1:6에서 우리는 신자가 되었음에도 하나님과 그리스도 안에서 거저 받은 은혜의 복된 소식에서 탈선하려는 경향이 있음을 알게 된다. 우리 마음의 죄를 포함하여 다양한 영향이 우리를 다른 곳으로 이끈다. 갈라디아서에서는 거짓 선생들의 영향력을 볼 수 있다. 그들은 자신들의 구약 지식으로 갈라디아 사람들을 흔들었을 것이다. 거짓 가르침을 방어하는 효과적인 수단은 머리와 마음으로 복음을 아는 것이다. 우리의 의가 오직 그리스도 안에 있음을 진정으로 이해할 때 우리는 다른 어떤 복음에도 속지 않을 것이다. 우리가 복음 안에 굳게 서 있기 위한 실제적 방법은 복음을 선포하는 교회의 일원이 되어 믿음의 공동체와 함께하는 것이다. 이로써 우리

34. Lategan, "Argumentative Situation of Galatians", 389-90; Dunn, *Galatians*, 49의 설명은 적절하다.

35. BDAG, γάρ에서 서신 등의(s.v. 부분 3항. R. Longenecker는 1:10을 별도의 단락으로 나눈다(*Galatians*, 18).

36. 참고. R. Longenecker, *Galatians*, 18; Fee, *Galatians*, 33. 아마도 바울은 여기서 자신을 종교적인 사기꾼들과 비교하고 있을 것이다. Bruce, *Galatians*, 84-85; Martyn, *Galatians*, 138-40; Matera, *Galatians*, 47-48에서도 그렇게 본다. 마카비 시대와의 연결을 구성

는 다른 신자들에 대한 책임을 다하고 자신만의 방식으로 그리스도인의 삶을 살지 않게 된다.

2. 오직 하나의 복음

또한 바울은 본문에서 복음과 구원의 길은 오직 하나임을 강조한다. 그가 사용하는 표현의 엄중함은 뚜렷하게 드러난다. 바울은 다른 복음을 전파하는 모든 사람에게 영원한 저주를 선포한다. 그는 유대주의자들이 가르치는 복음을 독단적으로 거부하며 그것이 복음이 아니라고 말한다. 유대주의자들이 예수님이 그리스도이심을 선포했을 가능성이 크다는 것을 생각할 때, 바울이 거짓 선생들을 비판하는 것의 중대함은 강한 인상을 준다. 바울은 갈라디아서 어디에서도 갈라디아 사람들의 잘못된 기독론을 비판하지 않는다. 그들은 사람이 할례를 받고 구약 율법을 지키지 않으면 신자가 될 수 없다는 주장을 복음에 더한 것 때문에 고발당한다. 바울은 자신과 유대주의자 사이의 차이를 단순한 견해 차이로 생각하지 않는다. 오히려 그들이 예수님을 메시아로 받아들였다고 해도, 그들이 구원받지 않았으며 영원한 멸망에 직면할 것임을 확신한다.

그러므로 하나님과 우리의 관계의 근거를 행위에 두는 신학은 모두 그리스도의 복음이 아니다. 우리는 계속해서 루터와 칼뱅과 다른 종교개혁자들이 분명하게 선포했던 은혜의 복음을 받들어야 한다. 우리는 복음의 명확성과 진정성을 쉽게 잃어버릴 수 있다. 너무나 많은 것이 우리 생각과 마음과 삶을 혼란하게 해서, 복음에서 멀어지지 않았다고 착각하게 하면서 복음을 잊어버리게 할 수 있다. 교회에서 우리는 훌륭한 부모가 되는 것, 원만한 결혼 생활을 유지하는 것, 의미 있는 관계를 형성하는 것, 세상에 영향을 미치는 것의 의미에 집중하기 시작하다가(물론 모두 좋은 것들이다!), 결국 천천히 자기도 모르게 값없는 은혜의 복음에서 떠내려갈 수 있다.

3. 복음의 배타성

또한 우리는 바울의 자극적인 말에서 복음이 지닌 배타적인 특성을 본다. 오늘날 우리가 사는 세상에서는 많은 사람이 다원주의(모든 종교에서 구원을 얻을 수 있다는 생각)나 포괄주의(사람이 복음을 듣지 않고도 그리스도를 통해 구원받을 수 있다는 생각)를 받아들인다. 여기서 그런 복합적인 주제를 다룰 수도, 간단한 말로 그것을 충분히 설명할 수도 없다. 단지 독자에게 이 문제를 논의한 다른 본문을 소개하고,[37] 배타성이 성경의 증거를 따른 것이라는 의견을 밝힐 수

하기 위해서는 분명한 평행이 없다. 대조적으로 Cummins, *Crucified Christ,* 112-13.

37. 이 문제를 아주 잘 다루는 책으로 *Faith Comes by Hearing: A Response to Inclusivism*(ed. Christopher W. Morgan and Robert A. Peterson; Nottingham, England: IVP, 2008)을 보라. 또한 James M. Hamilton Jr., "Who Can Be Saved? A Review Article", *TJ* 28(2007): 89-112를 보라.

있을 뿐이다. 관용을 소중히 여기고 과거 세대의 엄격함을 거부하는 세상에서 우리는 다른 극단으로 가고 있다는 생각이 든다.

본문에서 바울의 저주는 무례하고 사랑이 없는 태도인가? 그러한 생각은 성경의 증언에서 우리가 얼마나 멀리 떨어져 있는지를 드러내며, 교회가 하나님의 거룩하심과 사랑이라는 두 교리 사이에서 균형을 잃었음을 가리킨다. 까다로운 사람이 되지 않도록 주의해야 하며, 그러한 신학을 받아들이지 않도록 소망해야 하는 이유는 우리가 비판적이고 부정적이며 냉소적이기 때문이다. 우리는 구원에 이르는 길이 하나뿐이며, 선한 삶이 아닌 오직 예수 그리스도를 믿음으로 구원받는다고 주장할 용기를 가져야 한다. 우리를 구원할 수 있는 이름이 오직 하나라는 것(행 4:12)과 오직 예수님만을 통해 사람이 하나님께 간다는 진리(요 14:6)를 선포하지 못하면, 우리는 마지막 심판을 향하고 있는 사람들에게 거짓 구원의 확신을 줄 것이 분명하다. 멸망하는 자에게 거짓 확신을 주는 것보다 더 무자비한 일은 없다.

이것은 실제로 어떻게 적용되는가? 우리는 예수 그리스도가 십자가에 달리고 부활하셨다고 믿지 않으면 구원받지 못한다는 사실을 동료와 이웃에게 말할 용기를 가져야 한다. 미소만 짓고 아무것도 하지 않으며, 자신이 얼마나 훌륭한지에 따라 그리스도인 됨을 보여줄 수 있다고 착각하기가 얼마나 쉬운가?

4. 하나님을 기쁘시게 하는 것

바울은 이 본문에서 하나님보다 사람을 기쁘게 하려는 것의 위험성을 경고한다. 다른 이들에게 호의적인 평가를 바랄 때 우리는 누구의 종으로 사는 것인가! 타인의 평가에 갇힌 노예보다 그리스도의 종이 되는 것이 훨씬 낫다. 사람을 두려워하는 것은 치명적이다. 많은 사람이 예수님을 믿지 않은 이유는 하나님의 영광보다 사람의 영광과 찬양을 원했기 때문이다(요 5:43-44). 요한복음 9장에 나오는 맹인의 부모는 바리새인들에게 위협을 받았기 때문에 예수님이 아들을 치료하셨다고 인정하기를 거부했다(요 9:22). 요한은 12장에서 예수님의 대중 사역을 요약한다. "그러나 관리 중에도 그를 믿는 자가 많되 바리새인들 때문에 드러나게 말하지 못하니 이는 출교를 당할까 두려워함이라 그들은 사람의 영광을 하나님의 영광보다 더 사랑하였더라"(요 12:42-43).

나는 위의 구절들이 그러한 사람들에게 진정한 믿음이 없었음을 가르치기 위한 것이라고 생각한다(참고. 요 2:23-25). 다시 한 번 말하지만, 그들이 예수님을 따르지 못했던 것은 사람을 두려워했기 때문이었다. 이것을 사소하게 취급하여 잊어버릴 수 없는 이유는, 사람을 두려워하는 것이 우리가 그리스도를 신뢰하지 못하게 방해할 수 있기 때문이다. 무엇이 사람에 대한 두려움을 쫓아내는가? 하나님이 우리의 모든 필요를 공급하시며, 그분을 두려워하는 자에게 좋은 것을 아끼지 않으신다는 약속이다(시 34:9; 84:11). 하나님의 위대한 약속을 신뢰하고 사람에 대한 두려움에서 해방되려면 하나님의 은혜와 성령의 역사가 필요하다. 우리는 직장에서 다른 사람에게 그리스도인 됨이 무엇을 의미하는지 말하는 것을 두려워할 수 있다. 혹은 다른 그리스도인이 우리를 하찮게 볼까 봐 고민을 나누는 것이 두려울 수도 있다. 하지만 우리는 사람보다 하나님을 두려워해야 하며 용기를 가지고 기꺼이 비난을 감수해야 한다.

CHAPTER 3

갈라디아서 1:11–17

문학적 전후 문맥

바울은 사도직의 권위를 확정하고, 하나님과 예수 그리스도가 갈라디아 사람들에게 은혜와 평안을 주시기를 기도하며 편지를 시작했다(1:1–5). 그러한 은혜는 그리스도의 죽으심에서 궁극적으로 나타났다. 그로써 신자들은 오늘날 악한 시대가 지속되는데도 오는 시대로 인도받는다. 편지의 도입부는 갈라디아 사람들에게 은혜와 평안이 왜 그토록 절실하게 필요한지를 보여준다(1:6–10). 외부에서 선생들이 들어와 갈라디아 사람들이 다른 복음으로 돌아섰다(혹은 돌아서려 하고 있다). 이것은 사소한 문제가 아니다. 유대주의자들이 전파하는 복음은 복음이 아니며, 누구든지 그것을 선포하거나 받아들이는 자는 하나님께 영원히 저주를 받을 것이라고 말하기 때문이다.

10절은 논증에서 전환하는 역할을 한다. 바울이 선포하는 저주(1:8–9)는 그가 사람을 기쁘게 하려 하지 않음을 보여준다. 그것이 바울의 계획이었다면 그는 그리스도를 믿는 자가 되지 않았을 것이다(1:10). 다소 형식적인 표현인 "내가 너희에게 알게 하노니"라는 말로 시작되는 11절은, 도입 이후 나머지 부분의 서두로 볼 수 있다.[1] 11절은 바울이 사람을 기쁘게 하려 하지 않는다는 10절의 주장을 지지하는 논제를 진술하는 기능을 한다.[2] 바울이 사람을 기쁘게 하려 하지 않는 이유는 그가 전파하는 복음이 사람의 복음이 아니기 때문이다.

1:12–17에서 바울은 다메섹으로 가는 길 위에서 받은 복음의 계시(1:12), 과거 유대교에서의 생활(1:13–14), 인간의 중재를 통하지 않은 자신의 회심과 소명(1:15–17)에 호소함으로써 자신이 전한 복음이 인간의 복음이 아니라는 논제를 지지한다. 11절에서 시작된 복음에 대한 자전적이며 변증적인 변호는 2:21까지 이어진다. 여러 부분을 연결하는, 시간을 나타내는 단

1. R. Longenecker는 이것이 공시(disclosure)의 형식이라고 밝힌다(*Galatians*, 20).

2. R. Longenecker는 1:11–12을 1:13–2:14에 대한 명제로 본다(같은 책). Aletti는 1:11–12이 1:11–21 전체에 대한 명제라고 밝히며, 2:16이 갈라디아서 3–4장에 대한 명제라고 생각한다. Jean-Noël Aletti, "Galates 1–2: Quelle function et quelle demonstration?" *Bib* 86(2005): 305–23.

3. Lyons, *Pauline Autobiography*, 96–112. 또한 Hansen, "Paradigm of the Apocalypse", 145–46; Witherington, *Galatians*, 25, 38; Cummins, *Crucified Christ*, 114–35를 보라.

어들은 해당 본문의 내러티브적 특성을 드러낸다. "…할 때에"(ὅτε, 1:15), "그 후"(ἔπειτα, 1:18), "그 후"(ἔπειτα, 1:21), "그 후"(ἔπειτα, 2:1), "…할 때에"(ὅτε, 2:11)가 이에 해당된다.

그러므로 바울이 이야기를 들려주고 있음은 분명하다. 학자들은 대부분 바울이 여기서 유대인 거짓 선생들이 의심했던 자신의 사도직에 대한 변호를 시작한다고 이해했다. 하지만 라이언스(Lyons)는 그 견해가 바울의 의도를 오해한 것이라고 주장한다.[3] 그는 바울이 자전적인 이야기를 들려줌으로써 독자들이 붙잡아야 할 자유에 대한 확고한 예시를 보게 한다고 주장한다. 하지만 라이언스의 해석은 설득력이 없다.[4] 서론에서 나는 갈라디아서에서 바울이 대적들에게 대응하고 있다는 확실한 암시가 있다고 주장했다.[5] 바울은 편지의 첫 구절부터 바로 자신의 사도적 권위를 비판하는 자들에게 대응하며(1:1), 1:10에서는 그가 사람을 기쁘게 하려 한다는 주장을 반박하는 것을 볼 수 있다.

디도에게 할례를 강요하려 했던 거짓 형제들에 대한 언급(2:3–5) 또한 바울이 자신의 사도적 권위를 변호하고 있음을 암시한다. 라이언스는 우리가 편지의 상황을 파악할 때 조심스러워야 함을 상기시킨다. 하지만 서론에서 주장했듯이, 1:1–2:21에서 바울은 자신의 사도직을 변호하고 있으며 갈라디아서에서 선포된 거짓 복음에 대응하고 있다고 생각할 분명한 이유가 있다. 따라서 1–2장은 자신의 사도직을 변호하는 내러티브로 이해할 수 있다.[6]

I. 도입: 바울의 복음을 떠나는 것은 복음을 떠나는 것이다(1:1–2:21)
- A. 인사: 바울의 사도적 권위(1:1–5)
- B. 문제에 대한 설명: 복음을 떠남(1:6–10)
- ➦ **C. 바울의 복음은 사람이 아니라 하나님에게서 왔다(1:11–2:21)**
  - **1. 논제: 바울의 복음의 근원은 계시였다(1:11–12)**
  - **2. 논제에 대한 증거(1:13–2:21)**
    - **a. 과거에 가졌던 적대감(1:13–14)**
    - **b. 하나님의 부르심(1:15–17)**
    - c. 그가 유대에서 상대적으로 알려지지 않음(1:18–24)

4. Esler, *Galatians*, 64–68의 설명은 적절하다. Esler는 Lyons의 해석이 "사회적으로 비현실적"이며(68) 과도하게 이지적인 관점으로 바울을 해석하는 잘못이 있다고 논평한다. Lyons에 대한 더 많은 비판은 Silva, *Interpreting Galatians*, 105–6; Smiles, *Gospel and Law in Galatia*, 5–7을 보라.

5. 따라서 "바울이 기본적으로 방어하기보다 공세를 취한다"라고 하는 Garlington의 주장(*Galatians*, 75)은 잘못된 것이다.

6. Wiarda는 주로 이 해석에 동의한다. "Plot and Character in Galatians 1–2", *TynBul* 55(2004): 231–52. 하지만 그는 2:1–10이 단지 1:11–12의 명제를 '간접적으로' 지지하며 2:11–14은 그것을 '거의' 지지하지 않는다고 생각한다(246). 2:11–14에 대한 그의 판단이 정확하지 않은 이유는 바울이 전한 복음의 독립성이 그가 공개적으로 베드로를 책망한 것으로 드러나기 때문이다. 더 많은 설명은 2:1–4에 대한 주석을 보라.

주요 개념

1:11–17의 핵심 진리는 바울의 복음이 사람에게서 온 것이 아니라 예수 그리스도의 계시를 통해 왔다는 것이다(1:11–12). 따라서 그가 사람을 기쁘게 하려 한다는 비난(1:10)은 근거가 없다. 갈라디아서 1:13–17은 바울의 복음이 하나님에게서 왔음을 지지한다.

번역

갈라디아서 1:11–17

11	주장	**형제들아 내가 너희에게 알게 하노니**
		내가 전한 복음은 사람의 뜻을 따라 된 것이 아니니라
12a	11의 근거	**이는 내가 사람에게서 받은 것도 아니요**
b	12a의 연속	**배운 것도 아니요**
c	12a–b와 대조	**오직 예수 그리스도의 계시로 말미암은 것이라**
13a	설명	내가 이전에 유대교에 있을 때에 행한 일을
		너희가 들었거니와
b	13a의 묘사	하나님의 교회를 심히 박해하여
c	13b의 연속	멸하고
14a	비교	내가 내 동족 중 여러 연갑자보다
b	13c의 연속	유대교를 지나치게 믿어
c	13b–c, 14b의 이유	내 조상의 전통에 대하여 더욱 열심이 있었으나
15a		그러나
b	15a, 16b의 묘사	내 어머니의 태로부터 나를 택정하시고
	15b의 연속	그의 은혜로 나를 부르신 이가
16a	목적	그의 아들을 이방에 전하기 위하여
b	17의 시간	그를 내 속에 나타내시기를 기뻐하셨을 때에
c	주장	**내가 곧 혈육과 의논하지 아니하고**
17a	16c의 연속	**또 나보다 먼저 사도 된 자들을 만나려고**
		예루살렘으로 가지 아니하고
b	16c–17a와 대조	**아라비아로 갔다가**
c	17b의 연속	**다시 다메섹으로 돌아갔노라**

구조

앞에서 말한 대로 1:11–2:21은 바울이 사람을 기쁘게 하는 것이 아니라 하나님을 영화롭게 하기 위해 산다는 주장(1:10)을 지지한다. 바울이 사람을 기쁘게 하려 하지 않는다는 주장의 근본적인 증거와 근거는 그가 전하는 복음이 인간의 복음이 아니라는 사실이다(1:11). "내가 너희에게 알게 하노니"(γνωρίζω γὰρ ὑμῖν)라는 말은 새로운 부분을 도입하는 공시(disclosure)의 형식을 나타낸다.

어떻게 바울은 자신의 복음이 단지 인간의 복음이 아님을 증명할 수 있는가? 그는 1:12에서 이러한 질문에 대한 자신의 주장을 지지하기 위해 "[왜냐하면]"(γάρ)을 사용하여 대답한다. 그가 선포했던 복음은 사람에게 전달받은 것이 아니며, 다른 사람에게 배운 것도 아니다. 그 대신 그는 다메섹으로 가는 길에서 예수 그리스도를 보았을 때 초자연적으로 복음을 받았다. 따라서 바울이 전한 복음의 신적 기원을 의심할 수 없다.

13–17절은 계속해서 바울이 하나님께 복음을 받았다는 주장을 지지한다[또다시 "(왜냐하면)"(γάρ)이 사용됨]. 바울은 13–14절에서 유대교에 속해 있는 동안 인간적인 가르침에 헌신했었다고 주장한다. 자신의 열심을 언급하며 유대교에서의 삶을 묘사한다. 즉, 그는 교회를 박해했으며 멸하려 했고, 동기생들보다 뛰어났다. 다시 말해, 바울이 그리스도의 종이 된 데는 인간적인 이유가 없었다는 뜻이다. 그는 복음이 잘못되었음을 전적으로 확신했고, 복음을 완강하고도 열정적으로 반대했다.

15–17절에서 반의의 접속사와 시간의 절("그러나 …때에")이 나오며 본문은 극적으로 다른 방향으로 흘러간다. 내러티브를 2:21까지 끌고 가는 "…할 때에"라는 말은 시간을 나타내는 여러 단어 중 첫 번째 단어이다. 바울의 삶이 변한 것에 대한 유일한 설명은 다메섹 도상에서 바울에게 예수 그리스도를 계시하셨던 하나님의 개입이었다. 바울은 자신의 회심과 소명의 신적 특성을 강조한다. 하나님은 바울에게 아들을 계시하기를 기뻐하셨으며, 그가 존재하기 시작한 때부터 계획하셨고, 은혜를 통해 효과적으로 그를 부르셨다. 이 소명의 목적은 바울이 이방인에게 복음을 전파하는 것이었다.

바울이 독자적으로 복음을 받았다는 증거(1:17)는 그가 복음의 내용을 누구와도 의논하지 않았으며, 사도들과 상의하려고 예루살렘으로 가지 않았다는 사실이다. 그 대신 바울은 복음을 전파하기 위해 즉시 아라비아로 가다가 복음을 위해 다메섹으로 돌아왔다.

석의적 개요

I. 도입: 바울의 복음을 떠나는 것은 복음을 떠나는 것이다(1:1–2:21)

A. 인사: 바울의 사도적 권위(1:1–5)

B. 문제에 대한 설명: 복음을 떠남(1:6–10)

➡ **C. 바울의 복음은 사람이 아니라 하나님에게서 왔다(1:11–2:21)**

1. 논제: 바울의 복음의 근원은 계시였다(1:11–12)

a. 인간의 복음이 아님(1:11)

b. 예수 그리스도의 계시를 통해 받음(1:12)

2. 논제에 대한 증거(1:13–2:21)

a. 과거에 가졌던 적대감(1:13–14)

i. 교회를 박해함(1:13)

ii. 유대주의에서 그의 열심(1:14)

b. 하나님의 부르심(1:15–17)

i. 하나님이 은혜로 하신 일(1:15)

ii. 목적: 이방인에게 복음을 선포하기 위함(1:16)

iii. 확인받을 필요가 없었음(1:17)

c. 그가 유대에서 상대적으로 알려지지 않음(1:18–24)

본문 설명

갈 1:11 형제들아 내가 너희에게 알게 하노니 내가 전한 복음은 사람의 뜻을 따라 된 것이 아니니라(Γνωρίζω γὰρ ὑμῖν, ἀδελφοί, τὸ εὐαγγέλιον τὸ εὐαγγελισθὲν ὑπ᾽ ἐμοῦ ὅτι οὐκ ἔστιν κατὰ ἄνθρωπον). 도입부의 "내가 너희에게 알게 하노니"(Γνωρίζω…ὑμῖν)라는 선언은 앞에서 말했듯 공시의 형식이며, 이어지는 내용의 근본적인 특성을 가리킨다. 뒤따르는 부분의 논제가 밝혀지는데, 그것은 바울이 선포한 복음의 근원은 인간이 아닌 하나님이라는 것이다. 바울은 의미심장하게도 고린도전서 15:1(문자적으로)에서 고린도 사람들에게 자신이 선포하는 복음을 상기시킬 때 같은 동사를 사용한다. "형제들아 내가 너희에게…알게 하노니"(Γνωρίζω…ὑμῖν).

실제로 두 선언의 내용은 눈에 띄게 비슷하다. 고린도전서에는 "내가 너희에게 전한 복음을"(τὸ εὐαγγέλιον ὃ εὐηγγελισάμην ὑμῖν), 갈라디아서에서는 "내가 전한 복음"(τὸ εὐαγγέλιον τὸ εὐαγγελισθὲν ὑπ᾽ ἐμοῦ)을 알게 한다. 여기서 우세한 본문의 독법이 "[왜냐하면]"(γάρ)인지 "[이제]"(δέ)인지 판별하기 어렵지만, "[왜냐하면]"(γάρ)이 사본의 지지를 더 많이 받고 있다.[7] 어느 경우든 본문의 의미는 크게 변하지 않는다. 바울이 1:10에서 사람을 기쁘게 하지 않는다고 말한 것을 설명하거나 발전시키기 때문이다. 하지만 본문의 증거는 "[왜냐하면]"(γάρ)을 지지하는 것으로 보이므로, 1:11을 1:10의 증거나 근거로 이해해야 한다.

바울은 자신이 전한 복음의 근거가 하나님이라는 진실을 전한다. 바울의 복음을 사람의 복음이라고 간단히 결론 내릴 수 없다. 여기서 바울의 진술은 유대인 대적들이 그를 고발한 내용을 반영할 것이다. 그들은 바울의 복음이 인간적인 것이며 독립적인 권위나 정당성이 없다고 주장했다. 갈라디아 교회에 들어온 대적들에

7. Silva의 면밀한 논의는 "[왜냐하면]"(γάρ)을 설득력 있게 지지한다. Silva, Interpreting Galatians, 44–49. R. Longenecker는 반대의 논의를 펼친다(*Galatians*, 20, 22).

8. Gerhard Delling, "παραλαμβάνω", *TDNT*, 4:12–13을 보라.

9. George, *Galatians*, 112; Dieter Lührmann, *Galatians*(trans. O. C. Dean Jr.; CC; Minneapolis: Fortress, 1992), 17–18에서 그렇게 말한다. 김세윤은 바울이 전한 복음의 내용이 다메섹 도상에서 바울에게 계시되었다고 주장한다(*Origin of Paul's Gospel*). Dunn은 김세윤의 논제의 가능성에 대해 여러 문제점을 제시한다. James D. G. Dunn, "'A Light to the Gentiles' or 'The End of the Law'? The Significance

따르면, 바울의 복음은 몇몇 핵심적인 요소, 즉 할례와 구약 율법 준수의 필요성을 생략함으로써 사람을 기쁘게 하는 복음이었다. 앞에서 말한 대로 바울은 편지의 첫 구절부터 자신의 복음의 신적 기원을 변호한다. 바울은 다른 어느 편지에서도 복음의 신적 권위를 이처럼 구체적으로 설명하지 않는다.

갈 1:12a-b 이는 내가 사람에게서 받은 것도 아니요 배운 것도 아니요(οὐδὲ γὰρ ἐγὼ παρὰ ἀνθρώπου παρέλαβον αὐτό οὔτε ἐδιδάχθην). 바울은 자신의 복음이 사람에게서 온 것이 아님을 입증한다. 사람이 그것을 전해준 것도 아니며, 누군가 복음을 가르쳐준 것도 아니다. "받다"(παραλαμβάνω)라는 단어는 다른 곳에서 전통의 전수를 표현할 때 사용되며(참고. 고전 11:23; 15:1, 3), 유대 전통을 반영한다.[8] 본문에서 바울은 전해져 내려온 인간 전통으로서 복음을 받은 것이 아니며, 그것을 배운 것도 아니라고 확정한다.

언뜻 보기에 이러한 확정은 고린도전서 15:3과 대립되는 것 같다. 고린도전서에서 바울은 전통을 통해 자신에게 전수되었던 요소를 포함시키기 때문이다. 다른 서신에서는 복음을 다른 사람에게 전달받았다고 말하면서, 여기에서는 어떻게 복음을 독립적으로 받았다고 말할 수 있는가? 모순은 실제보다 분명하다. 갈라디아서에서 바울은 다메섹으로 가는 길에 예수님께 복음의 기본적인 요소들을 받았다고 확정한다. 실제로 그의 신학 중 많은 교리가 이 사건에서 시작되었을 것이다.[9] 이 사실은 그가 교회를 박해했을 때 복음의 내용을 잘 알았음을 부정하지 않는다.

하지만 바울은 믿기 전에 자신이 거부했던 메시지를 온전히 파악하고 이해하지 못했다. 예를 들어, 그는 그리스도가 우리를 대신해 돌아가셨다는 대리 속죄를 이해하지 못했다(3:13). 예수님이 십자가에서 처형되신 것이 그가 메시아가 아님을 입증했다고 믿었다. 또한 불신자로서 바울은 그리스도인의 믿음이 율법의 중심적 역할을 위협한다고 생각했다. 하지만 회심 후에는 율법의 마침이 구약의 가르침을 위협하는 것이 아니라 실제로 그것을 성취한다고 이해했다.

바울이 전한 복음의 독립성은 그가 다른 사도들에게 아무것도 배우지 않았다거나, 다른 이들에게 어떠한 예수 전통도 전달받지 않았다는 결론으로 이어지지 않는다. 그런 식의 극단적인 독립은 여기서 바울이 전하려는 요점이 아니다. 그는 이방인을 위한 사도로서의 소명과 복음에 관한 기본적인 진리가 다메섹 도상에서 발생했다고 단언하는 것이다.

갈 1:12c 오직 예수 그리스도의 계시로 말미암은 것이라(ἀλλὰ δι' ἀποκαλύψεως Ἰησοῦ Χριστοῦ). 바울의 복음은 인간에게서 유래되지 않았다. 그의 복음은 다메섹 도상에서 초자연적으로 계시되었다. 여기서 소유격인 "예수 그리스도의"(Ἰησοῦ Χριστοῦ)는 목적격 용법인가, 주격 용법인가?[10] 계시가 예수님으로 말미암아 그에게 주어졌는가, 아니면 바울이 예수 그리스도를 보았는가? 명사에 대한 소유격의 관계는 확실하지 않으므로, 문맥으로 분별해야 한다. 소유격은 목적어와 주어 모두로 이해될 가능성이 있다. 이 경우 예수님이 계시를 주셨으며, 그분은 계시의 대상이시다.

하지만 1:16은 여기서 소유격을 목적어로 이해해야 한다고 제안한다. 그 구절은 하나님이 바울에게 아들을

of the Damascus Road Christophany for Paul", in *Jesus, Paul and the Law: Studies in Mark and Galatians*(Louisville: Westminster/John Knox, 1990), 93-100을 보라. Dunn에 대한 김세윤의 대답은 *Paul and the New Perspective: Second Thoughts on the Origins of Paul's Gospel*(Grand Rapids: Eerdmans, 2002), 특별히 1-35를 보라.

10. 어떤 주석가는 주어적 소유격을 지지하며(예를 들어, R. Longenecker, *Galatians,* 23-24; Lightfoot, *Galatians,* 80; Machen, *Galatians,* 58-59), 다른 이들은 목적어적 소유격을 지지한다(Bruce, *Galatians,* 89; Betz, *Galatians,* 63).

계시하셨다고 말하기 때문이다.[11] 1:16을 평행 구절로 받아들인다면(두 구절이 같은 문맥 안에 있기 때문에 그럴 가능성이 크다), 하나님은 계시자이시며 아들은 계시의 대상이시다. 바울은 인간에게서 복음을 받지 않았다. 그가 다메섹 도상에서 부활하신 그리스도를 보았으며, 복음이 모든 영광과 아름다움 가운데 그에게 계시되었기 때문이다. 예수 그리스도를 만난 가운데 그는 사도, 즉 십자가에 달리고 부활하신 주의 권위 있는 사자로 부르심을 받았다(고전 9:1–2; 참고. 또한 행 9:17, 27; 22:18).

갈 1:13a 내가 이전에 유대교에 있을 때에 행한 일을 너희가 들었거니와(Ἠκούσατε γὰρ τὴν ἐμὴν ἀναστροφήν ποτε ἐν τῷ Ἰουδαϊσμῷ). 바울은 다메섹 도상에서 그리스도를 만나기 전 유대교에서의 삶을 돌아본다. 리처드 롱게네커(Richard Longenecker)는 본문이 "서신의 공시 형식"이라고 주장한다.[12] "왜냐하면"(γάρ)이라는 단어는 예수 그리스도가 주신 계시를 통해 바울이 복음의 진리를 받았다는 주제를 지지한다. 하나님으로부터 오는 계시만이 유대주의에 대한 헌신에서 바울을 돌아서게 할 수 있었기 때문이다.

바울은 과거 유대교에서의 삶을 자신의 소명, 회심과 대조한다. 어떤 학자들은 바울이 다메섹 도상에서 소명을 받았지만 회심하지는 않았다고 주장한다.[13] 바울이 그리스도를 향한 믿음이 구약의 약속을 성취한다고 믿었다는 점에서 그러한 견해는 매력적이다. 하지만 그리스도가 바울에게 나타나셨을 때 그는 소명을 받고 회심했던 것이 분명하다.[14] 바울의 회심과 소명을 지지하는 첫 번째 증거가 여기서 나타난다. 그는 그리스도인이 되기 전의 삶을 "이전에 유대교에 있을 때에 행한 일"로 묘사한다. 유대교라는 단어는 유대 신념과 관례가 모세 율법과 토라에서 발전된 전통(2 Macc 2:21; 8:1; 14:38; 4 Macc 4:26을 보라)에서 성문화된 대로 그것들을 따른다는 면에서 정의되어야 한다.[15]

바울은 여전히 종족적으로 유대인이었지만, 더 이상 자신을 유대교의 일부로 생각하지 않았다. 이런 점에서 바울은 그리스도를 믿는 믿음이 모세의 율법을 따르는 것과 조화된다고 믿었던 대적들과 달랐다.[16] 오히려 바울은 자신이 갈라디아에 전했던 복음과 다른 복음을 선포하는 모든 자에게 저주를 선포했다(1:8–9). 분명히 바울은 다메섹 도상에서 예수님을 만나기 전까지 율법에서의 자유를 선포하지 않았으므로, 그는 그 당시까지 마지막 날에 저주를 받을 운명이었다.

갈 1:13b–c 하나님의 교회를 심히 박해하여 멸하고(ὅτι καθ' ὑπερβολὴν ἐδίωκον τὴν ἐκκλησίαν τοῦ θεοῦ καὶ ἐπόρθουν αὐτήν). 바울에게 그리스도가 계시되기 전에 그가 그리스도인의 교회를 박해했던 것을 자전적으로 증언한 것이다. 13–14절에는 미완료 시제가 문장 앞에 위치하면서 과거에 계속되었던 행위를 강조한다. 바울의 박해는 사도행전의 내용과 일치하며(행 7:58–8:3; 9:1–2, 13–14, 21; 22:3–5, 19–20; 26:4–5, 9–11, 14–15), 바울은 다른 서신서에서도 같은 것을 확정한다(고전 15:9; 빌 3:6;

---

11. Silva, *Interpreting Galatians,* 65–68의 유용한 논의를 보라.
12. R. Longenecker, *Galatians,* 26.
13. Krister Stendahl, *Paul among Jews and Gentiles and Other Essays* (Philadelphia: Fortress, 1977), 1–23; Dunn, *Galatians,* 65; Hays, *Galatians,* 215.
14. Peter O'Brien, "Was Paul Converted?" in *Justification and Variegated Nomism;* vol. 2: The Paradoxes of Paul(ed. D. A. Carson, Peter T. O'Brien, and Mark A. Seifrid; Grand Rapids: Baker, 2004), 361–91을 보라.
15. 참고. Ciampa, *The Presence of Scripture in Galatians 1 and 2,* 107; Garlington, *Galatians,* 80.
16. Ciampa, *The Presence of Scripture in Galatians 1 and 2,* 107–8의 설명은 적절하다.
17. MT와 LXX의 신명기 23:9.
18. Machen, *Galatians,* 60; R. Longenecker, *Galatians,* 28; Fee, *Galatians,* 41에서 그렇게 말한다.
19. 그러한 견해는 민족으로서의 이스라엘이 이제 하나님의 구원 목적 밖에 있다는 결론으로 이어지지 않는다(롬 9–11장을 보라). 그 장들에 대한 나의 견해는 Thomas R. Schreiner, *Romans*(BECNT; Grand Rapids: Baker, 1998), 469–638을 보라.

딤전 1:13-16). 따라서 이것은 바울이 다메섹 도상에서 회심하고 소명을 받았다는 추가적인 증거다.

하나님의 교회를 박해하는 것은 하나님 백성의 무리에 반대함을 뜻한다. 바울이 직접 세운 공동체를 명시하기 위해 전형적으로 사용하는 용어는 "교회"(ἐκκλησία)다. "교회"라는 용어는 구약에서 유래한다. 구약에서 이스라엘 백성은 "여호와의 무리"(예를 들어, 신 23:2, 8;[17] 대상 28:8), 혹은 "이스라엘 무리"(예를 들어, 레 16:17; 신 31:30; 왕상 8:14, 22)였다. 전자의 표현은 칠십인역에서 "주의 무리"(ἐκκλησίαν κυρίου)로 나타난다. 분명 바울은 지역 교회들을 박해했지만, 이 본문에서 그는 교회를 우주적인 의미로 생각한다.[18] 바울은 다른 곳에서 "하나님의 교회"라는 표현을 사용한다(예를 들어, 고전 1:2; 10:32; 11:22; 고후 1:1; 살전 2:14). 이것은 바울이 교회를 진정한 이스라엘, 새로운 하나님의 백성, 이스라엘을 향한 하나님의 의도가 성취된 것으로 생각했음을 암시한다.[19] 바울은 새로운 이스라엘을 박해하는 동안 "하나님의 이스라엘"(갈 6:16)에 속하지 않았던 것이 분명했다.

바울은 회심 전에 교회를 박해하는 것이 하나님과 그분의 의를 향한 자신의 열심을 나타낸다고 확신했다(빌 3:6). 하지만 그는 자신이 의라고 생각했던 것이 실제로는 자신의 악함의 절정이었으며, 따라서 자기에게 사도로 불릴 자격이 없음을 이해하게 되었다(고전 15:9; 엡 3:8). 그는 자신을 "비방자요 박해자요 폭행자"(딤전 1:13)로, 또한 죄인 중에 "괴수"(딤전 1:15)로 불렀다.[20] 하나님은 그를 구원하시고(갈 1:13-16) 그를 이방인들에게 복음을 선포하도록 부르심으로 자비로운 은혜를 보여주셨다.

바울이 교회를 박해하는 목표는 교회를 멸하는 것이었다. "나는 그것을 멸하려고 했다"(ἐπόρθουν)라는 말은 문맥 안에서 자발적인 표현으로서 온전히 실현되지 않았던 시도를 뜻한다(참고. 행 9:21). 갤링턴(Garlington)은 "멸하다"라는 동사가 전하는 강렬함을 지적하며, 요세푸스가 "시몬 바 기오라(Simon bar Giora)가 이두미아(Idumaea)의 마을과 도시를 태운 것"을 설명할 때 같은 동사를 사용한다는 사실(*J.W.* 4.534)을 가리킨다.[21] 교회를 멸하려는 바울의 노력은 죄책감에서 나온 것이 아니었다. 바울은 회심하기 전 예수님이 메시아가 아니며, 그러한 가르침을 선전하는 종파가 심히 잘못되었다고 전적으로 확신했다. 따라서 하나님이 다메섹 도상에서 그에게 예수님을 계시하셨을 때, 바울은 자신의 열심과 열정이 잘못되었다는 것에 매우 놀랐다.

갈 1:14a-b 내가 내 동족 중 여러 연갑자보다 유대교를 지나치게 믿어(καὶ προέκοπτον ἐν τῷ Ἰουδαϊσμῷ ὑπὲρ πολλοὺς συνηλικιώτας ἐν τῷ γένει μου). 바울은 유대교에서 젊은 유망주였으며, 많은 동료 학생보다 뛰어났다. 사도행전을 보면 바울이 가말리엘의 제자였음을 알 수 있다(행 5:34; 22:3). 그는 바리새인으로 훈련받았으며, 자신의 모든 삶의 영역에서 하나님을 기쁘시게 하려는 열심이 있었다(행 23:6; 26:5; 빌 3:5).[22] 바울은 과거를 나타

---

20. 어떤 학자는 디모데전서가 바울의 편지가 아니라고 믿기 때문에 그것이 제공하는 증거를 제외했다. 이 편지가 바울의 것이 아닐지라도, 그것은 가장 오래된 바울의 제자 중 하나가 바울이 회심하고 부르심을 받았음을 확증하면서 그가 바울의 과거를 어떻게 이해했는지 보여줄 것이다.

21. Garlington, *Galatians*, 82.

22. Neusner는 바리새인들의 목표가 성전의 정결법을 삶의 모든 영역으로 확장하는 것이었다고 주장했다. Jacob Neusner, *The Rabbinic Traditions about the Pharisees before 70*(3 vols.; Leiden: Brill, 1971). Sanders는 바울 시대에 바리새인이 예루살렘에서 가장 영향력 있는 종파였는지에 의문을 품는다(*Judaism: Practice and Belief, 63 BCE-66 CE*[Philadelphia: Trinity Press International, 1992], 380-412). 바리새인이 지배적인 종파였다는 견해에 대한 지지로 Roland Deines, "The Pharisees between 'Judaisms' and 'Common Judaism'", in *Justification and Variegated Nomism*; vol. 1: *The Complexities of Second Temple Judaism*(ed. D. A. Carson, Peter T. O'Brien, and Mark A. Seifrid)(Tübingen/Grand Rapids: Mohr Siebeck/ Baker, 2001), 443-504를 보라.

내기 위해 다시 한 번 "유대교"라는 용어를 사용해서(갈 1:13을 보라), 다메섹 도상에서 예수 그리스도를 만나기 전에 무엇이 그를 지배했었는지를 설명한다.

갈 1:14c 내 조상의 전통에 대하여 더욱 열심이 있었으나(περισσοτέρως ζηλωτὴς ὑπάρχων τῶν πατρικῶν μου παραδόσεων). 바울이 교회를 박해한 것과 유대교 안에서 그의 성장은 "내 조상의 전통"에 대한 열정까지 거슬러 올라간다. "전통"이라는 단어와 구약 성경을 동일하게 여겨서는 안 된다. "전통"은 바리새인들이 퍼뜨렸던 삶의 방식을 가리킨다. 바울은 그리스도인이 된 후에는 구약 성경의 가르침과 "전통을" 동일하게 여기지 않았다(참고. 막 7:3, 5, 8, 9, 13). 이 전통은 오랜 시간에 걸쳐 발전되었고(참고. Sir 8:9; 1 Macc 2:19–22; 2 Macc 6:1; 3 Macc 1:3; Josephus, *Ant.* 11.140; 13.297, 408; 19.349; Philo, *Spec. Laws* 2.253), 마침내 신약이 완성된 후에 미쉬나, 토셉타, 바벨론 탈무드 같은 유대 저작을 통해 성문화되었다.[23]

바울이 회심 전(행 22:3; 빌 3:6)에 자신을 율법 준수를 대표하는 유서 깊은 유대 전통의 일부로 생각했다는 것은 의심의 여지가 없다. 예를 들어, 비느하스는 간음하는 이스라엘 남자와 미디안 여자를 죽임으로써 주를 향한 열정을 보여주었다(민 25:11). 또한 엘리야도 바알의 선지자들을 죽이며 주를 향한 열정을 드러냈다(왕상 19:10, 14). 안티오쿠스 에피파네스(Antiochus Epiphanes, 주전 175–164년)가 유대 종교를 억누르려 했을 때 맛디아도 같은 열정을 보였다. 맛디아는 왕의 관리와 함께 불법적 희생 제물을 드리려는 유대인을 죽이고서 단을 헐었다(1 Macc 2:23–25). 맛디아와 그를 따랐던 자들은 자신이 비느하스와 엘리야와 같은 열정을 보였다고 생각했다(1 Macc 2:24, 26, 27, 50, 54, 58). 바울은 회심 전에 교회를 박해하고 신자들을 죽이는 것이 죄가 아니라 헌신과 충성의 깊이를 드러낸다고 여겼다. 바울은 자신을 새로운 비느하스나 엘리야, 현대판 하스몬가 사람으로 보았을 것이다.

갈 1:15a, 16b 그러나…그를 내 속에 나타내시기를 기뻐하셨을 때에(ὅτε δὲ εὐδόκησεν [ὁ θεός]…ἀποκαλύψαι τὸν υἱὸν αὐτοῦ ἐν ἐμοί). 바울의 삶에 일어난 극적인 변화는 오직 하나님의 개입으로만 가능했다.[24] 나사렛 예수를 격렬하게 대적했던 바울이 갑자기 그분을 주와 그리스도로[25] 받아들인 사건에는 하나님의 초자연적인 개입 외에 인간적인 이유가 없었기 때문이다.[26] 따라서 바울의 소명과 회심은 하나님의 뜻과 그분의 선한 즐거움으로 설명된다. 부정사 "나타내다"(ἀποκαλύψαι)는 1:12의 "예수 그리스도의 계시"(ἀποκαλύψεως Ἰησοῦ Χριστοῦ)를 연상시키며, 다메섹 도상에서 하나님이 예수 그리스도를 바울에게 계시하셨다는 견해를 지지한다.

---

23. 대조적으로 Witherington은 여기서 바울이 말하는 것을 구약으로 제한한다(*Galatians,* 104).

24. '하나님'(θεός)이라는 단어가 포함된 사본은 여러 본문 유형에서 고르게 분포되어 있다. 석의적으로 이것을 결정하는 일이 중대하지 않은 이유는 어느 경우든 그것이 진술되지 않더라도 하나님이 주어라는 것이 명백하기 때문이다. 아마도 이것은 필경사들이 추가했을 것이다(Fee, *Galatians,* 44, n. 25).

25. 따라서 바울의 회심은 마음의 준비가 되어 있지 않은 상태로 이루어졌다(Machen, *Galatians,* 62의 설명은 적절하다).

26. 나는 바울의 회심을 주후 31/32년으로 보는 자들을 따른다. Riesner, *Paul's Early Period,* 64–74; Schnabel, *Paul and the Early Church,* 1037.

27. Bruce, Galatians, 93; R. Longenecker, *Galatians,* 32; Sam K. Williams, *Galatians*(ANTC; Nashville: Abingdon, 1997), 47; B. Longenecker, *Triumph of Abraham's God,* 149–50; Garlington, *Galatians,* 83–84; Fee, *Galatians,* 45–46에서 그렇게 말한다.

28. Martyn, *Galatians,* 158에서 그렇게 말한다. 참고. John Calvin, *Commentaries on the Epistles of Paul to the Galatians and Ephesians, in Calvin's Commentaries*(trans. William Pringle; repr.; Grand Rapids: Baker, 2005), 21:42.

29. 어떤 학자는 이 용어가 그리스 문화에서 차용한 것이라고 주장한다. Wilhelm Bousset, *Kyrios Christos: A History of Belief in Christ from the Beginnings of Christianity to Irenaeus*(trans. John E. Steely; repr.; Nashville: Abingdon, 1970), 91–98; 206–10; Hans Joachim Schoeps, *Paul: The Theology of the Apostle in the Light of Jewish Religious History*(trans. Harold Knight; Philadelphia: Westminster,

전치사구(ἐν ἐμοί)는 '나에게'보다 '내 안에'로 번역될 수 있다.[27] 두 가지 중 하나를 택하는 것은 매우 어려우며 두 해석 모두 근거가 있다. 하지만 문맥상 '나에게'가 더 어울리는 이유는 바울이 다메섹으로 가는 길에 예수님이 자신에게 나타나신 것을 회상하고 있으므로, 계시의 내적인 차원에 집중하지 않기 때문이다.[28]

바울은 16절에서 예수님을 하나님의 "아들"로 명시하는데, 이 칭호는 바울 서신에서 17번 나온다.[29] 일부 학자들의 견해와는 반대로, 예수님의 아들로서의 신분은 그분의 선재(先在)를 암시한다(참고. 롬 1:3, 9; 8:3; 갈 4:4). 종종 "아들"이라는 용어는 예수님의 속죄 사역을 다루는 문맥에 사용되기 때문에(롬 5:10; 8:3, 32; 갈 2:20; 4:4; 골 1:13) 복음과 밀접한 관련을 맺는다.[30] 예수님의 아들로서의 신분은 하나님과 예수님 사이의 독특하고 특별한 관계를 시사한다.

갈 1:15b 내 어머니의 태로부터 나를 택정하시고 그의 은혜로 나를 부르신 이가(ὁ ἀφορίσας με ἐκ κοιλίας μητρός μου καὶ καλέσας διὰ τῆς χάριτος αὐτοῦ). 바울은 자신의 변화가 전적으로 하나님의 역사였음을 계속해서 강조한다. 어머니의 태에서부터 하나님은 바울이 사도가 되도록 정하셨다. 그리고 역사의 특정 시점, 즉 다메섹 도상에서 그를 부르셨다. 바울이 이 사건에서 소명을 받고 회심했다고 앞에서 말했지만, 여기서 바울의 사도적 소명이 강조되는 이유는 갈라디아 대적들이 그의 사도직의 정당성을 의심했기 때문이다.

여기서 바울이 사용하는 언어는 이사야와 예레미야가 선지자로 부름받은 것을 암시한다.[31] 이사야는 주님이 어머니의 태에서부터 자신을 부르셨다고 선언한다(사 49:1).[32] 또한 주님은 예레미야가 어머니의 태에 있기 전부터 그를 아셨으며, 그가 태어나기 전에 그를 선지자로 지명하고 구별하셨다(렘 1:5). 이사야와 예레미야가 선지자로 부르심을 받았던 것처럼, 주님은 바울도 사도로 지명하셨다. 하나님이 자신을 지명하셨음을 강조하는 이유는 바울이 태어나기 전에 주님이 사도직에 임명하셨기 때문이다(참고. 롬 1:1).

나아가, 하나님은 "은혜로" 바울을 "부르셨다." 여기서 "부르다"라는 단어는 분명히 효과적인 부르심, 즉 부름받은 자를 납득시키는 부름을 의미한다.[33] 은혜에 대한 언급은 그러한 개념을 확증한다. 바울이 사도직에 자원한 것이 아니라 하나님이 강제로 부르셨다. 따라서 그가 사도로서 섬긴 것은 오직 하나님의 은혜 때문이며, 이것은 그가 회심 전 지은 죄가 용서되었음을 가리킨다.[34]

갈 1:16a 그의 아들을 이방에 전하기 위하여(ἵνα εὐαγγελίζωμαι αὐτὸν ἐν τοῖς ἔθνεσιν). 목적(ἵνα)을 뜻하는 절은 바울이 자신의 사도적 소명을 강조한다는 사실을 확증한

1961), 150–60을 보라. 하지만 그러한 견해는 강력한 증거가 부족하며 이 용어는 유대 집단에서 유래한다는 것이 입증되었다. Martin Hengel, *The Son of God: The Origin of Christology and the History of Jewish-Hellenistic Religion*(trans. John Bowden; Philadelphia: Fortress, 1976); 참고. Larry Hurtado, *Lord Jesus Christ: Devotion to Jesus in Earliest Christianity*(Grand Rapids: Eerdmans, 2003), 102–8.

30. Hengel, *Son of God,* 8–9에서 그렇게 말한다.

31. Sandnes, *Paul—One of the Prophets?* 61–65; Ciampa, *The Presence of Scripture in Galatians 1 and 2,* 111–12; Bruce, *Galatians,* 92에서 그렇게 말한다.

32. 참으로 바울은 여기서 자신이 주의 종으로 부르심을 암시하고 있을 가능성이 있다. 탁월한 주의 종이신 그리스도가 그의 안에 계시기 때문이다(참고. 행 13:47; 갈 2:20). 여기서 Harmon, "She Must and Shall Go Free", 104–7, 138–60의 논의를 보라.

33. 1:6의 주석에서 '부르심'에 대한 논의를 보라.

34. Sandnes는 은혜에 대한 언급이 "분명히 교회를 박해한 바울의 이전의 삶을 하나님이 용서하신 것을 가리키며(13–14절; 참고. 고전 15:9–10), 이러한 은혜의 행위 없이 바울은 복음 전파자가 되기에 절대적으로 부적절하다"라고 말한다(*Paul—One ofhe Prophets? 64*). 이상하게도 Fee는 여기서 신학과 바울의 '세계관'을 분리하려 하며(Fee, *Galatians,* 44), 이것은 바울이 하나님의 부르심에 관해 말하는 것을 무디게 하는 결과를 초래한다.

다. 그는 자신이 얻은 개인적인 이익보다 하나님이 부르셔서 맡기신 임무, 즉 이방인에게 예수 그리스도의 복음을 전파하는 것에 초점을 맞춘다. 여기서 바울이 맡은 사도직의 고유한 특성이 드러난다. 그가 이방인에게 파송된 자신의 특수한 임무를 강하게 인식하고 있기 때문이다. 사도행전에서 바울의 소명을 언급할 때 이스라엘에 대한 소명도 언급되지만(행 9:15), 이방인에게 복음을 선포하는 임무에 초점을 맞추고 있음이 분명하다(참고. 행 22:21; 26:16–20).

이방인에게 집중한다는 것은 바울이 유대인을 제외한다는 의미가 아니었다. 로마서 11장에서 알 수 있듯이 바울은 두 임무가 연관된다고 믿었다(롬 11:11–32). 이방인에게 복음을 선포하는 것은 복음에 대한 바울의 이해, 특별히 이방인이 구원받기 위해 율법을 지키지 않아도 된다는 진리와 연결된다. 율법에서 자유로운 바울의 복음이 다메섹 도상에서 그에게 계시되었다. 그는 자신의 복음을 인간의 권위에서 도출하지 않았다.

갈 1:16c 내가 곧 혈육과 의논하지 아니하고(εὐθέως οὐ προσανεθέμην σαρκὶ καὶ αἵματι). 하나님이 바울을 사도로 부르시고 복음을 계시하셨을 때, 바울은 계시의 정당성을 묻기 위해 서둘러 다른 이에게 가지 않았다.[35] 갈라디아 거짓 선생들은 바울의 사도직이 지닌 정당성을 의심했을 수 있지만, 바울은 외부에서 확정받지 않고도 자신이 사도로 부름받은 것을 처음부터 알았다.

던(Dunn)은 동사 "의논하다"(προσανατίθημι)가 단순히 '누군가에게 조언을 듣다'라는 의미가 아니라고 주장한다. 그 표현은 '전문적이거나 권위 있는 해석을 얻기 위해 의견을 구하다'라는 뜻이다. 이 단어는 꿈, 이적, 징조를 해석하는 자격이 있는 자들에게 사용된다.[36] 그러므로 던에 따르면, 바울은 그 계시의 "의미"를 다른 사람과 의논하지 않았다.

실바(Silva)는 세 가지를 관찰하여 던의 해석이 정당한지를 두고 타당한 의문을 제기한다.[37] (1) 던은 개별적인 단어의 의미를 너무 강조하는데, 해석적인 결론을 도출하려면 문맥 자체에 더 무게를 두어야 한다. (2) "의논하다"(προσανατίθημι)를 전문적인 용어로 보기에는 증거가 부족하다. 이 단어가 항상 전문적인 의미로 사용되지는 않는다. (3) 던은 갈라디아서 2:6의 동사에는 전문적인 의미를 부여하지 않는데, 이것은 그의 해석에 결함이 있음을 나타낸다. 요약하면, 바울의 요점은 자신이 받은 계시의 정당성을 다른 이들에게 묻지 않았다는 것이다. 그는 의심의 여지없이 자신이 예수 그리스도의 사도로 부름받았다는 것을 알았다.

갈 1:17a 또 나보다 먼저 사도 된 자들을 만나려고 예루살렘으로 가지 아니하고(οὐδὲ ἀνῆλθον εἰς Ἱεροσόλυμα πρὸς τοὺς πρὸ ἐμοῦ ἀποστόλους). 바울은 자신이 받은 계시가 참된지 다른 사람에게 확인받지도 않았으며, 예루살렘 사도들이 자신이 받은 계시를 비준할지 알아보려고 즉시 예루살렘으로 갈 계획을 세우지도 않았다. 그는 자신이 전파하는 복음에 대해 사도들의 승인이 필요하지 않았

35. 어떤 학자는 '곧'(εὐθέως)이 동사 '올라가다'(ἀνῆλθον)를 수식하는 것으로 본다(Bruce, *Galatians,* 94; Martyn, *Galatians,* 159). 하지만 그것이 동사 '의논하다'(προσανεθέμην)를 수식하는 것으로 보는 것이 더 이치에 맞다(참고. R. Longenecker, *Galatians,* 33).

36. James D. G. Dunn, "The Relationship between Paul and Jerusalem according to Galatians 1 and 2", *NTS* 28(1982): 462–63.

37. Silva, *Interpreting Galatians,* 59–61.

38. 참고. 여기서 Wiarda, "Plot and Character", 240–41.

39. Schnabel은 바울이 아라비아에 있었던 때를 주후 32/33년으로 본다(*Paul and the Early Church,* 1038).

40. 예를 들어, Martin Hengel and Anna Maria Schwemer, *Paul between Damascus and Antioch: The Unknown Years*(trans. John Bowden; Louisville: Westminster John Knox, 1997), 110–13; Schnabel, *Paul and the Early Church,* 1033–34; Mussner, *Galaterbrief,* 91–92.

41. Bruce, *Galatians,* 96; Hengel and Schwemer, *Paul between Damascus and Antioch,* 106–20; Schnabel, *Paul and the Early Church,* 1032–38에서 그렇게 말한다. George는 그가 전도와 명상을 병행했으며, 따라서 여기서 이분법적으로 생각할 필요가 없다고 본다(*Galatians,*

으며 원하지도 않았다.[38] 그는 예수 그리스도의 계시로 복음을 받았기 때문에 그것의 진실성을 확증할 다른 사람이 필요하지 않았다.

갈 1:17b-c 아라비아로 갔다가 다시 다메섹으로 돌아갔노라(ἀλλὰ ἀπῆλθον εἰς Ἀραβίαν καὶ πάλιν ὑπέστρεψα εἰς Δαμασκόν). 바울이 다메섹에서 얼마 동안 머물다가 아라비아로 갔던 것을 보면, 자신이 전하는 복음의 독립성과 정당성을 확신하고 있음이 드러난다.[39] 갈라디아서에 제시된 정보는 사도행전의 내용을 잘 보충한다. 바울은 회심 후 즉시 회당을 다니며 예수님이 메시아이심을 선포했다(행 9:20). 사도행전 이야기는 불완전하며, 바울이 아라비아로 여행했다는 언급은 빠져 있다. 갈라디아서는 바울이 다메섹에서 얼마간 머물다가 아라비아로 간 후에 다시 다메섹으로 돌아왔다고 말함으로써, 역사적 기록의 공백을 채운다. 사도행전은 다메섹에서 일어난 일만 제한적으로 서술함으로써 전체 기간을 단축한다(9:19-25).

많은 학자는 아라비아가 나바테아 왕국을 가리킨다고 가정한다.[40] 바울은 아라비아에서도 복음을 전파했을 가능성이 크다. 다메섹에서 즉시 복음을 전하고 아라비아에 가서는 복음 전파를 멈추었다고 생각할 이유가 없기 때문이다.[41] 고린도후서 11:32-33의 이야기도 그러한 해석을 확정한다. 아레타스 4세는 나바테아의 왕이었고(주전 9년에서 주후 40년까지), 아레타스의 사령관이 다메섹에서 바울을 잡으려고 했다. 이것은 바울이 아라비아에서 복음을 전파했다는 사실을 가장 잘 설명한다.[42] 따라서 바울이 다메섹 도상에서 자신에게 주어진 계시에 비추어 단지 구약 성경을 연구하기 위해 아라비아로 갔다는 견해는 잘못되었을 가능성이 있다.[43] 바울은 다른 사람과 의논하지 않고 아라비아와 다메섹에서 복음을 전했던 것을 말함으로써, 자신에게 주어진 복음의 진실성을 증명한다.

적용에서의 신학

1. 하나님에게서 온 복음

우리는 본문에서 복음이 궁극적으로 사람이 아닌 하나님에게서 온다는 것을 배운다. 다시 말해, 복음은 권위 있으며 오류 없이 사람에게 전해진 위에서 내려온 말씀, 즉 하나님에게서 오는 초월적 말씀을 나타낸다. 따라서 복음을 거절하는 것은 하나님이 직접 전달하신 것을 거

124). 반면 Riesner는 아라비아가 나바테아의 영토를 가리키는지 이의를 제기하며 바울이 거기서 복음을 전했는지 의심한다(*Paul's Early Period*, 256-60).

42. 또한 Chrysostom, *Galatians*, 12; Schnabel, *Paul and the Early Church*, 1036-37; Witherington, *Galatians*, 102에서도 같은 것을 말한다.

43. 하지만 Lightfoot, *Galatians*, 90; Burton, *Galatians*, 55-57; Machen, *Galatians*, 72-73(주로); R. Longenecker, *Galatians*, 34; Guthrie, *Galatians*, 71; Fee, *Galatians*, 51; N. T. Wright, "Paul, Arabia, and Elijah(Galatians 1:17)", *JBL* 115(1996): 683-92를 보라. Wright는 엘리야처럼 바울이 아라비아로 갔으며 토라에 대한 자신의 이전의 열심이 잘못된 것이었음을 깨닫고 돌아왔다고 주장한다. Hays, *Galatians*, 217에서도 같은 것을 말한다. Garlington은 아라비아가 언급된 것은 그곳이 시내 산이 위치한 곳이어서 "바울이 그리스도에 비추어 율법을 심사숙고하기 위해 시내 산으로 갔을 수 있기 때문"이라고 제안한다(*Galatians*, 92).

부하는 것과 같다. 바울은 여기서 복음이 자신에게서 나온 것이 아니며, 그 복음은 사실 실제로 자신이 보았던 것과 정반대였음을 가르치려고 힘쓴다. 그는 그리스도에 대한 믿음이 위험한 망상이라고 확신했었기 때문이다.

실제로 바울의 소명과 회심은 기독교 신앙이 진리임을 보여주는 중요한 증거의 역할을 한다. 예수 그리스도와 초대 그리스도인들을 완강히 반대했던 한 사람의 극적인 변화를 무엇으로 설명할 수 있는가? 여기서 바울이 설명하듯 그가 기독교 신앙에 찬동한 것에는 아무런 인간적인 이유가 없었다. 그는 자신을 과거의 비느하스와 엘리야같이 진리를 위해 하나님의 이름으로 싸우는 용감한 전사로 생각했다. 그는 자신이 열정적으로 배교에 맞섰던 마카비 영웅이 현세에 출현한 것이라 여겼다. 게다가, 그는 유대교에서 열정과 무용으로 잘 알려져 있었다. 따라서 그의 소명과 회심을 설명할 수 있는 것은 하나님의 기적적인 개입밖에 없다. 오직 하나님만이 바울이 회심한 이유가 되신다. 그 회심은 인간적인 관점에서 절대 일어날 수 없는 일이었다.

열정과 진심이 곧 우리가 반드시 옳다는 뜻이 아님을 깨닫는 것은 중요하다. 우리는 무언가에 열광하면서 동시에 열정적으로 잘못되었을 수 있다. 나는 가장 늦게 산타클로스를 의심했던 아이였다! 나는 그가 존재한다는 진실에 열정이 있었지만, 결국 잘못 알고 있었던 것이다. 게다가 우리는 큰 목적에 열심인 나머지 균형을 잃어버릴 수 있다. 생명이라는 가치에 놀랍도록 헌신하여 임신중절 합법화에 반대하는 한 운동가를 알고 있다. 그런데 그는 결국 다른 여자와 살기 위해 아내를 떠났으며 다른 주로 이사하여 비싼 집을 샀다. 생명이라는 대의를 향한 그의 열정은 진정으로 복음에 근거한 것이 아니었고, 그는 자기 아내에 대한 의무마저 저버렸다.

또한 이 본문에서 우리가 전파하는 복음이 하나님의 복음임을 배운다. 아버지에게서 온다는 점에서 그것은 하늘의 복음이다. 우리는 하나님에게서 오는 복음이 진리라는 것과, 그것을 인간의 고안물로 여기고 멀리할 수 없음을 확신할 수 있다. 왜 우리는 기독교 신앙을 믿어야 하는가? 기독교 신앙이 진리이기 때문이다. 그것은 실체에 대한 하나님의 견해를 반영하며, 하나님의 견해는 논박할 여지없이 참되다. 그는 모든 실체의 창조자이시기 때문이다.

2. 은혜의 능력

또한 바울의 회심과 소명은 은혜의 능력을 가리킨다. 우리가 바울의 회심 전에 그를 만났다면, 분명히 그가 절대 회심하지 않으리라고 믿었을 것이다. 심지어 그가 성령을 훼방했다고까지 생각했을 수 있다. 바울의 회심은 가장 회심할 것 같지 않은 사람을 돌이키시는 하나님의 능력을 우리에게 상기시킨다. 우리는 절대 전도할 수 없을 것 같은 사람들을 향한 기도를 포기해서는 안 된다. 구원이 주님께 속해 있기 때문이다. 구원은 궁극적으로 기적이다. 그것은 하나님의 일이다. 구원은 계산되거나 조작될 수 없다.

하나님은 섭리 가운데 다메섹 도상에서 자기 아들을 바울에게 계시하기를 원하셨으며, 오늘날에도 여전히 은혜와 자비로 구원을 행하신다. 하나님의 부르심을 받을 자격이 있는 사람은 아무도 없다. 우리는 모두 예외 없이 곧바로 그분의 심판 아래 서 있다. 하지만 하나님은 놀랍고도 신비한 은혜를 통해 우리가 구원에 이르도록 효과적으로 부르신다. 그러므로 그분의 자비롭고 변화시키는 은혜에 대해 감사하고 찬양하자. 그분이 자신에게 적대적인 죄인들을 구원하신다는 사실에 경탄하자.

달리 말하면, 우리의 구원을 자신의 공로로 삼을 수 없다는 것이다. 궁극적이고도 결정적으로 우리가 하나님을 선택한 것이 아니라 그분이 우리를 선택하셨다. 우리는 다른 사람보다 나은 것이 없다. 우리는 그들이 보지 못한 것을 볼 만큼 충분히 지혜롭지 않다. 주님이 우리의 마음을 열어 믿게 하셨다. 주님이 은혜로 우리를 구원하셨음을 생각할 때, 우리의 마음은 찬양과 감사로 가득 찰 것이다.

3. 부르심

마지막으로, 우리는 바울이 회심했을 뿐 아니라 부름받았음을 배운다. 그는 이방인에게 복음을 전파하도록 부름받았다. 우리 중 누구도 사도 바울이 아니다. 우리 중 누구도 사도로 부름받지 않으며, 우리가 모두 전담 사역자로 부름받는 것도 아니다. 하지만 하나님이 우리를 어느 곳에 두시든지 우리는 모두 주를 섬기도록 부름받는다. 우리는 모두 자신이 사는 곳에서 그분의 영광을 선포하도록 부름받는다. 우리에게는 어둠에 있는 자들과 생명의 말씀을 나누는 특권이 있다. 우리는 그리스도를 드러내는 방식으로 살아야 할 뿐 아니라, 이웃과 직장 동료에게 복음의 메시지를 선포해야 한다. 우리는 복음으로 '다른 사람의 머리를 후려치도록' 부름받지는 않았지만, 그렇다고 단순히 다른 사람들 앞에서 '복음을 실행하는' 것만으로도 충분하지 않다. 우리는 다른 이에게 복음의 메시지를 선언하고 알려야 한다. 우리가 그렇게 할 수 있도록 하나님이 용기 주시기를 소망한다!

CHAPTER

4

갈라디아서 1:18-24

문학적 전후 문맥

본문은 "그 후"(ἔπειτα, 갈 1:18, 21)라는 단어로 앞부분과 연결된다. 바울은 계속해서 자신의 사역 동기에 사람을 기쁘게 하려는 욕구(1:10)가 없었다는 주제를 변호한다. 그것은 1:6-9의 논증에서 끌어낼 수 있는 결론이다. 바울이 사람을 기쁘게 하는 데 목표를 두지 않았다는 견해를 지지하는 근거는 그의 복음이 인간적인 것이 아니라는 사실이다(1:11). 바울의 복음은 다메섹 도상에서 예수 그리스도의 계시로 말미암아 그에게 주어졌다(1:12). 부르심을 받기 전 바울은 강력하게 복음을 반대하고 박해하며 유대교에 헌신한 자였다(1:13-14). 하지만 하나님은 초자연적으로 바울을 부르셔서 이방인에게 그리스도를 전파하는 자가 되게 하셨다(1:15-16). 그의 복음은 분명히 하나님에게서 직접 온 것이다. 그가 사도들이나 다른 누구와도 의논하지 않고 즉시 복음 전파를 시작했기 때문이다(1:17).

- I. 도입: 바울의 복음을 떠나는 것은 복음을 떠나는 것이다(1:1-2:21)
  - A. 인사: 바울의 사도적 권위(1:1-5)
  - B. 문제에 대한 설명: 복음을 떠남(1:6-10)
  - C. 바울의 복음은 사람이 아니라 하나님에게서 왔다(1:11-2:21)
    - 1. 논제: 바울의 복음의 근원은 계시였다(1:11-12)
    - 2. 논제에 대한 증거(1:13-2:21)
      - a. 과거에 가졌던 적대감(1:13-14)
      - b. 하나님의 부르심(1:15-17)
      - ➡ **c. 그가 유대에서 상대적으로 알려지지 않음(1:18-24)**
        - **i. 사도들에게 상대적으로 알려지지 않음(1:18-20)**
        - **ii. 유대에서 상대적으로 알려지지 않음(1:21-24)**
      - d. 기둥 같은 사도들이 바울의 권위를 인정함(2:1-10)

18–24절은 바울이 사람을 기쁘게 하려 하지 않았으며 그의 복음이 사도들에게서 독립적이었다는 주제를 계속해서 지지한다. 바울이 예루살렘에 마지막으로 방문했을 때 그가 보았던 유일한 사도는 베드로와 야고보였으며(1:18–20), 그는 사도들의 승인을 구하지 않았다. 또한 유대 교회들은 대부분 바울의 얼굴을 알지 못했는데, 이것은 그가 이스라엘에서 많은 시간을 보내지 않았음을 보여준다. 그들은 단지 하나님이 바울 안에서 성취하신 많은 변화를 들었을 뿐이다(1:21–24).

주요 개념

바울의 복음은 참으로 하나님에게서 왔으며, 그는 사역하면서 사람들에게 영합하지 않았다. 바울의 복음은 사도들에게 얻은 것이 아니었다. 그가 본 사도는 베드로와 야고보밖에 없었으며, 제한된 시간 동안만 그들과 함께 지냈기 때문이다. 또한 바울은 유대에서 많은 시간을 보내지 않았다. 그곳의 교회들이 대부분 그를 개인적으로 알지 못했고, 그의 사역에 대해 듣기만 했을 것이기 때문이다.

번역

갈라디아서 1:18–24

18a	사건	그 후 삼 년 만에
		내가…예루살렘에 올라가서
b	목적	게바를 방문하려고
c	18a의 연속	**그와 함께 십오 일을 머무는 동안**
19a	신원 확인	주의 형제
b	기대에 반대	야고보 외에 **다른 사도들을 보지 못하였노라**
20	탄성	**보라**
	1:10–19과,	내가 너희에게 쓰는 것은
	아마도 1:20–2:21에	하나님 앞에서
	대한 설명	
		거짓말이 아니로다
21	1:18–20의 연속	그 후에 **내가 수리아와 길리기아 지방에 이르렀으나**
22	21과 동시	그리스도 안에 있는
		유대의 교회들이 나를 얼굴로는 알지 못하고
23	22에 대한 양보	다만 **우리를 박해하던 자가…듣고**
		전에 멸하려던 그 믿음을 지금 전한다 함을
24a	24b의 원인	나로 말미암아
b	23의 결과	**하나님께 영광을 돌리니라**

구조

이 구절들의 논증은 그리 복잡하지 않다. 바울은 자신의 복음이 인간적인 근원에 있지 않고 자신의 동기에는 사람을 기쁘게 하려는 욕구가 없음을 변호하면서 사도직의 독립성을 계속 주장한다. 본문은 바울이 특정 사건들의 시기를 열거하는 내러티브 형식이기 때문에 "그 후"(ἔπειτα)라는 표현을 반복하여 사용한다. 이 단어는 1:18과 1:21을 시작한다.

1:18–20에서 바울은 사도들과 제한적으로 만난 것이 그들에게 복음을 받지 않았다는 증거라고 주장한다. 그는 회심과 소명 후 3년이 지나서야 베드로를 만났으며, 그마저도 15일 동안만 함께했을 뿐이다. 동시에 그는 주의 형제 야고보를 보았지만 나머지 사도들은 만나지 않았다. 1:20은 바울이 갈라디아의 대적들에게 공격받고 있음을 암시한다. 하나님 앞에서 맹세하는 형식으로 자신이 사실을 말한다고 주장하기 때문이다. 맹세의 형식은 자신이 사도들을 만난 내용에만 제한될 수 있지만(1:18–19), 1:10–2:21의 사건 전체 내러티브를 포함할 수도 있다.

바울의 독립성은 그가 유대에 제한적으로 머문 것으로 확증된다. 그는 수리아와 길리기아에서 사역했지만, 유대 교회들은 그의 얼굴을 알지 못했다(1:21–22). 바울은 그들과 독립적으로 사역했다. 유대 교회들은 단지 바울이 복음을 전파한다는 소식만 들었을 뿐이며, 그들은 그의 사역 소식을 듣고 하나님을 찬양했다(1:23–24).

석의적 개요

I. 도입: 바울의 복음을 떠나는 것은 복음을 떠나는 것이다(1:1–2:21)

- A. 인사: 바울의 사도적 권위(1:1–5)
- B. 문제에 대한 설명: 복음을 떠남(1:6–10)
- **C. 바울의 복음은 사람이 아니라 하나님에게서 왔다(1:11–2:21)**
  - 1. 논제: 바울의 복음의 근원은 계시였다(1:11–12)
    - a. 인간의 복음이 아님(1:11)
    - b. 예수 그리스도의 계시를 통해 받음(1:12)
  - **2. 논제에 대한 증거(1:13–2:21)**
    - a. 과거에 가졌던 적대감(1:13–14)
    - b. 하나님의 부르심(1:15–17)
    - ➡ **c. 그가 유대에서 상대적으로 알려지지 않음(1:18–24)**
      - i. 사도들에게 상대적으로 알려지지 않음(1:18–20)
        - (1) 베드로와 제한적으로 만남(1:18)
        - (2) 야고보와 제한적으로 만남(1:19)
        - (3) 맹세의 형식(1:20)

ii. 유대에서 상대적으로 알려지지 않음(1:21–24)

(1) 유대에서 제한적으로 만남(1:21–22)

(2) 소식을 통해서만 알려짐(1:23–24)

d. 기둥 같은 사도들이 바울의 권위를 인정함(2:1–10)

e. 베드로를 책망한 것이 바울의 권위를 입증함(2:11–21)

본문 설명

갈 1:18 그 후 삼 년 만에 내가 게바를 방문하려고 예루살렘에 올라가서 그와 함께 십오 일을 머무는 동안(Ἔπειτα μετὰ ἔτη τρία ἀνῆλθον εἰς Ἱεροσόλυμα ἱστορῆσαι Κηφᾶν,[1] καὶ ἐπέμεινα πρὸς αὐτὸν ἡμέρας δεκαπέντε). 바울의 복음은 사도들에게 의존한 것이 아니었다. 그가 회심 후 3년 동안 어느 사도도 만나지 않았기 때문이다. 리처드 롱게네커의 말대로 "유대주의자들은 바울이 예루살렘의 사도들을 의존했고 그들에게 종속되어 있다고 주장했음이 분명하다."[2] 베드로를 만나기 전 바울은 더 많은 가르침을 받기 위해 기다린 것이 아니라, 아라비아와 다메섹에서 이방인에게 복음을 전파했다.

여기서 3년은 바울의 회심 후 3년을 의미할 것이다.[3] 유대 집단은 시간을 총괄적으로 합산했다. 이것은 예수님의 죽음에서 확연히 드러난다. 예수님은 금요일에 죽임을 당하시고 일요일에 부활하셨는데, 이 간격은 3일로 묘사된다. 따라서 바울이 주후 31/32년에 회심했다면, 그는 주후 33/34년에 베드로를 방문했을 것이다. 이 방문은 사도행전 9:26–30과 일치한다. 사도행전과 갈라디아서에 나타난 차이는 각각의 저자인 누가와 바울의 관점 차이로 설명할 수 있다.[4]

"게바"라는 단어는 베드로의 아람어 이름이며, 바울이 베드로를 가리킬 때 가장 많이 사용한다(참고. 고전 1:12; 3:22; 9:5; 15:5; 갈 2:9, 11, 14). 유일한 예외는 갈라디아서 2:7–8이다(뒤의 설명을 보라). "방문하다"(ἱστορῆσαι)라는 단어는 논란이 많다. 고전 헬라어에서는 다른 사람을 인터뷰하는 것을 가리킨다. 던은 바울이 정보를 얻으려고 베드로를 방문했다고 주장한다.[5] 반면 호피우스(Hofius)는 이 단어가 정보를 얻는다는 개념이 없이 단순히 '알게 되다'를 뜻한다고 주장한다.[6] 어떤 견해를 택하든, 바울이 복음을 전파하는 일에 베드로에게서 독립적이라는 주요 논점을 놓치면 안 된다. 그러므로 바울은 복음에 관련된 정보를 얻으려고 베드로에게 간 것이 아니었다. 그는 다메섹 도상에서 복음을 독립적으로 받았기 때문이다.

---

1. 다수 본문(Majority Text)은 '베드로'를 선호하지만 '게바'가 원래 표현인 것이 거의 확실하다.
2. R. Longenecker, *Galatians*, 36.
3. 같은 책, 37에서 그렇게 말한다.
4. Lightfoot, *Galatians*, 91–92에서 그렇게 말한다. 참고. 또한 Bruce, *Galatians*, 97.
5. Dunn, "Paul and Jerusalem", 463–66; Dunn, *Jesus, Paul, and the Law*, 126–28; 또한 Witherington, *Galatians*, 119를 보라.
6. O. Hofius, "Gal 1:18: ἱστορῆσαι Κηφᾶν", *ZNW* 75(1984): 73–85. 참고. George S. Duncan, *The Epistle of Paul to the Galatians*(MNTC; New York: Harper, 1934), 31; Betz, *Galatians*, 76. Augustinus는 바울이 베드로를 방문한 것은 "그들 사이에 형제의 사랑을 증진시키기 위해서"였다고 주장했다(*Augustine's Commentary on Galatians*, 135; 참고. 또한 Calvin, *Galatians*, 44). 또한 요점은 바울이 자신이 이방인에게 전파하는 복음에 대해 베드로에게 말하지 않았다는 것도 아니다(Howard, *Paul: Crisis in Galatia*, 35–37). Howard와 대조적으로 바울이 베드로와 함께 있었던 15일 동안 베드로에게 자신의 복음에 대해 말하지 않았을 것이라고 믿기 어렵다.

바울의 복음의 독립성은 중요하다. 유대주의자들은 바울이 예루살렘 사도들에게 복음을 받았으며(사도들에게 의존했으며), 그 후 사도들에게 받은 것을 왜곡했다고 공격했던 것으로 보이기 때문이다.[7] 던은 도드(C. H. Dodd)의 유명한 말을 적절하게 인용한다. "그때 그(바울)는 베드로와 함께 2주일간 머물렀으며, 우리는 그들이 날씨 이야기만 하며 지내지 않았으리라 추정할 수 있다."[8] 분명히 바울은 2주일 동안 베드로에게 역사적인 예수님에 대해 묻거나, 예수님의 말과 행위에 관련된 전통에 대해 많은 것을 배우고 고마워했을 것이다.[9] 의심할 여지없이 바울이 베드로에게 배웠겠지만, 베드로도 예수님이 바울에게 주셨던 복음에 대해 많은 것을 배웠을 가능성이 충분히 있다.[10]

참으로, 다메섹 도상에서 바울에게 주어졌던 이방인을 위한 복음은 그대로 남았다.[11] 베드로는 이방인의 구원에 율법이 요구되지 않는다는 바울의 주장을 반박하지 않았다. 바울은 자신과 베드로가 15일을 함께 지냈다고 구체적으로 말한다. 그는 왜 이렇게 세부적인 것을 언급하는가? 그 기간이 얼마나 제한적이었는지를 강조하기 위함일 것이다. 그는 회심 후 3년 동안 베드로를 만나지 않았으며, 그를 만나 함께했던 시간은 상대적으로 짧았다. 그러므로 시간에 관한 두 언급은 모두 바울의 복음의 독립성을 강조한다.

갈 1:19 주의 형제 야고보 외에 다른 사도들을 보지 못하였노라(ἕτερον δὲ τῶν ἀποστόλων οὐκ εἶδον εἰ μὴ Ἰάκωβον τὸν ἀδελφὸν τοῦ κυρίου). 바울의 복음의 독립성이라는 주제가 계속된다. 그는 3년 동안 베드로를 만나지 않았다가 단 15일 동안만 그와 함께했을 뿐 아니라, 나머지 사도들도 만나지 않았다.[12] 그가 보았던 다른 유일한 사도는 주의 형제 야고보였다. 요한의 형제인 다른 유명한 야고보는 주후 44년에 헤롯 아그립바 1세에게 처형당했다(행 12:2).

학자들은 대부분 여기서 말하는 인물이 주의 형제 야고보라는 데 동의한다.[13] 야고보는 초대교회의 역사에서 중요한 역할을 했다. 그는 팔레스타인 지방의 유대 백성들을 위해 사역했으며, 사도행전이 말하는 것처럼 예루살렘에서 유대인들의 지도자였다(행 12:17; 15:13-21; 21:18-25). 이 야고보가 또한 신약의 야고보서 저자일 가능성이 크다.[14] 그는 예수님이 땅 위에서 사역하시는 동안 예수님이 메시아이심을 믿지 않았다(막 3:21, 31-35; 요 7:1-9). 그는 예수님이 죽음에서 일으킴을 받으신 후 자신에게 나타나셨을 때 믿게 되었을 것이다(고전 15:7). 이스라엘에서 야고보의 명성은 요세푸스가 주후 62년 그의 죽음을 설명한 이야기에서 입증된다(*Ant.* 20.9.1 §§197-203). 야고보는 갈라디아서 2:1-14의 논증에서 예루살렘 교회의 대표이자, 교회의 기둥의 하나로서 중심적인 역할을 한다.

여기서 바울은 야고보를 사도로 인정하는가? 헬라어 본문을 '사도들 외에 나는 주의 형제 야고보를 제외하고 아무도 보지 않았다'라고 해석할 수 있다.[15] 이렇게 해석하면 야고보는 사도의 무리에서 제외된다. 하지

7. 이 주제에 대해 서론에서 이 편지의 '상황'에 대해 논의한 것을 보라.
8. C. H. Dodd, *The Apostolic Preaching and Its Developments*(2nd ed.; London: Hodder & Stoughton, 1944), 16.
9. Bruce, *Galatians,* 98에서 그렇게 말한다. Hays는 바울이 베드로에게서 배웠으리라 보이는 것을 과소평가하는 잘못을 범한다(*Galatians,* 217).
10. 여기서 Hengel and Schwemer, *Paul between Damascus and Antioch,* 144-50의 설득력 있는 논의를 보라.
11. Dunn, "Paul and Jerusalem", 465의 설명은 적절하다.
12. Hengel과 Schwemer는 바울이 이 방문 동안 자신에게 관심이 집중되는 것을 원하지 않았다고 주장한다. 따라서 다른 모든 사도가 예루살렘에 없었다거나 그가 다른 사도들을 만나기를 거부했다는 것이 아니다. 그들은 바울이 세간의 이목을 피하기를 원했다고 가정한다(*Paul between Damascus and Antioch,* 135-36). 그들은 바울이 모든 사도를 보았다고 한 누가의 보고가 '사실에 어긋난다'라고 판단한다(*Paul between Damascus and Antioch,* 138).
13. 대조적으로 Calvin은 그 인물이 알패오의 아들 야고보라고 믿었다(*Galatians,* 44).

만 "외에"(εἰ μὴ)라는 단어는 "다른"(ἕτερον)이라는 단어를 수식할 가능성이 더 크다.[16] 이 견해가 옳다면 야고보는 사도들 중에 포함된다. 고린도전서 1:14의 평행되는 구조는 야고보가 사도 중 하나로 간주된다는 견해를 지지한다(참고. 또한 눅 8:51; 빌 4:15). "나는 그리스보와 가이오 외에 너희 중 아무에게도 내가 세례를 베풀지 않은 것을 하나님께 감사한다"(고전 1:14, ESV, εὐχαριστῶ τῷ θεῷ ὅτι οὐδένα ὑμῶν ἐβάπτισα εἰ μὴ Κρίσπον καὶ Γάϊον). 여기서 그리스보와 가이오가 세례받은 자들에 포함되는 것이 분명하며, 같은 방식으로 야고보도 사도 중 하나로 여겨진다. 사도 무리에 열두 제자보다 더 많은 사람이 포함되었을 것으로 보인다. 바울이 고린도전서 15:5-7에서 예수님이 사도들에게 나타나신 것과 열두 제자에게 나타나신 것을 구별하기 때문이다. 더욱이 갈라디아서 2:1-10과 사도행전 15:13-21, 21:18-25에서 야고보의 지위가 사도적 특성을 띤 것으로 보이기 때문이다. 따라서 나는 바울이 야고보를 사도 중 하나로 생각했다는 결론을 내린다.

바울이 본문에서 말하는 내용과 사도행전을 연관시키면, 여기에 묘사된 방문은 사도행전 9:26-30과 일치한다. 사도행전은 일부 사람들이 바울을 여전히 반대자로 알고 두려워했기 때문에 바나바가 바울을 사도들에게 소개했다고 말한다. 갈라디아서 1:18-19에서 가장 팽팽한 긴장을 일으키는 주요 논점은, 바울이 갈라디아서에서 베드로와 야고보만 방문했다고 말하지만 누가는 바울이 많은 사도를 보았다는 인상을 준다는 점이다. 누가는 복수를 다소 느슨하게 사용하고 있는 듯하다. 따라서 엄밀하게 말해 바울은 두 사도만 보았던 것이다. 누가의 표현은 그러한 제한과 대립하지 않는다. 혹은 바울이 모든 사도를 보았지만 베드로와 야고보와만 중요한 대화를 했을 수 있다.

다음으로 야고보를 "주의 형제"라고 말하는 것이 무슨 의미인가 하는 질문이 표면화된다. 해석의 역사에는 세 가지 해석이 존재한다. (1) 야고보는 문자 그대로 요셉과 마리아의 아들이었다. (2) 야고보는 요셉의 전처가 낳은 아들이었다. (3) 야고보는 예수님의 사촌이었다. 가장 자연스러운 해석은 야고보뿐만 아니라 예수님의 형제자매들로 언급된 다른 사람들(마 13:55; 막 6:3)이 문자 그대로 요셉과 마리아의 자녀라는 것이다. 마이어(Meier)는 이 문제를 면밀하고도 신중하게 논의하며 이러한 해석을 설득력 있게 주장한다.[17] 우리는 바울이 여기서 가르치는 요점을 놓쳐서는 안 된다. 오직 베드로와 야고보만 봤다는 사실은 그가 나머지 사도들에게서 독립적이었음을 나타낸다.

갈 1:20 보라 내가 너희에게 쓰는 것은 하나님 앞에서 거짓말이 아니로다(ἃ δὲ γράφω ὑμῖν, ἰδοὺ ἐνώπιον τοῦ θεοῦ ὅτι οὐ ψεύδομαι). 이와 같은 맹세의 형식은 바울이 이 논의를 중요하게 여기는 것을 보여준다. 또한 이것은 유대주의자들이 바울의 사도직이 지닌 권위의 정당성을 의문시하고 있었다는 견해를 지지한다.[18] 그렇지 않다면, 바울이 진실을 말하고 있다고 강력하게 주장할 필요가 없

14. Douglas J. Moo, *The Letter of James*(PNTC; Grand Rapids: Eerdmans, 2000), 9-22; Luke T. Johnson, *The Letter of James*(AB; New York: Doubleday, 1995), 89-123; Richard Bauckham, *James: Wisdom of James: Disciple of Jesus the Sage*(New York: Routledge, 1999), 11-25에서 그렇게 말한다. Davids는 야고보에게서 내려온 전통이 이 편지에 통합되었다고 주장한다(*The Epistle of James*[NIGTC; Grand Rapids: Eerdmans, 1982], 2-22).

15. 참고. 여기서 L. Paul Trudinger, "*ἕτερον δὲ τῶν ἀποστόλων οὐκ εἶδον, εἰμὴ Ἰάκωβον*: A Note on Galatians i 19", *NovT* 17(1975): 200-202; Machen, *Galatians*, 77-79.

16. George Howard, "Was James an Apostle? A Reflection on a New Proposal for Gal i 19", *NovT* 19(1977): 63-64; Bruce, *Galatians*, 100-101; Martyn, *Galatians*, 174.

17. John P. Meier, "The Brothers and Sisters of Jesus in Ecumenical Perspective", *CBQ* 54(1992): 1-28. 그의 논문은 또한 유용한 해석의 역사를 포함한다.

18. 박해 때문에 바울이 베드로와 야고보만을 만났다고 하는 견해는 근거가 없다. 대조적으로 Cummins, *Crucified Christ*, 127.

다. 유대주의자들은 바울이 예루살렘 사도들에게 의존하고 있다고 공격했을 것이다. 그렇다면 맹세는 1:18-19의 내용과 관계가 있다. 어떤 이들은 맹세의 형식을 1:15-19, 심지어 1:13-19로 제한한다.[19] 맹세가 논증 중간에 들어가 있는 것으로 보아 1:10-2:21 전체와 관련되었을 가능성도 있다.

바울은 다른 서신에서도 자신이 말하는 내용의 중요성을 강조하고 싶을 때 맹세의 형식을 사용한다(롬 1:9; 9:1; 고후 1:23; 11:10; 딤전 2:7). 특별히 바울은 자신의 말이 논란이 되거나 의심받을 것이라고 생각할 때, 그것의 진실성에 관한 진술들을 끼워 넣는다. 따라서 우리는 유대주의자들이 바울의 권위를 의심했다는 것과, 바울이 자신의 소명과 임무를 변호할 수밖에 없었다는 추가적인 증거를 찾을 수 있다.[20]

갈 1:21 그 후에 내가 수리아와 길리기아 지방에 이르렀으나(ἔπειτα ἦλθον εἰς τὰ κλίματα τῆς Συρίας καὶ τῆς Κιλικίας). 바울은 자신의 복음의 독립성을 변호하려는 의도로 자신의 여정을 묘사한다. 그는 제한된 기간 동안만 예루살렘에 머물렀으며, 그것은 회심 후 3년이 지나서 방문한 것이었다. 바울은 예루살렘에서 짧은 시간을 보낸 후, 팔레스타인을 떠나 수리아와 길리기아에서 사역했다. 수리아와 길리기아 모두 바울이 갈라디아서를 쓸 당시 하나의 로마 지방을 형성했다. 따라서 복수 "지방들"은 느슨한 의미로 사용되었으며 엄밀하게 로마 지방들을 의미하지 않는다. 바울이 갈라디아서를 쓸 당시 수리아와 동부 길리기아는 하나의 로마 지방(수리아-길리기아)에 속했기 때문이다.[21] 바울이 수리아와 길리기아로 갔다는 사실은 사도행전 9:30과 일치한다. 거기서는 바울이 예루살렘에서 잠깐 머문 후 길리기아에 속한 다소로 보냄 받았다고 말한다(주후 약 35년).[22] 우리는 이 기간 동안 바울의 행적에 대해 단편적 지식만을 갖고 있지만, 바나바가 다소에서 바울을 발견하고 자신과 함께 수리아의 안디옥에서 사역(주후 약 42-46년)하자고 설득했음을 알고 있다.

갈 1:22 그리스도 안에 있는 유대의 교회들이 나를 얼굴로는 알지 못하고(ἤμην δὲ ἀγνοούμενος τῷ προσώπῳ ταῖς ἐκκλησίαις τῆς Ἰουδαίας ταῖς ἐν Χριστῷ). 이 진술은 바울이 팔레스타인에서 제한적인 기간 동안만 지냈음을 강조하기 위해 포함되었다.[23] 그는 자신의 복음을 정당화하기 위해 이스라엘 안의 다른 사람들을 찾아 나서지 않았다. 실제로 유대 신자들은 대부분 바울을 개인적으로 알지 못했다. 갈라디아서가 쓰인 당시 유대는 하나의 로마 지방을 형성했으며, 갈릴리와 사마리아를 포함했다. 그러므로 바울은 여기서 꽤 넓은 지역을 지칭하는 것이다.[24] 이것이 일반화된 표현인 이유는 바울이 예루살렘에 있던 때부터 몇몇 신자들이 그를 개인적으로 알았을 것이기 때문이다.[25] 요점은 팔레스타인과 예루살렘의 신자들이 대부분 그를 몰랐다는 것이다.[26] 22절에 나오는 복수 "교회들"(갈 1:2을 보라)은 "그리스도 안에 있는"(ἐν Χριστῷ)이라는 구의 수식을 받는다. 여기서

19. R. Longenecker, *Galatians*, 39-40의 논의를 참고하라.
20. 바울이 자신의 사도 직분을 변호하는 일을 하고 있지 않다면 이 구절을 설명하기 어렵다. 여기서 Witherington이 바울이 비판을 받을 것을 대비하여 맹세하고 있다는, 있을 법하지 않은 생각에 의존해야 한다는 것에 주목하라(*Galatians*, 122-23).
21. Bruce, *Galatians*, 103; Hengel and Schwemer, *Paul between Damascus and Antioch*, 157에서 그렇게 말한다.
22. 참고. Hemer, *The Book of Acts in the Setting of Hellenistic History*, 267. Schnabel은 바울이 수리아와 길리기아에서 보낸 때가 주후 34-42년이라고 제안한다(*Paul and the Early Church*, 1047).
23. Witherington이 통찰력 있게 지적하는 대로 이러한 진술이 사도행전 8:3뿐 아니라 갈라디아서 1:13과도 긴장 관계에 있는 이유는 후자의 본문에서 바울이 자신이 유대 교회를 박해했다고 말하고 있으며, 이것은 그들이 그를 알지 못했다는 생각과 조화되기 어렵기 때문이다(*Galatians*, 124). 따라서 갈라디아서 내에서 우리가 사도행전과 갈라디아서 1:22 사이에서 발견하는 것과 같은 긴장이 발견되기 때문에, 이곳과 사도행전에서 읽는 것에서 추정되는 대립은 조화가 가능한 것으로 보인다.

"그리스도 안에 있는"이라는 표현은 단순히 '그리스도인의'라는 뜻이지만 더 깊은 의미로 그리스도와의 연합, 또는 그 안에 합쳐지는 것을 뜻할 수 있다.

갈 1:23 다만 우리를 박해하던 자가 전에 멸하려던 그 믿음을 지금 전한다 함을 듣고(μόνον δὲ ἀκούοντες ἦσαν ὅτι Ὁ διώκων ἡμᾶς ποτε νῦν εὐαγγελίζεται τὴν πίστιν ἥν ποτε ἐπόρθει). 유대 교회들은 바울을 본 것이 아니라 들어서 알게 되었다. 그들이 바울과 직접 접촉하지 않았지만, 그의 소식이 유대 전역에 돌고 있었다. 그 내용은 1:13-16에서 이미 전한 바 있는 바울의 삶에 일어난 극적인 변화였다. 본문은 전형적으로 과거와 현재를 대조한다. 전에 기독교 신앙을 멸하려 했던 박해자가 지금은 복음을 전파하는(εὐαγγελίζεται) 자가 되었다. 따라서 유대 신자들은 바울의 회심과 부르심에 대한 증인 역할을 했다.

바울이 선포했던 메시지는 여기서 "믿음"(τὴν πίστιν)으로 불린다. 갈라디아서에서 보통 "믿음"이라는 단어는 '하나님에 대한 신뢰'를 뜻하지만, 여기서는 어울리지 않는다. 그 대신 "믿음"은 '기독교 종교'나 '교리 본체'로 가장 잘 설명될 수 있으며, 기독교 신앙 전체를 가리킨다. 바울이 "복음을 전파하다"(εὐαγγελίζω)라는 단어의 동사 형태를 사용하는 1:11의 구조와 비교해보면, 거기서 전파되는 것은 "복음"(τὸ εὐαγγέλιον) 그 자체다(참고. 고전 15:1; 고후 11:7).[27] 따라서 여기서 "믿음"은 같은 의미 영역에 속하므로 사람이 믿는 것에 관한 복음을 가리킨다.[28]

특별히 빌립보서 1:27은 본문의 의미를 분명하게 밝혀주는 평행 구절인데, 거기에는 "복음의 신앙"(τῇ πίστει τοῦ εὐαγγελίου)이라는 표현이 나온다. 이 구절에서 "신앙"이라는 단어는 갈라디아서와 같은 방식으로 사용되며, "복음"은 "신앙"과 동격의 용법으로 보인다. 바울은 일반적으로 "신앙"이라는 단어를 하나님에 대한 신뢰의 의미로 사용하지만, 갈라디아서에서 발견하는 것과 조화되는 몇몇 경우들이 있는데(고후 13:5; 엡 4:5), 특별히 목회 서신에 많이 등장한다(딤전 3:9; 4:1, 6; 5:12; 6:10, 12(?), 21; 딤후 3:8; 4:7).

갈 1:24 나로 말미암아 하나님께 영광을 돌리니라(καὶ ἐδόξαζον ἐν ἐμοὶ τὸν θεόν). 유대의 교회들은 개인적으로 바울을 알지 못했지만 그에게 일어난 변화의 증인 역할을 하고 있다. 그들은 그의 회심과 소명이나, 다메섹 도상에서 일어난 일을 의심하지 않았다. 오히려 그들은 바울의 회심과 소명을 듣고 하나님을 찬양하고 그분께 영광을 돌렸다. 그들은 그리스도 안에 역사하신 하나님만이 영광을 받으시기에 합당함을 인식했다. 그분이 "이 악한 세대"에서 바울을 구원하셨기 때문이다(1:4-5). 헬라어 전치사구(ἐν ἐμοί)는 '내 안에서'나 '나로 인해'로 번역될 수 있다.[29] 두 해석이 양립할 수도 있지만, 후자에 가능성이 조금 더 있는 이유는 초점이 바울 안에서 일어나는 일에 있지 않기 때문이다.

---

24. 여기서 로마 지방을 가리킨다는 견해를 지지하는 자료로 Bruce, *Galatians,* 103; R. Longenecker, *Galatians,* 41을 보라.

25. Machen, *Galatians,* 82의 설명은 적절하다. 따라서 사도행전과 대립된다고 볼 필요가 없다(Martyn, *Galatians,* 175와 대조적으로). Witherington, *Galatians,* 124-25에서 좀 더 자세하고 도움이 되는 논의를 보라. Machen은 바울이 유대를 거론했던 것은 사도들이 유대에서 사역하고 있었을 것이기 때문이라고 제안한다(*Galatians,* 83-84).

26. Bruce는 바울 밑에서 일했던 다른 이들은 그 교회들과 직접적인 접촉이 있었을 것이라고 말한다(*Galatians,* 104).

27. 에베소서 3:8에서는 복음을 전파하는 것이 측량할 수 없는 그리스도의 풍성함을 전파하는 것이라고 말한다.

28. Bruce, *Galatians,* 105; Hays, *Galatians,* 217; Fee, *Galatians,* 53-54의 설명은 적절하다.

29. 참고. Bruce, *Galatians,* 105; R. Longenecker, *Galatians,* 42.

적용에서의 신학

이 단락은 아마도 갈라디아서에서 신학적 중요도가 상대적으로 떨어질 것이다. 바울이 자신의 주장의 진실성을 강조하기 위해 여행했던 내용을 묘사하고 있기 때문이다. 바울이 펼쳤던 사역의 정당성은 그의 성실함(integrity)과 연관되어 있다. 복음의 능력이 우리 자신이 아닌 복음의 메시지 안에 존재한다고 스스로 되새기는 것은 옳은 일이다. 우리는 주님이 사용하시는 잘못되기 쉽고 죄 많은 그릇이다. 하지만 우리의 사역의 능력은 경건과 분리될 수 없다. 우리 삶의 모습이 복음의 명예를 떨어뜨린다면, 우리가 선포하는 메시지는 약화된다. 바울의 사역에 능력이 넘쳤던 이유는 그의 삶에 하나님의 변화시키는 은혜가 분명하게 나타났기 때문이다. 사람들은 하나님이 바울 안에서 성취하신 것을 듣거나 보았을 때 하나님께 영광을 돌렸다. 우리도 높은 곳으로부터의 부르심에 합당하게 살아가야 한다!

바울은 본문에서 자신의 성실함을 강조한다. 그리스도인으로서 우리는 어떻게 살아가는가? 우리는 하나님께 영광을 돌리는 방식으로 돈을 사용하고 있는가? 우리는 그리스도를 삶의 중심으로 고백하면서, 불신자와 똑같이 살고 돈을 사용하지는 않는가? 실제로 우리는 더 큰 집과 더 긴 휴가를 얻고, 보트를 사기 위해 살지 않는가? 아니면 오락에 사로잡혀 삶을 소비하고 있지는 않는가? 우리는 인터넷을 검색하고, 스포츠를 관람하며, 멜로드라마와 영화를 보며 삶을 허비할 수 있다. 영화 자체가 잘못되었다고 말하는 것이 아니다(멜로드라마가 유익한지는 의심스럽지만!). 내가 말하는 요점은 불신자와 똑같이 살아감으로써 영원한 것보다 사소한 것에 삶을 허비할 수 있다는 것이다. 예수님이 말씀하신 것처럼 우리 보물이 있는 곳에 우리 마음이 있다(마 6:21).

CHAPTER 5

갈라디아서 2:1–10

문학적 전후 문맥

1:10에서 시작된 논증이 이어지고 있으므로, 갈라디아서의 자전적 부분이 계속된다. 바울은 사람을 기쁘게 하는 데 목적을 두지 않았고(1:10), 1:11–2:21이 그 사실을 지지한다. 어쨌든 그의 복음은 사람에게서 온 것이 아니라 예수 그리스도의 계시를 통해 주어졌다(1:11–12). 그는 1:13–2:21에서 자신이 전한 복음의 정당성과 독립성을 변호한다. 다메섹 도상에서 예수 그리스도가 나타나신 사건은, 바울이 계시를 통해 복음을 받았다는 것과 그가 이방인을 전도하도록 위임받았다는 것을 입증한다(1:13–17). 바울은 자신이 받은 계시의 진실성을 의논하기 위해 사도들을 포함한 다른 사람들에게 서둘러 가지 않았다. 실제로 그는 3년 동안 베드로를 방문하지 않았으며 사도들과 제한된 기간에만 접촉했다(1:18–20). 또한 그는 유대 교회들과도 광범위하게 접촉하지 않았다(1:21–24).

다음 예루살렘 방문은 14년 후였으며(아마도 회심 후 14년이 지나서, 주후 약 44–46년),[1] 이것은 바울이 사도들에게서 독립적이었음을 다시 한 번 보여준다(2:1–10). 이때 그는 예루살렘 교회의 기둥 같은 사도들(베드로, 야고보, 요한)에게 자신의 복음을 알렸다. 예루살렘 교회의 일부 거짓 형제들이 이방인 디도가 할례를 받아야 하는지에 대해 문제를 제기했다. 하지만 예루살렘 교회의 지도자들은 바울의 복음을 재가했다. 바울은 자신의 복음이 예루살렘 지도자들의 견해와 분명히 달랐기 때문에 그들의 재가가 필요하지 않다고 주장했다. 어쨌든 그들은 바울의 복음을 듣고 그것이 진리임을 재가했다.

1. 주후 46년에 있었다고 하는 견해는 Hemer, *The Book of Acts in the Setting of Hellenistic History,* 267. For AD 44, see Schnabel, *Paul and the Early Church,* 900을 보라.

I. 도입: 바울의 복음을 떠나는 것은 복음을 떠나는 것이다(1:1–2:21)
- A. 인사: 바울의 사도적 권위(1:1–5)
- B. 문제에 대한 설명: 복음을 떠남(1:6–10)
- C. 바울의 복음은 사람이 아니라 하나님에게서 왔다(1:11–2:21)
  - 1. 논제: 바울의 복음의 근원은 계시였다(1:11–12)
  - 2. 논제에 대한 증거(1:13–2:21)
    - a. 과거에 가졌던 적대감(1:13–14)
    - b. 하나님의 부르심(1:15–17)
    - c. 그가 유대에서 상대적으로 알려지지 않음(1:18–24)
    - ➦ **d. 기둥 같은 사도들이 바울의 권위를 인정함(2:1–10)**
      - **i. 복음이 기둥 같은 사도들에게 설명됨(2:1–2)**
      - **ii. 할례가 요구되지 않음(2:3–5)**
      - **iii. 바울의 복음에 아무것도 추가되지 않음(2:6–9)**
      - **iv. 가난한 자를 기억하도록 부탁받음(2:10)**
    - e. 베드로를 책망한 것이 바울의 권위를 입증함(2:11–21)

주요 개념

바울이 회심한 후 14년 만에 예루살렘을 방문했을 때 일부 거짓 형제들은 디도가 할례를 받아야 한다고 주장했지만, 예루살렘 지도자들은 디도에게 할례를 요구하지 않았다. 실제로 예루살렘의 기둥 같은 사도들은 바울의 복음에 아무것도 더하지 않았다. 오히려 그들은 바울의 복음을 재가했고, 이방인을 위한 선교사로서 바울과 바나바를 동료로 받아들였다.[2]

번역

갈라디아서 2:1–10

1a	1:21의 연속	[그 후] 십사 년 후에 **내가…다시 예루살렘에 올라갔나니**

2. Wiarda는 여기서 주된 요점이 "바울과 그의 복음이 예루살렘에 의해 승인된다는 것"이라고 말한다("Plot and Character", 243).

b	1a와 동시	바나바와 함께 디도를 데리고
2a	1a의 설명	**계시를 따라 올라가**
b	2a의 연속	**내가 이방 가운데서 전파하는 복음을 그들에게 제시하되**
c	2b를 구체적으로	**유력한 자들에게 사사로이 한 것은**
d	2b–c의 근거	내가 달음질하는 것이나 달음질한 것이 헛되지 않게 하려 함이라
3a	1–2의 문제 해결	그러나 나와 함께 있는…**디도까지도** **억지로 할례를 받게 하지 아니하였으니**
b	3a에 대한 양보	[그가] 헬라인[이었어도]
4a	3에 대한 설명	**이는** 가만히 들어온 **거짓 형제들 때문이라**
b	4a의 재진술	그들이 가만히 들어온 것은
c	4d에 대한 설명	그리스도 예수 안에서 우리가 가진
d	4a–b의 목적	자유를 엿보고
e	4d의 목적	우리를 종으로 삼고자 함이로되
5a	4a와 대조	**그들에게 우리가 한시도 복종하지 아니하였으니**
b	5a의 목적	이는 복음의 진리가 항상 너희 가운데 있게 하려 함이라
6a	근원	유력하다는 이들 중에
b	6a의 설명	(본래 어떤 이들이든지 내게 상관이 없으며
c	6b의 근거	하나님은 사람을 외모로 취하지 아니하시나니)
d	1–5의 재진술	**저 유력한 이들은 내게 의무를 더하여 준 것이 없고**
7a	9d의 근거	도리어 그들은 내가 무할례자에게 복음 전함을 맡은 것이
b	7a와 비교	베드로가 할례자에게 맡음과 같은 것을 보았고
8	7b의 근거	베드로에게 역사하사 그를 할례자의 사도로 삼으신 이가 또한 내게 역사하사 나를 이방인의 사도로 삼으셨느니라
9a	9b와 동격	**기둥 같이 여기는**
b	열거	**야고보와 게바와 요한도**
c	9d의 근거	또…내게 주신 은혜를 알므로
d	7a와 9c에서 유추	**나와 바나바에게 친교의 악수를 하였으니**
e	9d의 목적	우리는 이방인에게로,
f	9e의 연속	그들은 할례자에게로 가게 하려 함이라
10a	9d의 연속	**다만 우리에게 가난한 자들을 기억하도록 부탁하였으니**
b	10a의 설명	이것은 나도 본래부터 힘써 행하여 왔노라

구조

1:18과 1:21이 "그 후"(ἔπειτα)라는 단어로 시작하듯이 본문도 "그 후"(ἔπειτα)로 앞부분들과 연결된다. 바울은 자신과 예루살렘 사도들의 관계에 대한 내러티브를 이어간다. 그는 회심 후 3년 동안 베드로를 보지 못했으며(1:18), 14년 동안 예루살렘에 돌아가지 않았다. 따라서 두 방문 사이에 10년 이상의 간격이 있었다(유대인들은 시간을 총괄적으로 생각했기 때문에).[3]

바울은 계시를 따라 예루살렘으로 갔으며 디도를 데려갔다. 예루살렘에 있을 때 그는 명망이 높은 자들(베드로, 야고보, 요한)과 복음에 관해 대화했다. 3절은 2:1–5의 요점을 담고 있다. 명망 높은 자들은 디도가 이방인이지만 할례를 받아야 한다고 생각하지 않았다. 4–5절은 일종의 여담으로서 어떻게 디도의 할례와 관련된 문제가 일어났는지를 설명하는 파격 구문(anacoluthon)이다. 거짓 형제들은 할례를 요구하며 교회에 침투해서 신자들을 속박했을 것이다. 하지만 바울은 2:5에서 거짓 형제들이 승리하지 못했으므로, 복음의 본모습이 보존되었다고 설명한다.

2:6–10의 핵심 논점은 명망 있는 자들이 바울의 복음에 아무것도 더하지 않았다는 것이다(2:6). 이 사실은 2:1–5의 주요 논점을 다시 진술한다. 거기서는 디도가 할례받지 않기로 결정되었다. 다시 말해, 교회의 기둥들이 할례를 요구함으로써 바울의 복음에 덧붙이지 않았다는 것이다. 바울의 복음에 무언가를 더하기를 거부했을 뿐 아니라, 특별히 바울과 바나바를 동료로 인정했다(2:7–9). 즉, 그들이 바울의 복음의 정당성을 재가했다는 것이다. 여기에는 두 가지 이유가 있다(원인 용법의 분사들로 표시됨). (1) 그들은 바울이 이방인을 위한 복음을 하나님께 위임받았음을 깨달았다(2:7). 사실 바울이 이방인에게 가도록 부르심을 받은 것은, 베드로가 유대인에게 복음을 전파하도록 부르심을 받은 것과 같은 차원이었다(2:8). (2) 그들은 바울이 하나님께 사역을 위한 은혜를 받았음을 깨달았다(2:9).

1:11–24에서 바울은 자신이 전한 복음의 독립성을 강조했다. 그는 예수 그리스도께 직접 그 복음을 받았으며, 그것을 재가받기 위해 사람에게 확인받을 필요가 없었다. 2:1–10에서는 논증이 한층 진전된다. 바울은 사람에게 확인받을 필요가 없었지만, 기둥 같은 사도들은 바울이 말한 복음을 듣고 그것을 재가했다. 유대주의자들은 바울의 복음이 예루살렘에서 유래했으며 후에 그가 그것을 왜곡했다고 주장한 것으로 보인다. 바울은 1:11–2:20에서 자신의 복음이 예루살렘과 독립적이며, 후에 예루살렘이 그것을 확증했다고 반박한다. 본문은 추가적인 진술로 결론을 맺는다. 기둥 같은 사도들은 바울에게 가난한 자들을 기억하라고 부탁했으며, 그가 이미 그 일에 참여하고 있었기 때문에 그들의 부탁에 동의했다(2:10).

3. 1:18에 대한 주석을 보라.

석의적 개요

I. 도입: 바울의 복음을 떠나는 것은 복음을 떠나는 것이다(1:1–2:21)
- A. 인사: 바울의 사도적 권위(1:1–5)
- B. 문제에 대한 설명: 복음을 떠남(1:6–10)
- **C. 바울의 복음은 사람이 아니라 하나님에게서 왔다(1:11–2:21)**
  - 1. 논제: 바울의 복음의 근원은 계시였다(1:11–12)
  - 2. 논제에 대한 증거(1:13–2:21)
    - a. 과거에 가졌던 적대감(1:13–14)
    - b. 하나님의 부르심(1:15–17)
    - c. 그가 유대에서 상대적으로 알려지지 않음(1:18–24)
    - ➡ **d. 기둥 같은 사도들이 바울의 권위를 인정함(2:1–10)**
      - **i. 기둥 같은 사도들에게 복음을 설명함(2:1–2)**
        - (1) 회심 후 14년이 지난 때(2:1)
        - (2) 계시를 따른 방문(2:2)
      - **ii. 할례가 요구되지 않음(2:3–5)**
        - (1) 이방인 디도의 경우(2:3)
        - (2) 거짓 형제들이 일으킨 문제(2:4)
        - (3) 복음의 진리를 유지하기 위해 거절됨(2:5)
      - **iii. 바울의 복음에 아무것도 추가되지 않음(2:6–9)**
        - (1) 명망 있는 자들에 의해(2:6)
        - (2) 그들이 바울의 소명을 깨달았기 때문(2:7)
        - (3) 바울의 사도직이 베드로와 같은 수준이었기 때문(2:8)
        - (4) 그들이 바울이 은혜를 받았음을 깨달았기 때문(2:9)
      - iv. 가난한 자를 기억하도록 부탁받음(2:10)
    - e. 베드로를 책망한 것이 바울의 권위를 입증함(2:11–21)

본문 설명

갈 2:1 십사 년 후에 내가 바나바와 함께 디도를 데리고 다시 예루살렘에 올라갔나니(Ἔπειτα διὰ δεκατεσσάρων ἐτῶν πάλιν ἀνέβην εἰς Ἱεροσόλυμα μετὰ Βαρναβᾶ, συμπαραλαβὼν καὶ Τίτον). "그 후"(ἔπειτα)를 반복함으로써 본문은 1:18, 1:21과 연결되며, 바울은 예루살렘 사도들과 유대 교회들과의 관계를 기록으로 남긴다. 예루살렘 재방문 이전의 14년이라는 간격은 바울의 복음이 지닌 독립성을 강조한다. 그는 이전 방문에서 베드로와 15일 동안 함께 있었으며, 그가 보았던 다른 사도는 야고보가 유일했다. 바울은 예루살렘의 사도들에게 자신의 복음을 승인받을 필요가 없었음이 분명하다. 14년 동안 예루살렘을 다시 방문하지 않았기 때문이다.

14년은 바울이 베드로를 방문한 때(1:18)나[4] 그가 회심한 시점부터[5] 계산된 햇수로 생각될 수 있다. 이 문제를 해결하는 것은 본문의 주요 논점에 영향을 미치지 않지만, 바울의 연대기와 관련되어 있기 때문에 학자들에게 중요한 문제다. 본문에는 한 견해를 택하게 할 만한 정보가 없다.[6] 나처럼 남갈라디아설을 선호한다면, 바울은 14년이라는 기간을 자신이 회심했던 주후 31/32년으로부터 계산했을 것이다. 앞에서 말했듯, 햇수가 총괄적으로 생각되었을 것이므로 이 사건은 주후 약 44-46년에 일어났을 수 있다. 물론 확실하게 말할 수 없는 이유는 명확한 결론을 내릴 만큼 충분한 정보가 없기 때문이다.

바울이 예루살렘으로 여행했을 때 바나바와 함께 갔으며, 그들은 디도를 데려갔다.[7] 남갈라디아설을 지지하는 한 가지 논증은, 첫 번째 선교여행에서 바나바와 바울이 함께 남갈라디아 교회에 복음을 전했다는 것이다(행 13-14장). 따라서 갈라디아 사람들은 바나바를 개인적으로 알았을 것이다. 북갈라디아설은 바나바가 두 번째와 세 번째 선교여행에서 바울과 함께하지 않았기 때문에, 바나바를 그렇게 개인적으로 알 가능성이 낮다고 주장한다.[8]

갈라디아 사람들이 바나바라는 인물을 알았다는 근거는 "바나바도"라는 표현에서 드러난다(2:13). 바나바는 초대교회에서 중요한 역할을 했다. 그는 "위로의 아들"이라는 별명을 얻었으며(행 4:36), 밭을 팔아 아낌없이 교회에 내놓았다(행 4:37). 그는 바울이 사역에 임하도록 격려하는 일에 핵심 역할을 했다. 그는 다른 사도들에게 바울의 정당성을 납득시켰으며(행 9:27), 몇 년 후 수리아 안디옥에서 사역하기 위해 바울을 영입했다(행 11:25-26). 바울과 바나바는 함께 첫 번째 선교여행을 갔으며(행 13-14장), 일반적으로 예루살렘 공회라고 불리는 모임에서 율법에서 자유로운 복음을 변호했다(행 15:1-29). 그들은 두 번째 선교 여행에 마가라 하는 요한을 데려가는 문제를 놓고 격한 논쟁을 벌였으며(행 15:35-39), 이 유명한 논쟁은 그들이 갈라서는 결과를 낳았다. 하지만 결국 바울은 바나바가 마가를 신뢰한 것이 옳았다고 인정했다(골 4:10; 딤후 4:11; 몬 1:24).

디도는 바울의 동역자 중 한 사람이었으며 고린도에서 중요한 역할을 했다(참고. 고후 2:13; 7:6, 13, 14; 8:6, 16, 23; 12:18). 바울은 후에 그에게 편지를 썼다(참고. 또한 딤후 4:10). 갈라디아서 2:3에서 우리는 디도가 이방인이었음을 알 수 있다. 바울은 할례의 요구에 관한 시험적인 사례로서 디도를 의도적으로 예루살렘에 데려갔는가?[9] 아니면 갈라디아서 2:4은 이 문제가 거짓 형제들이 자극해서 일어났다고 말하는가? 바울의 목적이 예루살렘에서 일어난 일의 역사를 상세하게 보고하는 것이 아니므로 분명한 것은 알 수 없다.

갈 2:2a 계시를 따라 올라가(ἀνέβην δὲ κατὰ ἀποκάλυψιν). 바울은 예루살렘 사도들에게 복음을 재가받아야 한다

---

4. Lightfoot, *Galatians,* 102; Fee, *Galatians,* 57에서 그렇게 말한다.

5. Martyn, *Galatians,* 189; R. Longenecker, *Galatians,* 45에서 그렇게 말한다.

6. Betz는 14년을 바울이 수리아와 길리기아에 방문한 날부터 계산해야 한다고 제안하지만(*Galatians,* 83), 그 경우에는 기간이 너무 압축된다.

7. Stein은 북갈라디아설을 지지하는 증거로 바나바의 제2위의 역할을 본다("Two Neglected Arguments", 242). 바나바는 사도행전 11:27-30에 나오는 흉년에 예루살렘에 방문한 팀의 지도자였기 때문이다. 그러한 주장은 결정적이지 않다. 바울은 자신의 관점으로 일어난 일을 자연스럽게 기록하고 있다(참고. R. Longenecker, *Galatians,* 46).

8. 물론 바나바는 다른 경우에 바울과 별도로 북갈라디아로 여행했을 수 있다. 우리는 바나바가 움직인 범위를 알지 못하기 때문이다.

9. 참고. Esler, *Galatians,* 130; Betz, *Galatians,* 85. 이와 대조적으로 Bruce, *Galatians,* 111을 보라.

10. Bruce, *Galatians,* 108-9에서도 같은 설명이다. Riesner는 기근을 위한 모금을 주후 41-45로 본다(*Paul's Early Period,* 127-36).

11. 아가보의 계시에 대한 잠정적인 지지에 대해 R. Longenecker, *Galatians,* 47을 보라. 개인적 계시에 대한 지지는 Bruce, Galatians, 108을 보라.

는 필요성을 느꼈기 때문이 아니라, 하나님의 계시가 그를 인도했기에 예루살렘으로 올라갔다. 그러한 계시는 사도행전 15장에 나오는 바울과 바나바의 예루살렘 방문보다 사도행전 11:27-30의 사례와 더 잘 조화된다. 사도행전 15:2에 따르면 바울과 바나바는 수리아 안디옥 교회의 명령에 따라 예루살렘으로 여행했다. 하지만 바울과 바나바에게 주어진 명령은 하나님이 바울에게 계시하셨을 가능성을 배제하지 않는다. 예를 들면, 바울은 예루살렘에 가도록 지시하신 하나님의 계시에 호소함으로써, 안디옥 교회가 자신과 바나바를 보내도록 설득했을 수 있다. 어쨌든 수리아 안디옥에서 할례에 대해 열띠게 논쟁한 후에 바울과 바나바가 예루살렘을 방문한 것은 상식적인 일로 보인다. 사도행전 11:27-30에서 기근 구제를 위해 예루살렘을 방문하라는 계시를 받았다고 생각하는 것이 더 개연성이 있어 보인다.[10] 바울과 바나바가 가지 않아도 기금은 예루살렘으로 전달될 수 있었고, 그들이 안디옥에서 풍성한 사역을 계속하는 것이 더 지혜로워 보였을 수 있기 때문이다. 그런데 하나님이 바울과 바나바가 예루살렘으로 가야 한다고 계시하셨다면 그들이 왜 예루살렘으로 갔는지 이해할 수 있다.

계시는 바울에게 직접 주어졌는가, 아니면 안디옥 교회에서 예언적 계시로 기근을 알렸던 아가보가 계시를 받고 바울에게 전달했는가?[11] 이것은 오늘날 학자들에게 흥미로운 질문이지만, 확실한 대답을 제시할 충분한 정보가 없음을 고백해야 한다. 어쨌든, 하나님이 계시를 주셨으며, 바울은 하나님의 뜻에 따라 예루살렘으로 갔다.

갈 2:2b 내가 이방 가운데서 전파하는 복음을 그들에게 제시하되(καὶ ἀνεθέμην αὐτοῖς τὸ εὐαγγέλιον ὃ κηρύσσω ἐν τοῖς ἔθνεσιν). 바울은 예루살렘을 방문하여 사도들 앞에서 자신이 이방인에게 선포했던 복음을 제시했다.[12] 이방인에 대한 언급은 다메섹 도상에서 그에게 계시되었던, 이방인에게 복음을 선포하라는 바울의 소명(1:16)을 반영한다. "제시하다"(ἀνεθέμην)라는 동사는 바울이 마치 자신이 전파한 복음의 정당성을 확신하지 못해서 명망 있는 자에게 복음을 제출하고 그들의 평결을 기다렸다는 뜻이 아니다.[13] 리처드 롱게네커는 "그들에게"(αὐτοῖς)가 여기서 일반적인 예루살렘 공동체를 가리킨다고 주장하지만,[14] 전체적인 논증의 흐름은 기둥 같은 사도들을 염두에 두었음을 암시한다. 바울은 자신이 전파하는 복음이 예수 그리스도에게서 왔음을 알았지만, 동시에 예루살렘의 기둥 같은 사도들이 그 복음에 동의하는 것이 중요하다는 것도 인식했다. 2:2의 결론을 살펴보면 예루살렘 사도들의 승인이 왜 중요했는지 알게 될 것이다.

갈 2:2c 유력한 자들에게 사사로이 한 것은(κατ' ἰδίαν δὲ τοῖς δοκοῦσιν). 예루살렘에서 열렸던 모임은 공적이지 않고 사적이었다. 모임의 사적인 특성은 사도행전 15장에 묘사된 공회와 구별되어야 함을 암시한다.[15] 그런데

---

12. Howard는 예루살렘의 사도들이 이때 처음으로 바울의 복음을 들었다고 제안하지만(*Paul: Crisis in Galatia,* 38-39), 그러한 견해는 의심스럽다. 바울이 오래전에 베드로와 함께했을 때 자신이 전한 복음을 그에게 말했을 것이 거의 분명하다고 이미 논의한 바 있다(앞의 갈 1:18을 보라).

13. Dunn은 이 단어가 한편이 다른 한편보다 상대적으로 높은 지위에 있다는 것을 암시하지 않는다고 말한다("Paul and Jerusalem", 466-67; 또한 Martyn, *Galatians,* 190). 참고로 사도행전 25:14에서는 베스도가 아그립바 앞에서 용건을 제시하지만 아그립바가 베스도보다 높다는 암시가 없는 것은 베스도가 로마 행정관이기 때문이다. Bruce는 2 Macc 3:9에 나오는 사건을 가리키는데(*Galatians,* 109), "거기서 헬리오도루스(Heliodorus, 왕의 사자)는 대제사장에게 자신이 성전 창고에 저장된 부에 대해 받았던 정보를 '제시했다'(ἀνέθετο)."

14. R. Longenecker, *Galatians,* 47.

15. Bruce, *Galatians,* 110에서 그렇게 말한다. Bruce는 사적인 모임이 공적인 모임 이전에 있었다는 생각을 받아들이지 않으며, 사적인 모임은 바울과 바나바가 공적인 논의의 압력을 받지 않는 상태에서 자신들의 견해를 기둥 같은 자들에게 설득하기 위해 열렸다고 제안한다.

여기에 묘사된 사적인 논의가 사도행전 15장의 공적인 논쟁보다 앞서 열렸다는 것을 배제할 수 없다.

본문에서는 네 번에 걸쳐 베드로, 야고보, 요한이 "유력한 자들"[οἱ δοκοῦντες, 2:2, 6(두 번), 9]로 묘사된다. 우리는 이러한 명칭을 어떻게 이해해야 하는가? 먼저 경멸적인 의미로 해석할 수 있다. 예루살렘 지도자들이 부적절한 명칭으로 불린다는 것이다.[16] 반대로, 긍정적으로 이해할 수도 있다. 베드로, 야고보, 요한의 명성은 마땅하다는 것이다.[17] 최선의 해석은 이 두 견해 사이에 존재할 것이다. 바울은 이 지도자들의 위상과 지위를 의심하지 않았다. 하지만 그는 그들의 권위를 과대평가하지 말라고 경고했다.[18] 최종적인 권위는 사람이 아니라 오직 복음에 있다(1:8).[19] 지도자를 존경해야 하지만 떠받들어서는 안 되며, 존중해야 하지만 복음보다 높게 여겨서는 안 된다.[20]

갈 2:2d 내가 달음질하는 것이나 달음질한 것이 헛되지 않게 하려 함이라(μή πως εἰς κενὸν τρέχω ἢ ἔδραμον). 바울은 왜 예루살렘에서 사적으로 자신의 복음을 소개했는가? 그는 사역을 위해 쏟은 수고가 헛되이 될 경우를 대비해서 그렇게 했다고 말한다. 바울이 이렇게 말한 것은 놀랍다. 바울은 여기서 자신이 전한 복음의 정당성을 의심했다고 고백하는가? 자신이 전파한 복음에 은밀한 의심을 품고 있었기 때문에 예루살렘 지도자들과 사적으로 의논했다고 암시하고 있는가? 10년 이상을 불안감에 휩싸인 채 사역하며 자신의 복음이 진정으로 하나님께 받은 것인지 고민하고 있었는가? 이러한 종류의 해석은 모두 거절해야 한다. 지금까지 바울이 논증한 것 전체와 모순되기 때문이다. 바울은 자신의 복음에 어떠한 의심도 품지 않았다. 다메섹 도상에서 하나님이 그리스도를 통해 그에게 초자연적으로 복음을 계시하셨기 때문이다. 그는 다른 "복음"이 하나님의 저주를 받아 마땅하다고 주장한다(1:8-9). 그는 사도들이나 다른 누구와도 의논할 필요가 없었다. 복음이 그에게 분명히 나타났기 때문이다.

그런데 바울이 자신의 복음의 진실성을 의심하며 괴로워하지 않았다면, 왜 그는 비공개적으로 사도들과 의논했는가? 그리고 왜 그는 여기서 자신과 사도들이 복음의 내용에 대해 다르게 생각한다면 복음을 전파한 노력이 헛수고가 될 수 있다고 인정하는가? 가장 만족스러운 대답은 바울이 여기서 실용적인 관점으로 문제를 다루고 있다는 것이다. 그는 사도들이 자신과 의견을 달리할 경우 일어날 실제적인 결과를 생각하고 있다.[21] 그가 증거한 복음의 진리는 사도들이 내린 결정에 영향받지 않을 것이다. 바울의 복음은 하나님이 그에게 계시하신 것이므로 사도들의 판단과 상관없이 권위를 가졌다. 하지만 만일 기둥 같은 사도들이 바울의 복음이 옳지 않다는 칙령을 보내면 그가 사역에 쏟은 노력은 사실상 무효가 될 것이다.

바울은 그러한 무효화가 그의 복음에 담긴 진리까지 부당하게 만들지 않을 것이라고 생각한다. 바울의 복음은 다메섹 도상에서 예수 그리스도의 계시를 통해 독립적으로 그에게 확정되었기 때문이다. 그런데 예루살렘 사도들이 바울에게 동의하지 않는다는 소식이 사자들

16. Betz는 기둥 같은 자들이 권위가 있지만 바울은 '하나님과 그리스도'를 자신의 '유일한 권위'로 받아들인다고 말한다(*Galatians*, 87; 또한 92-93을 보라).
17. Burton, *Galatians*, 71; Bruce, *Galatians*, 109.
18. 바울이 그 용어를 사용한 것은 대적들이 사도들을 과대평가했기 때문이다. 그래서 본질적으로 그는 예루살렘 사도들을 비판하기보다 자신들의 중요성을 과장하는 자들을 비판한다(Lightfoot, *Galatians*, 103; R. Longenecker, *Galatians*, 48).
19. 여기서 Smiles, *Gospel and Law in Galatia*, 37-38을 참고하라.
20. 갈라디아 2:1-10에 나오는 바울과 기둥 같은 자들 사이의 관계에 대한 뛰어난 요약은 Lightfoot, *Galatians*, 350-51을 보라.
21. Martyn, Galatians, 193; Smiles, *Gospel and Law in Galatia*, 40-42를 참고하라.
22. 또한 Lightfoot, *Galatians*, 103-4; C. K. Barrett, *Freedom and Obligation: A Study in the Epistle to the Galatians*(Philadelphia: Westminster, 1985), 11; Bruce, *Galatians*, 111; R. Longenecker,

에 의해 그가 세운 모든 교회에 전해지면, 바울이 전파한 복음이 잘 자라지 못할 것이다. 예루살렘 사도들의 그러한 판단은 그가 세운 교회에 혼란을 가져와서 완성된 사역을 때때로 뒤엎거나 약화시킬 것이다.[22]

한편으로 바울은 자신의 복음에 담긴 진리를 확정하기 위해 예루살렘의 승인이 필요 없었고, 다른 한편으로는 그들이 바울에게 동의하는 것이 실제적인 관점에서 중요했다. 예루살렘이 바울과 의견을 달리하면, 그들의 견해가 바울이 세운 교회에 알려지면서 그의 사역이 흐트러지기 시작할 가능성이 있기 때문이다. 사실 기둥 같은 사도들은 주로 할례받은 유대인 그리스도인들을 대상으로 사역했기 때문에, 유대주의자들과 할례 문제를 타협할 유혹을 받았을 수 있다.[23]

갈 2:3 그러나 나와 함께 있는 헬라인 디도까지도 억지로 할례를 받게 하지 아니하였으니(ἀλλ' οὐδὲ Τίτος ὁ σὺν ἐμοί, Ἕλλην ὤν, ἠναγκάσθη περιτμηθῆναι). 바울이 예루살렘에 있는 동안 예루살렘 지도자들은 디도에게 할례받으라고 요구하지 않았다. 바울이 그들에게 자신의 복음을 설명한 것은 디도의 상태에 대한 논의를 촉발했던 것으로 보인다(참고. 2:1의 디도에 대한 설명). 바울은 디도를 "헬라인"으로 묘사한다. 여기서 "헬라인"이라는 단어는 디도가 종족적으로 그리스 사람이라는 것을 반드시 의미하지는 않는다. 단순히 디도가 이방인임을 다르게 표현한 것이다(참고. 롬 1:14, 16; 2:9, 10; 3:9; 10:12; 고전 1:22, 24; 10:32; 12:13; 갈 3:28; 골 3:11). 그렇다면 디도는 할례를 받아야 하는가? 이 편지에서 처음으로 할례가 언급된다. 현재 바울이 갈라디아 교회의 상황이 아니라, 그가 예루살렘에 방문했을 때 일어난 일을 논하고 있음을 주목해야 한다. 하지만 그가 예루살렘에서 일어난 일을 분명히 전달하는 까닭은 그것이 갈라디아의 상황을 말해주기 때문이다(5:2-6; 6:12-13).

여기서 할례가 의미하는 것은 무엇인가? 구약에 따르면 할례는 하나님의 백성에 속하기 위해 요구되었다. 할례를 거부하는 자는 하나님의 언약 백성에 속하지 않았다(창 17:9-14). 바울 당시 유대교로 개종한 이방인에게 여전히 할례가 요구되었는가? 제2성전 유대교에서 일부는 할례가 의무인지를 두고 논쟁했지만, 다수의 견해는 구약의 분명한 가르침을 따라 할례를 요구했다.[24] 예수님이 메시아라고 믿었던 일부 유대인도 이방인이 구원받으려면 할례를 받고 모세의 율법을 지켜야 한다고 주장했다(행 15:1, 5). 어떤 사람들은 디도가 이방인이기 때문에 그가 할례받지 않으면 하나님의 백성에 속할 수 없다고 주장했다.

본문에서 바울은 예루살렘에서의 사적 모임의 결과를 전달한다. 그들이 디도가 할례를 받아야 한다고 강요하지 않았다는 내용이다. 어떤 이들은 디도가 자발적으로 할례를 받은 것이지, 할례를 받도록 강요되지는 않았다고 주장한다.[25] 이러한 해석에 따르면 디도는 사도행전 16:3의 디모데와 비슷하다. 디모데는 구원받기 위해서가 아니라, 다툼을 피하고 바울과 함께 복음을 전파하기 위해 회당에 들어갈 수 있는 허가를 얻으려고 할례에 동의했다. 우리는 디도와 디모데의 상황이 비슷하다는 생각을 거부해야 한다. 바울이 디도가 할례를 받

Galatians, 49를 참고하라.

23. Lightfoot, *Galatians*, 104; Silva, *Interpreting Galatians*, 151에서 그렇게 말한다.

24. Nolland, "Uncircumcised Proselytes?" 173-94; Cohen, "Crossing the Boundary", 26-30에서 이것을 적절히 말한다. 대조적으로 McEleney, "Conversion, Circumcision, and the Law", 319-41.

25. F. C. Burkitt, *Christian Beginnings*(London: Univ. of London Press, 1924), 118. Burkitt은 "갈라디아서 2:3-5의 문법을 조각낸 것이 실제로 디도에게 할례를 주었던 칼이었음을 누가 의심할 수 있겠는가?"라고 말한다(118). 또한 Duncan, *Galatians*, 41-45에서도 마찬가지다. 또한 Dunn과 대조적으로("Paul and Jerusalem", 472) 사도들이 디도가 할례를 받도록 강요했는지 분명하지 않다. Augustinus 또한 이것을 오해하며, 디도에게 할례를 주는 것은 바울의 복음을 위협하지 않을 것이라고 생각한다(*Augustine's Commentary on Galatians*, 139).

지 않았음을 말한다고 이해하는 것이 훨씬 자연스럽다.

5절은 특별히 이러한 해석을 지지한다. 디도가 이방인으로서 할례를 받았다면, 그가 거짓 형제들의 견해에 굴복한 것이 되기 때문이다. 디도가 할례를 받기로 동의했다면 어떻게 갈라디아 사람들을 위해 복음의 진리가 보존될 수 있겠는가? 디도가 할례를 받았다면 갈라디아 사람들도 그렇게 해야 될 것이다. 바울이 여기서 강조하는 것은, 디도가 이방인이었는데도 예루살렘 지도자들이 그에게 할례를 강요하지 않았다는 점이다.[26] 라이트풋은 기둥 같은 사도들이 양보하는 의미로 디도에게 할례를 주도록 바울을 격려했지만, 최종적으로 바울의 주장이 그들을 설득했을 것이라고 제안한다.[27]

어쨌든, 바울의 사역은 (실제적인 목적에서) 헛되지 않았다. 기둥 같은 사도들이 보고받은 내용 그대로 바울의 복음에 동의하기로 결론 내렸기 때문이다. 그들이 바울에게 동의했을지라도 바울이 전한 복음의 특수성은 주목할 필요가 있다.[28] 베드로가 바울과 같은 견해를 가졌다는 사실은 사도행전 15:7-11에 나오는 베드로의 말에서 분명히 드러난다. 그런데 율법에서 자유로운 복음이 함축하는 바는 바울의 글을 통해 가장 명확하게 이해할 수 있다.

또한 우리는 디모데와 디도의 경우를 동일하게 여기고 그 둘을 축소시켜서는 안 된다. 디모데는 아버지가 이방인이었지만 어머니가 유대인이었기 때문에 유대인으로 여겨졌다(행 16:1, 3).[29] 그와 대조적으로 디도는 이방인이었다. 바울은 문화적인 이유, 즉 유대인을 대상으로 하는 사역을 발전시키기 위해 디모데에게 할례를 주었다. 바울은 디모데를 정확히 유대인으로 생각했기 때문에 그에게 할례를 주는 데 동의했다. 이방인인 디도는 전혀 다른 범주에 속했다. 만약 바울이 디도에게 할례를 주었다면, 그가 갈라디아에서 이방인에게 할례가 요구되지 않는다고 말할 근거가 없어질 것이다.

갈 2:4a-b 이는 가만히 들어온 거짓 형제들 때문이라 그들이 가만히 들어온 것은(διὰ δὲ τοὺς παρεισάκτους ψευδαδέλφους, οἵτινες παρεισῆλθον). 바울은 논증을 시작하며 그 모임에 은밀하게 들어왔던 거짓 형제들을 언급한다. 바울은 여기서 일반적인 문법의 법칙을 어기면서 부자연스러운 헬라어를 사용했다.[30] 거짓 형제들을 향한 바울의 감정이 급격하게 변하여 본문이 급작스럽게 붕괴했다고 설명할 수 있을 것이다. 그 모임에서 어떤 일이 일어났는지를 알려주는 정보가 많으면 좋겠지만, 예루살렘에서 일어난 일에 대한 정보가 불완전함을 인정해야 한다. 어떤 이들은 본문을 다음과 같이 해석한다. 디도에게 할례를 주는 문제가 예루살렘 지도자들과 바울이 사적으로 만났을 때 불거진 것이 아니라, 거짓 형제들이 온 후에 일어난 사건이라는 것이다.[31] 하지만 두 사건은 동시에 일어났을 가능성이 더 크다. 디도의 할례에 관한 문제는 거짓 형제들의 영향 때문에 표면화되었다.

바울은 논쟁을 일으킨 자들을 경멸적인 용어로 묘사한다. 가장 인상적인 표현은 그들을 "거짓 형제들"(ψευδαδέλφους, 참고. 고후 11:26)로 부르는 것이다. 디도가 할례를 받아야 한다고 주장했던 사람들은 자신들이 그리스도인이라고 주장했다. 그들은 예수님이 메시아이심을 믿었음이 분명하다. 하지만 바울은 그들이 주 안의

26. 흥미롭게도 '억지로…하게 하다'(ἀναγκάζω)라는 동사는 자주 제2성전 문학에서 이방인이 유대인에게 율법을 어기도록 강요하는 것에 사용된다(참고. 2 Macc 6:1, 7, 18; 7:1; 4 Macc 4:26; 5:2, 27; 18:5). Cummins, *Crucified Christ*, 102를 보라.

27. Lightfoot, *Galatians*, 105-6. 또한 Dunn, *Galatians*, 96; Smiles, *Gospel and Law in Galatia*, 79-80을 참고하라. 아마도 결정에 앞서 긴 논의가 있었을 것이다. 하지만 여기서 바울을 '어떤 순교적 인물로' 보는 것은 입증되지 않는다(Cummins, *Crucified Christ*, 131와 대조적으로).

28. 여기서 특별히 Silva, *Interpreting Galatians*, 154-58을 보라.

29. Thomas R. Schreiner, "Circumcision", DPL, 139를 보라.

30. Turner는 이것이 파격 구문(anacoluthon)이라고 말한다(*A Grammar of New Testament Greek*; vol. 3: *Syntax*[Edinburgh: T&T Clark, 1963], 343).

진정한 형제가 아니라고 결론 내린다.[32] 바울은 구원을 위해 할례와 율법 준수를 주장하는 것이 구속받은 자의 무리에 들지 않음을 뜻한다고 생각했다.

바울이 예루살렘의 거짓 형제들을 언급하는 것은 갈라디아 사람들을 혼란하게 했던 유대주의자들에게도 적용된다. 바울은 이미 다른 복음을 전하는 자는 저주를 받는다고 말했다(1:8–9). 바울에 따르면 율법 준수를 강요했던 자들은 단지 작은 잘못을 저지른 자들이 아니었다. 율법 준수를 요구하는 것은, 구원을 하나님의 일에서 인간이 성취하는 일로 바꾼다. 그렇게 되면 구원은 더 이상 주님의 일이 아니다.

또한 바울은 거짓 형제들이 교회로 몰래 들어왔음을 암시하는 두 단어를 사용한다. 먼저 사용된 "가만히 들어오다"(παρεισάκτους)라는 단어는 이 사람들이 가만히 들어왔음을 가리키며, 뒤에 쓰인 "가만히 들어오다"(παρεισῆλθον)라는 단어는 그들이 침입자임을 암시한다. 유다서 1:4도 거짓 선생에 대해 비슷하게 언급한다. 거기서 "가만히 들어오다"(παρεισδύω)라는 동사는 회중의 삶에 서서히 침투하는 대적들의 교묘한 수법을 나타낸다. 마찬가지로 예루살렘에서도 거짓 형제들이 교회에 침투했는데, 그들은 진정한 그리스도인이 아니었으며 그들의 존재는 분쟁을 일으켰다.

갈 2:4c–e 그리스도 예수 안에서 우리가 가진 자유를 엿보고 우리를 종으로 삼고자 함이로되(κατασκοπῆσαι τὴν ἐλευθερίαν ἡμῶν ἣν ἔχομεν ἐν Χριστῷ Ἰησοῦ ἵνα ἡμᾶς καταδουλώσουσιν). 바울은 계속해서 거짓 형제들이 드러나지 않게 움직인다는 특성에 관심을 갖는다. 그들은 잠입해 들어오는 자이자 침입자이며, 속이는 자다. 따라서 그들이 교회에 들어온 목적은 "엿보는 것"(κατασκοπῆσαι)이었다. 이 단어는 칠십인역에서 발견되는 두 경우에서 탐지에 관한 부정적인 의미를 가진다(삼하 10:3; 대상 19:3). 베츠는 "정치적 은유로 바뀐 군사 언어"로 쓰인 경우라고 지적한다. 따라서 거짓 형제들은 "비밀리에 활동하는 요원이며 음모자다."[33]

거짓 형제들이 마치 죄수처럼 그리스도 안에 있는 자유가 어떤 것인지 보기 위해 왔기 때문에, 바울은 그들이 여전히 해방되지 못했다고 생각했다. 그러나 그들은 해방되기를 갈망하는 죄수라기보다 다른 이를 자신과 함께 속박에 이르게 하려는 자로서 왔다. "종으로 삼다"(καταδουλώσουσιν)라는 단어는 미래시제로서, 여기서 우리는 헬라어 단어(ἵνα) 뒤에 가정법이 나오리라 기대할 수 있다. 하지만 가정법 대신 미래시제가 사용된 데 석의적 의미를 두어서는 안 된다. 가정법을 사용한 경우와 같은 의미다(벧전 3:1을 보라).[34]

거짓 형제들은 자신들이 예속을 주장한다고 생각하지 않았음이 분명하다. 이는 바울이 그들의 신학을 바라보는 관점이다. 성경을 하나님의 말씀으로 받아들이는 그리스도인에게 바울의 견해는 권위가 있으며 오류가 없다. 신자들이 율법에 굴복하지 않으면 자유(ἐλευθερία)를 누린다. 자유는 갈라디아서의 주요 주제이며(참고. 4:22, 23, 26, 31; 5:1, 13) 예속과 대조된다(4:1, 7, 22, 23, 24, 25, 31; 5:1). 이곳을 포함한 모든 문맥에서 자유는 율법에서 자유롭게 된 것을 의미한다. 더 구체적으로 말하면, 속박은 구원을 위해 할례와 율법이 요구될 때 존재한다.

---

31. 어떤 이들은 2:4–5에서 바울이 그가 예루살렘에 있었던 때가 아닌 다른 경우에 발생한 것을 반영한다고 주장한다. 예를 들어, Bruce는 여기서 전해지는 것이 예루살렘에서의 만남 후 안디옥에서 일어났다고 생각한다(Bruce, *Galatians*, 115–17; 참고, 또한 Guthrie, *Galatians*, 78; Schnabel, *Paul and the Early Church*, 996–97). 바울이 여기서 연대순을 따르지 않을 가능성이 있지만, 자신이 예루살렘에 있었을 때 일어났던 일을 말하고 있을 가능성이 더 커 보인다(R. Longenecker, *Galatians*, 49; Dunn, *Galatians*, 97; Witherington, *Galatians*, 136).

32. 대조적으로 Fee는 여기서 말하는 것이 '영원한 구원'과 관계가 있지 않다고 생각하지만(*Galatians*, 62), 놀랍게도 그는 갈라디아서 1:8–9이 이 구절에 대해 암시하는 것을 보지 못한다.

33. Betz, *Galatians*, 90.

34. R. Longenecker, *Galatians*, 52에서 이것을 바르게 말한다.

자유와 속박의 대조는 하나님의 종말론적 약속이 그리스도로 말미암아 성취되었음을 가리키며, 이사야에 약속된 새로운 출애굽이 이제 실제가 되었음을 의미한다.[35] 율법의 옛 시대에 사는 자는 예속되어 있는 반면, 그리스도 안에 있는 자는 하나님의 구원 약속이 성취된 새 시대 아래 산다. 거짓 형제들은 하나님의 백성에 속하려면 디도가 할례를 받아야 한다고 주장했다. 주목할 점은 평생 율법을 지켰던 바울이 지금은 그러한 요구를 속박을 강요하는 것으로 본다는 점이다.

갈라디아서 3-4장에서 바울은 율법에 복종하는 것이 자유가 아닌 예속을 가져온다고 주장한다. 구원을 위해 율법을 요구하는 것은 사람을 죄에서 해방하지 않고 죄의 통치 아래 둔다. 율법으로 돌아가는 것이 예속시키는 멍에인 이유는 사람이 율법의 요구를 지킬 수 없기 때문이다. 따라서 그는 자신이 지킬 수 없는 율법의 요구 아래에서 신음한다. 예루살렘의 대적들이 디도가 할례를 받아야 한다고 주장했을 때, 복음이 가져오는 자유와 해방은 위험에 처했다.

갈 2:5 그들에게 우리가 한시도 복종하지 아니하였으니 이는 복음의 진리가 항상 너희 가운데 있게 하려 함이라(οἷς οὐδὲ πρὸς ὥραν εἴξαμεν τῇ ὑποταγῇ, ἵνα ἡ ἀλήθεια τοῦ εὐαγγελίου διαμείνῃ πρὸς ὑμᾶς). 거짓 형제들은 바울 때문에 앞으로 나아가지 못했다. 바울은 복음의 메시지의 진실성을 보호하기 위해 디도를 할례받게 하려는 압력에 저항했다.

"복종"(τῇ ὑποταγῇ)이라는 단어를 사용함으로 예속과 복종의 주제가 이어진다. 바울은 디도가 할례를 받아야 한다는 주장에 확고하게 맞섰다. 그는 한순간도 그러한 요구를 묵인하지 않았다. 바울은 그것을 거짓 복음으로 인식했으며 철저히 거부했다. 터툴리안(Tertullian)과 이레니우스(Irenaeus)와 같은 몇몇 서방 본문 유형(Western)의 증거는 여기서 "그들에게…하지 않았다"(οἷς οὐδέ)라는 표현을 생략한다. 그리하여 이 구절을 "우리가 한시적으로 복종하였으니 이는 복음의 진리가 항상 너희 가운데 있게 하려 함이라"와 같이 읽히게 한다. 이 견해를 지지하는 사람들은 바울이 이방인에게 복음을 전하기 위해 디도가 할례받는 것을 허락했다고 주장한다(고전 9:19-23).

우리는 그러한 해석을 거부해야 한다.[36] 첫째, 이러한 이문은 외적 증거에 따라 용납되지 않는다. 대다수 사본의 증거와 최고의 사본은 모두 "그들에게…하지 않았다"(οἷς οὐδέ)라는 표현을 포함해야 함을 지지한다. 둘째, 그러한 해석은 내적 증거를 근거로 거절되어야 한다. 바울이 항복해서 디도가 할례받는 것에 동의했다면 어떻게 복음의 진리가 보존되었겠는가?[37] 거짓 형제들은 분명히 그와 같은 결정을 널리 알리고, 갈라디아의 이방인 신자들도 할례를 받아야 한다고 말했을 것이다. 만약 바울이 예루살렘에서 압박받았을 때 이방인에게 할례를 주기로 동의했다면, 그가 사람을 기쁘게 하고 할례에 대해 애매하게 말했다는 비난은 분명한 사실이었을 것이다(1:10; 5:11). 거짓 형제들에게 굴복하는 것이 어떻게 바울의 복음에 담긴 진리를 보존하는지 도저히 이해할 수 없다!

바울은 자신을 권위와 갈라디아 사람들의 모범으로 내세운다. 거짓 형제들이 디도에게 할례를 요구할 때

35. 여기서 Ciampa, *The Presence of Scripture in Galatians 1 and 2*, 138-42를 보라. Wilson은 5:1에서 이러한 같은 주제를 강조한다("Wilderness Apostasy", 563-65).

36. 대부분의 해석자가 같은 생각을 한다. 참고. R. Longenecker, *Galatians*, 50; Betz, *Galatians*, 91-92; Bruce, *Galatians*, 113-15; Burton, *Galatians*, 76.

37. 여기서 Metzger, *Textual Commentary*, 522-23을 보라.

38. Wisdom은 복음의 진리가 모든 민족에 대한 복과 연결되어 있다고 바르게 강조한다(참고. 갈 3:8). Jeffrey R. Wisdom, *Blessing for the Nations and the Curse of the Law: Paul's Citation of Genesis and Deuteronomy in Gal 3.8-10*(WUNT 2/133; Tübingen: Mohr Siebeck, 2001), 134-38을 보라.

39. 여기서 이전 지위는 그들이 바울을 만나기 전 상태(즉, 예수 그리스도의 부르심을 받은 사도로서의 위상) 그리고 야고보의 경우

바울이 거절했던 것처럼, 갈라디아 사람들도 율법을 지키고 할례를 받아야 한다는 유대주의자들의 주장을 거부해야 한다. 그러한 압력에 굴복하는 것은 복음을 부인하는 것인데, 이 복음은 이방인들이 유대인들과 같은 방식으로, 즉 예수 그리스도를 믿음으로 의롭다 함을 얻는다는 진리를 포함한다.[38] 그리고 할례를 강요하거나 그러려고 했던 자들은 예루살렘의 사도들이 아니라 거짓 형제들이었다.

갈 2:6a-c 유력하다는 이들 중에 (본래 어떤 이들이든지 내게 상관이 없으며 하나님은 사람을 외모로 취하지 아니하시나니)(ἀπὸ δὲ τῶν δοκούντων εἶναί τι-ὁποῖοί ποτε ἦσαν οὐδέν μοι διαφέρει· πρόσωπον ὁ θεὸς ἀνθρώπου οὐ λαμβάνει). 다시 한 번 예루살렘 지도자들이 그들의 위상을 통해 묘사된다. 바울은 기둥 같은 사도들을 과대평가하는 것을 경고한다. 그들은 단지 예수님이 지상에서 사역하시는 동안 그분의 제자였다는 이유로 존경받아서는 안 된다. 거짓 형제들(그리고 갈라디아의 유대주의자들)이 예루살렘 지도자들을 바울보다 더 믿을 만한 권위라고 주장했으리라 가정할 수 있다. 최종 권위는 사람이 아니라 복음에 있기 때문에 그들에게 너무 많은 권위를 부여하는 것에 주의해야 한다.

바울은 분명히 예루살렘 지도자들에게 압도되지 않았다. 그들의 이전 지위가 그에게 아무 의미가 없었기 때문이다.[39] 바울은 기둥 같은 사도들의 사도적 권위를 거부하지 않았지만 비굴한 경의는 거절했다. 갈라디아의 유대주의자들이 육체의 모양을 내려 했기 때문에(6:12) 여기서 그들을 미묘하게 비판하고 있는 것일 수 있다. 기둥들에게 마음을 빼앗기면 안 되는 이유는, 하나님은 누구에게도 편파적이지 않으시며 누구의 평판에도 감명받지 않으시기 때문이다. 바울은 계속해서 자신이 사역하는 동기가 사람을 기쁘게 하려는 열망이 아니라는 주장(1:10)을 지지하는데, 여기서는 높은 지위에 있는 기둥 같은 사도들이 자신의 복음을 변경하려 하지 않았음을 보여줌으로써 그러한 주장을 지지한다.

미완료 "…이었다"(ἦσαν)에서 현재시제 "상관이 있다"(διαφέρει)로 시제가 전환된 것은 약간의 논의를 일으켰다. 앞에서 말한 대로 "…이었다"(ἦσαν)의 미완료 시제에 대한 가장 개연성 있는 견해는, 과거시제가 기둥 같은 사도들이 역사적 예수님과 맺었던 관계, 그리고 예수님의 가족이었던 야고보가 겪은 경험을 가리킨다는 것이다. 바울은 비현실적이지 않았으며, 기둥 같은 사도들의 과거 경험 때문에 그들을 존경하지 않았다.

던은 이 구절을 해석하며 동사 "상관이 있다"(διαφέρει)의 현재시제를 강조한다. 그는 여기서 갈라디아서 2장에 기록된 모임 이후로 기둥 같은 사도들을 향한 바울의 태도가 변했음을 본다. 예루살렘에서 모였을 때(ἦσαν) 바울은 예루살렘 지도자들을 좀 더 높게 생각했지만, 이제 그들의 수준은 그에게 아무런 상관이 없다는 것이다.[40] 던에 따르면 이 구절들에 묘사된 모임 후에 바울과 예루살렘의 사이가 갈라졌다는 암시를 발견한다. 하지만 본문에 대한 던의 해석은 받아들이기 힘들다. 동사 "상관이 있다"(διαφέρει)의 현재시제에 너무 많은 무게를 두기 때문이다.

우리는 본문이 보증하는 것보다 더 많은 역사를 얻어내려는 것을 주의해야 한다.[41] 석의보다 추측을 낳을

주님의 형제로서 위상을 가리킨다. 따라서 바울은 여기서, 2:1-10에서 그들을 만났을 때 지위보다 사도로서의 지위를 반영한다. Calvin, *Galatians,* 54; Burton, *Galatians,* 87; R. Longenecker, *Galatians,* 53-54; Simon Gathercole, "The Petrine and Pauline *Sola Fide* in Galatians 2", in *Lutherische und Neue Paulusperspektive: Beiträge zu einem Schlüsselproblem der gegenwärtigen exegetischen Diskussion*(ed. Michael Bachmann; WUNT 182; Tübingen: Mohr Siebeck, 2005), 317에서도 같은 생각이다.

40. Dunn, "Paul and Jerusalem", 473; idem, *Galatians,* 102-3.

41. Betz는 현재 시제를 '격언적' 용업으로 본다(Betz, *Galatians,* 94-95). R. Longenecker, *Galatians,* 54; Martyn, *Galatians,* 199도 마찬가지다.

수 있기 때문이다. 동사의 시상(aspect)에 대한 최근의 연구는, 동사를 이해할 때 시간보다 시상을 적절히 강조했다.[42] 따라서 동사의 현재시제는 현재의 시간을 보증하는 문맥상의 특징 없이 반드시 현재 시간을 가리킨다고 볼 수 없다. 여기서 두 현재시제 동사(διαφέρει와 λαμβάνει) 모두 일반적인 사실을 나타낼 개연성이 있다. 사도들의 위상은 바울에게 문제가 되지 않으며, 하나님은 인간의 지위에 마음이 움직이지 않으신다.[43]

갈 2:6d 저 유력한 이들은 내게 의무를 더하여 준 것이 없고 (ἐμοὶ γὰρ οἱ δοκοῦντες οὐδὲν προσανέθεντο). 바울은 이제 2:1–5의 주요 논점을 다시 진술한다. 앞에서 우리는 예루살렘의 지도자들이 디도에게 할례를 요구하지 않았고, 그로써 바울의 복음에 담긴 진리가 보존되었음을 보았다. 즉, 바울이 여기서 설명하는 대로 높은 위상의 사람들은 그의 복음에 아무것도 더하지 않았다. 그들은 구원을 위해 할례를 요구하지 않았으며, 그리하여 구원이 율법을 지키는 것에 의존하지 않는다는 진리를 재가했다.[44] 기둥 같은 사도들의 견해와 상관없이 바울의 복음은 독립적인 진리였으나, 그들은 율법과 무관한 바울의 복음에 직면했을 때 그것을 거절하지 않고 확정했다. 그들은 바울의 복음에서 아무런 결함도 발견하지 못했다.

따라서 자신들의 복음의 정당성을 확인해 줄 것을 예루살렘 사도들에게 호소했으리라 추정되는 갈라디아의 유대주의자들이 사도들을 언급한 것은 큰 오산이었다. 사도들은 유대주의자들이 아닌 바울에게 동의했기 때문이다. 여기서 논증은 민감하게 다루어진다. 한편으로 바울은 예루살렘 사도들에게 궁극적인 권위가 있다고 시인하면서 자신의 복음을 타협할 수 없다. 다른 한편으로, 그들이 바울의 복음을 재가하는 것은 갈라디아 유대주의자들의 견해에 대한 강력한 반박으로 작용한다.

갈 2:7 도리어 그들은 내가 무할례자에게 복음 전함을 맡은 것이 베드로가 할례자에게 맡음과 같은 것을 보았고(ἀλλὰ τοὐναντίον ἰδόντες ὅτι πεπίστευμαι τὸ εὐαγγέλιον τῆς ἀκροβυστίας καθὼς Πέτρος τῆς περιτομῆς). 기둥 같은 사도들은 바울의 복음에 무엇을 더하거나 공헌하는 대신, 그것을 재가하고 바울과 바나바를 동료로 인정했다(2:9). 본문에는 예루살렘 지도자들이 왜 바울과 바나바를 동료로 인정했는지 설명하는, 원인을 말하는 분사 두 개 중 첫 번째가 나온다("보았고", ἰδόντες). 두 번째 원인의 분사는 2:9의 "알므로"(γνόντες)다.

왜 기둥 같은 사도들은 바울의 복음을 재가했는가? 그들은 바울이 이방인을 위한 복음을 맡았음을 보았다. "맡다"(πεπίστευμαι)라는 단어는 신적 수동태로 이해해야 하므로, 할례받지 않은 자들을 위한 복음을 바울에게 맡기신 분은 하나님이다. 따라서 예루살렘 지도자들은 바울의 권위를 확증한 것이 아니다. 그들은 단지 하나님이 바울에게 그러한 권위를 주셨음을 인식했다. 스타인(Stein)은 이 사건이 사도행전 11:27–30보다 사도행전 15장과 일치한다고 주장한다. 그는 바울이 첫 번째 선교여행(행 13–14장)을 다녀오지 않았다면, 사도들은 그의 사역을 인식할 근거가 없었을 것이라고 말한다.[45] 그의 논증은 결정적이지 않다. 바울이 수리아와

42. 동사적 측면에 대한 몇몇 중요한 연구로 Stanley E. Porter, *Verbal Aspect in the Greek of the New Testament, with Reference to Tense and Mood*(SBG 1; New York: Peter Lang, 1989); K. L. McKay, *A New Syntax of the Verb in New Testament Greek: An Aspectual Approach*(SBG 5; New York: Peter Lang, 1994); Buist M. Fanning, *Verbal Aspect in New Testament Greek*(Oxford: Clarendon, 1990)을 보라.

43. Dunn과 대조적으로, 또한 Witherington, *Galatians,* 139를 보라.

44. 대조적으로 Martyn은 율법과 관련된 주요 문제들이 공회에서 해결되지 않았고, 예루살렘의 어떤 이들은 이방인이 결국에는 율법을 지킬 것이라고 믿었다고 본다(*Galatians,* 220–22).

45. Stein, "Two Neglected Arguments", 242.

46. 참고. R. Longenecker, *Galatians,* 40–41.

길리기아에서 행한 사역(1:21-24)을 사도들이 들었을 수 있기 때문이다.[46] 또한 바울이 안디옥에서 바나바와 함께 일한 것은 비밀이 아니었을 것이다(행 11:25-26).

"무할례자를 위한 복음"이라는 표현(τὸ εὐαγγέλιον τῆς ἀκροβυστίας)은 바울이 전파한 복음이 이방인을 위한 것이었다는 사실에 초점을 맞춘다. 나는 소유격 "무할례자의"(ἀκροβυστίας)가 목적어적 소유격 용법이라고 생각한다. 여기에서도 구원을 위해 할례가 요구되지 않는다고 암시한다. 하지만 그러한 관찰을 지나치게 밀고나갈 수 없는 이유는 베드로에게 맡겨졌던 "할례자들을 위한"(τῆς περιτομῆς) 복음도 언급되기 때문이다. 분명히 바울은 할례를 요구하는 복음을 인정하지 않았을 것이다.[47]

또한 2:8, 9은 모두 "이방인"(τὰ ἔθνη)과 "할례자"(τὴν περιτομήν)를 대조한다. 이것은 바울이 이방인을 가리키는 다른 방식으로 "무할례자"라는 단어를 사용한다는 것과, "할례자"는 유대인을 지칭한다는 것을 가리킨다. 바울은 내용이 다른 두 복음을 말하는 것이 아니라, 한 복음이 전파되는 다른 두 문화에 대해 말한다. 참으로, 7절의 마지막 부분은 베드로도 하나님의 부름받아 복음을 맡게 되었지만, 그가 섬길 영역은 할례자, 즉 유대인이었음을 보여준다. 바울은 여기서 자신과 베드로 모두 사도로서 동일한 권위를 가졌음을 강조한다. 그들은 단순히 다른 영역에서 수고하는 것이다. 바울이 베드로의 사도적 권위를 의심하지 않는다는 것도 주목해야 한다. 베드로도 복음을 맡았다. 이것은 바울이 자신과 베드로가 같은 복음을 전파했다고 믿었음을 암시한다.

갈 2:8 베드로에게 역사하사 그를 할례자의 사도로 삼으신 이가 또한 내게 역사하사 나를 이방인의 사도로 삼으셨느니라(ὁ γὰρ ἐνεργήσας Πέτρῳ εἰς ἀποστολὴν τῆς περιτομῆς ἐνήργησεν καὶ ἐμοὶ εἰς τὰ ἔθνη). 이 구절은 논증에서 삽입어구지만, 베드로와 바울 모두 하나님께 같은 복음을 맡았다고 말하는 2:7의 주장을 지지한다. 베드로는 할례자, 즉 유대인을 위한 사도로 불렸다. 하나님이 베드로 안에 역사하셔서 그가 유대인을 위한 사도로 섬길 자격이 있었기 때문이다. 같은 방식으로, 하나님이 바울 안에 역사하셔서 그는 이방인을 위한 사도로 섬길 자격이 있었다.

실제로 바울은 여기서 자신에 대해 '사도'라는 단어를 구체적으로 사용하지 않는다. 바울이 논증하는 핵심은 그가 사도로 확인되는지가 아니라, 그가 진정한 복음을 전파하는 자로 인식되는지 여부다. 일부 학자들은 '사도'라는 단어가 없는 것을 근거로 예루살렘에서 바울의 사도적 지위가 인정되지 않았다고 주장한다.[48] 그러한 해석의 개연성이 낮은 이유는 숨겨진 의미를 찾고 바울에 대한 암묵적인 비판을 보면 안 되기 때문이다. '사도의 신분'이라는 단어가 없어도 바울의 사도적 권위가 암시되어 있을 가능성이 더 크다(2:9 이하를 보라).[49] 사도의 신분이 구체적으로 언급되지 않더라도, 바울의 복음을 인정하는 것은 그의 사도적 권위를 인정하는 것과 동일하다.

갈 2:9c 또…내게 주신 은혜를 알므로(καὶ γνόντες τὴν χάριν τὴν δοθεῖσάν μοι). 이제 예루살렘 지도자들이 이방인에 대한 바울의 사역을 인정한 두 번째 이유가 등

47. "그렇다면 이 평행의 절들에서 바울은 절대 두 복음이 존재한다고 제안하지 않는다. 오히려 두 사역이 존재하며, 이 두 사역을 통해 하나의 복음이 우주 전체로 나아간다"(Martyn, *Galatians,* 202). Bruce, *Galatians,* 37, 120도 같은 생각이다.

48. R. Longenecker, *Galatians,* 56; Betz, *Galatians,* 98-99; Dunn, "Paul and Jerusalem", 473.

49. Bradley H. McLean, "Galatians 2.7-9 and the Recognition of Paul's Apostolic Status at the Jerusalem Conference: A Critique of G. Luedemann's Solution", *NTS* 37(1991): 67-76; Ronald Y. K. Fung, *The Epistle to the Galatians*(NICNT; Grand Rapids: Eerdmans, 1988), 78; Gathercole, "Galatians 2", 318; Hays, *Galatians,* 115를 보라.

장한다. 그들은 바울이 복음을 맡았음을 보았을 뿐 아니라, 바울의 삶에서 하나님의 은혜가 역사하고 있음을 인정했다. 바울은 자신의 사역을 회고할 때 자신을 사역으로 부르신 하나님의 은혜에 대해 자주 말했으며 (롬 1:5; 15:15; 고전 3:10; 15:10; 갈 1:15; 엡 3:2, 7, 8), 그러한 은혜는 바울이 사도로 섬기도록 부르심을 받은 것과 연결된다. 따라서 기둥 같은 사도들은 그가 받은 은혜를 인정하면서 바울의 사도적 사역을 인정했을 개연성이 있어 보인다. 바울은 여기서 자신의 사역을 자랑하지 않는다. 그에게 "주어졌던"(δοθεῖσαν) 하나님의 은혜에 초점을 맞추었기 때문이다.

갈 2:9a-b, d **기둥 같이 여기는 야고보와 게바와 요한도…나와 바나바에게 친교의 악수를 하였으니**(Ἰάκωβος καὶ Κηφᾶς[50] καὶ Ἰωάννης, οἱ δοκοῦντες στῦλοι εἶναι, δεξιὰς ἔδωκαν ἐμοὶ καὶ Βαρναβᾷ κοινωνίας). 기둥 같은 사도들은 바울과 바나바와 친교의 악수를 나눔으로써 동의를 표현하며 그들이 전파한 복음을 재가했다. 이 시점에서 바울은 예루살렘에서 지도자 역할을 하는 평판이 좋은 세 사람의 이름을 말한다. 야고보와 베드로는 1:18-19에서 언급되었지만, 거기서는 그들을 평판이 있는 자로 밝히지 않았다. 바울은 여기서 2:7-8과 대조적으로 베드로를 다시 아람어 이름인 게바로 명시한다(참고. 1:18). 여기서 언급된 요한은 복음서에서 매우 중요한 역할을 하는 세베대의 아들임이 거의 분명하다. 바울 서신에서 그가 언급되는 경우는 이 본문이 유일하다. 갈라디아서에서 그는 중심적인 역할을 하지 않는다.

바울이 그들을 "기둥으로 여겨진다"고 말한 의미는 무엇인가? 아우스(Aus)는 제2성전 유대교에서 세 족장(아브라함, 이삭, 야곱)이 이스라엘과 나아가 세상의 세 기둥이라고 말하는 전통에 주목하게 한다.[51] 따라서 "기둥"(στῦλοι)이라는 단어는 유대 문맥에서 이 세 사람이 하나님의 새로운 성전, 즉 하나님의 새 백성의 기초임을 암시하는 것으로 보인다.[52] 그러한 정서는 에베소서 2:20과 조화되는데, 거기서 교회는 "사도와 선지자의 기초 위에 세워진다." 또한 여기서 하나님의 새 백성인 진정한 이스라엘이 새로운 기초 위에 세워진다는 암시가 있을 수 있다. 따라서 아브라함의 진정한 가족(갈 3:6-9, 14), 하나님의 진정한 이스라엘(6:16)은 새로운 성전에 속하는 자들로 구성된다.

그렇다면 그 세 사람이 기둥으로 "여겨진다"(δοκοῦντες)는 바울의 진술을 어떻게 설명할 수 있는가?[53] 아우스는 그들이 공덕의 신학을 가르치기 때문에 바울이 그 기둥 같은 사도들을 온전히 승인할 수 없다고 말한다.[54] 이러한 해석은 받아들일 수 없다. 여기서 문맥은 바울의 사도적 권위가 인정됨을 가리키며, 2:3-5에서 바울의 요점은 기둥 같은 사도들이 디도에게 할례를 강요하지 않았다는 것이기 때문이다. 따라서 그들은 예루살렘의 거짓 형제들이나 갈라디아 대적들의 의견에 동조하지 않았다. 그렇다면 본문이 뜻하는 바는 바울이 기둥

50. $\mathfrak{P}^{46}$과 주된 서방 증거들은 '베드로'를 지지하지만 '게바'가 원래 표현임이 거의 분명하다.

51. Roger D. Aus, "Three Pillars and Three Patriarchs: A Proposal Concerning Gal 2:9", ZNW 70(1979): 252-61. 하지만 이 셋이 기둥과 같은 자들로 선택된 것은 의도적으로 기둥과도 같은 아브라함과 이삭과 야곱에 대응하기 위한 것이 아닌 듯 보인다.

52. 비슷한 개념은 마태복음 16:18을 보라. 참고. Ulrich Wilckens, "στῦλος", *TDNT,* 7:735; Martyn, *Galatians,* 205; Garlington, *Galatians,* 118. 유대교에서 새 성전에 대한 기대는 예를 들어 에스겔 40-48장; *Jub.*, 1:17-18; *1 En.*, 90:28-29; *T. Benj.*, 9:2; *2 Bar.*, 32:3-4를 보라. 성경 전체에서 새 성전에 관한 주제는 G. K. Beale, *The Temple and the Church's Mission: A Biblical Theology of the Dwelling Place of God*(Downers Grove, IL: IVP, 2004)을 보라.

53. Barrett은 '기둥들'이라는 용어가 원래 베드로와 야고보와 요한의 종말론적인 지위를 뜻했지만, 그들의 종말론적인 위치는 그들을 지지하는 몇몇 사람이 제도적이며 교회 조직의 우월성으로 왜곡했다고 주장한다("Paul and the 'Pillar' Apostles", in *Studia Paulina in honorem Jr.* de Zwaan[ed. J. N. Sevenster and W. C. van Unnik; Haarlem: Bohn, 1953], 1-19).

54. Aus, "Three Pillars", 257-61.

55. R. Longenecker, *Galatians,* 57-58; Matera, *Galatians,* 77에서도 같은 생각이다.

56. Esler는 여기서 교제의 오른손이 기둥 같은 자들의 우월성을 명시한다고 주장한다(*Galatians,* 133-34). 구약의 일부 문맥에서 이러

같은 사도들에 대한 과도한 존경을 경고하는 동시에 그들의 권위를 인정했다는 것이다.[55] 바울은 세 사람의 지도력을 거부하지 않지만, 그들을 과대평가하는 것을 경고한다.

여기서 핵심은 예루살렘 교회의 기둥 같은 사도들이 바울과 바나바를 동료로 인정했다는 것이다.[56] 달리 말해, 그들은 바울이 전파한 복음의 정당성을 인정했다. 그들은 디도에게 할례받으라고 요구하지 않았으며(2:3), 바울의 복음에 아무것도 더하지 않았다(2:6). 대신 그들은 자신들이 같은 복음을 전파하는 일에 바울과 바나바의 동료임을 깨달았다.

따라서 1:11-2:10 논증의 두 번째 주요 주제가 나타난다. 1:11-24에서 바울은 자신의 복음의 독립성을 알렸다. 그는 다메섹 도상에서 예수 그리스도께 직접 복음을 받았다. 갈라디아로 여행했던 유대주의자들은 아마도 바울이 복음을 예루살렘에서 유추했으며 그것을 왜곡했다고 주장했을 것이다. 바울은 두 영역 모두에서 그들의 주장에 반박한다. 그의 복음은 예루살렘에서 온 것이 아니다. 그는 예수 그리스도의 계시를 통해 그것을 받았기 때문이다(1:11-24). 더욱이 그는 복음을 왜곡하지 않았다. 바울이 그것을 독립적으로 받았을지라도 기둥 같은 사도들은 바울의 복음을 듣고서 인정하고 재가했다. 디도의 경우가 분명히 보여주듯이 그들은 이방인의 할례를 요구하지 않았다(2:1-10).

갈 2:9e-f 우리는 이방인에게로, 그들은 할례자에게로 가게 하려 함이라(ἵνα ἡμεῖς εἰς τὰ ἔθνη, αὐτοὶ δὲ εἰς τὴν περιτομήν). 기둥 같은 사도들은 자신들이 할례자, 즉 유대인에게 사역을 집중하는 반면, 바울과 바나바는 이방인에게 복음을 전파하는 특별한 부르심을 받았음을 인정했다(앞의 2:7을 보라). 어떤 사람들은 영역을 지리학적으로 이해한다. 기둥 같은 사도들은 유대 영역에서 복음을 전파하는 반면, 바울과 바나바는 이방인 땅에서 복음을 전한다는 것이다.[57] 본문이 뜻하는 동의는 지리학적이 아닌 종족적인 의미로 이해해야 한다. 바울과 바나바는 이방인에게, 기둥 같은 사도들은 유대인에게 사역한다는 것이다.[58]

여기에 묘사된 영역은 기둥 같은 사도들이 이방인 선교에 참여하면 동의 사항을 어긴 것처럼 엄격하게 이해되어서는 안 된다.[59] 또한 유대인에게 복음을 전하는 것이 바울에게 금지되었음을 뜻하지 않는다. 사도행전에 따르면 바울은 회당에서 설교할 때 정기적으로 유대인들에게 복음을 전했기 때문이다(참고. 고전 9:19-23). 여기서 전하는 바는, 동의가 이루어졌을 때 바울/바나바와 기둥 같은 사도들이 모두 자신이 맡은 사역의 기본 영역을 인식했다는 것과, 주님이 각각 할당하신 사역의 영역에서 계속 일할 것을 격려했다는 것이다.[60] 우리는 그것이 그들의 사역 범위를 영원히 결정짓는 회칙인 것처럼 해석해서는 안 된다.

한 표현('손을 주다')은 낮은 자가 높은 자에게 헌신하는 것을 뜻한다(대상 29:24; 대하 30:8; 애 5:6). 제2성전 유대 문학에서는 높은 자가 낮은 자에게 교제의 오른손을 내미는 것의 개념이 계속된다(1 Macc 6:58; 11:50, 62, 66; 13:50; 2 Macc 11:26; 12:11; 13:22; Josephus, *J.W.* 6.318-20, 345, 356, 378; *Ant.* 8.387; 18.328-29; 20.62). 하지만 갈라디아서의 문맥은 그러한 해석이 바람직하지 않음을 보여준다. '교제'라는 단어가 추가된 것은 바울과 바나바가 기둥과 같은 자들과 동등함을 나타낸다. Betz, *Galatians,* 100; R. Longenecker, *Galatians,* 58; Matera, *Galatians,* 77; Smiles, *Gospel and Law in Galatia,* 48에서는 이것을 바르게 설명한다.

57. 예를 들어, Burton, *Galatians,* 97-99; 122; Scott, *Paul and the Nations,* 151-57.

58. Betz, *Galatians,* 100; R. Longenecker, *Galatians,* 58-59; Martyn, *Galatians,* 213. R. Longenecker는 이 두 해석 사이의 차이를 과도하게 강조하는 것을 경고한다.

59. Witherington, *Galatians,* 141은 이것을 바르게 설명한다. 두 해석의 강점과 약점에 대한 더 많은 논의는 Schnabel, *Paul and the Early Church,* 992-1000을 보라. Schnabel은 이 문제가 바울과 베드로가 활동한 영역보다 그들이 한 사역의 효과와 관련이 있다고 제안한다. 그의 제안이 설득력이 없는 것은 2:9의 목적을 뜻하는 절이 가장 자연스럽게 선교 사역의 다른 초점을 가리키기 때문이다.

60. Machen, *Galatians,* 131에서는 이것을 적절하게 설명한다.

갈 2:10 다만 우리에게 가난한 자들을 기억하도록 부탁하였으니 이것은 나도 본래부터 힘써 행하여 왔노라(μόνον τῶν πτωχῶν ἵνα μνημονεύωμεν, ὃ καὶ ἐσπούδασα αὐτὸ τοῦτο ποιῆσαι). 예루살렘 지도자들은 바울에게 가난한 신자들을 도울 것을 요청했다. 바울은 그것이 새로운 요청이 아니었다고 말한다. 그는 이미 가난한 자들을 돕기 위해 기금을 모으고 있었기 때문이다. 바울은 자신의 복음이 이미 기둥들에게 재가받고 인정받았음을 강조한다. 따라서 그들은 그가 전파한 것에 아무것도 더하지 않았으며, 이를 통해 바울은 갈라디아 사람들에게 자신과 예루살렘 사도들이 같은 복음을 전파했음을 확신시킨다. 바울에게 주어진 유일한 요청은 가난한 자들을 기억하고[61] 계속해서 그들을 도우라는 것이었다.[62]

가난한 자들은 여기서 유대인 그리스도인을 가리킨다. 우리는 유대 문학의 다른 곳에서 가난한 자들이 하나님의 백성임을 볼 수 있다(참고. 1QM 14.7; 1QpHab 12.3, 6; *Pss. Sol.* 5:2, 11; 10:6; 15:1; 18:2). 가난한 자들을 도우라는 요청은 바울의 복음에 무엇을 더한 것이 아니었다. 나아가, 바울은 가난한 자들을 돌보는 것이 이미 행하고 있는 일이라고 말한다.[63] 이 예루살렘 방문이 사도행전 11:27-30에서 말하는 기근 구제를 위한 방문이었다면, 가난한 자를 돕는 것이 바울이 방문한 이유였다. 갈라디아서 2:1-10을 사도행전 15:1-35과 동일하게 보더라도 사도행전 11:27-30의 방문은 과거에 일어난 일이므로, 가난한 자들을 위한 바울의 지원은 이미 입증되었다.

또한 바울은 그 후에도 가난한 자들을 위해 간청하는 것을 멈추지 않았다. 바울의 주된 관심 중 하나는 예루살렘의 가난한 성도들을 위한 모금이었기 때문이다(참고. 롬 15:22-29; 고전 16:1-4; 고후 8:1-9:15). 사실 모금을 향한 바울의 열정은 또한 다른 이들에게 그리스도 안에서 유대인과 이방인이 하나라고 전했던 마음에서 비롯된 것일 수 있다.[64]

적용에서의 신학

1. 교회 안에 있는 거짓 선생들

본문에서 우리는 동료 신자라고 주장하는 거짓 선생들이 교회로 숨어들어올 수 있음을 배운다(2:4). 이 사람들은 분명히 예수님을 메시아와 주로 믿는다고 고백하지만, 바울은 그들을 거짓 형제들로 여긴다! 아마도 오늘날 많은 복음주의자는 사람들이 예수님을 메시아와 주로 믿는다고 주장하는 것만으로 만족할 것이다. 그렇다면 왜 바울은 그들이 참된 신자가 아니라고 말하는가? 그들이 행위에 근거하여 의롭다 함을 얻는다고 가르쳤기 때문임이 거의 분명하다. 그들은 구원을 위해 할례와 율법 준수를 요구했다.

단순히 구원-역사적 이유 때문에, 즉 그들이 새 언약에 속한 자에게 옛 언약을 강요했기

61. Turner는 '…하도록'(ἵνα)이라는 단어가 여기서 명령법을 이끈다고 본다(*Syntax*, 95). Martyn, *Galatians*, 206도 마찬가지다.

62. Hurtado의 주장과 달리 예루살렘의 가난한 성도에 대한 바울의 사역이 예루살렘 사도들에 비해 그가 열등하다는 것을 암시하는 것으로 그에게 불리하게 사용되었다는 증거는 없다("The Jerusalem Collection and the Book of Galatians", *JSNT* 5[1979]: 46-62).

63. Burton은 '힘써…하다'(ἐσπούδασα)라는 동사가 미래의 행동을 가리킨다고 이해한다(*Galatians*, 99-100). 하지만 이 동사는 바울

때문에 거짓 형제로 불리는 것은 아닐 것이다. 사람들에게 구원 역사의 옛 시대에 살라고 요구하는 것은 명백한 잘못이지만, 바울은 왜 그러한 입장을 고수하는 자가 저주를 받는다고 말할 수 있는가? 구원-역사적 오류는 인간론적 오류와 연결된다고 말하는 것이 나을 것이다. 달리 말해, 구원이 궁극적으로 행위에 달렸다고 가르치는 자는 거짓 형제다.

우리는 어떤 사람을 거짓 형제로 낙인찍기 전에, 그의 신학을 분명히 이해하도록 주의를 기울여야 한다. 행위가 구원의 필수적인 증거라고 말하는 것은, 행위가 구원의 궁극적인 근거라는 뜻이 아니다. 갈라디아서의 나머지 부분에서 보게 되겠지만, 구원의 근거를 행위에 두는 것은 그리스도가 십자가에서 하신 일을 부정한다. 궁극적으로 우리 자신과 우리의 행위나 성취에 구원을 두는 신학은 무엇이든 거짓 복음이다. 구원이 더 이상 하나님의 일이 아닌 우리의 일을 나타내게 되며, 그리하여 우리가 자신의 헌신을 칭송하는 우상 숭배자가 되기 때문이다.

오늘날 거짓 형제들이 우리 안으로 몰래 들어오고 있는가? 그런 일이 일어나고 있음이 분명하다. 미국 대학의 역사가 그것을 보여준다. 많은 위대한 대학이 복음주의로 시작했지만 서서히 타락해갔다. 하버드와 예일 대학이 그 예다.[65] 그리고 이야기는 계속된다. 내가 보기에 남침례교단 소속인 웨이크포레스트(Wake Forest), 스테트슨(Stetson), 퍼먼(Furman), 머서(Mercer)는 한때 복음주의 학교였지만 그런 시대는 지났다. 거짓 선생들이 들어와서 복음은 실종되었다.

물론 그런 학교에 그리스도인이 없다는 뜻은 아니다. 요점은 그 학교들 자체가 더 이상 복음주의 학교가 아니라는 것이다. 그런 일이 오늘날 우리의 복음주의 대학과 종합대학에서 일어나고 있는가? 참으로 그렇다. 다시 한 번 말하지만, 몇몇 학교는 복음에 충실하다고 주장하면서도 복음에서 멀리 떠내려가고 있다. 이런 현상의 첫 번째 단계는 거의 항상 성경의 무오성을 부정하는 것이다. 슬프게도 그러한 이야기는 계속 되풀이된다. 우리의 복음주의 학교를 위해 기도하라. 그 학교에 자녀를 보낸다면, 거기에서 실제로 무엇을 가르치는지 알아내라. 이런 일은 어느 정도 노력이 필요하겠지만 시간을 들일 가치가 있다. 하나님이 당신을 영향력 있는 위치에 두셨다면 용감하게 분명한 입장을 취하라. 편협하다는 욕을 들을 수 있지만, 사람보다 하나님을 기쁘시게 할 용기를 하나님께 구하라.

2. 은혜의 복음은 자유를 가져온다

두 번째 주제는 율법에 대한 헌신이 속박을 낳는 반면, 은혜의 복음은 자유를 가져온다는 것이다. 그러한 대조는, 바울이 옛 시대와 새 시대 사이의 구속사적 분리에 자신을 제한하지 않

이 이미 수행하고 있는 행위를 뜻할 가능성이 더 커 보인다. Bruce, *Galatians*, 126; R. Longenecker, *Galatians*, 60-61에서도 그렇게 설명한다.

64. Matera, *Galatians*, 83-84; Lührmann, *Galatians*, 41에서도 동일하게 주장한다.

65. James Tunstead Burtchaell, *The Dying of the Light: The Disengagement of Colleges and Universities from Their Christian Churches*(Grand Rapids: Eerdmans, 1998)의 연구를 보라.

음을 다시 한 번 보여준다. 물론 바울이 여기서 말하는 것은 구원 역사를 통해서도 알려지지만, 구속사적 대조는 인간론에서 분리될 수 없다. 율법 아래 사는 것은, 그것이 사람을 죄의 속박에서 해방시키지 않는다는 의미로 속박을 가져온다. 은혜는 자유를 가져온다. 은혜는 의를 위해 인간에게 의존하지 않기 때문이다. 따라서 우리는 구원의 근거로서 우리의 행위를 의존하는 것에서 해방된다. 우리는 그리스도의 구속 사역을 의지하기 위해 그분만 바라본다.

우리의 행위에서 안정감과 의미를 얻기가 얼마나 쉬운가! 다른 사람의 동의를 갈망하는 마음 깊은 곳의 불안 때문에 행위로 내몰릴 수 있다. 직장과 교회에서 우리의 행위는 하나님을 향해 헌신하는 것으로 보일 수 있다. 하지만 그 헌신의 근원은 실제로 다른 이의 인정을 구하는 것일 수 있다. 이때 우리의 행위는 그리스도 안에서 받아들여지고 사랑받는 것에서 흘러나오지 않고 다른 이들에게 칭찬받으려는 열망에서 흘러나온 것이다. 우리는(나는!) 얼마나 쉽게 복음에서 빗나가는가! 우리의 행위 때문이 아니라, 그리스도가 우리를 위해 하신 일 때문에 우리가 받아들여진다는 사실을 날마다 묵상하기를 소망한다.

3. 권위 있는 자들을 향한 바른 태도

마지막으로, 예루살렘 사도들을 향한 바울의 태도에는 배울 점이 있다. 한편으로 그는 그들의 지도력을 인정하고 하나님이 그들에게 주신 위치를 존중했다. 다른 한편으로 그는 그들이 오류에 빠질 수 있으므로, 최종 권위가 특정 사람이 아닌 복음에 있음을 알았다. 지도력을 존중해야 하지만 굴종이나 아첨은 주의해야 한다. 반면 누군가가 우리에게 권위를 행사하는 것을 거부하는 반항과 완고함을 조심해야 한다. 하나님은 우리의 선과 거룩함을 위해 우리 삶에 지도자들을 세우셨다. 동시에 그 누구도 하나님의 자리를 취할 수 없다. 아무리 거룩하다고 해도 모든 지도자는 여전히 죄인이며 커다란 흠이 있다.

따라서 우리는 어떤 인간 지도자도 받들어 모셔서는 안 된다. 하나님이 우리 위에 두신 지도자들을 경배하는 것이 아니라 사랑해야 한다. 그들의 잘못을 볼 때 그들을 멸시하지 말아야 한다. 우리는 모두 여러 면에서 잘못이 있기 때문이다(약 3:2). 지도자를 향한 건강하지 못한 아첨과 사랑 없는 혹평 사이에서 균형을 찾아야 한다. 자신을 알게 되면 우리의 많은 죄들을 예민하게 인식한다. 그러므로 우리는 지도자들의 결함을 발견하고 놀라지 말아야 한다. 이러한 인식은 그들을 존경하는 것을 멈춘다는 의미가 아니다. 그들에게 절대적인 권위를 제공하지 않는다는 뜻이다. 하나님이 우리에게 권위를 숭배하지 않으면서도 존중하는 균형을 주시기를 기도한다.

복음주의라는 하위문화(상위문화도 마찬가지로!)는 종교적 유명 인사에 현혹되는 경향이 있다. 우리는 존 맥아더(John McArthur), 존 파이퍼(John Piper), 마크 드리스콜(Mark Driscoll), 팀 켈러(Tim Keller)와 같은 목사들의 사역에 얼마나 고마워하는가! 하지만 그들을 받들어 모셔서는 안 된다. 어떤 사람들은 사실상 이 목사들(혹은 다른 사람들)의 제자가 되어서 그들의 모든 의

견을 열렬하고도 독단적으로 변호한다. 불행하게도 그들은 유명인 문화를 받아들인다. 유명한 목사들의 말이 실제적으로 하나님의 말씀보다 더 중요해졌다. 우리는 하나님의 말씀에 대해 이야기할 때도 부지불식간에 믿기 어려울 정도로 세속화될 수 있다. 바울은 사람을 받들어 모시는 위험성을 경고한다. 그리스도의 복음과 하나님의 말씀이 우리의 권위다. 내가 언급한 목사들은 자신의 말이 아닌 복음이 높이 평가되어야 한다는 점에 동의할 것이다. 주께서 우리가 복음주의 유명 인사들을 숭배하지 않게 지켜주시기를, 그리하여 우리의 찬양과 예배와 경탄이 그리스도 안에서 하나님께로만 향하게 되기를 바란다.

CHAPTER 6

갈라디아서 2:11–14

문학적 전후 문맥

바울의 복음이 독립적이며 권위를 가졌다는 논증이 계속된다. 바울의 복음은 사람에게 받은 것이 아니며 예수 그리스도의 계시를 통해 바울에게 주어졌다(1:11–12). 바울이 경험한 회심과 소명은 하나님이 직접 복음을 주셨다는 논제를 지지한다. 그가 복음을 박해하는 자에서 전파하는 자로 변한 것은 다메섹 도상에서 초자연적으로 그리스도가 그에게 나타나셨다는 사실로만 설명될 수 있다(1:11–17). 바울은 회심 후 3년이 지나기까지 베드로를 만난 적이 없으며, 그를 만났을 때도 약 2주 동안만 그와 함께 있었기 때문에 베드로에게서 복음을 받지 않았다(1:18–20). 또한 바울이 유대 교회로부터 복음을 받지 않은 이유도 그들과 직접 만난 적이 없기 때문이다(1:21–24). 예루살렘 지도자들은 바울의 복음을 들었을 때 디도에게 할례를 요구하지 않았으며 바울의 복음에 아무것도 더하지 않았다(2:1–10). 대신 그들은 그의 복음이 진정으로 하나님에게서 왔다는 것에 동의했다.

본 단락(2:11–14)에서는 내러티브가 이어진다("때에", ὅτε). 바울은 베드로를 책망한 일을 서술하며 계속해서 자신의 복음의 독립성을 입증한다. 바울의 복음은 예루살렘 지도자들의 재가를 얻었을 뿐 아니라(2:1–10), 이 사도들이 바울의 복음을 떠날 때 그들을 바로잡는 권위가 된다. 바울이 예루살렘에 의존하지 않으며 권위를 가졌다는 사실은 베드로가 복음의 진리를 따라 살지 못했을 때 바울이 그를 책망한 것에서 나타난다. 따라서 바울의 복음은 갈라디아 뿐 아니라 모든 곳에서 권위를 가지며, 예루살렘에서도 마찬가지다.

I. 도입: 바울의 복음을 떠나는 것은 복음을 떠나는 것이다(1:1–2:21)
- A. 인사: 바울의 사도적 권위(1:1–5)
- B. 문제에 대한 설명: 복음을 떠남(1:6–10)
- C. 바울의 복음은 사람이 아니라 하나님에게서 왔다(1:11–2:21)
  - 1. 논제: 바울의 복음의 근원은 계시였다(1:11–12)
  - 2. 논제에 대한 증거(1:13–2:21)
    - a. 과거에 가졌던 적대감(1:13–14)
    - b. 하나님의 부르심(1:15–17)
    - c. 그가 유대에서 상대적으로 알려지지 않음(1:18–24)
    - d. 기둥 같은 사도들이 바울의 권위를 인정함(2:1–10)
    - **e. 베드로를 책망한 것이 바울의 권위를 입증함(2:11–21)**
      - ➦ **i. 책망(2:11–14)**
      - ii. 전환: 복음의 특성(2:15–21)

II. 경험과 성경을 통한 바울의 복음 변호(3:1–4:11)

주요 개념

본문의 주요 개념은 바울이 베드로를 책망할 정도로 담대했으며, 그리하여 그의 복음이 베드로에게 권위가 있음을 보여주었다는 것이다. 따라서 바울의 복음은 그의 개인적인 의견이 아니었다. 그것은 모든 때, 그리고 모든 곳에서 진정한 복음이다.

번역

갈라디아서 2:11–14

11a	11b–c의 때	[하지만] 게바가 안디옥에 이르렀을 때에
b	11c의 근거	책망 받을 일이 있기로
c	사건	**내가 그를 대면하여 책망하였노라**
12a	12b의 때	[왜냐하면] 야고보에게서 온 어떤 이들이 이르기 전에
b	사건	**게바가 이방인과 함께 먹다가**
c	12e의 때	그들이 오매
d	12e–f의 근거	그가 할례자들을 두려워하여
e	사건	**떠나**

f	12e의 연속	**물러가매**
13a	12c–f의 결과	**남은 유대인들도 그와 같이 외식하므로**
b	13a의 결과	바나바도 그들의 외식에 유혹되었느니라
14a	12–13의 문제해결	그러므로
		나는 그들이 복음의 진리를 따라 바르게 행하지 아니함을 보고
b	사건	**모든 자 앞에서 게바에게 이르되…하였노라**
c	14d의 양보	네가 유대인으로서
d	조건	**이방인을 따르고 유대인답게 살지 아니하면서**
e	14b–d의 성취	어찌하여 억지로 이방인을 유대인답게 살게 하려느냐

구조

바울이 사도의 권위를 가졌다는 사실은 그가 베드로를 책망한 것으로 증명된다.[1] 내러티브는 시간을 나타내는 또 다른 단어와 함께 계속되며, 바울이 베드로를 책망하기 때문에 그것에 역접 접속사가 곧바로 더해진다["(하지만)…때에", ὅτε δέ]. 2:11–14의 주요 진술은 2:11에서 주목을 받는다. 게바가 안디옥에 머물 때 바울이 그에게 맞섰다. 게바에게 잘못이 있었기 때문에 바울이 그를 책망한 것은 정당했다.

단락의 나머지 부분(2:12–14)은 그러한 책망을 설명하는데, 이는 접속사 "[왜냐하면]"(γάρ)으로 표시된다. 베드로는 처음 안디옥에 이르렀을 때 이방인들과 함께 자유롭게 식사했다. 하지만 "야고보에게서 온 어떤 이들"이 이르자, 베드로는 믿지 않는 유대인들에게 받을 핍박을 두려워하여 이방인들과 함께 먹는 것을 중단했다. 베드로가 외식한 결과가 2:13에서 이어진다. 나머지 유대인 그리스도인들, 심지어 바나바까지 베드로의 외식에 동요되어 이방인들과 함께 먹기를 그만두었다. 이러한 상황, 즉 베드로의 외식과 그것이 다른 이들에게 미친 영향이 2:11–13에 나온다. 바울의 대응은 2:14에서 시작된다. 베드로가 복음에 따라 살지 않았기 때문이다. 바울은 베드로의 행동이 일관성이 없다는 것에 초점을 맞춘다. 베드로는 이미 이방인처럼 살고 있었기 때문에, 그가 이제 이방인들에게 유대인처럼 살도록 강요하는 것은 의미가 없었다.

1. Fung, *Galatians,* 105에서 이것을 바르게 설명한다.

2. 이 경우 다수 사본과 서방 증거에서는 '베드로'라는 표현을 지지하지만, 다시 한 번 외적 증거에 따르면 '게바'가 원본에 가깝다.

3. 참고. Schnabel, *Jesus and the Twelve,* 784.

4. 같은 책, 785.

5. 2:11–14가 앞선다고 보는 견해로 Munck, *Paul and the Salvation*

석의적 개요

I. 도입: 바울의 복음을 떠나는 것은 복음을 떠나는 것이다(1:1–2:21)
A. 인사: 바울의 사도적 권위(1:1–5)
B. 문제에 대한 설명: 복음을 떠남(1:6–10)
C. 바울의 복음은 사람이 아니라 하나님에게서 왔다(1:11–2:21)
1. 논제: 바울의 복음의 근원은 계시였다(1:11–12)
2. 논제에 대한 증거(1:13–2:21)
a. 과거에 가졌던 적대감(1:13–14)
b. 하나님의 부르심(1:15–17)
c. 그가 유대에서 상대적으로 알려지지 않음(1:18–24)
d. 기둥 같은 사도들이 바울의 권위를 인정함(2:1–10)
e. 베드로를 책망한 것이 바울의 권위를 입증함(2:11–21)
➦ **i. 책망(2:11–14)**
(1) 바울이 베드로에게 맞섬(2:11)
(2) 베드로가 이방인에게서 물러남(2:12)
(3) 베드로의 행위의 결과(2:13)
(4) 베드로에 대한 바울의 반응(2:14)
ii. 전환: 복음의 특성(2:15–21)

본문 설명

갈 2:11 **[하지만] 게바가 안디옥에 이르렀을 때에 책망 받을 일이 있기로 내가 그를 대면하여 책망하였노라**(Ὅτε δὲ ἦλθεν Κηφᾶς[2] εἰς Ἀντιόχειαν, κατὰ πρόσωπον αὐτῷ ἀντέστην, ὅτι κατεγνωσμένος ἦν). "때에"(ὅτε)라는 단어와 함께 내러티브가 이어진다. 베드로가 안디옥에 이르렀던 때는 구체적으로 알 수 없지만, 그가 기적적으로 감옥에서 풀려난 때부터 예루살렘 공회 전 사이의 시기였을 것이다(행 12:17; 15:1–35). 시리아 안디옥은 로마제국에서 대략 세 번째로 큰 도시였으며, 인구는 25만 명이었을 것으로 추정된다.[3] 유대인 인구는 2만 5천 명이었을 것이다.[4]

어떤 학자들은 2:11–14의 사건이 2:1–10을 앞선다고 생각하지만, 게바를 책망한 사건은 2:1–10 이후에 일어났음이 거의 분명하다.[5] 만일 2:1–10이 사도행전의 기근 구제를 위한 방문(행 11:27–30)과 같은 것이라면, 이 안디옥 사건은 사도행전 15장의 예루살렘 공회 이전에 일어났을 것이다.[6] 사람에게 잘못되기 쉬운 속성이 있다

of Mankind, 100–102를 보라. 하지만 학자 대부분은 갈라디아서 2:1–10이 2:11–14을 앞선다고 바르게 주장한다(R. Longenecker, *Galatians,* 63–64; Dunn, *Galatians,* 116, n. 1; Bruce, *Galatians,* 128; Matera, *Galatians,* 88–89; Witherington, *Galatians,* 149).

6. Bruce, *Galatians,* 128–29; R. Longenecker, *Galatians,* lxxxi–lxxxii, 71에서 그렇게 말한다.

는 것을 생각하면 베드로가 예루살렘 공회 후에 그릇 행했을 수도 있다. 하지만 이 문제와 관련된 베드로의 잘못이 공회 전에 일어난 일이라고 생각하면 더 쉽게 이해할 수 있다.

여기서 바울은 베드로와의 관계에 대한 전기를 이야기하는 것에 관심을 두는 것이 아니며, 자신이 베드로보다 뛰어남을 과시하는 것도 아니다. 그가 베드로를 책망한 것을 언급하는 이유는 그 사건이 자신의 복음의 독립성과 권위를 증명하기 때문이다. 바울은 개인적인 감정이나 분노 때문에 베드로를 비난한 것이 아니다.[7] 그는 베드로가 하나님께 죄를 짓는 행위를 했기 때문에 그를 질책했다.[8] 일부 초대 교부들은 여기서 베드로가 죄를 짓는 척했다고 해석했다. 베드로가 잘못을 행하는 것처럼 가장하여 바울이 그를 책망함으로써 모두가 교훈을 얻게 했다는 것이다.[9] 알렉산드리아의 클레멘트(Clement of Alexandria)는 여기에 언급된 게바가 사도 베드로가 아니었다고 주장했다.[10] 이러한 해석은 베드로의 명성을 지키려는 필사적인 노력이다. 하지만 사도들도 죄를 짓고 하나님의 영광에 이르지 못했다고 인정하는 편이 더 나을 것이다.

또 어떤 사람들은 바울이 베드로를 개인적으로 권면하지 않고 공개적으로 책망함으로써 죄를 지은 것은 아닌지 묻는다. 바울은 예수님의 가르침에 따라 모든 사람 앞에서 베드로를 질책하는 대신 그에게 개인적으로 말해야 했는가(참고. 마 18:15-17)? 공개적인 책망은 정당한 것이었다. 베드로가 공개적인 영역에서 죄를 범했으며, 다른 이들이 그의 예를 따름으로써 그의 죄가 공개적인 결과를 낳았기 때문이다.[11] 따라서 베드로의 죄가 미쳤던 광범위한 영향에 비추어 보면 공개적인 질책이 필요했다.[12]

갈 2:12a-b 야고보에게서 온 어떤 이들이 이르기 전에 게바가 이방인과 함께 먹다가(πρὸ τοῦ γὰρ ἐλθεῖν τινας ἀπὸ Ἰακώβου μετὰ τῶν ἐθνῶν συνήσθιεν). 바울은 무엇이 자신으로 하여금 베드로를 책망하게 했는지 더 구체적으로 말한다. 베드로가 이방인과 함께 식사한 것은 야고보에게서 온 사람들이 도착하기 전까지 지속했던 행위였음이 확실하다[미완료 동사 "함께 먹다가"(συνήσθιεν)를 보라].[13] 베드로는 그들이 오기 전에 구약에서 금지된 음식을 정기적으로 먹었던 것이 분명하다. 바울이 전하는 이야기는 무수한 질문을 낳기 때문에, 현대 독자는 그가 이 사건을 더 자세히 설명해 주기를 바란다. 우리는 원독자와 역사적으로 너무나 멀리 떨어져 있다는 사실을 깨닫는다.

주의 형제 "야고보에게서 온 어떤 이들"[14]이 안디옥에 이르렀다. 그들은 야고보의 지시에 따라 안디옥에 왔을 가능성이 가장 크다. 안디옥에 있는 베드로와 여러 유대인 그리스도인의 행위에 관한 소식이 예루살렘

7. Richardson은 바울이 베드로를 잘못 정죄했다고 주장한다. 베드로는 고린도전서 9:19-23에서 바울 자신이 세운 순응의 원리를 따랐을 뿐이라는 것이다. "Pauline Inconsistency: I Corinthians 9.19-23 and Galatians 2.11-14", *NTS* 26(1979-80): 347-62. 하지만 Richardson의 논증에는 심각한 결함이 있다. D. A. Carson, "Pauline Inconsistency: Reflections on I Corinthians 9.19-23 and Galatians 2.11-14", *Churchman* 100(1986): 6-45를 보라.

8. 하나님 앞에서 죄를 지었다고 하는 개념을 지지하는 것으로 R. Longenecker, *Galatians*, 72; Ulrich Wilckens, "ὑποκρίνομαι", TDNT, 8:568, n. 51을 보라. 그는 단순히 스스로 정죄한 것이 아니었다(Guthrie, *Galatians*, 84와 대조적으로).

9. 예를 들어, Chrysostom, *Galatians*, 18-20. 초대 교부들의 견해에 대한 요약으로 Bruce, *Galatians*, 133-34를 보라.

10. Eusebius, *Eccl. Hist.* 1.12.

11. 여기서 *Augustine's Commentary on Galatians*, 145; Bruce, *Galatians*, 132; George, *Galatians*, 179를 참고하라.

12. 바울이 베드로를 책망한 것은 레위기 19:17과 신명기 19:15에 대한 그의 이해에 근거했을 수 있다. 이러한 문제에 대한 논의는 Ciampa, *The Presence of Scripture in Galatians 1 and 2*, 172-76을 보라.

13. Betz, *Galatians*, 107에서 그렇게 말한다.

14. Robinson은 여기서 정확한 독법이 '어떤 것들'(τινα)이며, 사도행전 15장의 법령의 규정을 가리킨다고 주장한다("The Circumcision of Titus and Paul's 'Liberty'", ABR 12[1964]: 40-42). 사도행전 15장과 갈라디아서 2장 사이 관계의 면에서 이러한 독법이 가능성이 낮은 것은, 사도행전에 따르면 바울은 그곳에 있으면서 그 법령의 규정에 동의했기 때문이다. 어떤 경우든(이 각주의 끝을 보

까지 이르렀던 것이 분명하다. 야고보는 전령에게 어떤 메시지를 맡겼는가? 전령은 그것을 정확히 베드로에게 전달했는가?[15] 아마도 그들은 베드로와 다른 유대인이 이방인과 함께 먹는 것에 염려를 표현하고, 음식에 관한 구약 율법을 지키지 않을 때 일어날 결과를 두려워했을 것이다. 우리는 야고보와 다른 팔레스타인 유대인 그리스도인들이, 베드로와 그의 동료들이 식사에 관한 규정들을 저버리고 있다는 소식을 듣고 걱정했으리라 상상할 수 있다. 그러한 소식은 예루살렘에 있는 믿지 않는 유대인들에게 수치스러운 일이었을 것이며, 고향에 있는 많은 그리스도인 유대인까지도 근심하게 했을 것이다.

하지만 야고보가 베드로에게 이방인과 함께 식사하는 것을 중지하도록 요구했다는 결론은 증거를 과도하게 해석하는 것이다. 여기서 바울은 야고보가 아니라 베드로만 비판하기 때문이다. 실제로 바울은 바로 앞에서 야고보가 자신의 복음에 동의했다고 썼다(2:1-10). 최종적으로, 우리는 야고보가 전령에게 무엇을 말하라고 시켰는지 분명히 알 수 없음을 인정해야 한다.

베드로가 이방인과 함께 식사하고 있었다는 것은 무슨 의미인가?[16] 가장 자연스러운 해석은 베드로가 더 이상 구약의 음식 규정을 지키지 않고 이방인과 함께 식사하고 있었다는 것이다. 베드로의 입장에서 그러한 행동은 사도행전 10:9-16에서 그가 받았던 환상과 일치한다. 하나님은 모든 음식이 정결하다고 선언하셨으며, 베드로는 고넬료와 그의 이방인 동료들을 방문하여 그들에게 복음을 선포했다(참고. 막 7:19). 베드로가 고넬료를 방문했을 때 이방인 음식을 먹었을 가능성이 크다. 그러한 행동은 대부분의 유대인에게 근심뿐만 아니라 수치까지 안겨주었을 것이다. 자신의 종교에 헌신했던 유대인들은 정결한 음식과 부정한 음식에 관한 권고를 심각하게 받아들였다(레 11장; 신 14장). 예를 들어, 다니엘과 그의 친구들은 왕의 음식으로 부정하게 되지 않으려고 채소와 물만 먹었다(단 1:8, 10, 12, 16).

마카비 시대 이후로 유대교의 경계를 나타내는 표지(할례, 안식일, 음식법)가 유대인의 의식에서 가장 중요한 위치를 차지했다. 헬라화 운동은 유대인의 특성을 억압하려 했고, 율법을 지켰던 자들은 박해를 받았다(참고. 1 Macc 1:47, 62; 4 Macc 7:6; Josephus, *Ant.* 11.8.7 §346). 뉴스너(Neusner)에 따르면 바리새인들은 정결법에 따라 모든 삶을 통제하려고 했다.[17] 요세푸스는 부정하다고 여겨지는 고기를 멀리하기 위해 무화과와 견과만 먹었던 제사장들을 언급한다(*Life* 3 §13-14). 유딧(Judith)은 이방인의 고기와 포도주를 멀리했다(Jdt 12:1-2).

실제로 구약 정결법을 지키려는 관심은 유대 문학의 일반적인 주제였다(Add Esth 4:17; Tob 1:10-12; *T. Reu.* 1:10; *T. Jud.* 15:4; *T. Isaac* 4:5-6; 2 Macc 5:27; 4 Macc 1:33-34; 4:26; *Jos. Asen.* 7:1; 8:5; 1QS 5.16-18; *m. ʿAbod. Zar.* 2.3-4;

라) '어떤 것들'(τινα)이라는 이문은 원래의 표현이 아니다. Enno Edzard Popkes는 같은 독법을 받아들이며 한 사람을 염두에 둔 것이라고 주장한다(남성 단수 부정대명사). "'Bevor Einer von Jakobus Kam…': Anmerkungen zur Textkritischen und Theologiegeschichtlichen Problematik von Gal 2,12", *NovT* 46(2004): 253-64. 이 이문을 받아들일 수 없는 것은 그것이 𝔓[46], it[dr], Irenaeus에서만 발견되기 때문이다(참고. Bruce, *Galatians*, 129).

15. Lightfoot은 그들이 야고보가 그들에게 준 권위를 '남용했다'고 주장한다(*Galatians*, 112; 참고. Fee, *Galatians*, 74, n. 69). Schoeps는 야고보에게서 온 자들이 2:4의 거짓 형제들이라고 본다(Schoeps, *Paul*, 67-68). Betz는 그들이 베드로의 행위에 대한 야고보의 날카로운 반대 의견을 정확하게 전달했다고 말한다(*Galatians*, 108-9).

16. 어떤 이들은 여기서 주의 만찬만을 염두에 두고 있다고 주장한다(Schlier, *Der Brief an die Galater*[KEK; Göttingen: Vandenhoeck & Ruprecht, 1965], 83). 혹은 이방인들과의 일반적인 식사만을 생각하기도 한다(Burton, *Galatians*, 104). 하지만 규칙적인 식사와 주의 만찬 모두 생각하고 있을 가능성이 있다. Bruce, *Galatians*, 129; George, *Galatians*, 173; Fee, *Galatians*, 72-73; Robert Jewett, "Gospel and Commensality: Social and Theological Implications of Galatians 2.14", in *Gospel in Paul: Studies on Corinthians, Galatians and Romans for Richard N. Longenecker*(ed. L. Ann Jervis and Peter Richardson; JSNTSup 108; Sheffield: Sheffield Academic Press, 1994), 248에서 그렇게 말한다.

17. Neusner, *The Rabbinic Traditions about the Pharisees before 70*을 보라.

4.8-12).[18] 내 생각에는 베드로가 이방인들과 함께 한 식사는 부정한 음식을 먹는 것을 포함했으며, 이것은 대부분의 유대인을 화나게 했을 것이다. 우리는 왜 베드로가 그것을 중단하라는 압박을 받았는지 이해할 수 있다.

심층 연구

이방인과의 식사

우리는 여기서 베드로가 이방인과 함께 식사했다는 것이 무엇을 의미하는지 더 생각해봐야 한다. 이 문제는 신약 학자들 사이에 상당한 논란을 일으켰다. 먼저 배경을 살펴보자. 경우에 따라 정결법을 따랐던 유대인이 정결법을 지키는 범위 안에서 이방인과 함께 식사했다고 주장한 샌더스(Sanders)의 말은 옳을 것이다.[19] 에슬러는 구약 율법을 따랐던 유대인이 이방인과 식사하면서 음식과 포도주 용기를 같이 사용하지 않았다고 주장한다. 그들은 같은 장소에서 먹었을 수는 있지만(나란히 식사하는 것) 같은 용기에 담긴 음식을 먹지 않았다.[20] 그는 주의 만찬에서 신자들이 같은 잔과 같은 덩어리의 빵을 나누었음을 지적한다(고전 10:16-17).

또한 에슬러는 유대인이 여러 가지 이유로 이방인과 같은 식탁에 앉는 것을 멀리했을 수 있다는 사실을 관찰한다. (1) 유대인은 이방인이 사용한 용기가 부정한 음식에도 쓰였기 때문에, 음식을 준비하는 과정에서 그것들이 부정하게 된 것을 두려워했을 수 있다. (2) 이방인 음식은 그들이 섬기는 우상 때문에 부정했다. (3) 유대인은 자신을 외부인과 구분하는 경계를 세우기 원했다. (4) 유대인의 절제는 우상숭배를 금지한 구약 율법에 대한 이해에서 유래했을 수 있다(출 23:13, 24, 32-33; 34:12-16; 신 7:1-6, 23-26; 12:2-3; *m. Demai* 6.10; *m. ʿAbod. Zar.* 5:3-7; 행 10:28; 11:3).[21] 유대인들 사이에 다양한 입장이 있었을 것이다. 어떤 사람들은 이방인과 같이 먹는 것(유대인들끼리 따로 먹을지라도)도 금지되었다고 생각한 반면, 또 다른 사람들은 구약 정결법을 지키는 범위 안에서 이방인과 함께 먹을 수 있다고 믿었다.

갈라디아서 2:11-14에 대한 가장 단순하고 자연적인 해석은 실제로 베드로가 야고보에게서 온 사람들이 이르기 전에 부정한 음식, 즉 구약 율법에서 금지된 음식을 먹었다는 것이라고 앞에서 주장했다. 하지만 몇몇 학자들은 여기에 동의하지 않는다. 예를 들어, 던은 안디옥에서 베드로와 이방인들이 야고보의 사람들이 오기 전에 이미 기본적인 토라의 음식법을 지키고 있었으며, 야고보에게서 온 사람

18. 모든 미쉬나 본문은 *The Mishnah*(ed. Herbert Danby; New York: Oxford Univ. Press, 1933)에서 인용했다.
19. E. P. Sanders, "Jewish Association with Gentiles and Galatians 2:11-14", in *The Conversation Continues: Studies in Paul & John in Honor of J. Louis Martyn*(ed. Robert T. Fortna and Beverly R. Gaventa; Nashville: Abingdon, 1990), 170-88.
20. Esler, *Galatians,* 88-116.
21. 같은 책, 96-97.
22. James D. G. Dunn, "The Incident at Antioch(Gal 2:11-18)", *JSNT* 18(1983): 12-37; 또한 Matera, *Galatians,* 89에서도 그렇게 말한다. Tomson은 베드로와 바울이 정결법을 어기지 않았으며, 그들을 자유주의자로 생각했던 것은 그들이 이방인과 함께 있었기 때문이라고 주장한다. *Paul and the Jewish Law: Halakah in the Letters of the Apostle to the Gentiles*(CRINT 3/1; Minneapolis: Fortress, 1990), 227-36을 보라. 또한 Mark D. Nanos, "What Was at Stake in Peter's 'Eating with Gentiles' at Antioch?" in *The Galatians Debate: Contemporary Issues in Rhetorical and Historical Interpretation*(ed. Mark D. Nanos; Peabody, MA: Hendrickson, 2002), 282-318; Howard, *Paul: Crisis in Galatia,* xix-xxii; Hays, *Galatians,* 232; Cummins, *Crucified Christ,* 163-69를 참고하라. Sanders는 바울이 안디옥에서 일어났던 일을 과장했기 때문에, 베드로가 실제로 음식법을 어겼다는 견해는 잘못이라고 생각한다. 그는 야고보가 실

들은 그들에게 율법을 더 철저히 지킬 것을 요구했다고 설명한다.[22] 던의 견해를 받아들이기 어려운 이유는 안디옥의 이방인 그리스도인들이 상당 부분 음식법을 지키고 있었다는 증거가 없기 때문이다. 다음과 같은 콘 셔복(Cohn-Sherbok)의 비평은 정당하다. "십일조와 의식상의 정결에 관한 할라카적인 상세한 규정의 일부까지 포함하여, 던은 야고보에게서 온 사람들이 이르기 전 안디옥의 식사 교제가 상당한 수준의 음식법을 준수했다는 자신의 가설을 지지하는 구체적인 증거를 제시하지 않는다."[23]

바울은 야고보의 사람들이 이르기 전에 베드로가 음식법을 상당히 지키지 않았다는 듯이, 그가 이방인처럼 산다고 묘사한다(2:14). 마카비 4서 4:26과의 평행은 그 의미를 밝히는 데 도움이 된다. "유대교를 버리는 것"(ἐξόμυσθαι τὸν Ἰουδαϊσμόν)에 부정한 음식을 먹는 것이 포함되기 때문이다. 갈라디아서에서 바울은 아마도 "유대인답게 사는 것"(ἰουδαΐζειν, 2:14)과 이방인에게 음식법을 강요하는 것이 동일하다고 볼 것이다. 하지만 야고보의 사람들이 오기 전에 베드로가 이방인들과 함께 식사하면서 그들에게 부분적으로 유대교를 따를 것을 요구하거나, 이방인 그리스도인들이 기꺼이 음식 규정 일부를 지킨 것으로 보이지는 않는다. 따라서 안디옥에서 베드로와 이방인들이 "이방인의 음식"(Tob 1:10, RSV)을 먹었다고 결론 내리는 것이 합당해 보인다. 야고보에게서 온 사람들이 나타나기 전에 베드로는 이방인처럼 살고 있었으며(2:14) 이방인과 함께 먹고 있었기 때문이다(2:12).

또한 유대인과 이방인이 함께 식사하거나 유대인이 이방인의 음식법을 따랐던 경우가 일부 있었을지라도, 실제적인 이유에서 그러한 상황은 상당히 드물었을 것으로 보인다. 디오도루스 시쿨루스(Diodorus of Siculus)는 일반적으로 유대인들이 다른 사람과의 식사 교제를 즐기지 않았다고 분명히 말한다(*Bibliotheca Historica* 34.1.2; 참고. Philostratus, *Life of Apollonius* 5.33; Tacitus, *Histories* 5.5.2). 아마도 부정한 음식을 먹는 것을 피하기 위함이었을 것이다. 그리고 갈라디아서 2:11-14에는 베드로가 이방인과 함께 먹는 동안 음식법을 준수했다는 말이 없다.[24]

갈 2:12c-f 그들이 오매 그가 할례자들을 두려워하여 떠나 물러가매(ὅτε δὲ ἦλθον,[25] ὑπέστελλεν καὶ ἀφώριζεν ἑαυτόν φοβούμενος τοὺς ἐκ περιτομῆς). 베드로는 야고보에게서 온 사람들이 이르기 전에 이방인들과 식탁을 함께하고

제로 관심을 가졌던 것은 베드로가 이방인들과 너무 많이 접촉해서 그의 평판을 위태롭게 하고 있다는 것이었다고 말한다. Sanders, "Galatians 2:11-14", 185-87을 보라.

23. Dan Cohn-Sherbok, "Some Reflections on James Dunn's 'The Incident at Antioch(Gal 2:11-18)'", *JSNT* 18(1983): 70-71. 그의 비평 전체는 유용하다(68-74). Houlden 또한 Dunn의 입장이 그가 말하는 초대 기독교의 재구성의 면에서 그럴듯하지 않음을 보여준다("A Response to J. D. G. Dunn", *JSNT* 18[1983]: 58-67). 또한 Burton, *Galatians,* 104; Betz, *Galatians,* 107의 논의를 보라.

24. Ciampa는 비록 엄밀하게 말해서 부정한 음식을 멀리하는 것이 음식법을 따르는 것이지만 이방인 음식을 멀리하는 것에 이방인과 함께 먹는 것도 포함해야 한다고 바르게 주장한다(*The Presence of Scripture in Galatians 1 and 2,* 162-63, n. 17). 또한 Witherington, Galatians, 153, n. 99를 보라. 대조적으로 Bauckham, "James, Peter, and the Gentiles", 124; Michael F. Bird, *The Saving Righteousness of God: Studies on Paul, Justification, and the New Perspective*(Eugene: Wipf & Stock, 2007), 119-40.

25. '그가 왔다'나 '그것이 왔다'나 '어떤 것들이[3인칭 단수 동사의 중성 복수 주어] 왔다'는 독법(ἦλθεν)은 다양한 본문 유형의 증거에서 상당한 지지를 얻고 있다($\mathfrak{P}^{46vid}$, ℵ, B, D*, F, G, 33, 330, 2492 등). 따라서 그것은 Popkes가 2:12에서 '어떤 사람'(τινα)을 선호하는 근거가 된다("Bevor Einer von Jakobus Kam", 253-64). 다른 사본들은

부정한 음식을 먹었다. 야고보에게서 온 이들은 베드로가 부정한 음식을 먹는 것에 관해 야고보와 여러 유대 신자들이 관심을 갖고 있다고 알렸을 것이다. 베드로는 이방인들에게서 물러나 거리를 두는 것으로 반응했다. 여기에 쓰인 미완료 동사들(ὑπέστελλεν καὶ ἀφώριζεν)은 여러 가지로 해석될 수 있다. 아마도 베드로는 이방인들에게서 서서히 점차적으로 물러났을 것이다.[26] 혹은 이 동사들이 동작의 시작을 나타낸다고 해석하여 이방인들과 함께 먹는 것을 갑자기 중단했다고 볼 수 있다. 동사의 의미를 분명히 파악하는 것은 불가능하다. 어쨌든 베드로는 이방인과 함께 먹는 것을 중단했다. 그리하여 야고보에게서 온 자들은 아마도 베드로가 구약이 부정하다고 말하는 음식(레 11:1–44)으로 자신을 부정하게 한다고 고발할 수 없었을 것이다.

베드로가 물러난 것은 그의 신학이 변했기 때문이 아니다. 그가 자극을 받은 이유는 할례받은 자들을 두려워했기 때문이다. 분사 "두려워하여"(φοβούμενος)는 원인의 용법으로서 베드로가 물러난 원인을 설명한다. 그런데 "할례자들"(τοὺς ἐκ περιτομῆς)은 누구인가? "할례자들"(οἱ ἐκ περιτομῆς)이라는 표현은 신약에서 여러 방식으로 사용된다(행 10:45; 11:2; 롬 4:12; 골 4:11; 딛 1:10).[27] 어떤 문맥에서는 단순히 유대인들을 뜻한다(롬 4:12). 사도행전에서는 유대인 그리스도인들을 뜻하며, 아마도 특별히 구약 율법에 보수적이었던 자들을 강조한 표현일 것이다(행 10:45; 11:2). 골로새서에서도 유대인 그리스도인들을 나타내지만(골 4:11), 그들이 율법에 보수적이었다는 암시는 없다.[28] 디도서에서 "할례파"는 거짓 선생들을 가리키는데, 그들은 유대인이었음이 분명하다(딛 1:10). 어쨌든 디도서나 다른 목회서신에서 바울의 대적들이 할례를 요구했다는 증거는 없다. 결론적으로, "할례자들"이라는 표현은 상황에 따라 다르게 사용되기 때문에 문맥으로 그 의미를 분별해야 한다.

갈라디아서 2:12의 "할례자들"은 유대인 그리스도인,[29] 혹은 믿지 않는 유대인을 가리킬 수 있다.[30] 그들이 유대인 그리스도인이라고 생각하는 사람들은 그들이 야고보에게서 온 사람들과 동일하다고 주장한다.[31] 이 경우에는 베드로가 야고보와 그의 동료들이 자신과 이방인들이 함께 식사하는 것에 대해 말하는 것을 두려워한 것이다. 그러한 견해는 가능하기는 하지만 두 가지 이유 때문에 가능성이 낮다. (1) 야고보가 베드로의 행위를 우려했을 수 있지만, 베드로의 잘못에 대한 책임이 야고보에게 있다고 바울이 생각했을지 의심스럽다.[32] (2) 그러한 견해는 베드로가 야고보를 두려워했다는 것을 요구하는데, 그랬을 가능성은 낮아 보인다.[33]

다른 가능성은 할례당이 할례를 요구했던 안디옥 사람들과 유사하거나, 심지어 그와 동일한 유대인 그리스도인들을 가리킨다는 것이다(행 15:1). 엘리스는 "할례자들이 유대인 그리스도인 당파와 가장 가깝다"고 말한

복수의 '그들이 왔다'(ἦλθον)를 지지한다(A, C, D^2, H, K, P, Ψ, 81, 614, 1739 등). Metzger가 보듯이 필경사가 단수형을 사용하기 쉬었던 것은 단수형 '그가 왔다'(ἦλθεν)가 2:11에 나타나며 2:12에서 세 동사가 '–εν'으로 끝나기 때문이다('그는 먹고 있었다'[συνήσθιεν], '그는 떠났다'[ὑπέστελλεν], '그는 물러갔다'[ἀφώριζεν]). 따라서 여기서는 동화가 일어난 것으로 보는 것이 적절하다(참고. Metzger, *Textual Commentary*, 523–24).

26. R. Longenecker, Galatians, 75; Matera, *Galatians*, 90.

27. 이 표현은 이 모든 구절에서 정확하게 같지 않지만 이곳에 함께 놓을 수 있을 만큼 충분히 유사하다.

28. 대조적으로 Ellis는 그들이 율법을 엄격한 태도로 대했다고 생각한다(*Prophecy and Hermeneutic*, 121, 124). 그와 대조적으로 이 표현이 그것이 나타나는 모든 곳에서 같은 의미를 지닌다고 결론을 내려서는 안 된다. 문맥에서 그 표현이 의미하는 것을 분별해야 한다.

29. Lightfoot, *Galatians*, 112; Burton, *Galatians*, 107; Betz, *Galatians*, 109; Matera, *Galatians*, 86; Hays, *Galatians*, 234; Bird, *Saving Righteousness of God*, 125–26에서 그렇게 말한다.

30. Munck는 이 두 견해 대신 이방인 그리스도인에 대한 언급으로 본다(*Paul and the Salvation of Mankind*, 106–8). 하지만 이러한 견해는 분명히 잘못된 것이며, 많은 지지를 얻지 못한다.

31. Burton, *Galatians*, 107; Martyn, *Galatians*, 236–40(하지만 그는 또한 그들을 2:3–5에 나오는 거짓 형제와 동일시한다); Betz, *Galatians*, 107–9; Smiles, *Gospel and Law in Galatia*, 89–91.

32. 참고. Guthrie, *Galatians*, 84.

다.[34] 하지만 갈라디아서 2:4에서 바울이 "거짓 형제들"이라고 부르는 자들을 베드로가 왜 두려워하겠는가? 2:1–10에서 베드로가 바울을 도와 할례 문제에 대해 거짓 형제에 맞서며, 사도행전 15장의 이야기가 나중의 상황이라면 베드로는 또다시 유대인 '그리스도인들'에 맞서고 있는 것이다. 따라서 베드로가 여기서 유대인 그리스도인들을 두려워하고 있다고 믿기 어렵다.

그런데 또 다른 가능성이 있다. 할례자들이 믿지 않는 유대인을 가리킨다는 것이다. 어떤 이들은 그들이 토라에 대한 자신들의 견해를 따르지 않는 자들을 박해하고, 정치적으로 활발히 활동하던 유대인이라고 생각한다.[35] 사도행전 11:1–18에서 베드로가 할례를 주장했던 유대인 그리스도인들을 두려워하지 않았음을 볼 수 있다. 베드로는 그들에게 자신의 행위가 정당한 이유를 설명했다. 하지만 만일 그리스도인을 박해하거나, 유대인 그리스도인이 토라를 떠난 경우 그들을 더욱 박해할 수 있는 믿지 않는 유대인들이 "할례자들"이었다면 베드로가 두려워했을 가능성이 더 커 보인다.[36] 야고보에게서 온 자들은 안디옥에 거주하는 유대인 그리스도인들이 음식법을 떠나고 이방인들과 함께 식사한다는 소식 때문에 유대인 그리스도인들에 대한 박해의 위협이 증가하고 있다고 말했을 수 있다.[37] 베드로는 자신의 행위가 믿는 동료 유대인들에게 미치는 결과를 두려워했고, 그리하여 그리스도 안의 유대인 신자들을 보호하기 위해, 그리고 아마도 유대인 그리스도인들의 분열을 막기 위해 이방인들과 함께 식사하는 것을 중단했을 수 있다.[38]

갈 2:13 남은 유대인들도 그와 같이 외식하므로 바나바도 그들의 외식에 유혹되었느니라(καὶ συνυπεκρίθησαν αὐτῷ καὶ οἱ λοιποὶ Ἰουδαῖοι, ὥστε καὶ Βαρναβᾶς συναπήχθη αὐτῶν τῇ ὑποκρίσει). 베드로의 행위가 가져온 충격은 즉각적이고 명백했다. 나머지 유대인 그리스도인들도 이방인들과의 식사를 중단했다. 베드로가 미친 영향은 너무나 극적이어서 이방인 선교에 앞장섰던 바나바도 이방인과 함께 먹는 것을 중단했다. 바울은 베드로와 그에게 영향받았던 자들의 동기가 외식이라고 말한다.[39] 다시 말해, 베드로와 그의 동료들은 신념에 따라 행하지 않고 두려움 때문에 움직였다는 것이다.

많은 신약 학자들은 여기서 본문의 의도에서 벗어나 베드로와 바울이 다른 신학을 가졌다고 주장한다.[40] 상당수가 이 지점에서부터 베드로와 바울의 분리를 단정한다. 그리고 우리는 바우어(F. C. Baur)가 주장했던 유명한, 바울의 기독교와 베드로의 기독교 사이의 불일치를 떠올린다. 물론 그러한 이론들은 갈라디아서 본문과 일치하지 않으며 다른 역사적 재구성을 제공한다. 바울은 베드로가 새로운 확신에 근거하여 이방인과 함께 식사하는 것의 태도를 바꿨다고 말하지 않는다. 대신 그는 베드로와 그와 함께한 사람들이 두려움 때문에 행동했

33. Bruce, *Galatians*, 131에서 이것을 바르게 말한다. 참고. R. Longenecker, *Galatians*, 74; Fung, *Galatians*, 108.

34. Ellis, *Prophecy and Hermeneutic*, 117.

35. Jewett, "Agitators", 340–41; Bruce, *Galatians*, 130–31; R. Longenecker, *Galatians*, 74–75; Witherington, *Galatians*, 154–56. Nanos는 열심당원들의 활동이 후에 시작되었다고 말하며, 어떤 경우든 그들이 안디옥에서 일어나고 있는 일에 영향을 줄 수 있었다는 것이 의심스럽다고 주장한다("What Was at Stake?" 291). 하지만 대적들은 유대인으로서 열심당원이 아니더라도 율법에 헌신되었을 수 있다(Muddiman, "Anatomy of Galatians", 263에서 그렇게 말한다).

36. Jewett, "Agitators", 340–41. 여기서 Leonard Goppelt, *Apostolic and Post-Apostolic Times*(trans. Robert A. Guelich; London: Adam & Charles Black, 1970), 59를 참고하라.

37. 1세기 긴박했던 유대인의 사회적 상황에 대한 Dunn의 요약은 유용하다("Incident at Antioch", 7–11).

38. 여기서 D. A. Carson, *Love in Hard Places*(Wheaton: Crossway, 2002), 150–60을 보라.

39. Bruce는 동사 '나는 위선적으로 행동한다'(ὑποκρίνομαι)가 고전 헬라어에서 배우들이 하는 일을 가리킨다고 지적한다(*Galatians*, 131).

40. 예를 들어, Howard, Paul: *Crisis in Galatia*, 24–28, 41–45; Dunn, *Galatians*, 125–26, 130–31; Betz, *Galatians*, 108–10; Matera, *Galatians*, 90. 이 견해와 대조적으로 이 문제에 대해 오래전에 Lightfoot이 말한 지혜로운 논평을 보라(*Galatians*, 354, n. 1).

다고 책망한다.[41] 본문에 따르면 베드로와 바울은 여전히 신학적으로 일치하고 있다. 바울은 베드로가 자신의 확신에 반하여 행동했기 때문에 그를 책망했다.[42]

다른 시나리오를 단정하는 현대 학자들은 크게 불리한 입장에 놓인다. 그들은 단지 그 사건에 대한 바울의 묘사가 의심스럽다는 것을 근거로 그렇게 주장할 수 있지만, 어떤 일이 일어났는지에 대한 다른 역사적 접근은 하지 못한다. 흥미롭게도 몇몇 초대 교부들은 "외식"이라는 단어가 사용된 것에서 베드로와 바울이 교회에 교훈을 주기 위해 연기하고 있다고 주장했다.[43] 달리 말해, 사실 베드로는 두려움 때문에 죄를 지은 것이 아니라 단지 죄를 짓는 척했고, 그리하여 바울이 베드로를 책망함으로써 거기 있던 다른 이들에게 교훈을 주었으리라는 것이다. 다시 한 번 말하지만, 그러한 재구성은 본문에서 이탈한 것이며 베드로가 비판받지 않게 하려는 시도임이 분명하다.

우리는 베드로와 바울이 이 사건 후 화해하지 않았다는 견해를 더 논의할 필요가 있다. 많은 학자들이 안디옥 교회가 바울을 받아들이지 않았으며, 이 시점에서부터 바울이 독자적인 길을 걷기 시작했다고 주장하기 때문이다.[44] 실제로 그들은 여기서 베드로와 바울의 의견 차이가 이전에 그들이 일치를 이루었던 것(2:1-10)이 훗날 무효가 되지는 않았더라도, 크게 수정되었음을 가리킨다고 주장한다. 하지만 갈라디아서 안의 논증을 고려할 때 그러한 역사적 재구성은 가능성이 낮다. 2:1-10에서의 예루살렘 사도들 사이의 일치가 훗날 상당 부분 부인된다면, 바울이 갈라디아서에 그 사건을 포함시키는 것은 독자를 속이는 일이다.

더욱이 결국 세상의 주목을 받았으리라 추정되는 차이들을 숨기려 하는 것은 성공을 거둘 수 없었을 것이다. 바울은 어리석지 않았다. 그는 기둥 같은 사도들이 자신과 의견을 달리하면, 자신의 유대인 대적들이 분명히 그 사실을 알아차리고 공개적으로 선포하리라는 것을 알았다. 2:1-10에서 말하는 합의를 결국 파기했다면, 그 구절에서 바울의 예루살렘 사도들에 대한 호소는 어리석고 쓸모없는 일일 것이다. 이 논증에서 바울의 책망은, 베드로가 정말로 그것을 책망으로 받아들였을 경우에만 효과가 있다.

달리 말해, 베드로는 그의 확신이 아니라 두려움에 기인해서 행동했기 때문에, 그가 바울의 질책에 긍정적으로 반응했다고 믿을 이유가 충분하다는 것이다. 물론 베드로의 반응이 주요 논점은 아니다. 바울의 목적이 베드로와 자신이 맺은 관계의 역사를 기록하는 것이 아니라, 갈라디아 사람들에게 자신의 복음을 변호하는 것이었기 때문이다. 그런데 우리는 이미 2:2에서 만일 기둥 같은 사도들이 바울의 복음을 부정한다면 현실적으로 그의 복음이 헛수고가 된다는 점을 살펴보았다. 그러므로 바울은 베드로를 책망한 것이 자신의 복음의 권위를 증명하기 때문에, 그리고 베드로가 그 책망에 긍정적으로 반응했기 때문에 그 사실을 언급했

41. Ciampa는 2 Macc 6:24-26과 4 Macc 6:17-11에서 발견할 수 있는 중요한 평행을 지적한다. 거기서 외식은 다른 이들을 미혹한다. 이 두 본문에서 외식이 유혹이 되는 것은 율법에 순응하면 박해를 당하기 때문이다(Ciampa, *The Presence of Scripture in Galatians 1 and 2*, 167-68을 보라).

42. Howard는 바울이 베드로가 마음을 바꾼 것 때문에 그를 위선자로 불렀다고 주장하지만(*Paul: Crisis in Galatia*, 26-27), 본문은 베드로가 확신에서가 아니라 두려움 때문에 행동을 바꾸었다고 말한다.

43. Clement of Alexandria는 여기서 사도 베드로가 아닌 다른 게바를 염두에 두고 있다고 주장했다! Origen은 바울이 베드로와 맞선 것이 가장된 것이라는 생각을 변호했으며, Jerome도 마찬가지다. 하지만 Augustinus는 Jerome과의 편지에서 그러한 견해가 가진 약점을 밝혔다. 초기 교회의 논쟁에 대한 개관은 Lightfoot, *Galatians*, 128-32를 보라.

44. Baur 이후로 이러한 견해가 신약 학문에서 일반적인 것이 되었다. F. C. Baur, *Paul the Apostle*, 270, 274-80, 303-5(예를 들어, Betz, *Galatians*, 104; Martyn, *Galatians*, 15, 222-28, 236; Lührmann, *Galatians*, 44-45를 보라).

45. 대조적으로 Howard, *Paul: Crisis in Galatia*, 22.

46. Schnabel, *Paul and the Early Church*, 1005-6.

47. 베드로 저작설에 대한 지지는 Thomas R. Schreiner, *1, 2 Peter, Jude*(NAC; Nashville: Broadman & Holman, 2003), 255-76을 보라. 이 편지를 익명의 저자가 쓴 글로 보더라도 그것은 바울에게 경의

을 것이다.[45]

또한 슈나벨(Schnabel)이 지적하듯이, 갈라디아서 이후에 기록된 서신에서 베드로와 바울이 통일된 견해를 가졌다는 상당한 증거를 발견할 수 있다.[46] 고린도전서에서 바울은 베드로의 신학에 대해 아무런 문제를 언급하지 않으며 그를 소개하고(1:12; 3:22; 9:5; 15:5), 고린도전서 15:3-11에서는 자신과 베드로와 야고보가 같은 복음을 선포한다고 분명하게 선언한다. 또한 베드로후서 3:15-16에서 우리는 베드로와 바울 사이의 불일치가 영원하지 않았다는 증거를 더 발견한다.[47]

갈 2:14a-b 그러므로 나는 그들이 복음의 진리를 따라 바르게 행하지 아니함을 보고 모든 자 앞에서 게바에게 이르되… 하였노라(ἀλλ᾽ ὅτε εἶδον ὅτι οὐκ ὀρθοποδοῦσιν πρὸς τὴν ἀλήθειαν τοῦ εὐαγγελίου, εἶπον τῷ Κηφᾷ[48] ἔμπροσθεν πάντων). 베드로와 그의 예를 따랐던 자들의 행위에 대한 바울의 반응은 그의 사도적 권위를 확증한다. 바울이 베드로가 복음에서 벗어난 것을 바로잡고 있기 때문이다. 이 부분에서 인용 부호가 어디까지 연장되는지는 뒤에서 논의할 것이다.

여기서는 베드로의 행위가 "복음의 진리"(τὴν ἀλήθειαν τοῦ εὐαγγελίου)를 타협하는 것으로 간주되었다는 데 주목할 필요가 있다. 2:5에서 바울은 "복음의 진리가 항상 너희 가운데 있게 하기 위하여"(ἵνα ἡ ἀλήθεια τοῦ εὐαγγελίου διαμείνῃ πρὸς ὑμᾶς), 디도에게 할례를 주라는 거짓 형제들의 압력에 저항했음을 갈라디아 사람들에게 알린다. "복음의 진리"라는 표현의 반복은 베드로가 이방인에게 음식법을 강요하는 것이 디도에게 할례를 강요하려는 노력과 다르지 않음을 드러낸다. 바울에게는 복음 자체가 걸린 문제였다. 사실상 베드로는 구원을 위해 이방인들에게 음식법을 지키도록 요구하는 것이나 마찬가지였기 때문이다. 베드로가 이방인들이 음식법을 지키는 조건으로 그들과 함께 식사하려 했다면, 사실상 이방인이 정결법을 지키지 않으면 진정한 신자가 아니라고 말하는 것과 같았다. 따라서 그는 복음의 진리와 관련하여 "바르게 행하지 않고"(οὐκ ὀρθοποδοῦσιν) 거기에서 벗어나고 있었다. 그리고 베드로의 죄는 공개적이라는 특성을 띠었기 때문에 바울은 모두의 면전에서 베드로를 바로잡아야 했다. 그래서 바울은 공개적으로 베드로를 책망했다.

갈 2:14c-e 네가 유대인으로서 이방인을 따르고 유대인답게 살지 아니하면서 어찌하여 억지로 이방인을 유대인답게 살게 하려느냐(Εἰ σὺ Ἰουδαῖος ὑπάρχων ἐθνικῶς καὶ οὐχὶ Ἰουδαϊκῶς ζῇς[49] πῶς τὰ ἔθνη ἀναγκάζεις ἰουδαΐζειν;). 바울은 베드로의 외식에 주목한다. 베드로는 유대인이다. 이것은 그가 종족적으로 유대 백성 출신이라는 뜻이다. 그는 유대인으로 나고 자랐으므로 토라를 지키는 일에 오랫동안 헌신했다. 하지만 그는 더 이상 유대인으로 살지 않고 이방인처럼 살았다.

를 표하는 이른 베드로 전통이며, 이것은 베드로와 바울 사이에 영구적인 단절이 있었다는 개념과 일치시키기 어렵다.

48. 다시 말하지만, 많은 사본이 '게바'를 '베드로'로 대체하고 있다. 하지만 전자의 표현이 강력한 외적 증거와 이른 시기의 사본의 지지를 얻고 있으며 원본에 가깝다.

49. '그리고 너는 유대인처럼 살지 않는다'(καὶ οὐχὶ Ἰουδαϊκῶς ζῇς)라는 표현에 대해 다양한 독법의 이문이 있다. 네슬 알란드 27판(NA[27])의 독법이 대부분 사본의 지지를 얻고 있다(א, A, B, C, H, P, Ψ, 33, 81, 104, 1175, *pc*). 다른 독법들은 대부분 어순의 변화를 포함하며 의미에 영향을 미치지 않는다. '너는 산다'(ζῇς)라는 단순한 표현이 선호되며($\mathfrak{P}^{46}$, 1881, *pc*, a, b, d), 이것은 예상 밖으로 제한된 지지를 얻고 있지만(Tomson, *Paul and the Jewish Law*, 229에서는 그렇게 생각하지 않는다), 이 본문은 여전히 베드로가 유대인으로 자랐음에도 이방인처럼 살고 있었다는 것을 확증한다. 말했듯이 Tomson은 더 짧은 독법을 받아들이며, 베드로가 전에도 부정한 음식을 먹지 않았다고 주장한다. 비록 베드로는 야고보에게서 온 자들이 이르기 전에 음식법을 지켰을지라도, 그들이 온 후에 그는 이방인들에게 유대인의 삶의 방식을 받아들일 것을 강요하지 않았다는 것이다(227-30). 하지만 이러한 해석이 신빙성이 없는 것은 2:12-14에서 베드로가 전에 이방인들과 함께 먹고 이방인처럼 살았음을 강조하며, 이것은 가장 자연스럽게 그가 부정한 음식을 먹었음을 의미하기 때문이다.

즉, 베드로가 안디옥에 있었을 때 유대 정결법을 지키지 않았다는 것이다. 그는 유대인을 이방인과 구별했던 경계 표지에 집중하지 않았다. 그리스도를 믿는 이방인들은 동등하게 하나님 백성의 일원으로 여겨졌으며, 베드로는 할례나 음식법 같은 유대적 특징들을 강조하지 않았다. 그는 이방인과 식사 교제를 즐기고 그들의 음식을 먹었다. 그리하여 정결법 준수와 하나님의 백성에 속하는 것이 상관없음을 암묵적으로 가르쳤다. 따라서 바울은 베드로가 이방인들과 함께 식사하기 위해 갑자기 그들에게 유대 정결법을 지키도록 요구했던 것을 믿기 어려워한다.

"살다"(ζῇς)라는 단어는 바울이 전형적으로 사용하는 것처럼 오는 세대의 삶을 의미할 가능성이 있다. 그럴 경우 바울은 베드로가 이방인 풍습을 따르고 유대 율법을 지키지 않았다고 할지라도, 그가 그리스도 안에서 새로운 삶을 누리고 있다고 강조하는 것이다. 다시 말해, 베드로는 율법을 지킨 것보다 예수 그리스도를 믿음으로 말미암아 영원한 생명을 얻었다는 것이다. 이러한 해석은 분명 합리적이기는 하지만, 바울은 여기서 "살다"라는 단어를 더 통상적인 의미로 사용하며, 베드로가 매일의 삶에서 어떻게 행동했는지를 말할 가능성이 더 커 보인다.

"살다"라는 단어가 사람이 어떻게 자신의 삶을 사는지를 가리킨다는 것은 일반적인 용법이 아니지만, 바울서신 중 그런 의미로 사용된 예가 있다(롬 7:1). 문맥은 단어의 의미를 정하는 결정적 요인이며, 여기서 바울은 베드로가 이방인과의 관계에서 매일 어떻게 행동했는지를 묘사하는 것으로 보인다. 갈라디아서를 쓰는 시점에는 베드로가 더 이상 이방인들과 함께 식사하지 않았기 때문에, 바울이 현재시제를 사용할 수 없었을 것이라고 반대할 수 있다. 하지만 현재시제는 베드로의 일반적인 습관이 반영되었을 가능성이 있으며, 이 시제를 근거로 갈라디아서가 작성되는 시점에 그가 이방인처럼 살고 있었다고 확대 해석해서는 안 된다.[50]

하지만 베드로의 태도의 변화는 새로운 메시지를 전달한다. 이제 그는 이방인이 하나님 백성의 일원이 되기 위해 유대인처럼 살아야 한다고 암시하고 있는 것이다. "유대인답게 살다"(ἰουδαΐζειν)라는 동사는 에스더 8:17에서도 사용되는데, 거기서 이방인은 유대인을 두려워하여 유대교로 개종하고 할례를 받았다. 요세푸스는 이 동사를 비슷한 방식으로 사용하는데, 그는 메틸리우스(Metilius)라는 사람이 유대인이 되고 할례받기로 약속함으로써 자신의 목숨을 구한 사건을 묘사한다(*J.W.* 2.454; 참고. 또한 *Ant.* 13.257–58).[51] 유대인처럼 사는 것은 유대 율법을 지킨다는 의미다. 그리고 율법 중 논쟁이 되었던 것(안식일, 할례, 정결법)이 중요하게 된 이유는 그것들이 유대인을 이방인과 구별했기 때문이다. 베드로는 이방인들이 음식법을 지키지 않으면 함께 식사할 수 없다고 함으로써, 사실상 그들이 하나님 백성의 일원이 되기 위해 유대인처럼 살 것을 강요하고(ἀναγκάζεις) 있었다.

"억지로…하게 하다"(ἀναγκάζεις)라는 동사는 2:3–5에 나오는 거짓 형제들과의 연결을 만들어 낸다.[52] 앞에서 우리는 베드로가 거짓 형제들처럼 "복음의 진리"를 위태롭게 하고 있음을 보았다. 이제 우리는 거짓 형제들이 디도에게 할례를 강요하려(ἠναγκάσθη, 2:3) 했던 것처

50. Howard, *Paul: Crisis in Galatia,* xxii에서는 대조적인 견해를 말한다. Machen은 '살다'라는 동사의 의미를 분명하고 철저히 다루지는 않지만, 그 동사와 그것의 시제가 뜻하는 바를 이해하는 데 도움을 준다. Machen, *Galatians,* 141–42.

51. Harvey는 '유대인처럼 사는 것'(그는 동사 ἰουδαΐζειν['유대인식이 되다']을 그렇게 해석한다)과 유대인의 신념을 가지는 것을 날카롭게 구분한다("Opposition to Paul", 323–24). 후자가 전자를 형성했기 때문이다. R. Longenecker는 '유대인식이 되다'(ἰουδαΐζειν)가 유대인처럼 사는 것보다 유대인이 되는 것에 초점을 맞추고 있으며, 따라서 이 용어는 유대교로 개종하는 것을 가리킨다고 주장한다(*Galatians,* 78). 심한 구분이 적합하지 않아 보이는 것은 유대인이 되기로 결단하는 자들이 그때부터 유대인처럼 살기로 맹세하기 때문이다.

52. Martyn, *Galatians,* 235에서 이것을 바르게 말한다.

럼, 베드로도 사실상 이방인들이 하나님의 백성에 속하기 위해 유대인이 될 것을 강요했음을 본다. 따라서 베드로의 행위는 자신을 거짓 형제들과 같은 범주에 속하게 한다. 그는 복음의 진리에서 벗어나고 있었으며, 이방인들에게 구원을 위해 유대인의 율법을 받아들일 것을 강요하고 있었다.

그러나 바울은 베드로를 거짓 형제로 보지는 않는다. 베드로는 위선적으로 행한 것이지, 확신에 따라 행동한 것이 아니기 때문이다. 디도에게 할례를 강요했던 자들은 진정한 그리스도인이 아니었다. 그들은 구원받기 위해 할례를 받아야 한다고 믿었기 때문이다. 하지만 베드로는 진정한 신자였다. 베드로의 행위는 자신의 믿음과 모순되었기 때문이다. 여기서 우리는 베드로가 바울의 책망을 듣고 회개했다는 사실을 지지하는 또 다른 증거를 발견한다. 베드로가 회개하지 않았다면, 바울은 그를 2:3-5에 묘사된 자들 같은 거짓 형제로 생각했을 것이다. 1:18과 2:1-10(그리고 앞에서 말했듯, 이후의 바울 서신)에서 바울이 베드로를 진정한 그리스도인으로 확신하고 있음을 분명히 알 수 있다. 어쨌든 바울은 가혹하게 베드로를 견책했다. 베드로의 행위는 이방인들이 하나님의 백성에 속하기 위해 음식법을 지켜야 함을 암시함으로써 의도치 않게 복음을 타협하는 결과를 낳았기 때문이다.

적용에서의 신학

1. 우리는 모두 여러 방식으로 넘어진다

우리는 이 본문에서 사도 베드로 같은 가장 영적이며 앞선 그리스도인도 여전히 죄를 지을 수 있다는 것을 배운다. 야고보는 "우리가 다 실수가 많으니"(약 3:2)라고 말한다. 어떤 그리스도인도 죄가 없는 수준에 이르지 못한다. 그리고 우리가 그리스도인으로서 많은 경험을 쌓을지라도 큰 죄를 지을 수 있다. 이런 사실을 깨달으면 우리는 겸손해진다. 예수님을 떠나서는 우리가 아무것도 할 수 없다는 것(요 15:5)과, 우리의 능력이 자신이 아니라 주님에게서 온다는 것을 알게 되기 때문이다. 우리의 성장은 전적으로 하나님의 자비에 달렸다. 우리 중 누구도 우리가 얻은 것을 자랑할 수 없다. 우리가 얻은 모든 것이 선물이기 때문이다(고전 4:7). 따라서 우리는 영적인 삶에서 지속적으로 깨어 있어야 한다. 오랫동안 사역을 했지만 사역 말기에 불륜에 빠진 목사들을 알고 있다. 우리는 어제의 은혜로 살 수 없다. 매일 새로운 은혜가 필요하기 때문에, 매일 그리스도 안에서 하나님의 은혜를 의지하도록 요청받는다.

2. 죄가 다른 사람에게 미치는 영향

또한 우리는 본문에서 우리의 죄가 다른 사람에게 영향을 미친다는 것, 특별히 기독교 지도자라면 더욱 그렇다는 것을 알 수 있다. 베드로의 죄 때문에 나머지 유대인들과 바나바까지도 휩쓸렸으며, 그들은 베드로의 행동을 모방했다. 우리 중 누구도 혼자 살지 않는다. 우리의 죄는 항상 다른 사람에게 영향을 미친다. 부모들은 자신의 죄가 자녀의 인격 형성에 영향을 미친다는 것을 안다. 그리고 우리는 모두 그리스도인으로서 다른 신자들과 함께 공동체의 삶을 산다. 우리는 그리스도의 몸이며 단순히 개인적인 존재가 아니다. 우리의 개인적인 죄는, 어떻게 그럴 수 있는지 알지 못할지라도 다른 이들에게 영향을 준다.

반대로, 우리의 선한 행위는 다른 이의 삶에 긍정적 역할을 한다. 죄가 전염성이 있듯이 선함도 마찬가지다. 믿음으로 행하는 사람은 다른 이에게 같은 것을 고무한다. 두려움 없이 복음을 전하는 사람들은 다른 이가 두려움 없이 복음을 나눌 수 있는 용기를 준다(빌 1:12–14).

우리는 자신의 영성에 초점을 맞추기 쉽다. 우리는 믿음으로 성경을 읽고 기도로 주님과 함께하고 있는가? 이러한 행위는 중요하다. 하지만 교회의 중요성은 경시하는 경향이 있다. 오늘날 신자들은 너무 자주 성도의 모임에 진정으로 헌신하지 않고 이 교회 저 교회를 방황한다. 우리는 소비자적인 필요 때문에 교회를 떠나며, 종종 자신의 재능을 펼칠 수 있는 교회로만 간다. 하나님은 공동체의 일원이 되고 거기에 속하는 신자들을 사랑하도록 우리를 부르신다. 기본적으로 우리는 자신의 재능을 발휘하기 위해서가 아니라, 다른 이들이 성장하도록 돕기 위해 모인다. 따라서 우리는 자신에게 물어야 한다. "나는 그리스도의 몸에서 다른 이들을 어떻게 섬길 수 있는가? 나는 믿음의 형제자매를 어떻게 격려할 수 있는가? 나는 그들이 신실하게 주님과 동행하도록 어떻게 영향을 미칠 수 있는가?"

3. 다른 신자들을 격려하고 견책하는 일

우리는 신자로서 동료 신자들을 격려하고 견책할 의무가 있다. 우리는 다른 이의 잘못을 지적하기를 주저한다. 자신의 죄를 잘 알고 있기 때문이다. 하지만 하나님은 바른 길에서 떠나 방황하는 자들이 회복하도록 친절하게 부르신다(6:1). 우리 문화에서는 너무 많은 사람이 다른 사람을 내버려두는 것을 사랑이라 규정한다. 하지만 성경은 사랑에는 불의에 맞설 수 있는 용기가 있다고 말하며, 우리가 다른 사람을 사랑하고 그들이 하나님을 깊이 알기를 원하기 때문에 그들을 겸손하게 견책한다고 가르친다.

바울이 베드로를 견책한 이유는 일시적인 분노 때문이 아니었다. 베드로가 복음의 진리에서 떠났음을 상기시키기 위함이었다. 참으로 이 일에는 큰 용기가 필요했다. 바울 홀로 일어서서 베드로를 책망했기 때문이다. 그가 베드로에게 충고한 까닭은 그가 복음을 위태롭게 했기 때문이다. 바울이 개인적으로 하지 않고 공개적으로 베드로의 잘못을 지적한 것은 예수님이 말씀하신 법칙(마 18:15–17)을 어긴 것인가? 그렇지 않다. 베드로는 공개적인 결과를 가져오는 공개적인 잘못을 저질렀다. 따라서 공개적인 견책은 정당했다. 바울은 다른 서신에서 죄를 범한 장로를 공개적으로 견책해야 한다고 가르친다(딤전 5:20). 그들의 죄가 회중 전체에 영향을 미치기 때문이었을 것이다.

또한 우리는 본문에서 견책을 겸손하게 받아들일 것을 배운다. 다른 이들이 우리의 잘못을 지적할 때 그 비판이 진리를 따른 것인지와, 그 책망에 진리의 요소가 있는지를 알기 위해 그것을 하나님께 가져가야 한다. 우리는 자신을 향한 모든 비판을 거부하면서, 다른 이를 권고하고 잘못을 지적하는 특별한 사역을 맡았다고 생각하지는 않는지 주의해야 한다!

CHAPTER 7

갈라디아서 2:15–21

문학적 전후 문맥

우리는 먼저 바울이 베드로에게 하는 말이 2:11에서 시작해서 어디서 끝나는지 살펴봐야 한다. 원래의 사본에 인용 부호가 없기 때문에 분명하게는 알 수 없다. 베드로에게 한 말은 2:14,[1] 2:15, 2:16,[2] 2:18, 혹은 2:21 이후에 끝날 가능성이 있다. 개인적으로 나는 2:14–21 전체가 베드로에게 한 말이라고 보는 것이 가장 합리적이라고 주장한다.[3] 적어도 네 가지 증거가 이 견해를 지지한다. (1) 15절은 2:11–14과 확실하게 구별되지 않는다. (2) 2:15–17의 1인칭 복수 대명사는 유대 그리스도인들을 지칭한다는 것이 가장 자연스러운데, 안디옥에 있는 사람들을 가리킬 것이다. (3) 17절은 베드로를 향한 책망으로 보인다. (4) 3:1에서 새로운 주어가 시작되는데, 이 부분은 갈라디아 사람들에게 직접적으로 하는 말이다.[4] 마테라(Matera)의 말처럼 베드로의 대답이 없는 것도 수사학적 역할을 하며, 그가 바울의 복음에 대답할 말이 없음을 보여준다.[5]

바울은 베드로에게 말하면서 베드로의 행위가 왜 복음을 위태롭게 하는지 근본적인 이유를 개략적으로 밝힌다. 어떤 의미에서 베드로에게 하는 말이 어디서 끝나는지를 밝히는 문제는 중요하지 않다. 본문은 베드로가 아닌 갈라디아 독자를 위해 기록되었기 때문이다. "바울이 형식적으로는 게바에게, 실질적으로는 갈라디아 사람들에게 말하고 있다"는 베츠의 말은 학자들이 어디에서 일치점을 찾는지 요약한다.[6]

본 단락은 1:11에서 시작된, 바울의 복음이 독립적이며 권위를 가졌다는 논증을 끝맺는다. 바울은 자신의 복음이 사람에게서 온 것이 아니라, 예수 그리스도의 계시를 통해 직접 받았다고 주장했다(1:11–24). 사도들은 바울의 복음을 듣고 그것이 진정한 복음임을 인정했다(2:1–10).

1. Betz, *Galatians*, 113–14; Esler, *Galatians*, 139–40.
2. Calvin, *Galatians*, 70에서 그렇게 본다.
3. Fung, *Galatians*, 112. 하지만 그가 말하는 제한들을 보라(105). Hays, *Galatians*, 231.
4. 이 논증은 나의 갈라디아서 강의에서 Joe Rigney가 쓴 연구 보고서의 도움을 받은 것이다.
5. Matera, *Galatians*, 90.
6. Betz, *Galatians*, 114.

또한 2:11–14에서 바울이 베드로를 책망한 사실은 그에게 사도적 권위가 있음을 증명한다. 바울의 복음이 베드로가 잘못된 길로 가고 있을 때 그를 심판하는 위치에 있기 때문이다. 2:15–21은 바울이 전파하는 복음을 요약된 형식으로 담고 있다. 갈라디아서에 대한 베츠의 수사학적 분석은 본 단락이 갈라디아서의 중심임을 정확하게 지적한다. 베츠는 여기에 프로포시티오(propositio)라는 명칭을 붙인다. 편지의 중심 논제라는 뜻이다. 실제로 이 단락은 갈라디아서에서 전환하는 역할을 한다. 바울이 자신에게 사도적 권위가 있음을 더 이상 변호하지 않고, 자신이 전파하는 복음을 서술하기 시작하기 때문이다.

I. 도입: 바울의 복음을 떠나는 것은 복음을 떠나는 것이다(1:1–2:21)
- A. 인사: 바울의 사도적 권위(1:1–5)
- B. 문제에 대한 설명: 복음을 떠남(1:6–10)
- C. 바울의 복음은 사람이 아니라 하나님에게서 왔다(1:11–2:21)
  - 1. 논제: 바울의 복음의 근원은 계시였다(1:11–12)
  - 2. 논제에 대한 증거(1:13–2:21)
    - a. 과거에 가졌던 적대감(1:13–14)
    - b. 하나님의 부르심(1:15–17)
    - c. 그가 유대에서 상대적으로 알려지지 않음(1:18–24)
    - d. 기둥 같은 사도들이 바울의 권위를 인정함(2:1–10)
    - e. 베드로를 책망한 것이 바울의 권위를 입증함(2:11–21)
      - i. 책망(2:11–14)
      - ➦ **ii. 전환: 복음의 특성(2:15–21)**

II. 경험과 성경을 통한 바울의 복음 변호(3:1–4:11)

주요 개념

이 단락의 중심 진리는 하나님과의 바른 관계가 율법을 지키는 것이 아니라(모두가 죄를 짓기 때문에) 오직 예수 그리스도를 믿음으로 말미암아 온다는 것이다. 따라서 율법으로 되돌아가는 모든 자는 지나간 언약으로 되돌아가는 가운데 자신의 죄를 드러낼 뿐이며, 이로써 예수 그리스도의 십자가 안에서 주어지는 하나님의 은혜를 거절하는 결과에 이른다.

번역

갈라디아서 2:15–21

15	16a–b에 대한 양보	우리는 본래 유대인이요 이방 죄인이 아니로되
16a	단언	**사람이 의롭게 되는 것은 율법의 행위로 말미암음이 아니요…알므로**
b	16a와 대조	**오직 예수 그리스도를 믿음으로 말미암는 줄**
c	15–16b에서 유추	우리도 그리스도 예수를 믿나니
d	16e와 대조	이는 우리가 율법의 행위로써가 아니고
e	16c의 목적	그리스도를 믿음으로써 의롭다 함을 얻으려 함이라
f	16d–e에 대한 근거	율법의 행위로써는 의롭다 함을 얻을 육체가 없느니라
17a	17b와 동시 동작	만일 우리가 그리스도 안에서 의롭게 되려 하다가
b	조건	죄인으로 드러나면
c	질문	**그리스도께서 죄를 짓게 하는 자냐**
d	대답	**결코 그럴 수 없느니라**
18a	조건	만일 내가 헐었던 것을 다시 세우면
b	17d의 근거	**내가 나를 범법한 자로 만드는 것이라**
19a	단언	**내가 율법으로 말미암아 율법에 대하여 죽었나니**
b	19a의 목적	이는 하나님에 대하여 살려 함이라
20a	단언	**내가 그리스도와 함께 십자가에 못 박혔나니**
b	20a의 결과	**그런즉 이제는 내가 사는 것이 아니요**
c	20b와 대조	**오직 내 안에 그리스도께서 사시는 것이라**
d	진행	**이제 내가 육체 가운데 사는 것은**
		…하나님의 아들을 믿는 믿음 안에서 사는 것이라
e	설명	나를 사랑하사
f	설명	나를 위하여 자기 자신을 버리신
21a	15–20에서 유추	**내가 하나님의 은혜를 폐하지 아니하노니**
b	조건	만일 의롭게 되는 것이 율법으로 말미암으면
c	21a의 근거	그리스도께서 헛되이 죽으셨느니라

구조

우리는 아마 갈라디아서에서 가장 중요한 부분에 이르렀을 것이다. 바울은 여기서 자신의 복음을 요약한다. 따라서 이 본문은 갈라디아서의 나머지 부분에 대한 해석학적 열쇠의 역할을 한다. 본문의 논증은 2:14에서 바울이 주장한 것을 지지한다. 베드로가 사실상 하나님의 백성에 속하기 위해 모세 율법을 지키도록 이방인들을 압박함으로써 그들에게 유대인들처럼 살라고 강요할 수 없다는 주장이다.

바울은 2:15에서 자신과 베드로가 언약 밖의 죄 많은 이방인이 아닌 유대인으로 태어났으므로 언약 백성에 속한다는 것을 인정한다. 하지만 그들은 모두 그리스도인으로서, 율법의 명령을 지킴으로써가 아니라 오직 예수 그리스도를 믿음으로 말미암아 하나님 앞에서 바르게 된다는 것을 알고 있다(2:16a-b). 따라서 유대인으로서("우리") 율법의 요구에 근거하지 않고, 그리스도 안에 있는 믿음으로 하나님과 바른 관계를 맺기 위해 그들 또한 예수 그리스도를 믿었다. 모두가 율법을 지키는 데 실패하므로 율법의 명령을 행하는 것은 의롭게 되는 근거가 될 수 없기 때문이다(2:16c-f).

2:17에서 바울은 새로운 생각을 이어간다. 이것 또한 바울이 베드로에게 말한 내용일 가능성이 크다. 1인칭 대명사가 유대인으로서의 베드로와 바울에게 초점을 맞추고 있는 것으로 보이기 때문이다. 만일 베드로와 바울이 그리스도 안에서 의롭게 되려고 하다가 이방인처럼 언약 밖에 있는 죄인으로 발견된다면, 그리스도는 그들의 죄에 책임이 있으신가? 바울은 그러한 생각이 터무니없다고 일축한다(2:17). 대조적으로, 율법을 하나님과 맺는 관계의 근거로 되돌리려는 것(2:18)이 그들을 죄인으로 기소할 것이다. 구원의 새 시대가 이르렀으며, 그로써 옛 언약이 힘을 잃었기 때문이다. 이제 모든 신자는 율법에 대해 죽고 하나님에 대해 산다.

다시 말해, 바울(모든 신자와 함께)은 이제 그리스도와 함께 십자가에 못 박혔다(2:20). 바울의 새로운 삶은, 십자가에서 그를 위해 자신을 내주신 그리스도에 대한 믿음 안에서 사는 것이다(2:20). 그러므로 만일 바울(혹은 다른 누군가)이 이방인에게 음식법을 지키라고 요구한다면, 그는 하나님의 은혜를 저버리는 것이다. 율법의 의로 돌아감으로써 그는 그리스도가 헛되이 죽으셨다고 가르치는 것이다(2:21).[7]

석의적 개요

I. 도입: 바울의 복음을 떠나는 것은 복음을 떠나는 것이다(1:1-2:21)

- A. 인사: 바울의 사도적 권위(1:1-5)
- B. 문제에 대한 설명: 복음을 떠남(1:6-10)
- **C. 바울의 복음은 사람이 아니라 하나님에게서 왔다(1:11-2:21)**
  1. 논제: 바울의 복음의 근원은 계시였다(1:11-12)
  2. 논제에 대한 증거(1:13-2:21)

---

7. Silva는 여기서 '왜냐하면'(γάρ)이 반의의 용법이라고 제안한다(*Interpreting Galatians*, 85). 하지만 이어서 그는 생략이 존재한다면 그것은 원인을 뜻할 것이라고 말한다(86).

a. 과거에 가졌던 적대감(1:13-14)

b. 하나님의 부르심(1:15-17)

c. 그가 유대에서 상대적으로 알려지지 않음(1:18-24)

d. 기둥 같은 사도들이 바울의 권위를 인정함(2:1-10)

e. 베드로를 책망한 것이 바울의 권위를 입증함(2:11-21)

i. 책망(2:11-14)

➦ **ii. 전환: 복음의 특성(2:15-21)**

(1) 율법의 행위가 아닌 오직 믿음으로 말미암는 의(2:15-16)

(2) 죄는 그리스도에게서 오지 않는다(2:17)

(3) 죄는 율법으로 되돌아가는 것에서 온다(2:18)

(4) 신자는 십자가에서 율법에 대해 죽었다(2:19)

(5) 신자는 그리스도에 대한 믿음으로 산다(2:20)

(6) 율법으로 돌아가는 것은 십자가의 은혜를 저버리는 것이다(2:21)

본문 설명

갈 2:15 우리는 본래 유대인이요 이방 죄인이 아니로되(ἡμεῖς φύσει Ἰουδαῖοι καὶ οὐκ ἐξ ἐθνῶν ἁμαρτωλοί). 바울은 베드로에게 자신들이 하나님과 언약 관계에 있는 유대인임을 상기시킨다. 그들은 이방인처럼 언약 밖에 있는 죄인이 아니었다.

"…로되"라는 표현은 헬라어를 엄격하게 번역한 것이라기보다, 여기서 바울이 베드로에게 한 말의 해석을 나타낸다. 한편으로 베드로는 유대인으로서 이방인처럼 살고 있었으며(2:14), 다른 한편으로 식사 교제에서 물러남으로써 이방인들에게 유대인처럼 살 것을 요구하고 있었다. 2:15의 "우리"(ἡμεῖς)는 유대인으로서의 베드로와 바울을 지칭한다. 따라서 바울이 베드로에게 계속 말하고 있으므로 2:14에서 시작된 인용이 이어지고 있다고 생각할 이유가 충분하다.

베드로와 바울은 "본래 유대인"(φύσει Ἰουδαῖοι), 즉 유대인으로 태어났다. 그러므로 그들은 하나님의 언약 백성의 일원이자 하나님의 언약의 약속들을 받는 자였다.[8] 바울은 유대인이 죄인이었음을 부정하지 않는다. 그의 요점은 유대인과 이방인이 같은 방식으로 죄인이 아니었다는 것이다. 이방인은 하나님의 언약 백성의 일원이 아니었기 때문에(참고. 엡 2:11-12) 하나님께 구원의 약속을 받지 못한 자였다.[9] 바울은 자신과 베드로가 이스라

8. Martinus C. de Boer, "Paul's Use and Interpretation of a Justification Tradition in Galatians 2.15-21", *JSNT* 28(2005): 193에서 그렇게 말한다.

9. 궁극적으로 율법이 없는 자는 하나님과 언약 관계에 있지 않다. 이러한 표현은 자주 이방인을 가리킨다. 삼상 15:18-19; 시 1:1; 9:17; 37:34-35; 58:10; Sir 7:16; 9:11; 41:5-11; 1 Macc 1:34; 2:44, 48; Tob 13:6; *Jub.* 23:23-24; 24:28; *Pss. Sol.* 1:1; 2:1-2; 17:22-25; 4 Ezra 3:28-36; 눅 6:33.

10. De Boer는 바울이 2:16에서 초기 유대 기독교 전통, 심지어 거짓 선생에게서 파생된 것일 수도 있는 자료를 인용한다고 주장한다("Justification Tradition", 194-97). 하지만 이러한 견해와 대조되는 것으로 Martyn, *Galatians*, 264, n. 158; Ian W. Scott, "Common

엘 백성의 일원으로서 누렸던 위대한 특권들에 초점을 맞추고 있다.

갈 2:16a 사람이 의롭게 되는 것은 율법의 행위로 말미암음이 아니요…알므로(εἰδότες δὲ ὅτι οὐ δικαιοῦται ἄνθρωπος ἐξ ἔργων νόμου). 바울은 유대인이든 이방인이든 어떤 사람(ἄνθρωπος)도 율법의 요구를 지킴으로써 하나님 앞에 옳다고 선언되지 않는다고 주장한다. 베드로와 바울은 유대인으로서 하나님의 언약 백성이었지만, 사람이 행위가 아닌 오직 예수 그리스도를 믿음으로 말미암아 의롭다 함을 얻는다는 것을 알고 있다.

그러한 진술은 분명히 일반적인 유대인의 견해를 반영하지 않는다(참고. 1:13-16). 사람이 예수 그리스도를 믿음으로 의롭다 함을 얻는다는 것에 모든 유대인이 동의하지 않았기 때문이다.[10] 접속사 "[하지만]"(δέ)은 본문비평에서 논란이 있지만 원본에 있었을 것으로 보이며,[11] 15절과 16절 사이의 반의 관계를 나타낸다고 해석되어야 한다. 베드로와 바울은 그리스도인으로서 옛 언약이 충분하지 않으며, 율법의 행위가 아닌 오직 그리스도를 믿음으로 말미암아 의가 온다는 것을 "안다"(εἰδότες).[12] 즉, 바울은 여기서 자신과 베드로가 공유하는 공통된 의견에 호소하고 있다. 사실상 베드로는 이방인들에게 하나님의 백성에 속하려면 음식법을 지키라고 요구했다. 하지만 그리스도인으로서 그는 율법의 요구를 행함으로써가 아니라 오직 예수 그리스도를 믿음으로 말미암아 하나님 앞에 옳은 자가 된다는 것을 알고 있다.

따라서 베드로와 바울은 모두 유대인 됨이 구원의 특권을 수여하지 않는다는 것을 인식했다. 하나님 앞에서 그들은 단지 그분의 은혜가 필요한 평범한 인간이다(그러므로 ἄνθρωπος). 이 시점에서 우리는 갈라디아서의 나머지 부분을 해석하는 방식에 영향을 미치는 정의에 관한 두 가지 사항을 짚고 넘어가야 한다. 바울에게 "의롭게 하다"라는 단어(여기서는 δικαιοῦται)는 어떤 의미인가? 그리고 우리는 "율법의 행위"(ἔργα νόμου)라는 표현을 어떻게 정의해야 하는가? 나는 "의롭게 하다"라는 동사가 '의롭다고 선포하다'를 의미하며, "율법의 행위"가 율법이 명하는 모든 것을 가리킨다고 주장할 것이다. 이 두 가지 쟁점은 심도 있는 논의가 요구된다.

심층 연구

바울 서신에서의 칭의의 의미

"의롭게 하다"(δικαιόω)라는 동사는 이 구절에서 3번 사용된 것을 포함하여, 갈라디아서에서 8번 사용된다(참고. 또한 2:17; 3:8, 11, 24; 5:4). 놀랄 것도 없이 이 동사가 많이 발견되는 다른 곳은 로마서인데, 거기서 그 단어는 15번 나온다[롬 2:13; 3:4, 20, 24, 26, 28, 30; 4:2, 5; 5:1, 9; 6:7; 8:30(두 번), 33]. "의롭게 하다"라는 동사는 심판 날에 하나님이 선언하실 무죄 평결을 가리킨다(롬 2:13). 하나님의 종말론적 평결은 지금 예수

Ground? The Role of Galatians 2.16 in Paul's Argument", *NTS* 53 (2007): 425-35를 보라.

11. 필경사들이 '그러나'(δέ)를 삭제했을 가능성이 있는 것은 그것이 없을 때 분사가 더 자연스럽게 연결되기 때문이다(𝔓[46], A, D[2], Ψ, 𝔐에서 그렇게 되어 있다). 또한 다양하고 오래된 증거들이 그것을 포함하는 본문을 지지한다(א, B, C, D*, F, G, H, 81, 104, 1175, 1241[s], 2464, *pc*, lat).

12. Silva는 여기서 분사가 원인을 뜻하며 주동사에 종속된다고 주장한다. Moises Silva, "Galatians", in *Commentary on the New Testament Use of the Old Testament*(ed. G. K. Beale and D. A. Carson; Grand Rapids: Baker, 2007), 789를 보라. 그것은 15절을 수식할 가능성이 더 크며, 15절은 분사가 말하는 개념에 대한 양보의 의미다.

그리스도를 믿는 자들에게 미리 선포된다.[13] 그리스도의 피로 의롭게 된 자들은 마지막 날에 하나님의 진노에서 구원받을 것이다(롬 5:9). 예수 그리스도와 연합한 자들은 이러한 무죄 평결을 이미 받았고, 하나님은 마지막 날에 그것을 세상에 공개적으로 선언하실 것이다. 하나님이 말씀하실 '무죄' 선언은 세상의 눈에 감추어져 있으며, 신자들은 믿음으로 그 약속을 얻는다.

"의롭게 하다"(δικαιόω)라는 단어의 법정적, 법률적 특성은 구약에 사용되는 "의롭게 하다"(ṣdq)의 동사적 형태에서 유래한다. 재판관은 의로운 자의 무죄를 선포하고 악인을 정죄할 의무가 있다(신 25:1; 참고. 삼하 15:4; 왕상 8:31–32; 대하 6:23; 잠 17:15; 사 5:23). 재판관은 누구도 의롭게 '만들지' 않는다. 의로운 재판관은 실제로 사실인 것을 선언한다. 다시 말해, 동사의 형태는 법정적 영역에 속하며, 바울은 이 동사의 형태를 우리를 변화시키거나 의롭게 '만드는' 의를 가리키는 데 사용하지 않는다.[14] 예를 들어, 하나님은 심판 날에 바울이 주 앞에서 무죄인지 심판하실 것이다(고전 4:4).

바울이 율법을 행하는 자가 의롭다 함을 받으리라고 말하는 것(롬 2:13)은 의의 선포를 의미한다. 하나님은 사람이 의로운지, 즉 그들이 옳고 선한 것을 행했는지 심판하실 것이다. 그들이 의롭게 살았다면, 로마서 2:13에 따라 하나님은 그들이 의롭다고 선언하실 것이다. 웨스터홈(Westerholm)이 주장하듯이 마지막 예는 의에 내포된 일반적인 의미다.[15] 그것이 일반적인 의미인 이유는 인간 재판관이 행하는 방식과 동일하기 때문이다. 그들은 악인을 심판하며, 의로운 자에게 승소 판결을 내린다.

그런데 우리는 또한 바울에게서 웨스터홈이 의의 특별한 의미라고 부르는 것을 발견한다.[16] 이 경우에는, 죄인이 구원받기 위해 예수 그리스도를 신뢰하면 하나님이 그들을 자기 앞에서 옳다고 선언하시는 것을 뜻한다. 이것이 특별한 이유는 그러한 선고가 재판관의 일반적이고도 정의로운 소송 절차를 어기기 때문이다. 죄 있는 자를 옳다고 선고하는 재판관은 표준적인 정의를 어긴다. 물론 바울은 하나님이 어떠한 정의의 기준도 어기시지 않는다고 생각한다. 죄인이 받아야 할 저주를 그리스도가 담당하시기 때문이다(3:10–13).[17] 다음의 네 가지 논증이 법정적 해석을 지지한다.[18]

(1) 로마서 8:33에는 "의롭게 하다"가 지닌 법정적 배경이 분명히 나타난다. "누가 하나님이 택하신 자들을 고발할 것인가? 의롭다 하시는 이는 하나님이다"(ESV). 마지막 날에 누군가 하나님의 법정에서

13. 칭의의 종말론적인 특성에 대한 가장 만족스러운 설명은 Richard B. Gaffin Jr., *"By Faith, Not By Sight": Paul and the Order of Salvation*(Waynesboro, GA: Paternoster, 2006), 79–108을 보라. Rudolf K. Bultmann은 칭의에 대한 미래적 언급(롬 5:19; 갈 2:17; 5:5)을 논리적인 미래와 같은 것으로 생각한다("*Dikaiosynē Theou*", *JBL* 83[1964]: 15). 칭의의 미래적 요소에 대한 최근의 인식에 대해 Paul A. Rainbow, *The Way of Salvation: The Role of Christian Obedience in Justification*(Waynesboro, GA: Paternoster, 2005), 157–74를 보라. 하지만 Rainbow는 칭의를 정의하는 데 이미와 아직 사이의 연결을 분명하게 설명하지 않는다. 권연경은 칭의가 전적으로 미래라고 주장한다(권연경, *Eschatology*, 51–77). 권연경은 현재 시제 동사들이 현재의 시간을 나타내기보다 격언적 의미일 수 있으며 칭의의 종말론적인 특성이 분명히 바울 서신의 주제라고 바르게 주장한다. 하지만 칭의에 대한 그의 1차원적인 설명은 설득력이 떨어진다. 아브라함이 이미 의롭다 함을 받은 것이 분명하기 때문이다(3:6을 보라). 또한 그는 3:14a가 3:14b와 함께 논증의 절정을 형성함에도 3:14b를 3:14에서 과도하게 날카롭게 분리함으로써 자신의 논지를 유지한다(62–63). 덧붙여(권연경의 생각과 달리) 바울은 갈라디아서에서 칭의가 오직 미래의 일이라고 주장하면서 로마서에서는 신자들이 이미 의롭다 함을 받았다고 강조하는 것 같지는 않다.

14. 이것은 Chris VanLandingham의 생각과 대조적이다. 그는 자신의 견해를 자세하게 변호한다(*Judgment and Justification in Early Judaism and the Apostle Paul*[Peabody, MA: Hendrickson, 2006], 241–332). 바울이 여기서 변화시키는 의를 언급하고 있다는 견해에 대한 논의와 반박은 Thomas R. Schreiner, *New Testament Theology: Magnifying God in Christ*(Grand Rapids: Baker, 2008), 353–62를 보라. 나는 또한 그 글에서 의가 언약적 신실함으로 정의되어서는 안

하나님이 택하신 자들을 고발하겠지만, 하나님이 신자들을 자신 앞에서 옳다고 선언하셨기 때문에 모든 고발은 기각될 것이다. 하나님은 재판관으로서 그들이 모든 고발에 대해 무죄하다고 선언하셨다.

(2) 바울은 사람이 믿음으로 의롭게 된다고 자주 말한다(예를 들어, 롬 1:17; 3:22, 26; 4:3, 5, 9, 13; 9:30; 10:4; 갈 2:16; 3:6, 11; 5:5; 빌 3:9).[19] 이 문맥에서 바울은 믿음으로 말미암은 의와 행위로 말미암은 의를 대조한다. 믿음으로 말미암은 의는 하나님이 인간에게 주시는 의의 선물을 가리킨다. 인간은 행함이 아닌 믿음으로 말미암아 의롭게 된다. 따라서 신자에게 주어지는 의가 다른 성질의 것인 이유는, 그것이 신자의 행위가 아니라 그리스도 안에서 하나님이 하시는 일에 근거하기 때문이다. 이는 의가 믿는 자에게 선물로서 주어짐을 암시한다.

(3) 의가 법정적 선언이라는 견해는 의와 용서가 연결된다는 사실로 지지된다. 로마서 4:1-8에서 바울은 자연스럽게 칭의에서 용서로 넘어간다. 다윗이 받은 죄 용서는 그의 칭의(자신이 하나님 앞에서 옳다고 인정받는 것)를 말하는 또 다른 방식이다(롬 4:6-8). 이 개념은 다윗이 하나님에 의해 변화된다는 뜻이 아니다. 이 본문은 다윗의 죄와 그가 하나님께 받은 용서에 초점이 있다. 하나님이 다윗의 죄를 도말하시고 그가 옳다고 선언하시기 때문이다.

(4) 의가 신자의 것으로 여겨진다는(λογίζομαι) 개념은 의가 인간 본연의 것이 아니라, 하나님에 의해 그들에게 주어진다는 사실을 가리킨다(롬 3:28; 4:3-6, 8-11, 22-24; 9:8; 갈 3:6). 이러한 주장은, 의가 일하는 자가 아닌 믿는 자의 것으로 여겨진다는 진술을 추가할 때 강화된다. 하나님은 그리스도를 믿는 자의 죄를 그들의 것으로 "여기지" 않으신다(고후 5:19). 악을 행한 자가 의롭다고 여겨지는 것은 참으로 이상한 평가이자 계산법이다. 하지만 이것은 신자가 "의라는 거저 주시는 선물"(롬 5:17, ESV)을 받는다는 개념과 일치한다.

신자는 그리스도의 죽으심과 부활 가운데 그분과 연합하기 때문에 의로운 자가 된다.[20] 신자가 그리스도 안에 있기 때문에, 그는 지금 하나님이 예수님을 죽음에서 일으키셨을 때 예수님이 받으셨던 것과 같은 변호를 받는다(딤전 3:16).

된다고 주장한다. 의의 선물은 하나님의 언약의 약속들을 성취하지만, 그것을 그분의 언약적 신실하심과 동일시해서는 안 된다. 또한 Bird, *Saving Righteousness of God,* 35-39를 참고하라.

15. Stephen Westerholm, *Perspectives Old and New on Paul: The "Lutheran" Paul and His Critics*(Grand Rapids: Eerdmans, 2004), 263-73.

16. 같은 책, 273-84.

17. 바울은 로마서 3:21-26, 갈라디아서 3:10-14, 고린도후서 5:21과 같은 여러 본문에서 하나님이 왜 불의하지 않으신지 분석한다.

18. De Boer는 유대인 그리스도인이 '의롭게 하다'(δικαιόω)를 법정적으로 이해했지만, 바울은 그것의 의미를 달리 받아들여, 바울에게는 그 용어가 그리스도 안에 있는 자들에 대한 하나님의 비준을 강조하는 가운데 '의롭게 하다'를 뜻한다고 주장한다("Justification Tradition", 205-16).

19. Ziesler는 '의롭게 하다'(δικαιόω)가 법정적이지만 '의'(δικαιοσύνη)는 변화시키는 힘이 있다고 주장한다(*The Meaning of Righteousness in Paul: A Linguistic and Theological Enquiry*[SNTSMS 20: Cambridge: Cambridge Univ. Press, 1972]). 또한 R. Longenecker, *Galatians,* 84-85; Bird, *Saving Righteousness of God,* 12-18을 참고하라. 하지만 110-11에 대한 Bird의 논평은 의가 변화를 가져온다고 그의 생각을 부정하는 것처럼 보인다. 2:16과 2:21 그리고 5:4와 5:5에서의 동사와 명사 사이의 연결은 명사의 뜻이 동사와 다르다고 제안하는 것이 설득력이 떨어짐을 보여준다. 여기서 Esler, *Galatians,* 149-51의 설명은 적절하다(하지만 내가 Esler의 견해에 동의하지 않는 것은 그가 바울에게 의가 부차적인 것이라고 하는 Wrede와 Schweitzer의 생각에 동의하는 가운데 의가 사회적 정체성에 초점을 맞춘다고 주장하며 법정적 견해를 거부하기 때문이다, 153-76). 또한 나는 바울에게서 '의'에 윤리적 의미가 있는 경우(예를 들

심층 연구

"율법의 행위"의 의미

"율법의 행위"가 뜻하는 것을 생각하기 전에 이 표현에 사용된 전치사(ἐκ)가 의미하는 바를 평가해야 한다. 갤링턴은 사람이 어느 집단에 속하는지에 초점을 맞추며, 이 전치사에 '당파'의 의미가 있다고 주장한다.[21] 그러므로 그의 견해에 따르면 사람이 행함이나 믿음으로 의롭다 함을 받는지 여부는 문제가 아니다. 초점은 구원의 역사에 있다. 사람이 율법의 행위와 관련된 옛 시대에 속하는가, 혹은 그리스도에 대한 믿음의 새 시대에 속하는가 하는 것이다.

구원의 역사가 바울이 여기서 말하는 내용의 일부인 것은 분명하지만, 전치사에 대한 갤링턴의 추론은 그 대상을 잘못 선택했다. 이 전치사는 수단을 의미할 가능성이 더 크다. 갤링턴은 전치사가 전문어(technical term)인 것처럼 전치사의 구분을 지나치게 강조한다. 실제로 전치사는 기능어(function word)로서 그 의미가 자주 중복된다. 2:16에서 바울은 율법과 관련해서는 "…에 의해"(ἐκ)를, 그리고 그리스도에 대한 믿음과 관련해서는 "…을 통해"(διά)를 번갈아 사용한다. 두 전치사의 차이를 강조해서는 안 된다.

로마서 3:30에도 같은 사례가 등장한다. 거기서 바울은 유대인과 이방인 모두 믿음으로 말미암아 구원받는다고 주장하면서 "…에 의해"(ἐκ)에서 "…을 통하여"(διά)로 전환한다. 로마서 주석가들은 대부분 이런 차이에서 석의적 중요성을 찾아서는 안 된다고 바르게 주장한다.[22] 따라서 영어에서 이 전치사(ἐκ)를 번역하기 위해 사용되는 정확한 단어는 지나치게 강조될 가능성이 있다. 로버트슨(Robertson)은 이 단어가 '때(경우)'나 '원인'을 의미할 수 있다고 말한다.[23] '…에 의해', '…할 때', '…로부터', 심지어 '…때문에'와 같이 번역할 수 있다. 기능어의 의미는 문맥으로 분별해야 한다. 람브레히트(Lambrecht)는 갤링턴에게 이의를 제기하는 논설에서 이 전치사(ἐκ)가 바울 서신에서 자주 '수단'이나 '도움'을 의미하므로, 갤

어, 롬 6:13, 16, 18, 19, 20; 엡 4:24)가 있음을 부정하는 것이 아니라는 것을 말할 필요가 있다. 여기서 다루는 의문은 구원을 말하는 주요 본문에서 의를 가리키는 명사가 변화와 관련된 의미를 가지는가 하는 것이다(예를 들어, 롬 1:17; 3:21-22; 4:3, 5; 9:30, 31; 10:3, 4, 5, 6; 갈 2:21; 3:6, 21; 5:5; 고전 1:30; 고후 5:21; 빌 3:9).

20. 여기서 특별히 Bird, *Saving Righteousness of God,* 40-59를 보라.

21. Don Garlington, "Paul's 'Partisan ἐκ' and the Question of Justification in Galatians", *JBL* 127(2008): 567-89.

22. Schreiner, *Romans,* 206의 논의를 참고하라.

23. A. T. Robertson, *A Grammar of the Greek New Testament in the Light of Historical Research*(4th ed.; Nashville: Broadman, 1934), 598-99.

24. Jan Lambrecht, "Critical Reflections on Paul's 'Partisan ἐκ' as Recently Presented by Don Garlington", *ETL* 85(2009): 135-41.

25. 이 용어에 대한 개관과 분석은 Hilary B. P. Mijoga, *The Pauline Notion of Deeds of the Law*(Lanham: International Scholars Publications, 1999)를 보라. Mijoga 자신의 분석은 어떤 면에서 여기서 제시한 것과 모순되지 않지만, 그녀는 율법의 불충분함을 구원의 역사에 한정하는 잘못을 범한다. 바울이 '율법'(νόμος)이라는 용어를 사용할 때 가장 자주 모세 율법을 가리킨다는 것은 거의 공통된 생각이다. Thomas R. Schreiner, *The Law and Its Fulfillment: A Pauline Theology of Law*(Grand Rapids: Baker, 1993), 33-40; Douglas J. Moo, "'Law', 'Works of the Law', and Legalism in Paul", *WTJ* 45(1983): 73-100; Stephen Westerholm, "Torah, *nomos,* and Law: A Question of Meaning", *SR* 15(1986): 327-36을 보라.

26. Paul L. Owen, "The 'Works of the Law' in Romans and Galatians: A New Defense of the Subjective Genitive", *JBL* 126(2007): 553-77과 대조됨. 또한 Basil S. Davis, *Christ as Devotio: The Argument of Galatians 3:1-14*(Lanham: Univ. Press of America, 2002), 72-74를 참고하라.

27. Daniel B. Wallace, *Greek Grammar beyond the Basics*(Grand Rapids: Baker, 1996), 79를 보라. 혹은 그것은 한정적 용법으로서 '율법의 행위'일 수 있다.

28. Daniel P. Fuller, "Paul and 'The Works of the Law'", *WTJ* 38(1975): 28-42.

29. James D. G. Dunn "The New Perspective on Paul", *BJRL* 65(1983): 95-122; 동일 저자, "Works of the Law and the Curse of the Law

링턴의 해석을 수용할 수 없다고 바르게 주장한다.[24] 이 전치사가 수단을 나타낸다는 해석은 로마서 5:1과 잘 조화된다. 거기서 바울은 신자가 "믿음에 의해 의롭다 하심을 얻는다"(δικαιωθέντες…ἐκ πίστεως)고 말한다. 나는 이 표현을 번역할 때 '…에 의해'(by)를 사용하는 것이 전적으로 옳다고 생각한다. 바울은 인간이 율법의 행위를 통해 의롭다 함을 얻지 않는다고 가르친다.

의는 율법의 행위를 통해 오지 않지만, 오늘날 학자들 사이에서 "율법의 행위"(ἔργα νόμου)라는 표현의 의미가 논란이 되고 있다.[25] 소유격을 주격으로 해석해서 '율법이 가져오는 행위'라는 뜻이 될 수 있지만, 그러한 해석은 이 표현에 너무 많은 의미를 부여한다.[26] 이 소유격을 서술적 용법으로 보고, 일반적으로 율법에 의해 요구되는 행위를 뜻한다고 이해하는 것이 최선일 것이다.[27] 이 표현은 큰 논쟁이 되고 있으며, 세 가지 주요 견해가 제안되었다. 그것은 (1) 율법주의,[28] (2) 율법이 말하는 사회적 경계 표지,[29] 혹은 (3) 율법이 명하는 행위를[30] 가리킬 수 있다. 다양한 해석을 간략히 논평하기 앞서 바울 서신에서 이 표현이 8번 사용되었음을 언급할 필요가 있다(롬 3:20, 28; 갈 2:16(세 번); 3:2, 5, 10). 모든 경우에 그것은 칭의나 성령을 받는 것과 관련된 문제가 다루어지는 문맥에 등장한다. 우리는 또한 그것이 항상 믿음과 대조된다는 사실에 주목해야 한다.

이와 같은 가장 일반적인 세 가지 해석을 더 자세히 설명하는 것이 유익할 것이다. (1) 율법주의의 견해를 다음과 같이 다른 말로 바꾸어 표현할 수 있다. '하나님 앞에서 호의나 공적을 얻기 위해 율법에 의존하는 자는 저주를 받는다.' 율법주의의 견해는 "율법의 행위"가 율법주의를 가리킨다고 본다. 따라서 "율법의 행위"는 하나님을 매수하거나, 성취한 행위를 근거로 그분의 호의나 인정을 얻기 위한 공적을 쌓으려는 개념을 갖는다고 주장한다. 이러한 견해에는 결함이 있지만, 왜 그것이 만족스럽지 못한지 설명하는 일에 주의해야 한다. 유대주의자들은 율법에 대한 복종에 근거하여 하나님 앞에서 자신의 지위를 세우려 했을 것이다(갈 5:4). 하지만 그러한 견해는 "율법의 행위"라는 표현의 정의와 구별되어야 한

(Galatians 3.10-14)", *NTS* 31(1985): 523-42; 동일 저자, "Yet Once More—'The Works of the Law': A Response", JSNT 46(1992): 99-117; N. T. Wright, *The New Testament and the People of God*(Minneapolis: Fortress, 1992), 238; Garlington, *Galatians,* 149-54; Fee, *Galatians,* 84에서 그렇게 말한다. Wisdom은 Dunn의 견해의 다른 형태를 제안한다(*Blessing for the Nations,* 154-82, 특별히 182를 보라). 이유는 달랐지만 Augustinus가 율법의 행위를 의식이나 의례의 법으로 제한한 것은 흥미롭다(*Augustine's Commentary on Galatians,* 153).

30. Moo, "'Law', 'Works of the Law', and Legalism in Paul", 73-100; Stephen Westerholm, *Israel's Law and the Church's Faith: Paul and His Recent Interpreters*(Grand Rapids: Eerdmans, 1988), 106-21; Thomas R. Schreiner, "'Works of Law' in Paul", *NovT* 33(1991): 217-44; 동일 저자, *DPL,* 975-79; De Boer, "Justification Tradition", 197-201에서 그렇게 말한다. Bachmann은 율법을 성취하거나 율법을 행하는 것 대신 율법의 규정들을 구분한다. Michael Bachmann, "Keil oder Mikroskop? Zur jüngeren Diskussion um den Ausdruck 'Werke des Gesetzes'", in *Lutherische und Neue Paulusperspektive: Beiträge zu einem Schlüsselproblem der gegenwärtigen exegetischen Diskussion*(ed. Michael Bachmann; WUNT 182; Tübingen: Mohr Siebeck, 2005), 69-134; 동일 저자, *Anti-Judaism in Galatians? Exegetical Studies on a Polemical Letter and on Paul's Theology*(trans. Robert L. Brawley; Grand Rapids: Eerdmans, 2008), 1-18을 보라. 같은 책에서 그의 입장에 대한 두 비평으로 Robert L. Brawley, "Meta-Ethics and the Role of Works of Law in Galatians", 135-59; James D. G. Dunn, "The Dialogue Progresses", 397-401을 보라. 그리고 Bachmann의 해석에 대한 더 예리하고 결정적인 비판으로 Jacqueline C. R. de Roo, *'Works of the Law' at Qumran and in Paul*(NTM 13; Sheffield: Sheffield Phoenix Press, 2007), 84-94를 보라. Bachmann의 견해는 율법이나 율법 규정들의 명령과 율법을 행하거나 지키는 것을 이간질하는 잘못을 범한다. Bachmann이 생각하는 것, 즉 '율법의 행위'가 율법이 명하는 것과 규정하는 것만을 가리킨다기보다 '율법의 행위'는 율법이 규정하는 것과 그러한 규정들을 지키는 것을 모두 가리킬 가능성이 더 크다.

다. “율법의 행위”라는 표현 그 자체만으로는 율법주의(행위에 근거하여 의를 얻으려고 하는 것)를 뜻하지 않는다. “율법의 행위”는 율법에 의해 요구되는 행위를 가리킨다.[31]

(2) “율법의 행위”가 율법의 경계 표지를 가리킨다는 견해가 오늘날 점점 인기를 얻고 있다. 이러한 해석은 1977년에 샌더스가 『바울과 팔레스타인 유대교』(*Paul and Palestinian Judaism*)라는 무게 있는 책을 발행한 후로 널리 퍼졌다.[32] 샌더스는 개혁주의자들과 로마 가톨릭 사이의 논쟁에서 계승된 전통적인 견해와 달리, 바울 당시의 유대교가 율법주의가 아니었다고 주장했다. 샌더스는 유대 종교의 일반적인 패턴이 전통적인 율법주의였다고 말한다. 즉, 하나님의 백성이 하나님의 은혜로 언약의 일원이 되고, 그들은 순종함으로써 언약 안에 있는 자신의 위치를 유지했다는 것이다. 샌더스는 유대인들이 공적의 무게를 재거나, 자신들이 51퍼센트 순종해야 한다고 생각함으로써 구원받는다고 믿었다고 생각하지 않는다. 샌더스는 랍비 문헌, 사해 사본, 외경, 위경을 연구하여 유대교가 은혜의 종교였음을 변호했다. 바울 당시의 유대교를 율법주의로 보는 자들은 종교개혁자들과 로마 가톨릭 사이의 논쟁이라는 안경을 통해 해석한다는 것이다.

유대교에 대한 샌더스의 추론은 큰 영향을 미쳤으며, 많은 이들로 하여금 율법과 칭의에 대한 바울의 신학을 재평가하도록 이끌었다. 바울에 관한 ‘새 관점’은 바울 신학에서 “율법의 행위”와 율법에 대한 새로운 이해를 제시했으며, 그 대표적인 발의자는 던일 것이다.[33] 던은 “율법의 행위”가 모세 율법 전체를 가리킨다고 주장한다. 하지만 그는 유대인과 이방인을 구분하는 것이 율법의 핵심이며, 따라서 “율법의 행위”에서 중심이 되는 것이 할례, 음식법, 안식일이라고 주장했다. 이러한 법들은 유대인들에게 ‘정체성의 표시’ 혹은 ‘경계 표지’였다. 그것들은 유대인을 이방인에게서 분리했다. 던은 바울이 갈라디아에 있는 대적들의 배타주의, 즉 그들이 이방인에게 유대인이 되라고 요구한 것을 비판했다고 결론

31. 참고. Calvin은 ‘율법의 행위’가 율법 전체를 가리키며 의식법에 한정할 수 없다고 말한다(*Galatians*, 67–68).

32. E. P. Sanders, *Paul and Palestinian Judaism: A Comparison of Patterns of Religion*(Philadelphia: Fortress, 1977). Rapa는 여기서 주장하는 것과 양립될 수 있는 견해를 주장하는 것처럼 보이지만, 그의 연구로는 이 용어가 율법이 요구하는 행위를 의미하는지 명확하게 구분하기 어렵다. Robert Keith Rapa, *The Meaning of “Works of the Law” in Galatians and Romans*(Studies in Biblical Literature 31; New York: Peter Lang, 2001).

33. 7장의 각주 29번을 보라. N. T. Wright는 아마도 복음주의 계통에서 가장 영향력이 클 것이다. Dunn의 견해에 대한 또 다른 변호로 Scot McKnight, *Galatians*(NIVAC; Grand Rapids: Zondervan, 1995), 153–55를 보라.

34. 하지만 참으로 Dunn은 ‘옛 관점’의 통찰력이 잘못된 것이 아니라고 주장한다. James D. G. Dunn, *The New Perspective on Paul: Collected Essays*(WUNT 185; Tübingen: Mohr Siebeck, 2005), 16–26을 보라.

35. Friedrich Avemarie, “Erwählung und Vergeltung: Zur optionalen Struktur rabbinischer Soteriologie”, *NTS* 45(1999): 108–26; Mark A. Elliott, *The Survivors of Israel: A Reconsideration of the Theology of Pre-Christian Judaism*(Grand Rapids: Eerdmans, 2000); D. A. Carson, Peter T. O’Brien, and Mark A. Seifrid, eds., *Justification and Variegated Nomism;* vol. 1: *The Complexities of Second Temple Judaism*(Tübingen/ Grand Rapids: Mohr Siebeck/Baker, 2001)에서 그렇게 말한다. Simon Gathercole, *Where Is Boasting? Early Jewish Soteriology and Paul’s Response in Romans 1–5*(Grand Rapids: Eerdmans, 2002). Neusner는 랍비들이 이스라엘이 우상을 멀리하고 율법에 헌신하기 때문에 그들이 이방인이 아니라 하나님께 속한다고 가르쳤다고 주장한다. Jacob Neusner, “What, Exactly, Is Israel’s Gentile Problem? Rabbinic Perspectives on Galatians 2”, in *The Missions of James, Peter, and Paul: Tension in Early Christianity*(ed. Bruce Chilton and Craig Evans; NovTSup 115; Leiden: Brill, 2005), 275–306을 보라. 흥미롭게도 그러한 관점은 바울이 그의 당시의 유대교를 분석한 것과 일치한다. 물론 바울은 그러한 신학을 받아들이지 않는다. VanLandingham 또한 유대교에 대한 Sanders의 해석의 몇몇 약점을 보여준다. 하지만 그는 자신의 논제를 지

내린다. 그렇다면 근본적인 문제는 율법주의나 '행동주의', 심지어 율법을 지키지 못하는 것이 아니다. 바울은 대적들에게 만연했던 자민족 중심주의와, 그들의 편협하고 파벌적인 정신 때문에 그들을 비난했다.[34]

과거에는 유대교를 율법주의로 풍자하기 쉬웠다는 점에서, 샌더스의 연구와 '새 관점'은 유익한 영향을 미쳤다. 학자들은 자신의 주장을 확정하기 위해 자료를 재검토해야 했다. 바울 당시의 유대교는 복합적이었기에 한 가닥으로 분리할 수 없다. 하지만 샌더스는 증거를 지나치게 단순화했다. 유대교에 어떤 율법주의의 요소도 없었다는 주장은 자료들을 통해 입증될 수 없다. 문헌들은 어떤 경우 하나님의 은혜를 강조하기도 하고, 또 다른 경우 인간의 복종에 초점을 맞추기도 한다.[35] 몇몇 유대 자료에는 행위에 근거한 최종적인 변호가 분명히 드러난다.[36]

(3) 이 사실은 우리를 세 번째 견해로 이끈다. "율법의 행위"라는 표현은 모세 율법이 명하는 행위를 가리킬 가능성이 가장 높다는 것이다.[37] 바울이 3:10b에서 율법이 요구하는 모든 것을 행할 의무를 강조하며, 그리하여 "율법의 행위"를 단지 율법의 일부로 제한하는 주장은 설득력 없다는 것이 이 견해를 지지한다.[38] 이 견해는 5:3과도 잘 조화된다. 거기서 바울은 갈라디아 사람들에게, 할례를 받아들이는 자들은 단순히 율법의 일부가 아니라 "율법 전체를 행할" 의무가 있음을 상기시킨다. 또한 우리는 이 시점에서 로마서 3:20을 언급할 필요가 있다. 바울은 거기서 "율법의 행위로 그의 앞에 의롭다 함을 얻을 육체가 없다"고 확증한다. 그는 로마서 1:18-3:20의 논증을 전체적으로 요약하고, 모든 사람이 죄를 범하고 하나님의 법을 어겼기 때문에 모두 심판을 받는다고 강조한다(참고. 롬 3:23). 유대인이 이방인을 제외하는 나쁜 태도 때문에 책망받았다는 주장은 믿기 어렵다. 그들이 심판을 면할 수 없던 이유는 하나님의 율법 전체를 지키지 않았기 때문이다.[39]

지하기 위해 증거를 과장하며, 그가 한 구약의 분석은 흠이 있다. VanLandingham, *Judgment and Justification,* 1-174를 보라.

36. 하지만 Sanders의 언약적 율법주의에 대한 변호로 Dunn, *New Perspective,* 54-63을 보라.

37. 그러한 견해는 또한 쿰란 문서에서 발견되는 평행을 이해하는 가장 자연스러운 방식이다. 대조적으로 Martin G. Abegg Jr., "4QMMT, Paul, and 'Works of the Law'", in *The Bible at Qumran: Text, Shape, and Interpretation*(ed. Peter W. Flint; Grand Rapids: Eerdmans, 2001), 203-16. 이 견해를 바르게 말하는 자료로 다음을 보라. Ciampa, *The Presence of Scripture in Galatians 1 and 2,* 188-91; Joseph A. Fitzmyer, "Paul's Jewish Background and the Deeds of the Law", in *According to Paul: Studies in the Theology of the Apostle*(New York: Paulist, 1993), 18-35; De Roo, *Works of Law,* 72-81, 94-95; Craig A. Evans, "Paul and 'Works of Law' Language in Late Antiquity", in *Paul and His Opponents*(ed. Stanley E. Porter; Pauline Studies 2; Leiden: Brill, 2005), 201-26.

38. 여러 면에서 율법의 행위에 대한 De Roo의 논문은 큰 도움을 준다. 하지만 그녀의 해결책은 만족스럽지 않다. 그녀는 유대 문헌에서 일반적으로 하나님의 자비의 근거로 아브라함의 공적에 호소했다고 지적하는 가운데 로마서와 갈라디아서 모두 아브라함이 칭의를 위해 행했던 행위에 의존하고 있었다고 제안한다(*Works of Law,* 101-28, 139-51, 163-73, 196-215). 이러한 해석을 거절하는 결정적인 이유가 있다. (1) 로마서와 갈라디아서 어디에도 바울은 자신이 아브라함의 공적-그의 독자들이 구원을 위해 신뢰했던-에 반대하는 논쟁을 벌이고 있음을 나타내지 않는다. 그 대신 두 편지에서 아브라함을 긍정적인 예로 제시했다(롬 4:1-25; 갈 3:6-9). (2) 바울은 그리스도인들에게 편지를 쓰고 있다. 유대교의 일부가 아브라함의 공적을 신뢰했던 것은 맞지만, De Roo는 그리스도인들이 그것에 의존했을 수 있다는 것에 대해 어떤 이유도 설명하지 않는다. (3) De Roo는 바울이 왜 아브라함을 가리키기 위해 '율법의 행위'라는 표현을 사용했을 수 있는지 설명하지 않는다. 그는 율법 아래에 살지 않았기 때문이다. 갈라디아서 3:17에 대한 주석을 보라.

39. 이것은 경계를 나타내는 지표가 갈라디아에서 문제였다는 것을 부인하는 것이 아니다. 참으로 B. Longenecker는 경계 지표에 대한 초점이 이기주의의 문제를 제외하지 않음을 바르게 본다(*Triumph of Abraham's God,* 76, 179-83).

갈 2:16b 오직 예수 그리스도를 믿음으로 말미암는 줄(ἐὰν μὴ διὰ πίστεως Ἰησοῦ Χριστοῦ). 여기에 번역된 짧은 구절은 격렬한 논쟁의 대상이 되고 있다. 논의를 시작하기 전에 이 구절에 대해 내가 지금까지 이해한 바를 요약하면, 인간은 율법 준수가 아닌 오직 예수 그리스도를 믿음으로 말미암아 하나님 앞에 바르게 설 수 있다는 것이다.[40]

본문에 사용된 헬라어 구(ἐὰν μή)는 어떻게 번역해야 하는가? 여기서 채택된 번역["오직"(but)]은 통상적인 것이 아니다. 일반적으로는 '…하지 않으면'을 뜻하기 때문이다. 이 헬라어 표현(ἐὰν μή)이 '…하지 않으면'으로 번역되면, 바울의 주장은 사람이 예수 그리스도에 대한 믿음이 있는 한 율법의 행위로써 의롭다 함을 얻을 수 있다는 뜻으로 볼 수 있다. 하지만 이 견해는 2:16의 나머지 부분이나 갈라디아서의 다른 구절에 근거해 인정될 수 없다(3:2, 5, 10). 바울은 "율법의 행위로 의롭다 함을 얻을 육체가 없다"고 말하며 2:16을 힘주어 끝맺는다. 바울은 3:10에서도 "율법 행위에 속한 자들"이 저주 아래에 있다고 말한다. 따라서 사람이 그리스도를 향한 믿음을 지니는 한 율법의 행위로써 의롭다 함을 받을 수 있다는 주장은 바울의 명백한 진술을 어기는 것이다(참고. 또한 롬 3:20, 28).

던은 이러한 견해를 다른 각도로 분석한다. 이를테면 그때그때 다르게 바울을 이해해야 한다는 것이다.[41] 바울은 베드로에게 믿음이 없으면 율법의 행위로는 의롭다 함을 얻기에 충분하지 않다고 말하면서 시작했다. 하지만 그는 논증을 진행하면서 원칙적으로 율법의 행위가 제외된다고 결론을 내린다. 던은 우리가 바울이 논증을 완성해가는 과정을 보고 있다고 주장한다. 즉, 바울이 처음에는 사람에게 믿음이 있는 한 율법의 행위가 허용되는 것처럼 논증을 시작하지만, 결국에는 율법의 행위 전체를 제외한다는 것이다. 던의 제안은 창의적이기는 하지만 지나치게 추론적이다. 나아가, 바울이 갈라디아 사람들을 위해 한 문장 안에서 자신의 생각의 변화를 도모했다는 것은 이상해 보인다.[42] 만일 그랬다면, 율법의 행위와 믿음을 둘 다 받아들이는 입장을 취했다가 율법의 행위를 전적으로 거부하는 바울의 방식은 갈라디아 사람들을 혼란스럽게 했을 것이다. 왜 그들은 바울의 새로운 입장을 받아들여야 하는가? 바울이 한때 둘 다를 지지하는 입장이었다면, 왜 갈라디아 사람들 또한 그렇게 하면 안 되는가? 던의 견해는 지나치게 지능적이다.

사이프리드(Seifrid)는 "율법의 행위"가 동사 "의롭게 되다"(δικαιοῦται)보다 명사 "사람"(ἄνθρωπος)을 수식한다고 주장함으로써 문법적 문제를 해결하려고 한다.[44] 그렇다면 이 구절은 '율법의 행위의 사람은 그리스도 예

---

40. Stanton은 갈라디아서에서 율법과 믿음이 "교향곡에서 움직임의 미묘한 변화와 함께 일어나는 대조적인 주제의 표현에서 핵심적인 음악 선율과 같은 기능을 한다"라고 말한다("Law of Moses and Law of Christ", 101). 그는 "2:16이 편지의 나머지 부분에 걸쳐 여러 각도로 길게 상술되는 '본문'의 기능을 한다"고 말한다(101).

41. James D. G. Dunn, "The New Perspective on Paul", in *Jesus, Paul, and the Law: Studies in Mark and Galatians*(Louisville: Westminster/John Knox, 1990), 195–197. 그는 또한 바울이 더 부드러운 입장으로 시작하며, 그렇게 그는 베드로를 자신에게로 나아오게 할 수 있다고 제안한다(*Galatians*, 137–40).

42. Heikki Räisänen, "Galatians 2:16 and Paul's Break with Judaism", NTS 31(1985): 544–47의 결정적인 비평을 보라.

43. 어떤 면에서 Das의 견해는 Dunn의 견해와 유사하다. 그는 여기서의 진술이 모호하며 좀 더 보수적인 유대 견해나 바울의 견해를 변호하도록 해석될 수 있으며, 바울은 계속해서 자신의 해석을 변호한다고 주장한다. A. Andrew Das, "Another Look at ἐὰν μή in Galatians 2:16", *JBL* 119(2000): 529–39. Das와 대조적으로 Debbie Hunn, "Eὰν μή in Galatians 2:16: A Look at Greek Literature", *NovT* 49(2007): 289를 보라.

44. 참고. Mark A. Seifrid, "Paul, Luther, and Justification in Gal 2:15–21", *WTJ* 65(2003): 217–18; 또한 Ardel Caneday, "The Faithfulness of Jesus Christ as a Theme in Paul's Theology in Galatians", in *The Faith of Jesus Christ: Exegetical, Biblical, and Theological Studies*(ed. Michael F. Bird and Preston Sprinkle; Peabody, MA: Hendrickson, 2009), 193–97에서 그렇게 말한다. Caneday에게 결정이 중요한 것은 그가 본문에는 구원-역사적 대조만이 존재하며, 행위와 믿음 사이의 대립은 없다고 주장하기 때문이다(196–202).

45. Seifrid는 근원의 소유격을 주장한다. Mark A. Seifrid, *Christ, Our*

수를 믿음으로 말미암지 않고는 의롭게 되지 않는다'라고 번역될 것이다.[45] 사이프리드의 해답이 좀 더 만족스러운 이유는 율법의 행위가 칭의에서 어떤 역할을 할 수 있다는 생각을 허용하지 않기 때문이다. 하지만 바로 이 구절(2:16)에서 "율법의 행위"는 분명히 동사 "의롭게 되다"(δικαιοῦται)와 "우리가…의롭다 함을 얻으려 함이라"(δικαιωθῶμεν)를 수식하기 때문에, 사이프리드의 견해는 가망 없는 해결책으로 보인다. 또한 "율법의 행위"라는 표현이 사용되는 다른 경우에 그것은 모두 동사를 수식한다(갈 3:2, 5, 10을 보라; 참고. 롬 3:20, 28). 따라서 이 표현이 명사를 수식하는 것 같지 않다.[46]

본문에서 헬라어 구(ἐὰν μή)가 "…하지 않으면"보다 "오직"(but)을 뜻한다고 주장하는 것이 최선의 해결책으로 보인다. 해석에서 문맥은 의미를 결정하는 기준이며, 그러한 해석은 역사에 걸쳐 헬라어 문법에 정통한 많은 해석자가 내린 판단이다.[47] 제르빅(Zerwick)은 이 구조(ἐὰν μή)가 "오직"(ἀλλά, but)과 대등하다고 주장한다.[48] 이 표현(ἐὰν μή)에 대해 그러한 해석이 가능한 이유는, 대등한 구조(εἰ μή)가 특별히 몇몇 경우에는 반의의 의미를 나타내며(참고. 롬 14:14; 고전 8:4),[49] 흥미롭게도 두 예가 갈라디아서에서 나왔기 때문이다(1:7, 19).

또한 이 표현을 반의의 의미로 이해하는 것은 셈어의 배경을 가지고 있다. "…외에"나 "하지만"(but)으로 번역되는 히브리어 표현(*kîʾim*)은 칠십인역에서 ἐὰν μή로 번역되지 않지만 자주 반의의 의미로 사용된다(예를 들어, 신 7:5; 10:12; 수 23:8; 삼상 2:15; 사 42:19; 미 6:8). 흥미롭게도 신약의 히브리어 번역은 이 표현(ἐὰν μή)을 kî'im으로 번역하며(HNT), 이 히브리어 단어는 반의의 의미임이 거의 분명하다. 따라서 이 표현(ἐὰν μή)을 어휘적으로 반의의 의미로 해석하는 것이 확실히 가능하며, 문맥적으로도 그럴 개연성이 가장 크다.

심층 연구

바울에게 "예수 그리스도의 믿음"은 어떤 의미인가?

이 구절을 둘러싸고 여러 논쟁이 잇달아 벌어지고 있으며, "예수 그리스도의 믿음"(πίστεως Ἰησοῦ Χριστοῦ)이라는 표현의 의미에 대해서도 학자들 사이에 활발한 논의가 있다.[50] 주된 해석 두 가지가 경쟁 관계에 있는데, 예수 그리스도에 대한 믿음과 예수 그리스도의 신실하심이다. 이 표현은 로마서와 빌립보서에

Righteousness: Paul's Theology of Justification(Downers Grove, IL: IVP, 2000), 139–46을 보라. 또한 Francis Watson, *Paul and the Hermeneutics of Faith*(London: T&T Clark, 2004), 74–76에서 그렇게 말한다. Martyn은 그것이 '저자의 소유격'이라고 밝힌다. 하지만 그는 그리스도의 '우리를 위한 신실한 죽음'의 면에서 그것을 설명한다(*Galatians,* 251). 251, n. 127을 보라.

46. "율법 행위"가 3:10의 "누구든지"(ὅσοι)를 수식한다고 주장할 수 있지만, 실제로 그 표현은 동사 "속한"(εἰσίν)을 수식하며, 따라서 그것이 명사를 수식하는 분명한 경우는 없다. 로마서 3:20에서 "율법의 행위"는 명사구 "[모든] 육체"(πᾶσα σάρξ)를 수식할 가능성이 있으며, 그렇다면 그것은 여기서 Seifrid의 해결책과 조화될 것이다. 하지만 문맥에서 "율법의 행위"는 동사 "의롭다 하심을 얻을"(δικαιωθήσεται)을 수식하는 것이 분명하다.

47. 예를 들어, ASV, NET, NIV, NRSV, RSV, ESV를 보라.

48. Maximilian Zerwick, *Biblical Greek Illustrated by Examples*(Rome: Pontifical Biblical Institute, 1963), 158, §470. 참고. Bruce, *Galatians,* 138.

49. Räisänen, "Galatians 2:16 and Paul's Break with Judaism", 547에서 그렇게 말한다.

50. 2009년의 책 *The Faith of Jesus Christ: Exegetical, Biblical, and Theological Studies*(ed. Bird and Sprinkle)를 보라. 같은 책에서 Debbie Hunn, "Debating the Faithfulness of Jesus Christ in Twentieth Century Scholarship", 15–31에서 논쟁의 역사를 보라. Mark W. Elliott은 1세기부터 지금까지의 해석의 전통을 개관한다. "Πίστις Χριστοῦ in the Church Fathers and Beyond", 277–89. Sprinkle은 세 번째 견해를 여전히 변호하는 학자들을 인용하며 같은 책에서 자신이 그것을 변호한다. "Πίστις Χριστοῦ as an Eschatological Event", 165–84.

서도 사용되며 더 폭넓은 논의를 필요로 한다.

우리는 이 표현을 '그리스도에 대한 믿음'이 아닌 '그리스도의 신실하심'으로 번역하는 견해를 먼저 살펴볼 것이다.[51] "그리스도의 믿음"(πίστις Χριστοῦ)[52]이라는 표현은 소유격 구조로서, '그리스도에 대한 믿음'과 '그리스도의 신실하심' 모두 문법적으로 가능하다.[53] '그리스도의 신실하심'을 지지하는 여러 논증이 다음과 같이 제시되었다.

1. 로마서 3:3에서 "하나님의 믿음"(τὴν πίστιν τοῦ θεοῦ)은 분명히 '하나님의 신실하심'을 의미한다.
2. 이 표현은 로마서 4:12에서 문맥상 "우리 조상 아브라함의 믿음"(πίστεως τοῦ πατρὸς ἡμῶν Ἀβραάμ)을 가리킨다.
3. 그러한 구조에서 소유격은 주어적 용법으로 이해하는 것이 가장 자연스럽다는 견해가 있다.
4. 소유격을 목적어적 용법으로 받아들여서 '그리스도에 대한 믿음'으로 해석하는 것은 중복된 표현이다. 바울이 주요 본문(예를 들어, 롬 3:22; 갈 2:16; 빌 3:9)에서 그리스도를 신뢰해야 할 필요를 이미 언급했기 때문이다.
5. '그리스도의 신실하심'은 예수님의 순종을 가리키는 또 다른 방식이며, 그것은 우리의 구원을 성취하기 위해 필요한 것이었다(롬 5:19; 빌 2:8).
6. "믿음"이 온다는 것은 구속사를 가리키며(갈 3:23, 25), 이는 구원 역사에서 그리스도의 신실하심이 핵심 주제임을 나타낸다.
7. 바울 신학의 초점은 사람이 보이는 믿음의 반응이 아니라 그리스도 안에서 이루어지는 하나님의 역사하심이다.

51. 예를 들어, Luke T. Johnson, "Rom 3:21–26 and the Faith of Jesus", *CBQ* 44(1982): 77–90; Sam K. Williams, "*Again Pistis Christou*", *JBL* 49(1987): 431–47; Richard B. Hays, *The Faith of Jesus Christ: An Investigation of the Narrative Substructure of Galatians 3:1–4:11* (2nd ed.; Grand Rapids: Eerdmans, 2002), 139–91; 동일 저자, "Pistis and Pauline Christology: What Is at Stake?" in SBLSP 1991(ed. by E. H. Lovering Jr.; Atlanta: Scholars, 1991), 714–29; Ian G. Wallis, *The Faith of Jesus Christ in Early Christian Traditions*(SNTSMS 84; Cambridge: Cambridge Univ. Press, 1995); de Boer, "Justification Tradition", 201–5; 최홍식, "πίστις in Galatians 5:5–6: Neglected Evidence for the Faithfulness of Christ", *JBL* 124(2005): 467–90; B. Longenecker, *Triumph of Abraham's God,* 95–115.

52. "믿음"(πίστις) 뒤에 오는 소유격은 "예수 그리스도"(Ἰησοῦ Χριστοῦ, 롬 3:22; 갈 2:16; 3:22), "그리스도"(Χριστοῦ, 갈 2:16; 빌 3:9), "예수"(Ἰησοῦ, 롬 3:26)로 다르다. 단순함을 위해 우리는 그것을 '그리스도의 믿음'(πίστις Χριστοῦ)으로 한정할 것이다.

53. 하지만 Poter와 Pitts가 최근에 분석한 내용을 보라. 그들은 의미론과 문법 면에서 목적어적 소유격을 선호해야 한다고 주장한다. "Πίστις with a Preposition and Genitive Modifier: Lexical, Semantic and Syntactic Considerations in the Πίστις Χριστοῦ Discussion", in *The Faith of Jesus Christ: Exegetical, Biblical, and Theological Studies*(ed. Michael F. Bird and Preston Sprinkle; Peabody, MA: Hendrickson, 2009), 33–53.

54. 예를 들어, Otfried Hofius, *Paulusstudien I*(WUNT 51; Tübingen: Mohr Siebeck, 1989), 154–56; J. D. G. Dunn, "Once More *Pistis Christou*", in *SBLSP 1991*(ed. E. H. Lovering Jr.; Atlanta: Scholars, 1991), 730–44; Moisés Silva, "Faith versus Works of Law in Galatians", in *Justification and Variegated Nomism;* vol. 2: *The Paradoxes of Paul*(ed. D. A. Carson, Peter T. O'Brien, and Mark A. Seifrid; Grand Rapids: Baker, 2004), 217–48; Debbie Hunn, "πίστις Χριστοῦin Galatians 2:16", *TynBul* 57.1(2006): 23–33; R. Barry Matlock, "Detheologizing the πίστις Χριστοῦ Debate: Cautionary Remarks from a Lexical Semantic Perspective", *NovT* 62(2000): 1–23; 동일 저자, "'Even the Demons Believe': Paul and πίστις Χριστοῦ", *CBQ* 64(2002): 300–318; 동일 저자, "πίστις in Galatians 3:26: Neglected Evidence for 'Faith in Christ'?" *NTS* 49(2003): 433–39; 동일 저자, "Saving Faith: The Rhetoric and Semantics of πίστιςin Paul", in *The Faith of Jesus Christ: Exegetical, Biblical, and Theological Studies*(ed. Michael F. Bird and Preston Sprinkle; Peabody, MA: Hendrickson, 2009), 73–89; Paul Ellingworth, "A Note on Galatians

이와 같이 주어적 소유격의 용법을 지지하는 논증에도 불구하고 목적어적 소유격의 용법을 선호할 근거가 충분히 있다. 따라서 바울은 '그리스도에 대한 믿음'을 말하는 것이다.[54]

1. 몇몇 경우(막 11:22; 약 2:1)에 소유격의 "믿음"이 목적어로 사용되는 것이 분명하다.[55]
2. 다른 동사적 명사와 사용된 소유격의 목적어는 동사적 명사 "믿음"과 함께 사용된 소유격이 일반적으로 목적어적 용법임을 보여준다[예를 들어, "예수 그리스도의 지식"(τῆς γνώσεως Χριστοῦ Ἰησοῦ, 빌 3:8)은 예수 그리스도를 아는 것을 뜻한다].[56] 따라서 소유격이 주어적 용법이어야 한다는 주장은 신빙성이 없다.
3. 동사적 구조에서 동사 "믿다"가 사용되고 명사 "믿음"이 소유격과 함께 사용되는 본문은 중복된 표현이라기보다 강조를 위한 것이다. 그것은 하나님과 바르게 되기 위한 믿음의 중요성을 강조한다. 편지 낭독을 듣는 독자들은 그리스도에 대한 믿음을 강조하는 것을 듣는 것이다.[57] 그러므로 이러한 해석은 두 견해 중 더 단순한 것으로서 선호되어야 한다.[58]
4. 바울은 자주 자신의 신학에서 행위와 믿음을 대조한다. 따라서 율법의 행위와 그리스도에 대한 믿음(둘 다 인간의 행위)의 대립은 다른 바울 서신과 조화된다.
5. 바울은 어느 곳에서도 예수 그리스도에 대해 말하면서, 그분이 보이신 '순종'을 묘사하기 위해 "믿음"(πίστις)이라는 단어를 사용하지 않는다.
6. 구원-역사적 논증 또한 설득력이 없다. 갈라디아서 3:23, 25은 구속 역사의 특정 시기에 믿음이 올 것을 가리키고 있음은 분명하다. 하지만 그것이 그리스도에 대한 믿음을 제외하지 않는다. 그리스도에 대한 믿음은 그분이 이르러 하나님의 구원 약속을 성취하실 때 실제적인 것이 되기 때

2.16", *BT* 56(2005): 109-11; Fee, *Galatians,* 85-88을 보라. 근원의 소유격에 대한 지지로 Seifrid, "Paul, Luther, and Justification", 218-219; 동일 저자, *Christ Our Righteousness,* 139-46; 동일 저자, "The Faith of Christ", in The *Faith of Jesus Christ: Exegetical, Biblical, and Theological Studies*(ed. Michael F. Bird and Preston Sprinkle; Peabody, MA: Hendrickson, 2009), 129-46; 이재현, "Against Richard Hays's 'Faith of Jesus Christ'", *JGRChJ* 5(2008): 51-80을 보라.

55. 마가복음 11:22에 대한 이러한 해석은 R. T. France, *The Gospel of Mark*(NIGTC; Grand Rapids: Eerdmans, 2002), 448을 보라. 그는 주어적 해석이 '분명히 무리한 해석'이라고 말한다. 야고보서에서 목적어적 소유격이 또한 개연성이 있다. 대조적으로 Johnson, *James,* 220의 설명을 보라. Moo, *James,* 100-101; Davids, *James,* 107; Sophie Laws, *A Commentary on the Epistle of James*(HNTC; New York: Harper and Row, 1980), 94; Martin Dibelius, *A Commentary on the Epistle of James*(rev. H. Greeven; Hermeneia; Philadelphia: Fortress, 1975), 127-28; Luke L. Cheung, *The Genre, Composition and Hermeneutics of James*(Paternoster Biblical and Theological Monographs; Carlisle: Paternoster, 2003), 247-48에서는 목적어적 소유격으로 바르게 본다.

56. Harrisville은 다수의 그리스-로마 저자들에게서 '믿음'(πίστις)과 함께 사용된 목적어적 소유격의 표현이 고전 헬라어 저자들에게 일반적인 것이었음을 보여준다. Roy A. Harrisville III, "Before πίστις Χριστοῦ: The Objective Genitive as Good Greek", *NovT* 41(2006): 353-58.

57. Matlock은 본문에서 수사학적 특성이 또한 목적어적 소유격을 지지한다고 주장한다. R. Barry Matlock, "The Rhetoric of πίστις in Paul: Galatians 2.16, 3.22, and Philippians 3.9", JSNT 30(2007): 173-203. 예를 들어, 이 구절의 놀라운 특성 중 하나는 여기서 '그리스도의 믿음'에 대한 우리의 견해와 상관없이 중복된 표현이 그 특징이라는 것이다(193).

58. Silva는 갈라디아서 3:2과 3:5에 있는 명사 '믿음'이 3:6에서는 동사 '믿었다' 앞에 위치함을 지적한다. 또한 믿는 것의 동사적 행위는 3:7과 3:9에서 "믿음으로 말미암은 자"와 연결되며, 따라서 이 "표현들은 동일한 기본 개념을 암시한다." 참으로 "반대의 견해를 위해서는 특별히 설득력 있는 증거가 필요할 것이다"("Faith versus Works", 235).

문이다. 우리는 구속사를 인간학과 대결시켜서는 안 된다.

7. 또한 그리스도에 대한 믿음을 강조하는 것은, 마치 펠라기우스주의처럼 구원에서 하나님이 하시는 역할을 어떤 식으로든 축소하지는 않는다. 특별히 하나님이 자기 백성에게 믿음을 주신다는 것을 생각하면, 인간이 보이는 믿음의 반응은 하나님이 구원하신다는 진리를 약화시키지 않는다 (엡 2:8-9).

이러한 긴 논의에 비추어 우리는 2:16의 바울의 논증을 간략하게 요약할 필요가 있다. 바울은 베드로에게 이방인들에게 율법을 강요해서는 안 된다는 것을 상기시킨다. 바울과 베드로는 모두 인간이 하나님의 심판대 앞에서 율법에 대한 순종이 아니라, 오직 그리스도 예수에 대한 믿음에 근거하여 변호를 받게 될 것임을 이미 인식하고 있기 때문이다.

갈 2:16c-e 우리도 그리스도 예수를 믿나니 이는 우리가 율법의 행위로써가 아니고 그리스도를 믿음으로써 의롭다 함을 얻으려 함이라(καὶ ἡμεῖς εἰς Χριστὸν Ἰησοῦν ἐπιστεύσαμεν, ἵνα δικαιωθῶμεν ἐκ πίστεως Χριστοῦ καὶ οὐκ ἐξ ἔργων νόμου). 바울은 방금 일반적인 사람[이 구절의 상반부에 사용된 "사람"(ἄνθρωπος)을 보라]에 대해 한 말을 이제 유대인인 자신과 베드로에게 적용한다.[59] '그러므로'라는 말은 헬라어 본문에는 없지만 바울의 논증에는 암시되고 있다. 여기서 "우리"(ἡμεῖς)라는 단어는 유대인, 즉 하나님의 언약 백성인 이스라엘의 일원으로서 베드로와 바울을 가리킨다(참고. 2:15).[60] 그들은 유대인으로서 마찬가지로 그리스도 예수를 믿었다. 따라서 유대인도 율법에 대한 순종을 통해서가 아니라 예수 그리스도를 신뢰함으로써 하나님과 바르게 될 수 있었다.

"우리가 믿었다"(ἐπιστεύσαμεν)라는 동사는 "그리스도의 믿음"(πίστις Χριστοῦ)이 목적어적 소유격 용법이라는 추가 증거가 된다. 가장 단순한 해석이 선호되며, 바울은 독자들이 논증의 핵심 요점을 놓치지 않도록 그것을 강조하기 때문이다.[61] 유대인인 바울과 베드로는, 율법에 대한 순종이 아닌 그리스도 예수에 대한 자신들의 신뢰를 통해 의롭게 되기(하나님의 심판대 앞에서 옳다고 선언되기) 위해 그리스도 예수를 믿었다. 바울의 요점은 분명하다. 언약 백성의 일원(베드로와 바울 모두)이 하나님 앞에서 바르게 되기 위해 그리스도를 믿어야 한다면,[62] 그리고 율법을 지킴으로써 하나님 보시기에 의로울 수 없다면 베드로가 이방인들에게 하나님과 바른 관계를 맺기 위해 율법을 지키라고 요구하는 것은 의미가 없다.

갈 2:16f 율법의 행위로써는 의롭다 함을 얻을 육체가 없느니라(ὅτι ἐξ ἔργων νόμου οὐ δικαιωθήσεται πᾶσα σάρξ). 바

59. Matlock은 바울이 일반적인 "사람"(ἄνθρωπος)에서 특별한 사람(유대인, "우리", ἡμεῖς), 그리고 다시 일반적인 사람("모든 육체", πᾶσα σάρξ)으로 되돌아간다는 것을 바르게 관찰한다. 따라서 "유대 그리스도인의 복음의 경험은 일반적인 인간의 이야기 안에 위치한다"("The Rhetoric of πίστις in Paul", 198-99, 인용은 199에서 온 것임).

60. Bruce, *Galatians,* 139에서 그렇게 말한다.

61. Silva, "Faith versus Works", 232에서 이것을 바르게 말한다. 대조적으로 주어적 소유격을 선호하는 자들은 바울이 중복된 표현을 원하지 않을 것이라고 주장한다.

62. Bruce는 πίστεως라는 명사 앞에서 전치사 '…을 통하여'(διά)와 '…에 의해'(ἐκ) 사이의 변화는 스타일의 변화를 나타낸다고 바르게 주장한다(*Galatians,* 139).

63. 여기서 바울이 시편 143:2를 인용한다고 하는 견해에 대한 변호는 Silva, "Galatians", 790을 보라.

64. Ciampa는 여기서 또한 창세기 15:6과 하박국 2:4에 대한 간본문

울은 자신과 베드로 같은 유대인이 오직 그리스도를 믿음으로 의롭다 함을 얻는다는 주장에 대한 근거를 내놓는다. 누구도 율법을 행함으로써 하나님 앞에서 의로울 수 없다는 것이다. 율법을 지킴으로써 의를 얻을 수 없는 이유는 인간의 죄 때문이다. 여기서 우리는 바울이 유대인(앞의 "우리"를 보라)에서 좀 더 일반적 표현인 "모든 육체"(πᾶσα σάρξ)로 전환하는 것을 관찰해야 한다. 하나님의 언약 백성으로서의 유대인은 율법의 요구를 지킴으로써 하나님 앞에서 옳을 수 없다. 어떤 육체도, 즉 어떤 사람도(타락한 본성을 강조) 율법의 행위로써 하나님 앞에서 바르게 될 수 없기 때문이다.

여기서 바울은 시편 143:2(칠십인역에서는 142:2)에 호소한다. "주의 종에게 심판을 행하지 마소서 주의 눈앞에는 의로운 인생이 하나도 없나이다"(καὶ μὴ εἰσέλθῃς εἰς κρίσιν μετὰ τοῦ δούλου σου, ὅτι οὐ δικαιωθήσεται ἐνώπιόν σου πᾶς ζῶν).[63] 다윗은 이 시편에서 자비에 호소한다. 자신의 행위를 근거로 하나님 앞에 설 수 없고, 오직 하나님의 자비로써만 가능함을 깨달았기 때문이다.[64] 바울은 다윗의 말을 모든 언약 백성에게 적용하기 위해 "모든 육체"라는 표현을 추가한다. 또한 "육체"라는 단어는 인간의 타락한 본성과 연약함을 강조하며, 나아가 왜 인간에게 용서가 필요한지를 나타낸다.

시편 143:2에 대한 암시는 행위를 통해 의가 올 수 없음을 입증한다. 다윗은 자신의 불의, 즉 죄 때문에 심판받아 마땅하다는 것을 인정하기 때문이다.[65] 따라서 그것은 바울이 갈라디아서 3:10에서 가르치는 것을 내다보고 지지한다. 갈라디아서 3:10에서 바울은 모든 사람이 하나님이 요구하시는 것을 어겼기 때문에 율법의 저주가 모두에게 적용된다고 확정한다. "의롭다 함을 얻을 것이다"라는 동사(δικαιωθήσεται)는 미래 심판의 날을 가리킬 가능성이 가장 높으며, 따라서 칭의는 종말론적 사건으로 이해된다.[66]

2:16은 갈라디아서 전체에서 가장 중요한 구절 중 하나다. 이 구절은 갈라디아서의 가장 중요한 주제 몇 가지를 포함한다. 바울은 세 번에 걸쳐 율법을 지키는 것이 아니라 오직 그리스도에 대한 믿음으로 말미암아 하나님 앞에서 바른 위치가 된다고 단언한다. 이 구절 전체에서 표현을 반복하는 것은 여기서 목적어적 소유격("그리스도에 대한 믿음")이 사용되었다는 견해를 지지한다. 베드로나 다른 누구도 자신의 행위를 근거로 하나님 앞에 설 수 없다. 구원은 주님의 것이며, 믿음으로써만 얻을 수 있다.

갈 2:17a–b 만일 우리가 그리스도 안에서 의롭게 되려 하다가 죄인으로 드러나면(εἰ δὲ ζητοῦντες δικαιωθῆναι ἐν Χριστῷ εὑρέθημεν καὶ αὐτοὶ ἁμαρτωλοί). 바울과 베드로는 유대인으로서 하나님 앞에서 죄인임이 분명하다(이방인과 마찬가지로!). 그들이 율법에 대한 순종보다 그리스도 안에서 의를 추구했기(그들이 의롭지 않음을 보여줌) 때문이다. 아마도 바울은 베드로에게 하는 말을 이어가고 있을 것이다. 여기서 "우리"는 안디옥의 이방인들과 대비되는 바울과 베드로 같은 유대인 그리스도인을 지칭하기 때문이다. 바울이 계속해서 베드로에게 말한다고 생각할 수 있는 또 다른 이유는, 다른 유대인 그리스

적 언급을 본다(*The Presence of Scripture in Galatians 1 and 2,* 181–201). Smiles는 바울이 여기서 이 시편의 역사적인 의미를 무시한다고 말한다(*Gospel and Law in Galatia,* 132). 하지만 시편의 메시지는 주님이 그분을 신뢰하고 그분께로 피하는 자들을 구원하신다는 것이다. 따라서 바울이 그것을 잘못 해석한다고 생각할 이유가 없다. Silva, "Galatians", 791–92에서 이것을 바르게 말한다.

65. Silva는 여기서 말하는 것이 '율법의 행위'가 일반적인 율법을 가리킨다는 생각을 강화한다고 통찰력 있게 말한다. 참으로 여기서 다윗의 죄가 이방인을 제외시키는 것이나 의식의 법에 부적절하게 초점을 맞추는 데 있지 않았다는 것이다("Galatians", 791).

66. Silva, *Interpreting Galatians,* 173–74; Ciampa, *The Presence of Scripture in Galatians 1 and 2,* 184; Stanton, "Law of Moses and Law of Christ", 104에서 그렇게 말한다.

도인이 베드로를 책망한 것이 이 기록에 반영되었을 수 있기 때문이다.

이 구절의 의미는 큰 논란을 일으켰다. 이것은 보통 두 가지 방식으로 해석된다. 첫 번째 견해는 바울과 다른 유대인 그리스도인들을 향한 고발이 그들에게 해당되지 않는다는 것이다. 그들은 토라를 버렸기 때문에 죄인으로 고발되었지만 바울은 죄인이 아니었다. 그가 그리스도와 함께 죽고 일으킴을 받았기 때문이다.[67] 여기서는 고발이 실제로 사실이라고 주장하는 두 번째 견해가 선호된다. 바울은 "만일"로 시작하는 절에서 고발이 사실임을 받아들인다. 다시 말해, 베드로와 바울은 그리스도 안에서 의로워지려고 하다가 죄인으로 발견되었으며, 자신들이 이방인보다 낫지 않다는 사실을 깨달았다. 의로워지는 유일한 길은 그리스도를 믿는 것이다.[68]

첫 번째 견해는 베드로와 바울의 회심 후의 위치에 초점을 둔다. 그들은 신자가 된 이후 죄인으로 발견되었다. 율법을 버렸기 때문이다. 두 번째 견해는 베드로와 바울의 회심 이전의 위치를 염두에 둔다. 그들은 오직 그리스도 안에서만 용서가 발견될 수 있음을 깨달았다는 점에서 죄인으로 발견되었다. 두 견해를 확인하는 또 다른 방법이 있다. 첫 번째 견해는 베드로와 바울이 죄인이라는 고발을 받아들이지 않는다. 그들은 토라를 거절함에 있어서 죄인이 아니었다. 토라가 더 이상 구속력을 행사하지 않는 새로운 구원의 시대가 시작되었기 때문이다. 두 번째 견해에서 베드로와 바울은 자신들이 죄인임을 인정했다. 그들이 율법을 지키지 않았고 지킬 수 없음을 고백했지만 그리스도 안에서 죄 용서를 발견했기 때문이다.

베드로와 바울을 실제적인 죄인으로 보는 해석을 지지하는 한 가지 중요한 요점이 있다. "드러나다"(발견되다)의 용법을 가장 잘 설명한다는 점이다. "드러나다"(εὑρέθημεν)라는 단어는 법적, 법정적 의미로서 만물의 심판자이며 주님이신 하나님 앞에서 사람의 위치를 뜻한다. 이 표현은 재판관이신 하나님이 선고를 공표하시는 것, 사람이 유죄인지 무죄인지 "드러나는" 것을 가리킨다(참고. 또한 Sir 44:17, 20; 행 5:39; 24:5; 고전 4:2; 15:15; 빌 3:9; 벧전 1:7; 계 5:4). 베드로와 바울 모두 유대인으로서 "죄인"(ἁμαρτωλοί)으로 발견되었으므로, 하나님 앞에서 그들은 "이방 죄인"(ἐξ ἐθνῶν ἁμαρτωλοί, 2:15)과 같은 위치에 놓이게 되었다. 이 해석은 앞의 2:16에 대한 해석과 조화된다. 바울은 구약에 따라(시 143:2) 누구도 율법의 행위로 의롭게 될 수 없음이 분명하다고 주장한다. 대신 율법은 사람의 죄를 드러낸다.

지지를 얻고 있는 해석을 좀 더 설명할 필요가 있다. 베드로와 바울(그리고 모든 유대인 그리스도인)은 언제 하나님 앞에서 죄인으로 발견되었는가? "[그들이] 그리스도 안에서 의롭게 되려고 했을 때"였다. 베드로와 바울 모두 그리스도를 바라보며 시내 산 언약을 근거로 자신의 의를 확정하려 하지 않았다(참고. 롬 10:3). 대신 그들은 그리스도 안에서 재판관이신 하나님 앞에 바르게 서고자 했다. 본문에서 "…하려 하다"라는 표현은 마지막 심판의 날을 가리키며 칭의가 종말론적인 것임을 나타낸다.[69]

"그리스도 안에서"(ἐν Χριστῷ)라는 표현은 갈라디아 2:19–20에 비추어 그리스도와의 연합을 의미할 것이다. 2:19–20은 신자가 그리스도와 십자가에 못 박힐 때 율법의 권세에 대해 죽었다고 말한다.[70] 베드로와 바울 같은 유대인이 마지막 날 그리스도와 연합함으로써 하나

67. Betz, *Galatians,* 119–20; Mussner, *Galaterbrief,* 176–77; Ciampa, *The Presence of Scripture in Galatians 1 and 2,* 202, n. 155; Hansen, *Abraham in Galatians,* 104–6에서 그렇게 말한다.

68. Bruce, *Galatians,* 140–41; Smiles, *Gospel and Law in Galatia,* 147–54에서 그렇게 말한다. R. Longenecker는 이 견해의 변형된 형태를 주장한다. 바울은 대적들에게 대응하며 그리스도인들이 죄를 짓고 있음을 여기서 인정한다는 것이다(*Galatians,* 89–90).

69. Martyn, *Galatians,* 254에서 이것을 적절하게 말한다.

70. R. Longenecker는 그것이 '그리스도에 의한' 수단을 의미하는 것으로 이해한다(*Galatians,* 89). 다른 이들은 '그리스도 안에서'를 원

님 앞에서 옳다고 입증받으려 한다면, 유대인인 그들이 이방인보다 나은 것이 없다는 뜻이다. 그들은 이방인과 마찬가지로 죄인이었다. 그들은 모세 언약이 마지막 날에 구원을 얻기에 적합하지 않음을 증언했다. 따라서 베드로가 이방인들이 언약의 규정을 지키지 않는 한 그들과의 교제를 거절한 것은 그의 경험 및 신학과 모순된다. 베드로는 구원과 용서가 모세 율법이 아닌 오직 그리스도 안에서 발견된다고 고백했기 때문이다.

이 절을 두고 다른 해석을 주장하는 이들도 있다. 그들은 바울이 유대인인 자신과 베드로가 죄인으로 발견되었다고 말한 이유를, 더 이상 그들이 모세 언약의 율법을 지키지 않기 때문이었다고 이해한다. 즉, 그들이 모세 율법의 명령을 버렸기 때문에 유대인 그리스도인 대적들이 그들을 죄인으로 생각했다는 것이다.[71] 이 해석을 따르면, 바울은 베드로와 자신에 대한 고발을 받아들이지 않는다. 대적들이 베드로와 바울이 율법을 버리면서 죄를 지었다고 생각했던 것이다. 율법보다 그리스도 안에서 의롭게 되고자 했기 때문에 실제로 그들은 하나님의 뜻을 행하고 있었다. 그리스도로부터 칭의를 얻으려고 하면서 그들은 율법을 버리고 오직 그리스도 안에서 용서를 받고자 했다.

이러한 해석은 가능하기는 하지만 핵심을 지적하지 못하는 것 같다.[72] "우리가 발견된다"(εὑρέθημεν, 앞에서 이 단어에 대해 논의한 것을 보라)라고 말할 때, 바울은 하나님 앞에서 유대인 그리스도인의 위치를 가리키기 때문이다. 두 번째 견해가 맞다면 바울은 '우리가 죄인이라고 비난을 받는다'나 '우리가 죄인이라고 고발된다'와 같은 표현을 사용했을 것이다. 바울은 "우리가 또한 죄인으로 발견된다"고 말함으로써 하나님 앞에서 유대인 그리스도인의 위치를 강조한다. 그러므로 그들은 실제로, 정말로 하나님 앞에서 죄인이었다. 유대인 그리스도인으로서 그들은 그리스도 안에서 의롭게 되고자 했다. 그들이 율법을 지키는 일에 실패했으며 하나님 앞에서 죄를 지었으므로, 율법을 통해 의가 올 수 없었기 때문이다.

베드로와 바울의 실제적인 죄가 언급되었다고 보는 해석은 논증의 구원-역사적 측면을 배제하지 않는다. 율법이 아닌 그리스도 안에서 의를 구함으로써, 베드로와 바울은 율법의 시대가 끝났음도 인정했기 때문이다. 죄 용서는 오직 그리스도 안에서 가능했다. 바울은 2:17-18의 나머지 부분에서 그리스도 안에서 의롭다 함을 얻으려는 것에 담긴 구속사적 의미를 추적한다.

갈 2:17c-d 그리스도께서 죄를 짓게 하는 자냐 결코 그럴 수 없느니라(ἆρα Χριστὸς ἁμαρτίας διάκονος; μὴ γένοιτο). 바울은 더 많은 논점을 역설한다. 바울과 베드로 같은 유대인 그리스도인이 의롭게 되기 위해 유대 언약과 그 규정들을 버리고 그리스도를 의뢰했다면, 그들의 죄에 대한 책임이 그리스도에게 있는가?[73] 대적들에 따르면, 모세 언약의 율법이 더 이상 요구되지 않는다는 점에서 그리스도는 죄를 조장할 가능성이 있었다. 바울은 2:18에서 왜 그리스도가 죄를 행하게 하지 않으시는지를 설명한다.

갈 2:18 만일 내가 헐었던 것을 다시 세우면 내가 나를 범법한 자로 만드는 것이라(εἰ γὰρ ἃ κατέλυσα ταῦτα πάλιν οἰκοδομῶ, παραβάτην ἐμαυτὸν συνιστάνω). 그리스도 안에서 구원의 새 시대가 이른 지금 바울(또는 다른 누구도)

인을 뜻하는 것으로 이해한다(Burton, *Galatians,* 124). 하지만 다른 이들은 그것을 구격이나 처격으로 본다(Fung, *Galatians,* 119; Matera, *Galatians,* 95).

71. Burton, *Galatians,* 125에서 그렇게 말한다.

72. 참고. Lambrecht, "Gal 2:14b-21", 486-87.

73. Garlington은 여기서 죄가 배교라고 말하지만, 여기서 제시된 해석이 옳다면 그러한 해석은 가능성이 낮다(*Galatians,* 162).

이 율법으로 돌아가는 것은 무익할 것이다. 옛 율법의 시대에서는 구원을 얻을 수 없으며, 율법으로 다시 돌아가는 것은 오직 바울의 죄를 드러낼 뿐이다. 바울은 자신의 대적들에 대해 형세를 역전시킨다. 그리스도는 죄를 조장하지 않으신다. 죄인으로 드러나는 자들은 율법 아래 사는 자들이다.

여기서 바울은 왜 그리스도가 죄를 짓게 하는 분이 아니신지 설명한다.[74] 그런데 바울은 정확하게 무엇을 주장하는가? 바울의 주장을 하나씩 살펴봐야 한다. 무너지거나 "헐린" 것은 구약 율법을 가리킨다. 동사 "헐다"(καταλύω)는 다른 곳에서 구약 율법을 파괴하거나 허는 것을 가리킬 때 사용된다(참고. 마 5:17; 2 Macc 2:22; 4:11; 4 Macc 4:20, 24; 5:33).[75] 여기서 바울은 "나"라는 대명사를 사용하며 베드로에게 하는 말을 이어가고 있지만, 그는 유대 백성을 대표하는 자로서 자신을 가리킨다. 아마도 바울은 자신을 가리킴으로써 논의를 일반화하고 있을 것이다. 그는 자신과 베드로의 다툼에서 초점을 옮기기 원한다.

그리스도가 오시고 구속사에서 새로운 시대가 이른 지금 바울이 허물어진 구약 율법을 다시 세운다면, 그는 하나님의 뜻을 어긴 것이며 죄인으로 간주된다.[76] 그러므로 사실상 베드로가 이방인들에게 하나님의 백성에 속하기 위해 구약 율법을 지켜야 한다고 말하는 것은 하나님의 뜻에 어긋난다. 율법을 다시 세우는 것은 하나님의 뜻에 위반된다. 그것은 의가 그리스도 안에 있음을 부인하고, 구원 역사에서 옛 시대로 돌아가는 것이기 때문이다.[77] 따라서 의를 위해 다시 율법에 손을 뻗는 것은 죄다. 그리스도 안에 있는 의를 부정하는 것이기 때문이다. 옛 시대는 죄와 율법이 지배했지만, 그리스도 안의 새 시대는 의와 생명이 그 특징이다. 이러한 해석을 선호하는 이유는 그것이 또한 2:19이 말하는 근거[접속사 "(왜냐하면)"(γάρ)]를 설명하기 때문이다. 바울이 율법을 다시 세운다면 자신이 범죄자임을 입증하는 것이다. 그리스도와 함께 죽었을 때 그는 율법에 대해 이미 죽었기 때문이다. 율법의 시대는 그리스도의 죽음/부활과 함께 끝났다.

갈 2:19a 내가 율법으로 말미암아 율법에 대하여 죽었나니 (ἐγὼ γὰρ διὰ νόμου νόμῳ ἀπέθανον). 바울은 율법에 대해 죽었다. 그리스도가 자신의 죽음을 통해 율법의 시대를 끝내셨기 때문이다. 율법 아래 살면서 그것을 완전하게 지키셨던 그리스도는 신자들을 율법에서 해방시키기 위해 죽으셨다(4:4–5).

여기서 바울은 율법으로 돌아가는 것과 이방인에게 율법을 강요하는 것이 왜 의의 행동이 아닌 죄인지 설명하면서 베드로에게 계속 말하는 것으로 보인다. 본문의 논증이 치밀하고 간결해서 해석자들은 의미를 다르게 이해할 가능성이 있다. "내가"라는 표현은 대표를 나타낸다. 바울이 율법에 대해 죽었음을 말하는 것이 모든 신자에게 적용되기는 하지만, 그는 단순히 일반 신자가 아닌 유대인 그리스도인으로서 말하는 것이다.[78] 베드로는 이방인들에게 율법을 지키라고 요구하면서, 하나님을 기쁘시게 하는 방식으로 살기 위해 율법이 필요하다고 제안하고 있다. 대조적으로, 바울은 그러한 입장이 십자가와 구속사에서의 결정적인 변화와 모순된다고 주장한다. 어떤 신자(유대인 그리스도인을 포함하

---

74. Lambrecht는 여기서 '왜냐하면'(*γάρ*)이 또 다른 일반적인 헬라어 접속사(*δέ*)와 동일하며, 따라서 그것은 '하지만'을 뜻한다고 이해한다("Gal 2,18–21", 219). 대조되는 견해로 Smiles, *Gospel and Law in Galatia,* 155를 보라.

75. 따라서 Ciampa는 여기서 초점이 옛 언약의 공동체를 허무는 것에 있다고 제안하지만(*The Presence of Scripture in Galatians 1 and 2,* 206–7), 그럴 가능성은 낮다. 하지만 그 둘은 논리적으로 연결된 것이 분명하다. R. Longenecker는 여기서 부정 과거 시제에 있는 '한 번에 영원히'의 특성을 과장한다(*Galatians,* 91).

76. 죄는 바울이 원래 모세 율법을 허문 것(이것은 대적들의 견해일 것이다), 아니면 율법이 복원된 후 바울이 그것을 지키지 못하는 것에 있을 수 있다. 하지만 이 구절에서 이 두 견해 모두 가능성이 낮으며, 여기서 죄는 바울이 율법에 대해 죽은 후에 모세 율법을 다시 세우는 데 있을 것이라고 하는 Lambrecht의 말이 아마도 옳을

여)도 더 이상 율법 아래 있지 않다. 이제 신자는 "율법에 대해 죽었기" 때문이다. 율법은 더 이상 그들에게 권위가 없다.

그런데 "내가 율법으로 말미암아 율법에 대해 죽었나니"라는 말은 무슨 뜻인가? 바울이 율법의 명령을 지킬 수 없었기 때문에 율법에 대해 죽었다는 뜻일 수 있다.[79] 바울이 다른 곳에서 가르치듯이 율법의 요구를 행하지 못하면 죽음에 이른다(롬 7:5-25; 고전 15:56). 그러한 해석은 "율법으로 말미암아"(διὰ νόμου)라는 표현을 의미 있게 설명할 가능성이 있다.[80] 율법 자체는 그 명령들과 더불어 죽음이 뒤따르는 수단이다. 이 구절은 이렇게 바꿀 수 있다. "나는 율법의 명령들을 통해 율법에 대해 죽었다." 율법을 지킬 수 없다는 깨달음이 내포되어 있다고 보는 것이다.

하지만 여기서 바울이 구속사의 관점에서 주장하고 있을 가능성이 더 커 보인다. 신자는 그리스도와 함께 죽었을 때 율법에 대해 죽었다.[81] 그러한 해석은 로마서에 있는 평행 구절로써 지지된다.[82] 물론 우리는 로마서가 말하는 것을 갈라디아서에 강요할 수 없다. 하지만 이렇게 간결한 진술은 바울이 다른 서신에서 더 자세하게 가르치는 것으로 설명할 수 있다. "너희도 그리스도의 몸으로 말미암아 율법에 대하여 죽었으니"(롬 7:4, ESV). 그리스도의 죽으심은 율법의 지배에 종말을 가져왔으며, 구원 역사에 새로운 시대가 이르렀음을 나타냈다. 그러므로 율법을 다시 세우는 것은 구속사의 시계를 거꾸로 돌리는 것이며, 또한 그리스도보다 율법이 구원의 결정적인 요소라고 가르치는 것이다. 바울이 "내가 그리스도와 함께 십자가에 못 박혔다"(2:20a)라고 말하는 것도 같은 의미일 것이다. 달리 말해, 그리스도와 함께 십자가에 못 박힐 때 옛 자아(아담 안에 있는 인간의 존재)는 죽었다.

그런데 이 두 번째 해석은 "율법으로 말미암아"라는 표현을 어떻게 설명하는가? 로마서 7:4이 신자가 그리스도의 죽으심 안에 통합됨으로써 어떻게 율법에 대해 죽었는지를 설명한다면, 어떤 의미에서 율법에 대한 죽음이 "율법으로 말미암아" 실체가 되었는가? 갈라디아서 4:4-5이 그 해답을 제공하는 듯하다. 바울은 고백하는 형식으로 진술하며 하나님의 아들이신 예수님이 "율법 아래에 나게" 되셨다고 확정한다(4:4). 예수님은 "율법 아래에" 계셨으며 구속사의 옛 시대에 사셨지만 죄의 권세 아래 있지 않으셨다. 항상 하나님의 뜻을 행하셨으며, 하나님의 율법을 완전하게 지키셨기 때문이다. 그러므로 하나님의 진정한 아들로서, 그리고 죄 없으신 분으로서 예수님은 율법 아래 있는 자들을 구속하고 해방하기에 합당하셨다(4:5).

달리 말해, 예수님이 율법 아래 사셨기 때문에 죄와 율법의 지배 아래 사는 자들을 자유롭게 하실 수 있었다. 따라서 율법의 지배는 "율법으로 말미암아" 끝이 났다. 예수님은 죄 없으신 분으로서 율법의 저주를 받으셔야 할 이유가 없지만, 죽으심을 통해 율법의 모든 형벌을 짊어지셨다(3:10, 13). 그분은 율법 아래에서 죽으심으로써 율법의 시대를 끝내셨으며, 그리스도와 함께 죽은 자들은 율법에 대한 그분의 승리에 동참한다.

갈 2:19b 이는 하나님에 대하여 살려 함이라(ἵνα θεῷ ζήσω). 바울은 율법에 대해 죽는 것의 목적을 설명한다. 이제

것이다("Gal 2,18-21", 223, 230-36).

77. R. Longenecker, *Galatians,* 91; Bruce, *Galatians,* 142; Martyn, *Galatians,* 256.

78. 대조적으로 권연경, *Eschatology,* 169-70.

79. Lightfoot, *Galatians,* 118; Guthrie, *Galatians,* 89; Burton, *Galatians,* 133; George, *Galatians,* 199; Fee, *Galatians,* 91. Bruce는 두 견해 모두 주장하는 것으로 보인다(*Galatians,* 143-44). 이 견해의 변형된 형태로 Cummins, *Crucified Christ,* 216-26을 보라.

80. Dunn의 생각과 달리 바울이 율법에 대해 죽은 것은 그가 교회를 박해한 일로 인한 것이 아니었다(*Galatians,* 143).

81. Betz, *Galatians,* 122; Hays, *Galatians,* 243에서 그렇게 말한다.

82. Witherington, *Galatians,* 188-89에서 이것을 바르게 말한다.

신자는 더 이상 율법 아래 있지 않으며 구원의 새 시대에 산다. 그리스도 안에서 새 아담이 이르렀으며 신자는 새로운 사람이다. 다시 한 번 말하지만, 로마서 7:4은 도움이 되는 평행 구절이다. 신자와 율법의 결혼은 끝났으며, 즉 이제 신자는 그리스도와 결혼했고 하나님을 위해 열매를 맺게 될 것이다. 율법 아래의 삶은 죽음에 이르지만, 그리스도가 오심으로써 생명이 이르렀다. 따라서 베드로가 이방인들에게 율법을 강요하는 것은 아무런 의미가 없다. 구속사의 옛 시대는 죄와 죽음을 가져왔지만, 그리스도와 함께 죽은 자들은 죄의 권세에서 자유롭다. 이제 그들은 하나님에 대해 살기 때문이다.

갈 2:20a 내가 그리스도와 함께 십자가에 못 박혔나니(Χριστῷ συνεσταύρωμαι). 신자는 언제 율법에 대해 죽었는가? 신자는 그리스도가 죽으셨을 때 죽었다. 신자는 그리스도와 연합되어 있기 때문에 그분의 죽으심에 동참한다.[83] 구원 역사에서 결정적인 사건은 그리스도의 죽으심이다. 율법의 시대는 십자가에서 끝났으며, 신자가 그리스도와 함께 죽었을 때 신자는 자신을 지배하는 율법에 대해 죽었다(참고. 롬 7:4).

십자가와 율법의 대립은 갈라디아서 전체에 스며들어 있다. 율법은 옛 질서에 속하며, 십자가는 구원의 새 시대에 속한다. 그리스도의 죽으심 안에서 그분과 연합하는 것은 신자에게 새로운 삶의 시작을 의미한다. 하지만 베드로는 이방인들에게 율법을 지키라고 요구함으로써 십자가의 의미를 부인했다. 이방인들과의 식사 교제가 율법을 지키는 것에 달렸다면, 십자가는 구속사에서 더 이상 중심적인 역할을 하지 않는다. 그리스도가 아닌 율법이 구원의 핵심이 되기 때문이다. 그러한 견해는 십자가를 하찮게 만들기 때문에 생각할 수도 없는 일이다.

갈 2:20b-c 그런즉 이제는 내가 사는 것이 아니요 오직 내 안에 그리스도께서 사시는 것이라(ζῶ δὲ οὐκέτι ἐγώ, ζῇ δὲ ἐν ἐμοὶ Χριστός). 이제 그리스도와 함께 십자가에 못 박히는 것에서 결론 하나가 도출된다. 우리는 "내가 더 이상 살지 않는다"라는 표현을 바울의 존재가 없어지는 것으로 이해해서는 안 된다. 바울이 의미하는 것은 아담 안에 존재했던 옛날의 "내가" 더 이상 살지 않는다는 것이다. 달리 말해, 이것은 구속사적 진술이다. 그리스도의 죽으심으로 죄와 죽음의 옛 시대는 이제 뒤로 물러나게 되었다.

본문의 표현은 "우리의 옛 사람은 함께 십자가에 못 박혔다"(ὁ παλαιὸς ἡμῶν ἄνθρωπος συνεσταυρώθη, 롬 6:6)는 바울의 주장과 조화를 이룬다. "옛 사람"이라는 단어는 신자가 아담 안에서 어떤 존재였는지를 가리킨다(참고. 또한 엡 4:22; 골 3:9). 신자는 이제 그리스도 안에서 "새 사람"(καινὸς ἄνθρωπος)이다(엡 4:24; 골 3:10; 참고. 엡 2:15).[84] 이러한 새로운 실체는 정확하게, 신자가 그리스도와 함께 죽었기 때문에 시작되었다. 그리스도의 십자가에서 종말이 시작되었으며, 음식법을 주장하는 것은 사람을 "이 악한 세대"(1:4)로 다시 몰아넣는다.

구속사의 새 시대에 담긴 또 다른 특징은 그리스도가 신자 안에 거하시는 것이다. 일반적으로 바울은 신

---

83. Silva는 Dunn(*Galatians*, 144)이 여기서 완료시제를 과도하게 해석한다고 바르게 관찰한다(*Interpreting Galatians*, 74, n. 19를 보라).

84. 골로새서 3:10에서는 '새로운'(καινός) 대신 '새로운'(νέος)을 사용하지만, 두 단어는 같은 의미 영역 안에 있으며, 따라서 그러한 전환은 중요하지 않다.

85. 바울에게 신자들 안에 성령님으로 그리스도가 사신다는 개념이 있던 것으로 보인다. Gordon D. Fee, *God's Empowering Presence: The Holy Spirit in the Letters of Paul*(Peabody, MA: Hendrickson, 1994), 374; 권연경, *Eschatology*, 177-78; Bruce, *Galatians*, 144; Dunn, *Galatians*, 145에서 그렇게 말한다.

86. 여기서 R. Longenecker의 해설을 보라(*Galatians*, 92-93). 그는 '신비'라는 단어를 사용하지만, 그것이 사람의 존재(personality)가 제거됨을 뜻하지 않는다. 또한 Betz, *Galatians*, 124를 참고하라. 신비의 전통의 역사를 잠깐 살펴보려면 Riches, *Galatians through the Centuries*, 137-43을 보라.

87. Carson, *Love in Hard Places*, 166.

88. "바울은 단지 자신의 내적인 삶보다 이제 명백히 그리스도의 십자가와 부활 안에서(하나님에 의해) 붙들린 그의 전 인격체와 역사를

자 안에 성령이 내주하심을 강조하지만(예를 들어, 롬 8:9; 엡 2:22; 3:16), 때때로 신자 안에 그리스도가 거하신다고도 말한다(롬 8:10; 고후 13:5; 골 1:27; 엡 3:17).[85] 다시 한 번 말하지만, 이 구절을 사람의 존재가 대체되는 것으로 이해해서는 안 된다. 그리스도의 거하심은 구속사의 새 시대가 이른 것과 하나님의 구원 약속이 성취됨을 나타낸다.[86]

카슨(Carson)은 이와 다르게 주장한다. 바울이 그리스도가 신자의 대표이심을 말한다는 것이다. 다시 말해, 그리스도의 부활과 연합한다는 것이 2:20c의 주된 요점이다(2:20). 따라서 그리스도가 "내 안에"(ἐν ἐμοί) 사신다는 말은 부활을 통해 그분이 나 대신 사신다는 뜻이다.[87] 그러한 해석은 가능하기는 하지만, 구속사적 해석과 실체론적 해석은 서로 배타적이지 않다.[88] 앞에서 말한 대로 바울은 성령의 내주하심을 자주 언급하므로, 그가 이러한 생각을 염두에 두고 있을 가능성이 더 크다. 이후에 그는 하나님이 "그 아들의 영을 우리 마음 가운데" 보내신다고 말한다(갈 4:6).[89] 그리고 우리는 앞에서 바울이 다른 본문에 신자 안에 그리스도가 거하심을 말하는 것을 보았다. 따라서 여기서는 이러한 의미가 선호되어야 한다.

갈 2:20d–f 이제 내가 육체 가운데 사는 것은 나를 사랑하사 나를 위하여 자기 자신을 버리신 하나님의 아들을 믿는 믿음 안에서 사는 것이라(ὃ δὲ[90] νῦν ζῶ ἐν σαρκί, ἐν πίστει ζῶ τῇ τοῦ υἱοῦ τοῦ θεοῦ τοῦ ἀγαπήσαντός με καὶ παραδόντος ἑαυτὸν ὑπὲρ ἐμοῦ). 바울과 모든 그리스도인은 이제 오는 시대의 삶을 누린다. 하지만 그들은 여전히 몸(육체) 안에 살고 있다. 따라서 자기 백성을 위해 자신을 내주심으로 사랑을 보여주신 그리스도를 믿는 믿음으로 살아간다.

오는 시대의 시작, 즉 십자가와 부활에서의 하나님의 약속의 성취(참고. 갈 1:4)는 죄와 악이 근절됨을 의미하지 않는다. 바울은 여전히 몸(육체, σάρξ) 안에 살고 있다. 오는 시대가 시작되었기 때문에 바울(모든 그리스도인과 함께)은 그리스도 안에서 새 사람이다. 하지만 그의 개성은 소멸되지 않았으며 죄를 짓지 않을 수도 없다. 여전히 "육체 가운데"(ἐν σαρκί) 살고 있기 때문이다.[91] 육체를 언급하는 것은 이전의 악한 시대의 지배 아래 놓인 삶이라는 특별한 의미가 아니다(참고. 롬 8:8–9). 여기서는 단순히 육체 안에 사는 삶을 나타내며, 죄 안에 사는 것과 동일하게 여겨서는 안 된다(참고. 고후 10:3).[92] 하지만 몸 안에 사는 것은 옛 시대를 나타내는 연약함이 계속됨을 의미하며, 새 시대가 완전히 이르지 않았음을 가리킨다.

바울의 새로운 삶은 율법을 지키는 것이 아닌 하나님의 아들이신 예수님을 믿는 믿음이 특색을 이룬다.[93] 대명사 "…하는 것"(ὅ)은 내용을 가리키는 대격으로서 동사 "내가…사는"(ζῶ)이 의미하는 것을 나타낸다.[94] 새로운 삶은 근본적으로 하나님을 위해 일하는 것보다 아들을 믿는 것이 그 특징이다. 바울은 예수님을 가리키는 표현으로 "하나님의 아들"(롬 1:4; 고후 1:19; 엡 4:13)이나 "아들"(롬 1:3, 9; 5:10; 8:3, 29, 32; 고전 1:9; 15:28; 갈 1:16; 4:4; 골 1:13; 살전 1:10)을 자주 사용하지 않는다. 구약에

염두에 두고 있다…바울의 인격은 그의 마음의 내적인 밀실에 제한되지 않고, 그의 삶의 전체 역사, 그가 하나님의 아들을 만나기 '전'과 '후'를 포함한다…바울의 '인격'은 그와 연합된 다른 분의 인격으로 교환되었다"(Mark A. Seifrid, "Paul, Luther, and Justification", 221). Seifrid가 '단지'와 '제한되지 않는다'는 단어를 사용하여 실존적이고 구속–역사적인 것을 염두에 두고 있음을 보여주는 것에 주목하라.

89. 또한 R. Longenecker, *Galatians,* 174를 참고하라.

90. '그리고'(δέ)는 여기서 계속 용법이다(R. Longenecker, *Galatians,* 92에서 그렇게 말한다).

91. Machen, *Galatians,* 161에서 이것을 바르게 말한다.

92. Bruce, *Galatians,* 145에서 그렇게 말한다.

93. 바울이 그리스도에 대한 믿음을 말하는지, 혹은 그리스도의 신실하심을 말하는지는 2:16에 대한 주석을 보라.

94. Burton, *Galatians,* 138; R. Longenecker, *Galatians,* 93을 보라.

서 이스라엘은 하나님의 특별한 아들이었으며(출 4:22), 다윗 혈통의 왕도 하나님의 아들이었다(삼하 7:14). 하지만 예수님은 완벽히 순종하신 하나님의 진정한 아들이시며, 진정한 다윗이자 이스라엘의 진정한 왕이시다. 하나님의 아들은 예수님이 특별하며 유일무이한 하나님의 아들이심도 나타낸다. 논란이 있기는 하지만, 이 표현은 예수님의 선재하심과 그에 따른 하나님과의 독특한 관계를 나타낸다.

바울의 믿음에는 구체적인 대상이 있다. 바울은 자신(모든 신자의 모범)을 위해 십자가에서 목숨을 내어줌으로써 사랑을 보여주신 그리스도를 신뢰하기 때문이다.[95] 여기서 사용된 언어는 에베소서 5:2과 5:25의 형식과 유사하다. 에베소서에서는 자신을 내어주시는 그리스도의 사랑이 크게 다루어진다. 이곳 갈라디아서 본문의 표현은 심히 개인적이며 개인주의적이다. 그리스도는 "나를" 사랑하셨으며, "나를 위해" 자신을 주셨다.[96] 바울은 이러한 사랑이 모든 그리스도인에게 확장된다고 보지만, 개인주의적인 강조를 무시할 수 없다. 그리스도를 향한 믿음은 오직 하나님의 사랑을 확신할 때 유지될 수 있다. 그런 의미에서 사랑은 믿음에 연료를 공급하는 역할을 한다.[97] 이러한 사랑은 십자가에서 근원을 찾을 수 있다. 그리스도는 십자가에서 바울을 "위해" 자신의 생명을 내주셨다. 실제로 "나를 위해"(ὑπὲρ ἐμοῦ)라는 표현은 대체, 즉 그리스도가 바울을 대신해 죽으셨음을 암시한다.

갈 2:21 내가 하나님의 은혜를 폐하지 아니하노니 만일 의롭게 되는 것이 율법으로 말미암으면 그리스도께서 헛되이 죽으셨느니라(οὐκ ἀθετῶ τὴν χάριν τοῦ θεοῦ· εἰ γὰρ διὰ νόμου δικαιοσύνη, ἄρα Χριστὸς δωρεὰν ἀπέθανεν). 구원을 위해 율법을 요구하는 자들은 하나님의 은혜를 거절하고, 율법을 지킴으로써 하나님과 바른 관계를 확립하려고 한다. 그것은 그리스도의 죽으심의 의미를 부정하며, 사실상 그분이 헛되이 죽으셨다고 가르치는 것이다. 구원받기 위해 그리스도보다 율법에 의존하기 때문이다.

바울은 여기에서 베드로에게 하는 말을 결론 내린다. 따라서 2:21은 논증을 요약하는 역할을 하는 것으로 보인다. 유대인 그리스도인으로서 바울은 십자가에서 자신을 주신 그리스도의 사랑에서 나타나는 하나님의 은혜를 거부하지 않는다. 이러한 은혜는 하나님 앞에서의 바른 지위가 율법의 행위가 아닌 예수 그리스도를 믿음으로 말미암아 온다는 것을 증명한다(2:16을 보라). 이 구절의 요약적 특성은 "의"(δικαιοσύνη)라는 명사가 "의롭게 하다"(δικαιόω)라는 동사와 다르게 이해될 수 없음을 나타낸다. 바울이 말한 율법으로 말미암는 의는 율법 준수에 근거하여 의를 선포하는 것을 가리킨다.[98]

여기서 "의"라는 단어는 도덕적 갱신이 아니라, 율법의 기준을 지켰는지의 여부에 근거하여 재판관이 판결하는 것을 가리킨다. 바울은 갈라디아서에서 의가 율법으로 말미암아 올 수 없다고 주장한다. 만약 그러하다면 그리스도가 십자가에서 자신을 주신 것은 불필요한 일이 된다. 이때 하나님과의 바른 지위는 구원을 주기 위해 하나님이 그리스도 안에서 행하신 일을 신뢰하는 것보다 율법을 지킴으로써 찾아오기 때문이다.

베드로가 인정하든 인정하지 않든, 그가 이방인들에게 보인 행동은 그들에게 하나님과 바르게 되려면 율법을 지켜야 한다는 암시를 주었다. 그렇게 함으로써 그리스도의 십자가는 의를 위해 필요 없는 것이 되어버렸다. 율법으로 충분하다면 그리스도는 필요 없는 분이 되시기 때문이다. 율법으로 충분하다면 은혜는 무가치

95. 바울은 여기서 이사야 53장을 암시할 가능성이 있다(Harmon, "She Must and Shall Go Free", 133-34에서 그렇게 말한다).

96. "또한 이러한 언어는 각 개인이 당연하게 그리스도께 감사의 큰 빚을 지고 있음을 가르친다. 마치 그리스도가 그 한 사람만을 위해 오신 것처럼"(Chrysostom, *Galatians*, 23).

97. 참고. Calvin, *Galatians*, 75.

98. 참고. Betz, *Galatians*, 126.

해진다. 의는 더 이상 선물로서 주어지지 않으며 인간의 노력 여하에 따라 얻을 수 있는 것이 된다. 그러므로 베드로는 음식법을 준수하라는 주장과 십자가 중 하나를 선택해야 한다. 중간 지대는 없다.

베드로는 바울의 충고에 주의를 기울였음이 거의 분명하다. 그러지 않았다면 바울은 그를 거짓 형제로 여겼을 것이다. 하지만 그것은 바울이 고린도전서에서 베드로에 대해 말한 것(고전 1:12; 3:22; 9:5; 15:5)이나 후에 베드로가 바울을 천거한 것(벧후 3:15)과 조화되지 않는다. 또한 베드로가 결국 바울과 의견을 달리했다면, 바울이 갈라디아서 2:1-10에서 사도들의 일치를 호소한 것은 소용없는 일일 것이다.

적용에서의 신학

1. 하나님 앞에서의 바른 지위

본문이 다루는 근본적인 문제는 사람이 무엇을 근거로 하나님 앞에 바르게 서는가 하는 것이다. 사람이 하나님과 바른 관계를 맺는 근거는 행위인가 아니면 예수 그리스도, 그리고 십자가에 못 박히신 그분에 대한 믿음인가? 바울에 관한 새 관점은 본문이 다루는 주된 문제가 경계의 표시라고 주장한다. 따라서 그들은 하나님의 백성에 속하려면 유대인이어야 한다거나, 유대인 특유의 것을 지킬 필요가 없다는 것을 본문의 적용점으로 삼는다.

하지만 나는 본문을 그렇게 해석하는 것은 잘못되었다고 주장했다. "율법의 행위"는 율법에서 명령하는 모든 것, 즉 율법이 요구하는 모든 행위를 가리킨다. 이 표현은 유대인을 이방인과 구별하는 민족적 특성으로 제한될 수 없다. 기본적으로 바울은 사람이 하나님의 백성에 속하기 위해 유대인의 특성을 가져야 하는지는 고려하지 않는다. 대신 그는 율법의 명령에 복종하는 것이 주님과 바른 관계를 맺는 근거로 작용할 수 없다고 주장한다.

그러므로 우리의 순종은 하나님과 구원 관계를 쌓는 기초가 될 수 없다. 바울이 선포한 복음은 오직 예수 그리스도를 믿음으로 말미암아 하나님이 보시기에 의롭다고 선언된다고 주장한다. 우리는 사람으로서 직업, 가족, 심지어 운동 능력 등 스스로 성취하는 것에서 자신의 가치를 도출한다. 하지만 복음은 어떤 행위도 우리를 하나님 앞에서 옳게 만들지 않는다고 가르친다. 우리가 기여할 수 있는 바는 아무것도 없다. 전혀 없다. 우리는 벌거벗고, 가련하고, 불쌍하고, 연약한 존재임을 인정해야 한다. 우리는 믿음으로써 살며, 우리 주이신 예수 그리스도 안에서 하나님의 은혜에 우리 자신을 완전히 내던진다. 그리스도는 우리의 의가 되신다. 그분의 십자가는 심판 날에 우리의 유일한 소망이다. 우리는 우리 자신과 우리가 성취한 것에서 눈을 돌려 구원을 위해 그리스도만 붙든다.

사람들은 종종 이러한 진리는 당연하며, 모두가 그것을 이해한다고 말한다. 하지만 그들은 거의 예외 없이 자신의 선행이 영생을 얻는 데 적합하다고 믿기 때문에 불신자에게 복음을 전하지 않을 것이다. 불신자들은 그들의 유일한 소망이 그리스도의 십자가와 그분이 주시는 의와 용서라는 말을 들으면 커다란 충격을 받을 것이다. 복음은 인간의 자존심을 꺾기 때문에 우리에게 충격을 안겨준다. 하나님은 우리에게서 그분에게 감명을 줄 어떤 것도 발견하시지 않는다. 우리는 소위 우리의 '선함'과 '성취'에 대한 모든 환상을 버려야 한다. 또한 자신을 의지하기보다 십자가에 못 박히신 그리스도를 신뢰해야 한다. 우리는 자신의 전적인 빈곤을 보고, 그리스도 안에서 우리의 부요함을 발견한다. 인간이 행위에 근거하여 하나님 앞에서 의로울 수 있다면 그리스도는 헛되이 죽으신 것이다. 율법은 우리가 구원받기 위해 어떻게 살아야 하는지 가르치는 것으로 충분하다.

2. 율법과 복음

율법은 우리의 가난함을 드러내므로, 우리는 새로운 나무가 되어야 함을 깨닫는다(마 7:17–19). 즉, 우리에게 새로운 삶이 필요하다는 것이다. 아담 안에서 우리의 실체였던 옛 사람은 그리스도와 함께 십자가에 못 박혀야 한다. 우리는 자신이 어떤 선한 일을 성취했는지 보려고 자신을 황홀히 바라보지 않는다. 우리는 결코 복음을 넘어서 '진보'할 수 없다. 우리는 매일 우리의 의가 다른 곳에서 발견된다는 것을 깨닫는다. 그리스도인이어도 우리는 계속해서 우리의 연약함과 죄를 깨닫는다. 오직 믿음으로 말미암아 의롭다 함을 얻는 복음에 싫증을 느꼈다면, 자신의 선함에 대해 자신을 속이는 것이며 자신이 얼마나 선한지에 대해 착각하고 있는 것이 분명하다. 그런 사람은 자신의 생명이 오직 예수 그리스도와 십자가에 못 박히신 그분 안에 있음을 잊어버린 것이다.

마르틴 루터는 앞에서 말한 진리를 잘 포착하고 있다.

> 특별히, 미숙한 성도가 자신의 행위가 아닌 하나님의 은혜로 구원 받아야 함을 잘 안다고 떠벌리면서, 그것이 자신에게 쉬운 일인 양 말하는 것을 듣는다면, 당신은 그가 무슨 말을 하는지 스스로 알지 못하며 아마도 끝내 깨닫지 못하리라 확신할 것이다. 이 진리는 완벽히 배워서 그 분야에서 대가가 되었다고 자랑할 수 있는 예술이 아니다. 오히려 거장으로 남아 있으면서도 우리로 하여금 항상 배우는 자가 되게 하는 예술이다. 그 진리를 이해하고 실행하는 자들은 모두 자신이 어떤 일이든 할 수 있다고 자랑하지 않는다. 오히려 그들은 그 진리를 자신이 진정 원하고 추구하는 훌륭한 풍미나 향기처럼 감지하며, 자신이 원하는 대로 그것을 파악하고 이해할 수 없음에 놀란다. 그들은 점점 더 그 진리에 굶주리고 목말라하며 갈망한다. 그리고 그들은 그 진리를 듣고 그것을 다루는 일에 결코 싫증을 내지 않는다. 바울은 그것을 아직 얻지 못했다고 고백했다(빌 3:12). 그리고 마태복음 5:6에서 그리스도는 의에 주리고 목마른 자가 복이 있다고 말씀하셨다.[99]

마크 갤리(Mark Galli)는 최근 〈크리스채너티 투데이〉(*Christianity Today*)에 인터뷰를 싣기 위해 랍 벨(Rob Bell)과 대담하며 그에게 트위터에 복음에 대한 글을 올려 달라고 요청했다. 다음은 벨의 답변이다.

> 나는 역사가 어딘가를 향해 가고 있다고 생각한다. 수많은 작은 길들은 실제로 소망이 광기 어린 세상을 향한 합당한 반응일 수 있다고 믿도록 우리를 부추긴다. 그 길들은 실제로 신뢰할 만한 것일 수 있다. 그리고 기독교 이야기는 무덤이 비어 있다는 것과, 어떤 의미에서 창조 때부터 늘 존재해왔던 움직임이 실제로 시작되었다는 것에 관한 이야기다. 당신의 냉소적인 생각은 당신 안에서 이 작은 것이 어떤 더 큰 것에 관한 것일 수 있다고 말하는 충동과 상충되지만, 그때에도 그 작은 조각들은 실제로 정말, 정말 큰 무언가와 연결되어 있을 수 있다.[100]

그가 내린 정의에서 놀라운 점은 인간의 죄와 십자가의 필요성을 하나도 언급하지 않았다는 것이다. 복음의 가장 근본적인 요소(참고. 고전 15:1-4)가 완전히 결여되었다. 우리는 복음을 잊어버리기가 얼마나 쉬운가?

99. Martin Luther, "Psalm 117", translated by Edward Sittler in *Selected Psalms III* from *Luther's Works,* vol. 14, edited by Jaroslav Pelikan(St. Louis: Concordia, 1958), 37.

100. http://www.christianitytoday.com/ct/article_print.html?id=81195에 접속했음(2009년 9월 20일).

CHAPTER 8

갈라디아서 3:1-5

문학적 전후 문맥

1:10부터 시작해서 2:21까지 이어진 바울의 사도직을 변호하는 긴 논증이 끝났다. 앞에서 우리는 1:10이 1:6-9과 1:11-2:21을 연결하며 전환의 역할을 하는 것을 보았다. 흥미롭게도 2:15-21 또한 편지의 다음 주요 부분(3:1-4:11)으로 넘어가는 전환의 역할을 한다. 거기서 바울은 유대주의자에 대항하여 자신의 복음을 신학적으로 변호한다.

베츠는 수사학에서 사용되는 범주를 사용하여 3:1에서 시작되는 부분이 논증(probatio, 주된 논지에 대한 증명)이라고 밝힌다.[1] 코스그로브(Cosgrove)는 갈라디아서의 주요 주제가 성령이라고 제시하면서, 3:1-5이 이 편지의 결정적인 단락이라고 주장한다. 그러므로 그는 갈라디아서에서 칭의가 중심이 된다거나, 이 편지에서 말하는 주제가 하나님의 백성에 들어가기 위한 요구에 초점을 둔다는 견해를 거부한다. 대신 그는 갈라디아서의 중심 이슈가 성령의 계속되는 사역이라고 본다. 바울은 그들에게 그리스도 안에 머물도록 권고한다.[2] 나는 3:3의 주석에서 코스그로브가 바울의 말을 잘못 해석했다고 주장할 것이다. 또한 이 견해가 결함이 있는 이유는 바울의 논증에서 2:15-21의 중요한 역할을 무시하며, 따라서 그 단락이 편지의 나머지 부분에 대한 논지로서, 혹은 베츠가 주장하는 논제(propositio, 주된 논제)로서 기능하고 있음을 보지 못하기 때문이다.

이 편지에 대한 베츠의 수사학적 분석이 성공적이라고는 볼 수 없어도, 그가 2:15-21을 논제(propositio)로 평한 것은 핵심에서 크게 벗어나지 않았다. 갈라디아서, 그리고 3:1-5의 기본적인 주제는 칭의다. 바울이 이 단락에서 주장하는 대로, 성령을 받는 것은 갈라디아 사람들

---

1. Betz, *Galatians,* 128-29.
2. Charles H. Cosgrove, *The Cross and the Spirit: A Study in the Argument and Theology of Galatians*(Macon, GA: Mercer Univ. Press, 1988); 또한 R. H. Gundry, "Grace, Works, and Staying Saved in Paul", *Bib* 66(1985): 8-9; Scott J. Hafemann, "Paul and the Exile of Israel in Galatians 3-4", in *Exile: Old Testament, Jewish, and Christian Conceptions*(ed. James M. Scott; JSJSup 56; Leiden: Brill, 1997), 340, n. 29; Witherington, *Galatians,* 175; Fee, *Galatians,* 1, 5-6, 81, 107, 120, 171, 201에서 그렇게 말한다.

이 믿음으로 의롭다 함을 받았다는 결정적인 증거로서 기능한다.

바울의 논증은 명백한 사실에서 시작된다. 갈라디아 사람들이 성령을 받았다는 것이다. 그는 이 사실로써 그들이 율법의 행위가 아닌 믿음으로 의롭다 함을 받았다고 결론을 내린다. 덧붙여, 코스그로브가 제안하는 견해는 할례의 의미를 잘못 해석한다. 유대주의자들은 하나님의 백성에 들어가기 위해서는 할례가 필요하다는 일반적인 유대인들의 견해를 따랐다. 유대교 안에서나 유대주의자들은 할례를 하나님께 계속 헌신하기 위해 필요한 것으로 여기지 않았다. 할례는 하나님의 백성에 속하기 위해 요구되었다. 갈라디아서에서 성령이 중요한 역할을 하는 것은 분명하지만, 그러한 의견은 2:15–21의 핵심적인 기능과 6:11–18의 요약적 특성을 간과한다.[3]

주요 개념

갈라디아 사람들은 하나님의 백성에 속하기 위해 할례를 받거나 율법을 지킬 필요가 없다. 그들은 분명히 성령을 받았으며, 성령을 받는 것은 사람이 하나님의 백성에 속함을 나타내는 표시이기 때문이다.

3. Weima는 이것을 Cosgrove의 연구가 갖는 결점 중 하나로 바르게 본다("Gal 6:11–18", 106–7). 하지만 Weima는 편지의 결론이 하는 역할을 과도하게 강조함으로써 중심 주제로서의 믿음과 의를 제외시키며 자신의 요점을 과장한다. 또한 6:11–18에서 의가 개념상으로 빠져 있다고 제안하는 것은 설득력이 떨어진다. 편지의 결론은 대적들의 불순종(그들의 거짓 의)을 강력하게 책망하는 태도를 취하고 있기 때문이다. 또한 편지에서 십자가는 불가분 하나님의 구원하시는 의(그리고 믿음!)와 연결되며, 따라서 Weima는 여기서 함께해야 할 것들을 분리하고 있다. Luther가 십자가의 신학자였던 것은 십자가가 하나님의 구원하시는 의를 증대시키며 오직 믿음으로 구원받음을 가르치기 때문이었다.

번역

갈라디아서 3:1–5

1a	외침	**어리석도다 갈라디아 사람들아**
b	수사학적 질문	**예수 그리스도께서…너희 눈 앞에 밝히 보이거늘 누가 너희를 꾀더냐**
c	동격	십자가에 못 박히신 것이
2a	수사학적 질문	**내가 너희에게서 다만 이것을 알려 하노니 너희가 성령을 받은 것이**
b	수단	율법의 행위로냐
c	대조	혹은 듣고 믿음으로냐
3a	수사학적 질문	**너희가 이같이 어리석으냐**
b	3c의 시간	성령으로 시작하였다가
c	3a의 수단	이제는 육체로 마치겠느냐
4a	수사학적 질문	**너희가 이같이 많은 괴로움을 헛되이 받았느냐**
b	조건	과연 [그것들이] 헛되냐
5a	1–4에서 유추	[그러므로] **너희에게 성령을 주시고**
b	연속	**너희 가운데서 능력을 행하시는 이의 일이**
c	수단	**율법의 행위에서냐**
d	대조	**혹은 듣고 믿음에서냐**

구조

이 단락의 논증은 단호하고 예리하다. 바울은 외침으로 시작하며(3:1a), 이어지는 각 단위에는 수사학적 질문이 등장한다(3:1b–5). 이는 갈라디아 사람들이 스스로 그 질문에 대답할 수 있음을 나타낸다. 즉, 조금이라도 지각 있는 사람에게는 그 대답이 분명하고 알기 쉽다는 것이다. 수사학적 질문들로 논증이 구성되기 때문에 구절들이 접속사로 연결되지 않는다. 5절에도 수사학적 질문이 나오기는 하지만, 본 단락은 3:1–4에서 도출되는 유추["(그러므로)", (οὖν)]로 끝난다(3:5).

이 단락은 갈라디아 사람들을 "어리석다"는 말로 긴장시키며 시작한다. 바울은 그들이 어떤 매력에 홀렸는지 묻는다. 갈라디아 사람들이 십자가에 못 박히신 그리스도의 중요성을 인식하지 못하기 때문이다. 바울은 3:2–4에서, 말하자면 홀린 상태에서 깨어나게 하려 한다. 그는 갈라디아 사람들에게 묻고 싶은 질문이 한 가지 있다(3:2). 그들이 분명히 율법의 행위가 아닌 믿음으로 성령을 받았기 때문에 그 대답은 쉽다. 그리고 성령을 받았다면 그들은 아브라함 가족의 일원임이 분명하며, 따라서 할례를 받을 필요가 없다. 갈라디아 사람들에게 관찰력이 있다면, 사건이 유대주의자들에게 불리하게 종결되었음을 알 수 있을 것이다.

또 다른 수사학적 질문과 함께 3절이 뒤따른다. "너희가 이같이 어리석으냐?" 그들은 그리스도인의 삶이 성령으로 시작되고 육신 가운데 완성된다고 생각하는가? 물론, 그들은 그리스도인의 삶이 시작된 것과 같은 방식으로 계속된다는 것을 알아야 한다. 믿음으로 말미암아, 그리고 성령에 의해 시작되고 지속된다! 3:4에는 바울의 당혹감이 나타난다. 갈라디아 사람들의 회심은 모두 쓸모없는 일이 되었는가? 그들은 자신이 얻은 모든 것을 던져버리려 하는가? 그들은 헛되이 고난받았는가? 바울은 상상조차 못할 상황이다.

이 단락은 3:5에서 주된 요점으로 결론을 맺는다. 갈라디아 사람들은 성령을 가졌다. 그들 가운데 능력으로 일하는 이는 기적을 행하시는 성령이며, 그렇게 하신 이유는 갈라디아 사람들이 율법을 지켜서가 아니라 복음을 믿었기 때문이다. 따라서 유대주의자들의 유혹에 굴복하는 것은 생각하기 어려운 일이다.

석의적 개요

II. 경험과 성경을 통한 바울의 복음 변호(3:1–4:11)

➦ **A. 경험을 통한 논증: 행위가 아닌 믿음으로 말미암아 성령을 받음(3:1–5)**

1. 갈라디아 사람들은 매혹되었다(3:1)

2. 믿음으로 받는 성령(3:2)

3. 성령을 통한 그리스도인의 삶의 진보(3:3)

4. 배교의 헛됨(3:4)

5. 결론: 믿음을 통한 성령의 내재(3:5)

본문 설명

갈 3:1a–b 어리석도다 갈라디아 사람들아…누가 너희를 꾀더냐(Ὦ ἀνόητοι Γαλάται, τίς ὑμᾶς ἐβάσκανεν[4]). 갈라디아 사람들은 어리석음 때문에 비난받는다(참고. 3:3). 이 책망은 그들의 지적 능력이 아닌 도덕적 성향을 고발한다.[5] 그들은 마치 마법에 걸린 듯이 매혹된 것 같다. 한센(Hansen)은 갈라디아 사람들이 마치 베드로처럼(2:11–14)

4. 어떤 사본은 여기서 τῇ ἀληθείᾳ μὴ πείθεσθαι("그리하여 너희가 진리에 순종하지 않았다")를 추가하고 있지만, 이것은 5:7로 동화됨을 보여주는 분명한 예다.

5. Witherington, *Galatians,* 201에서 이것을 바르게 말한다. Elliott과 대조적으로, 갈라디아 사람들의 어리석음(이 본문에서 다른 특성들과 함께)은 갈라디아 사람들이 신들의 어머니에 대한 헌신으로 거세를 행한 것을 가리키지 않는다(*Cutting Too Close for Comfort,* 335–44). 문맥은 유대 배경을 가리키며, 여기서 할례는 모세 율법과 관련이 있다.

행위로써 복음을 거부할 지경에 이르렀다고 올바르게 지적한다.[6]

"갈라디아 사람들"(Γαλάται)이라고 언급한 것은 반드시 바울이 인종적 갈라디아인들에게 말한다는 결론으로 이어지지는 않는다. 이 단어는 전체 지역을 가리키는 일반적인 말과도 어울리기 때문이다.[7] 따라서 갈라디아 사람들에 대한 언급은, 명확히 입증되지는 않지만 남갈라디아가 수신지라는 견해와 조화된다. 바울은 1:11에서와 같이 그들을 "형제들"(ἀδελφοί)이라고 부르지 않고, "그들의 의무를 환기시키기 위해" 그들을 더 공식적이고 퉁명스럽게 부른다.[8]

고대 세계에서 마술은 불확실한 세상에서 사람들의 삶을 통제하는 듯 보였기 때문에, 사람들은 마술에 매혹되었다.[9] 마술에 사용된 긴 주문의 끈들이 달린 파피루스가 상당수 발견되었는데, 이는 일반 사람들이 어떻게 자신의 환경을 조종하려 했는지를 보여준다. 여기서 바울은 마술에 찬성하지는 않지만, 갈라디아 사람들이 할례에 매혹된 것(참고. 5:2)에 대한 자신의 놀라움(참고. 1:6)을 표현하기 위해 당시의 표현을 사용한다.[10] 그것은 마치 마술사가 주문을 걸어 뻔히 보이는 것, 즉 예수 그리스도의 십자가의 중요성을 보지 못하게 하는 것과 같다.[11] 궁극적으로 바울은 갈라디아 사람들이 미혹된 배후에는 사탄이 있다고 말하는 것으로 보인다.[12]

갈 3:1b-c 예수 그리스도께서 십자가에 못 박히신 것이 너희 눈 앞에 밝히 보이거늘(οἷς κατ' ὀφθαλμοὺς Ἰησοῦς Χριστὸς προεγράφη[13] ἐσταυρωμένος;). 갈라디아 사람들은 마치 주문에 걸린 것 같다. 그들이 그리스도의 십자가의 중요성을 더 이상 인식하지 않기 때문이다. 그들이 할례와 율법에 매혹된 것은 십자가와 그것의 중요성을 강탈했다.

바울은 그리스도의 죽으심의 중요성을 "공개적으로 선포했다"(προεγράφη). 이 동사(προγράφω)는 다른 곳에서 앞서 기록된 것을 가리키지만(참고. 롬 15:4; 엡 3:3), 여기서는 그러한 의미가 어울리지 않는 것 같다. 갈라디아 사람들의 눈앞에서 예수 그리스도가 십자가에 못 박히신 것이 앞서 기록되지 않았기 때문이다.[14] 이 단어는 또한 글로 쓴 선언서와 공개적인 통지에 사용되며, 본문의 경우는 공적인 선언의 의미이다.[15] 따라서 그것은 십자가에 못 박히신 예수님이 바울의 설교에서 실제로 묘사되었음을 의미하지 않는다.[16] 오히려 복음이 선포되었을 때 그리스도의 십자가의 중요성이 생생하게 전달되었음을 의미한다.[17]

분사 "못 박히신"(ἐσταυρωμένος)은 예수 그리스도가 십자가에 못 박히신 분으로 선포되었음을 설명한다. 다시 한 번 말하지만, 십자가는 갈라디아서에서 주요한 위치를 차지하며, 바울은 그들이 매혹됨에서 벗어나 십자

---

6. Hansen, *Abraham in Galatians*, 109.

7. Bruce, *Galatians*, 16, 147에서 그렇게 말한다.

8. Herman N. Ridderbos, *The Epistle of Paul to the Churches of Galatia*(trans. Henry Zylstra; NICNT; Grand Rapids: Eerdmans, 1953), 111.

9. 참고. Clinton E. Arnold, *The Colossian Syncretism: The Interface between Christianity and Folk Belief at Colossae*(Grand Rapids: Baker, 1996), 11-20.

10. 악한 눈(동사 βασκαίνω에서 암시된)에 대해서는 Bruce Longenecker, "'Until Christ Is Formed in You': Suprahuman Forces and Moral Character in Galatians", *CBQ* 61(1999): 93-97을 보라. 이 표현은 비유적인 것일 개연성이 있다. Witherington, *Galatians*, 201-4에서 그렇게 말한다.

11. Eastman은 악한 눈에 대한 언급이 신명기 28:53-57과 신명기 27-28장의 언약의 저주를 암시한다고 주장한다. 이러한 제안은 흥미롭지만, Eastman의 주장과 달리 가능성에 지나지 않는다. "The Evil Eye and the Curse of the Law: Galatians 3.1 Revisited", *JSNT* 83(2001): 69-87.

12. 참고. Chrysostom, *Galatians*, 24; Calvin, *Galatians*, 79; George, *Galatians*, 207; Jerome H. Neyrey, "Bewitched in Galatia: Paul and Cultural Anthropology", *CBQ* 50(1988): 72-100.

13. 서방 사본과 다수 사본(D, F, G 등)에는 전치사구 '너희 가운데'(ἐν ὑμῖν)가 "밝히 보이거늘"(προεγράφη) 뒤에 더해져 있다. 하지만 그것이 부차적인 것임이 분명한 이유는 그것이 제외되는 것을 입증하는 압도적인 지지가 있기 때문이다(א, A, B, C, P, Ψ, 33*, 81, 104, 365, 630, 1175, 1241ˢ, 1739, 1881 등).

14. Basil S. Davis, "The Meaning of ΠΡΟΓΡΑΦΗ in the Context of Galatians 3.1", *NTS* 45(1999): 196.

가에 못 박히신 그리스도의 중요성을 다시 알게 되기를 희망한다.

갈 3:2 내가 너희에게서 다만 이것을 알려 하노니 너희가 성령을 받은 것이 율법의 행위로냐 혹은 듣고 믿음으로냐(τοῦτο μόνον θέλω μαθεῖν ἀφ' ὑμῶν, ἐξ ἔργων νόμου τὸ πνεῦμα ἐλάβετε ἢ ἐξ ἀκοῆς πίστεως;). 갈라디아 사람들이 매혹되었기 때문에, 바울은 그들이 자극받고 현실로 되돌아와 복음을 저버리지 않기를 희망하면서 일련의 수사학적 질문을 던진다. 베츠의 말대로, "바울은 직접 바라는 바를 말하기보다 갈라디아 사람들에게서 그것을 듣고자 하므로 문답이라는 방책을 사용한다."[18]

이 사안은 하나의 질문으로 나타낼 수 있다. 바울은 그들에게서 단 한 가지를 알고자 한다고 말한다. 성령을 받은 것에 관한 문제다. 그들이 성령을 받은 것은 율법 준수를 통해서인가, 아니면 그리스도를 믿는 믿음을 통해서인가? "받은"(ἐλάβετε)이라는 단어는 갈라디아 사람들이 처음 복음을 듣고 신자가 되었을 때를 돌아보게 한다. 성령의 내재는 그들의 삶에 극적이고도 강력하게 드러났다.[19]

성령을 언급한 것은 바울이 갈라디아 사람들의 회심을 염두에 두고 있음을 보여준다. 성령은 하나님의 백성에 속한다는 표시이기 때문이다(참고. 고전 2:12). 성령은 회심할 때 마음에 부어진다(롬 5:5). 그리스도께 속하며 진정으로 그리스도인인 사람 안에는 성령이 거하신다(롬 8:9; 참고. 롬 8:14–15). 반대로, 자연인은 성령을 소유하지 않는다(고전 2:14). 성령은 사람의 구원을 입증하며, 하나님이 구원 사역을 완성하실 것을 보증하는 기능을 한다(고후 1:22; 5:5; 엡 1:14).

비슷한 방식으로, 성령을 선물로 받는다는 것에 호소함으로써 베드로는 할례와 상관없이 이방인들이 예수 그리스도의 교회에 포함된다는 사실을 변호했다(행 15:8; 참고. 행 10:44–48). 이방인들은 성령을 받았기 때문에 할례가 필요 없었다. 본문에서 바울의 논증은 눈에 띄게 동일하다. 갈라디아 사람들은 성령을 받았기 때문에 분명히 그리스도인이며 하나님의 백성이므로, 하나님의 백성에 속하기 위해 할례와 율법을 지키는 것이 요구되지 않는다.[20]

갈라디아 사람들이 답해야 할 문제는, 그들이 성령을 받은 것이 율법의 요구를 행함으로써인지 믿음으로 듣는 것을 통해서인지의 여부다. 바울은 갈라디아서 3:5에서 똑같은 것을 대조하기 위해 동일한 표현을 사용한다. "율법의 행위"가 뜻하는 바는 2:16에서 논의했다. 갈라디아서의 문맥을 고려하면 거기서 표출된 문제는 할례였지만, "율법의 행위"는 율법이 요구하는 모든 것을 가리킨다고 주장했다.

---

15. Lightfoot, *Galatians,* 134; Gottlob Schrenk, "προγράφω", *TDNT,* 1:771. 이 문맥에서 그것은 갈라디아 사람들 앞에 전시되었던 그림들을 가리킬 가능성은 낮아 보인다(하지만 Betz, *Galatians,* 131을 보라).

16. 혹은 그것은 바울이 탄식의 시를 십자가에 대한 예표로서 해석하는 것을 가리키는 것 같지 않다(Hays, *Galatians,* 250–51과 대조적으로).

17. R. Longenecker, *Galatians,* 100–101에서 그렇게 말한다. Davis는 그것이 바울 자신의 고난(갈 4:13; 6:17) 그리고 사도로서 그가 견뎠던 고난의 표시에 대한 언급이라고 주장한다. 또한 Wilson, *Curse of the Law,* 88; Scott J. Hafemann, "The Role of Suffering in the Mission of Paul", in *The Mission of the Early Church to Jews and Gentiles*(ed. Jostein Ådna and Hans Kvalbein; WUNT 127; Tübingen: Mohr Siebeck, 2000), 174를 참고하라. 이러한 해석과 달리 여기서 주어는 그리스도의 십자가 죽음이며, 바울의 고난에 대한 분명한 언급은 없다. 2:19–21과의 연결을 만들어 내려는 Davis의 시도가 성공적이지 못한 것은 그곳에서 바울이 자신의 고난보다 그리스도의 죽음과의 연합을 가리키고 있으며, 그러한 연합은 바울의 고난이 아니라 그리스도의 죽음을 통해 실현되었기 때문이다.

18. Betz, *Galatians,* 132.

19. Betz는 4:6을 가리키며 여기서 '무아경의 경험'을 염두에 두고 있다고 말한다(*Galatians,* 132). 또한 Dunn, *Galatians,* 153을 참고하라.

20. 대조적으로 권연경은 바울이 갈라디아 사람들이 성령을 잃어버렸다고 고발하며, 따라서 그들은 처음부터 다시 시작해야 한다고 주장한다(*Eschatology,* 38–39).

"믿음으로 들음"(ἀκοῆς πίστεως)이라는 표현은 여러 가지로 해석될 수 있다. 다양한 해석이 가능한 이유는 "들음"(ἀκοή)이라는 명사가 듣는 행위(마 13:14; 벧후 2:8)나 들은 메시지(요 12:38; 롬 10:16)를 지칭할 수 있기 때문이다. 이와 같이 "믿음"(πίστις)이라는 명사도 하나님을 신뢰하는 것(롬 4:5, 9; 살전 1:8 등)이나 믿어지는 내용(갈 1:23; 딤전 4:1 등)을 가리킬 수 있다. 따라서 이 표현은 (1) 신뢰하며 듣는 것,[21] (2) 그들이 들은 믿음을 요구하는 메시지,[22] (3) 믿음을 가능하게 하는 메시지,[23] (4) 믿음의 메시지(즉, 기독교 메시지), (5) 믿음을 듣는 것(즉, 기독교 메시지)으로[24] 해석될 수 있다. 갈라디아서에서 "믿음"(πίστις)은 보통 하나님을 향한 신뢰를 가리키며, 2:16-3:9에서는 이러한 의미가 지배적이다.[25] 따라서 바울은 여기서 기독교의 믿음에 대한 메시지를 가리키지 않는 것으로 보인다.[26]

이 두 명사가 모두 사용되는 로마서 10:16-17의 평행 구절은 이 갈라디아서 본문도 신뢰를 의미한다는 견해를 지지한다. "이사야가 이르되 '주여 우리가 전한 것(ἀκοῇ)을 누가 믿었나이까(ἐπίστευσεν)' 하였으니 그러므로 믿음은(πίστις) 들음에서(ἐξ ἀκοῆς) 나며 들음은(ἀκοή) 그리스도의 말씀으로(ῥήματος) 말미암았느니라." 여기서 "믿음"(πίστις)은 '신뢰'를 뜻하는 것이 분명하다. 그것이 동사 "믿었다"(ἐπίστευσεν)와 평행을 이루기 때문이다. 따라서 우리는 갈라디아서 3:2의 명사 "믿음"(πίστις)이 신뢰를 의미한다고 이해할 추가적인 근거를 얻은 것이다.

갈라디아서 3:2에서 더 어려운 문제는 "들음"(ἀκοή)으로 번역되는 명사의 의미가 '들음'인지, 아니면 '메시지'인지 여부다. 로마서 10:16에서 이 명사(ἀκοή)는 선포된 메시지를 가리키지만, 10:17에서는 듣는 행위를 뜻한다.[27] 로마서 10:16-17에서 두 의미가 번갈아 사용되는 것은 어떤 견해를 택하든 그 의미에 큰 영향을 주지 않음을 암시한다. 어쨌든 "들린" 것은 복음의 '메시지'다. 갈라디아 사람들은 "믿음으로 들음으로써" 혹은 '믿음을 요구하는 메시지를 통해' 성령을 받았다. 두 경우 모두 믿음이나 하나님을 신뢰하는 것이 강조되며, 들린 것은 복음이다. 나는 바울이 듣는 것을 강조한다는 견해가 의심스럽다. 그가 행함과 들음이라는 인간의 두 행위를 대조하기 때문이다. 하지만 들린 것은 메시지였으므로, 필요 이상으로 그 둘을 날카롭게 구분하는 것을 강조해서는 안 된다.

그들은 어떻게 성령을 받았는가? 갈라디아 사람들이 율법이 요구하는 무언가를 행했기 때문이 아니다. 사실 그들은 율법과 그 요구를 지키지 않았다. 그들은 할례를 받지 않았기 때문이다. 그들은 선포된 복음을 듣고 그것을 믿었을 때 성령을 받았다. 행함이 아닌 믿음이 성령을 받는 길이었다.[28]

갈 3:3 너희가 이같이 어리석으냐 성령으로 시작하였다가 이제는 육체로 마치겠느냐(οὕτως ἀνόητοί ἐστε, ἐναρξάμενοι πνεύματι νῦν σαρκὶ ἐπιτελεῖσθε;). 바울은 3:1에서 처음으

21. Lightfoot, *Galatians*, 135; Fung, *Galatians*, 132; 홍인규, *Law in Galatians*, 130-31; Sam K. Williams, "The Hearing of Faith: AKOH ΠΙΣΤΕΩΣ in Galatians 3", *NTS* 35(1989): 82-93에서 그렇게 말한다.
22. Gerhard Kittel, "ἀκοή", *TDNT*, 1:221; R. Longenecker, *Galatians*, 103.
23. Betz, *Galatians*, 133; H. Wayne Johnson, "The Paradigm of Abraham in Galatians 3:6-9", *TJ* 8(1987): 185-88. 또한 Hays를 보라(*Faith of Jesus Christ*, 143-49; 동일 저자, *Galatians*, 252). 하지만 그는 그것이 또한 기독교 신앙인 메시지일 가능성이 있다고 생각한다. Hays와 비슷한 견해로 Martyn, *Galatians*, 284, 286-89를 보라.
24. Calvin, *Galatians*, 81.
25. 앞의 2:16에서 "그리스도에 대한 믿음"(πίστις Χριστοῦ)에 대한 논의를 보라.
26. Sprinkle은 그것이 그리스도의 메시지를 뜻하는 '신앙에 관한 보고'를 가리킨다고 주장한다("Πίστις Χριστοῦ as an Eschatological Event", 210-12). 하지만 이러한 견해는 우리가 갈라디아서 3:6에서 이끌어 내는 비교에서 문제를 겪는다. 그 구절은 아브라함이 들은 메시지보다 그가 믿은 것을 강조한다.
27. 이 견해에 대한 변호는 Schreiner, *Romans*, 566-67을 보라.
28. Calvin이 주장하듯이 믿음은 단순히 이성적인 수용보다 그리스도를 받아들이고 자신을 그에게 드리는 것이다(*Galatians*, 84-85).
29. Robert Jewett, *Paul's Anthropological Terms: A Study of Their Use in*

로 언급한 어리석음의 주제로 돌아간다. 그는 갈라디아 사람들이 한 길로 시작했다가 다른 길로 마침으로써 왜 더 어리석어졌는지를 묻는다(참고. 1:6). 여기서 성령으로 시작한다는 말은 3:2의 성령을 받은 것을 다른 방식으로 표현한 것이다. 그리스도인의 삶의 시작은 마지막 때에 주어지리라 약속된 성령을 받는 것이 그 특징이었다(참고. 사 32:15; 44:3; 겔 11:18–19; 36:26–27; 욜 2:28). 하지만 갈라디아 사람들은 새로운 전략을 생각했으며, 전적으로 성령에 의존하는 것을 개선할 수 있다고 여겼다. 그들은 "육체로 온전하게" 되는 것에 끌리고 있었다.

여기서 "육체"(σάρξ)라는 단어는 육체의 일부를 자르는 것을 포함하는 할례를 암시할 수 있다. 주이트는 바울의 "육체"의 신학이 할례 논쟁에서 유래했다고 제안한다.[29] 이러한 통찰은 자극적이기는 하지만 증명이 불가능하다.[30] 이 문맥에서 갈라디아 사람들이 육체를 의지한 것은 그들이 할례에 끌린 데서 분명히 나타난다. 베츠의 말대로 "물론, 최종적으로 바울은 지금 갈라디아 사람들이 생각하고 있는 할례 의식을 암시하는 것이다."[31]

본문의 "육체"라는 단어는 바울이 생각하는 특별한 의미로 사용되며, 거듭나지 못한 사람인 옛 아담을 의존하는 것을 가리킨다. 성령과 육체의 대립은 이 시대와 오는 시대 사이의 종말론적 대조를 나타내며(참고. 갈 1:4) 육체는 옛 시대를, 성령은 오는 시대를 대표한다.[32] 오는 시대는 지금의 악한 시대를 뚫고 들어왔으며, 그리하여 갈라디아 사람들이 새로운 시대가 이른 지금 옛 시대로 돌아가는 것은 이치에 맞지 않다.

여기서 갈라디아서의 쟁점은 어떻게 하나님의 백성에 들어가는 것인지가 아닌, 어떻게 하나님의 백성 안에 머무는지에 관한 것이라고 주장할 수 있다.[33] 우리는 이 주제를 다룰 때, 바울의 견해를 조심스럽게 정리하고 그것을 유대주의자들의 견해와 구분해야 한다. 거짓 선생들은 그리스도인의 삶의 진보를 조언했던 것이 아니다. 그들은 유대교에서와 동일하게 하나님의 백성으로 들어가기 위해 할례가 요구된다고 생각했다.[34] 따라서 이 유대주의자들은 할례받지 않은 자들을 가리켜 하나님이 제정하신 언약의 일부가 아니라고 주장했다(창 17:9–14; 레 12:3). 유대주의자들은 갈라디아 사람들이 하나님의 백성에 속하려면 할례를 받아야 한다고 주장했다.

하지만 바울은 갈라디아 사람들이 이미 성령을 받았기 때문에 그들이 그리스도인이라고 믿었다. 그러므로 그는 이 일을 그리스도인의 삶의 진보라는 관점에서 정리한다. 즉, 바울은 자신의 관점에서 쓰고 있으며, 거짓 선생들의 전제를 인정하려 하지 않았다는 것이다. 그는 갈라디아 사람들이 그리스도인임을 당연하게 여긴다. 따라서 바울은 할례를 받으려는 그들의 열망을, 성령이 아닌 육체로써 그리스도인의 삶에 진보가 이루어진다는 오해에서 비롯된 시도라고 말한다.

여기서 우리는 또한 그리스도인의 삶이 칭의든 성화

Conflict Settings(Leiden: Brill, 1971), 96.

30. 또한 Martyn, *Galatians,* 294를 참고하라.

31. Betz, *Galatians,* 134.

32. Richard B. Gaffin Jr., *Resurrection and Redemption: A Study in Paul's Soteriology*(Phillipsburg, NJ: Presbyterian and Reformed, 1987), 111에서 그렇게 말한다. 또한 여기서 W. B. Russell, "The Apostle Paul's Redemptive-Historical Argumentation in Galatians 5:13–26", *WTJ* 57(1995): 333–57의 연구를 보라. 하지만 Russell은 자신의 견해를 과장하며 불필요하게 종말론의 인간학적인 차원을 감소시킨다(또한 Garlington, *Galatians,* 184에서도 그렇다).

33. Gundry, "Grace, Works, and Staying Saved in Paul", 8–9; Fee, *Galatians,* 107에서 그렇게 말한다. 이러한 견해에 대해 또한 Cosgrove를 보라. 그는 갈라디아서에서 당면 문제가 칭의나 하나님의 백성에 속하기 위해 무엇이 요구되는가가 아니라 갈라디아 사람들의 삶에서 계속되는 성령의 사역이라고 주장한다(*Cross and the Spirit,* 2, 8–15, 32–35, 38–42, 49–51, 86). 그러한 해석은 논증에서 2:15–21에 있는 근본적인 특성을 보지 못하고, 3:3을 잘못 해석하며, 또한 왜 할례가 요구되었는지(즉, 하나님의 백성에 들어가기 위해) 오해한다.

34. Nolland, "Uncircumcised Proselytes?" 173–94에서 그렇게 말한다.

든 같은 과정을 따른다는 것을 본다. 칭의는 믿음으로 말미암아 성령을 통해 이루어지지만, 성화는 행위와 인간의 노력으로 되는 것처럼 여길 수 없다. 칭의와 성화는 모두 성령의 역사에 의한 것이며 믿음의 결과다.[35]

갈 3:4 너희가 이같이 많은 괴로움을 헛되이 받았느냐 과연 헛되냐(τοσαῦτα ἐπάθετε εἰκῇ; εἴ γε καὶ εἰκῇ). 갈라디아 사람들을 향한 바울의 논증이라는 무기에서 또 다른 수사학적 질문이 발포된다. 이제 바울은 신자인 그들에게 그토록 많은 고난을 헛되이 받았는지 묻는다. 여기서 사용된 동사(πάσχω)는 '괴로워했다'라기보다 많은 주석가들이 이해하는 것처럼 '경험했다'를 뜻할 수 있다.[36] 단어의 의미는 문맥에서 결정되므로, "경험했다"라는 해석이 옳을 수 있다. 이 경우 바울은 특별히 그들 가운데 성령의 강력한 사역을 가리켰다.

하지만 신약의 다른 곳에서는 "괴로워했다"를 의미한다.[37] 그렇게 해석될 가능성이 커 보이는 이유는, 이 단어(πάσχω)가 신약에서 일반적으로 쓰이는 의미이기 때문이다. 이 편지에 갈라디아 사람들이 당한 괴로움이 전혀 언급되지 않았다는 주장과 함께, "경험했다"라는 해석이 자주 지지된다.[38] 하지만 4:29은 그들이 박해를 경험했음을 암시한다.[39] 또한 고난은 그리스도인의 존재를 구성하는 주요소였으므로, 갈라디아 사람들이 새롭게 발견한 믿음으로 인해 차별과 언어 폭력을 면하지 못했으리라 보인다. 여기서 바울은 그러한 고난이 헛된 것이었는가 질문한다. 그들이 그리스도의 복음을 부인하고 할례를 받아들인다면, 그리스도인으로서 받은 고난은 아무런 목적이 없어지기 때문이다. 실제로 다른 바울 서신에서 성령을 받은 자는 고난을 받는다. 따라서 종종 인식되는 것보다 고난과 성령은 더 가깝게 연결된다.[40]

바울의 논증은 급커브를 돌고 있다. 그는 3:3에서 갈라디아 사람들이 그리스도인임을 당연하게 여기며 육체를 따라 진보를 이루려는 어리석음에 탄식한다. 이제 3:4에서는 그들이 할례받으려는 것을 깊이 생각하며, 그렇게 한다면 헛되이 고난받은 것이라는 결론을 내린다. 바울은 구원의 문맥에서 헛됨(εἰκῇ, 참고. 고전 15:2; 갈 4:11)이라는 언어를 사용할 때[41] 사람이 끝까지 견디지 않으면 믿음은 헛된 것이라고 가르친다. 믿음을 지속하지 못하는 것은 마지막 때 심판으로 이어질 것이다.

바울은 여기서 갈라디아 사람들이 맞이할 미래의 운명을 선언하지 않는다. 오히려 유대주의자들의 설득에 넘어갈 위험성을 경고한다. 사실 그는 가설로 구절을 맺는다. "과연 헛되냐." 바울은 갈라디아 사람들의 고난이 헛되었다고 주장하지 않는다. 그는 그들에게 한 가지 조건을 남긴다. 만일 그들이 유대주의자들을 따르고 복음을 거부하면, 새롭게 그리스도인이 된 자로서 그들이 받은 고난은 헛되다는 것이다. 바울은 자신의 경고로써 그들이 생각을 돌이키고 회개하도록 자극하여 그들이 온전한 상을 얻기를 바란다.

갈 3:5 너희에게 성령을 주시고 너희 가운데서 능력을 행하시는 이의 일이 율법의 행위에서냐 혹은 듣고 믿음에서냐(ὁ οὖν

35. 권연경은 바울이 성령 안에 '계속할' 필요성을 말하고 있다는 것을 부정한다. 그는 그러한 논평이 단순히 역사적이라고 말하는데, 이는 '위기 발발의 전과 후'를 의미한다(*Eschatology,* 46–47). 하지만 그의 관찰은 갈라디아 사람들이 다시 처음부터 시작해야 한다고 바울이 가르치고 있는 경우에만 효과가 있다. 반대로 바울은 그들의 회심이 정당함을 배제하지 않지만 그들이 시작했던 방식으로 '계속하기'를 그들에게 요청한다(참고. 5:7–10). 권연경이 여기서 갈라디아 사람들이 종말론적 상급을 얻기 위해 믿음 안에서 계속해야 한다고 바르게 보는 것은 맞다.

36. Betz, *Galatians,* 134; R. Longenecker, *Galatians,* 104; Martyn, *Galatians,* 285; Dunn, *Galatians,* 156; Ridderbos, *Galatians,* 115, n. 5; Fee, *Galatians,* 110.

37. Lightfoot, *Galatians,* 135에서 그렇게 말한다. 참고. Wilhelm Michaelis, "πάσχω", *TDNT,* 5:905; Bruce, *Galatians,* 150.

38. Betz, *Galatians,* 134, n. 64; Silva, *Interpreting Galatians,* 58; R. Longenecker, *Galatians,* 104에서 그렇게 말한다.

39. 여기서 Ernst Baasland, "Persecution: A Neglected Feature in the Letter to the Galatians", *ST* 38(1984): 135–50을 보라. 또한 Cummins,

ἐπιχορηγῶν ὑμῖν τὸ πνεῦμα καὶ ἐνεργῶν δυνάμεις ἐν ὑμῖν, ἐξ ἔργων νόμου ἢ ἐξ ἀκοῆς πίστεως;). 이제 단락은 중심적인 주제와 마지막 수사학적 질문 하나로 요약된다. 갈라디아 사람들 사이에 성령의 강력한 역사는 분명히 나타났다. 어떤 이들은 현재분사가 카리스마적이며 강력한 성령 사역이 지속되고 있다는 증거라고 해석한다.[42] 하지만 바울은 갈라디아 사람들에게 자신의 사역이 미친 영향력을 묘사하는 것일 수 있다. 분사의 현재시제가 반드시 진행되는 행동을 가리키지는 않기 때문이다. 어쨌든 주된 요점은 하나님이 그들에게 성령을 주셨으며,[43] 능력 있는 사역을 통해 성령의 임재가 그들 가운데 드러났다는 것이다.

하지만 성령의 극적인 역사는 그들이 율법의 행위를 지켜서가 아니라, 믿음으로 복음의 메시지를 들었기 때문에 일어났다. 3:2에서 본 대로 갈라디아 사람들은 성령을 받았기 때문에 하나님의 새로운 백성의 일원이다. 그들은 아브라함 가족의 일원이므로 토라를 지킬 필요가 없다.

적용에서의 신학

1. 그리스도를 의지함

그리스도인으로서 우리는 매일 복음을 다시 배워야 한다. 옛 찬송가처럼 우리는 방황하기 쉬우므로 마법에 걸린 사람처럼 행동할 수 있다. 그리스도인의 삶은 복음을 의뢰하는 전쟁이다. 우리는 그리스도인이면서도 그리스도의 십자가를 전적으로 의뢰하기보다, 자신을 보고 자신의 성취를 신뢰하는 경향이 있다. 상담과 설교와 가르침에서 우리는 사람들을 계속해서 그리스도의 십자가로 가까이 부르고, 그들이 자신에게서 시선을 돌려 그리스도께 초점을 맞추도록 촉구해야 한다. 우리는 갈라디아 사람들과 똑같이 복음에서 서서히 떠내려갈 수 있다. 갈라디아서에서 바울이 말한 문제들은 그리스도인의 삶이 자동 조종 장치로 이루어지는 것이 아니며, 복음을 붙들기 위해 매일 씨름해야 함을 우리 모두에게 상기시킨다.

Crucified Christ, 100–106을 보라. 하지만 바울이 대적들이 마카비 때의 압제자들과 같다고 묘사하는지는 덜 분명하다.

40. Wilson, *Curse of the Law,* 87–88에서 그렇게 말한다. 하지만 Wilson과 대조적으로 갈라디아 사람들이 고난이 자신들을 하나님의 저주 아래에 두었다고 두려워했는지는 분명하지 않다(같은 책, 91–92).

41. 또한 고린도전서 15:14, 고린도후서 6:1, 갈라디아서 2:2, 빌립보서 2:16, 데살로니가전서 3:5에서 그가 '헛됨'(κένος)이라는 용어를 사용하는 것을 보라.

42. 예를 들어, Betz, *Galatians,* 135; George, *Galatians,* 214, n. 17; Bruce, *Galatians,* 151. 이것과 대조적으로 권연경, *Eschatology,* 38을 보라.

43. 여기서 바울이 아니라 하나님이 공급하는 자이심이 분명하다. 대조적으로 White, "Rhetoric and Reality in Galatians", 333. Aquinas는 바울이 이 구절에서 성령을 준 자라는 생각을 변호했다(Riches, *Galatians through the Centuries,* 147에서 그렇게 말한다).

2. 성령 안에서의 인내

본문은 또한 하나님이 구약에서 약속된 종말론적 성령을 주셨기 때문에 새 시대가 이르렀음을 가르친다. 갈라디아 사람들은 새 언약의 백성이다. 그것은 성령님이 그들 가운데 부어졌기 때문이다. 나아가 성령님은 그들에게 기적을 행하심으로 자신을 분명하게 드러내셨다. 오늘날에도 여전히 기독교 공동체임을 나타내는 표시는 능력을 행하시는 성령의 임재다. 성령을 받은 자만이 진정으로 그리스도께 속한다(롬 8:9).

앞에서 우리는 신자인 우리가 연약하며, 쉽게 거짓 복음을 따라 잘못된 길로 가는 것을 보았다. 하지만 우리는 육체와의 싸움에서 홀로 남겨지지 않았다. 하나님은 성령을 주셔서 우리가 그분의 권세와 능력으로 끝까지 인내하도록 하셨다. 따라서 우리가 최초로 내딛는 믿음의 걸음은 헛되지 않을 것이다. 우리 안에 거하시는 성령님이 끝까지 우리를 강건하게 하실 것이기 때문이다.

3. 성화

갈라디아서 3:3은 그리스도인의 삶에 매우 중요한 구절이다. 많은 신자가 칭의는 오직 믿음으로 말미암은 것이지만, 성화는 마치 우리 자신과 주님이 협동하여 노력해야 하는 것처럼 믿음과 행위로 이루어진다고 가르침을 받는다. 그러한 관점은 잘못 해석되기 쉽다. 신자는 믿음으로 말미암아 성령을 통해 그리스도인의 삶을 시작한 후, 행위로 말미암아 육체를 통해 그것을 이어가는 것이 아니다. 성화는 칭의와 같은 방식으로 이루어진다(하지만 이것은 오늘날 많은 사람이 주장하는 것처럼, 칭의와 성화가 같다는 뜻은 아니다). 즉, 그것은 오직 믿음으로 말미암아 오직 성령을 통해 이루어진다.

그러한 견해는 선한 행위가 필요 없다는 결론으로 이어지지 않는다. 모든 선한 행위는 믿음의 열매이며 성령이 강력하게 사역하신다는 증거다. 신자는 신실하신 하나님이 자신의 죄를 용서해주셨고 필요한 모든 것을 공급해주실 것을 믿으면서, 자신에게 일어나는 모든 일 앞에서 하나님을 신뢰할 때 하나님을 기쁘시게 한다. 바울은 본문에서 그리스도인의 삶의 진보가 그리스도인으로서 삶을 시작한 방식과 같은 방식으로 이루어진다고 주장한다. 두 경우 모두 신자는 하나님을 신뢰하며, 선한 행위를 만들어 내는 타고난 능력이나 육체를 의지하지 않는다.

그렇다면 오직 믿음으로 말미암은 성화는 실제로 어떤 모습인가? 신자로서 우리는 도둑질하거나 세금을 속여서는 안 되지만, 재정적인 걱정이 있을 때 그런 유혹을 받을 수 있다. 하지만 믿음으로 행하고 성령을 의지할 때, 우리는 주님이 돌보시며 모든 필요를 공급하리라 약속하셨음을 떠올린다. 따라서 우리가 도둑질하지 않는 이유는 하나님이 공급하실 것을 신뢰하기 때문이다.

우리는 성적인 범죄에도 똑같이 말할 수 있다. 성적인 즐거움은 강렬하지만, 주님은 그것이 결혼에 한정되어야 하며 성적인 죄는 파괴적이라고 가르쳐주신다(참고. 잠 5:1-23; 살전 4:3-8). 그렇다면 이런 영역에서 믿음과 성령으로 산다는 것은 무슨 뜻인가? 우리는 성적인 죄를 피하기 위해 온 힘을 다해 노력하라고 요구받지 않는다. 대신 하나님을 신뢰할 것을 요구받는다. 그분이 우리를 사랑하시고 우리가 그분을 신뢰한다면, 이 영역에서 그분의 명령을 어길 때 우리가 손상되고 파멸되리라고 믿게 될 것이다. 즉, 이 영역에서 순종은 우리의 믿음에서 흘러나온다는 것이다. 위대한 찬송은 "의지하고 순종하는"이라고 표현하는데, 그것을 고쳐 말하는 것이 낫겠다. 의지하는 자는 순종하며, 순종하지 않는 사람은 하나님의 선하심이나 능력을 신뢰하지 않는 것이다.

CHAPTER 9

갈라디아서 3:6–9

문학적 전후 문맥

바울은 1:10–2:21에서 자신의 복음이 권위가 있으며 예루살렘 사도들에게서 독립적이라고 주장한다. 예수 그리스도의 계시를 통해 그는 하나님께 직접 복음을 받았다. 예루살렘 사도들은 그의 복음을 듣고 그것을 재가했으며 참되다고 선언했다. 바울의 복음은 그것을 근거로 베드로를 책망했을 만큼 권위가 있다. 2:15–21은 복음의 내용을 설명하며, 의는 구약 율법을 지키는 것보다 그리스도의 십자가에 근거한다고 말한다. 따라서 구약 율법을 지키려는 자가 아니라, 예수 그리스도를 믿는 자가 의롭다 함을 얻는다.

3:1–5에서 바울은 갈라디아 사람들을 향해 직접 말한다. 바울은 그들의 경험이 그의 복음의 정당성을 인정한다고 강조함으로써 시작한다. 그들은 율법을 지킴으로써가 아니라 오직 믿음으로 말미암아 성령을 받았다. 또한 그들이 그리스도인의 삶을 시작했던 방식이 그것을 지속해가는 방식이다. 즉 그리스도인의 삶은 믿음 안에서 성령의 능력으로 이루어진다. 이제 3:6–9에서 바울은 창세기 15:6과 12:3을 들어 이 단락에서의 자신의 신학을 변호하며, 구약을 근거로 주장을 확증하기 시작한다. 두 경우 모두 바울은 신자가 아브라함의 후손임을 증명하려고 노력한다.

I. 도입: 바울의 복음을 떠나는 것은 복음을 떠나는 것이다(1:1–2:21)
II. 경험과 성경을 통한 바울의 복음 변호(3:1–4:11)
- A. 경험을 통한 논증: 행위가 아닌 믿음으로 말미암아 성령을 받음(3:1–5)
- **B. 성경을 통한 논증: 믿음으로 말미암아 아브라함의 복을 얻음(3:6–14)**
  - ➡ **1. 믿음으로 아브라함 가족의 일원이 됨(3:6–9)**
  - 2. 오직 그리스도 안에서 율법의 저주가 제거됨(3:10–14)
- C. 구원 역사를 통한 논증: 아브라함 언약이 우선되며 모세 언약은 임시적임(3:15–4:11)

주요 개념

본문의 주된 요점은 3:7과 3:9에서 각각 다른 방식으로 되풀이된다. 갈라디아 사람들 앞에 놓인 문제는 아브라함의 후손의 정체성이다. 유대주의자들은 할례받은 자들이 아브라함의 후손이라고 주장한다. 하지만 바울은 신자가 아브라함의 후손이며 아브라함의 복을 받은 자라고 반박한다.

번역

갈라디아서 3:6–9

6a	행동	아브라함이 하나님을 믿으매…함과 같으니라
b	6a의 결과	그것을 그에게 의로 정하셨다(창 15:6)
7a	6a–b에서 유추	**그런즉 믿음으로 말미암은 자들은…알지어다**
b	7a의 동격	**아브라함의 자손인 줄**
8a	6a의 연속	또…**성경이** 미리 알고
		하나님이 이방을 믿음으로 말미암아 의로 정하실 것을
b	8a에서 유추	먼저 아브라함에게 복음을 **전하되…하였느니라**
c	8b의 내용	모든 이방인이 너로 말미암아 복을 받으리라(창 12:3)
9	8a–c에서 유추	그러므로 **믿음으로 말미암은 자는…복을 받느니라**
		믿음이 있는 아브라함과 함께

구조

이 단락은 "…와 같이"(καθώς)라는 단어로 시작하는데, 그 해석이 어렵다. 이 접속사는 앞 단락과 느슨하게 연결되는가?[1] 아니면 이 단락이 앞 단락과 밀접하게 관련되어 있어서 아브라함이 성령을 받았던 것으로 생각되는가? 바울은 아브라함이 성령을 받았다고 주장하는 것 같

1. Betz가 그렇게 말한다. 그는 그것을 '기록된 대로'(καθὼς γέγραπται)라는 표현의 생략형으로 본다(*Galatians*, 140, n. 13). 하지만 Betz는 이 생략형이 다른 곳에서 발견되지 않는다는 것을 인정한다. R. Longenecker는 "…와 같이"(καθώς)가 예(*exemplum*)처럼 사용된다고 생각하지만, 그는 자신의 판단을 정당화할 평행 본문을 제공하지 않는다(*Galatian*, 112). Lightfoot은 생략된 것이 문맥으로써 보충되어야 한다고 제안한다. "믿음에서다. 그리고 아브라함에게 그것은 그랬다"와 같은 내용이라는 것이다(*Galatians*, 136; 또한 Silva, Interpreting *Galatians*, 219에서도 그렇게 말한다; 또한 Burton, *Galatians*, 153; Bruce, *Galatians*, 152를 참고하라). Barrett는 접속사가 대적들이 창세기 15:6을 사용했으며 바울은 이제 자신의 해석을 제시함을 암시한다고 말한다("The Allegory of Abraham", 6).

지 않다. 성령은 그리스도 안에서 시작된 새 시대의 선물로 여겨지기 때문이다. 따라서 좀 더 느슨한 연결을 마음속에 그리고 있는 듯 보인다. 아브라함이 갈라디아 사람들과 비교되는 이유는 둘 다 믿음으로 말미암아 하나님의 백성에 속하기 때문이다.

물론 아브라함은 이스라엘의 조상으로서 바울의 논증에 중요하기 때문에 소개되는 것이다. 여기서 바울은 창세기 15:6을 인용하여 아브라함이 하나님을 믿었으며, 그 결과 하나님 앞에서 옳다고 선언되었다고 주장한다. 그러므로 주된 요점이 3:7에서 유추로서 뒤따른다[유추를 가리키는 "그런즉"(ἄρα)에 주목하라]. 아브라함이 믿음으로 의롭다 함을 받았기 때문에 결과적으로 믿는 자, 믿음을 가진 자는 아브라함 가족의 일원이 된다.

바울은 창세기 12:3과 18:18을 인용하여 비슷한 성경적 논증을 두 번째로 제시하며, 아브라함을 통해 모든 민족이 복을 얻으리라는 위대한 약속을 인용한다. 바울이 창세기 15:6 다음에 12:3을 인용했음을 눈여겨보는 것은 중요하다. 따라서 창세기 15:6은 12:3을 해석하는 렌즈의 기능을 한다. 실제로 바울은 갈라디아서 3:8에서 보편적인 복의 약속이 복음을 가리킨다고 말하며, 믿음으로 말미암는 의의 관점으로 이러한 복을 해석한다. 아브라함의 복은 아브라함의 후손들과 분리될 수 없다. 바울은 갈라디아서 3:9에서 3:8에 대한 유추를 이끌어 낸다[유추를 가리키는 "그러므로"(ὥστε)에 주목하라]. 오직 아브라함이 가졌던 믿음을 가진 자만이 아브라함의 복을 누린다.

석의적 개요

I. 도입: 바울의 복음을 떠나는 것은 복음을 떠나는 것이다(1:1–2:21)

II. 경험과 성경을 통한 바울의 복음 변호(3:1–4:11)

A. 경험을 통한 논증: 행위가 아닌 믿음으로 말미암아 성령을 받음(3:1–5)

B. 성경을 통한 논증: 믿음으로 말미암아 아브라함의 복을 얻음(3:6–14)

➡ **1. 믿음으로 아브라함 가족의 일원이 됨(3:6–9)**

a. 의는 아브라함의 믿음의 결과다(3:6)

b. 결론: 아브라함의 가족에 속하기 위해 믿음이 요구된다(3:7)

c. 복음은 아브라함을 통한 보편적인 축복을 뜻한다(3:8)

d. 결론: 아브라함의 복을 얻기 위해 믿음이 요구된다(3:9)

2. 오직 그리스도 안에서 율법의 저주가 제거됨(3:10–14)

본문 설명

갈 3:6 아브라함이 하나님을 믿으매 그것을 그에게 의로 정하셨다 함과 같으니라(καθὼς Ἀβραὰμ ἐπίστευσεν τῷ θεῷ καὶ ἐλογίσθη αὐτῷ εἰς δικαιοσύνην). 바울은 여기서 아브라함이 하나님 앞에서 바른 지위를 얻었던 것이 그가 하나님을 신뢰한 결과였다고 가르친다. "…과 같은"(καθώς)이라는 접속사는 3:6을 3:1–5과 연결한다. 학자들은 3:1–5과 3:6이 연결되는 중요성을 두고 논쟁을 벌인다. 이 접속사가 사용된 것에서 바울이 아브라함도 갈라디아 사람들처럼 성령을 받았음을 주장한다고 유추할 수 있는가? 나아가, 의로운 자가 성령도 받았으므로 이 사실에서 "의"라는 단어가 단순히 법정적 의미만이 아닌 변화의 개념 또한 포함한다고 유추할 수 있는가?

이와 같은 결론은 3:1–5과 3:6 사이의 연결을 과도하게 해석한 것이다. 다른 바울 서신과 신약에서 성령의 열매는 마지막 때 주어지는 선물로 생각된다.[2] 물론 그것이 구약에서 성령님이 활동하시지 않았다는 뜻은 아니다. 하지만 구약이나 신약 어느 곳에서도 아브라함이 성령을 받았다는 주장은 발견되지 않는다. 3:1–5과 3:6 사이의 연결은 느슨해 보인다. 아브라함과 갈라디아 사람들을 비교하는 요점은 둘 다 믿음을 발휘했다는 것이다.[3] 그러므로 이 접속사가 사용된 것을 근거로 "의"라는 용어의 정의를 도출하려는 것은 과도한 욕심이라는 결론이 뒤따른다. 의에서 변화의 의미를 찾으려면 다른 근거가 필요하다. 이제 나는 본문의 문맥이 오히려 법정적 의미를 지지한다고 주장할 것이다.

또한 갈라디아 사람들과 관련하여 당면한 문제를 해결하기 위해 바울의 논증이 아브라함까지 이르러야 함을 이해하는 것은 중요하다. 유대주의자들은 하나님의 백성에 들어가기 위해 할례가 요구된다는 주장을 지지하기 위해, 아브라함과 할례에 호소했음이 거의 분명하다(창 17:9–14). 거짓 선생들이 아브라함을 인용하지 않았다고 해도 그는 바울의 논증에 중요한 요소다. 아브라함은 유대 백성의 조상이었으며 구원의 약속을 받은 자였기 때문이다.

실제로 유대 전통은 아브라함의 믿음보다 그의 순종을 강조했다. 예를 들어, 마카비 1서 2:52에서는 이렇게 말한다. "아브라함은 시험을 받았을 때 신실한 자로 발견되지 않았으며, 그것이 그에게 의로 여겨지지 않았는가?"(NRSV)[4] 창세기 22장의 이삭을 드린 희생은 마카비 1서에서 창세기 15:6과 합쳐지는데, 그 결과 아브라함의 믿음보다는 순종이 두드러진다. 아브라함의 신실함과 순종을 똑같이 강조한 것이 집회서 44:19–21에 나타난다.

> 아브라함은 수많은 민족의 위대한 조상이며
> 그처럼 영광을 가진 사람은 아무도 없었다.
> 그는 지극히 높으신 분의 율법을 지켰으며
> 그분과 계약을 맺었다.
> 자기 육체에 언약의 표시를 새겼으며 시험을 받았을 때 충실함이 입증되었다.
> 그러므로 주께서 맹세로써 그에게 약속하시기를,
> 그의 후손을 통해 민족들이 복을 받게 되고,

---

2. James M. Hamilton Jr., *God's Indwelling Presence: The Holy Spirit in the Old and New Testaments*(NACSBT; Nashville: Broadman & Holman, 2006)를 보라.

3. Sam K. Williams, "Justification and the Spirit in Galatians", *JSNT* 29(1987): 92–95를 보라. Williams는 바울에게 칭의와 성령을 받는 것이 밀접하게 연결되어 있다고 주장하지만, 그는 또한 아브라함이 성령을 받았다고 바울이 말하지 않는다는 것과 칭의와 성령 안에서의 삶이 개념적으로 구분된다는 것을 인정한다(97, 100, n. 13). 하지만 그는 바울의 말에 따라 칭의가 반드시 변화된 삶으로 이어진다고 바르게 결론을 내린다(98).

4. De Roo는 1 Macc 2:52; Sir 44:19–21; 4Q225에서 창세기 15:6이 아브라함의 믿음보다 그의 신실함을 가리키는 것으로 해석한다고 주장한다(*Works of Law,* 76, 101–2).

주께서 그를 땅의 먼지처럼 번성하게 하고
그의 후손을 별과 같이 높이고
이 바다에서 저 바다까지,
이집트 강에서 땅 끝까지를 유산으로 주겠다고 하셨다(NRSV).

시락(Sirach)은 아브라함이 순종했기 때문에 그에게 복이 주어졌다는 것을 강조한다. 그렇게 하면서 시락은 부분적으로 구약의 메시지 자체를 숙고한다(창 22:17–18; 26:5). 하지만 아브라함의 삶에서 믿음이 담당했던 중대한 역할을 빠뜨린다.

이렇게 아브라함의 순종에만 일방적으로 초점을 맞추면 신인협력설의 해석으로 이어지기 쉬운데, 이것은 바울의 견해와 일치하지 않는다.[5] 희년서 23:10은 "아브라함은 주님 앞에서 모든 행위가 온전했으며 그가 사는 동안 의롭게 행하여 그를 기쁘시게 했다"고 말한다.[6] 특별히 아브라함이 이삭을 제물로 드릴 때 보인 순종은 유대 문헌에 자주 등장하는 주제였다(*Jub.* 16.28; 17.15–18.19; 19.8; 24.11; *2 Bar.* 57.1–2; *m. 'Abot* 5:3; Philo, *Abraham* 35 §§191–199; Josephus, *Ant.* 1.13.1–2 §§223–25; 1.13.4 §§233–36; Psuedo-Philo, *Bib. Ant.* 40.2; 4 Macc 14:20).

바울은 아브라함의 순종을 무시하지는 않는다(참고. 롬 4장). 하지만 제2성전 유대교 문헌과 대조적으로 바울은 아브라함의 믿음을 강조한다.[7] 그러한 믿음은 그의 삶의 근본적인 실체였다. 창세기 15:6은 아브라함에 대한 바울의 이해에서 중심이 된다. 창세기 15장에서 아브라함은 자신의 종 엘리에셀이 유일한 상속자가 될지 궁금해한다. 주님은 그의 후손이 하늘의 별처럼 많으리라고 약속하셨다. 아브라함은 주님의 말씀을 믿는 것으로 그 놀라운 약속에 반응했다. 그는 하나님을 위해 탁월한 행위를 하지 않았고 그분을 신뢰했다. 창세기 15장은 불로 상징되는 주님이 홀로, 쪼갠 고기 가운데로 지나가심으로써 이 언약이 오직 주님에 의해 성취될 것임을 보여주며 끝난다. 그러므로 창세기 15장 전체는 주님의 일하심과, 아브라함을 위해 주님이 행하실 일에 대한 아브라함의 신뢰에 초점을 맞추고 있다.

3:6의 두 번째 절은 결과를 의미한다고 이해해야 한다. 아브라함은 자신의 믿음의 결과로 하나님 앞에서 의로운 자로 여겨졌다. 여기서 "의"(δικαιοσύνη)라는 단어는 도덕적인 변화나 의의 주입을 의미하지 않는다. 대신 그것은 문맥에서 분명히 드러나듯 법정적 의미다. 아브라함은 믿음으로 말미암아 의롭다고 여겨졌기 때문에, 여기서는 그에게 일어난 도덕적 변화의 개념이 없다.

"여겨졌다"(ἐλογίσθη)라는 단어는 같은 결론을 가리킨다. "여기다"(λογίζομαι)라는 동사는 누군가에 대해 간주되는 어떤 것을 가리킬 수 있다. 예를 들어, 비느하스가 히브리 사람과 미디안 여자를 죽이며 보인 열심은 "그에게 의로 여겨졌다"(시 106:31, ESV, ἐλογίσθη αὐτῷ εἰς δικαιοσύνην). 비느하스는 의로웠기 때문에 의롭다고 여겨졌다. 하지만 창세기 15:6에서는 의가 아브라함의 것이 아닌데도 의를 그의 것이라고 말한다.[8] 아브라함은 선천적으로 의롭지 않았지만 믿음으로 말미암아 의롭

---

5. Hanson은 아브라함이 율법과 어떤 관계인지 유대 문헌에서 다양하게 묘사된다고 주장한다. 어떤 경우(필로와 솔로몬의 시편) 아브라함의 순종보다 하나님의 언약이 우선시되지만, 다른 경우 율법에 대한 순종에 초점이 있다. Hansen, *Abraham in Galatians*, 175–99를 보라. De Roo는 같은 문헌이 아브라함이 순종으로 택함을 받았음을 가르친다고 주장한다(*Works of Law*, 105–7).
6. *The Old Testament Pseudepigrapha: Expansions of the "Old Testament" and Legends, Wisdom and Philosophical Literature, Prayers, Psalms, and Odes, Fragments of Lost Judeo-Hellenistic Works*, vol. 2(ed. James H. Charlesworth; trans. O. S. Wintermute; Garden City, NY: Doubleday, 1985), 100을 보라.
7. 또한 여기서 R. Longenecker, *Galatians*, 113–14를 보라.
8. Brian Vickers, *Jesus' Blood and Righteousness: Paul's Theology of Imputation*(Wheaton: Crossway, 2006), 81–83; Fung, *Galatians*, 135를 보라. 대조되는 견해는 Garlington, *Galatians*, 189–90. 전가에 대해서는 또한 Martin Luther, *Lectures on Galatians 1535: Chapters 1–4*, Vol. 26 of *Luther's Works*(ed. Jarislov Pelikan; St. Louis: Concordia, 1963), 229–34를 보라.
9. 따라서 칭의는 아브라함과 갈라디아 사람 모두에게 과거의 실체를 포함한다(권연경, *Eschatology*, 60–61과 대조적으로).

다고 여겨졌다. 의는 아브라함이 믿음으로 말미암아 받은 선물이었다.

그러한 해석은 로마서 4:2-5의 같은 본문에 대한 바울의 설명과도 조화된다. 아브라함은 경건하지 않았어도 하나님 앞에서 의롭다고 여겨졌다.[9] 마치 믿음이 사람을 하나님 앞에서 의롭게 만드는 일종의 행위로 생각될 수 있는 것처럼, 아브라함의 믿음이 그의 의였다고 바울이 제안하는 것도 아니다. 오히려 믿음이 의로 여겨지는 이유는 그것이 신자를 그의 의가 되시는 그리스도와 연합하게 만들기 때문이다.[10] 그러한 결론은 갈라디아서에서의 바울의 주요 주제 중 하나, 즉 갈라디아 사람들의 의가 그리스도의 십자가에서 유래한다는 개념과 조화된다.

갈 3:7 그런즉 믿음으로 말미암은 자들은 아브라함의 자손인[11] 줄 알지어다(γινώσκετε ἄρα ὅτι οἱ ἐκ πίστεως, οὗτοι υἱοί εἰσιν Ἀβραάμ). 불변화사 "그런즉"(ἄρα)은 여기서 유추의 개념으로 이해해야 한다. 따라서 3:6에서 결론이 도출된다.[12] 아브라함이 소유했던 믿음을 가진 자들은 아브라함의 자녀로 밝혀진다. 동사 "알지어다"(γινώσκετε)는 직설법이나 명령법일 수 있으며, 어떤 경우든 의미는 크게 변하지 않는다.[13] 명령법일 가능성이 더 커 보이는 이유는 바울이 갈라디아 사람들에게 그들이 힘들어하는 진리를 깨달을 것을 강력하게 요구하고 있기 때문이다.[14] 아브라함 가족의 일원이 되기 위해, 그의 자손에 포함되기 위해 무엇이 필요한가? 할례도 아니며 율법이 요구하는 다른 행위도 아니다. 아브라함 가족에 속하는 자는 아브라함이 그랬듯 믿는다. 아브라함은 율법이 주어지기 전에 살았기 때문이다. 따라서 아브라함을 하나님 앞에 의로운 자로 여겨지게 한 것은 그의 믿음이었다. 그러므로 갈라디아 사람들은 아브라함의 자녀가 되기 위해 할례를 받을 필요가 없다. 그들의 믿음이 그리스도 예수 안에 있다면 그들은 이미 아브라함의 자녀다.

본문이 목적어적 소유격의 해석 '그리스도 예수에 대한 믿음'을 지지하는 강력한 논증이 된다는 것에 주목해야 한다. "믿음으로 말미암은 자들"(οἱ ἐκ πίστεως)이라는 표현은 여기에서 발견되며 3:9에서 반복된다("믿음으로 말미암은 자는…복을 받느니라"). 또한 3:8은 "하나님이 이방인들을 믿음으로 말미암아 [의롭게 하신다]"(ἐκ πίστεως δικαιοῖ τὰ ἔθνη ὁ θεός)라고 말하는데, 이것은 '하나님이 이방인들을 믿음으로 말미암아 의롭게 하신다'나 '하나님이 이방인들을 신실함으로 말미암아 의롭게 하신다'로 번역해야 한다. 후자의 경우는 그리스도의 신실하심을 가리킨다. 하지만 바울이 모든 경우 '신실함'보다 '믿음'을 말한다는 중요한 단서가 있다. 그것은 3:6의 "믿었다"(ἐπίστευσεν)라는 동사다. 이 동사는 아브라함의 신실함보다 그의 믿음에 초점이 있음을 의심하지 못하게 한다.[15]

또한 앞서 말한 대로 바울은 3:7에서 3:6에 대한 결론을 이끌어 낸다.[16] 아브라함이 믿음으로 말미암아 의롭게 되었으므로 "믿음으로 말미암은 자들"(οἱ ἐκ

10. D. A. Carson, "The Vindication of Imputation: On Fields of Discourse and Semantic Fields", in *Justification: What's at Stake in Current Debates*(ed. Mark Husbands and Daniel J. Treier; Downers Grove, IL: IVP, 2004), 46-78을 보라. William Perkins는 같은 입장을 취했다(Riches, *Galatians through the Centuries*, 163을 보라).
11. "자손"(아들들)이라는 단어는 남성과 여성을 모두 가리킨다. 이 주석에서는 바울의 용법을 따르기 위해 통상적으로 이 단어를 사용했다.
12. 유추의 접속사는 3:6-7에서 아들 됨이 주된 요점임을 나타낸다. 이것은 권연경, *Eschatology*, 79-86과 대조적이다. 권연경은 여기서 갈라디아서에서 실현된 종말론이 신화라고 하는 자신의 주장을 지지하기 위해 문법(유추의 연결)을 무시한다.
13. 직설법에 대한 지지는 Lightfoot, *Galatians*, 137; R. Longenecker, *Galatians*, 114; Martyn, *Galatians*, 299를 보라.
14. Betz는 그렇게 말한다. 그가 명령법을 변호하는 것은 "그것이 교훈적 문헌에서 발견되는 평행들을 따르기" 때문이다(*Galatians*, 141). 또한 Bruce, *Galatians*, 155; Dunn, *Galatians*, 162를 참고하라.
15. Hansen, *Abraham in Galatians*, 111에서도 그렇게 말한다.
16. H. W. Johnson, "Paradigm of Abraham", 190, 192에서 이것을 바르게 말한다.

πίστεως) 또한 아브라함의 자녀라는 결론이 나온다. 그렇다면 "믿음으로 말미암은 자들"이라는 표현은 아브라함이 믿었던 것과 같은 방식으로 믿는 자들을 가리켜야 한다. 바울이 갑자기 '신실함'에 대해 논의했다면 그의 논증의 방향이 바뀐 것이 될 것이다.[17] 그러나 그렇지 않다. 갈라디아 사람들이 아브라함이 믿었던 것처럼 믿는다면 그들은 그의 자녀가 된다. 이 문맥에서 모든 "믿음"(πίστις)의 용법은 유사하게 해석되어야 한다. 그리고 그것은 또한 2:16과 2:20에서 "그리스도에 대한 믿음"이라는 표현이 같은 방식으로 해석되어야 한다고 제안한다. 바울은 사람을 아브라함의 자녀가 되게 하는 것이 오직 믿음임을 강조하려 애쓴다.[18]

갈 3:8 또 하나님이 이방을 믿음으로 말미암아 의로 정하실 것을 성경이 미리 알고 먼저 아브라함에게 복음을 전하되 모든 이방인이 너로 말미암아 복을 받으리라 하였느니라 (προϊδοῦσα δὲ ἡ γραφὴ ὅτι ἐκ πίστεως δικαιοῖ τὰ ἔθνη ὁ θεὸς, προευηγγελίσατο τῷ Ἀβραὰμ ὅτι Ἐνευλογηθήσονται ἐν σοὶ πάντα τὰ ἔθνη). 하나님은 아브라함에게 모든 사람이 그를 통해 복을 받으리라고 약속하셨다. 여기서 바울은 이러한 보편적인 복이 복음을 통해 확고하게 되며, 이방인들이 예수 그리스도를 믿음으로 말미암아 하나님 앞에서 바른 위치에 있다고 선언될 때 그 복을 얻는다고 주장한다.

바울의 구약 인용은 창세기 12:3과 18:18이 융합되었음을 보여준다.[19]

> 창세기 12:3: "땅의 모든 족속이 너로 말미암아 복을 얻을 것이라"
> (ἐνευλογηθήσονται ἐν σοὶ πᾶσαι αἱ φυλαὶ τῆς γῆς).
> 창세기 18:18: "천하 만민은 그로 말미암아 복을 받게 될 것이[다]"
> (ἐνευλογηθήσονται ἐν αυτῷ πάντα τὰ ἔθνη).

바울은 "모든 민족"을 언급함으로써, 처음부터 아브라함과 같은 종류의 믿음을 행사하는 이방인들을 축복하시는 것이 하나님의 의도였음을 보여준다. 그들이 아브라함처럼 믿는다면 아브라함의 복을 받는다.

헤이즈(Hays)는 상당히 다른 해석을 지지한다. 그는 "너로 말미암아"(ἐν σοί)가 아브라함의 신실함을 가리킨다고 주장한다.[20] 아브라함은 오실 그리스도의 신실하심을 가리키고 있으며, 따라서 이방인들은 자신의 믿음이 아닌 아브라함의 믿음으로 말미암아 복을 얻는다는 것이다. 이러한 해석은 적어도 두 가지 문제점이 있다. (1) 3:6의 단락을 이끄는 동사인 "그는 믿었다"(ἐπίστευσεν)는 아브라함의 신실함보다 그의 믿음에 초점이 있음을 가리킨다. (2) 3:9은 이방인들이 아브라함의 믿음이나 신실함을 근거로 복을 받기보다, 믿는 아브라함과 "함께"(σύν) 복을 받았다고 가르친다.

본문에서 바울의 목적이 아브라함의 믿음의 모범을

17. Caneday는 바울이 '영적인 계보'에 관심이 있다고 바르게 보지만, 그는 여전히 "그런즉"(ἄρα)에 따라 3:6-7 사이에 만들어지는 가장 자연스러운 연결을 단절한다. 그것은 우리에게 어떻게 사람이 아브라함의 자녀가 되는지 말해주는 구절이다("Faithfulness of Jesus Christ", 198-99).

18. Howard는 "믿음으로 말미암은 자들"이 하나님의 신실하신 행위에서 유익을 얻는 자들이라고 주장하지만(*Paul: Crisis in Galatia*, 57), 이것은 용납할 수 없을 만큼 서툴러 보이며 3:6과 3:7 사이의 논증의 흐름을 무시한다(홍인규, *Law in Galatians*, 127-28에서 이것을 바르게 말한다). Hays는 3:11에 인용된 하박국 2:4에 근거해 메시아의 믿음에 대한 언급이라고 주장하며, 아브라함의 신실함이 그리스도의 신실하심을 예견한다고 본다(*Faith of Jesus Christ*, 200-202). 이러한 해석은 적어도 두 가지 결점이 있다. 첫째, 3:11은 메시아의 믿음을 가리키는 것으로 보이지 않는다(3:11에 대한 주석을 보라). 둘째, 3:11에 그러한 의미가 있다고 하더라도 후의 본문에서 3:7에 있는 "믿음으로 말미암는 자들"의 의미를 이끌어 내는 것은 석의적으로 받아들이기 어렵다. 여기서 홍인규, *Law in Galatians*, 128-29를 보라.

19. Bruce, *Galatians*, 156에서 그렇게 말한다. Wilcox는 그것이 '혼합된 인용'이라고 말한다. Max Wilcox, "'Upon the Tree'—Deut 21:22-23 in the New Testament", *JBL* 96(1977): 96. Collins는 창세기 22:18과 26:4 또한 포함된다고 주장한다. C. John Collins, "Galatians 3:16:

말하는 것만이 아니기 때문에, 헤이즈는 부분적으로 옳다.[21] 또한 아브라함의 믿음에는 구속사적 특성이 있다. 아브라함으로 말미암아 모든 민족이 복을 받으리라는 약속은 미래적 차원의 것이며(창 12:3), 궁극적으로 예수 그리스도를 가리킨다(참고. 창 3:15; 갈 3:16). 아브라함은 하나님의 약속을 믿었다. 그의 믿음은 단순히 하나님에 대한 추상적인 믿음이 아니라 하나님의 약속에 대한 믿음이었으며, 그 약속은 예수 그리스도가 오심으로써 절정에 이른다.[22]

여기서 바울이 구약을 인용하는 순서에서도 교훈을 발견할 수 있다. 우리는 바울이 창세기 12:3을 먼저 인용하고 이어서 창세기 15:6을 인용하리라 기대한다. 하지만 그는 순서를 바꾸어 인용했다. 로마서 4장(참고. 롬 4:2)에서와 같이[23] 창세기 15:6은 기초가 되는 본문으로서 창세기 12:3(그리고 18:18)은 15:6의 렌즈로 읽어야 한다. 창세기 12:3은 모든 민족이 아브라함으로 말미암아 복을 얻을 것이라고 약속한다. 바울은 이 약속을 아브라함에게 미리 선포된 복음으로 간주한다.[24] 그런데 창세기 15:6이 말하는 원리가 그 역할을 하는 곳이 창세기 12:3이다. 성경은 아브라함에게 이 약속을 주면서(창 12:3) 하나님이 이방인들의 믿음으로 말미암아 그들이 자기 앞에서 의롭다고 선언하실 것을 내다보았기 때문이다.

창세기 12:3에는 이방인들이 믿음으로 말미암아 아브라함 안에서 복을 얻으리라 예고하는 말은 없다. 확실히 12:1-5은 약속의 땅으로 가는 것에 나타난 아브라함의 순종을 강조한다. 하지만 바울은 15:6의 아브라함에게 주어진 복에 비추어 창세기 12장의 구절을 해석하기 때문에, 12:3에서 믿음으로 말미암는 의에 대한 약속을 본다. 따라서 이방인들은 행함이 아닌 믿음으로 의롭다 함을 받는다. 앞에서 보았듯 갈라디아서 3:6의 "그는 믿었다"(ἐπίστευσεν)라는 핵심 동사는 "믿음으로 말미암아"(ἐκ πίστεως)의 의미를 이해하도록 도움을 주며, 그 의미가 '신실함'보다 '믿음'임을 암시한다. 바울은 창세기 12:3을 인용하기 전에도 그것의 의미에 대한 해석을 제공한다. 따라서 우리는 믿음으로 말미암는 칭의를 통해 아브라함에게 주어진 약속을 이해한다.

창세기 12:1-5에서 아브라함의 순종에 주의를 환기한다 하더라도, 그것이 바울이 의미하는 것과 모순된다고 생각해서는 안 된다. 바울 서신과 히브리서(히 11:8), 야고보서(약 2:14-26)에 따르면 아브라함의 순종은 믿음에서 나온 것이기 때문이다. 또한 이 구절에는 성경이 말하는 예언적 특성이 두드러진다. 성경이 "미리 알고"(προϊδοῦσα) "먼저 아브라함에게 복음을 전"했기(προευηγγελίσατο) 때문이다. 본문에서는 성경이 의인화되어 있다. 따라서 성경이 말하는 것은 하나님이 직접 말씀하시는 것과 같다.[25]

갈 3:9 **그러므로 믿음으로 말미암은 자는 믿음이 있는 아브라함과 함께 복을 받느니라**(ὥστε οἱ ἐκ πίστεως εὐλογοῦνται σὺν τῷ πιστῷ Ἀβραάμ). "그러므로"(혹은 '그러면', ὥστε)는

What Kind of Exegete Was Paul?" *TynBul* 54(2003): 80-81.

20. Hays, *Faith of Jesus Christ,* 203-6.

21. H. W. Johnson, "Paradigm of Abraham", 197-98에 있는 유용한 논의를 보라.

22. Lambrecht의 말처럼 "아브라함의 믿음 또한 '그리스도론적인' 내용이 없지 않다. 그는 하나님의 약속을 믿었으며(참고. 3,16-18과 21-22), 이러한 약속은 예수 그리스도 안에서 정확하게 성취되었기 때문이다(3,16). 이것은 아브라함의 믿음과 그리스도인들의 믿음이 그렇게 근본적으로 구분되지 않을 수 있음을 뜻한다." *Pauline Studies: Collected Essays by Jan Lambrecht*(BETL 115; Leuven: Leuven Univ. Press, 1994), 287.

23. 하지만 로마서에서 바울은 또한 자신의 논증을 창세기 17장(아브라함의 할례)에 앞서 창세기 15:6에 고정시키고 있다. 흥미롭게도 그러한 논증은 갈라디아서에서 발견되지 않는다.

24. 대조적으로 권연경은 갈라디아서에서 칭의의 약속과 축복이 구분되어야 한다고 주장한다(*Eschatology,* 103-7).

25. Warfield의 표제적 에세이를 보라. B. B. Warfield, "'It Says:' 'Scripture Says:' 'God Says'" in *The Inspiration and Authority of the Bible* (Philadelphia: Presbyterian and Reformed, 1970), 299-348.

유추로서 3:8에서 결론을 이끌어 낸다. 창세기 12:3은 아브라함 안에서 모든 민족이 복을 받을 것이라 약속한다. 그리고 갈라디아서 3:8에서 바울은 이방인들이 믿음으로 말미암아 의롭게 될 때 이러한 복이 실체가 된다고 설명한다. 그러므로 바울은 여기서 믿는 자들이 믿는 아브라함이 누렸던 것과 같은 복을 누린다고 결론 내린다.

유대주의자들은 갈라디아 사람들이 아브라함 가족의 일원이 되고 아브라함의 복을 받으려면 할례를 받아야 한다고 주장했다. 이 단락에서 평행을 이루는 3:7과 3:9의 두 가지 유추의 진술은 거짓 선생들의 두 가지 견해를 논박한다. 갈라디아 사람들은 아브라함과 마찬가지로 믿었을 때 아브라함 가족의 일원이 되었다(3:7). 그리고 그들은 아브라함처럼 믿었을 때 아브라함의 복을 누렸다(3:9). "믿음이 있는 아브라함"(τῷ πιστῷ Ἀβραάμ)이라는 표현은 아브라함의 믿음보다 그의 신실함을 가리킬 수 있다. 하지만 이미 주장했듯이 문맥상 그렇게 해석될 가능성이 낮다. 이 단락이 아브라함의 신실함이 아닌 그의 믿음(ἐπίστευσεν)으로 시작하고 있기 때문이다(3:6). 따라서 여기서 바울이 강조하는 바는 갈라디아 사람들이, 믿는 아브라함과 함께(σύν) 복을 받는다는 것이다. 그는 이방인들이 아브라함 안이나 아브라함을 통해 복을 얻는다고 말하지 않는다. 단락 전체는 믿음이 사람을 아브라함의 자녀가 되게 하고 아브라함의 복을 얻게 한다고 강조하며 의도적으로 그 사실을 반복한다.

적용에서의 신학

1. 복음의 좋은 소식

이 본문에는 하나님 앞에서 바르게 됨을 뜻하는 칭의가 오직 믿음으로 말미암는다는 위대한 종교개혁의 가르침이 명확히 나타난다. 아브라함은 하나님께 순종한 것을 근거로 의롭다 함을 받지 않았다. 그는 하나님의 약속을 믿었을 때 하나님 앞에서 옳다고 선언되었다.

아브라함의 진정한 자녀 모두에 대해서도 마찬가지다. 하나님 앞에서의 바른 지위는 그리스도 안에서 하나님이 주신 것을 받아들이는 데서 온다. 이 메시지는 가장 위대한 소식이다. 루터가 우리를 가리켜 *simul justus et peccator*(의롭다 함을 받았으며 동시에 죄인)라고 한 것은 핵심을 찌른다. 그리스도인인 우리는 삶에 죄가 지속적으로 존재한다는 것을 알고 있다. 죄에 대해 핑계할 수 없으며, 가장 성숙한 그리스도인이라 할지라도 여러 방식으로 계속 죄를 짓는다(약 3:2). 우리 삶에 그런 모습이 없다고 주장한다면, 우리는 하나님이 우리를 아시는 것처럼 자신을 알지 못하는 것이다. 우리가 신자로서 얼마나 타락한 존재인지 깨달을 때, 우리가 오직 믿음으로 말미암아 의롭게 된다는 좋은 소식은 우리에게 큰 위안이 된다. 우리의 의는 우리 안에 있지 않고 십자가에서 죽으시고 부활하신 그리스도 안에 있기 때문이다.

우리는 복음을 들어야 한다. 당신은 어떤 메시지를 듣는가? 당신은 성경을 읽으면서도 복음을 듣지 않을 수 있다! 마귀는 이렇게 말하며 우리를 속일 수 있다.

너는 쓸모없어.
너는 실패작이야.
네가 최고야.

우리가 복음의 좋은 소식을 진정으로, 그리고 믿음으로 들었으면 좋겠다. 루터는 그리스도가 하나님 아버지 앞에서 자신을 고발하신다고 확신했기 때문에 자살한 어떤 의사 이야기를 들려준다. 이는 얼마나 불행한 일인가! 그 의사의 마음을 망가뜨렸던 생각은 하나님이 아니라 사탄에게서 온 것이다. 그리스도는 아버지 앞에서 우리를 고발하시지 않고, 자신이 흘리신 피에 근거하여 우리를 위해 호소하신다. 하나님이 당신을 징벌하신다고 생각한다면, 당신은 십자가와 그리스도 안에서 자신에게 주어진 용서를 깊이 생각하지 않는 것이다.

이것은 참으로 위로가 되는 진리다. 우리가 자주 자신의 공적에 마음을 빼기기 때문이다. 우리가 다른 이들과 비교해서 뛰어나거나 열등하다고 느낀다면 우리는 분명 교만의 죄를 범하는 것이다. 자신이 우월하다고 느낀다면, 다른 사람들보다 자신이 더 낫다고 생각하기 때문에 교만의 죄를 짓는 것이다. 자신이 열등하다고 느낀다면, 우리는 다른 사람들보다 못하다는 생각을 참기 어렵기 때문에 교만의 죄를 범하는 것이다. 우리는 자신의 연약함이 다른 이들에게 드러나서 수치로 부끄러워지지 않기를 원한다.

우리는 이것을 다른 영역에도 적용할 수 있다. 도덕적인 사람들은 자신의 선함을 자랑스러워하며, (다른 이들과 달리) 고결한 삶을 사는 것에 자부심을 느낀다. 하지만 도덕적인 기준을 비웃는 사람들도 당당할 수 있다. 그들은 자신이 다른 사람들처럼 어리석은 규칙들에 제한되지 않음을 자랑할 수 있다. 교만은 참으로 미묘한 것이다. 우리는 다른 사람들보다 자신의 교만에 훨씬 민감해한다는 사실로도 자랑스러워할 수 있다! 우리의 유일한 소망은 복음이다. 그곳에서 우리는 자신을 자랑하는 대신 그리스도가 우리를 위해 하신 일에 기댈 수 있기 때문이다.

2. 신약과 구약에서 말하는 구원의 한 가지 길

구약과 신약이 모두 믿음으로 말미암는 의를 가르친다는 사실을 아는 것도 중요하다. 신약 성도들은 믿음으로 말미암아 의로워지는 반면, 구약 성도들은 행위에 근거하여 하나님 앞에서 바르게 된 것이 아니다. 바울은 분명히 여기서 아브라함이 믿음으로 말미암아 의롭게 되었다고 주장한다. 따라서 구약과 신약에서 모두 구원은 오직 믿음으로 말미암는다. 구원의 길은 오직 하나뿐이다.

물론 구약 성도들은 약속을 내다보았으며, 신약의 성도들은 그리스도가 죽음과 부활을 통해 성취하신 것을 되돌아본다. 그리스도의 죽음과 부활은 여전히 모든 사람을 위한 구원의 근거가 된다. 구약에서 제사는 미래를 향한 것이었으며 예수 그리스도의 죽음을 내다보았다.

구약 성도들은 하나님의 약속이 성취되지 않은 상태임을 이해했지만, 적어도 제사를 통한 죄의 속죄가 필요하다는 것과 주님이 그러한 용서를 제공하셨다는 것을 알았다. 아마도 그들 중 일부는 그러한 제사가 다가올 더 큰 제사를 가리킨다는 것을 이해했을 수 있다. 어쨌든 그들은 믿음과 주님이 공급하신 속죄로 의롭다 함을 받았다.

3. 믿음은 우리를 의롭게 만드는 행위가 아니다

마지막으로, 신학적으로 아브라함의 믿음이 그의 의를 만들어내지 않았음을 이해하는 것이 중요하다. 믿음을 하나님 앞에서 사람을 의롭게 만드는 행위와 동일하게 여길 수 없다. 믿음이 사람을 의롭게 하는 이유는, 그것이 신자를 자신의 의가 되시는 그리스도와 연합시키기 때문이다. 믿음은 신자를 그리스도, 즉 신자들을 위해 스스로 저주를 담당하셨던 분과 연합시킨다(갈 3:13). 이것은 의가 오직 그리스도 안에서 발견된다는 것을 말하는 다른 방식이다. 믿음은 기본적으로 수용적이며 그리스도를 의뢰한다. 그러한 견해는 갈라디아서에서 십자가가 중심이 된다는 것과 조화를 이룬다. 갈라디아서의 주요 주제 중 하나는 할례가 아닌 오직 그리스도의 십자가를 통해 의가 얻어진다는 것이기 때문이다.

믿음이 우리 의가 아니라고 말하는 것은 왜 중요한가? 믿음이 우리의 의라면 우리는 자신의 믿음을 자랑하기 쉬울 것이다. 우리는 부지불식간에 우리가 믿을 만큼 충분히 똑똑하거나 충분히 고결하다고 생각할 수 있다. 하지만 복음은 믿는 일에 있어서 우리에게 어떤 공적도 부여하지 않는다. 우리는 전가된 그리스도의 의로 말미암아 구원받는다. 믿음이 우리를 구원하는 이유는, 그것이 우리를 그리스도와 연합시키기 때문이지, 우리의 믿음이 자랑할 수 있는 미덕이기 때문이 아니다. 루터는 믿음이 중심이라는 것을 다음과 같이 요약한다.

> 믿음의 심층적인 기능은, 믿음의 근거가 되는 분이 참되고 신뢰할 만하기 때문에 가장 참된 공손과 가장 깊은 존경으로 그분을 존중하는 것이다. 우리가 신뢰하는 분을 진실하게 존중하는 것보다 더 나은 존중은 없다. 우리가 누군가에게 진실함과 의와 완전한 선보다 더 큰 것을 돌릴 수 있는가? 반면 우리가 누군가를 신뢰하지 않을 때처럼, 상대방이 거짓되고 악하다고 생각하고 그를 의심하는 것보다 그를 더 경멸할 수 있는 방법은 없다…하나님께 드리는 가장 높은 경배는, 우리가 그분께 진실함과 의 그리고 다른 무엇이든 자신이 신뢰하는 자에게 돌려야 하는 것을 돌리는 것이다.[26]

우리는 매일의 삶에서 우리가 신뢰하는 분을 믿음으로 영화롭게 한다는 것을 배운다. 당

26. Martin Luther, "The Freedom of the Christian", in *Three Treatises* (trans. W. A. Lambert; rev. Harold J. Grimm; Philadelphia: Fortress, 1970), 284–85.

신이 자동차 정비사를 신뢰한다면 당신은 그의 성실함을 존중하는 것이다. 당신이 속한 팀의 감독이 지시한 작전을 무시하고 관중 앞에서 소란을 피웠다고 가정해보자. 이 일로 당신이 감독의 지시를 어리석게 여기는 것이 분명히 드러난다면, 당신은 코치를 불명예스럽게 하는 것이다.[27] 의사가 병을 진단하고 약을 처방했는데, 당신이 그의 조언을 따르지 못한다면 당신은 의사의 능력에 의문을 제기하는 것이다. 믿음이 하나님을 영화롭게 하는 이유는 그것이 그분을 신뢰할 만한 분이라고 생각하게 만들기 때문이다. 따라서 사람이 화를 내는 것이 하나님의 의를 이루지 못한다고 하나님이 말씀하실 때(약 1:20), 우리는 화를 내지 않음으로써 그분을 향한 신뢰를 드러낼 수 있다. 우리는 화가 세상에서 그분의 목적을 이루지 못하게 하리라는 사실을 하나님이 우리에게 친히 말씀하셨다고 믿게 된다. 따라서 그분께 순종하는 것은 그분을 향한 믿음에서 나온다.

27. 나는 이 예화를 John Piper에게서 들었다.

CHAPTER 10

갈라디아서 3:10–14

문학적 전후 문맥

거의 모든 이가 본 단락이 갈라디아서에서 가장 중요한 단락 중 하나라는 데 동의한다. 그러므로 그것이 활발하게 논쟁되고 있는 주제라는 사실은 그리 놀랍지 않다. 바울은 갈라디아 사람들이 성령을 받았기 때문에 하나님의 백성에 속한다고 주장함으로써 새로운 부분을 시작했다(3:1–5). 그리고 구약으로 방향을 돌려 갈라디아 사람들이 아브라함 가족의 일원이라는 견해를 변호한다(3:6–14).

3:10–14의 논증은 앞선 단락(3:6–9)과 밀접하게 연결된다. 바울은 방금 아브라함 가족이 아브라함의 믿음을 가지고 있다는 주장의 논증을 마쳤다. 더 정확하게 말하면, 아브라함처럼, 믿는 자들은 아브라함의 복에 참여한다는 것이다. 모든 민족이 아브라함으로 말미암아 복을 받으리라는 약속(창 12:3)은, 이방인이 믿음으로 말미암아 의롭다 함을 얻는 것으로써 성취에 이른다. 아브라함이 믿음으로 말미암아 하나님 앞에서 옳다고 선언되었던 것과 똑같이, 하나님이 예수 그리스도의 십자가와 부활을 통해 자신들을 위해 하신 일을 믿는 이방인들도 하나님과 바른 관계를 맺는다. 이렇게 하나님과의 바른 관계를 나타내기 위해 사용되는 용어는 3:8–9에서 말하는 복이다(εὐλογ-로 시작되는 단어들).

10–14절은 논증을 새로운 방향으로 이끌며 3:6–9과 대조되는 역할을 한다. 믿음은 복으로 나아가는 통로인 반면, 율법에 대한 집착은 저주로 이끌 것이다. 바울은 3:8–9에서 아브라함의 복에 초점을 두는 반면, 3:10–13에서는 반대의 상태, 즉 의롭게 되기 위해 율법에 의지하는 자들 위에 놓인 저주를 생각한다. 3:10을 시작하는 "무릇"(γάρ)이라는 단어는 여기서 시작되는 단락을 바로 앞 단락과 연결한다. 우리는 이 논증을 다음과 같이 요약할 수 있다. '하나님을 신뢰하는 자는 믿는 아브라함과 함께 복을 받는다'(3:9). 믿음은 복으로 가는 통로이기 때문이며, 결과적으로 하나님과 바른 관계를 맺기 위해 율법의 행위를 의지하는 자는 저주 아래 있다(3:10).

I. 도입: 바울의 복음을 떠나는 것은 복음을 떠나는 것이다(1:1–2:21)
II. 경험과 성경을 통한 바울의 복음 변호(3:1–4:11)
A. 경험을 통한 논증: 행위가 아닌 믿음으로 말미암아 성령을 받음(3:1–5)
B. 성경을 통한 논증: 믿음으로 말미암아 아브라함의 복을 얻음(3:6–14)
1. 믿음으로 아브라함 가족의 일원이 됨(3:6–9)
➦ **2. 오직 그리스도 안에서 율법의 저주가 제거됨(3:10–14)**
C. 구원 역사를 통한 논증: 아브라함 언약이 우선되며 모세 언약은 임시적임(3:15–4:11)

주요 개념

이 단락에서 바울의 주된 요점은 3:14에 나온다. 바울은 그리스도 예수 안에서 이방인들이 아브라함의 복을 누리며, 아브라함의 복은 다름 아닌 성령의 약속이라고 주장한다(참고. 3:1–5에서 성령을 강조한 것). 3:10–13에서 그는 어떻게 오직 그리스도 안에서만 아브라함의 복을 얻을 수 있는지 설명한다. "율법의 행위"로 복을 얻으려는 시도는 실패할 수밖에 없다. 또한 모든 사람이 하나님의 법을 어기므로 그 결과는 오직 저주뿐이기 때문이다. 율법의 저주는 오직 그리스도의 십자가로써만 제거된다. 따라서 믿음은 복으로 이어지는 통로가 된다.

번역

갈라디아서 3:10–14

10a	단언	**무릇 율법 행위에 속한 자들은 저주 아래에 있나니**
b	근거	기록된 바…하였음이라
c	결과	누구든지 율법 책에 기록된 대로 모든 일을 항상 행하지 아니하는 자는 저주 아래에 있는 자라(신 27:26)
11a	단언	**또 하나님 앞에서 아무도 율법으로 말미암아 의롭게 되지 못할 것이 분명하니**
b	근거	이는 의인은 믿음으로 살리라 하였음이라(합 2:4)
12a	단언	**율법은 믿음에서 난 것이 아니니**
b	대조	율법을 행하는 자는 그 가운데서 살리라 하였느니라(레 18:5)

13a	단언	**그리스도께서…율법의 저주에서 우리를 속량하셨으니**
b	수단	우리를 위하여 저주를 받은 바 되사
c	13a–b의 근거	기록된 바…하였음이라 나무에 달린 자마다 저주 아래에 있는 자라(신 21:23)
14a	13a의 목적	이는 그리스도 예수 안에서 아브라함의 복이 이방인에게 미치게 하고
b	14a의 재진술	또 우리로 하여금 믿음으로 말미암아 성령의 약속을 받게 하려 함이라

구조

본문에서 바울은 계속해서 구약을 인용해 자신의 주장을 변호한다.[1] 그는 의롭다 함을 얻기 위해 율법에 의지하는 자들이 모두 저주를 받는다고 주장함으로써 시작한다. 그는 3:10b–c에서 신명기 27:26을 인용하며(보충적으로 신명기 28:58과 함께) 그러한 주장의 근거를 제시한다["(때문에)"(γάρ)]. 이 구약 구절은 율법을 지키지 않는 자가 저주를 받는다고 말한다. 새롭게 연관된 주장이 3:11에 주어진다[후치사 "(그리고)"(δέ)로써 표시됨]. 율법을 지킴으로써 칭의를 얻을 수 없다는 것이다. 이러한 주장의 정당성은 3:11b에서 하박국 2:4을 인용한 것으로 지지된다. 그 구절은 의인이 믿음으로 말미암아 산다고 말한다.

3:12에서 바울은 세 번째 단언으로 자신의 논증을 확고히 한다. 동일하게 "(그리고)"(δέ)로 시작되는 진술로서, 믿음으로 말미암는 칭의와 율법으로 의로워지려는 노력이 공존할 수 없다는 주장이다. 그는 레위기 18:5을 인용함으로써 이러한 주장을 변호한다. 이 구약 구절은 칭의를 위해 율법에 의존하는 자가 율법에 근거해 산다는 것을 보여준다. 따라서 복으로 이어지는 통로로서의 믿음은 제외된다. 다시 말해, 10–12절은 율법과 믿음이 공존할 수 없음을 보여주면서 절정에 이르는 세 가지 단언을 담고 있다. 그것들은 주된 논제, 즉 의롭다 함을 얻기 위해 율법에 의지하는 자가 저주를 받는다는 견해를 지지한다.

그리고 13–14절은 10–12절에 대한 대조로 작용한다. 놀랍게도 바울은 여기서 분리를 나타내기 위해 반의의 접속사를 사용하지 않는다. 아마도 그는 문장의 첫 번째 단어인 "그리스도"를 강조하려고 접속사를 생략했을 것이다. 율법이 저주를 가져온다면 저주를 제거하는 유일한 길은 그리스도의 십자가뿐이다. 따라서 바울은 13절에서 그리스도가 자기 백성들을 율법의 저주에서 구속하셨다고 단언한다. 13b에서 바울은 저주가 제거되는 수단을 설명한다.

1. R. Longenecker는 바울의 석의가 역사에 기초하는 석의의 규칙을 어긴다고 주장한다. 그는 또한 바울이 거짓 선생들의 잘못된 해석에 대응한다고 제안한다(*Galatians*, 110). 대조적으로 나는 바울의 석의가 구약을 해석하는 깊고도 석의적으로 정당한 방식을 나타낸다고 주장할 것이다.

그리스도가 자기 백성을 위해 저주를 받으신 것이다. 이 사실을 지지하는 구약 구절은 신명기 21:23이다. 이 구절은 나무에 달린 자가 저주를 받은 자라고 말한다. 13절의 중심 주제는 자기 백성을 위한 그리스도의 구속이다.

왜 그리스도는 그들을 구속하셨는가? 하나님의 의도는 목적을 나타내는 14절의 두 절에서 분명해진다["이는"(ἵνα)]. 그분은 아브라함에게 약속하신 복이 이방인들의 삶에서 실체가 되게 하려고 자기 백성을 구속하셨다. 14b은 아브라함의 복을 다시 진술하고 있을 가능성이 가장 크다. 따라서 그것은 새로운 목적의 절을 시작한다기보다, 목적절인 14a과 등위의 절이다(본문 설명 참조). 즉, 아브라함의 복은 약속된 성령의 선물로도 묘사될 수 있다는 것이다.

석의적 개요

II. 경험과 성경을 통한 바울의 복음 변호(3:1-4:11)
- A. 경험을 통한 논증: 행위가 아닌 믿음으로 말미암아 성령을 받음(3:1-5)
- **B. 성경을 통한 논증: 믿음으로 말미암아 아브라함의 복을 얻음(3:6-14)**
  - 1. 믿음으로 아브라함 가족의 일원이 됨(3:6-9)
  - ➦ **2. 오직 그리스도 안에서 율법의 저주가 제거됨(3:10-14)**
    - a. 율법을 의지하는 자는 저주를 받는다(3:10-12)
      - i. 사람이 율법을 완전히 지켜야 하기 때문이다(3:10)
      - ii. 칭의는 믿음으로 말미암으며, 율법으로 얻을 수 있는 것이 아니기 때문이다(3:11)
      - iii. 율법과 믿음은 공존할 수 없기 때문이다(3:12)
    - b. 그리스도의 십자가를 의지하는 자는 복을 받는다(3:13-14)
      - i. 그리스도가 신자들을 율법의 저주에서 구속하셨기 때문이다(3:13)
      - ii. 따라서 신자들은 아브라함의 복을 받는다(3:14)

본문 설명

갈 3:10a 무릇 율법 행위에 속한 자들은 저주 아래에 있나니(ὅσοι γὰρ ἐξ ἔργων νόμου εἰσὶν ὑπὸ κατάραν εἰσίν). 10a절은 율법 행위에 속한 사람들은 누구나 저주를 받는다고 단언한다. 이것은 아브라함의 믿음을 가진 자들이 얻는 복(3:6-9)과 대조를 이룬다. 본문의 주된 목적은 갈라디아 사람들이 그리스도 예수 안에서 아브라함의 복을 얻는다는 것을 보여주는 것이다. 바울은 이 단락의 초반부에서부터 3:14에 명확히 표현되는 결론으로 몰고간다. 반대로 토라에 의지하는 자들은 저주를 받는다. 그렇기에 바울은 "율법 행위에 속한 자들은 저주 아래에 있다"는 단언으로 시작한다. 우리는 여기서 "율법의 행위"(ἔργα νόμου)라는 표현에 대해 논의했던 것(2:16

을 보라)을 상기해야 한다. 바울은 여기서 율법이 명하는 행위를 가리킨다.[2]

갈 3:10b-c 기록된 바 누구든지 율법 책에 기록된 대로 모든 일을 항상 행하지 아니하는 자는 저주 아래에 있는 자라 하였음이라(γέγραπται γὰρ ὅτι Ἐπικατάρατος πᾶς ὃς οὐκ ἐμμένει πᾶσιν τοῖς γεγραμμένοις ἐν τῷ βιβλίῳ τοῦ νόμου τοῦ ποιῆσαι αὐτά). 바울은 이제 율법의 행위에 속한 사람들이 저주받는 이유를 설명한다. 그들이 저주 아래에 있는 이유는 그들이 율법의 모든 요구를 지키지 못하기 때문이다. 이러한 해석을 더 자세히 변호하기에 앞서 율법에 대한 바울의 공격이 유대교에서 발견되는 것과 대조된다는 사실에 주목해야 한다. 유대교에서는 "세상은 율법과 (성전) 예배와 선한 행위, 이 세 가지로 유지된다"고 말한다(*m. ʾAbot* 1:2). 그리고 *m. ʾAbot* 6:7은 다음과 같이 말한다. "율법은 위대하다. 그것을 행하는 자에게 이 세상과 오는 세상에서 생명이 주어지기 때문이다."[3]

10b절은 율법의 행위를 의지하는 자에게 왜 저주가 임하는지를 설명한다. 10b절을 시작하는 "[왜냐하면]"(γάρ)은 이 구절이 10a절의 이유나 근거임을 가리킨다. 그 이유는 신명기 27:26의 인용에 요약된다. 바울은 신명기 28:58도 암시하는 것으로 보인다. 이 구약 본문 또한 율법책에 기록된 "모든 말"을 행하는 것을 강조한다("이 책에 기록한 이 율법의 모든 말씀을 지켜 행하지"). 이 시점에서 우리는 바울이 칭의와 관련된 구약 구절을 석의하는 이 단락이 압축된 형식이라는 사실에 주목해야 한다. 우리는 바울이 회당이나 다른 현장에서 대적들과 논쟁을 벌이며 사용했던 종류의 논증을 어렴풋하게 보고 있는 것일 수 있다.

바울이 자주 그러듯이 신명기 27:26의 본문 전통은 MT(맛소라 사본)보다 칠십인역을 따른다. 이것은 특별히 MT에 없는 "모든"(πᾶσιν)이라는 단어가 추가된 데서 분명히 드러난다. 또한 신명기 28:58에 대한 암시는 바울이 여기서 가르치는 것을 보편화한다. 이 구약 구절이 율법의 모든 책을 언급하기 때문이다. 헤이즈는 "이렇게 표현이 변화되는 것은 이 언급을 정경상의 모세 율법 전체로 확장하는 효과를 낸다"고 말한다.[4]

인용된 신명기 27장은 축복과 저주의 문맥에 등장하며, 거기에는 언약의 축복과 저주가 되풀이되어 나타난다. 특별히 신명기 27:26은 모세가 언약의 축복과 저주를 선포하기 위해 열두 지파로 하여금 그리심 산과 에발 산에 서게 했을 때 나온다. 27:15-26에는 열두 가지 저주가 열거된다. 백성들은 우상숭배, 부모의 이름을 더럽히는 것, 정의를 벗어나게 하는 것, 성적인 죄,

---

2. 아마도 바울은 이 본문을 인용했던 대적들에게 대응하고 있을 것이다. Wilson, *Curse of the Law*, 62-64.

3. 나는 이 두 구절을 Betz, *Galatians*, 148에서 인용했다.

4. Hays, *Galatians*, 258 ; 또한 홍인규, *Law in Galatians*, 80-81에서도 그렇게 말한다.

5. 여기서 바울의 인용은 곳에 따라 MT와 다르지만 MT의 신명기 27:26의 의미와 일치한다. Silva, "Galatians", 796-97에서 그렇게 말한다.

6. 여기서 제안하는 견해와 대조적으로 Andrew H. Wakefield, *Where to Live: The Hermeneutical Significance of Paul's Citations from Scripture in Galatians 3:1-14*(SBLABib 14; Atlanta: Society of Biblical Literature, 2003), 67-71을 보라. 참고. Fee, *Galatians*, 118-21. Wakefield는, 이방인을 염두에 둔 것이라면 그들은 이미 율법의 저주 아래에 있었으며 따라서 더는 율법에 의존하는 것 때문에 저주를 받을 수 없었을 것이라고 주장한다(69). 그는 바울에게 율법과 그리스도는 완전한 양자택일의 문제임을 보지 못한다. 갈라디아 사람들이 율법으로 되돌아간다면 그들은 저주받은 상태로 돌아가는 것이다. 그리스도는 그들을 그 상태에서 자유롭게 하셨다. Wakefield는 저주가 율법 아래에서의 삶에서 '필수'라고 주장한다(180). 하지만 Wakefield 견해의 문제는 그 근거를 적절하게 설명하지 않는다는 것이다. 구약 본문은 저주를 불순종하는 자들로 제한한다.

Gombis는 그리스도를 믿으며 율법의 범위 안에 남아 있는 자들이 저주를 받는다고 주장한다. 그들은 그리스도를 고백하면서도 율법을 어기기 때문이라는 것이다. 어떻게 이러한 논증이 실제로 효과가 있는지 분명하지 않다. 어쨌든 유대주의자들은 예수님을 메시아로 고백했으며 율법을 지켰다. 그들은 그리스도와 율법이 공존할 수 없다는 생각에 격렬하게 저항했을 것이다. 하지만 물론 Gombis는 바울에 따르면 율법과 그리스도가 양립할 수 없다고 주장한다. 우리가 Gombis를 따르면 바울의 논증은 그 핵심이 율법과 그리스도에 대한 고백이 양립할 수 없다는 주장인 것처럼 보인다. 하지만 그러한 주장은 그것에 대한 이유를 제공하는 본문의 논증이 없이 유대주의자들이나 갈라디아 사람들을 설득하지 못할 것이다. Timothy

뇌물을 받는 것 등으로 인해 저주를 받을 것이다. 신명기 27:26의 마지막 저주는 전체를 요약하며 종합적으로 진술하는 기능을 하고, 사람이 토라를 지키지 않으면 저주가 임한다는 것을 강조한다.

신명기 27:26의 인용은 바울의 논증에서 어떤 기능을 하는가?[5] 신명기의 문맥과 바울의 논증에서 동일하게 강조되는 것은 사람이 하나님의 법을 지키지 못하면 저주가 임한다는 것이다.[6] 율법에서 요구되는 모든 것(참고. 또한 신 28:58)을 행하지 않는 자는 저주를 받는다.

3:10의 마지막 구인 "그것을 행하기 위하여"(τοῦ ποιῆσαι αὐτά)는 해석이 어렵다.[7] 헬라어 표현에서 관사(τοῦ)는 부정사(ποιῆσαι)와 함께 사용되며, 소유격 관사가 부정사와 함께 사용되는 것은 형식적인 것이다. 이러한 부정사 절은 앞의 내용에 대한 설명이나 결과의 용법일 수 있다. 결정하기 어렵지만 결과의 용법이 조금 더 나은 것으로 보인다. 어쨌든 이 절은 율법이 명하는 것을 행해야 하는 의무를 더욱 강조한다(참고. 신 28:58). 그러므로 우리는 확고한 증거에 입각하여 하나님의 법을 지키지 못하는 자들에게 저주가 적용된다고 결론을 내릴 수 있다.

우리는 바울의 논증에서 한 가지 특별한 특징을 강조할 필요가 있다. 저주를 피하기 위해 율법이 말하는 "모든 것"(πᾶσιν)을 지켜야 한다는 것이다. 다시 말해, 율법에 대한 완전한 복종이 요구된다는 것이다.[8] 이러한 해석에 반대하는 사람들도 있다. 그들은 바울의 주장이 성립하기 위해서는 암시된 명제가 보충되어야 한다고 주장한다. 암시된 명제는 율법에서 요구되는 모든 것을 아무도 행하지 않는다는 것이다. 그렇다면 바울의 논증이 다음과 같다고 제안할 수 있다.

> 율법이 요구하는 모든 것을 행하지 않는 자는 저주 아래 있다(10b절)
> 누구도 율법이 요구하는 모든 것을 행하지 않는다(암시된 명제).[9]
> 따라서 율법의 행위의 사람들은 저주 아래 있다(10a절).

암시된 명제가 진술되지 않았다는 것은 강력한 반대가 될 수 없다.[10] 바울은 논증의 각 단계가 긴밀하게 연결되는 논리학을 가르치는 교수처럼 글을 쓰는 것이 아니다. 그는 특별히 암시된 명제가 명백한 경우 자주 단계를 건너뛴다. 사실 전제 중 하나를 건너뛰는 것은 놀라운 일이 아니다. 아리스토텔레스는 전제가 "잘 알려져 있는 경우 독자 스스로 그것을 더할 수 있기 때문에 언급할 필요가 없다"고 보았다(*Rhet.* I.ii.13).[11]

G. Gombis, "The 'Transgressor' and the 'Curse of the Law': The Logic of Paul's Argument in Galatians 2–3", *NTS* 53(2007): 81–93. 율법은 믿음으로 말미암지 않은 자들을 표시하며 따라서 구원을 얻게 하지 못한다는 견해는 Michael Cranford, "The Possibility of Perfect Obedience: Paul and an Implied Premise in Galatians 3:10 and 5:3", *NovT* 36(1994): 242–58을 보라. Sanders는 바울이 교리적 근거로 율법을 받아들이지 않는다고 주장한다(*Paul, the Law,* 17–64). 그의 견해에 대한 비판은 Thomas R. Schreiner, "Paul and Perfect Obedience to the Law: An Evaluation of the View of E. P. Sanders", *WTJ* 47(1985): 245–78을 보라.

7. 이 구절의 마지막 단어인 '그것들'(αὐτά)은 율법 책에 기록된 것을 가리킨다.
8. Fung, *Galatians,* 141–42; George, *Galatians,* 230에서 그렇게 말한다.
9. 많은 학자가 이러한 전제가 암시되어 있다고 생각한다. 예를 들어 Chrysostom, *Galatians,* 26; Calvin, *Galatians,* 89; Lightfoot, *Galatians,* 137; Burton, *Galatians,* 164–65; Schoeps, *Paul,* 176–77; Mussner, *Galaterbrief,* 224–26; R. Longenecker, *Galatians,* 118; Otfried Hofius, "Das Gesetz des Mose and das Gesetz Christi", in *ZTK* 80(1983): 265; Matera, *Galatians,* 123–24; Lambrecht, *Pauline Studies,* 281–82; 홍인규, "Does Paul Misrepresent the Jewish Law? Law and Covenant in Gal 3:1–14", *NovT* 36(1994): 177. 대조적인 견해는 Martyn, *Galatians,* 310–11을 보라.
10. 여기서 2010년에 SBL이 발행한 축하 논문집에서 A. Andrew Das, "Galatians 3.10: An Omitted Premise and Credulity"의 강력한 논증을 보라.
11. 나는 이러한 언급을 Morland, *The Rhetoric of the Curse in Galatians,* 116에서 인용했다. 계속해서 203–10에서의 그의 논의를 보라. 하지만 Morland와 대조적으로 저주는 믿음의 부족 때문에 선언된 것이 아니다. 이 구절은 불순종에 주의를 집중하기 때문이다. Aune는 바울이 아리스토텔레스로부터 생략 삼단 논법을 이끌어 내지 않았다고 주장한다. David E. Aune, "The Use and Abuse of the Enthymeme in New Testament Scholarship", *NTS* 49(2003): 299–

또한 이 암시된 명제는 논쟁이 되지 않는 내용이다. 구약 또한 모든 인간이 예외 없이 죄를 짓는다고 말한다(참고. 왕상 8:46; 잠 20:9; 전 7:20).[12] 어떤 이들은 유대교에서 죄에 대한 속죄가 주어졌기 때문에 바울이 완전한 순종을 주장하지 않았을 것이라고 주장한다.[13] 하지만 그러한 주장은 바울에게 설득력이 없다. 그리스도가 오신 지금 구약의 제사가 더 이상 속죄의 기능을 발휘하지 않기 때문이다. 속죄는 오직 그리스도의 희생으로 말미암아 이루어진다. 따라서 율법으로 돌아가는 자는 율법의 언약과, 그것이 요구하는 죄 용서를 위한 제사에 제한된다. 하지만 그리스도가 오신 지금, 율법이나 그것의 제사로는 어떠한 속죄도 이루어지지 않는다. 따라서 율법 아래에서 생명을 얻는 유일한 길은 율법의 모든 규정을 지키는 것이다.[14]

이제 우리는 바울의 논증에서 중요한 지점에 이르렀다. 그는 율법의 행위에 속한 사람들에게 왜 저주가 놓여 있는지를 설명한다. 어떤 해석자들의 생각과 달리, 그는 율법을 행하는 자에게 저주가 임한다고 주장하지 않는다.[15] 정죄하는 것은 율법에 기록된 모든 요구를 행하지 못하는 것이지, 율법을 지키려는 열망이 아니다![16] 혹은 이방인들을 제외하는 잘못된 태도 때문에 저주를 받는 것도 아니다.[17] 인간은 민족중심적인 태도 때문이 아니라, 율법과 그것의 가르침을 어기는 것 때문에 고발당한다.

또한 대적들이 실제로 율법주의적이기는 했지만, 비난을 받는 근본적인 죄는 율법주의가 아니다. 유대주의자들은 율법을 통해 하나님이 보시기에 바르게 될 수 있다고 믿었는데, 이것이 율법주의의 정신이다. 하지만 율법주의에 흠이 있는 것은 하나님의 법을 완전하게 지킬 수 없다는 데서 기인한다. 율법주의가 어리석고 천박한 이유는 하나님의 명령을 지키지도 않고 지킬 수도 없는 이들이 그것을 시도하기 때문이며, 그들은 하나님께 빚이 있다고 생각하기 때문이다. 바울은 그들의 잘못된 율법주의 태도에 주의를 기울이지 않는다. 그는 객관적으로 측정 가능한 것(그들의 죄, 즉 사람이 완전함에 이를 수 없다는 사실)에 초점을 맞춘다.[18] 어떤 이들은 바울이 완벽함을 요구하지 않는다고 항변하지만, 아담과 하와는 한 가지 죄 때문에 동산에서 쫓겨났으며 하나님에게서 분리되었고, 죽을 운명에 처했다!

톰 라이트의 영향으로 바울이 이스라엘이 여전히 유

---

320. 하지만 여기서 제시된 논증은 바울이 아리스토텔레스를 알았기 때문에 나온 것이 아니다. Debanné는 "바울 학자가 서신 중 하나에서 생략된 삼단 논법을 바르게 확인하고 그것을 효과적으로 재구성할 수 있다면, 이러한 구조가 아리스토텔레스에게서 온 것이라고 그가 믿는지 여부는 어떤 의미에서 부차적인 문제다"라고 바르게 논평한다. Marc J. Debanné, *Enthymemes in the Letters of Paul*(LNTS 303; London: T&T Clark, 2006), 31-32를 보라. Debanné는 갈라디아서에서 몇몇 생략 삼단 논법을 본다. 놀랍게도 그는 갈라디아서 3:10에 대해서는 논평하지 않는다(121-66, 하지만 162를 보라).

12. 이러한 진술은 일반적인 것이며, 따라서 바울이 대적들이 율법을 지킬 수 없다고 말하는 것에 제한될 수 없다(Silva, *Interpreting Galatians*, 229-32와 대조적으로). 또한 바울이 단지 만일 그의 독자들이 율법에 불순종하면 저주를 받는다고 그들에게 경고하는 것이 아니다. Christopher D. Stanley, "'Under a Curse': A Fresh Reading of Galatians 3.10-14", *NTS* 36(1990): 481-511; J. P. Braswell, "'The Blessing of Abraham' versus 'The Curse of the Law': Another Look at Gal 3:10-13", *WTJ* 53(1991): 76, 78에서는 반대 견해를 말한다. 그보다 바울은 누구도 율법을 지킬 수 없다고 주장한다.

13. Hays는 그렇게 주장한다. 그는 여기서 제안되는 견해가 '유대교에 대한 어리석은 풍자'라고 말한다(*Galatians*, 257).

14. A. Andrew Das, *Paul, the Law, and the Covenant*(Peabody, MA: Hendrickson, 2001), 113-44; 동일 저자, *Paul and the Jews*, 46에서 그렇게 말한다. B. Longenecker는 그리스도인으로서 바울이 회심 이전에 그가 했던 것과 같은 방식으로 율법을 보지 않았다고 바르게 주장한다(*Triumph of Abraham's God*, 139-42).

15. Schlier, *Galater*, 132-33; Lührmann, *Galatians*, 60-61에서 그렇게 말한다. Bruce도 이 견해에 찬성하는 것으로 보인다(*Galatians*, 159-60). 하지만 그는 또한 저주가 임하는 것은 율법을 지킬 수 없기 때문이라고 주장한다.

16. Bonneau의 해결책은 바울이 3:10b에서 말하는 이유를 적절하게 설명하지 않는다. 그는 바울이 독자에게 율법이 그들에게 저주를 내릴 수 없는 것은 그리스도 안에서 새 시대가 밝았으며, 그리하여 갈라디아 사람들이 율법 아래에 있지 않다는 것을 납득시키기 원한다고 말한다. 그는 그리스도의 부활이 저주(율법이 그리스도께 선언한)를 극복하며, 신자들이 그리스도께 속하기 때문에 그들 또한 율법의 저주에서 자유롭다고 지적한다. Normand Bonneau, "The Logic of Paul's Argument on the Curse of the Law in Galatians 3:10-

배 상태에 있다고 본다는 견해가 인기를 얻고 있다.[19] 제임스 스콧(James Scott)도 갈라디아서 3:10에서 그러한 해석을 변호한다. 스콧은 신명기 27:26의 증거가 신명기에 있는 언약의 저주까지 추적될 수 있다고 말한다.[20] 따라서 강조점은 개인의 죄에서 이스라엘의 공동의 죄로 바뀐다.[21] 이러한 해석에 따르면 바울은 개인이 율법을 온전히 지키지 못함을 비난하는 것이 아니다. 초점은 이스라엘 전체의 죄에 있다. 신명기 문맥에서는 죄가 충분히 심각해질 때, 그것은 유배를 통해 나타나는 언약의 저주를 피할 수 없게 한다.

여기서 자세하게 라이트의 논제에 대응할 수는 없다. 우리는 바울이 유배의 표현을 사용하지 않으며, 따라서 그러한 용어가 적절한지에 대해서는 어느 정도 유보하는 것이 유익하다고 생각해야 한다. 구약 언약의 약속들이 완전히 성취되지 않았다는 의미에서 라이트의 생각은 옳다. 아마도 이스라엘에 속한 사람들은 대부분 이것이 부분적으로 민족의 죄 때문이라는 데 동의했을 것이다. 하지만 갈라디아서 3:10에 유배의 주제를 적용하는 것은 설득력이 떨어진다.[22] 먼저 신명기 27:15–26에 열거된 죄는 모두 개인에게 적용된다는 것에 주목해야 한다. 이 구절들에는 민족이 공동으로 받는 저주에 대한 언급이 없으며, 저주는 토라를 범한 개인에게 임한다.[23] 공동에 대해 언급했다 할지라도(그럴 것 같지 않지만) 개인이 제외되지는 않는다. 다스(Das)의 말처럼 "나라라는 공동체의 운명이 거기에 속한 구성원들의 행위로 좌우될 수 없다. 이스라엘 사람 개인의 죄가 전체로서의 이스라엘에 누적되는 것이다."[24]

둘째, 유배의 저주에 대한 언급이 있음을 인정해야 한다고 할지라도, 바울의 독자들은 그의 논증에서 전혀 다른 결론을 이끌어 냈을 가능성이 있다. 만일 이스라엘이 토라를 어겼기 때문에 유배의 저주가 그들에게 임했다면, 이방인들은 자신이 토라를 지키고 저주를 피할 것이라고 판단할 수 있다. 만일 바울의 논증에 토라를 지키는 것이 불가능하다는 주장이 나오지 않는다면, 유대주의자들과 갈라디아 사람들이 그렇게 반응하는 것은 적절할 수 있다. 바울은 유배와 관련된 해석이 인식하는 것보다 더 깊은 것을 주장한다. 그는 사람들이 율법을 지키지 않았다고 주장할 뿐 아니라, 그들이 율법을 지킬 수 없다고 단정한다.

셋째, 이스라엘의 역사에 대한 언급이 의도되었다는

14", *NovT* 39(1997): 60–80을 보라. 여기서 Bonneau가 확증하는 것은 대체로 옳지만, 그는 바울의 논증의 특수성을 설명하지 못한다. 3:10에서 바울은 율법의 행위로 말미암는 자들에게 저주가 임하는 이유를 설명하기 때문이다. 그리고 그가 말하는 이유는 율법이 명하는 모든 것을 행하지 못하는 것이다.

17. Dunn, *Galatians,* 172–73에서 그렇게 말한다. Dunn의 견해의 부적절성에 대해 2:16에 대한 주석을 보라. 그리고 이 문제에 대한 그의 견해를 더 분명히 알기 위해 Dunn, *New Perspective,* 26–33, 38–41을 보라.

18. 대조적으로 Wolfgang Reinbold는 본문에서 단지 율법이 믿음과 대조되기 때문에 율법 때문에 저주를 받는다고 말한 것이라고 주장한다. "Gal 3,6–14 und das Problem der Erfüllbarkeit des Gesetzes bei Paulus", *ZNW* 91(2000): 91–106.

19. Wright, *Climax of the Covenant,* 137–56; Hays, *Galatians,* 258–59.

20. James M. Scott, "'For as Many as Are of Works of the Law Are under a Curse'(Galatians 3.10)", in *Paul and the Scriptures of Israel*(ed. C. A. Evans and J. A. Sanders; JSNTSup 83; Sheffield: JSOT Press, 1993), 187–221; Hafemann, "Paul and the Exile", 342–44. 선지자들이 그랬던 것처럼 바울이 이스라엘이 하나님을 떠났다고 보았다는 견해는 Sigurd Grindheim, "Apostate Turned Prophet: Paul's Prophetic Understanding and Prophetic Hermeneutic with Special Reference to Galatians 3.10–12", *NTS* 53(2007): 545–65를 보라. 또한 Garlington이 주장하듯이 배교의 죄는 구원 역사의 새로운 시대를 깨닫지 못하는 것으로 제한될 수 없다. "Role Reversal and Paul's Use of Scripture in Galatians 3.10–13", *JSNT* 65(1997): 85–121.

21. 또한 Caneday를 보라. 그는 이스라엘 공동의 죄와 저주의(개인적인 특성보다) 시대적이며 언약적인 특성에 초점을 맞춘다. "'Redeemed from the Curse of the Law': The Use of Deut 21:22–23 in Gal 3.13", *TJ* 10(1989): 194–96.

22. B. Longenecker, *Triumph of Abraham's God,* 137–39의 비평을 보라.

23. 여기서 김세윤, *Paul and the New Perspective,* 1–84, 128–64의 비평을 보라. 또한 Das, *Paul, the Law, and the Covenant,* 152–53을 참고하라. Das는 신명기 27–30장에서의 개인과 국가의 공동체적 삶 사이의 상호 작용을 바르게 본다.

24. Das, *Paul, the Law, and the Covenant,* 152.

견해는 분명하지 않다. 바울은 이스라엘의 과거 역사를 종합하여 개략적으로 말하지 않는다. 그는 갈라디아 사람들뿐만 아니라 율법의 행위에 의존하는 모든 사람(ὅσοι γὰρ ἐξ ἔργων νόμου εἰσίν)을 향해 말하며, 그들이 토라로 돌아간다면 하나님의 저주를 피하기 위해 그것을 완전히 지켜야 할 것이라고 경고한다.[25]

갈 3:11a 또 하나님 앞에서 아무도 율법으로 말미암아 의롭게 되지 못할 것이 분명하니(ὅτι δὲ ἐν νόμῳ οὐδεὶς δικαιοῦται παρὰ τῷ θεῷ δῆλον). 바울은 3:10에서 하나님이 완벽한 순종을 요구하시는데 그분의 명령을 따를 수 있는 자는 아무도 없으므로, 율법을 통해 하나님 앞에서 바르게 되려고 하는 모든 자에게 율법의 저주가 임한다고 주장했다. 11절은 같은 논제를 지지하기 위해 다른 각도에서 두 번째 논증을 제시한다.[26] 이 구절은 누구도 율법으로 말미암아 하나님 앞에서 바르게 설 수 없다고 확신 있게 선포하는 단언으로 시작한다. "율법으로 말미암아"(ἐν νόμῳ)라는 표현은[27] "의롭게 되지"(δικαιοῦται)라는 동사를 수식하며, 3:10에 비추어 볼 때 "율법의 행위"를 가리킨다.[28] "의롭게 되다"의 현재시제는 '격언적' 용법으로 이해해야 하므로, 바울은 그들이 현재 의롭게 되고 있음을 강조하지 않는다. 오히려 그는 시간을 초월한 진리, 즉 누구도 율법으로 말미암아 하나님 앞에서 의롭게 되지 못한다는 사실을 말하고 있다.

동사 "의롭게 하다"는 해석자들이 대부분 인식하는 것처럼, 법정 용어로서 심판자이신 하나님 앞에서 바른 지위를 뜻한다. 따라서 3:11a은 아무도 율법을 지키는 것으로 말미암아 심판자이신 하나님 앞에서 바른 지위를 얻을 수 없다고 말한다. 그 이유는 이미 10절에서 언급되었다. 모든 사람이 죄를 지었기 때문에 율법에 의해 모두 저주를 받는다는 것이다. 3:11에서 바울은 이러한 단언에 뚜렷한 이유를 덧붙이는데, 하박국 2:4에 의존하여 11a의 명제를 증명한다. 아무도 율법의 행위로 말미암아 하나님 앞에서 바르게 설 수 없는 이유는, 하박국이 의인은 믿음으로 말미암아 살 것이라고 가르치기 때문이다.

갈 3:11b 이는 의인은 믿음으로 살리라 하였음이라(ὅτι ὁ δίκαιος ἐκ πίστεως ζήσεται). 우리는 바울이 하박국을 인용하는 것을 어떻게 이해하는가? 그는 "하였음이라"(ὅτι)라는 단어로 하박국의 구절을 소개한다. 의가 율법으로 말미암지 않는 것이 분명한 이유는 의인이 믿음으로 말미암아 종말론적 생명을 얻을 것이기 때문이다. 이 문맥에서 "살리라"(ζήσεται)라는 동사는 "의롭게 되다"(δικαιοῦται)라는 동사에 비추어 이해해야 한다.[29] 따라서 현재 문맥에서 그것은 종말론적 생명을 가리킨

25. 김세윤은 바울이 3:10에서 자신의 비판을 이스라엘에게 한정하지 않고 모든 사람에게로 확대한다고 말한다(*Paul and the New Perspective*, 138–40).

26. R. Longenecker는 이 접속사(δέ)를 반의의 의미로 본다(*Galatians*, 118). 나는 여기서 Betz의 견해를 따르는데, 그는 그것을 계속 용법으로 해석한다(*Galatians*, 146). 그는 또한 바울 자신의 신학이 하박국 2:4에 대한 그의 해석을 결정하며, 그의 해석은 LXX, MT, 쿰란, 히브리서 10:38–39과 다르다고 주장한다(147).

27. 이 전치사(ἐν)는 수단을 나타낸다. Mussner, *Galaterbrief*, 228, n. 78; Hans–Joachim Eckstein, *Verheissung und Gesetz: Eine exegetische Untersuchung zu Galater 2,15–4,7*(WUNT 86; Tübingen: Mohr Siebeck, 1996), 134–35에서 그렇게 말한다.

28. 또한 Bruce, *Galatians*, 161; R. Longenecker, *Galatians*, 118에서 그렇게 말한다.

29. 참고. Bruce, *Galatians*, 162; Hays, *Faith of Jesus Christ*, 150–51.

30. Wakefield는 바울이 종말론적인 삶보다 언약 안에서의 삶을 가리킨다고 주장한다(*Where to Live*, 169–71). 하지만 여기서 문맥은 구원론을 생각하고 있음을 보여준다. '살다'(ζάω)가 '의롭게 하다'(δικαιόω)와 짝을 이루고 있기 때문이다.

31. '의로운'(δίκαιος)이라는 용어는 명사적 용법의 형용사다. 의인은 그리스도일 가능성이 낮다. Hays, *Faith of Jesus Christ*, 151–54에서는 대조적인 견해를 말한다. H. W. Johnson, "Paradigm of Abraham", 190–91의 비평을 보라.

32. 이 번역은 Geza Vermes, *The Dead Sea Scrolls in English*(3rd ed.; New York: Penguin, 1987), 287에서 온 것이다.

33. Silva는 LXX의 번역을 비판한다(*Interpreting Galatians*, 166).

34. Seifrid는 하박국 2:4에서 신실함이 하박국 2:3에서 말하는 묵시에 대한 신실함과 연결된다고 주장한다(*Christ Our Righteousness*, 37,

다. 그러한 생명은 행위가 아닌 믿음으로 말미암아 얻을 수 있다.[30]

하박국 2:4의 칠십인역 번역은 본문이 하나님의 신실하심("의인은 나의 신실함으로 말미암아 살리라", ὁ δὲ δίκαιος ἐκ πίστεώς μου ζήσεται)을 가리킨다고 이해한다. 그것은 바울과 매우 다르게 해석하며 맛소라 본문("의인은 그의 믿음으로 말미암아 살리라")에서 벗어난다.[31] 쿰란 공동체는 이 본문을 또 다른 방식으로 이해했다. "이것은 유다의 집에서 율법을 지키는 모든 자, 곧 그들이 받은 고난과 의의 선생에 대한 믿음 때문에 심판의 집에서 하나님이 해방하실 자들에 관한 것이다"(1QpHab 8:1–3).[32] 이러한 해석은 바울과 매우 다르다. 쿰란에서는 율법에 대한 순종과 공동체에서 가르치는 선생에 대한 믿음이 연합되며, 그것을 복으로 가는 통로로 여겼다. 바울이 사용하는 본문이 MT와 다른 점은 "그의"라는 3인칭 대명사를 생략하는 것이다. 하지만 구절의 의미는 다르지 않다(또한 로마서 1:17을 보라). 바울이 보여주는 약간의 변화는, 그가 칠십인역을 사용하기보다 MT를 사용했거나 암기한 것을 상기했을 가능성을 뜻한다.[33] 히브리서 저자는 다르게 변형하는데, 대명사 "나의"를 실명사 "의인"을 수식하는 데 사용한다(히 10:38). 하지만 히브리서와 바울 사이에 큰 차이는 없다. 둘 다 개인적인 믿음의 중요성을 강조하기 때문이다. 칠십인역과 쿰란의 해석과 달리, 둘은 하박국 본문의 의미를 동일하게 해석한다.

바울은 역사적 문맥에서 하박국이 의미하는 바를 왜곡하는가? 많은 이가 하박국 선지자가 사람이 지닌 믿음보다 그의 신실함을 말하는 것이라고 주장한다.[34] 그러한 해석은 선지자의 생각을 잘못 이해한 것이다.[35] 하박국은 갈대아 사람들이 죄 많은 유다를 징벌할 심판의 날을 예견한다. 유다는 하나님의 율법을 지키지 못했다(합 1:4–11). 그러한 심판은 남은 자들을 위한 믿음의 시험이다. 그들은 미래에 일어날 바벨론 심판(합 2장)과 이스라엘의 출애굽의 재현(합 3장)을 포함하는 하나님의 약속을 계속 믿을 것인가? 하박국 3장의 출애굽에 대한 많은 암시는 새로운 출애굽의 약속, 즉 하나님의 백성들을 위한 새로운 해방을 가리킨다. 따라서 하박국은 하나님의 백성을 위한 모범이 된다. 그는 무화과나무가 꽃을 피우지 않고 포도나무에 열매가 없어도 주님을 계속 신뢰할 것이다(합 3:17–18). 그는 계속해서 하나님이 약속하신 미래의 구원을 신뢰하고 즐거워한다.

이 책의 정경상의 문맥은 하박국 2:4을 해석하는 데 도움을 준다. 아브라함과 같이 하나님의 백성들은 하나님을 신뢰할 수 없는 상황에서도 그분을 계속 신뢰할 것을 요구받는다. 하박국의 초청에 담긴 근본적인 의미

n. 7). 하지만 선행사는 좀 더 자연스럽게 하박국 2:4에서 그 구 바로 앞에 위치한 3인칭 접미사에서 발견된다(참고. '그의 안의 그의 영', *napšô bô*). Watts는 또한 그것이 묵시의 확실함을 가리키지만 "의인은 그것(즉 묵시)에 헌신해야 한다"라고 주장한다("'For I Am Not Ashamed of the Gospel': Romans 1:16–17 and Habakkuk 2:4'", in *Romans and the People of God: Essays in Honor of Gordon D. Fee on the Occasion of His 65th Birthday*[ed. Sven K. Soderlund and N. T. Wright; Grand Rapids: Eerdmans, 1999], 13).

35. 하박국 2:4에 대한 바울의 해석학적 접근에 대한 흥미로운 설명은 Watson, *Hermeneutics of Faith*, 112–63을 보라. Watson이 여기서 "의인"이 그리스도를 가리킨다고 하는 견해를 받아들이지 않는 것은 적절하지만(또한 합 2:3에서의 "오시는 이"에 대한 Watts의 설명을 보라["Romans 1:16–17 and Habakkuk 2:4", 9–10, 13–14]), 바울이 다른 곳에서 '믿음으로'(ἐκ πίστεως)라는 표현을 사용하면서 하박국에 의존했다고 하는 그의 논제는 입증할 수 없다. Watson, "By Faith(of Christ): An Exegetical Dilemma and Its Scriptural Solution", in *The Faith of Jesus Christ: Exegetical, Biblical, and Theological Studies*(ed. Michael F. Bird and Preston Sprinkle; Peabody, MA: Hendrickson, 2009), 147–63을 보라. 바울이 하박국의 역사적 문맥에 따라 하박국 2:4을 해석했다고 하는 견해는 Maureen W. Yeung, *Faith in Jesus and Paul: A Comparison with Special Reference to "Faith That Can Move Mountains" and "Your Faith Has Healed/Saved You"*(WUNT 2/147; Tübingen: Mohr Siebeck, 2002), 196–212의 계몽적인 연구를 보라. 나아가 그녀는 하박국 2:4에 대한 바울의 이해가 구약과 유대 전통뿐 아니라 예수 전통에서도 영향을 받았다고 주장한다(212–25).

는 주님을 신뢰하는 것이다.[36] 이것은 신실함이 믿음에서 나옴을 부인하는 것이 아니다. 신실함은 항상 믿음에서 진행된다.[37] 신실함은 믿음이라는 기초 위에 세워지는 구조물이다. 따라서 바울은 하박국을 훌륭하게 해석하고 있으며, 그 메시지를 왜곡하지 않으면서 요약하고 있다. 하나님과의 바른 관계는 율법을 지킴으로써가 아니라 믿음으로 말미암아 얻어진다.

하박국 인용과 관련된 또 다른 질문에 답할 필요가 있다. 바울은 믿음으로 말미암아 의롭게 된 자가 살 것이라고 말하는가,[38] 아니면 의인이 믿음으로 말미암아 살 것이라고 말하는가?[39] 어순이 이 문제를 해결하지 못하는 이유는 "믿음으로 말미암아"(ἐκ πίστεως)가 "의인"과 "살리라" 사이에 위치하기 때문이다. 이 전치사구는 동사를 수식하는 것으로 보이는데, 그것이 헬라어의 전형적 패턴이기 때문이다. "믿음으로 말미암아"(ἐκ πίστεως)라는 전치사구가 동사(ζήσεται)를 수식한다면, 그것은 수단을 가리킨다. 하지만 두 해석의 의미 차이는 몇몇 사람이 주장했던 것처럼 그리 중대하지는 않다.

우리는 또한 여기서 "살리라"(ζήσεται)라는 말이 단순한 땅 위의 삶이 아닌 영원한 생명을 가리킨다는 것을 관찰해야 한다.[40] 영원한 생명, 혹은 이 구절 전반부의 표현에 따르면 의롭게 되는 것(칭의)은 믿음으로 말미암는다. 미래시제 "살리라"(ζήσεται)가 어떤 의미인지 이해하는 일은 쉽지 않다. 미래시제가 사용된 이유는 바울이 하박국을 인용하고 있으며, 그리하여 영원한 생명을 종말의 일로 제한하지 않기 때문일 것이다. 오늘날 학자들 사이에 동사적 측면의 의미에 대한 논란이 있다. 포터는 시제들 중 어느 것도, 심지어 미래시제에도 시간의 의미가 없다고 주장한다.[41] 반대로, 다른 이들은 시간의 개념이 완전히 없어질 수 없으며, 특별히 미래시제의 경우 더욱 그렇다고 주장한다.[42] 어쨌든 미래시제가 반드시 미래의 시간을 가리키는 것은 아니라는 견해에는 모두 동의한다. 아마도 본문의 경우는 격언적 미래 용법으로 볼 수 있는데, 전형적으로 바울이 칭의를 지금 일어나는 실제적인 일로 이해하기 때문이다(참고. 롬 5:1). 따라서 여기서 "산다"라는 말도 같은 뜻일 수 있다. 칭의가 현재의 실체라고 말하지만, 나는 그것이 종말론적 선물임을 부인하지 않는다. 칭의는 마지막 때의 선물이 현 시대에 침투한 것이다.

이 구절을 다르게 해석하는 이들도 있다. 이 견해에 따르면 11절 전반부의 접속사(ὅτι)는 "…할 것"보다 '…때문에'로 해석해야 하며, "분명하니"(δῆλον)는 두 번째 절을 이끄는 서술적 용법의 형용사가 된다. 그러므로 이 절은 "하지만 누구도 율법으로 말미암아 하나님 앞에서 의롭게 될 수 없기 때문에, 의인이 믿음으로 말미암아 (영원한) 생명을 얻게 될 것이 분명하다"로 해석된다는 것이다.[43] 이러한 해석은 분명히 가능하며, 앞의 3:10에 제안된 해석과도 조화된다.[44] 하지만 문법적 논증은 결정적이지 않다.[45] 헬라어 문헌에서 예증으로 제시한 것들이 제한적이며, 고린도전서 15:27과 평행을 이룬다

36. 참고. Glenn N. Davies, *Faith and Obedience in Romans: A Study in Romans 1–4*(JSNTSup 39; Sheffield: JSOT Press, 1990), 44.

37. 참고. Silva, *Interpreting Galatians,* 165–67. 또한 Fung, *Galatians,* 144의 설명을 보라.

38. Fung, *Galatians,* 143–45; George, *Galatians,* 234, n. 56.

39. 특별히 H. C. C. Cavallin, "'The Righteous Shall Live by Faith': A Decisive Argument for the Traditional Interpretation", *ST* 32(1978): 33–43을 보라. 참고. Gottlob Schrenk, "δίκαιος", *TDNT,* 2:191, n. 71; Silva, "Galatians", 801–2.

40. 대조적으로 James D. G. Dunn, *The Theology of Paul the Apostle*(Grand Rapids: Eerdmans, 1998), 152–54, 374–75; Wakefield, *Where to Live,* 174. 또한 Eckstein이 말하는 것처럼 바울은 여기서 칭의의 결과인 삶에 대해 말하지 않는다(*Verheissung,* 142–43). 그 대신 여기서 칭의와 삶은 같은 실체를 다른 용어로 설명한다. Bruce, *Galatians,* 163; Silva, "Faith versus Works", 242; Lambrecht, *Pauline Studies,* 283에서 그렇게 말한다.

41. Porter, *Verbal Aspect.* 또한 Stanley E. Porter, *Idioms of the Greek New Testament*(Sheffield: JSOT, 1992), 20–28을 보라.

42. 예를 들어, Buist M. Fanning, "Approaches to Verbal Aspect in New Testament Greek: Issues in Definition and Method", *Biblical Greek Language and Linguistics: Open Questions in Current Research*(JSNTSup 80; ed. S. E. Porter and D. A. Carson; Sheffield:

는 주장도 설득력이 떨어진다. 두 구절의 구조가 같지 않기 때문이다. 나는 이 견해보다 앞에서 설명된 견해가 더 가능성이 있다고 생각한다. 왜냐하면 갈라디아서 3:10-13의 각 절마다 후반부에 구약이 인용되며, 이것은 각 절의 전반부에 나오는 단언의 증거로서 기능하기 때문이다.

덧붙여, 이 대안으로서의 해석은 칭의가 행위를 통해 올 수 없기 때문에 믿음으로 말미암는 것이 분명하다고 주장함으로써, 바울의 논증이 부정적인 접근 방식이라고 제안한다. 이러한 해석은 분명히 3:10이 말하는 바와 일치하지만, 바울은 여기서 긍정적인 논증을 제시하고 있을 가능성이 더 커 보인다. 그는 단지 의가 행위에 의해 얻어지지 않기 때문에 믿음으로 말미암는다고 제안하는 것이 아니다. 실제로 하박국 인용문 자체는 의가 행위를 통해 오지 않는다고 말하지 않는다. 오히려 이 인용문은 긍정적인 논증을 제공한다. 의로운 자가 믿음에 의해 산다는 것이다.[46] 따라서 바울은 여기서 이차적인 논증을 제시하고 있을 가능성이 더 커 보인다. 성경은 신자가 믿음으로 말미암아 산다고 가르치기 때문에, 의가 율법을 통해 올 수 없다는 것이다.

갈 3:12a 율법은 믿음에서 난 것이 아니니(ὁ δὲ νόμος οὐκ ἔστιν ἐκ πίστεως). 바울은 계속해서 왜 아무도 율법에 의해 의로워질 수 없는지 설명한다. 의가 율법으로 말미암지 않는 이유는 율법이 완전한 순종과 인간의 행위를 요구하기 때문이다. 하지만 믿음은 하나님이 그리스도 안에서 인간의 구원을 위해 하신 일을 생각하며, 사람의 행위가 아닌 하나님이 하신 일에 의존한다.

이 구절을 이끄는 접속사 "[그리고]"(δέ)는 계속이나 반의의 용법이다.[47] 여기서는 아마 계속의 용법일 것이다.[48] 바울은 왜 율법이 사람을 구원할 수 없는지를 설명하기 위해 세 가지 논증을 연속으로 겹쳐 쌓고 있기 때문이다(3:10-12). 그는 3:11에서 의가 오직 믿음으로 말미암기 때문에 사람이 율법을 행함으로써 하나님 앞에서 옳게 될 수 없다고 주장했다. 이제 3:12에서는 율법이 믿음에 의한 것이 아니라고 단언한다. 여기서 "율법"(ὁ νόμος)이라는 용어는 모세의 율법을 가리키며 3:10에 언급된 율법의 행위를 가리킬 가능성이 있다. 계속해서 바울은 율법이 믿음이 아니라 행함에 기초한다는 사실을 말하기 위해 레위기 18:5을 인용한다. 율법이 말하는 것을 행하는 사람이 율법을 통해 생명을 얻는다는 것이다.

본문은 바울 서신 전체에서 가장 해석이 어려운 구절 중 하나다. 이 구절을 어떻게 해석하는지를 보면, 해석자가 바울 신학 전체 그리고 옛 언약과 새 언약의 관계를 어떻게 이해하는지를 알 수 있기 때문이다. 해석자로서 우리는 단순히 눈앞에 놓인 특정 단락과 서신에 비추어 본문을 해석하지 않는다는 것을 상기하게 된다. 우리는 모두 본문에 대한 해석을 결정짓는 신학적 세계관을 가지고 본문에 접근한다. 그러한 지도를 갖는다고

Sheffield Academic Press, 1993), 58-60; McKay, *A New Syntax of the Verb in New Testament Greek*, 52.

43. 김세윤, *Paul and the New Perspective*, 129, n. 4; Witherington, *Galatians*, 234; Frank Thielman, *Paul and the Law: A Contextual Approach*(Downers Grove, IL: IVP, 1994), 127-28; B. Longenecker, *Triumph of Abraham's God*, 164; Hays, *Galatians*, 259; Wright, *Climax of the Covenant*, 149, n. 42에서 그렇게 말한다. 특별히 Wakefield, *Where to Live*, 162-67, 207-14를 보라. Wakefield는 1세기 헬라어에서 접속사(ὅτι, '…라는 것' 혹은 '때문에')가 '분명하다'(δῆλον)를 뒤따르는 경우가 앞서는 경우의 두 배 정도라고 말한다.

44. 하지만 Wakefield는 '살다'의 의미에 관하여 실제로 다른 방향으로 나아간다. *Where to Live*, 169-71를 보라.

45. Wakefield는 그러한 패턴이 '상대적으로 드물다'는 것을 인정한다(*Where to Live*, 165).

46. 하지만 Watts를 보라. 그는 하박국 1:4에서 토라가 쓸모없다고 한 것은 하박국이 바울이 율법과 관련하여 발생한 문제를 예견하고 있음을 암시한다고 주장한다("Romans 1:16-17 and Habakkuk 2:4", 5-6, 17).

47. R. Longenecker, *Galatians*, 119에서 그렇게 말한다.

48. Betz는 그것을 '또한'으로 번역한다(*Galatians*, 147, n. 88).

반드시 손해보는 것만은 아니다. 실제로 모든 사람은 선입관을 갖고 본문을 바라본다. 선입관이 전혀 없다고 주장하는 사람들은 순진한 사람들이다. 우리가 가진 편견을 의식한다면 성경 본문을 통해 자신의 세계관을 시험하고 신학을 고쳐갈 수 있다.

율법이 믿음으로 말미암지 않는다는 바울의 말이 그리스도인의 삶에서 율법을 일괄적으로 거부하는 뜻이라고 이해하는 것은 잘못되었다. 바울은 신자가 성령의 능력으로 율법을 성취하는 것을 긍정적으로 바라본다(갈 5:13–15; 참고. 또한 롬 8:4; 13:8–10). 그는 그리스도인이 성령의 사역을 통해 그리스도의 법(사랑의 법으로 묘사되는, 5:13–14)을 성취할 수 있는 능력을 얻는다고 주장한다(갈 6:2). 그렇다면 바울이 "율법이 믿음에서 난 것이 아니니"라고 말한 것은 어떤 의미인가?

우리는 바울이 칭의–하나님과 바른 관계를 위해 요구되는 것–를 논하는 문맥을 살펴보며 시작해야 한다. 바울이 말하는 대상이 구원을 위해 할례가 요구된다는 것과, 사람이 의롭게 되기 위해 율법을 지켜야 한다고 믿는 자들임을 상기해야 한다. 바울은 율법이 생명의 근원이라는 견해를 모두 거절한다.[49] 사람은 행함이 아닌 믿음으로 말미암아 하나님과 바르게 된다. 바울은 3:10에서 율법이 완전한 순종을 요구하기 때문에 율법의 행위로써는 의를 얻을 수 없다고 이미 가르쳤다. 또한 우리는 바울이 그리스도 안에서 하나님의 약속이 성취되었다는 관점에서 쓰고 있음을 생각해야 한다. 그렇다면 모세와의 언약은 더 이상 효력이 없다.[50] 새 언약의 도래로 인해 하나님과 바른 관계를 만드는 것은, 시내 산 언약의 명령들을 지키는 것이 아닌 그리스도를 향한 믿음이다.

갈 3:12b 율법을 행하는 자는 그 가운데서 살리라 하였느니라(ἀλλ' ὁ ποιήσας αὐτὰ ζήσεται ἐν αὐτοῖς).[51] 접속사 "[그러나]"(ἀλλ')는 반의의 용법으로서 레위기 18:5의 인용을 이끈다.[52] 바울은 율법의 요구를 행하는 자들이 자신의 순종에 근거하여 살게 되겠지만, 율법이 완전함을 요구하므로 누구도 율법으로 의롭게 될 수 없음이 당연하다고 말한다. "살리라"(ζήσεται)라는 말은 여기서 영원한 생명을 가리킨다. 그러므로 레위기 18:5은 율법을 지키는 자들에게 영원한 생명을 약속한다.[53] 율법이 생명을 가져오지 않는 이유는 인간이 요구되는 조건을 만족시킬 수 없기 때문이다.[54] 인간의 죄가 방해물인 것이다.[55] "모든 사람이 죄를 범하였으매 하나님의 영광에 이르지 못

49. Silva, *Interpreting Galatians*, 187–95에서 이것을 바르게 말한다.

50. Willitts는 바울이 여기에서 하는 것을 설명하기 위해 구원의 역사에 비추어 바르게 호소한다. "Context Matters: Paul's Use of Leviticus 18:5 in Galatians 3:12", *TynBul* 54(2003): 105–22를 보라. Willitts는 논증을 과장해서 쓰고 있다. Sprinkle은 "이러한 접근이 지닌 한 가지 문제점은 그것이 레위기 18:5에 있는 모든 원래의 결함을 경시하거나 심지어 근절한다는 것이다. Willitts의 견해에서 바울이 레위기 18:5에 집착하는 것과 관련하여 유일한 문제는 그러한 집착이 단순히 그 시간이 지났다는 것인 것처럼 보인다." Preston M. Sprinkle, *Law and Life: The Interpretation of Leviticus 18:5 in Early Judaism and Paul*(WUNT 2/241; Tübingen: Mohr Siebeck, 2008), 148. 나아가 Sprinkle은 바울에 따르면 하박국 2:4과 레위기 18:5이 의를 얻기 위한 근본적으로 다른 두 방식을 나타낸다는 것을 Willitts가 이해하지 못한다고 말한다(148).

51. '그것들'(αὐτοῖς)이라는 단어는 모호하며 선행사가 분명하지 않다. 레위기 18:5을 LXX로 읽으면 선행사는 분명하다. 거기서 그 단어는 분명히 구약의 명령들을 가리킨다. 갈라디아서에서도 문장을 생각해보면 그것은 구약의 명령에 대한 언급이 분명하다. 이 경우 전치사 구는 수단의 하나이며, 율법을 행하는 자는 율법에 따라 살 것이다.

52. 나는 Justin Taylor에 감사하다. 그는 이 구절에 대해 나와 의견을 나누었으며, 그의 유용한 논평은 나의 생각을 명확하게 해주었다.

53. '살 것이다'(ζήσεται)의 미래 시제에 대해 3:11의 주석을 보라.

54. Calvin, *Galatians*, 91; Lambrecht, *Pauline Studies*, 284에서 이것을 바르게 말한다. Sprinkle은 바울이 신적 중재자(하나님이 하시는 일)를 인간 중개자(인간이 성취할 수 있는 것)와 대조한다고 강조한다. *Law and Life*, 148–64를 보라. 따라서 그는 율법이 완전함을 요구하기 때문에 그것이 생명을 가져다줄 수 없다는 생각을 받아들이지 않는다. 그는 여기서 신적 중재자를 지나치게 강조한다. 바울이 구체적으로 믿는 것과 행하는 것(두 가지 인간의 행위)을 대조하기 때문이다. 하지만 Sprinkle은 또한 인간의 불순종에 주목하며, 따라서 나의 견해와 그의 견해의 차이점이 과장되어서는 안 된다.

하더니"(롬 3:23).[56] 따라서 율법에 대한 순종은 믿음과 대조된다. 왜냐하면 율법을 순종하는 것은 구원받기 위해 믿음보다 순종에, 그리고 그리스도 안에서 하나님이 하신 일을 신뢰하는 것보다 율법의 요구를 행하는 것에 기초하기 때문이다.[57] 그러므로 율법을 지킴으로써 의로워지려 하는 것은 믿음과 반대된다. 또한 칭의를 위해 하나님이 그리스도 안에서 행하신 일을 신뢰하는 것과도 정반대다.[58]

심층 연구

레위기 18:5의 의미

갈라디아서 3:12에서 바울이 레위기 18:5을 인용한 것은 난해하다. 구약 문맥에서 이 구절은 하나님의 언약적 자비를 이미 누리고 있는 자들의 율법 준수를 가리키는 것으로 보인다. 그런데 바울은 왜 그것을 행위를 통한 의와 연결시키는가?[59] 다시 말해, 레위기 18:5이 말하는 율법 준수는 로마서 8:4, 13:8-10과 갈라디아서 5:13-15 같은 본문에 나오는 율법 준수에 관한 바울의 긍정적인 말과 비교된다. 따라서 바울이 그것과 모세 율법을 지킴으로써 의를 얻으려는 것을 연결 짓는 것은 이상해 보인다.[60] 모세 율법의 명령들은 이미 애굽으로부터 구속받은 백성들에게, 은혜로 말미암아 이미 여호와와 언약 관계에 있던 백성들에게 주어졌다. 더욱이 그들은 죄를 지었을 때 용서받기 위해 제사를 드릴 수 있었다. 그러므로 바울은 자신의 신학을 지지하기 위해, 레위기 구절을 구약의 문맥에서 분리하여 사용한 것처럼 보인다.

이러한 문제는 모세 언약이 은혜의 언약이 아니라고 주장함으로써 해결될 수 있다. 처음부터 끝까지 모세 언약은 율법 순종에 근거한 조건적 언약으로 이해될 수 있다. 이러한 해석을 선호한다면 바울이 레위기 18:5을 인용한 것은 구약의 문맥과 일치한다. 하지만 이 해석은 받아들일 수 없다. 그것은 하나님의 은혜로 애굽에서 구속받은 백성들에게 율법이 주어졌다고 말하는 레위기 18장(그리고 모세오경

55. 바울은 여기서 그리스도를 율법을 지키는 자로 생각하고 있을 것 같지 않다. Bruce, *Galatians*, 163에서는 이것을 바르게 말한다. C. E. B. Cranfield, *A Critical and Exegetical Commentary on the Epistle to the Romans*(ICC; Edinburgh T&T Clark, 1979), 2.522, n. 2; Hays, *Galatians*, 259에서는 대조되는 견해를 말한다(하지만 Hays는 여기서 미묘하고 암시적인 언급을 본다).

56. Avemarie는 완전한 복종이 요구된다는 생각을 받아들이지 않으며 대신 바울이 레위기 18:5에 나타난 구원론적인 취지를 경시하고 무시한다고 단정한다. Friedrich Avemarie, "Paul and the Claim of the Law according to the Scripture: Leviticus 18:5 in Galatians 3:12 and Romans 10:5", in *The Beginnings of Christianity: A Collection of Articles*(ed. Jack Pastor and Menachem Mor; Jerusalem: Yad Ben-Zvi, 2005), 138-41을 보라. 나는 그러한 해석이 여기서 제안되는 것만큼 레위기 18:5의 인용을 잘 설명하지 않는다고 말하고 싶다. 바울은 레위기 18:5의 구원론을 무시하지 않기 때문이다. 오히려 그는 왜 율법이 생명으로 이어지지 않는지 설명한다(인간의 죄가 끼어들기 때문).

57. Martyn은 바울의 견해에서 레위기 18:5이 하박국 2:4와 근본적으로 대조된다고 주장한다. 바울은 두 본문을 조화시키지 않는다. 대신 그는 하박국 2:4에 입각하여 자신이 레위기 18:5의 거짓 약속이라고 생각하는 것을 거부한다. *Galatians*, 328-34. Martyn의 생각과 달리 바울이 임의로 한 구약 본문 위에 다른 구약 본문을 선택했다면 성경에 기초한 바울의 논증이 갈라디아 사람들을 설득할 수 있었을 것이라고 믿기 어렵다.

58. 여기서 '믿는 것'과 '행하는 것' 사이의 대조가 분명하다(Betz, *Galatians*, 147-48을 보라).

59. 유대 해석과 교회 역사(현대 시대를 포함하여)에서의 다양한 해석을 포함하는 해석의 역사에 대한 매우 유용한 자료로 Avemarie, "Paul and the Claim of the Law", 125-37을 보라.

60. 로마서 10:5에서 레위기 18:5의 동일한 구절을 인용하며, 하나님과의 바른 관계가 '율법으로부터'(ἐκ) 온다는 생각을 거부하는 것에 주목하라.

의 나머지 부분)의 문맥과 조화되지 않기 때문이다(출 19:3-6; 20:2). 모세 언약을 율법적 언약으로 묘사하는 것은 시내 산 언약을 오해하는 것이다. 이 언약에서 하나님은 자기 백성들을 구원하고 그들에게 율법을 주셨다.

또 다른 해석은 바울이 레위기 18:5에 대한 대적들의 해석을 가리킨다고 제안한다. 대적들의 해석이 왜 문맥상 결함이 있는지를 설명하는 대신, 바울은 자신의 논증 전체에 걸쳐 그들의 구약 이해가 핵심에서 벗어났음을 보여주고 있다는 것이다. 랍비의 관례는 이러한 해석을 지지한다. 일반적으로 랍비는 잘못된 해석이 문맥과 조화되지 않음을 보여줌으로써 그것을 반박하지 않았다. 대신 그들은 문제 구절에 부여한 의미가 정확하지 않음을 보여주기 위해 다른 구절을 인용했다.[61] 이러한 절차는 여기서 바울이 행하고 있는 것과 일치할 가능성이 있다. 이러한 견해는 매력적이며, 나도 한때 그 견해를 믿었다.[62] 하지만 다른 어느 곳에서도 바울은 대적들이 왜곡한 구약 구절을 인용하지 않는다. 그는 예외 없이 자신의 주장을 변호하기 위해 구약을 인용하며, 여기서도 마찬가지인 것으로 보인다.

실제로 로마서 10:5에서도 바울은 레위기 18:5을 인용하면서 "모세가 기록하되[묘사하되]"라는 말로 시작한다. 이것은 그가 구약을 원래 의미대로 (잘못 해석하지 않고) 인용한 것을 암시한다. 바울이 잘못된 해석에 반응하고 있다는 더 분명한 증거가 필요하다. 문맥에는 레위기 18:5에 대한 대적들의 견해를 말하고 있다는 표시가 없기 때문이다. 또한 이스라엘의 역사를 생각하면, 그들이 그 땅에 계속 머물지 않고 쫓겨난 이유는 불순종 때문임이 분명하다. 앗수르(주전 722년)와 바벨론에 의한 유배(주전 586년)가 이 사실을 확정한다. 율법 자체는 생명을 가져오고 않았고 가져올 수 없었다. 그들의 죄 때문이다. 이스라엘의 경험은 레위기 18:5에 대한 바울의 이해를 확정한다. 그들이 율법을 통해 생명을 얻지 않았기 때문이다. 오히려 그들은 율법을 지키지 못했기 때문에 저주를 받았다.[63]

바울은 레위기 18:5을 구속사적으로 이해한다.[64] 나는 갈라디아서 3:10에서 구약 제사가 제공하는 속죄는 그리스도가 오심으로 더 이상 유효하지 않기 때문에, 율법 아래 자신을 두는 자들에게 완전한 순종이 요구된다고 이미 말했다. 바울은 여기서 그러한 주제로 되돌아간다. 시내 산 언약 아래서는 죄를 지은 자가 제사를 통해 용서받았기 때문에 완전한 순종이 요구되지 않았다.[65] 하지만 바울은(갈 3:15-4:7을 보라) 시내 산 언약이 더 이상 효력이 없다고 본다. 따라서 의를 얻기 위해 할례와 율법을 지키는 자들은(갈 5:2-4) 구원 역사의 시간을 거꾸로 돌리는 것이다.

---

61. Nils A. Dahl, *Studies in Paul,* 159-77; Silva, *Interpreting Galatians,* 193-94.

62. Schreiner, *Romans,* 555를 보라.

63. 레위기 18:5에 대한 바울의 해석을 변호하는 견해로 Watson, *Hermeneutics of Faith,* 315-36을 보라(하지만 Watson과 대조적으로 나는 완전한 복종이 요구된다고 생각한다).

64. James M. Hamilton Jr., "The One Who Does Them Shall Live by Them: Leviticus 18:5 in Galatians 3:12", *The Gospel Witness*(August 2005): 10-12를 보라. 하지만 Garlington은 바울이 말하는 것을 구속사에 한정하는 잘못을 범한다(*Galatians,* 198-99). 그는 "유대 생각에서 믿는 것과 행하는 것 사이의 이분법은 단순히 완전히 틀린 것"이라고 말하는 가운데 현저하게 본문이 실제로 말하는 것에 반대한다(198). 유대주의자들은 아마도 이러한 판단에 동의했을 것이다.

65. 어떤 의미에서 완전한 복종이 요구되었다. 그렇지 않다면 율법을 위반한 것에 희생 제사를 드릴 필요가 없었을 것이다.

66. Gordon J. Wenham, *The Book of Leviticus*(NICOT; Grand Rapids:

그리스도의 오심은 시내 산 언약의 종말을 고했다(3:15-4:7). 율법 아래 사는 자들은 구원을 얻기 위해 율법을 완전하게 지켜야 한다. 율법으로 돌아감으로써 그들은 그리스도가 제공하신 속죄를 저버리기 때문이다(2:21; 5:3). 그런데 율법으로 되돌아가는 것이 헛된 일인 이유는 시내 산 언약의 속죄 제사가 훗날 나타날 그리스도의 희생을 가리켰기 때문이다. 따라서 그리스도의 결정적인 희생이 드려진 지금 동물을 드리는 제사로는 더 이상 용서받지 못한다(3:13).

이 구절에서 답해야 할 문제가 하나 더 있다. 레위기 18:5의 문맥에서 생명은 영원한 생명보다 약속의 땅에서의 삶, 하나님의 언약 안에서 누리는 이 세상에서의 복된 삶을 가리킨다.[66] 바울은 무엇을 근거로 본문을 영원한 생명과 연관시키는가? 여기서 제기되는 질문이 너무 광범위하기에 완벽한 대답은 불가능하다. 바울은 예표론으로써 논증하고 있는 것처럼 보이며, 이 같은 예표론적 논증은 신약에서 통상적이었다. 예를 들어, 그 땅에서 얻는 유산은 사람이 하늘에서[궁극적으로 새 하늘과 새 땅에서(계 21:1-22:5)] 받을 유산을 가리키며, 그 유업으로 땅에서 유업을 얻으리라는 약속이 성취된다. 소돔과 고모라 심판은 종말론적 심판을 내다보며 예고한다(벧후 2:6; 유 1:7). 약속의 땅에서의 삶과 관련된 구절이 영원한 생명에 정당하게 적용되는 것은 놀라운 일이 아니다.

또한 탈굼 전통에서 비슷한 내용을 볼 수 있다. "너희는 나의 법을 지키고 나의 판단을 따를지라. 사람이 이를 행하면 그로 말미암아 영생을 누리리라"(*Tg. Onq.*). "너희는 나의 법을 지키고 나의 판단의 명령을 따를지라. 사람이 이를 행하면 그 안에서 영원한 생명 가운데 살며, 의인과 함께하는 자가 되리라"(*Tg. Ps.-J.*).[67] 스프링클(Sprinkle)은 구약과 제2성전 유대교에 나타난 레위기 18:5을 면밀히 연구하여, 구약 문맥에서는 이 구절이 지상의 삶과 번영을 위해 율법에 순종할 것을 요구하지만(참고. 겔 20:11, 13, 21; 느 9:29; 또한 겔 18:9, 17, 19, 21; 33:10, 19을 보라), 제2성전 기간 문헌의 일부에서는 영원한 생명을 위해 순종이 요구된다는 해석을 보여준다(참고. CD III, 15-16; 4Q266, 11 I-II, 12; *Pss. Sol.* 14:1-5; 참고. 또한 4Q504; Philo, *Prelim. Studies*, 86-87을 보라).[68] 게더콜(Gathercole) 또한 신약과 제2성전 유대교에서 레위기 18:5을 종말론적으로 해석하는 것이 분명히 나타난다고 주장한다.[69] "레위기 원래의 문맥에 언급된 생명이 후손과 나라 전체의 연장된 삶과 번영으로 이해되었으리라 보이는 생명의 '영원화'가 존재한다"는 게더콜의 비평은 적절하다.[70]

Eerdmans, 1979), 253; John E. Hartley, *Leviticus*(WBC; Dallas: Word, 1992), 293을 보라. 또한 Nicole Chibici-Revneanu, "Leben im Gesetz: Die paulinische Interpretation von Lev 18:5(Gal 3:12; Röm 10:5)", *NovT* 50(2008): 105-19를 참고하라.

67. 이 두 언급 모두 R. Longenecker, *Galatians,* 120에서 인용했다.

68. Sprinkle, *Law and Life,* 1-130을 보라.

69. Simon Gathercole, "Torah, Life, and Salvation: Leviticus 18:5 in Early Judaism and the New Testament", in *From Prophecy to Testament: The Function of the Old Testament in the New*(ed. C.A. Evans; Peabody, MA: Hendrickson, 2004), 126-45.

70. 같은 책, 140. Gathercole은 여기서 누가복음 10:37에 대해 논평한다. 하지만 그의 인용은 갈라디아서 3:12에서의 그의 견해도 반영한다. Wakefield는 여기서 예표론적인 점증을 보지 못하며, 따라서 '살다'라는 단어를 구약의 문맥에 제한한다(*Where to Live,* 171, 174-75).

갈 3:13a 그리스도께서…율법의 저주에서 우리를 속량하셨으니(Χριστὸς ἡμᾶς ἐξηγόρασεν ἐκ τῆς κατάρας τοῦ νόμου). 3:10-12에서 제기된 중대 국면에 대한 대답이 이제 전개된다. 율법의 저주가 제거되는 유일한 길은 그리스도의 속죄 사역이다. 왜 바울이 여기서 반의의 접속사(예를 들어, '하지만', δέ)를 사용하지 않는지는 알 수 없다. 본문에서 "그리스도"라는 단어가 처음 나오므로, 아마도 접속사의 부재는 인간의 딜레마에 해답이 되시는 그리스도의 중심성을 강조하기 위함일 수 있다.

율법은 완전한 순종을 요구하기 때문에 율법의 저주가 모든 사람 위에 있다. 다른 학자들은 "우리"(ἡμᾶς)가 유대인들로 제한된다고 주장한다.[71] 이방인들이 율법 아래 살지 않았는데 바울은 어떻게 이방인들이 율법의 저주 아래 있다고 말할 수 있겠는가? 그보다 이방인들의 구원은 주가 이스라엘을 구속하신 결과라는 것이다.[72] 이러한 해석은 매력적이기는 하지만, 잘못된 것으로 보인다.[73] 바울은 모든 이가 율법을 지키지 못하여 정죄되었다고 주장하며(3:10), 3:10에서 율법의 저주를 유대인에게만 한정하지 않고 구속을 위해 율법에 의존하는 모든 사람이 포함되도록 확장한다["누구든지"(ὅσοι)에 주목하라].[74]

또한 로마서에 따르면, 바울은 율법이 마음에 기록되어 있는 한 이방인들에게 하나님의 뜻을 행할 의무가 있다고 생각하는 것이 분명하다(롬 2:14-15).[75] 나아가 3:14에서 바울이 "우리"를 언급하는 것은, 그가 유대인을 이방인에게서 구별하기 위해 대명사들을 사용하고 있다는 견해에 심각한 문제를 일으킨다. 3:14에서는 분명히 "우리"에 이방인들이 포함되기 때문이다. 바울의 논증의 핵심은 이방인들이 성령을 받았다는 것이다(3:1-5). 이를 통해 3:14은 3:1-5과 수미상관 구조를 형성한다.[76]

다스 또한 4:21-5:1에서 대명사의 변환이 유대인과 이방인 사이의 구분을 만들어내지 않는다는 사실을 가리킨다. 그는 "우리가 그러한 구분을 고집해야 한다면, 갈라디아서 5:1은 '그리스도께서 [유대인 그리스도인인] 우리를 자유롭게 하려고 자유를 주셨으니 그러므로 [너희 이방인 그리스도인은] 굳건하게 서서 다시는 종의 멍에를 메지 말라'로 이해될 것"이라고 말한다.[77] 바울은 여기서 1인칭과 2인칭 대명사를 사용하여 같은 집단에게 말하고 있음이 분명하다. 비슷한 방식으로 바울이 위에 있는 예루살렘을 "우리 어머니"라고 말할 때(4:26), 그는 4:28에서 오직 이방인 그리스도인만을 포함하기 위해

71. Terence L. Donaldson, "The 'Curse of the Law' and the Inclusion of the Gentiles: Galatians 3:13-14", *NTS* 32(1986): 94-112; Matera, *Galatians,* 120; Betz, *Galatians,* 148; Garlington, *Galatians,* 210; D. W. B. Robinson, "The Distinction between Jewish and Gentile Believers in Galatians", *ABR* 13(1965): 34; Betz, *Galatians,* 148; McKnight, *Galatians,* 156-57; 홍인규, *Law in Galatians,* 78-79에서 그렇게 말한다. Donaldson은 이스라엘의 구속이 이방인의 구속을 위해 필수라고 말한다.

72. Donaldson은 이방인이 궁극적으로 이스라엘에게 주어진 구원을 똑같이 받을 것이라는 약속(구약과 제2성전기 유대교 모두에서)에서 전조와 패턴을 발견한다("Galatians 3:13-14", 99-100). 사 2:2-4; 미 4:1-4; 사 56:3-8; 60:3-4; 66:18-24; 슥 2:10-13; 8:20-23; 습 3:9-10을 보라.

73. 유대인과 이방인을 모두 가리킨다는 견해로 Williams, "Justification and the Spirit", 91-92; Dunn, *Galatians,* 176-77; Fung, *Galatians,* 148-49를 보라. Bruce는 로마서 2:14이 어떤 의미에서 이방인들 또한 율법 아래에 있음을 가리킨다고 말한다(*Galatians,* 167). 또한 바울 논증의 보편적 특성은 같은 것을 가리킨다. Dalton은 이교도 그리스도인에 대한 언급으로 본다. William J. Dalton, "The Meaning of 'We' in Galatians", *ABR* 38(1990): 38.

74. Das, *Paul and the Jews,* 124에서 그렇게 말한다. 또한 같은 결론으로 Norman H. Young, "Pronominal Shifts in Paul's Argument to the Galatians", in *Ancient History in a Modern University, vol. 2, Early Christianity in Late Antiquity and Beyond*(ed. T. W. Hillard et al.; Grand Rapids: Eerdmans, 1998), 205-15를 보라.

75. 다시 한 번 Das, *Paul and the Jews*, 124를 보라.

76. 같은 책, 123에서 이것을 바르게 말한다.

77. 같은 책, 126.

78. 같은 책, 126에서 이것을 바르게 말한다. 대조되는 견해는 Robinson, "Jewish and Gentile Believers", 41-42가 있다.

79. Das, *Paul and the Jews,* 128.

80. 설명적 소유격에 대한 논의로 Wallace, *Greek Grammar,* 79를 보라.

81. Wilson, "Wilderness Apostasy", 556-57에서 그렇게 말한다. Harmon은 이사야 53장에 대한 암시를 본다("She Must and Shall Go Free", 187-92). Daniel Schwartz는 그리스도를 레위기의 속죄양으로 본다. "Two Pauline Allusions to the Redemptive Mechanism of the

언어를 유대인 그리스도인으로 제한하지 않는다("형제들아 너희는").[78] 다스는 "3:1부터 편지의 끝까지 1인칭 대명사들"은 "유대인과 이방인 그리스도인을 포함하며, 2인칭 대명사들"도 "마찬가지로 포괄적이지만 수사학적으로 수신인들을 가리켰다"고 바르게 결론 내린다.[79]

소유격 "율법의"(νόμου)는 "율법의 저주"를 가리키는 서술적 소유격이거나[80] '율법으로부터 오는 저주'를 말하는 근원의 소유격이다. 전자가 선호되는 이유는 후자가 그 표현에 더 많은 의미를 부여하며, 일반적으로 가장 단순한 의미를 받아들이는 것이 선호되기 때문일 것이다. 따라서 모든 사람이 하나님의 법을 어기고 있는데 사람이 어떻게 하나님의 저주에서 해방될 수 있는가? 바울은 우리가 그리스도의 십자가를 통해 용서를 얻으며, 그리스도는 율법이 가져오는 저주에서 우리를 해방하신다고 대답한다.

"속량하셨으니"(ἐξαγοράζω, 참고. 갈 4:5)라는 동사는 동족어들과 더불어 바울 신학의 중심이 된다. 이 단어는 출애굽을 상기시킨다. 거기서 여호와는 자기 백성을 애굽의 속박에서 해방하셨다.[81] 출애굽과 유월절 사건들(참고. 고전 5:7)이 이스라엘이 속박에서 자유를 얻은 것을 가리키듯, 그리스도의 십자가 또한 하나님이 자기 백성을 율법의 저주에서 구원하시는 수단이다.[82]

갈 3:13b–c 우리를 위하여 저주를 받은바 되사…기록된 바 나무에 달린 자마다 저주 아래에 있는 자라 하였음이라(γενόμενος ὑπὲρ ἡμῶν κατάρα, ὅτι γέγραπται, Ἐπικατάρατος πᾶς ὁ κρεμάμενος ἐπὶ ξύλου).[83] "되사"(γενόμενος)라는 분사는 수단을 말하는 부사적 용법의 분사로서 그리스도가 자기 백성을 어떻게 율법의 저주에서 구속하셨는지를 설명한다. 즉, 우리를 위해 저주가 되심으로써 우리를 구속하셨다는 것이다.[84] 신명기 21:23을 인용한 것은 "기록된 바…하였음이라"(ὅτι γέγραπται)라는 도입 형식으로 소개된다. "하였음이라"(ὅτι)는 원인을 나타내며, 그리스도가 신자를 위해 저주를 받으셨다는 주장의 근거가 된다.

바울은 회심하기 전에 기독교가 이단 종파라고 믿었다. 아마도 율법에 대한 그들의 견해와 십자가에 달려 죽은 자가 메시아라는 주장 때문이었을 것이다. 크레이기(Craigie)는 구약의 문맥 안에서 이 구절의 의미를 잘 설명한다(참고. 민 25:4; 수 10:26–27; 삼하 21:6–9). "매다는 것은 처형의 방법이 아니라, 죄수가 죽은 날 행하는 일이었다. 죄수가 죽으면 그를 나무나 특정 종류의 '나

Crucifixion", *JBL* 102(1983): 259–68. Schwartz의 제안은 가능하며, 분명히 바울의 생각과 바울의 생각에서 구약이 미친 영향과 일치한다. 하지만 언어적 연결의 결핍은 레위기 16장과의 연결에 대한 의문을 일으킨다. Mclean은 그리스도가 희생 제물로 죽으셨다는 생각을 거부하며 예수님의 죽음을 그리스–로마 세계에서의 파르마코스(*pharmakos*, 속죄양)의 의식과 유사한 것으로 설명한다. B. Hudson McLean, *The Cursed Christ: Mediterranean Expulsion Rituals and Pauline Soteriology*(JSNTSup 126; Sheffield: Sheffield Academic Press, 1996). Mclean은 바울이 예수님의 죽음을 대체의 의미로 생각했다고 바르게 주장한다. 여기서 그의 논제를 충분히 검토하고 논의하기에는 지면이 부족하지만, 마귀를 쫓는 그리스–로마의 파르마코스 의식과의 연결은 설득력이 없으며, 바울에게서 예수님의 죽음을 희생으로 볼 수 있는 충분한 이유가 있다. Davis는 Schwartz의 견해와 Mclean의 견해를 모두 유용하게 요약하고 비평한다(*Christ as Devotio*, 84–105). 하지만 저주를 그리스–로마 배경의 저주의 서판에 비추어 이해해야 하며, 그리스도의 죽음을 사람의 헌신(*devotio*)이라는 측면에서 이해해야 한다는 Davis의 제안도 설득력이 없다(139–98). 바울은 여기서 구약 성경에 대한 깊이 있는 설명을 제공한다. 따라서(Davis의 견해와 달리) 그리스–로마의 문화에서 유사한 것이 있다 할지라도 바울이 의미하는 것의 배경은 구약과 유대 자료에서 찾아야 한다.

82. 하지만 동사 '구속하다'가 동사 '의롭게 하다'와 유사어라는 말은 아니다(Martyn, *Galatians*, 317과 대조적으로).

83. 구약 본문과의 차이에 비추어 Wilcox는 바울이 LXX이 아닌 다른 헬라어 본문을 사용했을 수 있다고 제안한다. Wilcox, "Upon the Tree", 86–90. 하지만 증거의 특성상 이 문제는 분명히 밝힐 수 없다.

84. 대조적으로 Brondos는 구약의 인용에서 저주는 율법에서 온 것이 아니라고 주장한다. 또한 그는 부정 과거 분사가 시간의 용법이며 따라서 분사의 시간이 주동사의 시간을 앞선다고 잘못 주장한다. "The Cross and the Curse: Galatians 3.13 and Paul's Doctrine of Redemption", *JSNT* 81(2001): 22. 분사에 대한 그러한 기계적인 해석이 잘못된 것은 부정 과거 분사가 주동사의 시간보다 항상 앞서지 않기 때문이다. Porter, *Idioms of the Greek New Testament*, 187–90을 보라.

무 기둥'에 매달았으며, 이러한 소름끼치는 장면은 주민들에게 법을 어긴 결과가 죽음의 징벌일 수 있다고 경고하는 역할을 했다."[85] 피츠마이어(Fitzmyer)는 제2성전 유대교에서 신명기 21:23이 나무 위에 전시된 자와 십자가에서 처형된 자 모두에게 적용되었음을 보여준다(참고. 4QpNah 5–8; 11QTemple 64.6–13).[86]

우리는 여기서 바울을 극단적으로 단순하게 해석해서는 안 된다. 그는 사람이 하나님께 헌신되었어도 십자가에서 처형되는 결과에 이를 수 있음을 알고 있었다. 바리새인으로서 바울은 아마도 알렉산더 얀네우스(Alexander Jannaeus)가 십자가에서 처형했던 800명의 사람들에게 동정심을 느꼈을 것이다(Josephus, *Ant.* 13.380). 바울은 이 사람 중 적어도 일부는 의로운 자였다고 보았을 수 있다.[87] 따라서 바울은 십자가 형벌을 당한 사람 모두 하나님의 저주 아래 있었다고 말하는 것이 아니다! 하지만 그는 한 가지를 확신했다. 이스라엘의 하나님은 메시아가 십자가에 달리도록 허용하지 않으시리라는 것이다.[88] 그것은 용납할 수 없는 모순이자, "유대인을 가로막는 장애"(고전 1:23, ESV)였다. 메시아는 이스라엘을 자유롭게 하심으로써 그리고 백성들을 향한 하나님의 약속들을 성취하심으로써 자신이 메시아임을 입증하실 것이다. 그렇기 때문에 바울은 회심 전에 나사렛 예수가 메시아일 수 없다고 확신했다.

하지만 그리스도이신 예수님을 거부하는 한, 바울은 한 가지 결정적인 요점을 이해하지 못한 것이다. 전치사구 하나를 이해하지 못했다고도 말할 수 있다! 그는 예수님이 "우리를 위해"(ὑπὲρ ἡμῶν) 저주를 받으셨음을 이해하지 못했던 것이다. 예수님은 죽으심으로써 율법의 저주를 경험하셨다. 하나님이 아니라 율법이 예수님을 저주했다고 주장하는 사람들은 오해하는 것이다.[89] 율법은 저주를 선언하는 일에 하나님에게서 분리되어 작용하지 않았다.[90]

어쨌든, 예수님은 자신의 죄 때문에 고난받고 죽임을 당하지 않으셨다. 그분은 자기 백성을 위해 죽으셨다. 본문에는 대체를 뜻하는 언어가 사용된다. 과거 어떤 이들은 이 구절이 대체의 신학을 가르치는지 의심했다. 그들은 바울이 대체를 의도했다면 전치사 "…을 위하여"(ὑπέρ)가 아니라 '…대신에'(ἀντί)를 사용했을 것이라고 생각했다. 현재 해석자들은 대부분 전치사 "…을 위하여"(ὑπέρ)와 '…대신에'(ἀντί)의 의미가 중복된다는 것과, 전자도 대체를 나타내는 데 사용된다는 것을 인정한다.[91] 혹은 대체를 배제하려고 그러한 언어를 사용했다고 하더라도, 여기서 단지 교체나 대표를 말한다는 것은 설득력이 없다.[92] 바울은 그리스도가 친히 죄인이 받아야 할 저주를 짊어지셨다는 것과, 그분이 죄인의 자리에 서셨으며 그들이 받을 징벌을 짊어지셨다고 가

85. Peter C. Craigie, *The Book of Deuteronomy*(NICOT; Grand Rapids: Eerdmans, 1976), 285.

86. Joseph A. Fitzmyer, "Crucifixion in Ancient Palestine, Qumran Literature, and the NT", CBQ 40(1978): 493–513을 보라. Wilcox, "Upon the Tree", 89–90을 참고하라.

87. 여기서 Das, *Paul and the Jews,* 47을 참고하라. Fredriksen과 대조적으로 아마도 메시아의 십자가 죽음 때문에 바울은 회심 전에 예수님을 메시아로 받아들이지 않았을 것이다. 또한 Fredriksen의 생각과 달리 초대 그리스도인들이 처음부터 곧바로 이방인을 할례 없이 신자로 받아들였다는 말이 없다. 사도행전 15장은 신자들이 이러한 진리를 서서히 인식했음을 보여준다. Fredriksen, "Judaism, the Circumcision of Gentiles, and Apocalyptic Hope: Another Look at Galatians 1 and 2", *JTS* 42(1991): 532–64.

88. Bruce, *Galatians,* 166에서의 논의를 보라. 이러한 일반적인 해석과 대조적으로 Kelli S. O'Brien, "The Curse of the Law(Galatians 3:13): Crucifixion, Persecution, and Deuteronomy 21:22–23", *JSNT* 29(2006): 55–76을 보라.

89. 어떤 해석자는 그리스도가 하나님께 저주를 받으셨다는 생각을 거부한다(Duncan, *Galatians,* 100; Bruce, *Galatians,* 165; Fung, *Galatians,* 148; Martyn, *Galatians,* 320–21, 325–28). George는 그리스도에 대한 하나님의 저주가 이 구절에서 암시되고 있으며, 대체의 속죄 교리가 여기서 간결하게 요약었다고 바르게 주장한다(*Galatians,* 241–42).

90. B. Longenecker, *Triumph of Abraham's God,* 144에서 이것을 바르게 말한다. 하지만 그는 '하나님에 의해'라는 표현이 생략되어 있기 때문에 저주가 본질적으로 하나님 것이 아니라고 생각한다. 오히려 율법의 저주는 '하나님의 동의'와 함께 받는다(145–46).

91. Wallace, *Greek Grammar,* 387을 보라.

92. 대조적으로 Morna D. Hooker, "Interchange in Christ", *JTS* 22(1971) 349–61; 동일 저자, "Interchange and Atonement", *BJRL* 60(1978):

르치기 때문이다.[93]

그리스도의 대체 사역은 전체 단락을 이해하기 위한 중심 사상이다.[94] 때때로 모세 율법에 완전히 순종하라는 요구가 시내 산 언약에서는 낯선 것이라고 반대하기도 한다. 어쨌든, 모세 율법 아래서 죄를 짓는 자들은 제사를 드리고 속죄를 얻을 수 있었으므로, 몇몇 해석자는 흠 없는 순종이 요구된다는 생각을 거부한다.[95] 그러한 방식으로 주장하는 자들은 바울의 논증에서 중대한 단계를 보지 못한다. 어떤 의미에서 모세 언약은 완전한 순종을 요구했는데, 이것이 죄를 용서받기 위해 제사가 필요했던 이유다. 하지만 그리스도가 오심으로써 구원 역사에서 새로운 시대가 열렸다. 구약의 동물을 드리는 제사는 더 이상 죄를 속하지 않는다.[96] 따라서 그리스도가 오신 지금 자신을 율법 아래 두는 자들은 율법을 완전히 지켜야 한다(3:10, 12을 보라). 자신을 다시 율법 아래 둠으로써 그들은 그리스도의 희생을 부인했다. 그리고 구약의 제사는 더 이상 효력이 없다. 그것이 가리켰던 것, 즉 그리스도의 희생이 이르렀기 때문이다. 그리스도는 율법의 저주를 제거할 수 있는 유일한 수단이다. 율법의 저주에서 해방되는 것에 대해 그토록 안달했던 유대주의자들은 실제로는 율법 아래 서 있게 되었다.

갈 3:14a 이는 그리스도 예수 안에서 아브라함의 복이 이방인에게 미치게 하고(ἵνα εἰς τὰ ἔθνη ἡ εὐλογία τοῦ Ἀβραὰμ γένηται ἐν Χριστῷ Ἰησοῦ). 현재 단락(그리고 이 부분까지의 갈라디아서 3장 전체)의 주된 목적이 이제 드러난다.[97] "이는…하려 함이라"(ἵνα)라는 단어는 이 문장이 목적절임을 나타내는 신호다. 창세기 12:3의 약속, 즉 모든 민족이 아브라함 안에서 복을 받으리라는 것은, 이제 할례나 모세 율법을 순종함에 의해서가 아니라 그리스도 예수 안에서 실체가 되었다(참고. 갈 3:8). 갈라디아서 3:8–9에서 아브라함의 복은 그리스도를 신뢰하는 자들에게 속한다. 반면 하나님의 저주는 의롭게 되기 위해 율법에 의지하는 자들 위에 떨어진다(3:10–12). 그리스도 예수는 자신의 대체의 죽음을 통해 모든 믿는 자에게서 저주를 제거하신다. 이로써 이방인들이 토라를 지키는 것 대신 그리스도를 신뢰함으로써 아브라함의 복에 포함되는 결과가 뒤따른다.

갈 3:14b 또 우리로 하여금 믿음으로 말미암아 성령의 약속을 받게 하려 함이라(ἵνα τὴν ἐπαγγελίαν[98] τοῦ πνεύματος λάβωμεν διὰ τῆς πίστεως). 14b절은 계속해서 아브라함의 약속의 특성을 설명한다.[99] 아브라함의 복은 성령의 약속으로도 묘사될 수 있다.[100] 소유격 "성령의"(τοῦ πνεύματος)는 "약속"(τὴν ἐπαγγελίαν)에 대한 동격의 용

462–81.

93. George, *Galatians,* 240–42에서 이것을 바르게 말한다. 대조적으로 R. G. Hamerton-Kelly, "Sacred Violence and the Curse of the Law(Galatians 3.13): The Death of Christ as a Sacrificial Travesty", *NTS* 36(1990): 98–118. Hamerton-Kelly는 본문을 René Girard의 신적 폭력의 개념에 비추어 해석한다.

94. 대조적으로 Martyn은 지속적으로 십자가에서의 승리를 죄에서 용서받는 것과 분리한다(*Galatians,* 318, n. 110). Martyn의 생각과 달리 둘 다 사실이다. 죄는 속박하며 또한 인간은 죄를 짓는 잘못이 있다.

95. 예를 들어, Howard, *Paul: Crisis in Galatia,* 53; Daniel P. Fuller, *Gospel and Law: Contrast or Continuum*(Grand Rapids: Eerdmans, 1980), 91–92; McKnight, *Galatians,* 154–55.

96. 이 점에 대해 또한 Das, *Paul, the Law, and the Covenant,* 144를 보라.

97. 몇몇 주석가는 3:14이 이 시점까지의 논증을 요약한다고 말한다. 예를 들어, George, *Galatians,* 242; R. Longenecker, *Galatians,* 123.

98. 주로 서방 본문(𝔓[46], D[*], F, G 등)이 '약속'(ἐπαγγελίαν)보다 '복'(εὐλογίαν)을 지지한다. 외적 증거는 분명히 약속을 지지한다(ℵ, A, B, C, D[2], Ψ, 𝔐 등). 이 구절의 앞에서 이 단어가 사용되었기 때문이다(Metzger, *Textual Commentary,* 525에서 그렇게 설명한다).

99. 대조적으로 권연경, *Eschatology,* 107–17을 보라.

100. 권연경은 아브라함이 받았던 땅을 주시겠다는 약속을 성령의 선물과 동일시할 수 없다고 주장한다. 복수 "약속들"(갈 3:16)이 사용된 것이 성령의 약속이 아브라함이 받았던 약속과 동일시될 수 없는 이유는 후자가 복수이기 때문이라는 것이다. 참으로 3:15–29에서 아브라함이 받은 약속은 유업이며, 따라서 그것은 성령의 약속과 같지 않은 것이 분명하다(*Eschatology,* 108–11). 하지만 권연경의 주장과 달리 성령의 선물이 아브라함이 받은 약속에 포함된 모든 것을 남김없이 이야기한다고 주장할 필요가 없다. 성령의 선물은 아브라함 언약의 한 요소나 측면을 나타낸다.

법으로 이해되어야 한다.[101] 따라서 복은 성령의 선물과 같은 것이 된다.

14절에 나오는 이 두 번째 "…하려 함이라"(ἵνα)는 목적절을 나타낸다. 그런데 이것은 14a절의 종속절인가, 아니면 등위의 목적절로서 14a절의 목적절을 다른 말로 다시 진술하는 것인가? 이 부분이 별개의 목적절이라면,[102] 바울은 이방인들이 성령의 약속을 받기 위해 아브라함의 복을 받는다고 가르치는 것이다. 만약 목적절들이 등위절이며 둘 다 3:13의 주절과 관련된다면, 바울은 이방인들이 아브라함의 복을 받을 수 있도록, 그리고 아브라함의 복이 성령의 약속과 같은 것이 되게 하려고 그리스도가 율법의 저주를 제거하셨다고 선언하는 것이다.

후자의 해석이 좀 더 설득력이 있는 이유 두 가지는 다음과 같다.[103] (1) 우리는 갈라디아서 3:1-6에서 믿음으로 말미암아 오는 의와 성령의 선물 사이에 형성된 연결에 주목해야 한다. 이것은 3:6을 시작하는 "…과 같으니라"(καθώς)라는 단어로써 증명된다. (2) 아마도 바울은 여기서 이사야 44:3을 암시할 것이다. 그 구절에서는 히브리어 평행법의 가장 단순한 독법에 따라 축복과 성령을 부어주심이 동일하게 여겨진다.[104] "나는 목마른 자에게 물을 주며 마른 땅에 시내가 흐르게 하며 나의 영을 네 자손에게, 나의 복을 네 후손에게 부어주리니"(사 44:3). 이 본문은 아브라함의 복이 성령의 약속과 동일시된다는 견해에 무게를 실어준다. "복"과 "영"이 같은 실체를 가리키기 때문이다.[105]

이제 바울은 성경을 통한 자신의 논증의 결론에 이르렀다. 그는 이방인들이 성령을 받았기 때문에 아브라함의 복을 누린다고 주장한다. 그리고 아브라함의 복을 누린다면 그들은 아브라함 가족의 일원이다. 성령을 받음으로써 아브라함 가족의 일부가 되었다면, 그들은 하나님 백성의 일부가 되기 위해 할례나 율법에 순종할 필요가 없다.

적용에서의 신학

1. 아브라함 가족의 일부가 되는 것

바울은 3:10-14에서 율법의 저주를 아브라함의 복과 대조한다. 갈라디아 사람들 앞에 놓인 문제는 어떻게 아브라함 가족의 일원이 되는가 하는 것이다. 유대주의자들은 할례를 받아들이고 율법에 순종해야 한다고 주장했다. 3:10-12에서 바울은 율법이 완전한 순종을 요구하기 때문에 율법에 헌신하는 자는 저주를 받으리라고 반박한다. 하나님과 바르게 될 수 있는 유일한 수단은 믿음을 통해서다.

바울은 3:10-13에서 구약의 증거 본문에 호소함으로써 자신의 견해를 설명한다. 바울이

101. Williams, "Justification and the Spirit", 92에서 그렇게 말한다.
102. Betz는 둘째 절이 첫째 절을 전제한다고 생각한다(*Galatians*, 152). 또한 Lightfoot, *Galatians*, 140을 참고하라.
103. Fung, *Galatians*, 151-52; Bruce, *Galatians*, 167; Williams, "Justification and the Spirit", 91; R. Longenecker, *Galatians*, 123에서 그렇게 말한다.
104. Hays, *Galatians*, 261에서 그렇게 말한다. 또한 Rodrigo J. Morales, "The Words of the Luminaries, the Curse of the Law, and the Outpouring of the Spirit in Gal 3,10-14", *ZNW* 100(2009): 269-77을 보라. Morales는 4Q504 5.15-16(*Words of the Luminaries*, 270-72, 276-77)과 *T. Jud.* 24:2-3이 복과 성령의 선물을 이스라엘의 구속과 연결하며, 그리하여 이사야 44:3에 의지하고 있음을 암시한다고 제안한다.
105. 아브라함의 복과 성령의 약속이 같은 실체를 가리키지 않는다는

회당에서 유대인들에게 전파하면서 자주 사용했을 것으로 추정되는 석의적 논증의 요약이 여기에서 압축된 형태로 나타난다. 율법의 저주는 오직 그리스도의 십자가를 통해 제거된다. 예수님이 자기 백성을 위해 하나님의 저주를 담당하셨기 때문이다. 따라서 아브라함의 복, 즉 성령의 약속은 그리스도를 믿는 유대인과 이방인 모두에게 속한다. 이제 바울은 이방인들이 성령을 받았기 때문에 아브라함 가족의 일원이 됨을 성경을 통해 입증했다. 또한 그는 율법을 지키는 것이 사람이 아브라함 가족의 일부가 되는 수단이 아님을 보여주었다.

2. 바울의 더 넓은 목적

바울은 갈라디아서에서 그리스도를 신뢰하는 이방인들이 하나님의 진정한 백성의 일원이라고 주장한다.[106] 그들은 아브라함 가족에 속하기 위해 할례를 받거나 토라를 지킬 필요가 없다. 이 단락에서 우리는 바울의 더 넓은 목적과 관련된 여러 신학적 적용을 이끌어 낼 수 있다. (1) 하나님은 사람과 바른 관계를 맺기 위해 사람에게 완전한 순종을 요구하신다. 우리는 에덴동산에서 그 사실을 볼 수 있다. 아담과 하와는 한 가지 죄 때문에 하나님에게서 분리되어 죽음을 선고받았다. 하나님은 그 시점부터 그들이 자신을 신뢰하도록 권유하시고 나서, 그들의 90퍼센트 순종을 보시고 그들에게 생명을 상으로 주지 않으셨다. 생명을 위한 그들의 유일한 희망은 뱀의 머리를 부술 후손을 주신다는 약속에 있었다(창 3:15).

그렇다면 의롭게 되기 위해 율법을 추구하는 자들은 실패할 수밖에 없다는 결론에 이른다. 율법은 완전한 순종을 요구하는데 누구도 예외 없이 하나님의 기준을 범하기 때문이다. 완전한 순종이 필요함과 사람이 그것을 성취할 수 없음은 모세 언약에서도 분명히 드러난다. 속죄를 위해 동물을 드리는 제사가 요구되었기 때문이다. 제사가 필요했다는 사실은 하나님이 모두에게 완전한 순종을 요구하신다는 것을 보여준다. 오직 제사에 의해 죄가 제거되기 때문이다. 또한 구약은 모든 사람이 예외 없이 죄를 짓기 때문에 모두 속죄를 위한 제사를 드려야 함을 명시한다. 그리스도가 오심으로써 구속 역사의 새 시대가 이르렀으며, 모세 언약은 폐지되었다. 따라서 동물을 드리는 제사는 죄를 용서할 수 없다.[107] 속죄의 유일한 수단은 그리스도의 십자가다.

이에 뒤따르는 사실은 믿음만이 하나님과 바른 관계를 맺는 유일한 길이라는 것이다. 우리가 하나님의 호의를 받을 만하거나 그것을 얻기 위해 할 수 있는 일은 아무것도 없다. 우리

견해는 Chee-Chiew Lee, "The Blessing of Abraham and the Promise of the Spirit: The Influence of the Prophets on Paul in Galatians 3:1-14", PhD diss.(Wheaton, IL: Wheaton College Graduate School, 2010)의 면밀한 연구를 보라. 어쨌든 이사야 44:3에서의 평행은 바울이 성령의 약속이 적어도 아브라함에게 약속된 복의 한 부분인 것으로 이해했음을 암시한다.

106. Mcknight는 새 관점에 찬성하기 때문에 그가 이 구절을 오늘날 어떻게 적용하는지 보는 것은 흥미롭다. 종교 개혁 시대 이후로 이것에 대한 적용은 없다. 그 대신 이 구절은 우리가 인종 차별에 반대해야 함을 가르친다(*Galatians*, 163).

107. 참으로 그러한 희생으로는 진정한 용서를 살 수 없었다. 그것은 후에 나타날 그리스도의 희생을 가리켰다.

의 행위는 항상 충분하지 않다. 그러므로 우리는 하나님이 우리의 구원을 위해 그리스도 안에서 행하신 일을 신뢰한다. 우리의 구원은 오직 은혜에 의해 오직 믿음을 통해 이루어진다. 믿음은 굶주린 자가 하나님을 향해 외치는 것이지만, 행위는 하나님께 좋은 인상을 주려는 것이다. 믿음은 도움을 향해 뻗는 손이지만, 행위는 아무 도움도 필요 없다고 고집한다. 믿음은 하나님만이 구원을 성취하실 수 있다고 믿지만, 행위는 인간의 노력과 협조를 몰래 들여온다. 루터의 말대로 "율법으로 의로워지려는 것은 빈 지갑에서 돈을 세는 것, 빈 접시와 잔을 먹고 마시는 것, 연약함과 가난밖에 없는 곳에서 힘과 부를 찾는 것, 쓰러질 지경까지 압제를 당한 사람 위에 짐을 올려놓는 것, 돈이 몇 푼밖에 없는데도 금화 수백 개를 쓰려는 것과 같다."[108]

(2) 또한 본문은 그리스도의 대체의 속죄를 무대 중심으로 가져온다. 바울은 죄인을 대신하여 죽으신 그리스도의 속죄가 마지막 심판의 날에 신자들의 유일한 소망임을 밝힌다. 대체의 교리는 누군가에게는 불쾌한 것이며 다른 누군가에게는 논란이 되지만, 그것은 바울과 성경 신학의 중심이다.[109] 그것은 마지막 날의 소망으로서 우리가 오직 그리스도의 의를 붙든다는 것을 우리 모두에게 상기시킨다.

(3) 아브라함의 복은 성령의 약속을 통해 부분적으로 성취된다. 아브라함의 복은 모든 민족이 아브라함을 통해 복을 얻을 것이라는 세계 선교의 약속이었다(창 12:3). 창세기가 쓰인 당시 아브라함의 복이 성령의 선물을 통해 성취되리라는 것은 분명하지 않았다. 하지만 우리는 앞에서 그러한 연결이 이사야 44:3에서 암시되었음을 보았다. 또한 여러 구약 본문은 하나님의 약속이 오직 성령의 오심을 통해 실현되리라는 것을 나타낸다(예를 들어, 겔 11:18-19; 36:26-27; 욜 2:28). 바울은 여기서 구원 역사의 성취를 보여주면서 구체적으로 아브라함의 복과 성령의 임재를 동일시한다.

3. 바울의 메시지에 비추어 어떤 삶을 살아야 하는가?

바울이 갈라디아 사람들에게 분명히 말하는 진리는 오늘날 우리를 향한 것이기도 하다. 여기서 나는 두 가지를 말할 것이다. 첫째, 우리는 매일 복음을 다시 배워야 한다. 우리는 자신이 복음을 이미 이해했으므로 새로운 곳으로 나아갈 수 있다고 생각할 것이다. 우리는 자신이 다른 이들보다 도덕적으로 뛰어나다고 생각하는 것을 피하기 어렵다. 우리는 연약한 자아를 지탱하기 위해 도덕적으로 부족한 사람들과 자신을 비교하기 시작한다. 우리는 자신이 죄인인 것을 철저하게 잊어버리지만, 복음은 하나님의 기준이 100퍼센트 완전함을 요구한다는 것을 우리에게 상기시킨다. 죄는 너무나 교묘해서 우리의 행위-그것을 누리기만 하면 하나님의 선물인-를 자신의 선을 자랑하는 데 사용하기 시작할 수도 있다. 우리가 우리의 행위로 인

108. Luther, *Galatians 1535: Chapters 1-4,* 406-7.

109. 형벌의 대체를 강하게 변호하는 것으로 Steve Jeffrey, Mike Ovey, and Andrew Sach, *Pierced for Our Transgressions: Rediscovering the Glory of Penal Substitution*(Wheaton, IL: Crossway, 2007)을 보라. 또한 Schreiner, "Penal Substitution View", 67-98을 보라.

해 자주 칭찬받을 때 하나님도 우리에게 감명받으신다고 생각하기 쉽다. 우리의 신학은 우리가 모두 하나님의 기준에 미치지 못하는 죄인이라고 말할 수 있지만, 우리는 자신이 죄인이라고 심각하게 생각하지 않으며 매일의 삶을 살 수 있다. 따라서 복음의 메시지는 점점 더 우리의 실제 삶에서 멀어지게 된다. 그것은 우리를 지적으로 장식하는 일부가 될 수 있지만, 우리 자신의 실제 모습과는 멀리 떨어져 있다. 물론 하나님이 자기에게 속한 자들을 변화시키신다는 사실을 부정하는 것은 아니다. 하지만 우리의 죄는 구속의 날까지 지속되며, 이 진리를 잊어버리는 것은 복음을 잊어버리는 것이다.

둘째, 우리는 그리스도의 십자가만을 붙들어야 한다. 자신의 죄에 집중하는 것은 우리를 우울하게 하고 실망하게 하지만, 하나님은 우리가 지속적으로 실패와 정죄감 속에서 살기를 원하지 않으신다. 우리의 죄는 우리를 그리스도의 십자가로 이끌어야 한다. 십자가에서 우리의 죄를 위한 완전한 보상이 이루어졌다. 그러므로 하나님의 사랑은 우리가 매일의 삶에서 그 사랑을 생각하고 느낄 때마다 지극히 소중한 것이 된다. 우리는 매일 자신의 죄를 인정하지만 용서받는 수단으로서 그리스도의 십자가를 붙든다. 그를 통해 사탄이 우리를 고발할 때 우리는 모든 죄책감과 징벌에서 자유롭다는 것을 자신에게 상기시킨다(우리가 선해서가 아니라, 하나님이 우리를 너무나 사랑하고 용서하시기 때문에).

그러므로 우리는 용서받은 기쁨과 자유 가운데 살아간다. 한편으로 우리는 자신의 죄를 인식한다. 다른 한편으로 그러한 지식이 우리를 불구자로 만들지 않는다. 십자가가 우리를 해방하며 죄의 저주에서 자유롭게 하기 때문이다. 믿음은 하나님이 그리스도 안에서 우리를 위해 하신 일을 신뢰한다. 우울과 낙심은 분명 많은 원인이 있다. 우울함의 주된 원인 중 하나는 우리가 실패했고 사랑받지 못한다는 느낌이다. 복음은 우리에게 그러한 느낌을 거부하고 하나님이 우리에 대해 말씀하시는 것을 신뢰하라고 권면한다. 하나님은 선언하신다. "너는 의롭다 함을 받았고, 해방되었으며, 용서받았다. 나는 너를 사랑한다." 우리는 자주 정죄감을 느끼지만, 루터는 우리에게 그러한 정죄감과 싸우라고 가르친다.

> 하지만 그러한 느낌과 싸우라. 그리고 말하라. "나는 완전히 망가졌고, 죄가 나를 삼켰다고 느끼며, 하나님이 적대적이며 격노하시는 심판자라는 생각이 들지만, 실제로 이것은 사실이 아니다. 그것은 단지 나의 느낌일 뿐이다. 이렇게 근심하며 의식하는 것 대신 내가 따라야 할 하나님의 말씀은 이와 전혀 다른 것을 가르쳐준다. 즉, '여호와는 마음이 상한 자를 가까이 하시고 충심으로 통회하는 자를 구원하시며'(시 34:18), '상하고 통회하는 마음을 주께서 멸시하지 않으신다'(시 51:17)."[110]

110. Martin Luther, *Galatians 1535: Chapters 1–4*, 26.

CHAPTER

11 갈라디아서 3:15–18

문학적 전후 문맥

우리는 갈라디아서 3장부터 새로운 논증이 시작되며, 2:15–21이 전환하는 역할임을 보았다. 3:1–14에서 바울의 목적은 갈라디아 사람들이 하나님의 백성, 아브라함의 가족에 속하기 위해 할례받을 필요가 없다고 주장하는 것이었다. 논증은 다음과 같이 진행된다. 갈라디아 사람들은 구원받기 위해 할례를 받고 율법을 지킬 필요가 없음이 분명하다. 그들은 회심 때 성령을 받았으며, 성령은 사람이 하나님의 백성에 속한다는 것과 하나님의 종말론적 약속들이 성취되고 있다는 표시이기 때문이다(3:1–5). 아브라함의 가족에 속하거나 아브라함의 복을 받기 위해 요구되는 것은 아브라함의 믿음을 갖는 것이다(3:6–9). 따라서 아브라함처럼 믿는 자들은 그의 자녀이며 아브라함의 복을 받았다. 반대로 율법의 행위로 의로워지려는 자들은 저주를 받는다. 그들은 율법이 요구하는 것을 행할 수 없기 때문이며, 의로워지는 것은 행위가 아닌 믿음으로 말미암기 때문이다(3:10–12). 아브라함의 복, 즉 성령의 약속을 받는 유일한 길은 그리스도의 죽으심을 신뢰하는 것이다. 그리스도가 십자가에서 죽으심을 통해 신자들을 율법의 저주에서 구속하셨기 때문이다(3:13–14).

3:15–4:11에서 바울은 자신의 논증에 내포된 구원–역사적 차원들을 강조한다.[1] 왜 하나님의 백성에 속하기 위해 더 이상 할례가 요구되지 않는가? 앞 구절들에서 구속 역사는 바울의 논증에 암시된 부분이었지만, 3:15–4:11에서는 전면으로 드러난다. 그리하여 독자들은 할례가 이전 시대의 일부이며 예수 그리스도에 의해 시작된 새 시대에는 속하지 않음을 알게 된다. 여기서 바울의 기본적인 논증은 아브라함 언약이 우선된다는 것이다. 모세 언약은 아브라함 언약 후에 제정되었지만, 아브라함 언약에 속한 약정들을 무효로 하지 않았다. 다시 말해, 아브라함 언약과 모세 언약 사이에 일직선의 연속성이 존재하지 않는다는 것이다. 바울은 그

1. 대조적으로 Martyn은 바울 사상이 띠는 묵시적 특성을 바르게 본다(*Galatians*, 338, n. 157, 342–52). 하지만 구원 역사에 대한 모든 언급을 유실시키려는 의도는 설득력이 없다. Martyn은 율법의 근원에서 하나님을 분리함으로써 자신의 입장을 발전시키지만, 이는 설득력이 떨어지는 해석이다. 3:15–20에 대한 석의를 보라.

것들이 같은 언약이라고 생각하지 않는다. 시내 산 언약이 율법의 언약인 반면, 아브라함 언약은 약속으로 표시되기 때문이다. 그 둘은 서로 구분되어야 한다.

I. 도입: 바울의 복음을 떠나는 것은 복음을 떠나는 것이다(1:1–2:21)
II. 경험과 성경을 통한 바울의 복음 변호(3:1–4:11)
A. 경험을 통한 논증: 행위가 아닌 믿음으로 말미암아 성령을 받음(3:1–5)
B. 성경을 통한 논증: 믿음으로 말미암아 아브라함의 복을 얻음(3:6–14)
C. 구원 역사를 통한 논증: 아브라함 언약이 우선되며 모세 언약은 임시적임(3:15–4:11)
1. 율법이 더해진 것은 아브라함이 받은 약속을 무효화하지 못함(3:15–25)
➦ **a. 모세 언약의 임시적 특성(3:15–18)**
b. 율법의 목적(3:19–25)
2. 하나님의 자녀는 아브라함의 후손이다(3:26–29)
3. 종에서 아들이 되는 것을 통한 논증(4:1–7)
4. 율법으로 돌아가는 것은 어리석다(4:8–11)

주요 개념

이 구절들의 핵심 요점은 시내 산 언약이 아브라함 언약에 종속되어야 한다는 것이다. 그 둘은 동등한 차원에 있지 않다. 아브라함에게 주어진 약속이 모세에게 주어진 율법을 앞서기 때문이다. 따라서 모세에게 주어진 율법이라는 수단보다 아브라함에게 주어진 약속을 따라 유업을 받는다. 결과적으로 할례는 율법에 따른 것이기 때문에 복으로 가는 통로가 될 수 없다.

번역

갈라디아서 3:15–18

15a	도입	**형제들아 내가 사람의 예대로 말하노니**
b	단언	**사람의 언약이라도**
		정한 후에는 아무도 폐하거나 더하거나 하지 못하느니라
16a	15b의 설명	**이 약속들은 아브라함과**
		그 자손에게 말씀하신 것인데

b	16a의 설명	**여럿을 가리켜 그 자손들이라 하지 아니하시고**
c	16b와 대조	**오직 한 사람을 가리켜 네 자손이라 하셨으니**
d	16c의 동격	곧 그리스도라
17a	도입	**내가 이것을 말하노니**
b	17a의 설명	하나님께서 미리 정하신 언약을
		사백삼십 년 후에 생긴 율법이 폐기하지 못하고
c	17b의 결과	그 약속을 헛되게 하지 못하리라
18a	17a–c의 근거/조건	만일 그 유업이 율법에서 난 것이면
		약속에서 난 것이 아니리라
b	18a와 대조	**그러나 하나님이 약속으로 말미암아 아브라함에게 주신 것이라**

구조

바울은 이 새 단락을 "형제들아"(ἀδελφοί)라는 단어로 시작하며, 일상생활에서 한 예화를 각색해 사용한다. 바울이 말하는 것이 고백/유언인지 언약인지 학자들 사이에 논쟁이 되고 있다. 나는 뒤에서 바울이 언약을 염두에 두고 있다고 주장할 것이다. 이 주제는 인간의 서약에 호소함으로써 예증된다. 그것은 한 번 확증되면 폐하거나 더해질 수 없다. 3:16–18에서 바울은 인간의 언약에 관한 언급을 하나님이 아브라함과 모세와 세우신 언약에 적용한다. 16절을 시작하는 단어 "[이제]"(δέ)가 그 표시다.

3:16에서 아브라함과 맺은 언약의 특성이 분석된다. 하나님은 아브라함에게 약속하셨으며, 아브라함뿐 아니라 그의 후손에게도 약속하셨다. 바울은 그 후손이 복수가 아니며, 따라서 한 명의 특별한 후손, 즉 예수 그리스도로 제한된다는 것을 분명히 밝힌다. 3:17에서 바울은 "[그리고]"(δέ)라는 단어로 논증을 꿰매어 합치면서 모세 언약의 역할을 생각한다. 그는 모세 언약과 아브라함에게 주어진 언약의 시간적 간격을 강조하며, 시내 산 언약이 아브라함 언약보다 430년 후에 세워졌다는 것을 말한다. 또한 그는 아브라함 언약과 모세 언약이 다른 특성을 가졌음을 강조한다. 아브라함 언약은 약속의 성격을 띠며, 모세 언약은 조건적이며 율법에 초점을 맞추기 때문이다. 따라서 후자의 언약이 전자를 취소할 수 없다.

유대주의자들은 모세 언약이 아브라함 언약과 같은 성질이기 때문에, 그것이 아브라함 언약을 취소하지 않을 것이라고 대답할 수 있다. 하지만 3:18에서 바울은 그 견해에 확고히 반대하는 이유를 말한다(이 구절은 이유를 나타내는 접속사 γάρ로 시작됨). 마지막 유업이 율법에(모세 언약) 근거하면, 아브라함과의 언약에서 주어진 약속은 배제된다. 참으로, 아브라함에게 주어진 은혜가 지속되어야 하는 이유는 그것이 기본적 언약으로 작용하기 때문이다. 따라서 거짓 선생들은 모세 언약과 아브라함 언약을 동일한 것으로 보고 두 언약 사이의 시간적, 본질적 차이를 보지 못하면서 잘못된 길로 갔다.

석의적 개요

II. 경험과 성경을 통한 바울의 복음 변호(3:1–4:11)

A. 경험을 통한 논증: 행위가 아닌 믿음으로 말미암아 성령을 받음(3:1–5)

B. 성경을 통한 논증: 믿음으로 말미암아 아브라함의 복을 얻음(3:6–14)

1. 믿음으로 아브라함 가족의 일원이 됨(3:6–9)

2. 오직 그리스도 안에서 율법의 저주가 제거됨(3:10–14)

C. 구원 역사를 통한 논증: 아브라함 언약이 우선되며 모세 언약은 임시적임(3:15–4:11)

➡ **1. 율법이 더해진 것은 아브라함이 받은 약속을 무효화하지 못함(3:15–25)**

a. 모세 언약의 임시적 특성(3:15–18)

i. 사람의 언약은 어길 수 없다(3:15)

ii. 아브라함에게 하신 약속은 그리스도에게 하신 약속이다(3:16)

iii. 율법은 약속을 폐할 수 없다(3:17)

iv. 율법과 약속은 양립할 수 없다(3:18)

b. 율법의 목적(3:19–25)

본문 설명

갈 3:15 **형제들아 내가 사람의 예대로 말하노니 사람의 언약이라도 정한 후에는 아무도 폐하거나 더하거나 하지 못하느니라**(Ἀδελφοί, κατὰ ἄνθρωπον λέγω· ὅμως ἀνθρώπου κεκυρωμένην διαθήκην οὐδεὶς ἀθετεῖ ἢ ἐπιδιατάσσεται). 여기서 바울의 표현은 더 우호적이다. 그는 청중에게 "어리석다"는 말(3:1) 대신 "형제들"이라는 표현을 사용한다(참고. 1:11; 4:12, 28, 31; 5:11, 13; 6:1, 18).

그는 일상생활의 한 예화로 시작한다.[2] 사람도 언약을 취소할 수 없는 것으로 생각한다는 것이다. 일단 언약이 확정되면 누구도 그것을 폐하거나 더하지 못한다. 그런데 이러한 개략적인 진술은 본문에서 논란이 되는 문제들에 대해 몇 가지 사실을 전제로 한다. 문장을 시작하는 불변화사(ὅμως)는 크게 논란이 되고 있다(참고. 또한 고전 14:7). 어떤 학자들은 그것이 여기서 '마찬가지로'로 번역되어야 한다고 주장하며, 또 다른 이들은 그것을 '…도'로 번역한다.[3] 두 가지 해석 모두 가능하기 때문에 문맥에서 가장 이치에 맞는 것을 선호해야 한다. 여기서 바울의 논증을 작은 것에서 큰 것으로의 논증으로 보는 것이 조금 더 타당해 보인다. 따라서 그는 (허물과 실패로 가득한) 인간 사회에서도 언약이 구속력 있고

2. "나는 사람의 예대로 말한다"라는 표현의 의미에 대해 R. Longenecker, *Galatians*, 127을 보라. 대조적으로 Cosgrove는 바울이 하나님의 견해와 대조되는 사람의 견해에 대해 말하며, 따라서 바울은 여기서 선동자들의 잘못된 입장을 언급하고 있다고 생각한다("Arguing Like a Mere Human Being: Galatians 3:15–18 in Rhetorical Perspective", *NTS* 34 1988. : 536–49). Matera도 Cosgrove의 견해를 지지한다(*Galatians*, 130).

3. 이 선택 사항에 대해 Bruce, *Galatians*, 169; BDAG, 서신 등의 부분; R. Longenecker, *Galatians*, 127을 보라.

변할 수 없는 것으로 생각된다고 주장한다.

여기서 "언약"(διαθήκη)으로 번역된 단어의 뜻도 논란의 대상이다. 이 단어는 '유언/고백'으로 번역해야 하는가, 아니면 "언약"으로 번역해야 하는가? 많은 학자는 여러 이유로 여기서 '유언'이나 '고백'의 번역을 지지한다.[4] (1) 이 의미는 고전 문헌과 파피루스에서 전형적으로 사용되던 것이다.[5] (2) 바울이 "사람의 예대로"(문자적으로 '사람을 따라', κατὰ ἄνθρωπον) 말한다고 밝히기 때문에, 그는 그리스-로마 사회에서 통상적으로 사용되었던 의미에 따라 이 용어에 호소하는 것이 분명하다.[6] (3) "유업"이라는 단어의 사용도 유언을 가리킨다.[7] (4) 이 구절에서 법적 용어들은 유언을 확증하거나 취소하는 것을 가리킨다.[8]

언약(διαθήκη)이 무엇을 가리키는지를 결정하기 쉽지 않지만, "언약"이라는 번역이 선호되어야 하는 몇 가지 이유가 있다.[9] (1) 단어의 뜻을 정하는 데는 문맥이 항상 가장 중요한 요소인데, 바울은 이 문맥에서 아브라함과 모세에게 주어진 언약을 가리키는 것이 분명하다.[10] 물론 바울이 아브라함과 모세를 가리킬 때 인간 사회의 '유언'의 개념에서 "언약"으로 이동했을 가능성이 있다. 하지만 그가 독자들에게 '유언'과 "언약" 사이를 왔다갔다 전환하기를 요구한다기보다, 일관적으로 같은 용어를 사용하고 있을 가능성이 더 크다.[11]

(2) 유언은 변경될 수 있었지만 언약은 바뀔 수 없다고 생각되었다.[12] 구약에는 사람들끼리 맺은 언약을 깨뜨릴 수 없는 것으로 생각했던 여러 예가 있다(창 21:22-32; 26:26-31; 31:44-45; 삼상 18:3; 20:8; 22:8; 23:18; 삼하 3:12).[13]

(3) 여기에 사용된 명사(διαθήκη)가 칠십인역과 신약에서 통상적으로 가리키는 의미는 "언약"이다.[14]

(4) 법적 용어가 사용된다고 해서, 이것이 유언을 가리키는 말이라고 할 수 없다. 언약에서도 법적 언어가 사용되기 때문이다.[15]

본문에서는 언약의 성격을 설명하기 위해 법적 언어가 사용된다. 한번 그것이 "정해지면"(κεκυρωμένην) 그것을 "폐하거나"(ἀθετεῖ)[16] "더할"(ἐπιδιατάσσεται) 수 없다. 바울은 3:15-16에서 작은 것에서 큰 것으로 나아가는 논증을 펼치고 있다. 만일 인간의 언약도 폐하거나 더할 수 없다면, 하나님이 주신 언약은 얼마나 더 그렇겠는가? 다시 말해, 아브라함과 맺은 언약은 이후의 언약으로 폐지되거나, 거기에 추가로 규정들을 더할 수 없다. 아브라함과 맺은 언약은 원래 주어진 대로 변함이 없다.

4. 예를 들어, Bruce, *Galatians,* 169; Martyn, *Galatians,* 338; Longenecker, *Galatians,* 128; Dunn, *Galatians,* 182-83; Johannes Behm, "διαθήκη", *TDNT,* 2:129; S. M. Baugh, "Galatians 3:20 and the Covenant of Redemption", *WTJ* 66(2004): 54-58.
5. Adolf Deissmann, *Light from the Ancient East: The New Testament Illustrated by Recently Discovered Texts of the Graeco-Roman World*(trans. Lionel R. M. Strachan; 4th ed.; New York: Harper & Brothers, n.d.), 337-38을 보라.
6. William M. Ramsey, *Historical Commentary on Galatians*(ed. Mark Wilson; repr.; Grand Rapids: Kregel, 1997), 100-101; Betz, *Galatians,* 154-55; Behm, "διαθήκη", *TDNT,* 2:129.
7. Ramsey, *Galatians,* 100.
8. Behm, "διαθήκη", TDNT, 2:129; Betz, *Galatians,* 155-56; Martyn, *Galatians,* 338; Witherington, *Galatians,* 243; Baugh, "Galatians 3:20", 55.
9. John J. Hughes, "Hebrews IX 15ff. and Galatians III 15ff.: A Study in Covenant Practice and Procedure", *NovT* 21(1979): 66-91; Lightfoot, *Galatians,* 141-42; Burton, *Galatians,* 496-505; Leon Morris, *Galatians: Paul's Charter of Christian Freedom*(Downers Grove, IL: IVP, 1996), 109; Scott W. Hahn, "Covenant, Oath, and the Aqedah: Διαθήκη in Galatians 3:15-18", *CBQ* 67(2005): 79-86.
10. Ernst Bammel은 상속에 관한 유대법(*mattenat bari*)을 염두에 둔 것이라고 주장한다. 여기서 증여자는 증여받는 사람에게 얼마의 재산을 줄 수 있으며, 그 결정은 무효화되거나 변경될 수 없었다("Gottes ΔΙΑΘΗΚΗ[Gal iii 15-17] und das jüdische Rechtsdenken", *NTS* 6[1959]: 313-19). Bammel과 대조적으로 Hughes, "Study in Covenant", 72-76을 보라.
11. Leon Morris, *The Apostolic Preaching of the Cross*(3rd ed.; Grand Rapids: Eerdmans, 1965), 91; Hughes, "Study in Covenant", 66.
12. Hughes, "Study in Covenant", 70-71, 83-90. Hughes는 이집트, 그리스, 로마의 유언이 철회하거나 추가될 수 있었음을 보여준다. 따라서 바울이 여기서 유언이나 유서를 가리킨다고 생각할 근거가 없다.
13. 어떤 학자들은 3:15에서 "아무도"(οὐδείς)가 유언자를 제외한 누구도 언약을 철회할 수 없음을 뜻한다고 주장한다(예를 들어, Baugh, "Galatians 3:20", 56-57; Martyn, *Galatians,* 338, 366-67; Schoeps, *Paul,* 182-83). 하지만 이러한 해석은 설득력이 떨어진다.
14. Hughes, "Study in Covenant", 31-32; J. Guhrt, "Covenant", *NIDNTT,*

갈 3:16a 이 약속들은 아브라함과 그 자손에게 말씀하신 것인데(τῷ δὲ Ἀβραὰμ ἐρρέθησαν αἱ ἐπαγγελίαι καὶ τῷ σπέρματι αὐτοῦ). 아브라함과 맺은 언약의 특징은 "약속들"인데, 이것은 하나님이 은혜로 일어나게 하실 일을 가리킨다.[17] "약속들"이라는 단어는 인간의 노력을 통해 얻는 것보다 하나님의 사역에 집중하게 한다. 아브라함에게 주어진 약속들은 땅과 보편적인 복을 포함하며, 그것은 구체적으로 그의 "자손"에게 주어졌다(창 12:1–3; 15:1–5; 17:4–8; 18:18; 22:17–18; 26:4).[18] 약속들은 아브라함의 자손에게 주어졌지만, 그것은 또한 아브라함을 통해 온 세상에 미치는 복을 예견했다(참고. 갈 3:8). 아브라함에게 주어진 약속들은 이삭(창 26:3–4)과 야곱(창 28:13–15; 35:12–13)에게 확정되었다.

3:15에 비추어 아브라함에게 주어진 약속들은 폐지되거나 더해질 수 없는 언약을 구성하는 것이 분명하다. 또한 우리는 "자손"이라는 단어가 아브라함의 육체적 자손, 혹은 적어도 이스라엘 중에 선택된 남은 자를 가리키리라 기대할 것이다. 하지만 바울의 추가 설명은 다른 방향으로 나아간다.

갈 3:16b–d 여럿을 가리켜 그 자손들이라 하지 아니하시고 오직 한 사람을 가리켜 네 자손이라 하셨으니 곧 그리스도라(οὐ λέγει, Καὶ τοῖς σπέρμασιν, ὡς ἐπὶ πολλῶν, ἀλλ᾽ ὡς ἐφ᾽ ἑνός, Καὶ τῷ σπέρματί σου, ὅς ἐστιν Χριστός). 바울은 이제 "자손"이라는 단어의 의미를 탐구한다. 이 침범할 수 없는 약속들은 누구에게 주어졌는가? 바울은 "자손"(σπέρματι)이라는 단어의 단수 형태에서 그 의미를 발견하며, 그것을 복수 형태의 "자손들"(σπέρμασιν)과 구분한다. 이러한 구분이 놀라운 이유는 "자손"이 집합의 단수이기 때문이다.[19] 바울은 이 사실을 모르지 않았다. 불과 몇 구절 뒤에(3:29) 그는 단수 "자손"(σπέρμα)을 집합명사로 사용하기 때문이다. 본문에서 바울은 창세기 13:15이나 17:8을 가리켰을 개연성이 있다. "[그리고] 네 자손"(καί τῷ σπέρματί σου)이라는 말을 인용하며 "[그리고]"(καί)라는 단어를 포함시킨 것은 이 단어가 사용된 구약 본문을 가리키는 것이 분명하기 때문이다.[20] 도브(Daube)는 이와 동일하게 관찰하는데, 그는 아브라함에게 땅을 주시리라는 약속이 나오는 부분에서 이 인용구가 발견된다는 사실에 주목한다.[21]

이곳에서 바울이 의도한 것을 설명하기 위해 다양한 해석이 제시되었다. 어떤 이들은 바울의 석의가 구약 본문의 원래 의미에서 벗어났으므로, 그것은 석의

1:365–72; Burton, *Galatians,* 498, 500–501.

15. Gottfried Quell, "διαθήκη", *TDNT,* 2:111–18; Hahn, "Covenant", 87에서 그렇게 말한다. 나아가 사용된 용어들의 법적 특성이 과장되었다(Hahn, "Covenant", 87에서 그렇게 말한다). 하지만 Hahn과 대조적으로 여기서 언약을 창세기 22:16–18의 아케다 언약(Aqedah covenant)으로 제한하는 것은 설득력이 없다("Covenant", 90–99). 특별히 창세기 22장은 아브라함의 순종을 강조하는 반면, 창세기 15장에서는 언약이 하나님께만 달려 있기 때문이다.

16. 참고. 출 21:8; 신 21:14; 대상 2:7; 5:25; 대하 36:13; 1 Macc 6:62; 14:44–45; 15:27; 2 Macc 13:25; 14:28.

17. 약속과 아브라함 언약의 밀접한 연관성에 대해 Hansen, *Abraham in Galatians,* 128을 보라.

18. 단수 "약속"(ἐπαγγελία)과 복수 "약속들"(ἐπαγγελίαι)의 구분을 강조해서는 안 된다(갈 3:17, 18, 22, 29; 4:23, 28; 롬 4:13, 14, 16, 20의 단수형과 갈 3:21; 롬 15:8의 복수형을 보라). 단수형은 아브라함에게 주어진 약속 전체를 포함한다. 참고. Burton, *Galatians,* 181.

19. Max Wilcox는 탈굼에서 집합적 단수의 "씨"가 복수 "아들들"로 번역되는 것을 보여줌으로써 그것을 입증한다. "The Promise of the 'Seed' in the New Testament and the Targumim", *JSNT* 5(1979): 2–16. 하지만 "씨"라는 단어의 단수와 복수 사이의 유사한 구분에 대해 *m. Šabb.* 9:2을 보라.

20. Burton, *Galatians,* 507; Betz, *Galatians,* 157, n. 34; Dunn, *Galatians,* 183; Martyn, *Galatians,* 339에서 그렇게 말한다. 땅이 보편적 복과 관련이 없기 때문에 Collins는 이러한 견해를 부인한다("Galatians 3:16", 82). 나아가 그는 여기서 성경 본문을 정확히 인용했다기보다 그것을 암시하고 있다고 주장하며(바울이 "약속"이라는 단어를 사용하고 있기 때문에), 따라서 정확히 대조할 필요가 없다고 말한다(83). Collins와 대조적으로 바울 서신에서 땅에 대한 약속은 보편적 관점으로 해석된다(참고. 롬 4:13). 가장 중요한 점은 "그리고"(καί)가 바울이 구약 본문을 인용하고 있음을 나타낸다는 것이다.

21. David Daube, *The New Testament and Rabbinic Judaism*(Peabody, MA: Hendrickson, 1990), 439. Daube는 또한 창세기 24:7을 염두에 두고 있다고 생각한다.

로 볼 수 없고 알레고리로 분류해야 한다고 주장한다.[22] 그와 비슷하게 바울이 자신의 신학에 맞추려고 본문을 왜곡했다고 주장하는 이들도 있다.[23] 도브는 특별히 창세기 21:12에 대한 미드라쉬에서 바울의 해석의 전례를 발견한다. 거기서는 자손이 이삭을 가리킨다.[24] 도브는 다음과 같은 이유로 미드라쉬의 영향을 크게 받았다고 생각한다. (1) 바울이 랍비의 연대기를 사용하며(430년), (2) 아브라함에게 주어진 땅에 관한 약속을 언급하고, (3) 이 약속의 확실한 성취와 (4) "자손"이라는 명사에 대한 그의 이해, (5) 이삭이 메시아를 예시한다는 견해를 그 이유로 든다. 도브는 "자손"이라는 명사가 단수 형태로 언급된 것을 이러한 증거로써 설명할 수 있다고 결론 내린다.

하지만 바울의 해석은 미드라쉬보다 구약에서 온 것으로 보인다. 구약 이야기가 시작되는 곳까지 거슬러 올라가면 창세기 3:15에 나타난 구속의 약속은 집합적 성취에 제한되지 않는다.[25] "자손"이라는 단어는 창세기 4:25의 셋과 같은 단수의 사람을 가리킬 수 있다. 창세기 내러티브에서 이삭도 아브라함의 단수의 자손이었다(창 21:12).[26] 그리고 바울은 다른 서신에서 이삭과 이스마엘을 구별하며 이삭을 진정한 후손으로 본다(롬 9:6-9). 나아가 창세기 3:15에 명시된 약속은 다윗의 단수의 자손을 통해 성취된다.[27] 윌콕스(Wilcox)는 약속된 아브라함의 자손이 이스라엘을 다스릴 다윗의 후손에 대한 약속과 연관이 있음을 보여주었다.[28] 따라서 단수의 자손으로 제한되는 정경상의 전례가 있으며, 다윗에 대한 언급은 연대 책임(corporate solidarity)의 개념을 위한 길을 준비한다.

우리는 구약에서 자손이 아브라함부터 이삭 그리고 다윗의 아들로 좁혀지는 것을 본다. 그러한 견해는 예표론, 나아가 연대 책임과 일치한다. 바울은 구약 구절을 예표론적으로 해석하며 예수 그리스도 안에서 최고의 성취를 본다.[29] 그래서 다수의 학자는 바울이 예수 그리스도와의 연합을 통해 신자들이 하나님 백성이 되는 것을 나타내기 위해 여기서 연대 책임의 개념을 사용했다고 생각한다.[30] 그분은 아브라함과 다윗에게 주어진 약속의 진정한 성취이시기 때문이다.[31]

라이트는 단수가 많은 가족보다 한 가족을 언급하는 것이라고 주장한다.[32] 만약 토라를 지킬 것이 요구된다면, 하나의 연합된 가족이 아니라 분열된 많은 가족이 있을 것이다. 그리스도 안에서 "하나님의 백성은 합쳐진다."[33] 따라서 여기서 후손은 대표적으로, 혹은 집합적으로 그리스도를 가리키며, 그리하여 그것은 그리스도 안에 있는 하나님의 한 가족에 대한 언급이라는

---

22. Schoeps, *Paul,* 181.

23. 참고. Burton, *Galatians,* 182(하지만 Burton은 결과적으로 이 견해가 편집상의 변질이라고 말한다, 509); J. Christiaan Beker, *Paul the Apostle: The Triumph of God in Life and Thought*(Philadelphia: Fortress, 1980), 51. Byrne은 바울의 해석이 "다소 별나다"고 말한다. Brendan J. Byrne, *'Sons of God'-'Seed of Abraham': A Study of the Idea of the Sonship of God of All Christians in Paul against the Jewish Background*(Rome: Biblical Institute Press, 1979), 159.

24. Daube, *New Testament and Rabbinic Judaism,* 438-44. Betz는 바울이 미드라쉬의 가르침에 의존하다고 보며 Daube를 따르지만, 이삭에 대한 어떤 언급도 거부한다. 갈라디아서 3:16에서 이삭을 분명히 언급하지 않으며, 로마서 8:32에 비추어 갈라디아서 3:16을 읽는 것은 합법적이지 않기 때문이다(*Galatians,* 157, n. 38과 n. 40).

25. Baugh, "Galatians 3:20", 59. 이미 Geerhardus Vos, *Biblical Theology: Old and New Testaments*(Grand Rapids: Eerdmans, 1948), 54-55에서 그렇게 말했다. 다른 이들은 창세기 3:15이 단수의 씨를 가리킨다고 주장한다. C. John Collins, "A Syntactical Note(Genesis 3:15): Is the Woman's Seed Singular or Plural?" *TynBul* 48(1997): 139-48; T. Desmond Alexander, "Seed", *NDBT,* 769에서 그렇게 말한다.

26. Witherington, *Galatians,* 244-45; Hahn, "Covenant", 96-97에서 그렇게 말한다.

27. 참고. T. Desmond Alexander, "Abraham(Abram)", *NDBT,* 370-71. 유사한 논증으로 Bruce, *Galatians*, 173을 보라.

28. Wilcox, "The Promise of the 'Seed'", 2-20; James M. Hamilton Jr., "The Seed of the Woman and the Blessing of Abraham", *TynBul* 58(2007): 253-73. Dahl은 다윗의 씨(삼하 7장에 따라)가 단수라는 전통의 흐름에 대해 문헌상의 출처를 보여주며, 메시아를 명시한다(Dahl, *Studies in Paul,* 130, n. 12). 또한 Richard B. Hays, *Echoes of Scripture in the Letters of Paul*(New Haven, CT: Yale Univ. Press, 1989), 85를 참고하라.

29. Lightfoot, *Galatians,* 143. 또한 Leonard Goppelt, *Typos: The Typological Interpretation of the Old Testament in the New*(trans.

것이다. 라이트의 해석은 새롭고 호기심을 일으킨다. 하지만 그는 더 가까운 곳에서 예수님 개인을 분명하게 가리키는 갈라디아서 3:19의 언급이 아닌 3:29의 "자손"에서 '가족'의 의미를 이끌어 내는 잘못을 범하고 있다.[34]

콜린스(Collins)는 바울이 구약을 문자적으로 해석한다고 제안한다. 창세기 22:17-18은 한 명의 후손을 가리키며, 이것은 예수 그리스도를 통해 성취되기 때문이라는 것이다.[35] 그러한 해석은 바울의 주장을 석의로, 나아가 역사적 문법적 석의로 진지하게 받아들이려는 혁신적 시도다. 하지만 바울이 여기서 창세기 22:17-18보다 13:15과 17:8에 호소하기 때문에 그 견해는 설득력이 떨어진다. "[그리고] 네 자손"(καί τῷ σπέρματί σου)이라는 인용구의 "[그리고]"(καί)라는 단어는 창세기 22:18에 나오지 않는다. 바울이 단순히 한 본문을 암시하는 것이라면, "[그리고]"(καί)라는 단어를 사용했을 것 같지 않다. "[그리고]"(καί)라는 단어가 사용된 것은 콜린스의 해석을 신뢰할 수 없음을 보여주는 확고한 증거이며, 바울이 실제로 여기서 구약을 인용하고 있음을 가리킨다. 그리고 그가 구약을 인용한다면 그것은 창세기 22:17-18이 아니다. 그 구절에는 "그리고"(καί)라는 말이 없기 때문이다.

요약하면 바울은 창세기의 약속들을 구약 줄거리에 비추어 이해하는데, 그는 그 약속을 다윗의 아들까지 범위를 좁혀서 한 사람, 즉 나사렛 예수 안에서 그 성취를 발견한다. 그러므로 "자손"을 언급하는 이 본문은 공동의 대표라는 측면에서 해석되어야 한다. 예수님은 아브라함과 다윗의 계보를 대표하는 자손이며, 창세기 3:15의 구속 약속에 대한 성취다. 따라서 그 약속은 예표론적으로 생각해야 한다. 후손과 관련된 약속은 그리스도 안에서 최종적으로 성취된다. 그리하여 구약에서 후손의 약속은 예수 그리스도의 오심을 가리키고 기대한다.

그렇다면 왜 바울은 여기서 아브라함에게 주어진 약속과 예수님을 연결하는가? 성취의 시대가 이르렀음을 강조하기 위해서다. 아브라함에게 주어진 약속은 예수 그리스도 안에서 실체가 되었다. 그것은 항상 한 사람의 자손, 그리스도 예수를 가리켰다. 따라서 구원 역사에서 모세의 율법과 언약으로 되돌아가는 것은 심각한 잘못이다.

갈 3:17 내가 이것을 말하노니 하나님께서 미리 정하신 언약을 사백삼십 년 후에 생긴 율법이 폐기하지 못하고 그 약속을 헛되게 하지 못하리라(τοῦτο δὲ λέγω· διαθήκην προκεκυρωμένην ὑπὸ τοῦ θεοῦ ὁ μετὰ τετρακόσια καὶ

Donald H. Madvig; Grand Rapids: Eerdmans, 1982), 138; Ridderbos, *Galatians*, 133-34를 보라.

30. 이러한 개념은, 본문에 이사야 41:8에 대한 암시가 있으며 아브라함의 후손이 주의 종을 통해 성취된다고 하는 Harmon의 견해와 조화를 이룬다("She Must and Shall Go Free", 199-208).

31. E. Earle Ellis, *Paul's Use of the Old Testament*(Grand Rapids: Baker, 1957), 70-73; Robby J. Kagarise, "The Seed in Galatians 3:16: A Window into Paul's Thinking", *EvJ* 18(2000): 67-73. 또한 Richard N. Longenecker, *Biblical Exegesis in the Apostolic Period*(Grand Rapids: Eerdmans, 1975), 123-24; Longenecker, *Galatians*, 132를 보라. Hays는 바울이 자신의 기독론적 가정에 비추어 성경을 읽는다고 주장한다(Hays, *Echoes of Scripture*, 120-21).

32. Wright, *Climax of the Covenant*, 163-68. 또한 B. Longenecker, *Triumph of Abraham's God*, 57을 보라. 참고. Robert L. Brawley, "Contextuality, Intertextuality, and the Hendiadic Relationship of Promise and Law in Galatians", *ZNW* 93(2002): 104; Hansen, *Galatians*, 102-3.

33. Wright, *Climax of the Covenant*, 174.

34. 여기서 Das의 글을 참고하라. "본문의 자연스러운 해석은 복수의(혹은 집합적) 씨와 대조되는 강조의 단수의 씨다. 이 한 씨는 예수 그리스도다. Wright는 예수님이 그분 안에서 모든 이스라엘을 모으시는 메시아시며, 따라서 여기서 집합적인 '씨'의 의미를 나타낼 가능성이 있다고 제안한다. 이러한 해석은 매우 부자연스러우며, Wright가 다른 본문에서 예수님이 이스라엘의 메시아이심을 이해하는 것에 의존한다. Wright의 이론에 내재된 결정적 난제는 그가 본문을 갈라디아서 3:29에서부터 거꾸로 읽어야 한다는 것이다." *Paul, the Law, and the Covenant*, 72-73, n. 9를 보라.

35. Collins, "Galatians 3:16", 75-86; 동일 저자, "Genesis 3:15", 139-48; T. Desmond Alexander, "Further Observations on the Term 'Seed' in Genesis", *TynBul* 42(1997): 363-67.

τριάκοντα ἔτη γεγονὼς νόμος οὐκ ἀκυροῖ εἰς τὸ καταργῆσαι τὴν ἐπαγγελίαν). 여기서 약속과 율법이 시간적으로 분리되어 있다는 사실이 주목을 받는다. 아브라함 언약 후 430년이 지나서 제정된 모세 언약은, 이전 언약의 조항을 무효로 하거나 대신할 수 없다.

랍비들은 전형적으로 성경을 전체적인 줄거리의 관점에서 읽지 않고, 진리가 발견되는 곳을 집중적으로 조사했다. 바울의 대적들은 모세 언약이 아브라함 언약을 보충하고 '규정지었다'고 주장했을 것이다.[36] 하지만 바울은 이야기가 전개되는 연대기가 성경을 바르게 읽는 기초라고 주장한다. 아브라함 언약과 그 약속들은 모세 언약(그리고 율법을 주신 것)보다 430년 앞서 주어졌다.[37] 그러므로 아브라함 언약이 앞서며, 율법은 아브라함 언약의 협약을 무효화하지 못하는 차위의 임시적 언약으로서 기능한다.[38]

바울은 토라가 영원하다고 주장하는 제2성전 유대교의 통상적 견해(참고. Sir 24:9; Wis 18:4; *4 Ezra* 9:37; *1 En.* 99:2; *Jub.* 3:31; 6:17; Bar. 4:1; *2 Bar.* 77:15; Philo, *Moses* 2:14)를 반박한다.[39] 베츠도 여기서 일부 유대 전통이 아브라함을 토라를 지켰던 인물로 묘사한다는 사실을 지적한다.[40] 아브라함 언약과 모세 언약이 같은 성격을 띠며 아브라함이 토라를 지켰다면, 바울이 본문에서 펼치는 논증은 필요 없을 것이다. 이 언약들이 본질적으로 동일하다면, 두 언약 사이의 시간적 분리는 의미가 없을 것이다. 하지만 바울은 중대한 차이를 발견했다. 아브라함 언약은 약속이 특징이며, 모세 언약은 율법이 특징이라는 것이다.

달리 말해, 아브라함 언약은 하나님이 자기 백성을 구원하기 위해 행하신 일에 초점을 맞추는 반면, 모세 언약은 인간의 복종을 강조한다는 것이다. 아브라함 언약은 자기 백성을 해방하시는 하나님의 사역을 찬양하고, 모세 언약은 사람이 율법을 지키도록 요구한다. 바울은 여기서 두 언약을 완벽히 설명하기보다 근본적인 불일치를 본다. 신자가 모세 언약 아래 살면 아브라함에게 주어진 약속은 파기될 것이다. 약속을 받기 위해 사람의 복종이 근본적인 이슈가 될 것이며, 할례를 계속 강요할 것이다. 그러나 율법은 약속에 비해 부차적이고 열등하며, 아브라함 가족에 속하기 위해 할례와 율법의 준수가 필요하지는 않다.

갈 3:18 만일 그 유업이 율법에서 난 것이면 약속에서 난 것이 아니리라 그러나 하나님이 약속으로 말미암아 아브라함에게 주신 것이라(εἰ γὰρ ἐκ νόμου ἡ κληρονομία, οὐκέτι ἐξ ἐπαγγελίας· τῷ δὲ Ἀβραὰμ δι᾽ ἐπαγγελίας κεχάρισται ὁ θεός). 여기에서 율법(모세 언약)과 약속(아브라함 언약) 사이의 불연속성이 계속해서 설명된다[접속사 "(왜냐하면)"(γάρ)에 주목]. 마지막 유업은 율법을 지킴으로써 얻어지지 않을 것이다. 모든 사람이 율법의 규정을 위반하기 때문이다. 유업은 하나님이 은혜로 주시는 선물—자기 백성에게 주신 약속의 결과—이며, 이 약속은 하나님이 아브라함에게 주신 것이다.

구약에서 "유업"(κληρονομία)이라는 용어 및 그에 상

36. Barrett, "The Allegory of Abraham", 15에서 그렇게 말한다.

37. 창세기 15:13은 이집트에서의 기간이 400년이라고 서술하지만, 바울은 여기서 그 기간이 430년이라고 말하는 출애굽기 12:40에 의존한다. 시간의 차이는 바울의 논증의 내용에서 중요하지 않다. R. Longenecker는 랍비들과 Josephus가 두 숫자의 차이를 어떻게 해결했는지 설명한다. 그들은 430년을 아브라함 언약부터 모세 언약의 시작까지의 기간으로 보았으며, "400년을 이스라엘이 이집트에서 지낸 기간"으로 보았다(*Galatians*, 133). Longenecker는 바울이 단순히 "아브라함 언약과 모세 언약 사이에" 430년이 흘렀다는 일반 견해를 전달한다고 결론 내린다(같은 책).

38. 대조되는 견해로 권연경, *Eschatology*, 161-68을 보라. 권연경은 이러한 해석을 의심한다. 갈라디아 사람들이 여전히 율법 아래에 사는 것을 선택할 수 있기 때문이다. 하지만 권연경의 생각과 달리 이것이 정확하게 바울이 말하는 요점이다. 갈라디아 사람들이 율법을 지키기로 선택한다면 그들은 구원 역사에서 잘못된 시기에 살고 있다. 갈라디아 사람들의 동요는 권연경이 거부하는 종말론적 긴장을 증명한다.

39. Martyn, *Galatians*, 342에서 그렇게 말한다.

40. Betz, *Galatians*, 158.

41. 바울 서신에서 유업에 대한 연구는 James D. Hester, *Paul's Concept*

응하는 동사 '상속하다'는 하나님이 약속하신 약속의 땅을 가리킨다(창 15:3–5; 17:8; 21:10; 22:17; 28:4).[41] 이 용어는 특별히 여호수아에서 땅 분배와 관련하여 눈에 띄게 나타난다(수 11:23; 12:6; 13:1; 18:7, 20, 28; 19:1, 8, 9, 10 등). 유업의 약속은 궁극적으로 가나안 땅에 제한될 수 없으며 세상을 상속받는 것을 기대한다(시 22:27–28; 47:7–9; 72:8–11; 습 3:9–10; 참고. 또한 Sir 44:21; *Jub.* 22:14; 32:19; *2 Bar.* 14:13; 51:3; *1 En.* 5:7). 바울은 다른 곳에서 아브라함이 세상의 상속자라고 단언한다(롬 4:13). 새로운 세상, 변화된 우주에 대한 기대는 우리가 다른 신약에서 발견하는 것과 일치한다(히 11:10, 13–16; 13:14; 벧후 3:13; 계 21:1–22:5). 그러므로 유업을 언급하는 것은 종말론적 구원을 얻는 것을 묘사하는 또 다른 방식이다.[42]

율법과 약속의 대조가 계속해서 설명된다. 여기서 바울은 모세 언약이 더해진 것이 아브라함 언약을 명확히 하는 것이라고 생각하지 않음이 분명하다.[43] 그 둘은 근본적으로 대립한다. 모세 언약 아래에서 유업은 율법에 대한 복종으로 얻지만, 아브라함 언약 아래에서는 하나님의 약속을 통해 주어진다.[44] "더 이상…아니다"(οὐκέτι)라는 단어는 시간적으로 이해될 수 있지만, 본문의 문맥에서는 아마도 논리적 의미일 것이다.[45] 율법과 약속은 근본적으로 대립한다. 따라서 율법으로 유업을 얻을 수 있다면 약속은 배제된다.

물론 약속이 우선되는 이유는 하나님이 은혜로["은혜로 주셨다"(κεχάρισται)라는 단어가 은혜를 강조하는 것에 주목하라] 아브라함에게 약속을 주셨기 때문이다. 그리고 바울은 이미 아브라함 언약이 우선한다고 설명했다.[46] 유업의 약속은 모세 언약을 지키는 것이나 할례받는 것에 달려 있지 않다. 오히려 약속은 하나님이 은혜로 주시는 선물이며 그리스도 예수 안에서 거저 주어진다. 아브라함 가족에 속하는 자들은 모세 율법에 찬동함으로써 그의 가족이 되는 것이 아니다. 그들은 그리스도 예수와 연합할 때 아브라함의 자녀, 아브라함의 후손이 된다. 따라서 그들은 선물로서 약속을 받는다.

적용에서의 신학

1. 연속성과 불연속성

이 장에서는 성경 전체의 줄거리를 읽는 것이 중요하다는 사실이 강조된다. 우리는 계시의 점진성은 배제하고, 즉 서서히 밝혀지는 이야기에 주목하지 않고 마치 하나님의 계획이라는 풍경에서 모든 성경이 같은 장소를 차지하는 것처럼 성경을 읽는 경향이 있다. 이것은 분명히 거

of Inheritance: A Contribution to the Understanding of Heilsgeschichte (London: Oliver & Boyd, 1968)를 보라.

42. 권연경은 유업이 전적으로 종말론적이라고 바르게 강조한다. 바울은 성취된 유업을 상상하지 않고 유업을 미래로 제한한다(*Eschatology,* 130–54).

43. 이 문제에 대한 신학적이고도 석의적 고찰은 T. David Gordon, "Abraham and Sinai Contrasted in Galatians 3:6–14", in *The Law Is Not of Faith: Essays on Works and Grace in the Mosaic Covenant* (ed. Bryan D. Estelle, J. V. Fesko, and David VanDrunen; Phillipsburg: Presbyterian and Reformed, 2009), 240–58을 보라. 나는 Gordon의 진술을 부분적으로 수정해야 한다고 생각하지만, 그는 아브라함 언약과 시내 산 언약의 대조를 바르게 본다.

44. 그렇다면 바울의 논증은 구원 역사에 한정될 수 없다(Garlington, *Galatians,* 217과 대조적으로).

45. Lightfoot, *Galatians,* 144에서 그렇게 말한다.

46. 권연경은 이 절을 "하나님이 약속을 통해 아브라함에게 호의를 보이셨다"라고 번역한다(*Eschatology,* 121).

짓 선생들이 성경을 읽는 방식이었을 것이다. 모세 언약의 명령들이 성경 이야기의 다른 모든 부분과 동일한 가치를 가졌다는 것이다. 하지만 그러한 견해는 아브라함 언약의 우월성을 이해하지 못한다. 아브라함 언약은 이스라엘과 맺은 근본적인 언약으로서 우선되며, 뒤따르는 모든 언약은 아브라함 언약에 비해 부차적이다.

그러한 관찰은 또 다른 중요한 결론으로 이어진다. 다윗 언약과 새 언약과 같은 이후의 언약들은 단지 하나님이 아브라함에게 주신 약속을 상세히 설명하고 다듬기 때문에 아브라함 언약과 조화된다. 하지만 바울은 모세 언약에 다른 특성이 있다고 주장한다. 모세 언약이 은혜의 언약이 아니었다거나, 아브라함 언약과 상관없다고 말하는 것이 아니다. 주님은 은혜로 이스라엘을 애굽에서 구속하신 후에 그들에게 모세 언약의 규정들을 주셨다. 하지만 아브라함 언약은 하나님이 약속을 통해 자기 백성을 구원하실 것을 약속하는 반면, 모세 언약은 순종을 통해 유업(땅의 약속)을 얻게 될 것이라고 약속한다.

따라서 우리는 모세 언약을 생각할 때, 아브라함 언약과의 연속성과 불연속성의 요소들을 모두 자세히 고려해야 한다. 바울은 여기서 불연속성을 주로 다루고 있다. 따라서 두 언약 사이의 불연속성을 보지 못하는 자는 구속사적 시간표 안에 존재하는 차이를 무너뜨려 구분을 없애며, 갈라디아의 거짓 선생들과 같은 잘못을 범할 위험에 있다. 그들은 모세 언약과 아브라함 언약을 구분하지 않았다.[47] 그리하여 그들은 구원을 위해 할례가 필요하다고 주장했다.

2. 약속의 성취

또한 바울은 아브라함에게 주어진 약속의 성취에 주의를 환기시킨다. 달리 말해, 이야기의 끝에 다다랐다는 것이다. 아브라함의 참되고 유일한 자손은 그리스도 예수시다. 다른 아브라함의 후손, 즉 아브라함 자신을 포함해 모세, 다윗, 선지자, 혹은 누가 되었든지 어떤 식으로든 모두 실패했다. 예수님은 아브라함의 완전한 후손이시며, 창세기 3:15에서 후손을 약속함으로 시작된 이야기의 절정이 되신다.

모든 독자는 이야기의 결말을 보면서, 이야기의 모든 상세한 부분이 다른 형태와 관점을 취한다는 것을 알게 된다. 지금까지 살펴본 바로 우리는 예수님이 아브라함의 유일한 참된 후손이자, 하나님의 뜻을 신실하게 행한 유일한 분임을 깨닫는다. 예수님은 십자가에서 율법의 저주를 제거하신 분이다(3:13). 오직 그분을 통해서만 지금의 악한 시대에서 탈출할 수 있다(1:4). 십자가의 의미를 이해하지 못하는 이유는 거짓에 매혹되었기 때문일 수 있다(3:1). 의가 할례와 율법을 통해 얻어진다는 주장을 따르는 자들은, 아브라함 가족의 일원이 되는 것과 의가 오직 그리스도 예수와의 연합을 통해 온다는 것을 이해하지 못한다. 십자가 안에서 정

47. 여기서 Jason Meyer, *The End of the Law: Mosaic Covenant in Pauline Theology*(Nashville: Broadman & Holman, 2009)의 강해를 보라.

해진 때가 이르렀으며, 신자들은 노예 상태에서 풀려난다(4:4-5). 할례에 복종하는 것은 구원 역사에서 시계를 거꾸로 돌리는 일이다. 또한 그것은 의가 오직 그리스도 예수를 통해 온다는 사실을 인정하기보다 자신의 의를 세우려 노력하는 것이다.

누군가는 영원한 생명이 우리가 무엇을 하는지에 달렸다고 믿는다. 하지만 바울은 율법과 약속의 차이, 즉 생명이 하나님의 약속 때문에 온다는 것을 가장 분명하게 말한다. 일상적인 일들은 대부분 율법에 근거한다. 성적은 율법과 수행과 일에 근거한다. 하지만 성적과 복음은 다르다. 복음에서 하나님은 우리를 위해 자신을 주시며, 은혜로 우리에게 힘 주실 것을 약속하신다.

여기서 우리는 우리에게 큰 위안을 주는 복음이 얼마나 좋은 것인지 알 수 있다. 우리는 자신의 순종이 아니라, 하나님의 약속을 믿음으로 말미암아 하나님과 바르게 된다. 우리는 하나님이 그리스도 예수 안에서 우리에게 주시는 것을 받는다. 율법은 행하라고 말하지만, 복음은 받아들이라고 말한다. 사람은 누구나 실패를 경험한다. 과부, 홀아비, 독신, 아내, 남편, 어머니, 아버지, 젊은이, 학생, 어린아이… 누구든 그렇다. 마귀는 우리를 낙심시키고, 우리가 실패 때문에 하나님과 결코 바르게 될 수 없다고 속삭인다. 하지만 복음은 그리스도 안에 있는 하나님의 생명의 약속 때문에 우리가 하나님과 바르게 될 수 있다고 말한다.

존 파이퍼(John Piper)는 한 설교에서 율법과 복음의 차이를 훌륭하게 포착한 존 번연(John Bunyan)의 시를 언급한다.[48]

달려라, 존, 달려. 율법은 명령한다.
하지만 우리에게 손도 발도 주지 않는다.
복음은 훨씬 더 좋은 소식을 전해준다.
그것은 우리에게 날아가라고 하며 날개를 준다.

48. 2009년 10월 31일 www.desiringgod.org/ResourceLibrary/Sermons/ByDate/1994/862_Long_for_the_Pure_Milk_of_the_Word/에 접속함.

CHAPTER

12 갈라디아서 3:19-25

문학적 전후 문맥

이 단락을 이해하려면 갈라디아서 3장에서 시작된 논리를 따라가야 한다. 갈라디아 사람들은 하나님의 성령을 받았기 때문에 진정으로 하나님 백성의 구성원이다(3:1-5). 나아가 그들은 아브라함의 자녀이며 믿음으로 말미암아 아브라함의 복을 받았다(3:6-9). 할례와 율법의 행위로 하나님 앞에서 바르게 되려고 하는 자들은 저주를 받지만, 그리스도 예수와 그분의 죽으심을 신뢰하는 자들은 아브라함의 복과 성령의 약속을 받는다(3:10-14). 3:15부터 시작하여 바울은 구원 역사에 초점을 맞춘다. 아브라함 언약은 성경의 줄거리에서 근본적인 언약이며, 모세 언약은 그 이후에 나타났으므로 아브라함 언약에 부차적이다(3:15-18). 약속과 율법의 차이는 단순히 시간적인 것만이 아니다. 아브라함과 맺은 언약에서는 유업이 선물이지만, 모세 언약에서는 그것이 순종함으로 얻어지기 때문이다. 따라서 두 언약 사이에는 근본적인 대립이 있다.

모세 언약이 아브라함 언약의 연장선상에 있지 않다면 율법의 목적은 무엇인가? 바울은 율법이 죄를 더하기 위해 주어졌고, 단지 메시아가 올 때까지만 유효하며, 중재자의 존재는 그것이 약속에 비해 열등함을 보여준다고 주장한다(3:19-20). 그런데 율법과 약속이 이렇듯 다른 목적을 갖는다면, 율법은 하나님의 약속들과 반대된다는 뜻인가?

바울의 대답은 흥미롭다. 그는 율법과 약속의 기능이 다르다고 주장하기 때문이다. 율법은 의를 줄 수 없었고, 예수 그리스도가 오시기 전까지 모든 이를 죄 아래 가두었다(3:21-25). 따라서 율법은 그리스도가 오시기 전까지 구원 역사에서 중간기에 시행되었다. 이제 그리스도에 대한 믿음이 이르렀으며, 아브라함에게 주어진 약속이 성취되었고, 신자들은 더 이상 모세 언약과 율법 아래에 있지 않다. 그리고 신자가 모세 언약 아래에 있지 않다면 할례는 필요 없다.

I. 도입: 바울의 복음을 떠나는 것은 복음을 떠나는 것이다(1:1–2:21)
II. 경험과 성경을 통한 바울의 복음 변호(3:1–4:11)
  A. 경험을 통한 논증: 행위가 아닌 믿음으로 말미암아 성령을 받음(3:1–5)
  B. 성경을 통한 논증: 믿음으로 말미암아 아브라함의 복을 얻음(3:6–14)
  C. 구원 역사를 통한 논증: 아브라함 언약이 우선되며 모세 언약은 임시적임(3:15–4:11)
    1. 율법이 더해진 것은 아브라함이 받은 약속을 무효화하지 못함(3:15–25)
      a. 모세 언약의 임시적 특성(3:15–18)
➡ **b. 율법의 목적(3:19–25)**
    2. 하나님의 자녀는 아브라함의 후손이다(3:26–29)
    3. 종에서 아들이 되는 것을 통한 논증(4:1–7)
    4. 율법으로 돌아가는 것은 어리석다(4:8–11)

주요 개념

율법은 약속을 확고히 하기 위해 주어진 것이 아니라 죄를 더하기 위해 주어졌다. 또한 모세 율법은 영원히 효력이 있도록 의도되지 않았다. 그것은 약속, 즉 그리스도 예수가 이르기 전까지 임시 관리인이었다. 그리스도에 대한 믿음이 이른 지금 모세 율법의 시대는 지나갔다.

번역

갈라디아서 3:19–25

19a	질문	**그런즉 율법은 무엇이냐**
b	대답	**범법하므로 더하여진 것이라**
c	19b의 때	약속하신 자손이 오시기까지 있을 것이라
d	19b–c의 연속	천사들을 통하여 한 중보자의 손으로 베푸신 것인데
20a	단언	**그 중보자는 한 편만 위한 자가 아니나**
b	20a와 대조	**하나님은 한 분이시니라**
21a	질문	**그러면 율법이 하나님의 약속들과 반대되는 것이냐**
b	대답	**결코 그럴 수 없느니라**
c	21b의 설명/조건	**만일 능히 살게 하는 율법을 주셨더라면**
		의가 반드시 율법으로 말미암았으리라

22a	21c와 대조	**그러나 성경이 모든 것을 죄 아래에 가두었으니**
b	22a의 목적	이는…약속을 믿는 자들에게 주려 함이라
c	22b의 수단	예수 그리스도를 믿음으로 말미암는
23a	21–22의 연속/시간	**믿음이 오기 전에 우리는 율법 아래에 매인 바 되고**
b	23a의 양식	계시될 믿음의 때까지 갇혔느니라
24a	유추	**이같이 율법이 우리를 그리스도께로 인도하는 초등교사가 되어**
b	24a의 목적	우리로 하여금 믿음으로 말미암아 의롭다 함을 얻게 하려 함이라
25	24a–b의 재진술	**믿음이 온 후로는 우리가 초등교사 아래에 있지 아니하도다**

구조

바울은 마지막 때의 유업을 율법이 아닌 약속으로 얻을 수 있다고 바로 앞에서 말했다. 율법과 약속이 공존할 수 없다는 견해 때문에 하나님이 왜 율법을 주셨는지 질문하게 된다. 그렇기 때문에 이 새로운 부분은 "그렇다면 무엇이냐"(τί οὖν)로 시작된다. 바울은 압축된 진술을 통해 율법이 죄를 증가시키기 위해 주어졌다고 주장한다(3:19). 또한 율법은 임시적 관할권을 가졌다. 메시아이신 예수님이 오신 지금 율법은 더 이상 효력이 없다. 율법이 약속보다 열등하다는 사실은 다음과 같은 사실을 통해 알 수 있다. 약속은 한 분이신 하나님이 아브라함에게 직접 주신 반면, 율법은 천사를 통해 전달되었다(3:20).

율법이 아닌 약속에 의해 유업이 주어지므로 생명을 얻는 것과 관련하여 율법과 약속이 공존할 수 없다면 그리고 율법이 열등함이 강조되는 방식으로 주어졌다면, 율법은 하나님의 약속과 대조되는 방식으로 존재하는가["그러면"(οὖν)으로 표시됨, 3:21]? 앞의 논증에 근거해 우리는 바울이 '참으로 그렇다'고 답하리라 기대할 수 있다. 그러나 그는 단호히 그러한 생각을 거절한다. 율법은 약속과 대조되지 않고 다른 기능을 갖는다. 약속과 대조적으로 율법은 생명을 낳을 수 없다(3:21). 대신("그러나", ἀλλά) 성경은 모두를 죄 아래 가두었으며, 그리하여 마지막 유업의 약속은 오직 그리스도 예수를 믿는 자들에게만 주어진다(3:22).

따라서 율법은 약속과 그리스도 예수에 대한 믿음이 오기 전까지 관리인이자 일종의 보모 역할을 했다(3:23). 율법의 관할권은 임시적이고 제한적이었으며, 그리스도가 오신 지금 신자들은 더 이상 율법의 권위 아래 있지 않다(3:24). 구원 역사의 새로운 시대가 시작된 지금, 율법이 보모처럼 후견하던 시대는 끝났다(3:24–25).

석의적 개요

II. 경험과 성경을 통한 바울의 복음 변호(3:1–4:11)

A. 경험을 통한 논증: 행위가 아닌 믿음으로 말미암아 성령을 받음(3:1–5)

B. 성경을 통한 논증: 믿음으로 말미암아 아브라함의 복을 얻음(3:6–14)

1. 믿음으로 아브라함 가족의 일원이 됨(3:6–9)

2. 오직 그리스도 안에서 율법의 저주가 제거됨(3:10–14)

C. 구원 역사를 통한 논증: 아브라함 언약이 우선되며 모세 언약은 임시적임(3:15–4:11)

1. 율법이 더해진 것은 아브라함이 받은 약속을 무효화하지 못함(3:15–25)

a. 모세 언약의 임시적 특성(3:15–18)

➡ **b. 율법의 목적(3:19–25)**

i. 율법은 죄를 증가시키기 위해 주어졌다(3:19a–b)

ii. 율법은 그리스도가 오시기 전까지 유효했다(3:19c)

iii. 중재를 통한 율법의 전달은 그것이 열등함을 나타낸다(3:19d–20)

iv. 율법은 하나님의 약속과 대조되지 않는다(3:21a)

v. 율법은 생명을 줄 수 없었다(3:21b)

vi. 모두가 죄 아래 갇혔다(3:22)

vii. 율법은 관리인과 같다(3:23)

viii. 관리인의 시대는 끝났다(3:24–25)

2. 하나님의 자녀는 아브라함의 후손이다(3:26–29)

본문 설명

갈 3:19a–b 그런즉 율법은 무엇이냐 범법하므로 더하여진 것이라(Tί οὖν ὁ νόμος; τῶν παραβάσεων χάριν προσετέθη).[1] 율법이 1차적 언약이 아니며 아브라함 언약에 부차적인 것이라면, 그리고 모세 언약의 율법을 지키는 것이 아니라 아브라함 언약의 약속을 통해 종말론적 구원을 얻는다면 하나님은 왜 율법을 주셨는가?[2] 그것은 "범법하므로" 하나님에 의해(προσετέθη는 신적 수동태) "더하여" 주어졌다. 이것은 하나님이 죄를 증가시키기 위해 율법을 주셨다는 뜻이다.

휘브너(Hübner)는 수동태 동사의 주어가 3:19 뒷부

1. 이 구절은 몇몇 특이한 본문상의 이문이 있다. 한 본문은 "전통을 위해"를 추가한다(παραδόσεων, D*). 다른 곳에서는 "행위들"이라는 단어를 추가한다(πράξεων, 𝔓[46], F, G, it, Ir[lat], Ambrosiaster, Pseudo-Augustine). 이러한 독법들은 문맥상 이해가 되지 않으며 중요한 외적 증거도 없다. 또한 Daniel B. Wallace, "Galatians 3:19–20 A *Crux Interpretum for* Paul's View of the Law", *WTJ* 52(1990): 233–34를 보라.

2. "그렇다면 왜"(τί οὖν)라는 표현은 여기서 부사적 용법이다. Wallace, "Galatians 3:19–20", 231–32에서 그렇게 말한다.

분에 언급되는 천사들이라고 주장하며, 악한 천사들이 율법을 주었다고 바울이 말한다는 결론을 내린다.[3] 이러한 견해를 받아들일 수 없는 여러 가지 이유가 있다.[4] (1) 수동태 분사 "베푸신 것인데"(διαταγείς)는 신적 수동태로 이해해야 하며 율법이 하나님에 의해 제정되었음을 가리킨다. (2) 소유격과 함께 사용된 전치사 "통하여"(διά)는 천사들이 율법을 전달한 도구이며 율법에 대해 궁극적인 책임이 없음을 가리킨다. (3) 천사에 대한 언급은 종속절에 있으므로, 그들은 주어로서 기능하지 않는다. (4) 동사 "약속하신"(ἐπήγγελται)에 뒤이어 나오는 절의 암시된 주어는 분명히 하나님이시다.[5] (5) 바울 신학 어디에서도 율법이 악한 천사들에게서 온 것이라고 말하지 않는다. 그것은 하나님이 주신 좋은 선물로 여겨진다(롬 7:12). (6) 그러한 견해는 율법이 주어진 것에 대해 구약이 말하는 바와 분명히 대조되며, 바울은 구약에 하나님의 권위를 부여한다.

바울이 율법이 "범법하므로 더하여졌다"고 말한 것은 무슨 뜻인가? 헬라어로 "…하므로"(χάριν)는 "범법"(τῶν παραβάσεων)의 뒤에 나온다. 그 단어가 후치사이기 때문인데, 이는 그것이 수식하는 단어 뒤에 나타난다는 뜻이다.[6] 따라서 후치사는 수식하는 단어 뒤에 오지만, 해석의 순서는 그 반대다. 이 표현이 논란이 되는 이유는 그것이 압축된 형태이며, 바울이 그 의미를 자세히 설명하지 않기 때문이다. 이에 관해 네 가지 주된 해석이 있다.

(1) 죄를 억제하기 위해 하나님이 율법을 주셨다.[7] 이 해석에 따르면 율법은 그리스도가 오시기 전에 이스라엘 백성이 어떻게 살아야 하는지를 가르쳤다.

(2) 율법의 목적은 죄를 명시하는 것이었다.[8] 이 견해를 받아들이면 3:19은 로마서 4:15과 비슷하다. 후자는 "율법이 없는 곳에는 범법도 없다"고 말한다. 율법은 죄를 밝히는 기준, 곧 측정 장치를 제공한다. 율법은 전문적인, 혹은 법적인 의미에서 죄를 죄로 분류한다. 달리 말해, 특정 율법을 범할 때 죄가 "범법"으로 밝혀진다는 것이다. 리처드 롱게네커는 율법이 죄를 배가시킨다는 개념은 시간의 절과 조화되지 않는 반면, 죄의 윤곽을 명확히 한다는 의미는 교사가 감독하는 개념과 일치하며, 또한 왜 율법 아래 있는 자들이 저주를 받는지 설명한다고 말함으로써 이 견해를 변호한다.[9]

(3) 던은 율법이 죄를 처리하기 위해 주어졌다고 주장한다. 달리 말해, 그리스도가 오시기 전까지 구약 예배에서 제사는 죄를 속하기 위해 드렸다는 것이다.[10]

(4) 앞의 세 견해들이 관심을 끌기는 하지만 가장 가능성 있는 견해는 율법이 죄를 증가시키기 위해 주어졌다는 것이다.[11] 율법이 죄를 억제하기 위해 주어졌다는 첫 번째 견해의 문제점은 갈라디아서의 문맥이다. 바울이 그것을 인정한다면, 갈라디아 사람들이 할례를 받고 율법을 지켜야 한다고 주장했던 유대주의자들의 견해를 지지하는 것이 된다. 대적들은 율법의 억제하는 기능이 갈라디아 그리스도인들에게 절실히 필요하다고 주

3. Hans Hübner, *Law in Paul's Thought*(trans. James C. G. Greig; Edinburgh: T&T Clark, 1984), 26–27, 82–83. Schoeps는 천사들이 악하다고 보지 않으며, 하나님이 아닌 천사들이 율법을 주었다고 본다(*Paul*, 183). Martyn은 그 근원을 악한 천사들에게 돌리지 않지만, 율법이 주어졌을 때 하나님이 계시지 않았다고 주장한다(*Galatians*, 354, 356–57, 365–68).

4. Wallace, "Galatians 3:19–20", 235, 240–42; 홍인규, *Law in Galatians*, 153–55를 보라.

5. Betz와 대조적으로 이것은 천사들이 율법을 중재했다는 것과 모순되지 않는다(*Galatians*, 167). 천사들을 통한 중재는 율법이 궁극적으로 하나님에게서 왔음을 부인하지 않는다.

6. Robertson, *Grammar of Greek New Testament*, 647을 보라.

7. Chrysostom, *Galatians*, 28; David J. Lull, "'The Law Was Our Pedagogue': A Study of Galatians 3:19–25", *JBL* 105(1986): 481–98; Linda Belleville, "'Under Law': Structural Analysis and the Pauline Concept of Law in Galatians 3:21–4:11", *JSNT* 26(1986): 53–78; Brawley, "Promise and Law", 106–8; B. Longenecker, *Triumph of Abraham's God*, 122–28. 교회 역사에서 많은 사람이 이 견해를 받아들였다(Riches, *Galatians through the Centuries*, 192에서 그렇게 말한다).

8. Jeffrey A. D. Weima, "The Function of the Law in Relation to Sin: An Evaluation of the View of H. Räisänen", *NovT* 32(1990): 226–27; Charles H. Giblin, "Three Monotheistic Texts in Paul", *CBQ* 37(1975): 540.

장했을 것이 분명하다. 하지만 바울은 아무도 율법을 지킬 수 없기 때문에 율법이 그 지배 아래 있는 자들을 저주한다고 이미 주장했다(3:10).[12] 참으로 율법은 생명을 줄 수 없으며, 그것의 영역에 갇힌 모든 자들은 죄의 권세 아래 있다(3:21–22). 또한 갈라디아서 4:5은 율법 아래 있던 자들이 거기에서 구속, 혹은 해방되었다고 말하는데, 이것은 율법 아래 있는 자들이 죄의 노예임을 가리킨다. 따라서 여기서 율법이 죄를 억제하는 것으로 계획되었다고 생각할 이유가 없다. 오히려 그 반대다. 로마서 5:20에서와 같이 율법은 죄를 증가시키기 위해 주어졌다. 그러한 관점은 이스라엘의 역사와 조화된다. 율법 아래의 삶이 율법을 지키는 사회로 이어지지 않았기 때문이다. 오히려 죄가 이스라엘을 지배했으며, 그 결과 북왕국과 남왕국 모두 유배되었다.

좀 더 흥미로운 해결책은 율법이 죄를 명시하기 위해 주어졌다는 것이다. 그리고 죄를 명시하는 것과 죄를 확대하는 것 모두 포함되었을 가능성이 있다. 그런데 어떻게 그리스도가 오시기 전까지만 율법이 죄를 명시했는지 이해하기 어렵다. 하지만 그리스도가 오시기 전까지 율법이 이스라엘에서 죄의 지배를 증가시켰다는 개념은, 율법 아래 이스라엘의 삶을 서술한 구약의 이야기와 조화된다. 또한 앞에서 바울이 "율법 아래"(참고. 갈 3:23) 있는 것을 죄의 권세 아래 있는 것과 연결했으므로, 율법 아래에서 죄가 증가한다는 해석이 선호된다. 하나님은 율법이 죄를 억제할 수 없음을 보여주심으로써, 죄의 권세에 대한 유일한 해답이 메시아의 오심뿐이라는 것을 드러내셨다.[13]

마지막으로, 바울이 여기서 율법이 속죄를 제공한다고 강조했을 것 같지 않다. 오히려 갈라디아서에서 그는 율법이 온전하고도 최종적인 용서를 제공하지 않는다는 사실을 강조한다. 실제로 율법과 거기에 명시된 제사로써 용서를 확보할 수 있다면, 그리스도의 죽으심이 헛된 것이 되기 때문이다(2:21).

갈 3:19c 약속하신 자손이 오시기까지 있을 것이라[14](ἄχρις οὗ ἔλθῃ τὸ σπέρμα ᾧ ἐπήγγελται). 율법의 지배는 "자손", 즉 그리스도가 오심으로 끝났으며, 그리하여 약속의 성취가 확고해졌다. 라이트는 여기서 "자손"(σπέρμα)을 '가족'으로 정의하지만, 그러한 번역은 인정하기 힘들다. 그리스도는 하나님 백성이라는 공동체의 머리이자 아브라함의 유일한 참된 자손이시다. 이것은 "자손"이라는 단어가 그리스도가 아닌 가족을 가리킨다는 말과는 전혀 다르다.[15]

율법의 첫 번째 목적은, 범법을 배가함으로써 율법 자체가 죄의 문제에 대한 해답이 아님을 분명히 하는 것이었다. 이제 율법의 목적에 대한 두 번째 논평이 분명히 설명된다. 율법은 하나님이 주신 약속에 부차적인 것이기 때문에[16] 영원히 유효한 것으로 의도되지 않았다는 것이다.[17] 따라서 약속된 자손이신 예수 그리스도가 오셨을 때 율법의 관할권은 끝이 났다.[18] 그래서 율법은 항상 임시적인 제도로 의도되었다.

9. R. Longenecker, *Galatians*, 138(하지만 그는 의미가 명확히 결정될 수 없다고 거듭 말한다[138–39]). 참고. Witherington, *Galatians*, 256.
10. Dunn, *Galatians*, 188–90.
11. Calvin, *Galatians*, 100; Betz, *Galatians*, 165–66; 홍인규, *Law in Galatians*, 150–51에서 이것을 바르게 말한다.
12. 갈라디아서에서 "아래에"가 포함된 표현에 대한 바울의 부정적 이해에 대해 Hansen, *Abraham in Galatians*, 130을 보라.
13. R. Longenecker 대한 대답으로 그렇게 말할 수 있다. Longenecker는 그리스도가 오시기 전에 하나님이 죄를 증가시키기 원하셨을 이유를 이해할 수 없다고 본다(*Galatians*, 138).
14. McKay는 이 구절을 "약속이 나타내는 씨가 올 때까지"로 번역한다(*A New Syntax of the Verb in New Testament Greek*, 151).
15. Baugh는 이것을 바르게 말한다. 그는 Wright가 3:16에서 "그리스도"가 예수님과 하나님의 백성을 모두 가리킨다고 보면서 "부당한 전체 이양"(illegitimate totality transfer)의 잘못에 빠지고 있다고 지적한다("Galatians 3:20", 53, n. 17).
16. Baugh와 대조적으로 약속을 되돌릴 수 없다는 것이 삼위일체 구성원 간의 내적 언약에 근거한다는 것은 분명하지 않다(Baugh, "Galatians 3:20", 49–70). 여기서 삼위일체의 구성원 사이의 협정에 관해 아무것도 언급하지 않으며, 우리는 자신의 신학으로 본문을 해석하는 것을 주의해야 한다.
17. Betz, *Galatians*, 168에서 이것을 바르게 말한다.
18. Wallace, "Galatians 3:19–20", 239–40에서 이것을 바르게 말한다.

여기서 바울이 말하는 내용이 놀라운 이유는, 율법이 영원히 지속된다는 것이 유대교의 전형적인 견해였기 때문이다. 토라가 말하는 지혜에 대해 바룩(Bar) 4:1이 언급하는 것처럼 "그것은 곧 하나님의 계명, 영원히 존속하는 율법을 기록한 책이다"(NRSV; 참고. Wis 18:4; Josephus, *Ag. Ap.* 2.277; Philo, *Moses* 2.14). 우리는 다시 한 번 바울의 전형적인 구원–역사적 가르침을 본다. 그리스도가 오시기 전에 존재했던 율법은 인간의 죄의 권세와 깊이를 드러냈으므로, 그리스도 안에서 성취된 구속의 위대함이 뚜렷이 드러난다.

갈 3:19d 천사들을 통하여 한 중보자의 손으로 베푸신 것인데(διαταγεὶς δι᾽ ἀγγέλων ἐν χειρὶ μεσίτου). 바울은 계속해서 율법의 부차적 역할을 주제로 삼고 있다. 이는 율법이 천사들을 통해 중보로 주어졌다는 사실에서 나타난다.[19] 이와 대조적으로 약속은 아브라함에게 직접 주어졌으므로, 아브라함과 맺은 언약이 우선된다.[20]

율법을 받는 일에 천사들이 매개체가 되었다는 말은, 율법이 주어졌을 때 하나님이 계시지 않았다거나[21] 심지어 천사들이 사실 귀신이었다는 뜻이 아니다. 분사 "베푸신"(διαταγείς)은 수동태로서, 율법이 천사들을 통해 전달되도록 정하신 분이 하나님이라는 사실을 가리킨다.[22]

구약에서는 율법이 주어졌을 때 천사들이 그곳에 있었다는 사상이 분명히 나타나지 않지만, 신명기 33:2은 그것을 말하는 것일 수 있다. "여호와께서 시내 산으로부터 오시고 세일 산으로부터 우리 위에 일어나셨다. 바란 산으로부터 비추시고, 일만의 거룩한 자들 가운데에 강림하셨고, 그의 오른손에는 번쩍이는 불이 있었다"(ESV). 이 구절의 칠십인역에는 천사에 대한 언급이 더 분명히 나타난다. 거기서는 "그와 함께하는 천사들"(ἄγγελοι μετ᾽ αὐτοῦ)을 말한다. 같은 전통의 근원이 되었을 수 있는 본문은 시편 68:17이다. 율법이 천사들을 통해 전달되었다는 생각은 요세푸스(*Ant.* 15.136)와[23] 필로(*Dreams* 1.140–44)에서 발견되며, *Pesiq. Rab.* 21.8에 분명히 나타나는 것으로 보인다. 다른 유대 전통은 한 천사를 통한 중재를 언급한다(*Jub.* 1:27; 2:1; 6:22; 30:11–12, 21; 50:6, 13). 우리는 신약의 다른 곳에서 천사들을 통한 중재의 전통을 발견한다(행 7:53; 히 2:2). 따라서 바울은 여기서 혁신적인 것을 말하고 있는 것이 아니다.

본문의 "중보자"(μεσίτου)는 모세임이 거의 분명하다. 그가 이스라엘에게 율법을 전달하는 역할을 했기 때문이다.[24] 중보자가 있었다는 것은 계시의 열등성이나 백성의 연약함을 뜻한다.[25] 모세의 손에 대한 언급은 십계명을 암시하는데, 모세는 자기 손으로 그것을 산에서 가지고 내려왔다(참고. 출 32:15, 19; 34:4, 29). 따라서 바울은 천사들을 통해 모세가 율법을 받았고, 그가 그것을 백성에게 전했음을 강조하고 있다.

---

19. Albert Vanhoye는 한 천사–하나님 면전의 천사(행 7:38)–는 수많은 천사를, 모세는 이스라엘 전체를 대표했다고 주장한다. "Un mediateur des anges en Ga 3,19–20", *Bib* 59(1978): 403–11을 보라. 또한 Bruce, *Galatians,* 179에서 그렇게 말한다. Vanhoye와 대조적으로 면전의 천사를 염두에 두고 있음은 분명하지 않다. 본문은 좀 더 자연스럽게 중재자로서의 모세를 가리키며, 다른 중재자(면전의 천사)가 또한 그 역할을 했는지는 분명하지 않다. 또한 본문은 Gaston이 제안하는 것처럼 율법이 칠십 천사 중재자를 통해 칠십 명의 인간 중재자에게 주어졌다고 말하지 않는다. Lloyd Gaston, "Angels and Gentiles in Early Judaism and in Paul", *SR* 11(1982): 65–75.

20. 참고. Burton, *Galatians,* 190–91.

21. Martyn은 *Galatians,* 365에서 그렇게 잘못 주장한다.

22. Terrance Callan, "Pauline Midrash: The Exegetical Background of Gal 3:19b", *JBL* 99(1980): 554.

23. Bandstra는 *Ant.* 15.136에서 선지자나 제사장보다 천사들을 염두에 두고 있다는 견해를 변호한다. 그런데 그는 여기서 시내 산에서 율법이 주어지기 전에 천사들이 인간에게 율법의 중요한 요소들을 가르쳤다고 생각한다. Andrew J. Bandstra, "The Law and the Angels: *Antiquities* 15.136 and Galatians 3:19", *CTJ* 24(1989): 223–40을 보라. 하지만 Bandstra는 3:19과 어느 정도 연관성이 있다고 본다. 천사들이 율법과 관련되어 있기 때문이다. W. D. Davies는 *Ant.* 15.136에서 선지자들을 가리킨다고 주장한다. "A Note on Josephus, Antiquities 15:136", *HTR* 47(1954): 135–140. Francis R. Walton은 Davies의 일반적인 주장을 강화한다고 믿는 증거를 제시한다. "The Messenger of God in Hecataeus of Abdera", *HTR* 48(1955): 255–57을 보라.

갈 3:20 그 중보자는 한 편만 위한 자가 아니나 하나님은 한 분이시니라(ὁ δὲ μεσίτης ἑνὸς οὐκ ἔστιν, ὁ δὲ θεὸς εἷς ἐστιν). 여기서 바울은 두 당사자(하나님과 백성) 사이에 서 있는 중보자(모세)와 한 분이신 하나님을 대조한다. 모세 언약에서는 두 당사자 사이에 중보가 발견되는 데 반해, 아브라함과 맺은 언약은 하나님이 직접 주시기 때문에 더 뛰어나다. 소유격 "한 편을 위한"(ἑνός)은 '한 편에 속한'으로도 해석될 수 있다. 두 표현 사이의 의미 차이는 무시해도 상관없다. 중보자는 단지 한 편을 "위한" 자도 한 편에 '속한' 자도 아니다. 여기서 바울은 모세가 시내 산에서 하나님과 백성 사이를 중재한 사건을 염두에 두고 있으며, 아브라함과 맺은 언약은 하나님이 직접 아브라함과 언약을 맺으셨기 때문에 더 우월하다고 본다.

모든 시대의 해석자들은 이 구절의 간결함에 당혹스러워했다. 라이트풋은 250-300가지 정도로 해석할 수 있다고 말한다.[26] 외프케(Oepke)는 3:17이 언급하는 430년에서, 이 구절을 해석하는 430가지 다른 방식을 언급한다(3:17을 보라).[27] "중보자"(ὁ μεσίτης)와 함께 사용된 관사는 총칭적인 용법일 수 있다.[28] 하지만 그것은 앞에 나온 어구를 가리킬 수도 있으며, 3:19의 중보자 모세를 가리킬 수 있다. 캘런(Callan)은 여기서 중보가 일반적인 것이 아니라, 모세의 중보를 가리킨다고 주장한다.[29] 그렇다면 그 개념은 모세가 천사들 다수를 위해 중보했다는 것일 수 있다.[30] 캘런은 바울이 사람보다 천사의 역할을 언급하고 있기 때문에, 천사들이 중보했다고 제한한다.[31]

하지만 바울은 특별히 율법이 이스라엘에게 전달된 것을 염두에 두고 있을 것이다. 우리는 앞 구절에서 율법이 모세의 손을 통해 이스라엘에게 주어졌음을 보았다. 따라서 모세의 중보 역할은 그가 천사들과 관련하여 행한 일뿐 아니라, 그가 이스라엘에게 율법을 전달한 것도 포함해야 한다.

라이트는 여기서 "한"이라는 단어가 한 가족을 가리킨다고 제안한다.[32] 모세가 이스라엘만을 위해 중재했기 때문에, 토라는 인류 전체를 포함하는 하나의 연합된 인간 가족을 만들어내지 않았다는 것이다. 따라서 모세 언약은 이스라엘을 이방 나라들과 분리했지만, 하나님의 의도는 아브라함을 통해 하나의 연합된 가족을 일으키는 것이었다. 이러한 해석은 흥미롭지만, "한"이라는 단어에 가족의 개념을 부여하는 것은 문맥상 분명한 근거가 없다. 바울이 그 점을 밝히려 했다면, "한"이라는 말에 '백성'이나 '나라'라는 단어를 덧붙였을 것이다.

라이트풋의 해석이 더 낫다.[33] 중재자는 적어도 두 당사자를 포함하며, 이 문맥에서는 하나님과 이스라엘 사이의 거리가 강조된다. 그러한 견해는 출애굽 시절 율법이 주어진 것을 말하는 것과 일치한다. 거기서 모세는 홀로 산 위에서 율법을 받아 이스라엘에게 가지고 내려왔다(참고. 출 19-34장). 중보는 또한 하나님과 이스라엘 사이의 계약을 암시한다. 따라서 언약의 약속들은

---

24. Betz, *Galatians,* 170; Fung, *Galatians,* 161; R. Longenecker, *Galatians,* 140-41. 이것은 *Augustine's Commentary on Galatians,* 164, n. 101, 165; Chrysostom, *Galatians,* 28; Calvin, *Galatians,* 102와 같이 해석 역사에서 많은 이가 본문이 그리스도를 가리킨다고 보았던 것과 대조된다.

25. 대조적으로 Baugh, "Galatians 3:20", 53, 64-65. 이스라엘의 약함 때문에 중재가 필요했음을 강조하는 유대 전통에 대해 Callan, "Gal 3:19b", 559-61을 보라. 아마도 바울은 또한 모세가 이스라엘을 위한 중재자의 역할을 했던 금송아지 사건(출 32-34장)을 암시할 것이다(Callan, "Gal 3:19b", 561-64). 이스라엘의 죄가 더 치명적이었던 이유는 하나님이 친히 계시하신 율법을 어긴 것이었기 때문이다.

26. Lightfoot, *Galatians*, 146.

27. Albrecht Oepke, *Der Brief des Paulus an die Galater*(3rd ed.; THKNT; Berlin: Evangelische Verlagsanstalt, 1973), 82.

28. Baugh, "Galatians 3:20", 64-65.

29. Callan, "Gal 3:19b", 565-66; 참고. Wright, *Climax of the Covenant,* 169.

30. Giblin, "Three Monotheistic Texts in Paul", 540-41.

31. Callan, "Gal 3:19b", 566.

32. Wright, *Climax of the Covenant,* 169-70; 또한 Garlington, *Galatians,* 220-21; Hays, *Galatians,* 267-68을 참고하라.

33. Lightfoot, *Galatians,* 146-47.

두 당사자가 모두 의무를 완수하는 것에 달렸다. 시내 산 언약이 실패한 이유는 이스라엘이 요구된 것을 행하지 않고 언약의 규정을 어겼기 때문이다. 이와 대조적으로 아브라함에게 주어진 약속은 하나님께만 달렸다. 그리고 그것은 하나님의 약속에 달렸고 조건적이지 않기 때문에 분명히 성취될 것이다.

이 구절의 주요 개념은 문맥에서 분명히 드러난다. 율법은 하나님에게서 천사들에게, 모세에게, 백성에게 전해지는 과정에서 중보가 필요했기 때문에 약속에 비해 열등하다. 반면 한 분이신 하나님이 아브라함에게 직접 말씀하셨다. 따라서 약속은 분명히 율법보다 뛰어나다. 율법이 이스라엘에게 간접적인 방식으로 전달된 사실은 그것이 약속과 같은 수준에 있을 수 없음을 암시한다.[34]

"하나님은 한 분"이라는 선언은 신명기 6:4의 쉐마(Shema)에서 발견되는 유대교의 근본적인 교리 하나를 연상시킨다. 바울은 또한 로마서 3:30에서 구원의 길이 하나임을 강조하기 위해 하나님이 한 분이심을 호소한다. 로마서와 현재 갈라디아서 본문에서 공통적으로 발견되는 흥미로운 사실이 있다. 이방인이 율법과 상관없이 하나님의 백성에 포함된다고 바울이 변론하는 곳에 하나님이 한 분이시라는 교리도 나온다는 것이다. 한 분 하나님이 계시므로 구원의 길은 하나다. 율법은 구원을 이루지 않았고 이룰 수도 없으므로 약속보다 열등하다.

갈 3:21a–b 그러면 율법이 하나님의 약속들과 반대되는 것이냐 결코 그럴 수 없느니라(Ὁ οὖν νόμος κατὰ τῶν ἐπαγγελιῶν τοῦ θεοῦ;[35] μὴ γένοιτο). 앞서 바울은 아브라함 언약이 체결되고 나서 430년 후에 율법이 제정되었기 때문에, 율법은 약속에 대해 부차적이라고 주장했다. 또한 약속과 율법은 다른 원리에 따라 작동했다.[36] 약속 아래에서 유업은 하나님이 은혜로 베푸신 선물로서 얻어지는 반면, 율법 아래에서 약속은 인간의 복종을 통해 확고해진다. 율법은 범법을 증가시키기 위해 주어졌으며 영원히 유효하도록 의도되지 않았다. 그리스도가 오신 지금 율법이 관할하던 시대는 끝이 났다. 율법이 하나님으로부터 직접 주어지지 않고 중재자를 통해 주어졌다는 사실로 율법이 열등하다는 것을 알 수 있다.

이러한 앞선 문맥을 고려할 때, 우리는 바울이 하나님의 약속과 율법이 반대된다는 사실에 동의하리라고 기대할 것이다. 하지만 그는 매우 단호하게 그러한 결론을 거절한다. 이어지는 구절에서 바울은 율법과 약속이 어떻게 조화되는지를 설명한다.

갈 3:21c 만일 능히 살게 하는 율법을 주셨더라면 의가 반드시 율법으로 말미암았으리라(εἰ γὰρ ἐδόθη νόμος ὁ δυνάμενος ζῳοποιῆσαι, ὄντως ἐκ νόμου ἂν ἦν[37] ἡ δικαιοσύνη). 율법과 약속이 서로 대립되지 않는다는 바울의 주장은, 그 둘이 같은 기능을 한다는 것이 아니다. 율법과 약속은 하나님의 계획의 경륜 안에서 서로 조화되지만, 다른 역할을 한다. 율법은 하나님의 뜻을 나타내지만 생명의 근원이 아니었다.[38] 유대교에서는 율법을 생명으로 가는 길로 여겼다. "율법을 연구하면 할수록 더욱더 생명을 얻는다"(*m. ʾAbot* 2:7; 참고. Sir 45:5; *4 Ezra* 14:30).[39] 여기서

34. 또한 Callan, "Gal 3:19b", 565; Burton, *Galatians*, 190; R. Longenecker, *Galatians*, 142에서 그렇게 말한다.

35. "하나님의"(τοῦ θεοῦ)라는 표현은 몇몇 사본에는 빠져 있으며($\mathfrak{P}^{46}$, B, d, Ambrosiaster, Marius Victorinus), 104에서는 "그리스도의"(τοῦ Χριστοῦ)라는 표현으로 대체되어 있다. 필경사들이 로마서 4:20과 고린도후서 1:20에 맞추어 약속 뒤에 "하나님의"(τοῦ θεοῦ)를 추가했을 수 있다(Metzger, *Textual Commentary*, 525에서 그렇게 말한다). 하지만 그것들은 원래의 표현으로 보인다. 그것이 원본에 포함되었음을 지지하는 외적 증거는 상당히 많다(ℵ, A, C, D, [F, G], Ψ, 𝔐 등).

36. Fee는 하나님이 아브라함에게 그 약속을 한 번만 말씀하시지 않았기 때문에 바울이 복수형 "약속들"을 사용한다고 주장한다(*Galatians*, 131).

37. 몇 가지 다른 이문이 본문 전통에 나타나지만, 그 의미는 대부분 같다. "율법에 의하여"(ἐν νόμῳ)라는 이문은 부차적인 것이다($\mathfrak{P}^{46}$, B).

38. Silva, *Interpreting Galatians*, 192–94를 보라.

39. 또한 Betz, *Galatians*, 174를 보라.

40. 또한 Chrysostom, *Galatians*, 29를 참고하라.

율법이 생명을 주지 않고 줄 수 없었음을 설명하기 위해 제2 조건문, 즉 사실의 반대에 대한 가정이 사용된다. 율법은 사람이 어떻게 살아야 하는지 계시했지만, 하나님이 기뻐하시는 방식으로 살 수 있는 능력을 주지 않았다. 사람이 율법의 명령을 지킬 수 있었다면 의가 율법으로 말미암았을 것이다.

율법과 약속이 같은 기능을 하지 않음이 분명한 이유는 율법과 대조적으로 약속이 생명을 주기 때문이다. 약속은 오직 은혜로 생명을 주며, 따라서 부여된 생명은 전적으로 하나님의 사역이다. 그리하여 의(ἡ δικαιοσύνη), 즉 하나님과 맺는 관계에서의 바른 지위는 약속으로 말미암는다. 따라서 율법과 약속의 조화는 단순하게 해결될 수 없음이 분명하다. 약속은 율법과 달리 생명이나 의를 준다는 것을 바울이 분명히 말하기 때문이다. 율법은 의를 얻는 유일한 길이 십자가와 그리스도의 은혜임을 드러낸다는 점에서 약속을 섬기고 있는 것으로 보인다. 다시 말해, 루터가 율법의 주된 목적 중 하나를 사람들이 죄를 깨닫게 하여 그들을 그리스도께 데려가는 것이라고 이해한 것은 옳았다.[40]

갈 3:22 그러나 성경이 모든 것을 죄 아래에 가두었으니 이는 예수 그리스도를 믿음으로 말미암는 약속을 믿는 자들에게 주려 함이라(ἀλλὰ συνέκλεισεν ἡ γραφὴ τὰ πάντα ὑπὸ ἁμαρτίαν, ἵνα ἡ ἐπαγγελία ἐκ πίστεως Ἰησοῦ Χριστοῦ δοθῇ τοῖς πιστεύουσιν). 성경은 모든 사람을 죄의 권세 아래 가두었으며, 그리하여 유업의 약속은 예수 그리스도를 신뢰하는 자들의 것이다. "성경"이라는 단어의 언급은 논란이 되고 있다. 어떤 이들은 여기서 "성경"이 단순히 율법을 묘사하는 다른 방식이라고 주장한다.[41] 하지만 바울은 여기서 "율법"이 아니라 "성경"이라는 단어를 사용했으며, 지금까지 펼친 논증에서 "율법"이라는 용어가 반복되고 있다는 점을 고려하면 그 차이는 중요하다.

다른 이들은 바울이 성경 전체를 염두에 두고 있다고 주장한다.[42] 바울이 다른 곳에서 특정한 구절에 호소하지 않고 "성경"이라는 용어를 사용하는 경우가 없기 때문에, 그는 갈라디아서 3:10에서 인용한 신명기 27:26처럼 특정 구절을 염두에 두었을 수 있다.[43] 하지만 여기서 어떤 특별한 구약 본문도 분명하게 인용되지 않으므로, 바울은 성경 전체의 증거를 염두에 두었을 것으로 보인다. 여기서 성경은 하나님을 상징하며, 모두가 죄 아래 갇힌 것이 하나님의 뜻이었음을 가리킨다. 여기서 죄는 의인화되며 사람을 지배하는 권세로 여겨진다. 밀접한 평행 구절인 로마서 11:32은 이러한 해석을 지지한다.[44]

"모든 것"(τὰ πάντα)이라는 단어는 해석이 어렵다. 만일 이 단어가 사람을 가리키지 않는다고 해석되면, 바울이 말하는 바가 성경이 율법과 세상의 요소와 오래된 창조 전체를 죄의 권세 아래 가두었다는 것일 수 있다.[45] 이 중성 명사는 사람을 가리킨다고 해석될 수 있으며(참고. 고전 1:27–28), 문맥에서 사람을 강조하고 있다는 사실이 그 해석을 뒷받침할 수 있다.[46]

바울이 여기서 말하는 내용은 앞 절의 해석을 확정한다. 율법과 약속은 하나님의 목적 안에서 상호 보완적이지만, 그러한 결론은 그 둘이 정확하게 같은 방식

41. Calvin, *Galatians,* 105; Bruce, *Galatians,* 180; Garlington, *Galatians,* 224; Sanders, *Paul, the Law,* 87, n. 6.

42. Morris, *Galatians,* 116; Fung, *Galatians,* 164; Belleville, "Under Law", 56; 홍인규, *Law in Galatians,* 155; Matera, *Galatians,* 135.

43. Lightfoot은 시편 143:2이나 신명기 27:26을 제안한다(*Galatians,* 147–48). 다른 이들은 오직 신명기 27:26만을 염두에 두고 있다고 확신한다(Burton, *Galatians,* 195–96; R. Longenecker, *Galatians,* 144).

44. Silva, "Galatians", 806에서 그렇게 말한다. 대조되는 견해는 Betz, *Galatians,* 175다.

45. Barrett, *Freedom and Obligation,* 34; Martyn, *Galatians,* 370–73을 보라.

46. Betz, *Galatians,* 175, n. 116; Bruce, *Galatians,* 180; R. Longenecker, *Galatians,* 144(백성들 사이의 모든 구분을 제외함); 홍인규, *Law in Galatians,* 155–56에서 그렇게 말한다.

으로 기능함을 뜻하지 않는다. 율법은 백성들을 약속으로 이끌며, 그리하여 그들은 예수 그리스도를 믿어 의롭다 함을 얻는다.

"예수 그리스도의"를 주어적 소유격 용법으로 보고 본문을 '예수 그리스도의 신실하심'(πίστεως Ἰησοῦ Χριστοῦ)으로 해석하는 이들이 있다. 그들은 분사구 "믿는 자들에게"(τοῖς πιστεύουσιν)가 믿음의 필요성을 알리므로, 이 전치사구(ἐκ πίστεως Ἰησοῦ Χριστοῦ)에 그리스도의 신실하심이 표현된다고 주장한다.[47] 즉, 한 절 안에 그리스도에 대한 믿음을 두 번 언급하는 것은 중복 표현이라는 것이다. 이러한 해석은 가능하지만 결정적이지는 않다(2:16의 "심층 연구: 바울에게 '예수 그리스도의 믿음'은 어떤 의미인가?"를 보라). 목적어적 소유격이 여전히 더 나은 이유는 바울이 율법을 지키는 것에 맞서 그리스도에 대한 믿음의 중요성을 강조하고자 했기 때문이다. 특별히 편지를 낭독하는 경우 그러한 강조가 나타난다.[48] 약속된 유업은 율법의 명령을 지키는 자들에게 주어지지 않고 그리스도 예수를 믿는 자들에게 주어진다. 여기서 우리는 율법과 믿음, 그리고 행함과 믿음 사이의 대립을 본다. 율법은 사람을 그리스도 예수에 대한 믿음으로 데려가는 기능에 한해서 약속과 조화를 이룬다.

갈 3:23a 믿음이 오기 전에 우리는 율법 아래에 매인 바 되고(Πρὸ τοῦ δὲ ἐλθεῖν τὴν πίστιν ὑπὸ νόμον ἐφρουρούμεθα). 3:15 이후로 율법의 임시적인 성격이 강조되고 있다. 율법은 아브라함에게 약속이 주어지고 430년이 지난 후에 제정되었으며(3:17), 아브라함의 진정한 자손인 그리스도가 오시기 전까지만 유효했다(3:19). 여기서 바울은 그리스도가 오시기 이전 구원 역사의 모든 기간을 "믿음이 오기 전"이라고 부르며, 믿음의 시대 이전에 율법이 관리자 역할을 했다고 말한다.

바울은 여기서 그리스도가 오시기 전에 믿음이 전혀 존재하지 않았다고 말하는 것은 아니다. 그는 아브라함이 믿음으로 의롭다 함을 받았다고 이미 가르쳤다(3:6-9; 참고. 롬 4:1-25). 구속사에서 하나님 앞에서 바르게 된 모든 자는 믿음으로 말미암아 의롭다 함을 받았다. 이 구절에서 믿음의 도래는 구속사에서 새로운 시대, 즉 하나님이 마지막 때에 이루겠다고 하신 약속들을 성취하시는 시대의 시작을 나타낸다. 믿음은, 이제 시작된 객관적 실체로 묘사된다.

몇몇 학자는 믿음의 객관적 특성과 바울 논증의 구속사적 유형을 인식하면서, 여기서 "믿음"이 예수 그리스도의 신실하심을 가리키는 것이 분명하다고 주장한다.[49] 그러한 결론이 확실히 뒤따른다고 할 수 없는 이유는 그것이 구속 역사와 인간학(율법이 인간의 경험에 미치는 영향)을 분리시키는 오류-마치 전자가 후자를 삼켜버리는 것처럼-를 범하기 때문이다. 본문이 지닌 구원-역사적 특성이 강조되어야 하는 이유는 율법의 시대와 믿음의 시대의 대조가 강조되기 때문이다.

하지만 이 구속사의 새로운 시대에서 실체가 되는 것은 그리스도에 대한 개인적인 믿음이다.[50] 아브라함과

47. 또는 "예수 그리스도를 믿음으로 말미암는"(ἐκ πίστεως Ἰησοῦ Χριστοῦ)은 "약속"(ἐπαγγελία)이라는 명사를 수식할 수 있다. 목적어적 소유격을 지지하는 해석에 대한 강력한 변호로 Matlock, "The Rhetoric of πίστις in Paul", 187-93을 보라. "예수 그리스도를 믿음으로 말미암아"는 동사 "주어지다"(δοθῇ)를 수식할 가능성이 더 크다. 그리고 그것은 분사 "믿는 자들"(τοῖς πιστεύουσιν)과 결합되기 때문에 그 전치사구는 강조를 위해 추가된다.

48. 참고. Silva, "Faith versus Works", 232-33, 40.

49. 최흥식, "Galatians 5:5-6", 474-76; Caneday, "Faithfulness of Jesus Christ", 200-203에서 그렇게 말한다. Sprinkle은 주어적 소유격과 유사한 견해를 제안하며, 초점이 그리스도의 신실하심보다 그리스도 사건 자체에 있다고 주장한다("Πίστις Χριστοῦ as an Eschatological Event", 212-15).

50. 달리 말해, 여기서 구속 역사와 인간학이 함께 일한다는 것이다. Bruce, *Galatians*, 181; Mussner, *Galaterbrief*, 254-55; Hansen, *Abraham in Galatians*, 134-35에서 그렇게 말한다.

51. 참고. Betz, *Galatians*, 176.

52. R. Longenecker는 여기서 "우리"가 유대인만을 가리킨다고 주장한

모든 구약 성도는 하나님의 약속을 믿었지만, 이제 마지막 시대를 사는 하나님의 백성들은 구체적으로, 특별히 예수 그리스도를 신뢰한다. 우리는 믿음이 특별히 예수 그리스도에 의해 시작된 새로운 시대의 특성이라고 말할 수도 있을 것이다.[51] 이것은 구약에 믿음이 존재하지 않았다고 말하는 것이 아니라, 단지 그것이 남은 자에게 한정되었다는 뜻이다.

이 문맥에서 1인칭 복수 "우리"는 이스라엘에 초점을 맞춘다. 바울이 구원 역사와 율법 아래에서 이스라엘이 경험한 것을 가리키기 때문이다. 하지만 이방인들이 전적으로 제외되지 않는 것으로 보이는 이유는 4:1-11에서 바울이 이방인들을 이스라엘과 한데 묶어서 그들 또한 율법 아래 두기 때문이다.[52] "매인 바 되었다"(ἐφρουρούμεθα)라는 동사는 의미상 3:22의 "가두었다"(συνέκλεισεν)라는 동사와, 바로 뒤따라 나오는 같은 동사의 분사 형태("갇혔다", συγκλειόμενοι)와 중복된다.

이러한 동사적 형태들은 긍정적이거나 부정적으로 이해될 수 있다. 어떤 해석자들은 그것들을 긍정적으로 해석하며, 모세 언약 시대에 율법이 죄를 억제한다는 것이 그 요점이라고 생각한다. 여기서 동사(φρουρέω)는 어떤 문맥에서는 '보호하다'나 '지키다'를 의미하며(빌 4:7; 벧전 1:5), "갇혔다"(συγκλειόμενοι)라는 분사는 이스라엘을 죄 많은 이방인들의 영향에서 분리하는 것으로 이해할 수 있다.[53] 하지만 부정적 해석이 더 설득력 있다. 3:22의 평행되는 표현은 "모두가…죄 아래 갇혔다"는 것을 나타내는 반면,[54] 여기서는 그들이 율법 아래 갇혀 있다고 말한다.[55]

동사 "가두다"(συνκλείω)는 일반적으로 적의 손에 에워싸이는 것, 포위되는 것, 감금되는 것과 같은 부정적인 의미다(참고. 렘 21:4; 시 77:62; 1 Macc 4:31; 5:5; 15:25). 또한 로마서 11:32은 적절한 평행 구절로서, "하나님이 모든 사람을 순종하지 아니하는 가운데 가두어 두셨다"(συνέκλεισεν γὰρ ὁ θεὸς τοὺς πάντας εἰς ἀπείθειαν)고 말한다. 갈라디아서 3:23의 "율법 아래에"(ὑπὸ νόμον)라는 표현은 항상 구원 역사의 옛 시대를 가리키며, 이스라엘이 시내 산 언약 아래 살았던 시대를 가리킨다.

덧붙여, 율법 아래 있다는 것은 또한 죄 아래 있는 것을 뜻한다. "죄 아래에" 있는 것과 "율법 아래에" 있는 것의 상호 관계는 3:22-23에서 하나에서 다른 하나로 자연스럽게 바뀌는 것을 통해 알 수 있다. 로마서 6:14-15에도 비슷한 패턴이 나온다. "율법 아래에"(구속사의 옛 시대) 사는 자들은 또한 죄의 지배와 권세 아래에 있는 반면, 그리스도에 의해 시작된 새 시대에 사는 자들은 "은혜 아래에" 있으며 죄의 폭정은 패배했다. 예수님도 그렇게 "율법 아래"에서 나셨기에(갈 4:4), "율법 아래에"(4:5) 있는 자들이 사로잡혀 있던 "세상의 초등학문"에서(4:3) 그들을 해방하실 수 있었다. 우리는 어떻게 바울이 "율법 아래에" 있는 것과 "죄 아래" 있는 것, 그리고 "세상의 초등학문 아래에"(ὑπὸ τὰ στοιχεῖα τοῦ κόσμου) 있는 것을 연결하는지에 주목해야 한다.

특별히 세상의 초등학문 아래에 있는 자들이 속박당한 채 살고 있으므로, 죄가 그들을 지배한다는 사

다(*Galatians*, 145); Dunn, *Galatians*, 198-200; 또한 Fee, *Galatians*, 137-38을 보라. 유대인과 이방인 모두 율법 아래에 있다는 생각에 대해 Bruce, *Galatians*, 182; Brice L. Martin, *Christ and the Law in Paul*(NovTSup 62; Leiden: Brill, 1989), 100-103을 보라. 또한 갈라디아서 3:13, 4:3, 4:5에 대한 논의를 보라.

53. 참고. Norman H. Young, "*Paidagogos:* The Social Setting of a Pauline Metaphor", *NovT* 29(1987): 150-76; T. David Gordon, "A Note on παιδαγωγός in Galatians 3.24-25", *NTS* 35(1989): 154.

54. 참고. 고후 11:32; Wis 17:15. 또한 "이 용어는 주로 소송이 끝날 때까지 죄수들을 억류하기 위해 감옥을 사용했던 로마의 방식과 일치한다"고 말하는 BDAG의 논평을 참고하라.

55. 또한 홍인규, *Law in Galatians*, 157에서 그렇게 말한다. Belleville은 율법 아래의 삶이 중립적이라고 말하지만("Under Law", 60), 홍인규는 그녀가 "죄 아래에"와 "율법 아래에"의 평행이 의미하는 것을 보지 못한다고 바르게 주시한다(*Law in Galatians*, 157).

실을 주시해야 한다. 구속사의 이전 시대(시내 산 언약)는 죄가 하나님의 백성을 다스렸던 시대였다. 갈라디아서 4:21은 "율법 아래에" 있는 것이 "죄 아래에" 있는 것과 동일함을 강조한다. "율법 아래에" 있고자 하는 자들은 하늘의 예루살렘의 자녀가 되는 것에서 오는 자유를 누리는 대신, 여종 하갈의 자녀가 되는 것을 선택하기 때문이다(4:21-5:1). 여기서 묘사하는 종노릇은 죄의 지배 아래에 있는 사람을 뜻할 가능성이 크다. 그래서 5:18에서는 성령의 인도를 받는 자들이 "율법 아래에" 있지 않다고 말한다. 5:18은 5:17에 묘사된 육체와 성령의 대립에 뒤따라 나오기 때문에, "율법 아래에" 있는 것은 죄의 권세 아래에 있는 것과 같음이 분명해 보인다.

참으로 종말론적 대조가 밝히 드러나고 있다. 그리스도 안에 있는 자들은 성령을 받았으며, 성령의 능력으로 그들이 더 이상 죽음과 죄와 율법의 옛 시대에 살지 않기 때문이다. 어떤 이들은 예수님이 율법 아래에 사셨기 때문에(4:4) 이러한 패러다임이 작동되지 않는다고 말할 수 있지만 그분은 예외다. 율법 아래에 살았던 자로서 그분은 율법과 죄와 죽음에 대해 승리하셨다(참고. 4:5).

바울이 "율법 아래에"라는 표현을 사용하는 다른 부분은 고린도전서 9:20이 유일하다. 거기에서 이 표현은 네 번 나타난다. 바울은 비록 자신이 율법 아래에 사는 것을 선택했지만 진정으로 율법의 지배를 받지 않았으며, 지금은 그리스도의 법에 따라 산다는 것을 강조한다. "율법 아래에" 있는 자들이 죄에 속박되어 있음이 분명한 이유는 바울이 그들을 그 상태에서 해방하는 것을 목표로 삼기 때문이다. 그러므로 바울의 목적은 율법에 의해 매이거나 갇히는 것을 부정적으로 말하고 있음이 분명해 보인다.

윌슨(Wilson) 또한 "율법 아래에"라는 표현을 부정적으로 해석한다. 그런데 그는 3:10의 "저주 아래에"(ὑπὸ κατάραν)라는 평행되는 표현을 근거로, 갈라디아서에서 말하는 "율법 아래에"가 율법의 저주 아래에 있는 것을 단축시킨 형태라고 주장한다. 윌슨은 이러한 의미가 갈라디아서에만 국한되며, 바울이 4:21에서 이러한 형식을 풍자적으로 사용한다고 주장한다.[56] 이러한 해석은 가능하며 일반적으로 여기서 제안된 해석과 조화된다. 하지만 그 형식은 율법의 저주에 제한되기보다, 구속사적 의미를 담고 있을 가능성이 더 커 보인다.[57]

두 가지 논증으로 윌슨의 견해에 반론을 제기할 수 있다. 먼저 바울이 4:21에서 풍자적으로 말한다는 증거가 없다. 이 구절을 단도직입적으로 해석하면, 바울은 왜 갈라디아 사람들이 구속사의 옛 시대 아래에 살기 원하는지를 묻는다. 또한 다른 바울 서신에서 이 표현은 율법의 저주가 아니라 구속사에서의 옛 시대를 가리키며(롬 6:14-15; 고전 9:21), 이 표현은 바울의 편지 전체에서 동일한 의미일 개연성이 더 커 보인다.

갈 3:23b 계시될 믿음의 때까지 갇혔느니라(συγκλειόμενοι εἰς τὴν μέλλουσαν πίστιν ἀποκαλυφθῆναι). 구원 역사에서 율법의 임시적이고도 제한된 역할이 계속해서 강조된다. 이스라엘은 그리스도가 오시기 전까지 율법 아래에 갇혔다. 더 구체적으로 말하면, 그리스도에 대한 믿음이 계시되기 전까지 율법이 지배했다. "계시되다"(ἀποκαλυφθῆναι)라는 단어는 구원의 역사를 강조한다. 새 시대가 시작되고 그리스도가 오신 지금, 신자들

---

56. Todd A. Wilson "'Under Law' in Galatians: A Pauline Theological Abbreviation", *JTS* 56(2005): 362-92.

57. 물론 율법의 저주는 또한 구속사적 견해와 일치할 것이다. 그 표현의 초점이 율법의 저주에 있는지 여부가 결정되어야 한다.

58. Betz, *Galatians*, 178; Bruce, *Galatians*, 183; R. Longenecker, *Galatians*, 148-49에서 그렇게 말한다.

59. Young, "*Paidagogos*", 151-68.

60. Lull, "The Law", 486-96; Belleville, "Under Law", 53-78에서 그렇게 말한다.

61. Gordon, "παιδαγωγός", 150-54. 또한 Dunn, *Galatians*, 197-200

은 더 이상 "이 악한 세대"(1:4)에 매이지 않는다. 그리스도가 오심으로써 그리스도에 대한 믿음이 실체가 되는 새로운 시대가 이르렀다.

갈 3:24a 이같이 율법이 우리를 그리스도께로 인도하는 초등교사가 되어(ὥστε ὁ νόμος παιδαγωγὸς ἡμῶν γέγονεν εἰς Χριστόν). "이같이"(ὥστε)라는 단어는 결과를 뜻할 수 있지만, 여기서는 유추의 의미(그리하여)다. 바울은 3:15에서 시작하여 구원 역사에서 율법의 임시적 역할을 강조했고, 이제 그는 이전 논증의 실마리들을 종합한다. 이 문맥에 사용된 전치사(εἰς)는 시간의 용법으로 해석하여 '…의 때까지'로 번역되어야 한다.[58] 율법은 구원 역사에서 중간 역할을 하므로, 그리스도가 오시기 전까지 교사나 관리인으로서 기능했다.

여기서 "초등교사"(παιδαγωγός)라는 단어의 의미가 핵심 논점이다. 교사는 일반적으로 집에서 일하는 노예(자유인일 수도 있지만)였으며, 아이들이 십대 후반의 나이가 될 때까지 그들을 맡았다. 고대 세계에서 초등교사(παιδαγωγός)는 정확히 교사라기보다 아이의 시중을 들거나, 보모로서 성숙하지 못한 아이들을 돌보았다. 초등교사는 아이에게 도덕과 예절을 가르치고 매일의 삶에서 그들을 보살폈다. 고대 문헌에서 교사는 존경받기도 하고 미움받기도 했다. 그들은 젊은이들에게 도덕적 길잡이가 되어야 했지만 항상 그 기대에 부응하지는 못했다.[59] 이것이 갈라디아서에서 초등교사의 의미에 대한 해석이 직면한 문제다.

초등교사의 역할이 아이들에게 예절과 선한 행동을 가르치는 것이었듯이, 율법도 죄를 억제하고 제어하는 교사로 이해할 수 있었다.[60] 고든(Gordon)은 율법이 초등교사로서 그리스도가 오시기 전까지 유대인을 이방인에게서 분리하여, 타락하게 하는 이방인의 영향력에서 유대인을 보호하는 기능을 한다고 주장한다.[61] 비슷하게 영(Young)은 구원 역사의 특정 시대 동안 율법의 제한하는 역할, 즉 그리스도가 오시기 전까지 유대인을 이방인에게서 분리하는 기능에 초점을 맞춘다.[62] 다른 이들은 율법이 가정교사나 선생의 역할을 하며, 율법을 지키는 것이 아니라 오직 예수 그리스도에 대한 믿음을 통해 생명을 얻는다는 것을 보여준다고 주장한다.[63] 그럼에도 어떤 이들은 율법 아래에서의 속박을 요점으로 본다.[64]

교사가 다양한 방식으로 이해될 수 있었기 때문에 거의 모든 해석이 가능하므로, 이 문제는 특별히 더 어려워진다. 갈라디아서의 문맥에 집중함으로써 이런 난국을 해결할 수 있다. 우리가 이 편지에서 바울의 논증의 흐름에 주목할 때, "초등교사"(παιδαγωγός)라는 용어의 의미가 더 선명하게 드러난다. 나는 이 주석서에서 갈라디아서에 율법이 죄를 제한한다는 증거가 없다고 주장했다. 그것은 거짓 선생들, 즉 갈라디아를 방문하여 할례를 요구했던 훼방꾼들의 견해였을 것이다. 대조적으로 바울은 편지 전체에 걸쳐 율법 아래에 있는 자들이 또한 죄의 권세 아래에 있다고 주장한다. 따라서 초등교사는 율법의 억제하는 역할을 강조하기 위해 도입된 것으로 보이지 않는다.

고든과 영의 말처럼, 율법이 구원 역사의 특정 기간 동안 유대인을 이방인에게서 분리한다는 주장은 분명히 옳다. 하지만 바울이 이 문맥에서 그러한 특별한 논증을 전개하고 있는지는 의심스럽다. 갈라디아서의 다른 어느 곳에서도 분리하는 율법의 기능을 강조하는 것

을 참고하라. 따라서 Robinson은 여기서 "우리"가 유대인만을 가리킨다고 주장한다("Jewish and Gentile Believers", 35).

62. Young, "*Paidagogos*", 150-76. 또한 Michael J. Smith, "The Role of the Pedagogue in Galatians", *BSac* 163(2006): 197-214를 보라.

63. Georg Bertram, "παιδεύω", *TDNT,* 5:620-21.

64. 홍인규, *The Law in Galatians,* 160. Martyn은 초등교사를 "감옥에 가두는 감시인"이라고 본다(*Galatians,* 363).

을 찾아볼 수 없다. 유대인을 이방인과 분리하는 율법의 역할은 암시적으로 존재하지만(참고. 2:11–18), 바울은 이러한 율법의 특별한 특성을 탐구하지 않는다. 즉, 그는 유대인을 이방에게서 분리하여 나쁜 영향력에 노출되지 않게 하는 율법의 긍정적 기능을 깊이 생각하지 않는다. 대신 그는 의롭다 함을 얻는 것이 그리스도에 대한 믿음으로 말미암기 때문에, 이방인들에게 율법을 강요하지 말아야 한다고 주장한다. 바울이 유대인을 이방인에게서 분리하는 율법의 역할에 대해 길게 설명하지 않기 때문에, 여기서 그가 이러한 율법의 기능을 중요하게 여긴다고 보기는 어렵다.

아이들이 성숙함에 이르기 전까지 초등교사가 필요하다는 한 가지 특성이 눈에 띈다.[65] 바울은 4:1–2에서 후견인과 관리인을 언급하면서 같은 요점을 말한다. 달리 말해, "초등교사"(παιδαγωγός)라는 단어가 강조하는 것은 율법의 임시적인 특성이라는 것이다. 어린아이인 동안에만 교사가 필요하듯이, 율법은 구원 역사에서 제한된 시간 내에서만 효력이 있도록 의도되었다. 할례를 주장했던 유대주의자들은 모세 율법이 영원한 것으로 계획되지 않았음을 이해하지 못했다. 따라서 "초등교사"(παιδαγωγός)라는 단어에 담긴 정확한 초점은 부정적이지도 긍정적이지도 않다. 여기서 강조되는 것은 율법이 지니는 임시적 역할이다. 그것은 정해진 때가 이르기 전까지 일종의 보모와 같은 기능을 했다.

갈 3:24b 우리로 하여금 믿음으로 말미암아 의롭다 함을 얻게 하려 함이라(ἵνα ἐκ πίστεως δικαιωθῶμεν). 초등교사(παιδαγωγός)에 대한 전통적인 견해, 즉 율법이 사람을 그리스도에 대한 믿음으로 이끈다는 견해 또한 사실이다. 바울은 3:15–23에서 율법이 모두를 죄 아래에 가두고 속박했으며, 그리하여 그리스도 예수에 대한 믿음이 나타날 것이라는 약속을 통해 모두가 구원받을 것임을 강조했다. 따라서 또한 율법은 사람이 율법의 명령을 지킬 수 없음을 보여줌으로써, 그리스도 예수에 대한 믿음만이 사람의 유일한 소망임을 분명히 깨닫게 하는 기능을 가진 것으로 보인다.

이스라엘의 역사는, 시내 산 언약 아래에서 하나님의 백성들이 그분을 기쁘시게 할 수 없었다는 것을 보여준다. 교사 아래에서의 삶은 이스라엘이 죄를 짓지 않도록 억제하기보다, 율법을 자신의 목적을 위해 사용하는 죄의 권세를 드러냈다. 하지만 이제 구원 역사에서 새로운 시대가 시작되었다. 사람은 예수 그리스도를 믿음으로 말미암아 하나님 앞에서 의롭다고 선언된다(δικαιωθῶμεν). 율법의 시대는 끝났다.

갈 3:25 믿음이 온 후로는 우리가 초등교사 아래에 있지 아니하도다(ἐλθούσης δὲ τῆς πίστεως οὐκέτι ὑπὸ παιδαγωγόν ἐσμεν). 바울은 이제 앞선 논증의 결론을 이끌어 낸다. 이제 구원 역사에서 그리스도에 대한 믿음이 나타난 이 특정한 시기에 율법의 시대, 즉 교사의 시대는 끝이 났다. "[더 이상]"(οὐκέτι)이라는 헬라어는 여기서 논리보다 시간을 뜻하므로, 구속사에서 새로운 시대의 시작을 강조한다. "초등교사 아래에"라는 표현은, 구원–역사적 의미로 사용된 "아래에"(ὑπό)로 시작되는 구의 또 다른 예다. 더 이상 교사 아래에 있지 않는 자들은 더 이상 율법 아래에 있지 않으며, 따라서 그들은 더 이상 죄의 지배 아래에 있지 않다.

65. 참고. R. N. Longenecker, "The Pedagogical Nature of the Law in Galatians 3:19–4:7", *JETS* 25(1982): 53–61.

적용에서의 신학

1. 구약의 역할

성경 신학에서 중요한 문제 중 하나는 율법과 시내 산 언약의 역할이다. 바울은 율법을 언급할 때 언약의 언어를 자주 사용하지 않는다. 그런데 갈라디아서 3:15-18과 4:21-30, 그리고 고린도후서 3:1-18(특별히 고후 3:14을 보라)을 통해 바울이 율법을 시내 산 언약의 일부로 여기는 것을 분명히 알 수 있다. 갈라디아서의 이 본문에 따르면, 모세 언약의 일부로서 율법은 구원 역사에서 특정 시대에 한정된다.

바울 신학에서 율법(그리고 모세 언약)이 가진 중간기적 특성은 특이하며 혁명적이다. 바울은 예수 그리스도를 믿기 전에 당시 유대인들이 대부분 주장했던 대로, 역사가 끝날 때까지 율법에 구속력이 있다는 것을 열렬히 믿었다. 바울 이후의 랍비 유대교도 율법이 계속해서 유효하다고 생각하며 그러한 견해를 장려했다. 따라서 아브라함에게 주어진 약속이 율법을 앞선다는 바울의 생각은 놀라운 혁신이다. 그는 구약을 그 줄거리에 비추어 읽었으며 구약을 전체 이야기와 상관없이 조사할 수 있는 동떨어진 실체로 생각하지 않았다.

우리는 구약의 어떤 부분도 전체 이야기에서 어디에 속하는지 고려하지 않은 채 그것이 오늘날의 사람들에게 구속력이 있는 것처럼 인용할 수 없다(예를 들어, 할례, 음식법, 십일조, 안식법 등). 전체로서의 구약은 거대한 잠언의 책처럼 여겨져서는 안 되며, 전개되는 구속 이야기에 비추어 읽고 해석해야 한다. 바울은 모세 율법이 오늘날의 신자들에게 구속력이 없음을 분명히 밝힌다. 모세 언약은 더 이상 신자들을 위한 기준이 아니기 때문이다.

물론 구약의 모든 것은 거룩한 성경의 일부이며 신자들에 대해 권위를 가진다. 하지만 모세 언약의 율법을 오늘날에 적용하는 일은, 예수 그리스도의 오심에서 절정에 이르는 구속 이야기 전체에 비추어 분별해야 한다. 분명히 모세 언약의 일부 명령들은 오늘날 신자들에 대해 권위를 갖는 것으로 인용된다(갈라디아서 5:14과 6:2의 논의를 보라). 하지만 구약의 명령들이 오늘날 적용되는지의 여부나, 어떻게 적용되는지에 관한 문제는 단순히 모세 율법의 명령에 호소하는 것으로 해결될 수 없다.

여기서 이러한 문제가 불러오는 실제적인 결과들을 상세하게 다루기에는 지면이 부족하다. 성경을 가르치는 사람들은 거의 대부분 할례와 음식법이 더 이상 구속력이 없다고 주장한다. 그런데 안식일과 십일조도 동일하게 적용해야 할 것 같다. 그 둘도 모세 언약과 연결되어 있기 때문이다.[66] 많은 설교자는 오늘날 그리스도인들이 십일조를 해야 한다고 주장한다. 그런데 대부분의 경우 왜 모세 언약 중 이 명령이 여전히 규범으로 남아 있는지는 설명하지

66. 십일조에 대해서는 Andreas Köstenberger and David A. Croteau, "'Will a Man Rob God?'(Malachi 3:8): A Study of Tithing in the Old and New Testaments", *BBR* 16(2006): 53-78을 보라.

않는다. 특별히 십일조가 제사장들에게로 갔고 예루살렘에 전달되었기 때문이다. 하지만 그리스도의 멜기세덱의 제사장 직분이 이르렀기 때문에 구약의 제사장 직분은 오늘날 더 이상 유효하지 않은 것이 분명하다(히 7:1-10:18).

2. 율법의 역할

바울의 가르침 중 적어도 바울 당시의 사람들을 놀라게 했을 또 다른 요소가 있다. 즉, 율법이 죄를 억제하기보다 자극하고 더하게 한다는 생각이다. 위반 행위에 뒤이어 즉시 형벌이 뒤따르면, 물론 율법은 죄를 억제할 것이다. 인간은 징벌을 피하고 싶어 하기 때문이다(참고. 롬 13:1-7; 딤전 1:8-11). 바울은 갈라디아서(3:19)나 로마서(5:20; 7:5, 7-25)에서 율법이 죄를 억제하는 역할에 대해 말하지 않는다. 일반적인 유대 견해는 토라가 도덕적 변화의 매체라는 것이었다. "율법을 연구하면 할수록 더욱더 생명을 얻는다"는 유명한 속담도 있다(*m. ʾAbot* 2:7). 토라가 생명으로 인도한다는 견해는 유대교에서 일반적인 것이었다(Sir 17:11; Bar 3:9; 4:1; Pseudo-Philo, *Bib. Ant.* 23:10; *Pss. Sol.* 14:2-3).[67] 바울은 회심하기 전 그 견해에 동의했을 것이 분명하다. 하지만 그리스도인으로서 그는 율법이 실제로 사람이 죄를 짓도록 자극한다는 것과, 율법이 시작된 후로 죄가 더욱 은밀해지기까지 했다는 것을 확신했다. 이제 죄가 반항의 색채를 띠게 되었기 때문이다.

대부분의 세속적인 사람은 물론 많은 종교적인 사람까지도 도덕 교육이 교양 있는 삶으로 가는 통로라고 믿는다. 우리가 '도덕'을 가르치는 일에 성공하기만 하면 정의와 진리가 우세할 것이라는 믿음이다. 율법과 인간의 선함에 대한 바울의 견해는 훨씬 덜 낙관적이다. 율법은 해결책이 아니라 문제의 일부다. 물론 우리가 도덕적인 원리들을 가르치면 안 된다는 뜻은 아니다. 하지만 도덕성을 해답으로 여기는 어떠한 희망은 무엇이든 바울의 복음에 위반된다. 성희롱에 관한 규칙들을 만드는 것이 성적인 죄라는 문제를 억제하지 못할 것이다. 많은 기관과 회사에는 허용되는 것과 금지되는 것을 명시한 지침서가 있다. 그러한 규정들이 반드시 나쁜 것은 아니지만, 바울은 그것들이 사람의 심중을 울리지 않는다는 것을 상기시킨다. 사람은 어려움에 빠지는 것을 피하고 싶어 하기 때문에 법을 따를 수 있지만, 법 자체는 순종하는 능력을 공급하지 않는다. 복음만이 진정으로 우리의 마음을 변화시킨다.

어째서 율법이 우리를 변화시킬 수 없는지를 더 생각해보자. 어렸을 때 나는 사탕무를 너무 싫어해서 먹는 것조차 무서워했다. 어떤 명령으로도 내가 사탕무를 좋아하게 할 수 없었다. 내가 그것을 싫어했기 때문이다. 마찬가지로 하나님의 명령도 하나님을 싫어하는 자들을 변화시킬 수 없다. "구스인이 그의 피부를, 표범이 그의 반점을 변하게 할 수 있느냐 할 수 있을진대 악에 익숙한 너희도 선을 행할 수 있으리라"(렘 13:23). 율법은 생명을 낳을 수 없다. 그것은 우리의 본성을 변화시킬 수 없다. 우리는 규정과 명령으로 생명을 만들어낼 수 없다.

67. 참고. B. Longenecker, *Triumph of Abraham's God*, 120.

어린아이들과 관련해 이러한 사실을 기억하자. 즉각적인 처벌이 따르는 규칙과 명령은 아이들을 교화할 수 있다. 그리고 그들은 교화가 필요하다. 우리는 아이들에게 예의를 가르치고 그들이 어릴 때 순종하고 옳은 일을 하도록 요구할 수 있다. 하지만 그것을 아이들의 마음을 변화시키는 것과 동일하게 여기지 말자. 어딘가에서 다음과 같은 비유를 들은 적이 있다. 율법은 동물 우리와 같다. 창살을 세워서 사자가 양을 먹지 못하게는 할 수 있다. 하지만 사자가 양을 먹고 싶어 하는 것까지 막을 수는 없다. 존댓말을 하는 예의 바른 아이(이것은 좋은 것이다)를 거듭난 아이라고 생각하지 말자. 이 모든 것은 우리로 하여금 율법이 죽음을 가져오고 우리를 죽이기 때문에 약속과 상반되게 작용한다고 생각하게 할 수 있다. 하지만 율법은 우리를 약속으로 몰아가는 막대기와 같다.

3. 상호 보완적인 율법과 약속

마지막으로 하나님의 목적 안에서 율법과 약속은 적대적이지 않고 상호 보완적이다. 이것을 근거로 율법과 약속이 같은 기능을 한다고 쉽사리 결론 내릴 수도 있다. 하지만 바울은 여기서 상호 보완과 동일함을 혼동해서는 안 된다는 것을 분명히 밝힌다. 율법과 약속의 목적은 상호 보완적이지만 서로 다르다. 약속은 유업을 확고히 하는 반면, 율법은 의와 생명을 얻는 능력을 제공하지 않는다. 율법이 사람의 불순종을 드러냄으로써 약속의 실현을 좌절시킨다면, 그것은 어떻게 약속과 조화되는가? 율법은 사람에게 죄의 전체 범위와 죄의 권세를 알게 하기 때문에, 약속을 촉진시킨다. 따라서 율법은 구원의 유일한 희망이 우리에게 있지 않고 십자가에 못 박히신 그리스도께 있음을 가르쳐서 우리를 그리스도와 약속으로 데려간다.

결과적으로 율법을 가르치는 것은 여전히 귀중한 일이다. 그것이 인간의 교만에 상처를 내고 인간의 죄를 폭로하기 때문이다. 루터는 율법의 목적 중 하나가 인간에게 죄를 깨닫게 하고 그들이 구원을 위해 그리스도께 향하게 하는 것이라고 바르게 이해했다.

> 따라서 하나님은 바위를 부수는 강력한 망치(율법)와, 산들을 뒤집어엎기 위해, 즉 뻔뻔스러움이라는 고집스럽고도 사악한 짐승을 산산조각 내기 위해 하늘에서 타오르는 불을 가지고 계신 것이 분명하다. 사람이 이러한 맹포격을 받아 완전히 낮아지고, 자신의 능력과 의와 행위에 절망하며, 하나님 앞에서 떨게 될 때, 그는 두려움 가운데 자비와 죄의 용서를 갈망하기 시작할 것이다.[68]

하나님은 율법과 그것을 지키지 못하는 우리의 무능력을 사용하셔서 우리를 그리스도께로 몰아가신다. 율법은 우리의 죄를 보여주는 거울이다. 우리는 자신에게 실망하고, 구원을

68. Luther, *Galatians 1535: Chapters 1–4,* 310.

위해 오직 그리스도와 그분의 십자가와 부활로 돌아선다. 즉, 율법은 우리를 죽이지만 우리는 죽음의 상태로 남지 않는다. 하나님을 찬양하라! 그분은 우리에게 그리스도 안에서 새 생명과 소망을 주신다.

13

CHAPTER

갈라디아서 3:26-29

문학적 전후 문맥

3:15에서 갈라디아서의 새 주요 부분이 시작된다. 3:15-18에서 바울은 모세를 통해 주어진 율법이 아브라함에게 주어진 약속을 무효로 만들지 않는다고 주장한다. 율법은 약속 후 430년이 지나서 제정되기 때문에 약속에 종속되며, 율법은 아브라함과 맺은 언약의 약정을 폐기할 수 없다. 율법은 범법을 자극하기 위해 주어졌기 때문에 약속에 비해 열등하며, "자손"(그리스도)이 오기 전까지의 기간으로 한정되고, 중재자를 통해 주어졌다(3:19-20).

하지만 율법은 하나님의 약속과 상반되지 않는다(3:21). 율법과 약속이 다른 목적을 가지고 있다는 사실을 이해해야 한다. 율법은 생명을 가져다주도록 의도되지 않았으며, 모두를 죄 아래에 가두어 그리스도를 향한 믿음을 통해 약속이 확고해지도록 했다(3:21-22). 또한 처음부터 율법은 중간기의 특성을 띠도록 의도되었다(3:23-25). 율법은 약속이 오기 전까지 초등교사로서 기능했으며, 믿음으로 말미암는 칭의의 약속이 이른 지금 초등교사는 더 이상 필요 없다.

갈라디아서 3:26-29은 모든 신자가 믿음을 통해 그리스도 안에서 하나님의 자녀이기 때문에, 이제 교사와 같은 율법이 지나간 것이 되었다는 견해를 지지한다. 다시 말해, 이제 신자들이 믿음을 통해 아브라함의 자녀가 되었으며, 모세 율법의 약정 아래 살지 않는다는 것이다. 그들은 예수 그리스도께 속함으로써 아브라함의 자손이다. 어쨌든 예수 그리스도가 아브라함의 한 참된 자손이시므로(3:16), 세례를 받아(3:27) 그리스도 안으로 들어온 자들은(3:26) 종족이나 계급의 배경이 무엇이든, 남자든 여자든 아브라함 가족의 일원이다.

I. 도입: 바울의 복음을 떠나는 것은 복음을 떠나는 것이다(1:1–2:21)
II. 경험과 성경을 통한 바울의 복음 변호(3:1–4:11)
  A. 경험을 통한 논증: 행위가 아닌 믿음으로 말미암아 성령을 받음(3:1–5)
  B. 성경을 통한 논증: 믿음으로 말미암아 아브라함의 복을 얻음(3:6–14)
  C. 구원 역사를 통한 논증: 아브라함 언약이 우선되며 모세 언약은 임시적임(3:15–4:11)
    1. 율법이 더해진 것은 아브라함이 받은 약속을 무효화하지 못함(3:15–25)
      a. 모세 언약의 임시적 특성(3:15–18)
      b. 율법의 목적(3:19–25)
➦ **2. 하나님의 자녀는 아브라함의 후손이다(3:26–29)**
    3. 종에서 아들이 되는 것을 통한 논증(4:1–7)
    4. 율법으로 돌아가는 것은 어리석다(4:8–11)

주요 개념

기본적인 진리는 신자들이 그리스도 예수와 연합함으로써 아브라함의 자손이 되었다는 것이다. 이 단락에서 같은 진리가 다양한 방식으로 전달된다. 신자들은 모두 믿음으로 말미암아 하나님의 자녀가 되었으며, 그들은 모두 그리스도 안에서 하나다.

번역

갈라디아서 3:26–29

26a	3:23–25의 근거/단언	**너희가 다…하나님의 아들이 되었으니**
b	영역	그리스도 예수 안에서
c	수단	믿음으로 말미암아
27	26a–c의 근거	**누구든지 그리스도와 합하기 위하여 세례를 받은 자는 그리스도로 옷 입었느니라**
28a	27에서 유추	**유대인이나 헬라인이나**
b	연속	**종이나 자유인이나**
c	연속	**남자나 여자나**

d	28a–c의 근거	**너희는…다 그리스도 예수 안에서 하나이니라**
29a	조건	너희가 그리스도의 것이면 곧 **아브라함의 자손이요**
b	평행	**약속대로 유업을 이을 자니라**

구조

3:26의 접속사["(왜냐하면)", γάρ]는 3:23–25의 근거를 설명한다. 율법은 그리스도에 대한 믿음이 나타나기까지 일종의 보모나 중간기 초등교사로서 기능하도록 의도되었다. 율법의 시대가 끝난 것이 분명한 이유는 신자들이 믿음으로 말미암아 그리스도와 연합하므로 이제 하나님의 자녀가 되었기 때문이다. 이어서 27절은 3:26의 근거가 된다(접속사 γάρ로 표시됨). 신자들은 그리스도와 연합되었다. 그들이 세례를 통해 그리스도 안으로 뛰어들어 그리스도로 옷 입었기 때문이다.

그들이 그리스도에 참여함으로써 나타나는 결과는 신자들이 유대인이나 이방인, 종이나 자유인, 남자나 여자 모두 하나가 되는 것이다(3:28). 종족, 성별, 사회 계급은 사람이 예수 그리스도에 속하는지를 평가하는 잣대가 되지 않는다. 믿음으로 말미암아 그리스도에 속하는 자들은 모두 그분의 가족이다.

논증은 29절에서 절정에 이른다. 아브라함의 유일하고도 진정한 자손이신 그리스도께 속하는 자들은 또한 아브라함 가족의 일원이다. 그들은 아브라함의 진정한 자손이다. 따라서 그들은 아브라함에게 약속된 유업을 받는 자들이다. 그들은 율법을 따르는 상속인이 아닌, 복음의 약속을 따르는 상속인이다.

석의적 개요

- **II. 경험과 성경을 통한 바울의 복음 변호(3:1–4:11)**
  - A. 경험을 통한 논증: 행위가 아닌 믿음으로 말미암아 성령을 받음(3:1–5)
  - B. 성경을 통한 논증: 믿음으로 말미암아 아브라함의 복을 얻음(3:6–14)
    - 1. 믿음으로 아브라함 가족의 일원이 됨(3:6–9)
    - 2. 오직 그리스도 안에서 율법의 저주가 제거됨(3:10–14)
  - **C. 구원 역사를 통한 논증: 아브라함 언약이 우선되며 모세 언약은 임시적임(3:15–4:11)**
    - 1. 율법이 더해진 것은 아브라함이 받은 약속을 무효화하지 못함(3:15–25)
      - a. 모세 언약의 임시적 특성(3:15–18)
      - b. 율법의 목적(3:19–25)
    - ➦ **2. 하나님의 자녀는 아브라함의 후손이다(3:26–29)**

a. 그리스도 안에서 하나님의 자녀임(3:26)

b. 그리스도로 옷 입음(3:27)

c. 그리스도 안에서 하나임(3:28)

d. 약속을 따른 상속인임(3:29)

3. 종에서 아들이 되는 것을 통한 논증(4:1-7)

본문 설명

갈 3:26 너희가 다 믿음으로 말미암아 그리스도 예수 안에서 하나님의 아들이 되었으니(Πάντες γὰρ υἱοὶ θεοῦ ἐστε διὰ τῆς πίστεως ἐν Χριστῷ[1] Ἰησοῦ). 접속사 "(왜냐하면)"(γάρ)은 본 절이 3:23-25에 대한 근거임을 가리킨다. 신자들이 더 이상 교사와 같은 율법 아래 있지 않는 이유는,[2] 구원 역사의 이전 시대가 지나갔으며 이제 그들은 믿음으로 말미암아 의롭다 함을 얻었기 때문이다.[3] 따라서 그들은 현재 하나님의 "아들"(υἱοί)이다. 그들이 하나님의 아들이라고 말하는 것은 그들이 성숙함에 이르렀다는 뜻이다. 이는 그들이 이제 어른이 되었으며 약속된 유업을 얻었다고 말하는 것과 동등할 것이다.

구약에서 이스라엘은 하나님의 아들이다(참고. 출 4:22; 렘 31:9; 호 11:1; 말 1:6). 율법은 구원 역사에서 특정 기간 동안만 유효했으며 보모와 같은 역할을 했다. 보모의 시대가 끝난 지금 신자들은 약속을 얻은 아들이다. 신자들은 아들일 뿐 아니라 "모두"(πάντες) 하나님의 백성에 속한다.[4] 그리스도가 오신 지금 약속의 문은 믿는 이방인들을 포용할 만큼 넓게 열렸다.

약속은 율법을 지키는 것이 아니라 그리스도 예수를 믿는 것을 통해 얻어진다. 이 구절에서 "그리스도 예수 안에서"라는 표현은 믿음의 대상을 가리킬 가능성이 있다.[5] 앞에서 '그리스도에 대한 믿음'이 갈라디아서의 주요 주제라고 주장했다. 하지만 본문이 그리스도와의 통합이나 참여를 강조하기 때문에 "그리스도 예수 안에서"라는 표현은 동사 "되었다"(ἐστε)를 수식할 개연성이 있다.[6] 3:27에서 신자들은 "그리스도와 합하기 위하여 세례를 받은"(εἰς Χριστὸν ἐβαπτίσθητε) 자들이며, 3:28에서 신자들은 "그리스도 예수 안에서 하나다"(εἷς ἐστε ἐν Χριστῷ Ἰησοῦ). 이것은 그리스도와의 연합을 다시 한 번 강조한다. 나아가 3:29도 그리스도께 속하는 것(εἰ δὲ ὑμεῖς Χριστοῦ)에 주의를 환기시킨다.

따라서 여기서 바울은 신자들이 아브라함의 유일하

---

1. 소수의 사본은 "안에"(ἐν)를 생략한다. 따라서 본문은 "그리스도 예수의"(Χριστοῦ Ἰησοῦ)로 되어 있다. 그런데 이것은 분명히 갈라디아서의 다른 부분에서 "믿음" 뒤에 오는 소유격 "그리스도 예수"로 동화(assimilation)되는 것을 나타낸다.
2. 어떤 이들은 2인칭 복수가 유대인 그리스도인들을 가리키는 1인칭에서 이방인 그리스도인으로 뚜렷하게 전환되는 것이라고 생각한다(예를 들어, Betz, *Galatians*, 185). 하지만 나는 앞에서 그럴 가능성이 낮다고 주장했다. 3:13, 23, 4:3, 5의 논의를 보라.
3. Fung, *Galatians*, 170에서는 "왜냐하면"(γάρ)에 대해 이러한 이해를 지지한다. 물론 구약과 신약에서 모두 의롭다고 여겨지는 것은 항상 믿음으로 말미암는다. 하지만 새 시대에서 유대인과 이방인 모두 믿음으로 말미암아 그리스도와 연합하는 것과 대조적으로 구약 시대에서는 믿은 자가 거의 없었다.
4. 여기서 "모두"는 강조의 의미다. Lightfoot, *Galatians*, 149; R. Longenecker, *Galatians*, 151; Martyn, *Galatians*, 375에서 그렇게 말한다.
5. R. Longenecker, *Galatians*, 151-52; Luther, *Galatians 1535: Chapters 1-4*, 351.
6. Lightfoot, *Galatians*, 149; Betz, *Galatians*, 185-86; Bruce, *Galatians*, 184; Hansen, *Abraham in Galatians*, 136; Fee, *Galatians*, 139.
7. 많은 학자가 3:26-28의 일부나 전체가 바울 이전의 전통을 나타낸다고 믿는다. Betz, *Galatians*, 181-85; R. Longenecker, *Galatians*, 154-55; Martyn, *Galatians*, 378-80에서 그렇게 말한다. 그렇다고 하더라도 그것은 이 구절이 속한 문맥에서 본문을 해석하는 데 영향

고도 진정한 자손이신(3:16) 그리스도 예수와 연합되기 때문에 그들이 하나님의 자녀라고 가르치는 것으로 보인다. 그들은 율법을 지킴으로써가 아니라, 그리스도 안으로 연합됨으로써 하나님의 자녀가 된다.

갈 3:27 누구든지 그리스도와 합하기 위하여 세례를 받은 자는 그리스도로 옷 입었느니라(ὅσοι γὰρ εἰς Χριστὸν ἐβαπτίσθητε, Χριστὸν ἐνεδύσασθε). 접속사 "(왜냐하면)"(γάρ)은 신자들이 세례를 받고 그리스도와 연합되면 그들 모두 하나님의 자녀라는 사실을 지지하고 그 근거를 제시한다.[7] 바울은 여기서 그리스도 안으로 통합되거나 참여하는 것을 강조한다. 신자들은 세례를 받은 후 그리스도로 옷 입는다. 바울은 다른 곳에서 신자가 "새 사람"으로 "옷 입는"(ἐνδύω) 것에 대해 말한다(참고. 엡 4:24; 골 3:10). 그리스도와 연합하기 전에 사람은 말하자면 옛 아담으로 "옷 입었다." 하지만 세례받을 때 그들은 그리스도 안으로 뛰어들거나 잠긴다.[8]

신약 시대에는 침수로 세례를 받았으므로, 학자들은 대부분 세례가 그리스도 안으로 통합되는 것을 선명한 그림으로 보여주는 역할을 한다는 사실에 동의한다.[9] 세례를 받아 그리스도 안으로 통합되는 자는 그분의 죽음과 부활에 동참한다(롬 6:3–6; 골 2:12). 따라서 옛 사람은 그리스도와 함께 십자가에 못 박혔다(롬 6:6). 여기서 바울은 회심 때 그리스도 안으로 뛰어든 자들이 지금 그리스도로 옷 입었다는 사실을 강조한다(참고. 또한 롬 13:14; 엡 4:24; 골 3:10). 따라서 그들은 그리스도에 속하며 새로운 정체성을 가지고 있기 때문에 하나님의 자녀임이 분명하다. 아들 됨이 할례에 달려 있지 않은 이유는 이제 옛 시대가 지나갔기 때문이다. 아들 됨은 전적으로 사람이 아브라함의 유일하고도 진정한 자손이신 그리스도(3:16)와 연합되었는지에 달렸다.

갈라디아서에서 바울이 세례가 통과 의례로서의 할례를 대체한다고 말함으로써 할례에 반대하는 것이 아님을 주목해야 한다.[10] 따라서 세례와 할례 모두 통과 의례지만, 그것들은 모든 면에서 유사하지는 않다. 우리는 할례와 세례 사이에 연속성과 불연속을 모두 본다. 바울이 단순히 세례가 할례를 대체한다고 믿었다면, 갈라디아서에서 그는 그러한 논증을 펼쳤을 것이 거의 확실하다. 그것을 선언하면 갈라디아에서 벌어진 할례에 관한 논쟁을 결정적으로 해결했을 것으로 보이기 때문이다. 하지만 바울은 세례에 초점을 맞추지 않고, 그리스도에 대한 믿음이 사람을 하나님의 백성이 되기에 적합하게 만든다는 것을 강조한다.[11]

갈 3:28 너희는 유대인이나 헬라인이나 종이나 자유인이나 남자나 여자나 다 그리스도 예수 안에서 하나이니라(οὐκ ἔνι Ἰουδαῖος οὐδὲ Ἕλλην, οὐκ ἔνι δοῦλος οὐδὲ ἐλεύθερος, οὐκ ἔνι ἄρσεν καὶ θῆλυ· πάντες γὰρ ὑμεῖς εἷς ἐστε ἐν Χριστῷ Ἰησοῦ[12]). 모든 신자는 종족적 배경, 사회 계급, 성별과 상관없이 그리스도 안에서 연합된다. 여기서 우리는 바

을 미치지 않는다.

8. 여기서 세례는 단순히 은유가 아니다. 대조되는 견해는 Dunn, *Galatians,* 203–4; Garlington, *Galatians,* 229; Debbie Hunn, "The Baptism of Galatians 3:27: A Contextual Approach", *ExpTim* 115(2005): 372–75. 바울은 여기서 물로 세례를 주는 것을 가리킨다. Bruce, *Galatians,* 185에서 그렇게 말한다. Robert H. Stein은 물 세례를 성령세례와 분리시키려는 것은 물세례가 회심을 나타내는 입회의 사건들로 구성된 복합체의 일부임을 이해하지 못한 것이라고 말한다. "Baptism and Becoming a Christian in the New Testament", *SBJT* 2(1998): 6–17. 또한 세례에 대한 Fee의 관찰을 보라(*Galatians,* 141).

9. 여기서 R. Longenecker, *Galatians,* 155의 논평을 참고하라.

10. R. Longenecker, *Galatians,* 156; George, *Galatians,* 277에서 이것을 바르게 말한다.

11. 여기서 *Believer's Baptism: The Covenant Sign of the New Age in Christ*(ed. Thomas R. Schreiner and Shawn D. Wright; Nashville: Broadman & Holman, 2007)를 보라.

12. NA[27]의 독법은 강력한 지지를 얻고 있으며(א[2], B, C[*], D, Ψ, 33, 1739[*vid] 등), 원래의 것으로 받아들여져야 한다. 어떤 본문은 "한 분"(ἕν)으로 되어 있으며, 이것은 고린도전서 12:12에 대한 "아마도 어느 정도의 암시"일 수 있다(Metzger, *Textual Commentary,* 526). 두 사본(𝔓[46], A)에서는 소유격 "그리스도"(Χριστοῦ)로 되어 있는데, 그것은 '너희는 그리스도께 속한다'라고 번역된다.

울의 가장 유명한 진술 중 하나를 만난다. 그런데 그것이 바울 이전의 고백에서 유래된 것이라는 견해가 일반적이다.[13] 바울 이전의 것이라고 추정된 형태를 통해 본문을 해석하는 것은 근거가 없다. 그러한 말이 바울 이전에 존재했다고 할지라도(이것은 현대 학문으로 해결할 수 없는 추측에 불과한 문제다) 우리는 문맥에서 그 의미를 해석해야 한다. 갈라디아서 전체와 특별히 3장의 쟁점이 누가 진정한 아브라함의 가족에 속하는가 하는 것이기 때문이다. 누가 진정한 아브라함의 자녀인가?

바울은 종족적 배경과 사회 계급과 성별이 아브라함의 자녀인지를 결정하는 잣대가 될 수 없다고 주장한다. 종족적 배경이 갈라디아 상황과 특별히 관계가 있는 이유는 할례를 받음으로 유대 백성의 일부가 되기 때문이다. 유대주의자들에게 하나님의 백성을 경계 짓는 울타리가 율법과 할례였기에, 그들이 보기에 아브라함의 자녀는 본질적으로 유대인이었다. 하지만 바울은 완전히 다른 방향으로 나아간다. 아브라함의 자녀는 아브라함의 유일하고도 진정한 자손이신(3:16) 그리스도께 속한 자들이다. 믿음으로 말미암아 그리스도 안으로 통합되고(3:26) 세례를 받아 그리스도로 옷 입은 자들이 아브라함의 자녀다.

따라서 모든 하나님 백성의 구성원 사이에는 근본적인 일치가 있다. 아브라함이 받은 약속의 공동 상속자로서 유대인이 이방인보다 뛰어나지 않으며, 자유인이 종보다 더 귀하지 않고, 남자가 여자보다 더 가치 있지 않다. 그리스도와 연합된 자는 모두 아브라함 가족의 구성원으로서 동등하다. 여기서 남자와 여자가 언급된 이유는 여자가 할례를 받을 수 없었기 때문이다. 따라서 바울은 그리스도 안에서 그들이 하나임을 강조한다.[14]

아브라함 가족의 구성원이 동등하다는 말은 모든 사회적 구별을 배제한다는 의미가 아니다.[15] 바울은 유대인과 이방인 사이의 구별을 모두 부정하지 않는다.[16] 그들은 그리스도 안에서 하나지만, 여전히 구분되는 별개의 사회 집단이다. 로마서 9-11장에서 인종적 이스라엘을 위한 미래의 구원이 약속되지만, 그 약속은 그리스도 안에서 유대인과 이방인의 일치를 부인하지 않는다. 그리스도 안에서의 유대인과 이방인의 일치에는 사회적인 함의가 분명히 존재한다. 그들의 일치를 보여주는 한 가지 확실한 예는 그들이 주 안의 형제자매로서 함께 먹고 마시는 것이다. 또한 그리스도 안에서의 종과 자유인의 일치가 사회적으로 나타날 것이다. 사회적 계급과 파벌이 교회 안에 있어서는 안 된다.

어쨌든 바울이 의도한 일치는 그의 글 전체를 읽고 분별해야 한다. 빌레몬과 오네시모 사이의 새로운 관계는 종과 주인이 그리스도인으로서 서로를 대우하는 방식을 선포하는 일종의 선언문의 기능을 했다(빌레몬서). 바울은 빌레몬이 오네시모를 해방한 것이 바람직할 것

13. Martyn, *Galatians,* 374에서 그렇게 말한다. 1987년까지의 남성과 여성에 관한 해석 역사의 간결한 개관은 Dennis Ronald MacDonald, *There Is No Male and Female: The Fate of a Dominical Saying in Paul and Gnosticism*(HDR 20; Philadelphia: Fortress, 1987), 1-16을 보라. MacDonald의 공헌은 17-62, 113-32를 보라. 또한 Riches, *Galatians through the Centuries,* 209-13을 참고하라. 가능한 평행에 대한 짧은 개관은 Bruce, *Galatians,* 187을 보라.

14. Troy W. Martin, "The Covenant of Circumcision(Genesis 17:9-14) and the Situational Antitheses in Galatians 3:28", *JBL* 122(2003): 117-21에서 그렇게 말한다(하지만 Martin은 창세기 17:9-14의 역할을 과대평가하고 창세기 1:26-27은 과소평가한다). 또한 Ben Witherington III, "Rite and Rights for Women—Galatians 3.28", *NTS* 27(1981): 595를 보라. 하지만 Witherington과 대조적으로 대적들이 여자들에게 결혼할 것을 요구했다는 분명한 증거는 없다(593-604).

15. 이것은 많은 이가 말하는 일반적 견해와 대조적이다. 예를 들어, Betz, *Galatians,* 189-200을 보라. Betz는 바울이 "사회적 차이"와 "생물학적인 구분"을 모두 무시한다고 말하기까지 한다(195, 강조체 저자).

16. Troy Martin은 "이 구절은 이러한 구분을 절대적으로 폐지한다는 것이 아니라, 단지 그것들이 그리스도인의 세례에 참여하고 기독교 공동체 안의 완전한 회원 자격을 얻는 것과 상관이 없음을 선포한다"고 바르게 말한다("The Covenant of Circumcision", 122). 성별이 폐지되기보다 그것들이 "믿음의 공동체 안으로 들어가는 것

이라고 암시했을 수 있지만, 그는 그것을 요구하지 않았다. 다른 서신에서 바울은 그리스도인 주인에게 그들의 종을 해방할 것을 요구하지 않고, 종들에게 자신의 주인을 잘 섬기라고 격려했다(딤전 6:1-2). 그는 노예 제도 철폐를 촉구하기보다 신자들에게 자신의 주인을 위해 일하듯이 그리스도를 섬기도록 격려하고, 주인들에게는 자신의 종을 공정하게 대우하라고 권고했다(참고. 엡 6:5-9; 골 3:22-4:1; 딛 2:9-10). 종들은 가능하면 자유를 얻어야 하지만(고전 7:21), 바울은 사람이 자유인인지 아닌지에 크게 관심을 두지 않았다. 그의 관심은 사람이 어떤 사회적 상황에 있든지 하나님 앞에서 자신의 소명을 성취하는 것이었다(고전 7:17-24).

따라서 그리스도 안에서 종과 자유인의 특성인 일치와 하나 됨은 바울 시대에 노예 제도의 존재를 배제하지 않았다(사회에 기독교 가치가 뿌리를 내리면서 그러한 가르침은 궁극적으로 노예 제도 철폐로 이어졌지만). 물론 바울은 사회 체계로서의 노예 제도에 찬성하지 않았다. 그가 노예 제도에 반대하여 사회적 혁명을 이끌었다면 효과가 없었을 것이다.[17] 어쨌든 우리는 3:28에 나오는 바울의 진술을 그의 다른 서신과 연결 짓지 못하여 그것을 문맥과 다르게 왜곡해 오늘날 사회적 이슈를 판단하는 근거로 삼지 않도록 주의해야 한다.

특별히 남자와 여자의 관계에서 그러한 위험이 존재한다. 우리는 그리스도 안에서 남자와 여자의 아름다운 일치를 놓쳐서는 안 된다.[18] 여자는 남자와 함께 아브라함 가족의 동등한 구성원이며, 남녀의 일치에서 사회적 함의를 분명히 이끌어 낼 수 있다. 그런데 사회적 함의는 바울의 다른 글도 포함해야 한다. 바울은 그리스도 안에서 남자와 여자의 일치를 확언하지만, 남자 됨과 여자 됨이 모든 면에서 무관하다고 주장하지는 않는다. 그런 결론을 이끌어 낸다면 바울은 동성애를 반대하지 않았겠지만, 그는 동성애를 죄로 여기는 것이 분명하다(롬 1:26-27; 고전 6:9; 딤전 1:10). 같은 방식으로 바울이 생각하기에 그리스도 안에서의 남자와 여자의 동등함은 결혼이나(엡 5:22-33; 골 3:18-19; 딛 2:4-5), 사역의 문맥에서(고전 11:2-16; 14:33-36; 딤전 2:9-15) 남자와 여자가 다른 역할을 하는 것을 취소하지 않는다.[19]

갈 3:29 너희가 그리스도의 것이면 곧 아브라함의 자손이요 약속대로 유업을 이을 자니라(εἰ δὲ ὑμεῖς Χριστοῦ, ἄρα τοῦ Ἀβραὰμ σπέρμα ἐστέ, κατ᾽ ἐπαγγελίαν κληρονόμοι). 이제 바울은 3:26-28의 실마리를 한데 묶을 뿐 아니라, 3장 전체에서 펼친 자신의 주된 논제를 독자들에게 상기시킨다. 그 장 전체에 걸쳐 논의된 주요 쟁점은 누가 아브라함의 가족에 속하는가 하는 것이다. 누가 아브라함의 진정한 자녀인가?[20] 누가 그의 진정한 자손인가? 바울은 유일하고도 진정한 아브라함의 아들이 그리스도이심을 이미 분명히 밝혔다(3:16). 율법은 진정한 하나님

과 상관이 없음"을 인지하는 그의 논평을 보라(121). Martin은 또한 "모든 구분과 불평등을 없애는 실체로서의 그리스도의 몸에 관한 이상적인 생각을 발전시키기 위해 갈라디아서 3:28을 사용하는 훗날의 해석자들은 그 구절을 상황적 문맥을 훨씬 뛰어넘어서 받아들인다"고 말한다(124).

17. 더 많은 논의는 Schreiner, *New Testament Theology,* 794-800을 보라.

18. 여성 할례는 일부 사회에서 실행되고 있지만, 유대인 집단에서는 결코 할례의 일부로 생각하지 않았다.

19. Bruce, *Galatians,* 189-90과 대조적이다. 남녀평등주의의 해석은 Tatha Wiley, *Paul and the Gentile Women: Reframing Galatians*(New York: Continuum, 2005)를 보라. 그러한 해석의 부적합성에 대해 Richard W. Hove, *Equality in Christ? Galatians 3:28 and the Gender Dispute*(Wheaton, IL: Crossway, 1999)를 보라. 여성 사역자와 관련된 문제에 대한 더 많은 검토는 Thomas R. Schreiner, "Women in Ministry: Another Complementarian Perspective", in *Two Views on Women in Ministry*(ed. J. R. Beck; Counterpoints Series; Grand Rapids: Zondervan, 2005), 265-322를 보라.

20. 권연경은 3:26, 28과 3:29이 기본적으로 평행되는 진술임을 보지 못한다(Eschatology, 88-90). 그러한 오판은 갈라디아서에서 오직 미래의 종말론만을 본다는 그의 주장에서 기인한 것으로 보인다(99). 아들 됨은 상속자가 되는 것과 구분되며, 후자가 4:7에서 절정에 이른다고 하는 그의 생각은 옳다(92). 하지만 아들 됨은 상속과 확고하게 연결되며, 바울은 갈라디아 사람들이 이미 자녀임을 강조한다.

의 아들들을 낳지 못했다. 율법은 단지 죄를 더욱 촉진시켰기 때문이다. 따라서 사람이 합법적으로 아브라함의 자손으로 불릴 수 있는 유일한 길은 그리스도께 속하는 것이다. 그리스도와의 연합, 그리스도로 옷 입는 것, 세례받음으로써 그리스도께 통합되는 것은 모두 같은 실체를 묘사하는 다른 방식이다. 아브라함의 상속자들은 믿음으로 말미암아 예수 그리스도께 속하는 자들이다.

달리 말하면, 바울이 3장 전체에 걸쳐 주장한 대로 유업은 율법이 아닌 약속 때문에 받게 된다. 이방인들은 율법을 지킴으로써 아브라함 가족의 구성원이 되지도 않고, 유업을 받지도 않는다. 유업은 그리스도에 대한 믿음으로 말미암아 그들의 것이 된다. 유업은 하나님의 은혜로우신 약속으로 확보되므로, 그것은 오직 믿음으로 말미암아 얻어진다.

적용에서의 신학

1. 그리스도 안에서 모든 신자는 동등하다

이 단락에서 주목할 만한 한 가지 진리는 모든 신자가 그리스도 안에서 동등하다는 것이다. 고대 세계와 현대 세계에서 모두 부득이하게 일부 사람이 다른 사람보다 '좀 더 중요하다'고 생각된다. 유대인은 하나님의 언약 백성이었기 때문에 일반적으로 자신이 이방인보다 뛰어나다고 생각했다. 자유인은 종을 내려다보는 경향이 있었으며, 남자는 여자를 얕보는 성향이 있었다. 인간으로서 우리는 자신이 다른 사람보다 뛰어나다고 느끼게 해주는 것을 갈망하므로, 우리는 자신의 인종, 지위, 성별에 호소할 수 있다.

미국에는 백인이 흑인을 노예로 삼아 학대하고 비하한 끔찍한 관습이 있다. 이민자들은 보통 환영을 받지만, 다른 한편으로 교양이 없고 교육받지 못했다고 멸시당한다. 우리 문화에서 여성 운동이 일어난 한 가지 원인은 여성에게 인간으로서의 존경과 명예와 존엄을 부여하는 데 실패했던 남성의 강한 여성 혐오증 때문이라고 할 수 있다.

예수 그리스도는 신자들이 서로를 향한 사랑으로써 다른 사람들에게 알려질 것이라고 가르치셨다(요 13:34-35). 인종, 사회 계급, 성별과 상관없이 모든 동료 신자를 향한 사랑이 교회의 특징 중 하나가 되기를 우리는 소망하고 기도한다. 바울은 그러한 사랑을 증진하기 위한 사회 프로그램을 제안하지 않았다. 그 대신 그는 모든 신자가 근본적으로 그리스도 안에서 동등하다고 주장했다. 인간으로서 우리는 모두 죄에 붙잡혀 있으므로 죄가 가져온 속박을 알고 있다. 하지만 우리는 한 분 예수 그리스도를 통해 구원을 발견했으며, 따라서 그분은 우리에게 무엇보다 소중하다. 바울은 신자들에게 하나가 되라고 요구하지 않는다. 대신 우리는 그리스도 안에서 하나가 되었으며(참고. 또한 엡 2:14-18), 이미 우리가 이룬 하나 됨을 유지해야 한다(엡 4:3). 우리가 자신의 죄로 말미암아 겸손해지고 티끌처럼 낮아진다면, 우리의 마음은 다른 이들을 사랑하고 다양한 배경에서 온 다른 신자들을 동료 여행자로서 바라볼 준비가

된 것이다.

인종과 계급과 성별의 문제에 대한 해결은 복음에서 찾을 수 있다. 어떤 이들은 그러한 단언이 단순하다고 주장할 것이다. 하지만 그러한 반응 자체가 피상적인 이유는 그것이 복음이 가진 심오함과 깊이를 이해하지 못하기 때문이다. 물론 그러한 주장은 여기서 사회 프로그램이나 정치적 방침을 수립하는 것을 의미하지 않는다. 여기서 논의하는 것은 예수 그리스도의 교회에 제한된다. 바울은 교회 안에 일치가 있다고 공표한다. 신자들이 공공 영역에 영향을 줄 수 있다면, 그들은 하나님이 주신 지혜와 분별과 기술을 가지고 그렇게 행해야 한다.

2. 복음주의 페미니즘?

갈라디아서 3:28은 복음주의 페미니즘 그리고 모든 교회 직분이 여성에게 열려 있으며, 남편과 아내 사이에 역할의 차이가 없다는 주장을 위한 선언서로서 대서특필되었다. 이 쟁점을 두고 여기서 제대로 논의할 수 없는 이유는, 이 문제에 대한 책과 논문이 계속해서 쏟아져 나오고 있기 때문이다. 하지만 앞에서 지적한 대로 바울의 주장에 대한 문맥이 무시되어서는 안 된다. 모두가 그리스도 안에서 하나라는 말에서 중심 논점은 누가 아브라함의 가족에 속하는가 하는 것이다. 남자든 여자든, 유대인이든 이방인이든, 종이든 자유인이든 그리스도 안에서 형제자매는 하나다.

바울은 사람이 남자인지 여자인지가 어떤 의미에서도 중요하지 않다고 주장하는 것이 아니다. 그렇지 않다면 앞에서 지적한 것처럼 동성애는 죄로서 금지되지 않을 것이다. 또한 바울은 가정과 교회에서 남자와 여자에게 특별한 역할을 부여하지 않을 것이다. 철학적인 면에서 어떤 이들은 남자와 여자가 그리스도 안에서 동등하다면서 다른 역할을 하는 것을 이해하지 못한다. 하지만 우리는 루터가 종교 개혁 때 정기적으로 경고했던 것처럼 아리스토텔레스나 다른 철학자들이 성경 본문을 지배하지 않도록 주의해야 한다.

나는 불과 이틀 전에 삼위일체 교리가 철학적으로 이치에 맞지 않다고 주장하는 몇몇 모르몬교도에게 복음을 전했다. 어떤 이들은 구세주 양성론도 비이성적이라고 생각한다. 어떻게 한 사람이 온전히 하나님이며 온전히 사람일 수 있는가? 나는 우리의 믿음에서 모든 것이 모순되고 비이성적이라고 말하는 것이 아니다. 단지, 비록 어떤 진리가 탐구 영역 바깥에 있을지라도, 합리적으로 보이는 것에 자신을 제한하지 말고 궁극적으로 성경을 따라야 한다고 말하는 것이다.

그런데 나는 완고한 철학적 변증이 여성과 남성이 본질에서 동등하고 역할에서 다르다는 생각으로 구성되었을 수 있다고 생각한다.[21] 어떤 경우든 예수 그리스도는 아버지께 복종하셨

21. Steven B. *Cowan*, "The Metaphysics of Subordination: A Response to Rebecca Merrill Groothuis", *JBMW* 14(2009): 43-53을 보라.

으며(참고. 고전 15:28) 본질, 존엄, 가치에서 아버지와 동등하시다. 따라서 존엄의 고하로 역할이 구분된다고 말하는 것은 삼위일체의 가르침에 위반된다. 우리는 여성을 비하하고 그들이 가진 많은 재능을 얕보는 것을 주의해야 한다. 남성은 여성을 대우하는 일에 있어서 회개할 것이 많다. 하지만 우리는 또한 본문을 문맥에서 분리하여 저자가 의도하지 않았던 특정 강령(program)으로 이해하는 일은 피해야 한다.

갈라디아서 4:1–7

14 CHAPTER

문학적 전후 문맥

3:15부터 이 시점까지 펼친 논증에서 바울은 모세 율법이 제한적이며 일시적으로 존속한다고 주장했다. 그는 먼저 아브라함 언약의 우월성과 모세 언약의 부차적인 특성을 단언하며(3:15–18), 후자가 전자의 규정들을 취소할 수 없다고 주장했다. 율법은 그리스도가 오실 때까지만 유효하도록 의도되었으며, 그리스도를 믿는 믿음으로 말미암는 의의 약속이 나타날 때까지 초등교사나 보모 같은 역할을 했다(3:19–25). 신자가 더 이상 율법 아래에 있지 않는 이유는 이제 믿음으로 말미암아 그리스도와 연합함으로써 하나님의 자녀가 되었기 때문이다(3:26). 따라서 모든 신자는 그리스도 안에서 하나이며 아브라함에게 주어진 약속을 받는 자가 된다(3:27–29).

갈라디아서 4:1–7은 3:15–19의 내용을 다른 각도에서 다시 진술한다. 모세 율법과 언약 아래의 시대는 속박의 시기로 여겨진다(4:1–3). 하지만 이제 예수 그리스도가 오심으로써 구원 역사에서 새로운 시대가 실현되었으며, 그분은 모세 율법의 지배를 받던 속박에서 자기 백성을 해방하셨다(4:4–5a). 따라서 이제 예수 그리스도 안에서 신자들은 하나님의 "자녀"다. 실제로 그들에게 주어진 성령의 선물은 그들이 자녀라는 것과, 그들이 자녀로서 아브라함에게 주어진 약속을 받는 자들이 되었음을 보여준다(4:5b–7). 그리고 이 단락은 3:26–29과 같은 방식으로 끝난다. 신자는 그리스도 예수를 통해 아브라함에게 주어진 약속의 상속인이 되며, 따라서 모세 율법을 지킬 필요가 없다는 것이다.

I. 도입: 바울의 복음을 떠나는 것은 복음을 떠나는 것이다(1:1–2:21)
II. 경험과 성경을 통한 바울의 복음 변호(3:1–4:11)
A. 경험을 통한 논증: 행위가 아닌 믿음으로 말미암아 성령을 받음(3:1–5)
B. 성경을 통한 논증: 믿음으로 말미암아 아브라함의 복을 얻음(3:6–14)
C. 구원 역사를 통한 논증: 아브라함 언약이 우선되며 모세 언약은 임시적임(3:15–4:11)
1. 율법이 더해진 것은 아브라함이 받은 약속을 무효화하지 못함(3:15–25)
2. 하나님의 자녀는 아브라함의 후손이다(3:26–29)
➦ **3. 종에서 아들이 되는 것을 통한 논증(4:1–7)**
4. 율법으로 돌아가는 것은 어리석다(4:8–11)

주요 개념

신자는 더 이상 세상의 초등학문 아래 매여 있지 않으며, 그리스도 예수에 의해 그 권세에서 해방되었다. 그리하여 그들은 이제 하나님의 자녀이며 약속의 상속인이다. 따라서 율법이 줄 수 없던 것을 이제 얻었기 때문에 그들이 모세 율법으로 돌아가는 것은 의미가 없다.

번역

갈라디아서 4:1–7

1a	단언/때	**내가 또 말하노니…어렸을 동안에는 종과 다름이 없어서**
b	양보	유업을 이을 자가 모든 것의 주인이나
2a	1a–b와 대조	**후견인과 청지기 아래에 있나니**
b	2a의 때	그 아버지가 정한 때까지
3	1–2와 비교	이와 같이 우리도 어렸을 때에
		이 세상의 초등학문 아래에 있어서 종 노릇 하였더니
4a	사건/3과 대조	때가 차매 **하나님이 그 아들을 보내사**
b	묘사	여자에게서 나게 하시고
c	묘사	율법 아래에 나게 하신 것은
5a	4a–c의 목적	율법 아래에 있는 자들을 속량하시고
b	5a의 목적	우리로 아들의 명분을 얻게 하려 하심이라

6a	6b의 근거	너희가 아들이므로	
b	사건	**하나님이 그 아들의 영을 우리 마음 가운데 보내사** **아빠 아버지라 부르게 하셨느니라**	
7a	6a–b에서 유추	그러므로 **네가 이 후로는**	**종이 아니요** **아들이니**
b	조건	아들이면 **하나님으로 말미암아 유업을 받을 자니라**	

구조

이 단락은 세 부분으로 나뉜다. (1) 4:1–2에서 바울은 "내가 또 말하노니"(λέγω δέ)라는 표현으로 시작되는 한 예화를 제시한다. 미성년 상속자는 유산을 얻으려면 성년이 될 때까지 기다려야 한다. 그동안 그의 지위는 종과 다르지 않으며, 그는 다른 이들의 감독 아래에 산다.

(2) 4:3–5에서 바울은 "이와 같이…도"(οὕτως καί)라는 말로써 비교를 이끌어 내면서 독자들에게 예화를 적용한다. 신자도 어린아이였을 동안, 즉 그들이 모세 율법 아래에 있었을 때 세상의 초등학문에 종노릇했다. 하지만 미성숙의 때는 끝났다. 이제 정한 때, 즉 그리스도 안에서 하나님의 구원 약속이 실현되는 때가 이르렀다. 율법 아래에 살았던 자로서 하나님의 아들이 율법 아래에 매여 있던 자들을 해방하고 자유롭게 하셨기 때문에, 신자는 하나님의 자녀가 될 수 있다.

(3) 4:6–7은 4:6의 "그리고"(δέ)로 시작하여 4:7의 "그러므로"(ὥστε)로 끝맺으며 독자들을 위해 4:3–5이 암시하는 바를 끌어낸다. 독자들이 진정한 하나님의 자녀라는 증거는 그들이 성령을 받았으며, 그리하여 그들이 하나님을 사랑하는 아버지라고 부른다는 것이다. 그리고 자녀이기 때문에 그들은 더 이상 종이 아니라 하나님의 약속을 상속받는 자, 곧 아브라함이 받은 약속의 상속자다.

석의적 개요

II. 경험과 성경을 통한 바울의 복음 변호(3:1–4:11)

A. 경험을 통한 논증: 행위가 아닌 믿음으로 말미암아 성령을 받음(3:1–5)

B. 성경을 통한 논증: 믿음으로 말미암아 아브라함의 복을 얻음(3:6–14)

1. 믿음으로 아브라함 가족의 일원이 됨(3:6–9)

2. 오직 그리스도 안에서 율법의 저주가 제거됨(3:10–14)

C. 구원 역사를 통한 논증: 아브라함 언약이 우선되며 모세 언약은 임시적임(3:15–4:11)

1. 율법이 더해진 것은 아브라함이 받은 약속을 무효화하지 못함(3:15–25)

a. 모세 언약의 임시적 특성(3:15-18)

b. 율법의 목적(3:19-25)

2. 하나님의 자녀는 아브라함의 후손이다(3:26-29)

➦ **3. 종에서 아들이 되는 것을 통한 논증(4:1-7)**

a. 예화: 어렸을 때에는 종과 다름이 없음(4:1-2)

b. 예화의 적용(4:3-5)

i. 초등학문 아래에 종노릇함(4:3)

ii. 때가 차서 아들을 보내심(4:4)

iii. 율법 아래 있는 자들을 해방하심(4:5)

c. 예화에 내포된 의미: 아들과 상속인(4:6-7)

4. 율법으로 돌아가는 것은 어리석다(4:8-11)

본문 설명

갈 4:1 내가 또 말하노니 유업을 이을 자가 모든 것의 주인이나 어렸을 동안에는 종과 다름이 없어서(Λέγω δέ, ἐφ' ὅσον χρόνον ὁ κληρονόμος νήπιός ἐστιν, οὐδὲν διαφέρει δούλου κύριος πάντων ὤν). 여기서 바울은 유산 상속과 관련된 일상생활의 한 가지 예화를 제시한다.[1] 실질적으로 미성년자는 유산을 받기 전까지는 종과 같은 지위를 차지한다는 것이다. "유업을 이을 자"(κληρονόμος)라는 단어가 바울의 논증과 연관이 있는 이유는 갈라디아서의 쟁점이 누가 아브라함에게 약속된 유업을 받는가 하는 것이기 때문이다. 본문의 번역은 이 헬라어 단어가 '어린아이'보다 '미성년자'(νήπιος)로 번역되는 것이 가장 낫다는 것을 보여준다. 미성년자는 유업을 받을 나이에 이르지 않은 자다.

미성년자는 상속받기로 예정되어 있기는 하지만 어

1. 로마법을 언급한 것이라는 견해에 대한 지지로 Trevor J. Burke, *Adoption into God's Family: Exploring a Pauline Metaphor*(NSBT 22: Downers Grove, IL: IVP, 2006), 46-71; Francis Lyall, "Roman Law in the Writings of Paul-Adoption", *JBL* 88(1969): 458-66을 보라. R. Longenecker는 바울이 지금 우리에게는 알려지지 않은 그리스-로마 관습을 가리킨다고 생각한다. Betz는 바울이 일부 지방에서 시행되던 법을 생각하고 있거나 자신의 주장을 밝히기 위해 예화를 수정한다고 말한다(*Galatians*, 202-4). Scott은 바울이 이집트에서 공사 감독 아래의 노예 생활을 가리킨다고 주장한다. James M. Scott, *Adoption as Sons of God: An Exegetical Investigation into the Background of* υἱοθεσία *in the Pauline Corpus*(WUNT 2/48; Tübingen: Mohr Siebeck, 1992), 140-48. Scott은 여기서 너무 단호하게 묘사한다. 예를 들어, 그는 아버지에 의해 지정된 때를 아브라함과의 약속과 출애굽 사이의 시기로, "어렸을"을 이스라엘의 출애굽 때로, "유업을 이을 자"를 아브라함에게 주어진 약속을 상속받는 이스라엘로, "모든 것의 주인"을 이스라엘이 세상을 다스릴 것이라는 아브라함이 받은 약속의 성취로 이해한다. 이렇게 구체적으로 연결될 수 있다는 것은 의심스러워 보이지만, 출애굽과 제2출애굽의 전통에 대한 일반적 언급일 가능성은 있다(여기서 또한 Arnold, "Returning to the Domain of the Powers", 64를 참고하라).
2. 권연경, *Eschatology*, 134-35에서 이것을 바르게 말한다.
3. R. Longenecker, *Galatians*, 162.
4. Martyn, *Galatians*, 386. 로마법에서 어린아이는 14살까지 가정교사(ἐπίτροπος) 아래에, 25살까지는 관리자(κουράτωρ) 아래에 있었다. Hester, *Paul's Concept of Inheritance*, 18-19, 59를 보라. 하지만 여기서 문제는 바울이 "관리자"(κουράτωρ)라는 단어보다 "청지기"(οἰκονόμος)라는 단어를 사용하며, 후자는 미성년자에 대한 통제보다 주인의 재산과 가족의 관리를 맡은 관리인을 나타내기 위해 사용되었다는 것이다(참고. 왕상 4:6; 16:9; 18:3; 눅 12:42; 16:1). Burton, *Galatians*, 212; 홍인규, *Law in Galatians*, 161에서 이것을

린아이인 동안은 상속인의 지위를 얻지 못한다. 바울은 미래의 상속인을 "종"(δούλου)과 비교하며 4:3에서 이 예화를 적용할 것을 예견한다. 왜냐하면 미래의 상속인을 종으로 볼 이유가 없기 때문이다![2] 노예에 대한 언급은 율법 아래에 놓인 삶의 상태를 예고하는데, 이것은 자유보다는 속박이 그 특징이다. 바울은 갈라디아 사람들에게 적절하다고 여기는 주제를 명확히 말하기 위해 미성년자의 예화를 변형시킨다.

갈 4:2 그 아버지가 정한 때까지 후견인과 청지기 아래에 있나니(ἀλλὰ ὑπὸ ἐπιτρόπους ἐστὶν καὶ οἰκονόμους ἄχρι τῆς προθεσμίας τοῦ πατρός). 약속된 유산과 그 실현 사이의 간격이 여기서 묘사된다. 미성년자는 유업을 얻을 때까지 감독 아래에 있기 때문이다. 리처드 롱게네커는 바울이 초등교사와 관련하여 언급한 것과 동일한 요점을 강조한다고 정확하게 지적한다.[3] 학자들은 대부분 "후견인과 청지기"라는 표현이 헬라 세계에서 정부 관리들을 가리킨다고 생각한다. 만일 바울이 그리스-로마 문화에서 한 관례를 사용했다면, 그것은 그 풍습을 정확하게 묘사하려 한 것이 아니다.[4] 4:1의 노예에 대한 언급에서 우리가 살펴본 것처럼 그것은 자신이 납득시키려는 요점에 맞추려고 그 예화를 가공한 것이다.[5]

스콧의 제안처럼 만일 바울이 출애굽 전통을 일반적으로 사용하고 있다면, 우리가 그리스-로마 세계에서 그러한 풍습을 찾을 수 없는 이유가 설명되는 셈이다. 하지만 바울이 출애굽 전통을 사용하고 있음을 결정적으로 입증하기 어렵다는 사실을 인정해야 한다. 따라서 바울의 진술의 배경을 설명하려는 노력은 쉽게 해결되지 않는다. 바울은 여기서 출애굽 전통과 그리스-로마의 전통을 뒤섞고 있을 수 있다.

어쨌든 4:4-5은 이 예화의 자유로운 적용을 확증한다. 4:1-2과 달리 아들은 출생으로 가족에 속하지 않고 입양되기 때문이다.[6] 이 예화에서 아버지에게 지명되는 때는 아버지가 아들에게 유업을 주는 때를 가리킨다. 바울은 아버지가 아들에게 유업을 주기로 결정하는 것을 하나님이 역사를 통제하시고 구원의 약속을 실현하시는 것에 적용한다. 그러한 신학적 견해도 그리스-로마 법과 일치하지 않으며, 바울이 이스라엘이 구속받고 하나님의 아들로 입양되었던 출애굽 전통을 사용한다는 논거를 강화한다.[7] 하지만 스콧은 갈라디아서 4장의 요소들과 구약을 너무 구체적으로 연결하려 한다. 바울이 여기서 출애굽기와 제2출애굽기 전통을 더 일반적으로 사용하며, 그것들을 일반적인 방식으로 그리스-로마의 풍습과 합쳤다고 말하는 것이 좀 더 납득할 수

바르게 말한다. 헬라 관습이라는 견해에 대한 지지는 Witherington, *Galatians,* 282–83; Derek R. Moore–Crispin, "Galatians 4:1–9: The Use and Abuse of Parallels", *EvQ* 60(1989): 203–23을 보라. R. Longenecker에 따르면 다른 이들이 그리스와 셈족의 상속법에 모두 있는 평행을 찾으려고 했는데, 그것의 문제점은 "고대 상속법–로마, 그리스, 셈족 모두–이 효력을 발휘하기 위해 유언자의 죽음이 선행되어야 했다"는 것이다(*Galatians,* 153). 그러한 해결책이 여기서 적용되지 않는 이유는 바울이 사람이 유산을 얻기 전에 관리인(혹은 하나님!)이 죽는 것을 생각하지 않기 때문이다.

Ramsey는 남갈라디아의 브루기아의 도시들에서 그러한 관습을 찾아냈다. 그는 여기서 셀레우코스 왕조(Seleucid)의 법적 관행을 가리킨다고 주장했다(*Galatians,* 130–31). Ramsey의 견해에 내재된 문제는 그가 말하는 법이 바울 당시에서부터 500년 후의 것으로 보인다는 점이다(R. Longenecker, *Galatians,* 163–64). R. Longenecker에 따르면 Ramsey의 견해에는 세 가지 문제가 더 있다. (1) 바울에게 아들이 유업을 얻기 위해서는 아버지의 죽음이 요구되지 않는다. (2) Ramsey가 말하는 법적 관행과 대조적으로 때는(감독이나 관리인이 아니라) 아버지가 정하는 것이다. (3) 바울에게 "후견인"(ἐπίτροπος)과 "청지기"(οἰκονόμος)라는 단어는 서로 유사어로 보인다(*Galatians,* 163–64).

5. 바울이 염두에 두었던 문화와 법적 체계를 설명하려는 다양한 시도에 대해 R. Longenecker, *Galatians,* 162–64를 보라. 그는 바울이 자신의 목적에 맞추기 위해 예화를 개조한다고 결론 내린다.
6. 여기서 Hafemann, "Paul and the Exile", 334를 보라.
7. Scott, *Adoption as Sons of God,* 121–86; Hafemann, "Paul and the Exile", 330–49; Wilson, "Wilderness Apostasy", 560–63. Wilson은 출애굽기 전통과 이집트로 돌아가는 것에 대한 경고가 암시된다고 바르게 보지만, 갈라디아 사람들이 광야에 있다고 말함으로써 앞서 나간다. 바울은 그들에게 배교의 희생물이 되는 것을 경고하지만, 그들이 그리스도에게서 떨어져 나갔다고는 선언하지 않는다.

있는 설명이다.[8]

갈 4:3 이와 같이 우리도 어렸을 때에 이 세상의 초등학문 아래에 있어서 종 노릇하였더니(οὕτως καὶ ἡμεῖς ὅτε ἦμεν νήπιοι, ὑπὸ τὰ στοιχεῖα τοῦ κόσμου ἤμεθα δεδουλωμένοι). 바울은 이제 독자들에게 예화를 적용하며 그들도 그리스도가 오시기 전에는 이 세상의 영적 세력과 권세에 매여 있었다고 가르친다.[9] 여기서 "우리도"(ἡμεῖς)는 유대인들만을 가리킬 수 있지만,[10] 바울은 세상의 초등학문에 대해 말하기 때문에 아마도 유대인과 이방인을 모두 포함시켰을 것이다.[11] 다스의 말처럼 4:9에서 이방인들이 초등학문으로 돌아가는 것에 대해 경고를 받으므로, 그들은 4:3–5에 따라 세상의 초등학문에 매여 있다가 해방된 자들에 속하는 것이 분명하다.[12] "어렸을"(νήπιοι)이라는 단어는 4:1과 연결되고, "종노릇하였더니"(δεδουλωμένοι)도 마찬가지다. 어린아이와 미성숙의 시기는 구원 역사에서 모세 율법이 유효하던 시대를 가리킨다. 바울에 따르면 율법의 통치는 그리스도가 오심으로써 끝났다.

"초등학문"(στοιχεῖα)이라는 단어의 의미는 크게 논란이 되고 있다. "세상의"(κόσμου)라는 단어가 추가되어도(즉, "세상의 초등학문", στοιχεῖα τοῦ κόσμου) 그것은 변함없이 땅, 공기, 불, 물과 같은, 세상을 구성하는 물질적 요소를 가리킨다(Plato, *Timaeus* 48B; Diogenes Laertius 7.134–135; 4 Macc 12:13; Philo, *Decalogue* 31; *Creation* 146; 벧후 3:10, 12).[13] "초등학문"이라는 단어 단독으로도 과학, 예술 등과 같은 사물체(matter)의 기본 요소들을 가리키며,[14] 따라서 이 단어는 삶의 기본적이거나 근본적인 원리나 법칙을 뜻한다고 이해될 수 있다(Philo, *Alleg. Interp.* 7.790C; Xenophon, *Mem.* 2.1.1; Plutarch, *Lib. Ed.* 16.2).[15] 그런데 초등학문이 불신자들을 다스리는 천사들의 권세, 즉 귀신의 세력을 가리킨다는 또 다른 가능성이 있다(*T. Sol.* 8:1–2; 18:1–2).[16]

이 표현은 갈라디아서 4:9과 골로새서 2:8, 20에서도 사용되며, 각 경우 학자들은 앞에서 제시된 다양한 견해들을 변호한다. 갈라디아서 4:8–9에 사용된 언어가 인격적인 특성을 띠었다는 사실은 이것이 귀신의 세력을 언급한 것이라는 견해를 지지한다. 이 구절에서 초등학문은 우상숭배로 돌아가는 것과 결합된다. 다른 서신에서 바울은 우상을 귀신과 같은 것으로 여긴다(고전 10:19–22).[17] 또한 골로새서에서 거짓 선생들은 천사들에 대해 떠들어댔다(참고. 골 1:16; 2:10, 15, 18). 따라서 천사

8. Arnold, "Returning to the Domain of the Powers", 64. 여기서 또한 Hafemann이 Scott의 견해를 약간 수정한 것을 참고하라("Paul and the Exile", 334–38).
9. Martyn은 이 부분이 "전체 편지의 신학적인 중심"이라고 말한다(*Galatians,* 388).
10. R. Longenecker, *Galatians,* 164; Belleville, "Under Law", 68; Bruce, *Galatians,* 193; Donaldson, "Curse of the Law", 95–98; Garlington, *Galatians,* 236; Robinson, "Galatians 3:13–14: Jewish and Gentile Believers", 36–38; Fee, *Galatians,* 146에서 그렇게 말한다.
11. Betz, *Galatians,* 204; Burton, *Galatians,* 215; Scott, *Adoption as Sons of God,* 155–57에서 그렇게 말한다.
12. Das, *Paul and the Jews,* 125.
13. Richard DeMaris, "Element, Elemental Spirit", *ABD,* 2.445; Eduard Schweizer, "Slaves of the Elements and Worshipers of Angels: Gal 4:3, 9 and Col 2:8, 18, 20", *JBL* 107(1988): 455–68; Frank Thielman, *From Plight to Solution: A Jewish Framework for Understanding Paul's View of the Law in Galatians and Romans*(NovTSup 61; Leiden: Brill, 1989), 80–83; Dietrich Rusam, "Neue Belege zu dem στοιχεῖα τοῦ κόσμου(Gal 4,3.9; Kol 2,8.20)", *ZNW* 83(1992): 119–25; Josef Blinzer, "Lexikalisches zu dem Terminustà στοιχεῖα τοῦ κόσμου bei Paulus", in *Studiorum Paulinorum Congressus Internationalis Catholicus,* vol. 2(AnBib 17–18; Rome: Pontifical Biblical Institute, 1961), 429–43을 보라.
14. Blinzer, "στοιχεῖα τοῦ κόσμου", 430–31.
15. Lightfoot, *Galatians,* 167; Burton, *Galatians,* 510–18; R. Longenecker, *Galatians,* 165–66; Matera, *Galatians,* 149–50, 155–56; Witherington, *Galatians,* 284–86; Belleville, "Under Law", 67–69에서 그렇게 말한다. Belleville은 이 초보적인 원리들을 율법과 동일시하지 않는다. 그녀는 그것들이 평행을 이루지만 동일하지는 않다고 본다. 또한 Gerhard Delling, "στοιχεῖον", *TDNT,* 7:685를 참고하라. Bandstra는 "초등학문"(στοιχεῖα)이 하나님을 대적하는 율법과 육체라고 주장한다(*The Law and the Elements of the World: An Exegetical Study in Aspects of Paul's Teaching*[Grand Rapids: Eerdmans, 1964], 57–68).

들에 대한 언급으로 볼 수 있는 문맥적 이유가 있다. 하지만 신약 시대가 지나서야 "초등학문"(στοιχεῖα)이 귀신을 가리킨다고 하는 분명한 언급이 나온다.[18]

갈라디아서와 골로새서에서 모두 이 단어가 근본적이거나 초보적 원리를 가리킨다는 견해에 대해 훌륭한 논증을 제시할 수 있다.[19] 갈라디아서에서 율법은 분명히 주요 관심 대상이며, 골로새서 2:8과 2:21-23에서 바울은 구체적인 전통과 규정을 언급한다. 하지만 용법 면에서 "세상의 초등학문"(στοιχεῖα τοῦ κόσμου)은 세상을 구성하는 요소, 즉 땅, 공기, 불, 물을 가리킨다는 긴 역사를 가진다. 분명히 그러한 문자적 정의는 문맥에서 뜻이 통하지 않지만, 비유적으로 그것은 오늘날의 세상-옛 창조-의 질서를 뜻할 수 있다.

무엇이 옳은지 결정하기는 매우 어려우며, 각 입장마다 타당한 논증을 제시할 수 있다. 이 표현을 세상을 구성하는 요소를 가리킨다고 보는 것이 나을 수 있는 이유는 그리스 문헌에서 가장 일반적으로 사용되는 의미이기 때문이다. 그러한 견해는 요소들에 대한 숭배를 포함할 수 있는데, 우리는 지혜서 13:1-5에서 요소들을 숭배했던 것을 볼 수 있다.

하나님을 모르는 자들은 모두 태어날 때부터 어리석어서
눈에 보이는 좋은 것을 보고도 존재하시는 분을 알아보지 못했고,
업적을 보고도 그것을 이룩하신 분을 알아보지 못했다.
하지만 그들은 불이나 바람이나 빠른 공기,
또는 별의 회전, 혹은 도도하게 흐르는 물,
또는 하늘에서 빛나는 것들을 세상을 지배하는 신들로 여겼다.
이런 것들의 아름다움을 보고 사람들이 그것을 신이라고 생각했다면,
그들은 이런 것들의 주님이 얼마나 더 훌륭하신지 알아야 한다.
아름다움의 주인이 그것들을 창조하셨기 때문이다.
또 그들이 이런 것들의 능력과 작용에 놀랐다면
그들은 그것들로부터 깨달아야 한다.
이런 것들을 만드신 분이 얼마나 더 능력이 있으신지.
피조물의 웅대함과 아름다움으로 미루어 보아
우리는 그것들을 만드신 분을 알 수 있기 때문이다
(NRSV, 참고. 또한 Wis. 7:17-19).[20]

---

16. Betz, *Galatians*, 204-5. Reicke는 갈라디아서 3:19에서 율법을 전해준 천사들을 가리킨다고 본다. Bo Reicke, "The Law and This World according to Paul", *JBL* 70(1951): 261-63. 하지만 "초등학문"(στοιχεῖα)이 천사들이라면, 그들은 율법을 중재했던 좋은 천사들과 대조되는 악한 천사들이다. Arnold, "Returning to the Domain of the Powers", 61-62에서 이것을 바르게 말한다.

17. 어떤 이들은 "초등학문"(στοιχεῖα)이 하늘에 속한 형체와 세상을 구성하는 요소들로 보며, 따라서 "귀신의 세력"을 나타낸다고 주장한다(홍인규, *Law in Galatians*, 165, 강조체 저자). 또한 Betz, *Galatians*, 204-5; Barrett, *Freedom and Obligation*, 39; Sanders, *Paul and Palestinian Judaism*, 554에서 그렇게 말한다. 하지만 "초등학문"(στοιχεῖα)이 귀신의 세력이라는 견해를 지지하는 Arnold의 명료하고 강력한 논증을 보라. "Returning to the Domain of the Powers", 55-76. Martyn은 "초등학문"(στοιχεῖα)에 대한 매우 유용한 논의를 제시하지만, 유대인과 이방인, 신성함과 불경스러움, 율법과 무법 사이의 대조를 가정하는 그의 해결책은 너무 복잡해서 개연성이 낮다(*Galatians*, 395-406).

18. 하지만 Arnold는 늦은 시기를 근거로 내세우는 논증이 결정적이지 않다고 주장한다. 그 용어가 헬라 마법의 파피루스에 사용되며, 파피루스에서 발견되는 이 전통이 주후 1세기나 그 이전 시대 주제에 귀를 기울였을 가능성이 있기 때문이다. 또한 이 용어에 대한 이른 시기의 증거를 포함할 수 있는 *T. Sol.* 8:1-2; 18:1-2과 2 En. 16:7을 보라. Arnold, "Returning to the Domain of the Powers", 58-59를 보라. 하지만 이 견해와 대조되는 Blinzer, "στοιχεῖα τοῦ κόσμου", 435-36, 438-39를 보라.

19. R. Longenecker, *Galatians*, 165-66에서 그렇게 말한다. 하지만 구체적인 뉘앙스는 문맥에서 분별되어야 한다고 주장한다.

20. 저자는 여기서 "초등학문"(στοιχεῖα)이라는 단어를 사용하지 않지만, "초등학문"의 개념은 분명히 존재한다. 여기서 Martinus C. de Boer, "The Meaning of the Phrase τὰστοιχεῖα τοῦ κόσμου in Galatians", *NTS* 53(2007): 204-24를 보라.

귀신의 세력이 옛 창조의 요소들을 지배했으므로 그 의미에 포함될 수 있다(참고. 엡 2:2; 6:12).

어쨌든 바울은 모세 율법이 유효했던 시기 동안 그러한 요소들의 지배를 분명히 보았다.[21] "아래에"(ὑπό)라는 표현이 사용된 것은 갈라디아서에서 율법에 대한 언급을 상기시킨다(3:10, 22, 23, 25; 4:2, 4, 5, 21; 5:18을 보라). 그들은 속박 아래에 살았으며, 그러므로 율법 아래에 있는 것은 죄의 권세 아래에 있는 것과 같다.[22] 어떤 학자들은 바울이 여기서 이스라엘이 죄 아래에서 겪고 있는 유배를 생각한다고 주장한다. 그들은 율법을 지키지 못해서 결국 본토에서 쫓겨났다. 여기서는 직접적으로 유배를 언급하지 않는다. 하지만 유배에 대한 언급은 여기서 논의되는 주제와 일치한다. 이스라엘의 역사에서 율법 아래에 있던 자들은 자유를 누리지 못하고 죄에 매여 있었기 때문이다.

갈 4:4 때가 차매 하나님이 그 아들을 보내사 여자에게서 나게 하시고 율법 아래에 나게 하신 것은(ὅτε δὲ ἦλθεν τὸ πλήρωμα τοῦ χρόνου, ἐξαπέστειλεν ὁ θεὸς τὸν υἱὸν αὐτοῦ, γενόμενον ἐκ γυναικός, γενόμενον ὑπὸ νόμον). 이제 하나님의 아들—진정한 사람으로서 율법 아래에 사셨던 분—이 오심으로써 구원 역사에서 새로운 시대가 이르렀다. 많은 학자는 이 구절(4:4-5)에서 바울 이전 시대 고백의 형식을 간파한다.[23] 바울이 여기서 그러한 고백에 의존했을 수도 있지만, 실제로 그렇게 했을지는 불확실하다. 성경에 단 한 번 기록된 단어(hapax legomena)로 어떤 결론의 근거를 이끌어 내기에는 너무 빈약하다. 또한 대명사의 변경이 전통이 사용되었음을 가리키지 않는 이유는 갈라디아서에서 대명사가 바뀌는 일이 흔하기 때문이다.

마지막으로, 본문의 내용은 갈라디아서의 중심 주제와 조화된다. 율법에서 해방되는 것은 오직 그리스도의 십자가를 통해서만 이루어지며, 구속받은 자는 하나님의 자녀가 된다. "율법 아래에"라는 표현 자체는 "아들의 명분"(4:5)과 마찬가지로 본문의 표현이 바울의 것임을 나타낸다. "아들의 명분"은 칠십인역에는 나오지 않고, 신약의 바울 서신에서만 발견되기 때문이다.

모세 율법 아래에서의 시기는 미성년자의 시기와 비교된다. 바울은 더 나아가 그것을 종노릇, 곧 세상 요소들에 대한 복종과 비교한다. 마찬가지로 상속의 실현, 성장, 어린아이의 성숙은 구속사에서 하나님의 약속의 성취와 그분의 아들 예수 그리스도를 보내신 것과 비교된다.[24] "충만한 때"는 하나님의 구원 약속의 실현을 강조한다(참고. 막 1:15). 에베소서 1:10에서는 "충만한 때"(τὸ πλήρωμα τῶν καιρῶν의 문자적 번역)를 위한 하나님의 계획이 그리스도 안에서 모든 것을 통일하도록 하나님이 역사를 계획하셨다고 말한다. 이제 그리스도가 오셨으며 "성취의 때가 이르렀다"(τὰ τέλη τῶν αἰώνων κατήντηκεν, 고전 10:11). "아버지가 정한 때"에 예수님이 오셨다(갈 4:2). 구원 역사에서 하나님이 정확한 때에 예

---

21. Nancy L. Calvert는 바울이 갈라디아서 4:1-10에서 아브라함이 우상을 버린 것과 관련된 유대 전통에 의지한다고 주장하며, 율법에 대한 헌신은 우상숭배와 같은 역할을 한다고 말한다. "Abraham and Idolatry: Paul's Comparison of Obedience to the Law with Idolatry in Galatians 4.1-10", in *Paul and the Scriptures of Israel*(ed. C. A. Evans and J. A. Sanders; JSNTSup 83; Sheffield: JSOT Press, 1993), 222-37을 보라. 이 구절에 아브라함이 언급되지 않기 때문에 바울이 여기서 아브라함의 전통에 의지하는지는 분명하지 않다.

22. Arnold는 바울이 초등학문 아래에 있는 것을 율법 아래에 있는 것과 "동일시"하지 않고 "밀접한 연관성의 측면에서" 말한다고 주장한다("Returning to the Domain of the Powers", 68, 강조체 저자). 아마도 Donaldson의 해석이 좀 더 만족스러울 것이다. 그는 "율법 아래에"가 "초등학문 아래에" 있는 것의 한 부분이라고 주장하기 때문이다. 따라서 그 둘은 정확하게 같지 않다("Galatians 3:13-14", 96-97, 104). 또한 Johannes Woyke, "Nochmals zu den 'schwachen und unfähigen Elementen'(Gal 4.9): Paulus, Philo und die στοιχεῖα τοῦ κόσμου", *NTS* 54(2008): 231에서 그렇게 말한다. 그러한 견해는 로마서 7:7-25과 조화되는 것처럼 보일 것이다. 그 구절에서는 죄의 권세가 선한 율법을 악한 목적으로 사용한다. "세상의 초등학문"이 귀신의 세력에 대한 언급을 포함한다면 바울은 귀신들이 사람을 속박하기 위해 율법을 사용한다고(인간의 죄 때문에) 말하는 것일 수 있다. 이것과 대조되는 견해로 Hafemann, "Paul and the Exile", 346-47을 보라.

23. 예를 들어, Betz, *Galatians,* 205-7; R. Longenecker, *Galatians,*

수님을 자신의 아들로서 보내셨기 때문이다.

"하나님이…보내사"라는 형식(참고. 롬 8:3)이 아들의 선재(preexistence)를 암시하는지 학자들 사이에 논쟁이 되고 있다. 하나님이 지혜나 지식이나 혼돈의 영을 보내실 때 그러한 속성의 선재가 고려되는 것은 아니다. 하지만 하나님이 아들을 보내시는 것은 지혜나 지식을 보내시는 것과 구분되는데, 후자는 추상적 존재인 반면 아들은 인격적 존재이기 때문이다.[25] 따라서 여기서 아들의 선재가 암시되고 있는 것으로 보인다.

예수님이 "여자에게서 나셨다"는 표현은 동정녀 탄생을 암시하지 않는다.[26] 욥기 25:4에서 인간의 출생을 묘사하기 위해 비슷한 표현이 사용된다("여자에게서 난", γεννητὸς γυναικός, 또한 마 11:11; 욥 14:1; 15:14; Josephus, *Ant.* 7.21; 16.382). 그 대신 여기서 사용된 형식은 예수님의 완전한 인성을 강조한다.

예수님은 온전히 사람이셨을 뿐만 아니라 율법 아래에서 사셨다. 앞에서 주목한 대로 율법 아래에 사는 자들은 죄의 지배와 폭정 아래에 산다. 하지만 예수님은 예외시다. 그분은 아브라함의 진정한 후손(3:16)이며, 진정한 이스라엘(참고. 출 4:22)이자, 하나님의 진정한 아들이시다. 다른 모든 사람은 하나님의 뜻을 어겼지만, 그분은 하나님의 율법을 따라 사셨다.[27] 율법 아래에 사는 자로서 그분은 율법의 저주를 담당하셨으므로 (3:13), 죄의 권세에 사로잡혀 있는 자들을 해방하실 수 있었다.

갈 4:5 율법 아래에 있는 자들을 속량하시고 우리로 아들의 명분을 얻게 하려 하심이라(ἵνα τοὺς ὑπὸ νόμον ἐξαγοράσῃ, ἵνα τὴν υἱοθεσίαν ἀπολάβωμεν). 하나님이 사람을 죄의 권세에서 해방하시려는 계획은 아들을 보내심으로써 실현되었다. 그분이 "율법 아래에 있는 자들"을 구속하셨으므로, 신자들은 이제 하나님의 "자녀"가 된다. 바울은 갈라디아서에서 지속적으로 "아래에"라는 표현을 사용하여 죄의 권세를 묘사한다. "율법 아래에" 있는 자들은(3:23; 4:4) "저주 아래에"(3:10), "죄 아래에"(3:22), "초등교사 아래에"(3:25), "초등학문 아래에"(4:3) 있다. 죄는 사람들을 그것의 폭정과 지배 아래 두었다.

4절에서 언급한 것처럼 예수님은 율법 아래에 사셨으며 하나님의 참되고도 완전한 아들로서 율법의 저주를 친히 담당하셨고, 그리하여 죄의 권세와 지배 아래에 있는 자들을 구속하고 해방하셨다.[28] "구속하다"(ἐξαγοράζω)라는 동사는 3:13을 떠오르게 한다.[29] 거기서 바울은 같은 동사를 사용하여 예수님이 율법의 저주를 담당하셨기 때문에 우리가 율법에서 해방되었다고 말한다. 따라서 이 구절은 예수님이 죄인들을 대신해 죽으신 것을 가리키며, 또한 율법 아래에 있는 자들의 해방이 예수님의 생명을 대가로 찾아왔다는 사실을 나타낸다.

죄에 매여 있는 삶에서 해방되고 구속받은 자들은 하나님의 자녀로 입양된다.[30] "입양"(υἱοθεσία)이라는 단어는 신약에서 유일하게 바울 서신에만 나타난다(참고.

166–70.

24. Hafemann은 여기서 바울이 말하는 것의 구속사적 특성을 바르게 관찰한다("Paul and the Exile", 340). 하지만 그는 본문에 존재에 관한 차원이 없다고 잘못 결론을 내리며 따라서 '행위'와 '믿음'의 모든 대립을 제외한다.

25. 대조적으로 James D. G. Dunn, *Christology in the Making: A New Testament Inquiry into the Origins of the Doctrine of the Incarnation* (2nd ed.; Grand Rapids: Eerdmans, 38–45). 또한 R. Longenecker, *Galatians,* 167–70; Betz, *Galatians,* 206–7; Martyn, *Galatians,* 406–8을 참고하라. 선재(preexistence)를 지지하는 견해로 Matera, *Galatians,* 150; Lightfoot, *Galatians,* 168; Bruce, *Galatians,* 195; Hans-Christian Kammler, "Die Prädikation Jesu Christi als 'Gott' and die paulinische Christologie: Erwägungen zur Exegese von Röm 9,5b", *ZNW* 92(2003): 176; Fee, *Galatians,* 148–49를 보라.

26. 대조되는 견해는 Calvin, *Galatians,* 118이 있다.

27. R. Longenecker, *Galatians,* 171–72에서 그렇게 말한다.

28. 참고. Bruce, *Galatians,* 196.

29. 구속의 언어 또한 출애굽 전통을 암시한다. Scott, *Adoption as Sons of God,* 172–73을 보라.

30. 두 번째 "그리하여"(ἵνα)의 절은 첫 번째 "그리하여"의 절과 등위 관계가 아니므로(Matera, *Galatians,* 150과 대조적으로), 여기서 패턴은 3:14과 구분된다.

롬 8:15, 23; 9:4; 엡 1:5). 많은 학자는 이 단어가 로마 세계에서 빌려온 것이라고 주장한다.[31] 스콧은 유대 배경을 강력히 주장하지만, 이 문제가 해결되지 않아도 본문의 요점을 이해하는 데는 크게 문제되지 않는다.[32] 이제 신자들은 예수 그리스도의 십자가 사역을 통해 하나님의 자녀로 입양된다.

본문의 1인칭 복수("우리가…얻게", ἀπολάβωμεν)는 바울이 갈라디아서에서 유대인만을 가리켜 1인칭 복수를 사용하지 않는다는 강력한 증거가 된다.[33] 갈라디아서 논증의 전체적인 요점은 이방인들이 이제 하나님의 자녀로서 그분의 가족으로 입양된다는 것, 즉 그들이 그리스도 안으로 통합되기 때문에 아브라함의 자손이 된다는 것이다. 버크(Burke)의 말처럼 "하나님의 가족은 오로지 입양된 자녀로만 구성된다. 즉, 하나님의 가족 안에 자연적으로 태어난 자녀는 없다."[34] 여기서 1인칭 복수가 유대인으로만 제한된다면 바울의 논증은 매우 어색하게 될 것이다. 그 대신 바울은 이방인들도 (유대인들처럼) 죄의 지배 아래에 살았다는 의미에서, 그들이 율법 아래에 있음을 마음속에 그리고 있다. 이제 그리스도 예수 안에서 그들은 하나님의 자녀로 입양되었다. 다스는 "우리"라는 표현에 이방인들이 포함되어야만 바울의 생각의 흐름이 유효하다고 바르게 주장한다. 입양된 "우리"(4:5)는 하나님의 자녀인 "너희"(4:6)와 동일한 집단이다.[35]

갈 4:6 너희가 아들이므로 하나님이 그 아들의 영을 우리 마음 가운데 보내사 아빠 아버지라 부르게 하셨느니라("Ὅτι δέ ἐστε υἱοί, ἐξαπέστειλεν ὁ θεὸς τὸ πνεῦμα τοῦ υἱοῦ αὐτοῦ εἰς τὰς καρδίας ἡμῶν[36] κρᾶζον, Αββα ὁ πατήρ). 갈라디아 사람들이 진정으로 하나님의 입양된 아들이라는 근본적인 증거는 하나님이 그들에게 성령을 주셨다는 것이다. 그리고 그들의 자녀 됨은 하나님을 자신의 아버지로 환호하는 것으로 드러난다.

바울은 여기서 3:1-5의 주제로 돌아간다. 거기에서 성령의 강력한 임재는 갈라디아 사람들이 하나님 백성의 일원임을 나타낸다. 하나님이 자기 아들을 "보내셨던" 것처럼(4:4) 그분은 또한 성령을 "보내셨다." 바울은 이사야 48:16-17을 근거로 하나님이 자기 백성을 해방하시는 두 번째 출애굽의 주제를 사용했을 가능성이 있다. 이 구약 구절에서 이사야는 메시아를 보내시는 것과, 하나님의 성령과, 하나님이 자기 백성을 구원하시는 것에 대해 말한다.[37] 아버지와 아들과 성령 사이의 밀접한 관계는 "그의 아들의 영"이라는 표현에 드러난다.

---

31. 예를 들어, Hester, *Paul's Concept of Inheritance,* 57 61; Betz, *Galatians,* 202; Bruce, *Galatians,* 192.

32. Scott, *Adoption as Sons of God.*

33. Dalton, "'We' in Galatians", 40에서 이것을 바르게 말한다. R. Longenecker는 동의하지만 바울이 4:4-5에서 고백을 인용한다는 의심스러운 기초에 자신의 견해를 세운다(*Galatians,* 172). 앞에서 말한 대로 이것은 개연성이 낮다. 대조적인 견해로 Betz, *Galatians,* 208(그는 "유대인 먼저, 이어서 이방인"의 패턴을 본다); Bruce, *Galatians,* 197; Matera, *Galatians,* 150; B. Longenecker, *Triumph of Abraham's God,* 92-93을 보라.

34. Burke, *Adoption into God's Family,* 89.

35. Das, *Paul and the Jews,* 125. "그(바울)가 유대인만을 생각하고 있다는 견해는 특별히 5-6절에서 혼란으로 이어진다." Williams, *Galatians,* 110-11에서 그렇게 말한다.

36. 2인칭 복수 대명사 "너희"(ὑμῶν)는 2인칭 복수 동사(ἐστε)와 조화되며 특별히 다수 사본의 지지를 받고 있다. 하지만 1인칭 복수 "우리"(ἡμῶν)가 원래의 독법임이 분명하다(𝔓[46], ℵ, A, B, C, D[*], F, G, P, 104, 1175, 1241[s], 1739, 1881, 1962, 2464 등). 또한 Fee, *Galatians,* 151, n. 58을 참고하라.

37. G. K. Beale, "The Old Testament Background of Paul's Reference to 'the Fruit of the Spirit' in Galatians 5:22", *BBR* 15(2005): 10-11에서 그렇게 말한다.

38. R. Longenecker는 바울에게 아들 됨과 성령을 받는 것은 동시에 일어나는 사건이며, 따라서 연대의 전후 관계에 대한 논증은 핵심에서 벗어나는 것이라고 주장한다(*Galatians,* 173).

39. 여기서 특별히 도움이 되는 것은 Betz, *Galatians,* 209-10이다. 그는 이렇게 말한다. "바울은 갈라디아 사람들 또한 성령을 경험했다는 사실에 기초하여 그들과의 논증을 진행한다(3:2-5). 그들이 의심하는 것은 지금 이미 그들이 '하나님의 자녀'인가 하는 문제다"(210).

바울의 논리는 이상해 보인다. 바울이 신자들이 하나님의 자녀가 되고 이어서 하나님이 이미 존재하는 아들 됨을 확정하기 위해 그들에게 성령을 보내신다고 제안하는 것처럼 보이기 때문이다. 하지만 여기에서 시간적 순서를 유추하는 것은 잘못이다.[38] 이 단락의 핵심은 신자가 자녀와 상속자라는 것이다. 따라서 이 구절은 신자가 하나님의 자녀라는 선언으로 시작된다. 그들은 아브라함 가족의 진정한 구성원이다.

바울은 그들이 진정으로 하나님의 자녀임을 확정하기 위해 성령을 보내시는 것을 말한다.[39] 실제로 자녀가 된 후에 성령이 주어진다고 말하려는 의도가 아니다. 요점은 성령이 그들의 아들 됨을 확정하고 재가하며, 그것이 진짜임을 입증한다는 것이다. 여기서 말하는 것은 로마서 8:15-16의 표현과 유사하다. "너희는…양자의 영을 받았으므로 우리가 '아빠 아버지'라고 부르짖느니라 성령이 친히 우리의 영과 더불어 우리가 하나님의 자녀인 것을 증언하"(참고. 또한 롬 8:9; 빌 1:19)신다.

"부르다"(κράζω)라는 동사는 '큰 소리로 부르짖는 것이나 진심 어린 외침'을 뜻한다(참고. 마 9:27; 행 14:14; 롬 9:27).[40] 성령님은 카리스마적으로 일하시며 신자들로 하여금 하나님이 그들의 사랑하는 아버지라고 즐거이 외치게 하신다. "아버지"를 가리키는 아람어 단어인 "아빠"라는 단어는 아마도 예수님이 하나님을 부를 때 사용하셨던 용어에서 왔으며(참고. 막 14:36),[41] 하나님이 예수 그리스도를 믿는 자들의 다정하고도 소중한 아버지임을 의미할 것이다. 그리고 갈라디아 사람들은 자신이 진정한 신자임을 알고 있다. 성령이 그것을 그들의 마음에 확증하시기 때문이다.[42]

갈 4:7 그러므로 네가 이 후로는 종이 아니요 아들이니 아들이면 하나님으로 말미암아 유업을 받을 자니라(ὥστε οὐκέτι εἶ δοῦλος ἀλλὰ υἱός· εἰ δὲ υἱός, καὶ κληρονόμος διὰ θεοῦ[43]).

"그러므로"(ὥστε)라는 단어는 전체 단락에서 결론을 이끌어 내는 유추의 접속사로서 4:1에서 시작된 예화를 끝맺는다.[44] 신자들은 더 이상 구속사의 옛 시대에 사는 미성년자도, 죄의 횡포 아래에 사는 종도 아니다. 이제 그들은 하나님의 자녀로서 온전한 성년이 되었다. 그들은 율법에서 구속받았으며 성령의 선물을 받았다. 그들은 자녀이기 때문에 또한 상속자다. 아브라함에게 주어진 약속이 그들의 것이 되었다.

---

40. R. Longenecker, *Galatians*, 174.

41. Joachim Jeremias, *The Prayers of Jesus*(SBT 2/6; London: SCM), 1967: 11-67; 동일 저자, *New Testament Theology: The Proclamation of Jesus*(trans. John Bowden; New York: Scribner's, 1971), 61-68을 보라. Marianne Meye Thompson, *The Promise of the Father: Jesus and God in the New Testament*(Louisville: Westminster John Knox, 2000), 21-34에서 Jeremias의 견해에 대한 요약과 평가를 보라. Betz는 "아버지"에 대해 2개 국어를 병용하는 것이 "초대교회의 2개 국어를 병용하는 특성"을 나타낸다고 말함으로써 Luther와 Augustinus를 따른다. 이는 초대교회는 유대인과 이방인을 모두 포함한다는 것이다(*Galatians*, 211)

42. 여기서 특별히 Calvin, *Galatians*, 121.

43. Metzger가 기록하는 것처럼 여기서 다양한 독법이 존재한다(*Textual Commentary*, 526-27). (1) "하나님의" 상속자(1962 등), (2) "하나님으로 말미암은" 상속자(διὰ θεόν, F, G, 1881, *pc*), (3) "그리스도를 통한" 상속자(81, 630, *pc*, sa), (4) "예수 그리스도를 통한" 상속자(1739^{c}), (5) "그리스도를 통한 하나님의" 상속자(𝔐, ℵ^{c}, C^{2}, D, K, P, 88, 104, 614* 등), (6) "예수 그리스도를 통한 하나님의" 상속자(326, 614^{c}, 2127, 2495 등), (7) "그리스도 안에서 하나님을 통한" 상속자(cop$^{bo\ ms}$), (8) "하나님의 상속자와 그리스도와 함께한 공동 상속자"(Ψ, 1984, 1985 등). 다양한 독법은 "색다르고도 예상하지 못한 표현" 때문이며(*Textual Commentary*, 526), 상당수가 "하나님을 통한 상속자"를 지지한다(𝔓^{46}, ℵ*, A, B, C*, 33, 1739^{*vid}).

44. Betz는 바울이 여기서 2인칭 단수로 전환하는 것이 놀랍다고 말하며, 그것은 통렬한 비방의 문체에서 온 것일 수 있다고 제안한다(*Galatians*, 211, n. 96). 아마도 바울은 독자들이 각자 개인적으로 그 진리를 받아들여야 함을 강조하고자 했을 것이다.

적용에서의 신학

1. 옳은 일을 행하시는 하나님을 의뢰함

본문이 다루는 주제의 많은 부분이 갈라디아서 앞부분에서 이미 강조되었다. 구원 역사의 중요성이 다시 한 번 두드러진다. 따라서 우리는 본문의 현재적 의의를 찾으려고 할 때 성경 이야기의 흐름에서 본문이 어디에 속하는지를 계속 염두에 두어야 한다. 모든 성경이 영감으로 쓰였으며 권위가 있지만, 특정 본문을 오늘날의 삶에 적용하기 위해서는 더 큰 이야기를 알아야 한다.

또한 우리는 본문에서 하나님이 구속사 전체를 계획하셨음을 알게 된다. 하나님은 지혜로 언제 아들을 세상에 보내실지 정하셨다. 인간인 우리는 왜 하나님이 자기 아들을 특정 시간과 장소에 보내셨는지 궁금할 수 있다. 왜 팔레스타인 지역인가? 왜 1세기인가? 로마 지배에 의한 평화(Pax Romana)와 로마의 도로망이 대답의 일부가 될 수 있다. 하지만 궁극적으로 하나님이 왜 그러한 역사를 계획하셨는지 이해하기에는 우리의 지식이 턱없이 부족하다. 오직 역사를 주관하시는 주님만이 그 목적을 아신다.

구체적인 사건과 역사의 큰 그림을 모두 이해하는 사람만이 하나님이 왜 그런 식으로 자기 아들을 보내셨는지 설명할 수 있다. 물론 하나님만이 무한한 지식을 소유하셨다. 우리의 관점과 시각은 제한적이기에 우리는 한계가 있다. 따라서 우리는 하나님이 만사를 온전히 이루시고 온 세상의 심판자로서 항상 옳은 일을 행하신다는 것을 믿으며(창 18:25), 애정이 넘치시는 주권자 하나님을 최종적으로 신뢰해야 한다.

하나님이 역사를 지배하신다면, 우리는 삶의 세세한 영역에서도 그분을 신뢰할 수 있다. 우리는 살면서 건강 문제, 어려운 환경, 사랑하는 이들의 죽음과 같은 어려움으로 괴로워할 수 있다. 보통 우리는 그러한 고난들을 이해하지 못한다. 비록 왜 고난이 발생하는지 온전히 알 수 없더라도 하나님이 우리에게 주시는 사랑의 약속을 붙잡고(롬 8:31-39), 인생에서 일어나는 모든 일에 그분이 힘을 주실 것을 믿어야 한다.

2. 하나님의 입양된 자녀가 되는 특권

또한 신자들은 하나님의 자녀가 되는 특권을 누린다. 하나님의 가족이 되는 것보다 더 큰 특권은 없다. 하나님의 가족에 속하는 자들은 또한 그분의 상속자다. 오늘날 우리 사회에서 너무나 많은 사람이 역기능 가정에서 자랐다. 모든 가정이 죄에 오염되어 있는 것이다. 하지만 모든 인간 가족(엡 3:15)은 더 큰 가족을 가리키며 또한 완전하신 아버지, 즉 우리를 사랑하시고 그 사랑으로 우리를 구원하려 자기 아들을 보내신 아버지를 가리킨다. 그분은 우리를 속박하는 죄에서 해방하시고 그분의 성령을 우리에게 주셨다. 그러므로 우리는 그분을 우리의 사랑하는 아버지로 맞이할 수 있다.

당신은 사랑받지 못하거나 심지어 학대받으며 자랐을 수 있다. 그러한 환경에서 자란 사람은 하나님이 자신의 아버지가 되신다는 것이 무슨 뜻인지 이해하기 힘들 수 있다. 만약 당신이 그런 사람이라면, 하나님의 말씀을 묵상할 때마다 하나님이 육신의 아버지와(그리고 당신의 어머니와도) 매우 다르시다는 것을 기억해야 한다. 하나님이 당신을 사랑하신다는 것과 당신에게 감격적인 미래와 소망이 있다는 사실에 전념하라. 성령님이 당신에게 하늘에 계시는 아버지의 진정한 속성을 보여주셔서 그분께 당신 자신을 기쁘게 드릴 수 있도록 간구하라. 그리고 삶의 여정에서 도움을 줄 수 있는 그리스도인 상담사를 만나라.

미국 사회에서, 특별히 그리스도인 중 많은 가족이 자녀를 입양한다.[45] 입양은 복음을 특별히 증명한다. 아이들을 입양하는 신자들은 아이들을 가족의 일원으로 포함하며, 입양된 아이들이 우리 주 예수 그리스도 안에서 하나님의 사랑을 알게 되기를 간절히 바라기 때문이다. 이와 마찬가지로 본질적으로 그리고 출생으로 우리는 하나님의 가족의 일부가 아니라 하나님의 진노의 자녀였다(참고. 엡 2:3). 그런 우리를 죄에서 해방하기 위해 자기 아들을 보내신 하나님의 사랑은 얼마나 위대한가? 하지만 하나님의 사랑은 칭의와 해방에서 멈추지 않았다. 우리는 또한 의롭다 함을 받을 뿐 아니라, 자녀의 모든 권리와 특권을 누린다. 하나님의 자녀로서 깊고도 진한 사랑을 받는다.

당신은 입양을 생각해본 적이 없는 젊은 그리스도인 부모일 수 있다. 입양하는 것이 하나님의 뜻이라고 말하는 것은 아니다. 나와 아내는 입양하지 않았다. 그러나 그것은 얼마나 아름다운 사역인가! 입양되는 많은 아이가 믿지 않는 문화에서 온다. 그들을 당신의 가족으로 입양하여 주님의 양육과 훈계로 키움으로써 예수 그리스도의 복음을 전하는 것은 참으로 놀라운 특권이다. 45번 각주에서 언급된 무어의 책은 입양에 대한 실제적인 조언과 강력한 동기를 제공한다.

45. 입양에 관한 설득력 있는 책으로 Russell D. Moore, *Adopted for Life: The Priority of Adoption for Christian Families and Churches*(Wheaton: Crossway, 2009)를 보라.

CHAPTER 15

갈라디아서 4:8–11

문학적 전후 문맥

갈라디아서 4:8–11은 3:15에서 시작된 구속사에 기초한 긴 논증의 결론 역할을 한다. 그런데 여기서 바울은 자신이 갈라디아서에서 가르친 것을 적용한다. 달(Dahl)은 1:6–4:11이 갈라디아서에서 주요 부분을 차지한다고 바르게 이해한다.[1] 바울은 신자들이 더 이상 모세 언약과 율법 아래에 있지 않고 아브라함에게 주어진 약속이 성취되는 시대에 살고 있음을 보여주려 노력했다. 따라서 3:26–29과 4:1–7에서 그는 신자들이 아브라함의 가족에 속하는 것을 강조한다. 그들은 하나님의 자녀이며 상속자다. 4:8–11에서 바울은 자신이 사도로서 쏟은 수고가 헛된 것이 될까 봐 두려워하는 이유를 설명한다. 갈라디아 사람들은 이교 사상으로 돌아가고 있는데, 그들의 퇴보가 모세 율법에 자신들을 복종시키려는 열망에서 가장 두드러지게 나타나기 때문이다.

I. 도입: 바울의 복음을 떠나는 것은 복음을 떠나는 것이다(1:1–2:21)
II. 경험과 성경을 통한 바울의 복음 변호(3:1–4:11)
  A. 경험을 통한 논증: 행위가 아닌 믿음으로 말미암아 성령을 받음(3:1–5)
  B. 성경을 통한 논증: 믿음으로 말미암아 아브라함의 복을 얻음(3:6–14)
  C. 구원 역사를 통한 논증: 아브라함 언약이 우선되며 모세 언약은 임시적임(3:15–4:11)
    1. 율법이 더해진 것은 아브라함이 받은 약속을 무효화하지 못함(3:15–25)
    2. 하나님의 자녀는 아브라함의 후손이다(3:26–29)
    3. 종에서 아들이 되는 것을 통한 논증(4:1–7)
➡ **4. 율법으로 돌아가는 것은 어리석다(4:8–11)**

1. Dahl, "Paul's Letter to the Galatians", 133.

주요 개념

갈라디아 사람들이 회심 후에 모세 율법을 받아들인다면, 바울이 사도로서 쏟은 수고는 헛된 것이 된다.

번역

갈라디아서 4:8–11

8a	8b의 근거	그러나	너희가 그 때에는 하나님을 알지 못하여
b	단언	**본질상 하나님이 아닌 자들에게 종 노릇 하였더니**	
9a	8a–b와 대조		이제는 너희가 하나님을 알 뿐 아니라
b	9a의 수정		더욱이 하나님이 아신 바 되었거늘
c	수사학적 질문	**어찌하여 다시 약하고 천박한 초등학문으로 돌아가서**	
		다시 그들에게 종 노릇 하려 하느냐	
10	단언	**너희가 날과 달과 절기와 해를 삼가 지키니**	
11	외침	**내가 너희를 위하여 수고한 것이 헛될까 두려워하노라**	

구조

3:26–29과 4:1–7에서 갈라디아 사람들이 자녀가 되고 상속자가 된다는 약속이 공표되었다. 이제 4:8에서 바울은 그들이 불신자였을 때의 삶을 상기시킨다. 여기서 "그때에는"(τότε, 4:8)이라는 단어가 옛 삶과 새로운 삶의 대조를 나타낸다. 그들은 한 분이신 진정한 하나님을 알지 못했기 때문에 거짓 신들에 매여 살았다. 9절은 8절과 대조되는 역할을 한다. 갈라디아 사람들은 이전에 그들이 섬겼던 신들을 더 이상 추종하지 않는다. 그들은 구원을 얻는 방식으로 하나님을 알게 되었다.

바울은 곧바로 한 가지 수정을 제시하는데, 하나님을 아는 일의 강조점이 그들의 선택보다 하나님이 그들을 아신 것에 있기 때문이다. 하지만 바울은 그들이 소위 "하나님을 알게 된 것"이 헛된 일이 될까 봐 두려워한다. 그들은 이전에 버렸던 초등학문을 섬기는 것으로 돌아가고 있다. 10절은 논증을 놀라운 방향으로 이끈다. 우리는 4:8–9을 보며 갈라디아 사람들이 문자적으로 거짓 신들을 섬기는 일로 돌아가고 있다고 예상할 수 있는데, 4:10은 그들의 퇴보가 유대 절기를 지키는 것을 나타낸다고 말한다. 바울은 율법 아래의 삶을 이교도로 복귀하는 것과 동일시하는 것이 분명하다. 갈라디아 사람들의 변덕은 바울로 하여금 그들의 영적 상태를 의심하게 한다. 그는 4:8-10의 상황을 근거로 자신의 사역이 헛된 것이 되었을 수 있다고 추측한다(4:11).

석의적 개요

II. 경험과 성경을 통한 바울의 복음 변호(3:1-4:11)
- A. 경험을 통한 논증: 행위가 아닌 믿음으로 말미암아 성령을 받음(3:1-5)
- B. 성경을 통한 논증: 믿음으로 말미암아 아브라함의 복을 얻음(3:6-14)
- **C. 구원 역사를 통한 논증: 아브라함 언약이 우선되며 모세 언약은 임시적임(3:15-4:11)**
  1. 율법이 더해진 것은 아브라함이 받은 약속을 무효화하지 못함(3:15-25)
  2. 하나님의 자녀는 아브라함의 후손이다(3:26-29)
  3. 종에서 아들이 되는 것을 통한 논증(4:1-7)
  4. ➦ **율법으로 돌아가는 것은 어리석다(4:8-11)**
     - a. 거짓 신에게 종노릇함(4:8)
     - b. 그들이 회심 후 되돌아가는 것을 믿을 수 없음(4:9)
     - c. 퇴보는 유대 절기를 지키는 것에서 나타난다(4:10)
     - d. 수고가 헛된 것이 될까 두려워함(4:11)

III. 율법에서 자유롭고 성령 안에서 자유롭도록 부르심(4:12-6:10)

본문 설명

갈 4:8 그러나 너희가 그 때에는 하나님을 알지 못하여 본질상 하나님이 아닌 자들에게 종 노릇 하였더니(Ἀλλὰ τότε μὲν οὐκ εἰδότες θεὸν ἐδουλεύσατε τοῖς φύσει μὴ οὖσιν θεοῖς). 하나님을 알기 전에, 즉 회심 이전에 갈라디아 사람들은 거짓 신들에게 종노릇하고 있었다. 갈라디아서의 이 부분에서 구속사에 근거한 바울의 논증을 한데 묶는 핵심 주제 중 하나는 "종노릇"이다. "율법 아래"의 삶은 사람이 죄의 지배와 폭정 아래 사는 것이 그 특징이다. 신자들은 "죄 아래에…갇혀 있었으며"(3:22, ESV), "율법 아래에서 포로였고"(3:23, ESV), "세상 초등학문 아래에 종노릇"했지만(4:3) 이제 그들은 이전에 얽매였던 속박에서 자유로우며(4:5) 더 이상 노예가 아니다(이것은 이전에

2. Betz가 관찰하듯이 바울은 갈라디아 사람들이 섬겼던 다른 신을 묘사하는 데 관심이 없다. "그는 '세상의 초등학문'이라는 제목 아래 그들을 함께 총괄하기를 선호한다"(*Galatians*, 213).

3. Betz(*Galatians*, 215)와 Bruce(*Galatians*, 202)는 거짓 신들이 단지 사람의 상상이 투영된 것이었다고 보는 경향이 있지만, 그들은 고린도전서 10:19-20이 고린도전서 8:4-6과 어떻게 조화되는지 설명하지 못한다.

4. Betz와 대조적으로 여기서 안다고 하는 것은 영지주의적 의미가 아니다(*Galatians*, 215-16).

5. 여기서 S. M. Baugh, "The Meaning of Foreknowledge", in *Still*

그들이 노예였음을 암시한다, 4:7).

불신자로서 그들은 거짓 신에 매여 있었다.[2] 그들은 참되고 살아 계신 하나님보다 우상을 섬겼다(살전 1:9). 이러한 소위 신이라는 존재는 실제로 신이 아니다. 다른 서신에서 바울은 우상이 진짜가 아니라고 말한다(고전 8:4). 하지만 우상의 배후에는 귀신 세력이 있다(고전 10:19–20). 귀신은 신이 아니지만 사람들에게 영향력을 행사하는데, 이것은 갈라디아 사람들이 회심하기 전에 거짓 신에게 종노릇했다는 주장과 일치한다.[3]

시간을 나타내는 분사구 "하나님을 알지 못하여"(οὐκ εἰδότες θεόν)는 이렇게 거짓 신에게 복종하는 이유를 설명한다. 불신자들의 근본적인 잘못은 하나님을 모르고 찬양하거나 감사하지도 않으며, 그리하여 자기를 숭배하고 창조주보다 피조물을 높이는 것이다(롬 1:21–25; 참고. 고전 1:21). 로마서에서 바울은 이방인들의 성적인 죄가 그들이 하나님을 알지 못하는 결과라고 말한다(롬 1:24–27). 하나님을 알지 못하는 자는 유일하게 참되신 한 분 하나님 대신 다른 사람이나 사물을 숭배하기 마련이다.

갈 4:9a–b 이제는 너희가 하나님을 알 뿐 아니라 더욱이 하나님이 아신 바 되었거늘(νῦν δὲ γνόντες θεόν, μᾶλλον δὲ γνωσθέντες ὑπὸ θεοῦ). 여기서 바울은 "그때에는"(τότε, 4:8)과 "이제는"(νῦν)을 대조하면서(그들의 이전 삶과 그리스도 안에서의 새로운 삶) 회심이라는 아름다운 그림을 보여준다(참고. 살전 1:9). 그때에 갈라디아 사람들은 하나님을 알지 못했지만, 회심 때 하나님을 알게 되었다.[4] 그 지식은 단순히 추상적이고 비인격적이지 않고 인격적이며 인간적 차원을 가진다. 그들이 하나님을 자신의 사랑하는 아버지로 부르짖기 때문이다(4:6). 그들이 이제 하나님의 자녀이기 때문에 그들은 하나님이 가까이 계시며 그들을 사랑하신다고 느낀다.

하지만 그들이 하나님을 아는 것이 강조점이 아니므로, 바울은 자신의 처음 진술을 수정한다. 신자들이 하나님을 알게 된 것은 사실이지만, 그들이 왜 하나님의 구원하시는 사랑을 이해하는지를 설명하는 더 깊은 실체가 존재한다. 즉, 하나님이 그들을 아신다는 것이다. 하나님이 자기 백성을 아신다는 것은 히브리어 동사 "알다"(*yādaʿ*)를 떠올리게 한다. 하나님의 지식은 그분이 누군가를 택하시는 것, 즉 누군가를 사랑하시는 것을 가리킨다.[5] 하나님은 아브라함을 "아셨으며" 그를 유대 백성의 아버지가 되도록 선택하셨다(창 18:19). 하나님은 이스라엘을 "아셨으며" 땅 위의 모든 사람 중에서 그들을 선택하셨다(암 3:2). 하나님은 예레미야가 태어나기 전에 그를 "아셨으며", 그리하여 그를 선지자로 임명하셨다(렘 1:5).[6] 갈라디아 사람들도 마찬가지로 하나님이 먼저 그들을 아셨기 때문에, 그리고 그분이 그들을 사랑하시고 은혜로 그들을 자신의 소유가 되도록 선택하셨기 때문에 하나님을 알게 되었다.[7]

갈 4:9c 어찌하여 다시 약하고 천박한 초등학문으로 돌아가서 다시 그들에게 종 노릇 하려 하느냐(πῶς ἐπιστρέφετε πάλιν ἐπὶ τὰ ἀσθενῆ καὶ πτωχὰ στοιχεῖα οἷς πάλιν ἄνωθεν δουλεύειν θέλετε;). 바울은 갈라디아 사람들이 옛 방식으로 돌아가는 것을 놀라워한다. 그는 모세 율법에 헌신하는 것이 곧 또 다른 형태의 이교 사상이라고 생각하는 것이 분명하다! "돌아가다"(ἐπιστρέφω)라는 단어는 주로 그리스도께 회심하는 것을 가리킨다(행 3:19; 9:35;

Sovereign(ed. Thomas R. Schreiner and Bruce A. Ware; Grand Rapids: Baker, 2000), 183–200을 보라.

6. 헬라어에서 '알다'라는 의미로 다른 동사들이 사용되지만, 그것들은 의미론적으로 중복된다. 히브리어 동사는 모든 경우에 동일하다.

7. 하나님이 아신 바 되는 것에 것에 대한 뛰어나고 신학적이며 목회적인 고찰은 Brian S. Rosner, "'Known by God': The Meaning and Value of a Neglected Biblical Concept", *TynBul* 59(2008): 207–30을 보라.

11:21; 14:15; 15:19; 26:18, 20; 고후 3:16; 살전 1:9; 벧전 2:25). 그런데 본문에서는 방향을 틀어 이교 사상으로 "되돌아가는 것", "믿음을 버리는 것"(참고. 벧후 2:22), 거짓 신에게로 돌이킨다는 의미로 사용된다.[8]

한편 바울은 갈라디아 사람들이 약하고 가난한 것으로 돌아가려는 것을 "이상하게 여기고"(1:6) "놀라워한다"(4:20). 사실 그들은 자유를 종노릇으로, 해방을 속박으로 바꾸려 하고 있다. 4:3과 마찬가지로 "초등학문"(στοιχεῖα)은 속박과 연결되어 있다. 여기서 "초등학문"을 영적 세력으로, "사대의 정령"(elemental spirits)으로 보는 견해는 갈라디아 사람들이 전에 섬겼던 신에게 돌아가고 있다는 점에서 타당하다. 다른 한편으로 귀신의 세력을 염두에 두고 있을 가능성이 더 커 보이지만, 바울은 단순히 그들이 이 세상의 사물들에게 복종한다고 말하는 것일 수 있다.[9] 어떤 경우든 갈라디아 사람들이 속박을 열망하는 것은 설명할 수 없으며 불합리하다.[10] 놀라운 점은 바울이 토라에 대한 복종을 이교 사상과 동일하게 여긴다는 것이다. 바울의 단언이 유대주의자들에게 주었을 충격은 상상에 맡길 수밖에 없다.[11]

갈 4:10 너희가 날과 달과 절기와 해를 삼가 지키니(ἡμέρας παρατηρεῖσθε καὶ μῆνας καὶ καιροὺς καὶ ἐνιαυτούς). 갈라디아 사람들은 구약의 절기를 지키기 시작한다. 몇몇 학자는 이 언급이 이교도의 절기를 가리킨다고 주장한다. 바울이 갈라디아 사람들이 거짓 신들에게로 돌이키고 이전 삶의 방식으로 돌아가는 것을 고발하기 때문이라는 것이다. 하지만 갈라디아서 전체 문맥을 고려할 때 독자들은 구약의 절기를 지키는 것, 즉 구약 율법에 헌신하는 것 때문에 비판받고 있을 가능성이 더 크다.

"날"은 다른 특별한 날들을 염두에 두고 있을 수 있지만, 특별히 안식일을 지키는 것을 가리킨다.[12] 버튼은 네 용어를 너무 구체적으로 구분하는 것을 주의해야 한다고 말하는데, 그의 지적은 옳은 듯하다.[13] 바울은 갈라디아 사람들이 유대 절기를 지키는 것을 가리키기 위해 여러 용어를 사용한다. 베츠는 갈라디아 사람들이 율법을 지키지 않았다고 주장하지만, 그들이 실제로 율법을 지키기로 결정했는지 여부를 밝히기 위해 그들의 생활방식을 묘사한다.[14] 하지만 그들이 아직 할례에 순종하지 않았더라도, 그들이 실제로 구약의 절기를 지켰다고 말하는 것으로 본문을 해석하는 것이 가장 자연스럽다.[15]

아마도 본문은 "계절"(καιρούς)과 "날"(ἡμέρας)과 "해"(ἐνιαυτούς)라는 단어가 사용되는 창세기 1:14을 암시할 것이다. 특정 날과 축제를 지키는 것에 대한 동일한 관심이 로마서 14:5과 골로새서 2:16에 나타난다. 두 경우 모두 이방인들이 구약 율법에 끌렸던 것이 분명하다. 우리가 다루는 부분의 가장 놀라운 주제 중 하나가 여기서 분명히 드러난다. 바울은 모세 율법에 대한 헌신을 이교 사상으로 돌아가는 것과 비교한다. 갈라디아 사람들은 그리스도께로 회심하기 전에 거짓 신을 섬겼는데(4:8), 바울은 그들이 유대교로 끌리는 것을 이교 사상과 동일한 것으로 본다.[16]

8. 권연경은 여기서 바울이 배교에 대해 말한다고 바르게 인식하지만, 갈라디아 사람들이 더 이상 하나님을 알지 못한다고 잘못된 결론을 내린다(*Eschatology,* 39–40). 권연경은 적절한 수사학적 균형을 가지고 서신을 읽지 못한다. 따라서 그는 갈라디아 사람들의 결함에 관한 모든 진술을 심각하게 받아들인다(37–42). 하지만 그는 갈라디아 사람들이 여전히 하나님께 속한다는 것을 나타내는 모든 진술을 대충 얼버무리는 경향이 있다. 예를 들어, 5:10에 대한 주석을 보라.
9. 4:3의 논의를 보라.
10. Wilson("Wilderness Apostasy", 561–63)은 흥미롭게도 속박받으려는 그들의 열망이 이스라엘이 이집트로 돌아가기 원했던 것을 암시한다고 제안한다(참고. 출 14:10–12; 16:3; 17:3; 민 14:2–4).
11. 참고. Betz, *Galatians,* 216–17; Hays, *Galatians,* 287.
12. Dunn, *Galatians,* 227; Garlington, *Galatians,* 249에서 그렇게 말한다.
13. Burton, *Galatians,* 234. 참고. R. Longenecker, *Galatians,* 182; Martyn, *Galatians,* 416–17. Thornton은 유대인들이 절기를 지킨 것을 염두에 둔 것이라고 바르게 보지만, "달"이 월삭을 가리키는

갈 4:11 내가 너희를 위하여 수고한 것이 헛될까 두려워하노라(φοβοῦμαι ὑμᾶς μή πως εἰκῇ κεκοπίακα εἰς ὑμᾶς). 갈라디아 사람들이 모세 율법을 열망하고 거기에 끌리는 것은 마지막 때의 그들의 구원과 관련해 의문을 낳는다. 또한 그것은 바울이 사도로서 쏟은 수고의 유효성을 의심하게 한다. 바울은 헛되이 수고한 것일 수 있다(참고. 3:4). 갈라디아 사람들이 은혜의 복음에서 벗어난다면, 그들의 유일한 기대는 마지막 때에 저주를 받는 것뿐이다(1:8–9). 율법을 신뢰하는 자는 그리스도에게서 끊어지기 때문이다(5:2–4).

우리는 믿음 안에 계속 머무는 자만이 종말론적 유업을 얻을 것이라는 사실을 다른 바울 서신에서 발견한다. 따라서 바울은 자신이 복음화한 자들이 끝까지 견디지 않는다면 자신의 수고가 헛되이 될 수 있다고 생각한다(고전 15:2; 빌 2:16; 살전 3:5). 그러한 경고는 갈라디아 사람들을 무감각한 상태에서 깨우고 그들이 바울의 복음으로 돌아오게 하기 위해 고안되었다.[17]

적용에서의 신학

이 단락은 회심의 신학을 종합하도록 돕는다. 사람은 신자가 되기 전에 진정한 하나님이 아닌 것에 매여 있었다(4:8). 바울은 다른 서신에서 불신자들이 죄에 매여 있다고 가르친다(롬 6:6, 17, 19–20). 그들은 허물과 죄 안에서 죽은 상태이며, 세상과 마귀의 지배 아래에 있고, 육신의 정욕에 이끌린다(엡 2:1–3). 따라서 회심은 죄의 지배와 폭정에서 해방되는(롬 6:14, 18, 22) 구속으로 묘사된다(갈 4:4–5). 그러한 해방은 주님의 사역이므로, 해방의 성취에 대한 찬양은 모두 그분께 속한다.

또한 바울은 여기서 회심이 하나님을 아는 것이라고 묘사한다(4:9). 신자는 더 이상 우주의 하나님에게서 멀리 떨어져 있지 않다. 놀랍고도 신비하게도 우리가 그분을 안다고 언급되는데, 참으로 그것은 또한 우리가 그분을 사랑한다는 것을 뜻한다. 새로운 관계가 시작되었으며, 새로운 사랑이 되었고, 새로운 주님이 우리 삶의 열망이 되셨다. 회심의 특징은 단순히 하나님의 명령을 행하는 것이 아니다. 그것은 하나님과의 친밀함, 주 예수 그리스도에 대한 사랑에서 나타난다(엡 6:24).

하지만 하나님을 아는 것은 최종적으로 신자가 주도적으로 행한 덕분이라고 생각될 수 없다. 신자가 구원을 얻는 방식으로 하나님을 알게 되기 전에 주님이 먼저 그를 아셨다. 하나님

지는 확실하지 않다. 이어서 Thornton에 따르면 이것은 "세상의 초등학문"(τὰ στοιχεῖα τοῦ κόσμου)과 연관된다. T. C. G. Thornton, "Jewish New Moon Festivals: Galatians 4:3–11 and Colossians 2:16", *JTS* 40(1989): 97–100을 보라.

14. Betz, *Galatians*, 217–18. 실제로 Betz는 바울이 묘사하는 것이 유대교가 아닌 이교 사상을 가리킨다고 주장한다. Arnold는 마치 "우리가 좀 더 마법적–신비적 형태의 유대교를 다루고 있는 것"처럼, Betz가 대적들을 잘못 해석한다고 바르게 본다. Arnold, "Returning to the Domain of the Powers", 74.

15. R. Longenecker, *Galatians*, 181–83; Bruce, *Galatians*, 205–6; Dunn, *Galatians*, 227–29; Fung, *Galatians*, 193.

16. R. Longenecker, *Galatians*, 181에서 그렇게 말한다.

17. Chrysostom이 말하듯 "파괴는 일어나지 않았지만, 나는 그것에서 큰 폭풍을 본다"(*Galatians*, 31).

은 신자에게 언약적 호의를 베풀기로 정하셨으며, 자신의 자녀가 되도록 그를 예정하셨다. 예정 교리는 복음주의 집단에서 논란이 되는 주제이며 다양한 견해가 제시된다. 바울은 정기적으로 신자들에게 그들이 예정되었음을 상기시킴으로써 그들을 위로하고 강건하게 했으며, 구원에 대해 모든 찬양을 하나님께 돌려야 한다고 다시금 일깨운다. 구원은 궁극적으로 인간의 선택이나 노력에 따른 것이 아닌(엡 1:4; 롬 9:10–23) 주님의 주권적 사역이다.

성경 저자들은 하나님이 일부 사람만을 구원하도록 선택하시는 방식을 정당화하려고 노력하지 않는다. 하나님은 거룩하고 의로우며 선하신 분이기 때문이다. 누군가가 구원받는 것이 찬양으로 이어져야 하는 이유는 누구에게도 구원받을 만한 가치가 없기 때문이다. 구원이 진정으로 은혜롭고 자비로운 것이라면 하나님이 누군가를 선택하시는 것은 놀라운 일이다. 우리의 마음이 차갑고 굳어 있다면 우리는 아마도 선물로서 받은 은혜에 대해 생각하기를 그칠 것이며, 하나님이 우리를 구원'하셔야 한다고' 생각할 것이다. 그렇게 되면 은혜는 우리에게 더 이상 은혜가 아니다.

동시에 우리는 4:8–11에서 회심이 지닌 복합적 특성을 본다. 바울은 자신이 갈라디아 사람들을 위해 헛되이 수고한 것이 아닌지 의아하게 여긴다(4:11). 바울은 그들이 진정으로 회심하지 않았을 가능성을 생각한다. 진정한 회심은 과거에 일어난 사건 한 번으로 제한될 수 없다. 구원받은 자들은 마지막 날까지 믿음 안에 머무름으로써 자신의 새로운 삶을 증명한다. 그들이 믿음 안에 머무는 것은 그들이 진정으로 하나님을 알게 되었다는 증거 역할을 한다. 따라서 하나님의 은혜는 결코 방종을 위한 핑계가 될 수 없다. 진정으로 구원받은 자들은 끝까지 그리스도의 십자가를 붙들어서 자신의 구원을 증명한다.

갈라디아서 4:12-20

CHAPTER 16

문학적 전후 문맥

지금까지의 논증을 종합하면 1:1-2:21에서 바울은 자신의 사도적 권위와 자신이 전한 복음의 진실성을 주장했다. 2:15-21은 편지의 다음 주요 부분으로 이어지도록 전환하는 역할을 한다. 여기서 중요한 질문은 누가 아브라함의 가족에 속하는가 하는 것이다. 2:15-21에서 바울은 하나님과의 바른 관계가 율법의 행위가 아닌 믿음으로 말미암아 온다고 주장한다. 참으로 갈라디아 사람들은 하나님의 백성에 속한다. 그리스도인임을 나타내는 표시인 성령이 그들에게 주어졌는데, 그것은 그들이 율법의 행위를 지켜서가 아니라 믿음으로 말미암아 이루어졌다(3:1-5). 신자는 아브라함의 자손이며 아브라함의 복을 누린다. 그들이 아브라함의 믿음을 나누어 가지기 때문이다(3:6-9). 율법의 행위로써 의로워지려는 자들은 저주를 받지만, 아브라함의 복과 성령의 약속은 율법의 저주를 제거하시기 위해 그것을 담당하신 그리스도를 신뢰하는 자들의 것이다(3:10-14). 또한 모세 율법은 일시적 언약이며 아브라함과 맺은 언약에 종속되므로(3:15-25), 신자들은 더 이상 율법의 권세 아래에 있지 않다. 그들은 율법을 지키는 것이 아니라 그리스도를 향한 믿음으로 말미암아 그리고 그리스도와 연합함으로써 이제 하나님의 자녀이자 상속자다(3:26-4:7). 하지만 바울은 갈라디아 사람들을 염려한다. 그들이 모세 율법에 헌신함으로써 과거의 이교 사상으로 되돌아가고 있기 때문이다(4:8-11).

4:12에서 갈라디아 사람들에게 행동을 촉구하는 첫 번째 명령법이 등장한다.[1] 그 사실을 근거로 서신의 관례를 강조하는 자들은 서신의 요청 부분이라 할 수 있는 새로운 단락이 시작된다고 주장한다.[2] 갈라디아 사람들이 아브라함의 자녀이고 하나님의 백성에 속하며 율법이 더 이상 효력이 없기 때문에 바울이 더 이상 율법에 매이지 않는 것처럼, 그들도 율법에서

1. 3:7에는 명령법이 있지만 그것은 행동을 촉구하지 않는다.
2. Dahl, "Paul's Letter to the Galatians", 133-39; R. Longenecker, *Galatians*, 184-87. R. Longenecker는 여기서 새로운 부분을 나타내는 편지의 규칙이 사용되었다고 주장한다. 하지만 그가 편지의 이 부분에서 중요한 분기점을 바르게 본다고 할지라도, 4:12-5:12이 유대주의자들이 일으키는 문제를 말하며 5:13-6:10이 자유사상의 문제를 다룬다고 하는 주장은 설득력이 없다(*Galatians*, 187). 편지 전체에 걸쳐 바울의 관심은 동일하다. Callan도 갈라디아서의 문체에 대한 연구에서 4:12-6:10을 새로운 부분으로 보는데, 이는 편지의 권고 부분을 시작한다("Style of Galatians", 513).

자유로운 삶을 살아야 한다. 베츠는 이 부분의 중심 주제가 우정이라고 바르게 본다.[3] 하지만 바울은 또한 갈라디아 교회를 세운 자이며 권위의 역할을 하기 때문에, 우정은 그가 여기서 권고하는 모든 것을 포착하지는 않는다.[4]

이 새로운 단락은 "내가…구하노라"(δέομαι)라는 호소의 동사로 표시된다.[5] 주석가들은 모두 이곳의 논증이 다른 특성을 띠는 것을 인식하며, 어떤 이들은 바울이 논리적인 변론을 떠나 감정과 개인적 경험에 의존한다고 제안한다.[6] 그러한 판단이 지나치다고 할 수 있는 이유는 그것이 본문을 뒷받침하는 논증을 무시하기 때문이다. 성경이나 구원 역사를 들어 논증을 펼치는 대신 바울은 자신과 갈라디아 사람들 사이에 있었던 일을 되풀이해서 말한다. 그리고 그들과의 관계를 근거 삼아 자신의 논거가 정당함을 입증하면서 유대주의자들을 따르지 말고 자신이 제시했던 모범을 따라 살라고 그들에게 호소한다. 또한 그의 논증은 신학이 결여되지 않았다. 브루스 롱게네커(Bruce Longenecker)가 특별히 인식하듯이 "바울이 생각하기에 문제가 되는 것은, 성령에 의해 생기를 얻으며 인간관계 안에서 입증되는 그리스도인의 특성이다."[7]

I. 도입: 바울의 복음을 떠나는 것은 복음을 떠나는 것이다(1:1-2:21)
II. 경험과 성경을 통한 바울의 복음 변호(3:1-4:11)
III. 율법에서 자유롭고 성령 안에서 자유롭도록 부르심(4:12-6:10)
➡ **A. 율법에서 자유롭게 살라: 친밀한 관계를 통한 논증(4:12-20)**
B. 자유 가운데 서라: 알레고리를 통한 논증(4:21-5:1)

주요 개념

본문에서는 바울처럼 되라는 명령이 중심 진리의 역할을 한다. 바울은 더 이상 모세 율법 아래에 살지 않으며 독자들도 그러해야 한다.

---

3. Betz, *Galatians,* 220-237을 보라. Betz는 친구 됨의 주제를 입증하기 위해 많은 평행을 인용한다. Betz의 견해에 대한 약간의 제한과 바울이 갈라디아 사람들을 책망하면서도 그들에게 자신의 우정을 확신시키는 과정에서 보이는 그의 솔직함에 대한 강조는 White, "Rhetoric and Reality in Galatians", 307-49를 보라.

4. Matera, *Galatians,* 163에서 이것을 바르게 말한다.

5. Dahl, "Paul's Letter to the Galatians", 134에서 그렇게 말한다. Hansen은 "이러한 요청이 이 편지의 결정적 전환점"이라고 말한다("Paradigm of the Apocalypse", 144). 또한 Hafemann, "Role of Suffering", 166; Dieter Mitternacht, "Foolish Galatians?-A Recipient-Oriented Assessment of Paul's Letter", in *The Galatians Debate: Contemporary Issues in Rhetorical and Historical Interpretation*(ed. Mark D. Nanos; Peabody, MA: Hendrickson, 2002), 408에서 그렇게 말한다. 초점은 율법에서 자유롭게 되는 것에 있으며, 따라서 Mitternacht 주장하듯이(419-23) 여기서 바울의 고난에 동참하라는 권고는 없다. Hafemann, "Role of Suffering", 169, n. 12에서 이것을 바르게 말한다.

6. Burton, *Galatians,* 235; Schlier, *Galater,* 208; Mussner, *Galaterbrief,* 304.

7. B. Longenecker, "Until Christ Is Formed in You", 106.

번역

갈라디아서 4:12–20

12a	명령	**너희도 나와 같이 되기를 구하노라**
b	12a의 근거	형제들아 내가 너희와 같이 되었은즉
c	단언	**너희가 내게 해롭게 하지 아니하였느니라**
13	14a에 대한 양보	[하지만] 내가 처음에 육체의 약함으로 말미암아 **너희에게 복음을 전한 것을 너희가 아는 바라**
14a	단언	**너희를 시험하는 것이 내 육체에 있으되 이것을 너희가 업신여기지도 아니하며**
b	14a의 연속	**버리지도 아니하고**
c	14a–b와 대조	**오직 나를 하나님의 천사와 같이**
d	14c의 동격	**또는 그리스도 예수와 같이 영접하였도다**
15a	12c–14d에서 유추/수사학적 질문	**너희의 복이 지금 어디 있느냐**
b	15a의 근거	내가 너희에게 **증언하노니** 너희가…나에게 주었으리라
c	15b의 수단	할 수만 있었더라면 너희의 눈이라도 빼어
16a	12c–15c에서 유추/수사학적 질문	그런즉 **내가…원수가 되었느냐**
b	16a의 근거	너희에게 참된 말을 하므로
17a	16a–b의 설명	**그들이 너희에게 대하여 열심 내는 것은 좋은 뜻이 아니요**
b	17a의 대안	**오직 너희를 이간시켜**
c	17b의 목적	너희로 그들에게 대하여 열심을 내게 하려 함이라
18a	17a–c의 설명	**좋은 일에 대하여 열심으로 사모함을 받음은…언제든지 좋으니라**
b	18a의 연속	**내가 너희를 대하였을 때뿐 아니라**
19a	외침	나의 자녀들아…다시 너희를 위하여 해산하는 수고를 하노니
b	때	너희 속에 그리스도의 형상을 이루기까지
20a	19a–b의 연속/소원	**내가 이제라도 너희와 함께 있어**
b	20a의 목적	내 언성을 높이려 함은
c	20a–b의 근거	너희에 대하여 의혹이 있음이라

구조

갈라디아 사람들에게 행동을 촉구하는 첫 번째 명령법이 이 단락을 시작하며 4:12-20의 중심 요점을 형성한다.[8] 갈라디아 사람들은 바울처럼 모세 율법에서 자유로워져야 한다. 바울은 유대인이지만 그들처럼, 즉 율법에서 자유롭게 되었기 때문이다(4:12).[9]

12c-14절은 왜 갈라디아 사람들이 바울과 같이 되어야 하며 율법에서 자신들을 해방시켜야 하는지를 말한다["(왜냐하면)"(ὅτι)으로 시작됨]. 그렇게 함으로써 그들은 바울이 처음 그들에게 복음을 선포했을 때 자신들이 바울을 대우했던 방식을 다시금 떠올릴 것이다. 바울은 육체의 병으로 고통받았지만 그들은 그가 하나님이 자신들에게 보내신 사자임을 알아보았다. 그것은 마치 예수님이 친히 그들에게 말씀하시는 것과 같았다. 따라서 바울은 3:1-5에서와 같이 그들이 자신의 사역으로부터 받았던 성령의 "복"을 잊어버렸는지 의아해한다(4:15).

4:15의 절정의 진술은 의문대명사와 유추의 접속사로 시작한다["(그렇다면) 어디"(ποῦ οὖν)]. 성령은 바울의 고난에도 불구하고 주어진 것이 아니라 바울의 고난을 통해 주어졌다. 따라서 갈라디아 사람들은 할 수만 있다면 자신의 눈을 기꺼이 그에게 주었을 것이다. 그런데 그들이 이제 바울이 선포한 참된 복음을 원수의 말처럼 여긴다면 그 복은 없어질 것이다(4:16).

바울이 전하는 참된 복음의 핵심적인 부분은 불법으로 들어오는 악한 선생들에 관한 것이다(4:17-18). 그들이 열망하는 것은 복음이 아닌 자신들의 진보와 칭찬이다(참고. 6:12-13). 따라서 바울은 자신이 지금 갈라디아 사람들과 함께 있지 않더라도, 그들이 그가 전하는 복음을 향해 품었던 열정을 회복하기를 고대한다. 바울은 갈라디아 사람들을 낳은 어머니 같은 역할을 하지만, 그는 지금 그들이 조산되어 일찍 사망할까 봐 두려워하며 그들 안에 그리스도의 형상이 이루어지기를 기대한다(4:19). 바울은 그들이 거짓 복음에 끌리는 것에 대해 계속해서 당혹스러워하며 놀라워한다(1:6; 3:1, 3; 4:9).

석의적 개요

II. 경험과 성경을 통한 바울의 복음 변호(3:1-4:11)

III. 율법에서 자유롭고 성령 안에서 자유롭도록 부르심(4:12-6:10)

8. 참고. R. Longenecker *Galatians*, 186. 편지의 권고 부분은 4:12, 4:21, 5:1, 5:2, 5:7, 5:13에서 시작되는 것으로 밝혀졌다(Matera, "Gal 5.1-6.17", 80에서 그렇게 말하는데, Matera는 여기서 Merk에게 의존한다). Matera는 권고의 시작점을 둘러싼 다양한 견해가 권고와 신학의 확실한 구분이 잘못 주어지고 있음을 나타낸다고 주장한다(Matera, "Gal 5.1-6.17", 80-81). Matera는 신학과 권고 사이에 너무 확고한 선을 긋는 것을 바르게 경고한다. 하지만 편지에서 갈라디아 사람들에게 행동을 촉구하는 첫 번째 명령법이 이곳에 있다는 점은 중요해 보인다.

9. 참고. Eastman은 바울의 권고를 알리는 관계적이며 개인적인 요소들의 역동성을 개략적으로 진술한다. *Recovering Paul's Mother Tongue: Language and Theology in Galatians*(Grand Rapids: Eerdmans, 2007), 25-60.

10. Chrysostom, *Galatians*, 31; Dahl, "Paul's Letter to the Galatians", 134;

➡ **A. 율법에서 자유롭게 살라: 친밀한 관계를 통한 논증(4:12-20)**

1. 바울처럼 되라는 권고: 율법으로부터의 자유(4:12a)

2. 갈라디아 사람들은 바울을 하나님의 사자로 영접했다(4:12b-14)

a. 바울은 약함 중에 복음을 전했다(4:13)

b. 그들은 바울을 따뜻하게 영접했다(4:14)

3. 성령의 복에 관한 질문(4:15)

4. 거짓 선생들과 대조되는 바울의 우호(4:16-18)

5. 바울의 고뇌와 당혹(4:19-20)

B. 자유 가운데 서라: 알레고리를 통한 논증(4:21-5:1)

본문 설명

갈 4:12a-b 형제들아 내가 너희와 같이 되었은즉 너희도 나와 같이 되기를 구하노라(나와 같이 되라, 나 또한 너희와 같이 되었으므로, 형제들아 내가 너희에게 간청한다–저자 번역, Γίνεσθε ὡς ἐγώ, ὅτι κἀγὼ ὡς ὑμεῖς, ἀδελφοί, δέομαι ὑμῶν**).** 바울은 갈라디아 사람들에게 자신처럼 모세 율법에서 자유롭게 될 것을 간청한다. 나는 헬라어 본문의 어순을 반영하기 위해 의도적으로 본문을 다소 어색하게 번역해보았다. 호격의 "형제들아"(ἀδελφοί)가 문장의 처음에 나타나리라 기대되지만, 강조를 위해 명령법이 제일 앞에 나와 있다. 갈라디아 사람들이 행동하도록 촉구하는 첫 번째 명령법이 여기서 발견된다. 갈라디아 사람들이 할례를 받아들이거나 모세 율법에 순종해서는 안 되는 이유를 바울이 깊이 있게 설명한 이후다.

여기서 바울은 갈라디아 사람들에게 자신을 본받을 것, 즉 자신처럼 살 것을 요구하는데, 이것은 그들이 모세 율법 아래에 살아서는 안 된다는 의미가 분명하다.[10] 유대인인 바울이 이방인들에게 율법에 매이지 않도록 자신처럼 살라고 권고하는 것은 모순적이다.[11] 바울이 명령하는 이유는(원인의 ὅτι를 보라) 자신이 독자들과 같이 되었기 때문이다. 달리 말해, 바울은 이방인처럼, 즉 율법에서 자유롭게 되었다는 것이다. 따라서 그들이 이방인으로서 유대인처럼 살고 구약 율법에 순종하는 것은 말이 안 된다.

독자들을 향한 바울의 사랑과 온정은 "형제들아"라는 단어와 그가 그들에게 간청하는 것("내가 너희에게 간청한다")에서 나타난다. 그는 그들의 성장과 성숙을 간절히 바라는 자로서 그들에게 명한다(참고. 4:19). 그들이 바울의 권고를 따른다면 그들 안에 그리스도의 형상이 온전히 이루어질 것이다.[12] 이스트먼(Eastman)은 바울처럼 되는 것이 갈라디아 사람들이 고난에 직면한다는 의

Betz, *Galatians,* 222-23; Matera, *Galatians,* 159; R. Longenecker, *Galatians,* 189에서 그렇게 말한다. R. Longenecker는 바울이 여기서 말하는 바가 갈라디아 사람들이 아직 떨어져 나가지 않았음을 나타낸다고 바르게 말한다.

11. 대조적으로 Bruce는 바울이 단순히 갈라디아 사람들을 향해 아버지 같은 관심을 전한다고 생각한다(*Galatians,* 208). 물론 바울은 어떤 상황에서는 율법을 지키는 유대인들을 그리스도를 향한 믿음으로 이끌기 위해 기꺼이 율법 아래에 살려고 한다(고전 9:19-23). 여기서 사도행전 16:3, 18:18, 21:20-25을 보라.

12. 또한 B. Longenecker, "Until Christ Is Formed in You", 100-101에서 그렇게 말한다. R. Longenecker는 "내가 구한다"(δέομαι)가 4:12-20의 나머지 부분을 알린다고 말한다(*Galatians,* 190).

미라고 올바르게 관찰한다. 그들은 거짓 선생들의 반대에 직면할 것이며 십자가로 인해 계속해서 고난당할 것이다(3:4; 참고. 4:29).[13]

갈 4:12c 너희가 내게 해롭게 하지 아니하였느니라(οὐδέν με ἠδικήσατε). 바울이 처음 복음을 선포한 때를 회상한 후에 이제 바울과 갈라디아 사람들 사이의 우호적 관계가 강조된다. 그들이 바울을 따뜻하게 영접한 것은 단순하게는 그들의 친절함과 인간성을 드러낼 뿐 아니라 신학적인 의미도 갖는다. 바울이 사도이자 복음을 선포하는 자로서 그들에게 왔기 때문이다.[14] 따라서 바울을 향한 그들의 반응은 곧 그리스도를 향한 반응을 뜻했다. 갈라디아 사람들은 바울이 처음 그들과 함께했을 때 그에게 잘못 행하지 않았지만, 지금은 상황이 바뀌었다.[15]

갈 4:13 내가 처음에 육체의 약함으로 말미암아 너희에게 복음을 전한 것을 너희가 아는 바라(οἴδατε δὲ ὅτι δι' ἀσθένειαν τῆς σαρκὸς εὐηγγελισάμην ὑμῖν τὸ πρότερον). 바울이 갈라디아 사람들에게 받았던 영접이 놀라운 일이었던 이유는 그의 존재가 그들에게 매력적이지 않았기 때문이다. 그는 그들에게 복음을 전했을 때 병으로 고통을 받고 있었음이 분명하다.[16] 헤이즈는 바울이 "채찍질당한 것과 매 맞고 돌에 맞은 것에서 회복"되어야 했다고 제안한다.[17] 여러 해석자는 그의 육신과 관련된 문제가 사도로서 받은 고난 때문이었다고 주장한다.[18] 하지만 "육체의 약함으로 말미암아"라는 표현은 박해보다 병을 가리키는 것으로 이해하는 것이 좀 더 자연스럽다.[19] 따라서 학자들은 대부분 이 표현이 박해를 당한 것이 아닌 육신의 병을 가리킨다고 생각한다.

바울이 병을 가리켰다고 생각하는 학자들은 그가 어떤 병으로 고통받았는지 밝히려고 했다.[20] 어떤 이들은 눈병을 제안하는데, 바울이 곧바로 갈라디아 사람들이 기꺼이 그에게 자신들의 눈을 주려 했다고 말하기 때문이다(4:15). 하지만 그러한 표현을 문자 그대로 받아들일 필요는 없다. 갈라디아 사람들이 바울을 돕기 위해 어떤 희생이든 기꺼이 감수하려는 것을 보여주는 그림일 수 있다. 다른 이들은 그 질병이 간질이나 말라리아였을 것으로 제안하는데 질병의 목록은 끝이 없다. 질병을 밝히려는 어떤 시도든 추측일 수밖에 없는 이유는 결론을 도출하기에 충분한 정보가 없기 때문이다.

하지만 바울의 병은 복음을 전파하는 일에 불리하게 작용하지 않았다. 오히려 바울은 그것이 그리스도의 고난에 따른 필연적 결과라고 생각했다. 달리 말해, 바울은 자신의 병과 고난이 사도로 부르심을 받은 것과 분

---

13. Eastman, *Paul's Mother Tongue,* 108–10.

14. Martyn은 바울이 그들의 회심 후 대적들이 이르기 전 시기를 생각한다고 말한다(*Galatians,* 420). 본문이 풍자적 질문인지는 분명하지 않다. 대조되는 견해는 White, "Rhetoric and Reality in Galatians", 340이다.

15. Burton, *Galatians,* 238; R. Longenecker, *Galatians,* 190; Matera, *Galatians,* 159; Betz, *Galatians,* 223. Burton은 다른 가능한 해석들을 열거한다. (1) 그들은 바울이 아니라 그리스도께 잘못 행하고 있다. (2) 그들은 바울이 아니라 자신들에게 해를 입히고 있었다(238). 하지만 바울이 다음에 말하는 것을 고려하면, 그는 처음 갈라디아 사람들을 방문했던 때를 회상할 가능성이 더 커 보인다.

16. Hafemann은 바울이 여기서 자신의 병을 말하고 있다고 바르게 주장한다("Role of Suffering", 168–69).

17. Hays, *Galatians,* 294.

18. 참고. Mitternacht, "Recipient-Oriented", 422; A. J. Goddard and S. A. Cummins, "Ill or Ill-Treated? Conflict and Persecution as the Context of Paul's Original Ministry in Galatia(Galatians 4:12–20), *JSNT* 52(1993): 93–126; Eastman, *Paul's Mother Tongue,* 100–108; Hays, *Galatians,* 293–94. 대조되는 견해로 B. Longenecker, "Until Christ Is Formed in You", 106, n. 36을 보라. Martin은 바울이 여기서 갈라디아 사람들의 육체의 연약함을 언급하며, 4:14의 육체에 있는 시험은 바울의 할례라고 주장한다. Troy W. Martin, "Whose Flesh? What Temptation?(Galatians 4.13–14)", *JSNT* 74(1999): 65–91을 보라. 하지만 "내가 복음을 전했다"(εὐηγγελισάμην)라는 1인칭 단수 동사는 연약함이 동사의 주어(바울)와 일치함을 좀 더 자연스럽게 나타낸다. 따라서 갈라디아 사람들의 육체를 생각했다면 바울은 대명사"너희"(ὑμῶν)를 사용했으리라 보인다. 또한 4:13과 4:14에서 모두 "육체"가 같은 사람(바울)을 가리킨다고 보는 것이 좀 더 자연스럽다(여기서 Hafemann, "Role of Suffering", 168–69, n. 11을 보라). 편지에서 갈라디아 사람들이 바울의 할례 때문에 의욕을 잃게 되었다는 증거는 없다.

19. David Alan Black, "Weakness Language in Galatians", *GTJ* 4(1983):

리되어야 한다고 생각하지 않았다는 것이다. 병에서 드러나는 바울의 약함은 그리스도의 능력이 나타나는 통로였다(고후 12:7-10). 실제로 바울은 자신의 고난이 복음 전파를 위해 하나님이 사용하신 수단이었다고 자주 가르친다(예를 들어, 고후 1:3-11; 2:14-15; 4:7-12; 11:23-29; 13:4; 골 1:24-29).[21] 하나님의 규칙적인 패턴은 자신의 종의 약함 안에서, 그리고 그것을 통해 능력을 나타내시는 것이다. 따라서 바울의 병과 고난은 그에게 믿기 힘들거나 놀라운 것이 아니라, 정확하게 그가 기대하는 것이다(행 9:16).[22]

갈 4:14 너희를 시험하는 것이 내 육체에 있으되 이것을 너희가 업신여기지도 아니하며 버리지도 아니하고 오직 나를 하나님의 천사와 같이 또는 그리스도 예수와 같이 영접하였도다(καὶ τὸν πειρασμὸν ὑμῶν[23] ἐν τῇ σαρκί μου οὐκ ἐξουθενήσατε οὐδὲ ἐξεπτύσατε, ἀλλὰ ὡς ἄγγελον θεοῦ ἐδέξασθέ με, ὡς Χριστὸν Ἰησοῦν). 바울의 약함이 특정 종류의 육체의 질병이었음은 거의 분명하다. 바울은 4:13에서처럼 또다시 그것을 자신의 육체와 연결 짓는데, 이 육체는 그의 몸을 뜻하는 것이 거의 분명하기 때문이다. 그러한 약함이 갈라디아 사람들에게 시험 거리였던 이유는 그것이 바울의 메시지가 하나님에게서 오지 않았다는 표시로 보였기 때문이다. 신적 메시지는 사자의 약함이 아니라 능력을 동반한다고 생각되었을 것이 분명하다.

하지만 갈라디아 사람들에게 영적 통찰력이 있었다는 사실은 그들이 바울이 당한 고난을 보고 그를 거부하거나 싫어하지 않았음을 통해 알 수 있다.[24] "버리다"라는 표현은 "병과 귀신의 영향력을 막기 위해…그들이 자신들을 보호하기 위한 목적으로 침을 뱉지 않았다"는 뜻일 수 있다.[25] 그 대신 그들은 그가 고난 가운데, 그리고 고난을 통해 하나님의 사자가 되었다는 것과 그리스도 예수님이 그를 통해 말씀하셨다는 사실을 깨달았다.[26] 갈라디아 사람들이 믿음으로 십자가에 못 박히신 그리스도의 메시지를 들었던 것과 같이(3:1-2), 그들은 또한 연약한 바울이 선포한 메시지가 구원의 메시지임을 깨달았다. 따라서 그들이 바울에게 보인 반응은 "갈라디아 사람들에게 이미 그리스도인의 성품이 있음을 분명히 보여준다…그것은 그들이 바울을 만났을 때 그들 안에 이미 성령님이 역사하고 계셨다는 증거다."[27]

갈 4:15a 너희의 복이 지금 어디 있느냐(ποῦ[28] οὖν ὁ μακαρισμὸς ὑμῶν;). 이 수사학적 질문은 갈라디아 사람들의 회심과 그들이 처음 바울과 맺었던 관계를 돌아

28-33; Hafemann, "Role of Suffering", 168-70에서 그렇게 말한다. Hafemann은 "바울의 연약함이 그의 전파 사역의 기초가 된 반면, 박해는 그 결과라고 바르게 말한다(169-70).

20. 해석의 역사는 Lightfoot, *Galatians,* 185-91을, 개관은 Bruce, *Galatians,* 208-9; R. Longenecker, *Galatians,* 191을 보라.

21. 여기서 Hafemann, "Role of Suffering", 170-72의 연구를 보라. 그리고 특별히 그의 연구 *Suffering and the Spirit: An Exegetical Study of II* Cor. *2:14-3:3 within the Context of the Corinthian Correspondence* (WUNT 2/19; Tübingen: Mohr Siebeck, 1986)를 보라.

22. Eastman은 많은 면에서 바울의 삶이 선지자들이 받은 고난을 되풀이함을 증명한다(*Paul's Mother Tongue,* 63-88).

23. 바울이 "너희를 시험하는 것"에 대해 말한 것은 다소 놀랍다. 이것은 더 어려운 것으로서 원래의 독법으로 받아들여져야 한다. 또한 그것은 상당한 외적 증거가 있다(א*, A, B, C², D*, F, G, 33 등). 어색함을 해소하기 위해 어떤 필경사들은 "너희"(ὑμῶν)를 "나의"(μου)로 바꾸거나(𝔓⁴⁶, C*vid, Dᶜ, Ψ, 𝔐), "시험"(πειρασμόν) 뒤에 정관사 "그"(τόν)를 추가하고 대명사를 생략했다(א², 81, 104, 326, 1241ˢ, 2464).

24. Hafemann은 유대주의자들이 바울이 당한 고난이 그가 율법의 저주 아래에 있었음을 가리킨다고 주장했을 것이라고 제안한다("Paul and the Exile", 355).

25. B. Longenecker, "Until Christ Is Formed in You", 102. 참고. Hafemann, "Role of Suffering", 173.

26. 참고. Betz, *Galatians,* 226. 주의 천사를 염두에 둔 것인지는 분명하지 않다(Fee, *Galatians,* 165-66과 대조적으로).

27. B. Longenecker, "Until Christ Is Formed in You", 102. B. Longenecker는 여기서 친구 됨 이상이 존재한다고 주장한다(Betz, *Galatians,* 221과 대조적으로). 바울에 대한 갈라디아 사람들의 반응이 "하나님의 변화시키는 능력이 이미 그들 가운데 역사하고 있음"을 보여주기 때문이라는 것이다(102).

28. 다수 사본과 몇몇 다른 증거에는 "무엇"(τί)으로 되어 있지만, 사본의 전통은 압도적으로 "어디"(ποῦ)를 지지한다.

보게 한다. 바울이 병든 상태로 왔을 때 그들은 그를 기쁘게 맞이했다. 여기서 바울이 염두에 두고 있는 복은 무엇인가? 그가 일반적인 복을 가리킬 가능성이 있으므로, 그것은 기쁨과 만족,[29] 혹은 명예,[30] 혹은 믿음으로 말미암는 의(롬 4:6, 9)일 수 있다.[31] 하지만 바울이 하나님의 "구속 역사", 그리고 특별히 그들 가운데서의 성령의 사역을 염두에 두었다고 보는 브루스 롱게네커의 주장이 옳을 가능성이 있다.[32] 로마서 4:6-9에서 "복"(μακαρισμός)은 독자들의 삶 가운데서의 하나님의 사역을 가리킨다(참고. 갈 3:14). 따라서 바울은 갈라디아 사람들이 율법의 행위가 아니라 믿음으로 말미암아 성령을 받았음을 강조하는 3:1-5의 주제로 다시금 돌아가는 것일 수 있다.

갈 4:15b-c 내가 너희에게 증언하노니 너희가 할 수만 있었더라면 너희의 눈이라도 빼어 나에게 주었으리라(μαρτυρῶ γὰρ ὑμῖν ὅτι εἰ δυνατὸν τοὺς ὀφθαλμοὺς ὑμῶν ἐξορύξαντες ἐδώκατέ μοι). 앞에서 말한 것처럼 몇몇 사람은 바울이 어떤 종류의 눈병으로 고통받고 있었음을 이 구절이 확증해준다고 생각한다. 그러한 판단은 확실하지 않다. 본문의 표현이 갈라디아 사람들이 바울을 위해 소중한 것을 기꺼이 내놓으려 했음을 생생하게 묘사하는 방식일 가능성이 크기 때문이다. 어떤 경우든 바울은 자신과 갈라디아 사람들이 처음에 맺었던 따뜻한 관계를 강조한 것이다. 그들은 성령을 받았을 때 그 기쁨이 너무나 커서 어떤 식으로든 바울을 도울 수 있다면 고난도 기꺼이 받으려 했다. 갈라디아 사람들이 바울에게 보인 사랑은 그들이 진정으로 성령을 받았다는 사실을 확정한다.

갈 4:16 그런즉 내가 너희에게 참된 말을 하므로 원수가 되었느냐(ὥστε ἐχθρὸς ὑμῶν γέγονα ἀληθεύων ὑμῖν;). 바울과 갈라디아 사람들의 관계가 변한 것은 그야말로 놀라움 그 자체다. 그들이 복음에서 돌아섰다는 것만이 그들이 바울을 저버린 것을 설명할 수 있다.[33] 그들이 바울을 따뜻하게 영접한 사실이 그들이 구원하는 메시지를 받아들였음을 나타낸다. 이와 마찬가지로 바울을 반대한 것은 복음, 즉 바울이 그들에게 전했던 진리를 거절하는 것과 동일시된다. 물론 바울이 여기서 수사학적 질문을 던지고 있음을 인식해야 한다. 그는 갈라디아 사람들이 원수라고 고발하는 것이 아니라, 자신이 이제 친구가 아닌 적이 된 상황에 이르렀는지를 묻고 있다. 또한 바울은 자신의 강력한 말이 그들을 일깨워 다시 한 번 자신과 손잡게 되기를 소망한다.

갈 4:17 그들이 너희에게 대하여 열심 내는 것은 좋은 뜻이 아니요 오직 너희를 이간시켜 너희로 그들에게 대하여 열심을 내게 하려 함이라(ζηλοῦσιν ὑμᾶς οὐ καλῶς, ἀλλὰ ἐκκλεῖσαι ὑμᾶς θέλουσιν, ἵνα αὐτοὺς ζηλοῦτε). 유대주의자들의 열심이 인정되기는 하지만, 지식이 따르지 않는 열심은 하나님께 기쁨이 되지 않는다(롬 10:2-4). 따라서 하나님이 기뻐하시지 않는 종류의 선교적 열정이 존재한다. 유대

29. Bruce, *Galatians*, 207, 210; Lightfoot, *Galatians*, 175-76; R. Longenecker, *Galatians*, 192; Martyn, *Galatians*, 421; Matera, *Galatians*, 160, 164에서 그렇게 말한다.

30. Ridderbos, *Galatians*, 167; Betz, *Galatians*, 227. Hays는 바울이 "그들이 한때 그에게 선언했던 축복의 말이 어디로 갔는지 묻고 있다"고 말한다(*Galatians*, 294).

31. Dunn, *Galatians*, 235에서 그렇게 말한다.

32. B. Longenecker, "Until Christ Is Formed in You", 97, 103에서 그렇게 말한다. 또한 Wilson, *Curse of the Law*, 86; Hafemann, "Role of Suffering", 182, n. 36을 참고하라.

33. Bruce, *Galatians*, 211; Matera, *Galatians*, 161에서 그렇게 말한다. 대조적으로 Betz는 "참된 말을 함으로"(ἀληθεύων)라는 표현에서 복음의 진리가 명시된다고 생각하지 않는다(Betz, *Galatians*, 229).

34. 대신 Betz는 바울이 단순히 친구 됨을 말하며, 따라서 본문은 그와 같은 신학적인 방식으로 해석되어서는 안 된다고 생각한다(*Galatians*, 231). Schlier, *Galater*, 212-13; Smiles, *Gospel and Law in Galatia*, 66-67에서는 여기서 말하는 해석을 선호한다.

35. C. C. Smith는 여기서 "제외된 사랑하는 자"에 대한 언급을 본다.

주의자들은 갈라디아 신자들을 교회에서 제거하려는 열정을 품었다.[34] 이들은 자신들이 갈라디아 사람들을 하나님의 진정한 백성에 포함시키기 원한다고 주장했음이 분명하다. 하지만 갈라디아 사람들이 그들을 따를 경우, 사실상 거짓 선생들은 그들을 하나님의 백성에서 제외시키고 있었던 셈이다.[35]

바울은 이 편지에서 세 번에 걸쳐 거짓 선생들의 열심(θέλουσιν)을 언급한다. 그들은 육체에 좋은 모양을 내고자 열망했으며(6:12), 갈라디아 사람들을 할례받게 함으로써 그들을 통해 자랑하기 원했다(6:13). 여기서 그들은 갈라디아 사람들을 바울에게서 돌아서게 함으로써 그들이 선생인 자신들에게 열심을 보이기를 열망한다. 바울과 대조적으로 유대주의자들은 칭송받고 명예 얻기를 간절히 원했다. 그들의 동기는 찬사에 대한 열망으로 혼탁했다. 갈라디아 사람들은 선택의 갈림길 앞에서 있다. 유대주의자들을 따를 것인지 바울을 따를 것인지, 그리고 진정한 복음에 대한 열정을 보일 것인지 할례를 요구하는 거짓 복음에 대한 열정을 보일 것인지 결정해야 한다.

갈 4:18 좋은 일에 대하여 열심으로 사모함을 받음은 내가 너희를 대하였을 때뿐 아니라 언제든지 좋으니라(καλὸν δὲ ζηλοῦσθαι ἐν καλῷ πάντοτε καὶ μὴ μόνον ἐν τῷ παρεῖναί με πρὸς ὑμᾶς). 물론 열심은 옳은 목표를 향하는 한 칭찬할 만한 특성이다. 선한 일에 열심이 있는 사람의 삶은 하나님을 기쁘시게 할 것이다. 다시 말해, 바울은 자신의 명성을 위한 열정이 없었다는 것이다. 다른 이들이 갈라디아에서 복음을 전하고 갈라디아 사람들의 믿음을 강건하게 했다면 그는 기뻐했을 것이다.[36]

갈 4:19 나의 자녀들아 너희 속에 그리스도의 형상을 이루기까지 다시 너희를 위하여 해산하는 수고를 하노니(τέκνα μου, οὓς πάλιν ὠδίνω μέχρις οὗ μορφωθῇ Χριστὸς ἐν ὑμῖν). 이 구절의 놀라운 이미지는 우리에게 충격을 준다.[37] 남자인 바울은 산고를 겪고 있으며, 아이가 막 나오려고 하는 산모처럼 고통 속에서 헐떡거린다. 우리는 이 구절의 후반부에 갈라디아 사람들의 출생에 대한 언급이 이어질 것으로 기대하지만, 놀랍게도 바울은 다시 한 번 이미지를 전환한다. 이제 그는 태어날 자가 그리스도이며 산모는 갈라디아 사람들이라고 말한다! 이러한 은유의 혼합은 의도적이며 갈라디아 사람들을 영적 무감각에서 깨우기 위해 만들어낸 것이 거의 분명하다. 바울의 산고는 갈라디아 사람들이 처음부터 다시 개종할 필요가 있음을 나타낸다.[38]

4:9에서와 같이 바울은 갈라디아 사람들이 다시 이교 사상으로 돌아가고(혹은 더 나은 표현으로 '전환하고') 있는 것을 두려워한다. 바울은 여기서 자신을 그들의 영적 어머니로(참고. 살전 2:7), 하지만 출산의 고통을 두 번째로 다시금 견뎌야 하는 어머니로 묘사한다. 그는 다른 서신에서도 자신을, 개종시킨 자들의 영적 아버지로 묘사했다(고전 4:15; 살전 2:11; 몬 1:10). 출산의 고통을 겪는 일은 종종 구약에서 주의 날과 관련하여 사용된

"ἐκκλεῖσαι in Galatians 4:17: The Motif of the Excluded Lover as a Metaphor of Manipulation", CBQ 58(1996): 480–99. 또한 Hays, *Galatians,* 295를 참고하라. 하지만 B. Longenecker는 그러한 뉘앙스의 동사는 이 본문에 포함된 "배제시키다"(ἐκκλείω)보다 "…에서 차단하다"(ἀποκλείω)라고 바르게 말한다("Until Christ Is Formed in You", 97, n. 13).

36. Martyn, *Galatians,* 423에서 그렇게 말한다. 따라서 바울이 생각하는 좋은 일은 복음이다(Garlington, *Galatians,* 258에서 그렇게 말한다).

37. Beverly R. Gaventa, "The Maternity of Paul", in *The Conversation Continues: Studies in Paul & John in Honor of J. Louis Martyn*(ed. Robert T. Fortna and Beverly R. Gaventa; Nashville: Abingdon, 1990), 189를 보라.

38. Wilson은 그들이 "다시 태어날" 필요가 있다고 말한다(*Curse of the Law,* 87). 여기서 사용된 언어를 과도하게 강조하여, 지금 바울이 보기에 갈라디아 사람들이 저주를 받았으며 문자적 그대로 다시 회심해야 할 필요가 있다는 뜻이 되게 해서는 안 된다.

다(사 13:6-8; 렘 6:24; 미 4:10; 참고. *1 En.* 62:4; *2 Bar.* 56:6; *4 Ezra* 4:42).[39] 신약의 종말론적인 묵시적 본문에서도 출산의 고통을 발견할 수 있다(마 24:8; 막 13:8; 롬 8:22; 살전 5:3; 계 12:1-2). 따라서 가벤타(Gaventa)가 바울의 표현에서 "묵시적 기대"를 간파하는 것은 옳다.[40] 사도로서 바울이 견디는 출산의 고통은 이 세대의 특성이 된다. 바울이 자신의 산고를 말할 때 그가 사도로서 받는 고통을 염두에 두고 있다고 볼 수 있다.[41] 그가 사도로서 받은 고난이 복음에 대한, 그리고 갈라디아 사람들 중에 그 복음을 실현시켰던 수단에 대한 필연적 결과이기 때문이다.

"다시"(πάλιν)라는 단어는 바울이 처음 갈라디아 사람들에게 복음을 전했을 때 그가 겪었던 고난을 연상시킨다. 그리고 갈라디아 사람들이 체제를 전복시키는 복음의 유혹을 받기 때문에 이제 동일한 고난이 반복되어야 함이 분명하다. 성령을 받은 자들은 자신의 믿음에 대한 강렬한 공격에 직면하고, 배교에 대해 긴급하게 경고를 받아야 한다. 이스트먼은 산고에 대한 면밀한 연구를 다음과 같이 종합한다.

> 갈라디아서 4:19의 대담한 은유는 예레미야 8:21, 이사야 42:14과 45:10을 포함하는 풍부한 본문 전통에서 왔다고 이해하는 것이 가장 현명해 보인다. 사도의 외침은 갈라디아 사람들에게 자신의 수고가 또한 하나님의 수고라는 사실과, 하나님이 수태부터 출생까지, 곧 시작부터 완성까지 이루실 수 있는 분임을 상기시킨다. 또한 이러한 창조의 능력은, 하나님의 고난과 그러한 고난이 사도의 선교적 설교에서 구현되는 것에서 분리될 수 없다.[42]

이 경우 그들의 출생의 실체는 그들 안에서 그리스도의 형상이 이루어질 때와, 그들이 그리스도에게서 돌아서지 않을 것이 명백해지는 단계에 이를 때 분명해질 것이다.[43] 가벤타는 이것을 그들이 그리스도와 함께 십자가에 못 박히는 것(2:20)과 연결한다. 이것이 적절한 비교인 이유는 그리스도와 함께 죽은 자가 또한 그분과 함께 일으킴을 받으며 종말론적인 삶을 누리기 때문이다.[44] 바울은 하나님의 초자연적 사역에 주의를 환기하기 위해 갈라디아 사람들의 출생보다 그리스도의 형상이 이루어지는 것을 언급한다.[45] "너희 속에"(ἐν ὑμῖν)라는 표현이 또한 교회로서의 갈라디아 사람들의 성장을 가리키기 때문에, 바울이 갈라디아 사람들 개인만 가리키는 것은 아니다.[46]

이 두 개념, 즉 개인적인 성장과 공동체의 성장 모두를 언급하는 것은 서로 배타적이지 않다.[47] 바울이 갈라디아 사람들을 염려하는 것은 고린도후서 11:28-29을 연상시킨다. "이 외의 일은 고사하고 아직도 날마다 내 속에 눌리는 일이 있으니 곧 모든 교회를 위하여 염려하는 것이라 누가 약하면 내가 약하지 아니하며 누가 실족하게 되면 내가 애타지 아니하더냐." 갈라디아 사람들의 연약함은 바울에게 영향을 미쳤으므로, 그는 그들의 미래를 염려하고 화를 낸다(참고. 갈 5:12). 그는 염려가 떠나가고 갈라디아 사람들이 성숙함에 이르게 될 때를 고대한다.

갈 4:20 내가 이제라도 너희와 함께 있어 내 언성을 높이려 함은 너희에 대하여 의혹이 있음이라(ἤθελον δὲ παρεῖναι πρὸς ὑμᾶς ἄρτι καὶ ἀλλάξαι τὴν φωνήν μου, ὅτι ἀποροῦμαι ἐν ὑμῖν). 갈라디아 사람들에게 보낸 편지는 그들을 직접

39. 나는 이 참고 본문들을 Gaventa, "The Maternity of Paul", 193에서 빌려왔다.
40. 같은 책, 191-94.
41. Eastman, *Paul's Mother Tongue*, 97-126을 보라. 나는 바울의 "육체의 연약함"을 그가 박해를 당한 것이라고 보는 Eastman의 주장이 잘못되었다고 생각하지만(4:13-14에 대한 주석을 보라), 그녀는 바울의 고난이 복음을 위한 통로가 된다고 바르게 본다.
42. 같은 책, 123. 해산의 고통에 대한 Eastman의 논의는 111-23을 보라.
43. Martyn, *Galatians*, 426-31의 논의를 참고하라.

만나 주고받는 대화를 대체하지 못한다.[48] 바울이 그들과 함께 있었다면, 매일의 삶이라는 역학 관계 속에서 그들이 일으키는 각각의 문제에 반응할 수 있었을 것이다. 하지만 바울은 그들을 떠나 있기 때문에 글에 의지해야 하며 그들이 어떻게 반응할지도 알 수 없다. 다음 단락에는 억양의 변화가 반영되었을 것이다. 거기서 그는 독자들을 설득하기 위해 다른 종류, 곧 알레고리적 논증을 전개한다.[49] 어쨌든 바울은 갈라디아 사람들이 유대교와 구약 율법에 끌리는 현상에 심히 난감해했다. 바울은 무엇을 말해야 할지 확신할 수 없었지만, 그의 당혹감이 그를 무력하게 하지 않았다. 그는 이어지는 구절에서 공소를 계속 제기한다.

적용에서의 신학

1. 형제 사랑

친밀한 관계를 통한 논증은 신자들이 서로 사랑하는 형제자매로서 함께 묶였음을 상기시킨다. 그리스도인은 공통의 고백을 인정할 뿐 아니라, 사랑의 끈으로 함께 연결된 새로운 가족이다. 따라서 바울은 갈라디아 사람들에게 그들이 자신에게 보인 사랑을 상기시키며, 그들이 이전에 품었던 애정을 다시 떠올리게 한다. 교회가 가진 큰 매력 중 하나는 서로를 향한 사랑과 봉사다. 동료 신자로서 우리는 한 몸이다. 따라서 우리의 사랑은 같은 교육을 받은 사람들, 같은 인종, 같은 사회적 계급에 제한되지 않는다. 불신자들이 우리의 사랑을 보고 우리가 그리스도인임을 알게 되도록 우리는 모두에게 관심과 애정을 보여야 한다(요 13:34-35).

그리스도인으로서 우리는 "나와 같이 되라"고 말하기를 주저한다. 우리는 모두 자연스럽게 자신이 저지른 많은 잘못을 생각한다. 나는 누군가가 모든 일에 나를 모방하기를 원하지 않는다! 하지만 그리스도가 우리를 변화시키셨다면 우리는 사람들에게 우리를 본받으라고 요청할 수 있고, 그렇게 해야 하는 것 또한 사실이 아닌가? 우리가 그리스도를 따른다면 다른 이들에게 우리가 하는 것처럼 그분을 따르라고 말하는 것은 옳고 정당하다(참고. 엡 4:32-5:2). 실제로 하나님은 일반적으로 다른 이들을 사용하셔서 우리를 그리스도께로 이끄시며, 그를 통해 우리는 그분을 더욱 사랑하게 된다. 우리는 대부분 자신이 존경하는 그리스도인의 삶과 말을 통해 회심했다. 혹은 우리의 삶에 헌신한 사람들을 통해 영적으로 성장했다. 당신은 다른 사람들에게 경건한 영향을 미치며 살아가고 있는가?

44. Gaventa, "The Maternity of Paul", 195-96을 보라. 그녀가 여기서 바울이 갈라디아 사람들의 도덕 형성이나 그리스도에 대한 바른 교리에 대해 말하고 있다는 견해를 거부하는 것은 옳다.
45. 같은 책, 197. 수동태 "이루어지다"(μορφωθῇ)의 주어가 "그리스도"인 것에 주목하라. Eastman, *Paul's Mother Tongue*, 94-95를 보라.
46. Gaventa, "The Maternity of Paul", 196에서 그렇게 말한다.
47. Betz, *Galatians*, 234-35; Bruce, *Galatians*, 212에서 이것을 바르게 말한다.
48. 참고. Betz, *Galatians*, 236.
49. 참고. 같은 책, 236-37, 240.

2. 고난을 통한 진보

복음의 진보는 그것을 전하는 자의 고난을 동반한다. 이것은 교회 역사 속에서 밝혀졌으며 하나님이 의도하신 것이다. 세상은 그리스도인이 자신의 신앙 때문에 기꺼이 고난과 죽음을 맞이하는 것을 볼 때, 믿기 어려울 정도로 소중한 어떤 것(즉, 놀랍도록 사랑스러운 어떤 분)이 있음을 깨닫는다. 터툴리안은 순교자의 피가 교회의 씨앗이며, 십자가에 달리신 주님과 십자가에 달린 삶을 선포할 때 교회가 전진했다고 말했다. 그리스도의 아름다움은 그것을 전하는 자들이 겸손하고 기뻐하며 고난받는 것에서 드러난다. 고난을 즐거워하는 사람은 아무도 없지만 고난이 불평과 불만을 낳는다면 그리스도인의 믿음이 지닌 고유한 특색을 잃는다. 전하는 자에게 육신의 고통이 있을지라도 그들이 보이는 즐거움과 용기는 복음의 선함을 세상에 알린다.

3. 인내와 사랑의 실천

또한 이 단락은 사역자와 동료 그리스도인들이 서로 인내해야 함을 가르친다. 그리스도인의 삶은 반드시 일직선으로 성장하지는 않는다. 신자는 여러 가지 일을 만나며 가던 길을 멈출 수도 있고 경로를 벗어날 수도 있다. 사랑은 사람들이 있는 그 자리에서 반응하는 것이지, 그들이 있기를 바라는 곳에서만 반응하는 것이 아니다. 사랑은 실제적인 세상에 닻을 내린다. 사랑은 사람들이 직면하는 문제와 씨름하고, 그들이 있기를 바라는 곳에 있지 않을 때도 그들을 포기하지 않는다. 동시에 사랑은 사랑을 받는 자가 온전해지기를 고대한다. 우리는 다른 이들을 사랑할 때 그들에게 마음과 영혼을 다하여 그리스도를 사랑하라고 촉구한다. 우리는 그들이 어디에 있든지 그들을 받아들이지만, 또한 그들에게 더 높은 곳에 오를 것을 촉구한다. 따라서 우리는 사랑을 감상적인 생각과 혼동해서는 안 된다. 사랑에는 엄중함이 있으며, 다른 이들이 그리스도 안에서 지속적으로 성장하도록 요청하기 때문이다.

여기서 우리는 다른 이들이 영적으로 성장하지 못함이 우리에게 큰 번민과 고통을 줄 수 있는 것을 본다. 어떻게 그들을 도울지 몰라 당황하고 혼란스러울 수 있다. 또 바울처럼 어떤 말을 해야 할지 모를 수도 있다. 무엇이 최선의 접근일지, 무엇이 효과적일지 고민한다. 그런데 이런 돌봄의 사역에 항상 해답이 있는 것은 아니다. 하지만 우리는 바울처럼 계속해서 기도하고, 끊임없이 노력하며, 끝까지 희망한다. 우리는 화를 내거나 당혹스러워하지 않는다. 바울이 품었던 것과 같은 애정을 갖기를 기도하고, 그들을 "자녀"로 여겨 권면하며, 힘들게 싸우고 있는 사람들에게 조언한다. 그들을 사랑하고, 그리스도인의 삶에 힘든 싸움이 있다는 것을 알기 때문이다.

그러한 애정과 사랑은 교회에 징계가 없다는 뜻이 아니다. 우리는 주님을 따르기를 거부하고 그분께 등 돌리는 자들을 징계한다. 하지만 우리는 그들에게 회개하고 주님께 돌아올 시간을 허락한다. 또한 그들 안에 그리스도의 형상이 이루어지도록 그들을 권면한다.

당신은 다른 사람들에게 그러한 사역을 하고 있는가? 당신이 가르치고 기도하며 괴로워하는 사람이 있는가? 복음을 의지하자. 그리스도가 그들을 변화시켜주실 것을 기대하자. 상하신 몸과 흘리신 피가 그들과 우리의 소망이 되기를 기대하자.

CHAPTER

17 갈라디아서 4:21–5:1

문학적 전후 문맥

3:1–4:11에서 유대주의자들을 반박하는 바울의 중요한 신학적 논증이 펼쳐진 후에, 4:12–20에서 친분에 근거한 논증으로 편지의 분위기가 변화된다. 거기에서는 갈라디아서에서 처음으로 명령법이 사용되었으며(3:7과 별도로), 바울은 갈라디아 사람들에게 자신처럼 될 것을, 즉 유대 율법에서 자유롭게 살 것을 권유한다. 따라서 우리는 편지의 나머지 부분을 마무리 지을 권고를 맞이할 준비를 하게 되며, 실제로 4:30과 5:1에 권고가 등장한다.

그런데 4:21–5:1은 바울이 모세 율법으로 돌아가는 것을 반박한다는 점에서 편지의 앞부분으로 돌아간다고 할 수 있다. 편지의 특정 부분을 다른 부분과 명확하게 구분하는 작업이 항상 가능한 것은 아니다. 따라서 베츠는 이 부분을 편지의 권고 부분이 시작되기 전 바울이 입증(probatio, 주요 논제를 변호하는 증거)하는 단락으로 간주한다.[1] 하지만 리처드 롱게네커가 지적하듯이 이 단락에서는 명령법이 사용되었으며, 이는 4:12에서 시작된 권고가 계속됨을 나타낸다.[2] 바울은 계속해서 자신의 독자들에게 구약 율법에서 자유롭게 살 것을 촉구한다. 따라서 본문은 5:1에서 자유를 권고함으로 정점에 이른다.

여기서 편지의 분위기가 변한 이유는 바울이 자신의 논거의 정당함을 입증하기 위해 알레고리를 사용하기 때문이다. 논증의 알레고리적 특성은 아마도 4:20에서 말한 억양의 변화를 나타낼 것이다. 학자들은 여기에서 엄격한 의미의 알레고리가 사용되었는지를 두고 논쟁을 벌인다.[3] 어떤 이들은 이 구절을 필로의 방식을 따른 알레고리로 간주해야 한다고 주장한다. 이 방식을 따르면 어떤 하나는 다른 하나를 뜻하며, 성경 본문은 그것이 시작된 역사적 문맥에서 분리된다. 또 다른 이들은 바울이 "비유"라는 단어를 사용하고 있음에도 불구하고 본문

1. Betz, *Galatians,* 238–40.
2. R. Longenecker, *Galatians,* 199. Hansen은 4:21–31이 요청 단락의 한 부분으로 적합하다는 견해를 지지한다(*Abraham in Galatians,* 141–54). 하지만 갈라디아 사람들이 거짓 선생들을 교회에서 제거할 것을 명령받고 있다는 Hansen의 주장은 설득력이 없다(4:30과 5:9의 설명을 보라).
3. 후의 의미를 이 용어에 읽어 들이는 것에 대한 주의와 함께 이 단어에 대해 도움이 될 만한 논의로 Andrew T. Lincoln, *Paradise Now and Not Yet: Studies in the Role of the Heavenly Dimension in Paul's Thought with Special Reference to His Eschatology*(SNTSMS 43;

이 예표론으로 분류되어야 한다고 주장한다. 그들은 바울의 본문에 대한 석의가 창의적이기는 해도 구약에 뿌리를 두고 있으며 구원–역사적 해석과 조화된다고 주장한다.[4]

본문은 예표론적 알레고리로 분류되는 것이 옳을 것이다.[5] 한편으로, 본문의 처음과 마지막 부분(4:21–23과 4:28–30)이 예표론인 이유는 이스마엘의 출생이 약속을 성취하려는 인간적 시도를 나타내는 반면, 약속의 자녀인 이삭의 출생은 하나님의 능력을 따라 이루어졌기 때문이다. 다른 한편으로는, 하갈이 어떤 역사적인 의미로 시내 산 언약을 예견하는지 이해하기 어려우므로, 바울은 하갈의 이야기를 알레고리로 이용하고 있다. 다음의 도표는 본문에 나타난 대조를 이해하도록 도움을 준다.[6]

여종에게서 난 아브라함의 아들(이스마엘)	자유로운 여인에게서 난 아브라함의 아들(이삭, 4:22)
육신을 통해 태어남	약속을 통해 태어남(4:23)
시내 산=하갈=종노릇(4:24)	
지금 있는 예루살렘=종노릇(4:25)	위에 있는 예루살렘=자유자=우리 어머니(4:26)
잉태하지 못한 홀로 사는 자의 자녀(4:27)	남편 있는 자의 자녀
	너희=약속의 자녀=이삭(4:28)
육체를 따라 난 자…박해한 자	성령을 따라 난 자(4:29)…박해받은 자
여종의 아들을 내쫓으라	자유 있는 여자의 아들이 유업을 얻는다(4:30)
우리는 여종의 자녀가 아니요	자유 있는 여자의 자녀니라(4:31)

한편에는 이스마엘, 육신, 하갈, 시내 산, 바울 당시의 예루살렘, 죄에 대한 속박의 연관성이 도출된다.[7] 그 정반대에는 이삭, 하나님의 약속, 위에 있는 예루살렘, 성령의 역사, 자유, 유업이 있다. 이러한 논증이 엄격하게 예표론적인 것이 아니라고 해도 임의적인 것은 아니다. 창세기를 읽으면 아브라함과 사라가 하갈을 통해 아들을 얻었을 때 인간적인 지혜와 능력에 의존했음을 분명히 볼 수 있다(창 16장). 따라서 이 단락의 두번째 부분(4:24–27)은 알레고리로 분류되는 것이 옳다. 뒤이어 바울은 4:28–5:1에서 적용을 이끌어 낸다.

바울은 여기서 독자들을 깜짝 놀라게 해서 율법으로 돌아가는 것이 잘못되었음을 새롭게 깨우치려는 시도로서 이러한 논증을 사용했을 것이다. 율법에 의존하는 것은 육체에 기대는 것을 나타내므로, 그것은 속박과 유업의 상실이라는 결과로 이어진다. 바울은 독자들에게

Cambridge: Cambridge Univ. Press, 1981), 13을 보라.

4. 참고. Charles H. Cosgrove, "The Law Has Given Sarah No Children (Gal 4:21–30)", *NovT* 29(1987): 221, n. 12; Ellis, *Paul's Use of the Old Testament*, 130.

5. Betz는 여기에 "우리가 알레고리(allegory)와 예표(typology)라고 부르는 것의 혼합체"가 있다고 말한다(*Galatians*, 239). 22, 23, 28–30절은 예표에 해당되는 반면, 4:24–27은 알레고리적이다. 또한 Lincoln, *Paradise*, 13–14; Hansen, *Abraham in Galatians*, 210–11의 유용한 연구를 보라.

6. R. Longenecker는 여기서 교차대구법의 구조를 보지만(*Galatians*, 213), 본문의 순서는 그의 배열과 정확히 일치하지 않는다.

7. George는 본문에서 분명하게 언급되지 않은 항목들을 더하고 있지만, 그의 두 칼럼은 참고할 만하다(*Galatians*, 342).

(율법보다) 하나님의 약속을 신뢰하는 자들이 성령의 사역에 의존하기 때문에 그들에게 큰 소망이 있음을 상기시킨다. 성령을 받은 자는 속박에서 자유로우며 유업을 받는다.

- I. 도입: 바울의 복음을 떠나는 것은 복음을 떠나는 것이다(1:1–2:21)
- II. 경험과 성경을 통한 바울의 복음 변호(3:1–4:11)
- III. 율법에서 자유롭고 성령 안에서 자유롭도록 부르심(4:12–6:10)
  - A. 율법에서 자유롭게 살라: 친밀한 관계를 통한 논증(4:12–20)
  - ➦ **B. 자유 가운데 서라: 알레고리를 통한 논증(4:21–5:1)**

주요 개념

바울은 4:31과 5:1에서 논증의 결론으로 몰아간다. 신자들은 여종의 자녀가 아니라 자유 있는 여자의 자녀다. 그리고 그들은 이제 그리스도 안에서 자유의 몸이기 때문에 다시 율법 아래에 사는 속박으로 돌아가서는 안 된다(5:1).

번역

갈라디아서 4:21–5:1

21	수사학적 질문	**내게 말하라 율법 아래에 있고자 하는 자들아 율법을 듣지 못하였느냐**	
22a	21의 근거	**기록된 바** 아브라함에게 두 아들이 있으니	
b	22a의 묘사		하나는 여종에게서,
c	연속		하나는 자유 있는 여자에게서 났다 하였으며
23a	22a–c의 설명	**여종에게서는 육체를 따라 났고**	
b	23a와 대조	**자유 있는 여자에게서는 약속으로 말미암았느니라**	
24a	22–23의 설명	**이것은 비유니**	
b	24a의 설명	**이 여자들은**	**두 언약이라**
c	24b의 설명		하나는 시내 산으로부터 종을 낳은 자니 곧 하갈이라
25a	24c의 연속		이 하갈은 아라비아에 있는 시내 산으로서
b	연속		지금 있는 예루살렘과 같은 곳이니
c	25b의 근거		그가 그 자녀들과 더불어 종 노릇 하고
26a	24c–25c와 대조		오직 위에 있는 예루살렘은 자유자니
b	진보		곧 우리 어머니라

27a	24–26의 근거 /외침	**기록된 바**…하였으니 잉태하지 못한 자여 즐거워하라
b	연속	산고를 모르는 자여 소리 질러 외치라
c	27a–b의 근거	이는 홀로 사는 자의 자녀가 남편 있는 자의 자녀보다 많음이라(사 54:1)
28	26–27의 진보	**형제들아 너희는 이삭과 같이 약속의 자녀라**
29	비교	그러나 **그 때에 육체를 따라 난 자가 성령을 따라 난 자를 박해한 것 같이 이제도 그러하도다**
30a	29와 대조	그러나 **성경이 무엇을 말하느냐**…하였느니라
b	권고	여종과 그 아들을 내쫓으라
c	30a의 근거	여종의 아들이 자유 있는 여자의 아들과 더불어 유업을 얻지 못하리라(창 21:10)
31a	21–30의 유추	그런즉 **형제들아 우리는 여종의 자녀가 아니요**
b	31a와 대조	**자유 있는 여자의 자녀니라**
1a	31a의 연속	**그리스도께서 우리를 자유롭게 하려고 자유를 주셨으니**
b	1a에서 유추	그러므로 **굳건하게 서서**
c	연속	**다시는 종의 멍에를 메지 말라**

구조

본문의 구조는 학자들 사이에 논란이 되고 있다. 예를 들어, 다음과 같은 견해가 있다.

- 앤 데이비스(Anne Davis)는[8] 본문을 (1) 도입(4:21–23), (2) 논증의 초점(4:24–27), (3) 결론(4:28–5:1)의 세 부분으로 나눈다.[9]
- 펑(Fung)은 (1) 사실(4:21–23), (2) 영적 의미(4:24–27), (3) 갈라디아 사람들에 대한 적용(4:28–30), (4) 종합과 호소(4:31–5:1)의 네 부분으로 본다.[10]

8. 이 부분에 대한 나의 구조와 4:24–27을 알레고리적인 것으로 보아야 한다는 나의 주장은 본문에 대한 Davis의 분석과 일치한다. 실질적으로 유일하게 불일치하는 점은 4:21–23과 4:28–30과 관련된 것으로, Davis는 이 구절이 예표론적이라는 주장을 거부하지만, 여기서는 그것들을 예표로 본다. Ann Davis, "Allegorically Speaking in Galatians 4:21–5:1", *BBR* 14(2004): 161–74를 보라. 또한 알레고리에 관해서는 Steven Di Mattei, "Paul's Allegory of the Two Covenants(Gal 4.21–31) in Light of the First-Century Hellenistic Rhetoric and Jewish Hermeneutics", *NTS* 52(2006): 102–22를 보라.

9. 대조적으로 Cosgrove, "Gal 4:21–30", 223, 226, 232를 보라.

10. Fung, *Galatians,* 204–17.

- 조지(George)는 (1) 역사적 배경(4:21-23), (2) 상징적 의미(4:24-27), (3) 개인적 적용(4:28-31)의 세 부분으로 분류한다.[11]
- 코스그로브는 본문이 4:30에서 끝난다고 주장하며 (1) 도입(4:21), (2) 알레고리(4:22-27), (3) 경고(4:28-30)의 세 부분으로 이해한다.[12]

사람들은 대부분 본문이 각각 4:21, 4:24, 4:28로 시작되는 세 부분으로 나뉘는 것에는 동의한다. 문제는 마지막 부분이 끝나는 지점이다. 내 생각에는 데이비스의 분석이 가장 가능성 있어 보인다. 논증이 자유 안에 굳게 서라는 5:1의 권고로 끝난다는 것이다. 갈라디아서 5:1은 이 부분을 끝맺고 다음 부분으로 인도하는 전환 구절의 역할을 한다. 자유 안에 굳게 서서 율법의 속박에 저항하라는 요청(5:1)은 4:21-31에 대한 결론이 된다. 그것은 비유가 갈라디아 사람들의 반응을 이끌어 내도록 계획되었기 때문이다.

본문은 수사학적 질문으로 시작하는데, "내게 말하라"(λέγετέ μοι)라는 표현이 그 질문을 이끈다. 바울은 율법 아래 살고자 하는 갈라디아 사람들의 열망이 율법이 말하는 것과 일치하는지를 묻는다(4:21). 그는 4:22에서 시작하여 율법(즉, 성경)이 율법 아래에 사는 것에 대해 말한 것을 풀어놓는다[접속사 "(왜냐하면)", γάρ]. 본문은 대립과 반대가 특징이다. 자유로운 여인(사라)과 여종(하갈)에게서 태어난 아브라함의 두 아들(이삭과 이스마엘)은 서로 대조된다(4:22). 후자의 아들은 육체를 따라 태어났지만, 전자의 아들은 성령에 의해 태어났다(4:23).

바울은 이 두 아들의 출생을 알레고리적으로 해석하며 그들 안에서 두 언약을 본다(4:24). 하갈은 시내 산에서 법제화된 언약을 가리키는데, 그것은 바울 당시 예루살렘에서 여전히 활동하고 있다. 예루살렘이 죄의 속박 안에 머물러 있기 때문이다(4:24-25). 두 번째 언약은 이름이 밝혀지지 않는다. 바울은 계속해서 하늘의 예루살렘에 대해 말하는데, 그것은 신자들의 어머니로 불리며 자유를 누린다(4:26). 윌리츠(Willits)는 4:27이 4:24-26 전체의 근거가 된다고 주장하지만,[13] 접속사 "왜냐하면"(γάρ)은 4:26에 대한 근거를 제시할 가능성이 더 크다. 유배 중의 이스라엘(사 54:1)은 아이가 없는 불임의 여인과 비교된다. 하지만 하나님의 은혜에 의한 기적을 통해 그녀의 자녀는 기대한 것보다 훨씬 많아질 것이다(4:27). 율법은 진정한 아브라함의 자녀를 낳지 못했다. 그러한 자녀들은 성령의 사역의 열매다.

바울은 이 비유를 독자들에게 적용하기 위해 "[그리고] 너희는"(ὑμεῖς δέ, 4:28)이라는 말을 사용함으로써 논증의 결론으로 나아간다. 그는 이 예언이 이방인 신자들을 통해 성취되었다고 본다. 그들은 이삭처럼 약속의 자녀다(4:28).[14] 이스마엘이 오래전에 이삭을 박해했던 것처럼,

11. George, *Galatians*, 334-48.

12. Cosgrove, "Gal 4:21-30", 219-35.

13. Joel Willitts, "Isa 54,1 and Gal 4,24b-27: Reading Genesis in Light of Isaiah", *ZNW* 96(2005): 201에서 그렇게 말한다. 4:27이 4:22-26의 근거가 된다고 보는 Harmon의 견해는 더욱 가능성이 없어 보인다. 그는 4:24이 새로운 부분을 시작하고 있음을 보지 못하기 때문이다("She Must and Shall Go Free", 234).

14. R. Longenecker는 "바울은 22-27절에 보이는 것과 같이 이제 자신의 논증의 결론을 면밀히 설명한다"고 말한다(*Galatians*, 216).

15. Willitts는 4:30-5:1이 본문의 주된 요점이라고 주장한다. "Isa 54,1

유대주의자들도 갈라디아에서 성령으로 태어난 자들을 박해했다(4:29). 이어서 바울은 4:30에서 창세기 21:10을 인용하며 성경이 가르치는 것을 갈라디아 사람들에게 상기시킨다.[15] 그는 갈라디아 사람들에게 유대주의자들을 갈라디아에서 쫓아내라고 요구하지 않는다. 대신 그는 갈라디아 사람들이 율법이 말하는 것을 듣기를 원한다. 성경은 자유로운 여인의 아들만이 약속을 유업으로 받을 것이라고 말한다. 따라서 갈라디아 사람들이 율법을 경청한다면 유대주의자들에게 주의를 기울이지 않을 것이다.

바울은 4:31에서 유추를 이끌어 낸다. 접속사 "그런즉"(διό)이 이를 보여준다.[16] 비록 바울이 4:28에서 말한 것을 다시 진술한 것이기는 하지만, 여기에서 지금까지의 논증에 대한 결론을 보게 된다.[17] 갈라디아 사람들은 자유로운 여인 사라의 자녀이며 여종 하갈의 자녀가 아니다. 갈라디아서 5:1은 전환의 구절인 동시에 4:21-31에서 주요 논점을 끌어낸다. 4:31과 5:1 사이에는 접속사가 사용되지 않는데, 이것은 두 구절 사이에 밀접한 관계가 있음을 암시할 것이다. 갈라디아 사람들은 그리스도 안에서 해방을 얻었다(5:1).[18] 따라서 그들은 그러한 자유에 계속 머물러야 하며, 구원을 위해 할례를 받아들이는 속박에 빠져서는 안 된다(5:1).

석의적 개요

III. 율법에서 자유롭고 성령 안에서 자유롭도록 부르심(4:12-6:10)

A. 율법에서 자유롭게 살라: 친밀한 관계를 통한 논증(4:12-20)

➦ **B. 자유 가운데 서라: 알레고리를 통한 논증(4:21-5:1)**

1. 말씀을 들으라(4:21)

2. 아브라함의 두 아들 사이의 대조(4:22-23)

3. 알레고리: 두 아내는 두 언약을 나타낸다(4:24a-b)

4. 하갈: 시내 산, 지금의 예루살렘, 종노릇(4:24c-25)

5. 위에 있는 예루살렘: 자유로우며 많은 자녀를 둠(4:26-27)

6. 갈라디아 사람들은 약속의 자녀처럼 육신의 자녀에게 박해를 받음(4:28-29)

7. 자유로운 여인의 아들만이 유업을 얻음(4:30)

8. 갈라디아 사람들은 자유로운 여인의 자녀임(4:31)

9. 자유 안에서 굳게 서라는 권면(5:1)

C. 위험한 속박의 메시지를 물리치라(5:2-12)

---

and Gal 4,24b-27", 198.

16. Cosgrove의 생각과 달리 "그런즉"(διό)은 권고가 아닌 결론으로 보는 것이 가장 타당하다("Gal 4:21-30", 232).

17. 참고. 또한 R. Longenecker는 4:31이 4:28에서 말하는 것과 "다소 중복된다"고 말한다(*Galatians,* 218). 나아가 그는 4:31을 4:21-30 전체의 결론으로 본다.

18. 5:1이 이 부분에 속하는지에 대해 학자들 사이에 논란이 있다. 5:1이 포함된다고 보는 입장으로 Willitts, "Isa 54,1 and Gal 4,24b-27", 188, n. 1; Martinus C. de Boer, "Paul's Quotation of Isaiah 54.1 in Galatians 4.27", *NTS* 50(2004): 371-72, n. 5가 있다.

본문 설명

갈 4:21 내게 말하라 율법 아래에 있고자 하는 자들아 율법을 듣지 못하였느냐(Λέγετέ μοι, οἱ ὑπὸ νόμον θέλοντες εἶναι, τὸν νόμον οὐκ ἀκούετε;). 이 구절은 역설로 가득하다. 갈라디아 사람들은 모세 율법 아래 살기를 원하지만, 그들이 실제로 율법(즉, 성경)을 이해한다면 자신을 시내산 언약 아래 두려는 열망이 비정상적임을 깨닫게 될 것이다. 4:20에서 바울은 당혹감을 표현했고 독자들을 고려하여 자신의 억양을 바꾸겠다고 말했다. 아마도 본문의 알레고리는 그러한 변화, 즉 갈라디아 사람들의 생각과 마음을 움직일 새로운 형태의 논증이 될 것이다.

갈라디아 사람들을 "율법 아래에 있고자" 하는 자로 묘사하는 것은 도움이 된다. 그것은 갈라디아 청중에게 하는 말로 보는 것이 가장 자연스럽다.[19] 그들은 할례만으로 충분하다고 생각하지 않았음이 분명하다. 그들은 율법 전체를 지키려는 의도가 있었는데, 이것은 그들이 구약의 절기에 집착한 것에서 드러났다(4:10).[20] "율법 아래에"(ὑπὸ νόμον)라는 표현이 사용된 것은 그들의 열망에 대한 바울의 판단을 보여준다. 자신을 율법 아래에 두려는 이들은 죄의 권세에 복종하며 구속사의 옛 시대에 사는 자들이기 때문이다. 따라서 갈라디아 사람들은 "율법", 곧 성경이 말하는 것을 들어야 한다.[21] 그렇게 한다면 그들은 율법 아래에 사는 것이 치명적인 실수임을 깨닫게 될 것이기 때문이다.

어쨌든 바울은 이어지는 구절에서 율법 아래에 사는 것이 성경 자체가 가르치는 것과 일치하지 않는다고 설명하려 노력한다. 배릿(Barrett)은 바울이 여기서 하갈과 사라에 호소하는 이유가 거짓 선생들이 사라에 호소하여 자신들이 진정한 이삭의 자손이라고 말하기 때문이라고 주장한다. 유대주의자들은 하갈을 할례받지 않은 이방인들과 연결했을 수 있다.[22] 배릿은 본문의 명백한 의미가 바울이 아닌 유대주의자들을 지지한다고 말한다.[23] 하지만 이것은 잘못된 결론이다. 바울은 현재 구약의 율법을 성경 전체의 줄거리에 비추어 이해해야 한다는 논증을 펼치고 있기 때문이다. 성경을 주의해서 읽는다면 모세 율법 아래에 있던 자들이 죄의 속박 아래에 살았다는 것과, 오직 복음의 선포에 의해 자유가 이루어졌다는 것이 분명해진다.[24]

갈 4:22 기록된 바 아브라함에게 두 아들이 있으니 하나는 여종에게서, 하나는 자유 있는 여자에게서 났다 하였으며(γέγραπται γὰρ ὅτι Ἀβραὰμ δύο υἱοὺς ἔσχεν, ἕνα ἐκ τῆς παιδίσκης καὶ ἕνα ἐκ τῆς ἐλευθέρας). 4:21에서 두 번째로 사용된 "율법"(τὸν νόμον)이 성경을 가리킨다는 사실이 곧바로 분명해진다. 바울이 구약에 호소하기 때문이다. 그는 구체적인 구절을 인용하지 않고 창세기에서 발견되는 성경적 전통에 호소한다.

아브라함은 갈라디아서에서 이미 중요한 역할을 했다. 이제 바울은 두 아내를 통해 얻은 두 아들의 아버지로서 아브라함의 역할에 호소한다. 여기서 두 아들과 두 아내의 이름은 언급되지 않지만 그들은 각각 이스마엘과 이삭 그리고 하갈과 사라다. 실제로 바울은 여기서 이스마엘과 사라의 이름은 명시하지 않고 오직 이삭

19. Dunn, *Galatians*, 245; R. Longenecker, *Galatians*, 206.
20. 따라서 이 구절은 그들이 아직 스스로를 온전하게 구약의 율법 아래 두지 않았음을 시사한다. R. Longenecker, *Galatians*, 206–7에서 그렇게 말한다.
21. 여기서 바울은 율법(Torah)과 성경(Scripture)을 구별한다. Betz, *Galatians*, 241에서 그렇게 말한다.
22. Barrett, "The Allegory of Abraham", 6, 9–10. 또한 Bruce, *Galatians*, 218을 참고하라. 어떤 이들은 이스마엘이 할례를 받았기 때문에 거짓 선생들이 이 본문에 호소하지 않았을 것이라고 주장한다. Cosgrove, "Gal 4:21–30", 221, 223; Andrew C. Perriman, "The Rhetorical Strategy of Galatians 4:21–5:1", *EvQ* 65(1993): 33에서 그렇게 말한다.
23. Barrett, "The Allegory of Abraham", 10. 대적들은 아마도 아브라함 언약이 모세 언약에 의해 재정립된다고 말했을 것이다(15).

과 하갈의 이름만 밝힌다. 그는 여기서 여자들의 이름보다 그들의 사회적 지위에 초점을 맞춘다.[25] 하갈은 종이었으며 사라는 자유인이었다. 그리고 바울은 그들의 지위에서 영적 의미를 찾아낸다.

갈 4:23 여종에게서는 육체를 따라 났고 자유 있는 여자에게서는 약속으로 말미암았느니라(ἀλλ᾽ ὁ μὲν ἐκ τῆς παιδίσκης κατὰ σάρκα γεγέννηται, ὁ δὲ ἐκ τῆς ἐλευθέρας δι᾽ ἐπαγγελίας). "종"과 "자유 있는"이라는 단어가 계속해서 중요한 이유는 바울이 두 어머니의 이름을 밝히지 않고 그들을 종과 자유인으로 명시하기 때문이다. 여기서는 두 아들의 출생이 강조된다. 여종 하갈의 아들(즉, 이스마엘)은 자연적인 과정에 따라 태어났지만, 사라의 아들(즉, 이삭)은 하나님의 약속에 따라 태어났다.

어떤 사람들은 바울이 이스마엘의 출생을 단순히 생물학적 관점으로 생각한다는 것처럼, 이스마엘의 출생이 "육체를 따라"(κατὰ σάρκα) 이루어졌다는 것을 중립적 논평으로 해석한다.[26] 하지만 4:29에서 육체와 약속 사이의 그리고 육체와 성령 사이의 대조는 바울이 "육체"라는 단어에 더 깊은 신학적 의미를 의도하고 있음을 암시한다. 따라서 "육체"는 아담 안에서 인간의 존재를 가리킨다. 이 해석은 창세기의 내러티브와도 조화된다. 아브라함과 사라가 하갈을 통해 자녀를 얻으려 시도한 것은 믿음이 부족함—약속을 성취하려는 인간적 노력—을 나타냈다(창 16장).

이와 대조적으로 이삭의 출생은 어떤 의미에서도 인간적 노력이나 행위에 공을 돌릴 수 없었다. 사라와 아브라함이 아들을 얻게 되리라는 약속은 너무나 놀라웠기에 그 둘은 그것을 듣고서 믿지 못하고 웃었다(창 17:17; 18:12-15). 게다가 아브라함은 이삭이 필요 없으며 이스마엘을 통해 약속이 성취된다면 그것으로 충분하다는 것을 여호와께 납득시키려 했다(창 17:15-21). 여호와는 아브라함의 요청을 거절하시고, 이스마엘이 아닌(이스마엘은 아브라함의 아들로서 다른 복을 받겠지만) 이삭을 통해 언약이 성취될 것이라고 선포하셨다.

바울의 예화가 놀라운 이유는 유대주의자들이 분명히 자신을 이삭의 후손으로 보았기 때문이다! 하지만 바울은 그들을 이스마엘의 후손으로 명시하며, 갈라디아 개종자들을 이삭의 후손으로 본다. 하나님과 바른 관계를 맺기 위해 그리스도 예수 안에서 주어지는 자유의 약속을 의지하는 자들은 진정한 언약의 자녀다. 하지만 율법과 인간적 노력에 의존하는 자들은 언약의 자녀가 아니다.

갈 4:24a 이것은 비유니(ἅτινά ἐστιν ἀλληγορούμενα). "비유로 말하다"(ἀλληγορέω)라는 동사는 요세푸스와 필로의 글 모두에서 사용된다. 그리고 본문을 알레고리적으로 해석하는 것은 헬라 문학에서, 특별히 호메로스(Homer)의 글을 적용할 때는 일반적이었지만, 이 표현은 신약과 칠십인역을 통틀어 오직 여기에만 등장한다. 어떤 학자들은 바울이 여기서 예표론보다 알레고리를 사용한다고 주장한다.[27] 알레고리는 성경 본문에 역사적 문맥과 조화되지 않는 의미를 부여하는 것이라고 정의 내릴 수 있다.[28] 예를 들면, 구약 내러티브를 읽을 때 하갈과 시내 산 언약의 연관성은 불분명하다. 또한 시내 산 아래의 이스라엘은 애굽에서 해방되었다고 주장할

---

24. 여기서 바울은 주를 신뢰하고 주께 순종했던 구약의 남은 자를 포함하지 않은 채 일반화하고 있다.
25. Eastman은 사라의 이름이 언급되지 않은 것은 수많은 자손을 이룬 것이 사라의 자연적 능력이 아닌, 하나님의 약속 때문임을 강조하기 위해서라고 말한다(*Paul's Mother Tongue*, 144-46).
26. Bruce, *Galatians*, 217에서 그렇게 말한다.
27. Witherington, *Galatians*, 321-27; Davis, "Allegorically Speaking", 161-74.
28. 따라서 바울은 창세기 저자가 그 이야기를 비유로 의도했다고 주장하지 않는다. 오히려 바울이 그 이야기를 알레고리적으로 해석하고 있으며, 아마도 그는 대적들에게 대답하기 위해 그렇게 한 것이다. Barrett, "The Allegory of Abraham", 6, 10; R. Longenecker, *Galatians*, 209-10에서 그렇게 설명한다.

수 있지만 바울은 그것을 종노릇과 연결한다. 반면 다른 이들은 바울이 "비유(알레고리)"라는 단어를 사용하지만 구약 본문이 예표론적으로 사용되었다고 주장한다.[29] 달리 말해, 바울이 구약을 사용하는 것은 필로 혹은 훗날의 오리겐이나 알렉산드리아의 클레멘트가 사용했던 종류의 임의적인 알레고리와 다르다는 것이다.

아마도 예표론과 알레고리가 조합되었다는 견해가 최선의 해결책일 것이다. 바울은 특별히 4:21–23과 4:28–30에서 이삭과 이스마엘과 관련하여 예표론적 논증을 펼친다. 따라서 본문에 대한 그의 해석은 성경 전체를 구원-역사적으로 이해하는 것과 일치한다. 하지만 바울의 논증, 특별히 4:24–27에는 알레고리적 요소가 분명히 나타난다. 본문에 알레고리적 요소가 있다고 보는 근본적인 이유는 하갈을 시내 산 언약과 동일시하는 것이다. 그러한 견해는 예표론과 어울리지 않는다. 예표론에서 모형과 그것의 성취는 역사적으로 연결된다. 하갈이 어떻게 시내 산 언약의 역사적 모형으로 역할을 하는지는 알기 어렵다. 그러므로 바울은 독자들을 놀라게 해서 그들이 다른 각도로 그의 복음의 진리를 보게 하기 위해 그러한 연결을 도입했다고 할 수 있다.

갈 4:24b–c 이 여자들은 두 언약이라 하나는 시내 산으로부터 종을 낳은 자니 곧 하갈이라(αὗται γάρ εἰσιν δύο διαθῆκαι, μία μὲν ἀπὸ ὄρους Σινᾶ εἰς δουλείαν γεννῶσα, ἥτις ἐστὶν Ἁγάρ). "…이다"(εἰσιν)라는 동사는 여기서 '나타낸다'로 번역되어야 한다. 하갈과 사라는 문자적으로 두 언약이 아니기 때문이다. 알레고리에서 그들은 극단적으로 서로 다른 두 언약을 나타낸다. 바울이 이 시점에서 예표론보다 알레고리적으로 글을 쓰고 있음이 분명해 보이는 이유는 하갈이 어떻게 역사적으로 시내 산 언약을 예견하는지 알기 어렵기 때문이다. 하지만 바울이 하갈과 시내 산 언약 사이의 연관성을 보는 것은 임의적이지 않다. 이스마엘 족속과 율법 아래 살았던 자들의 운명은 결국 둘 다 죄의 종이 되었다는 점에서 일치하기 때문이다. 바울은 독자들이 시내 산 언약이 지닌 불리함을 새로운 각도로 보도록 자극한다.

엄밀하게 말해 두 번째 언약은 이름이 밝혀지지 않는다. 하지만 3:15–18에서 논의된 것에 비추어 보면 아브라함의 언약을 염두에 두었을 가능성이 있다.[30] 다른 학자들은 여기서 가리키는 것이 옛 언약과 대조되는 새 언약이라고 주장한다.[31] 바울은 여기서 새 언약을 염두에 두고 있을 수 있다. 그런데 새 언약은 아브라함과 맺은 언약을 성취하므로, 우리는 이 두 견해의 차이를 지나치게 강조해서는 안 된다. 갈라디아서 4:27에서 이사야 54:1을 인용한 것은 아브라함과 맺은 언약의 종말론적 성취를 나타낸다.[32]

"하나"(μία)라는 단어는 하갈이나 시내 산 언약을 가리킬 수 있으며, 하나님이 모세와 이스라엘과 세우신 시내 산 언약에 초점이 있는 것으로 보인다.[33] 시내 산에서 이스라엘의 구속과 애굽에서 해방된 것을 축하하는 일이 있었지만(출 19:3–4; 20:2), 바울은 시내 산과 종노릇을 연결시킨다. 출애굽기가 하나님의 구속을 강조한다는 점을 고려하면, 출애굽기를 읽는 사람들은 바울의 해석에 놀랄 것이다. 하지만 갈라디아서의 독자들이 놀라지 않는 이유는, 바울이 갈라디아서 전체에 걸쳐 율법이 죄에서 해방하는 것이 아니라 속박한다고 주장

29. Lightfoot, *Galatians,* 180; Bruce, *Galatians,* 217.

30. Ridderbos, *Galatians,* 175–76; Bruce, *Galatians,* 218; Dunn, *Galatians,* 249; Witherington, *Galatians,* 331–32; Hays, *Echoes of Scripture,* 114–15. Martyn은 "언약"이라는 용어는 논증을 위한 것이며 정확하게 어떤 역사적 언약을 염두에 둔 것이 아니라고 주장한다(*Galatians,* 453–56).

31. Betz, *Galatians,* 243; Lincoln, *Paradise,* 16; R. Longenecker, *Galatians,* 211; Willitts, "Isa 54,1 and Gal 4,24b–27", 199.

32. Willitts, "Isa 54,1 and Gal 4,24b–27", 199–200, n. 30.

33. Perriman, "Galatians 4:21–5:1", 35; Willitts, "Isa 54,1 and Gal 4, 24b–27", 198에서 그렇게 말한다.

34. 어떤 사본들은 "왜냐하면"(γάρ)을 포함하는 독법을 지지하지만(𝔐, sy, bo^mss), 대부분은 "이제"(δέ)를 포함하는 독법을 지지한다(A, B, D, 323, 365, 1175, 2464, *pc*). 외적 증거들이 상당히 골고루 나뉘

했기 때문이다. 율법은 옛 시대의 일부로서 하나님의 백성을 죄에서 해방하지 않는다.

또한 바울은 구약을 임의로 해석하지도 않는다. 출애굽 사건은 이스라엘이 애굽에서 해방된 것을 의미한다. 하지만 이스라엘이 토라를 지키는 일에 실패한 것은 모세오경의 주요한 주제가 되며, 모세는 이스라엘이 틀림없이 언약을 깨뜨릴 것이라고 예언한다. 그리고 구약 내러티브가 진행되면서 줄거리는 변하지 않는다. 이스라엘과 유다는 모두 모세 언약을 지키지 못해서 유배지에 이르게 된다.

그러므로 율법이 사람을 살리는 것이 아니라 죽음에 이르게 한다는 주장에 대한 확실한 근거가 존재한다(고후 3:6). 하갈과 시내 산 사이에서 연결점이 도출되는 것은 놀랍다. 물론 연결점은 종노릇이다. 하갈이 사라의 종이었고 이스마엘이 하나님의 언약의 약속을 받지 못했던 것처럼, 율법 아래에서 이스라엘의 삶의 특징도 죄에 대한 종노릇이다.

갈 4:25 이 하갈은 아라비아에 있는 시내 산으로서 지금 있는 예루살렘과 같은 곳이니 그가 그 자녀들과 더불어 종 노릇하고(τὸ δὲ Ἁγὰρ Σινᾶ ὄρος ἐστὶν ἐν τῇ Ἀραβίᾳ, συστοιχεῖ δὲ τῇ νῦν Ἰερουσαλήμ, δουλεύει γὰρ μετὰ τῶν τέκνων αὐτῆς). 바울은 하갈과 시내 산이 연결된다고 보며, 이어서 하갈과 바울 당시의 예루살렘을 연결한다. 바울이 그 당시의 유대인들을 율법 아래에서 종노릇하는 자들로 여기기 때문이다.

이 구절의 의미를 자세히 논평하기에 앞서 원래의 본문을 확정해야 한다. 일부 사본에는 "하갈"이라는 단어가 빠져 있으므로, "시내 산은 아라비아에 있는 산으로서"라는 문장으로 되어 있다. 하지만 "하갈"은 원래의 본문에 있었으며, 필경사가 그러한 단언을 이상하다고 여겨 생략한 것으로 보인다.[34] 더욱이 시내 산이 아라비아에 있는 산이라고 말하는 것은 상당히 무미건조하다.[35] 또한 하갈에 대한 언급을 추가하는 것은 더 어려운 독법이다.[36]

만약 하갈이 본문에 포함되었다는 견해를 받아들이면, 중성 관사(τό)가 사용된 것은 당혹스럽다. 하갈은 여성형이기 때문이다. 아마도 이 관사는 "산"(ὄρος)을 수식할 것이다. 다만 이 경우 본문의 문장에서 관사와 명사가 떨어져 있으므로 가능성이 높지 않아 보인다. 베츠는 관사가 하갈을 지목한다고 주장한다. 즉, 바울이 그녀의 이름에 초점을 맞추며 그것이 시내 산이라고 밝힌다는 것이다.[37] 다시 말해, 바울은 "하갈"이라는 이름과 '바위'(*ḥadjar*)를 가리키는 아랍어 단어에 연결을 만들어 낸다는 것이다. 베츠는 아랍어로 '바위'라는 단어가 "시내 산이 있는 지역의 산을 가리키는 데 사용된다"고 말한다.[38]

이 견해의 한 가지 문제점은 히브리어로 "하갈"이라는 이름이 "아랍어로 '바위'나 '험한 바위산'을 뜻하는 셈어의 단어와 유사하다(하지만 동일하지는 않음)"는 것이다.[39] 그러한 해석을 선호하는 사람들은 대부분 그러한 유사점이 바울로 하여금 알레고리를 사용하는 것을 막을 수 없었으리라고 생각한다. 하지만 이러한 해석은 지나친 것으로 보이며, 갈라디아 사람들이 어떻게 아랍어에 기초한 연결을 이해했을지 파악하기 어렵다. 관사가 문장 전체를 가리킨다는 견해가 가장 가능성 있다.[40] 그

기 때문에 "왜냐하면"(γάρ)과 "이제"(δέ) 사이에서 결정을 내리기 어렵다. 하지만 내적 증거는 "이제"(δέ)가 포함되는 독법을 선호한다. Metzger가 언급한 바와 같이 "왜냐하면"(γάρ)이 포함된 것은 몇몇 사본에서 "하갈"(Ἀγάρ)이 우발적으로 누락된 것에 대한 설명이 될 수 있다(*Textual Commentary,* 527).

35. R. Longenecker, *Galatians,* 198, 211; Martyn, *Galatians,* 437-38에서 그렇게 말한다.

36. Betz, *Galatians,* 245에서 그렇게 말한다.

37. Betz, *Galatians,* 244-245, n. 65. 대조적으로 Perriman, "Galatians 4:21-5:1", 37을 보라.

38. Betz, *Galatians,* 245.

39. Bruce, *Galatians,* 219에서 그렇게 말한다.

40. C. F. D. Moule, *An Idiom Book of New Testament Greek*(2nd ed; Cambridge: Cambridge Univ. Press, 1963), 110.

것은 하갈에 관심을 집중하게 하며,[41] 동사 "이며"(ἐστίν)는 '나타내며'로 번역되어야 한다.[42] 이렇게 해석하는 경우, 바울은 하갈이 문자적으로 아라비아에 있는 시내 산이라고 말하는 것이 아니다. 대신 그는 알레고리적으로 서술하는 것이며, 하갈과 시내 산을 연결한다.

이러한 해석이 선호되는 이유는 앞에서 제안된 견해보다 훨씬 더 단순하며 알레고리가 작용하는 방식과도 조화되기 때문이다. 동사 "…과 같은"(συστοιχεῖ)[43]도 바울이 과거의 시내 산과 현재의 상황 사이의 평행을 끌어내는 것을 가리킨다.[44] 여기서 새로운 점은 하갈과 관련하여 아라비아를 언급하는 것이다. 바울은 유대주의자들이 여전히 광야에 머물고 있음을 암시하고 있을 것이다. 그들은 약속된 유산에 들어간 적이 없으며, 하갈과 이스마엘처럼 여전히 종노릇하며 살고 있다.

하갈/시내 산과 지금의 예루살렘 사이에서 도출된 연관성이 이와 같은 해석을 지지한다. 이전의 학문은 지금의 예루살렘이 믿지 않는 유대인 대적들을 가리킨다고 이해하는 경향이 있었다.[45] 하지만 유대주의자들을 염두에 두고 있을 가능성이 더 크다.[46] 이러한 견해는 편지 전반에 나타난 바울의 주된 관심과 일치한다. 하지만 옛 견해에 장점이 없는 것은 아니다. 유대주의자들을 가리킨다는 견해는 그들이 유대교와 충분히 결별하지 않았다는 문제가 있기 때문이다.[47] 유대주의자들은 구약 율법을 이방인 신자들에게 강요하고자 했다. 그러한 신학은 할례받지 않은 이방인이 유대교 개종자가 될 수 없다고 주장하는 일반적인 유대인 견해와 분명히 일치한다.

바울은 계속해서 종노릇의 주제를 강조한다. 지금 있는 예루살렘은 그 자녀들과 함께 노예 상태에 있다. 유대인은 일반적으로 율법이 해방과 자유로 가는 통로라고 생각했다. 하지만 바울은 율법이 결국 사람을 속박하고 현혹하게 된다고 주장한다. 율법은 복종을 요구하는데 그 규정을 지킬 능력은 주지 않기 때문이다. 율법은 죽이기만 할 뿐 생명을 주지는 않는다.[48]

갈 4:26 오직 위에 있는 예루살렘은 자유자니 곧 우리 어머니라(ἡ δὲ ἄνω Ἰερουσαλὴμ ἐλευθέρα ἐστίν, ἥτις ἐστὶν μήτηρ[49] ἡμῶν). 땅 위의 예루살렘은 위에 있는 예루살렘과 대조된다. 후자는 자유자이며, 이 예루살렘이 바로 예수 그리스도 안에 있는 신자들의 어머니로 서 있는 존재이기 때문이다. 신자는 하늘 도성의 시민이다.

시내 산과 하갈의 관계를 이끌어 내는 알레고리를

---

41. 참고. BDF § 267 (1).

42. 이 번역에 대해 Bruce, *Galatians,* 219를 보라.

43. Cosgrove는 이 동사의 주어가 하갈이라고 바르게 말한다("Gal 4:21-30", 228-29).

44. Elliott과 대조적으로(*Cutting Too Close for Comfort,* 258-86), 구약 율법과 시내 산에 대한 강조는 여기서 옛 소아시아(Anatolia) 지역에 사는 이들에게 익숙했던 신들의 어머니나 산신(Mountain Mother, 주로 산신은 여성으로 여겨졌다-역주)에 대한 어떤 암시도 거부한다.

45. Bruce, *Galatians,* 220; Jewett, "Agitators", 339. 하지만 더 최근의 연구는 Lambrecht, "Abraham and His Offspring", 528을 보라.

46. R. Longenecker, *Galatians,* 217; George, *Galatians,* 347. 반대 견해로 Bachmann, *Anti-Judaism in Galatians?,* 85-100. Martyn은 바울이 예루살렘에서 선포된 복음과는 다른 복음을 선포했다고 주장하며 여기서 예루살렘을 예루살렘에 있는 교회로 본다. Martyn에 따르면, 바울은 또한 갈라디아서 2:3-5에 나오는 거짓 형제들, 즉 예루살렘 교회의 지체들을 염두에 두고 있다. Martyn, *Galatians,* 459-66을 보라. Martyn의 재구성은 항로를 이탈한 것으로 추정되는 그의 2:1-10에 대한 해석에 근거한다(2:1-10에 대한 주석을 보라).

47. Betz는 여기서 유대교와 유대인-그리스도인 선생들 둘 다 바울에게 고발을 당하고 있다고 본다(*Galatians,* 246-47; 특별히 유대인 그리스도인들을 "종교적 의미에서 유대인으로" 보는 251, n. 123을 보라).

48. 바울이 로마 아래에서의 이스라엘의 정치적 예속을 염두에 두었을 가능성은 적다. 대조적으로 Hays, *Galatians,* 303-4를 보라.

49. $\aleph^{2}$, A, C^{3}, 0261^{vid}, $\mathfrak{M}$, 그리고 몇몇 다른 서방 본문에서는 "어머니"(μήτηρ) 뒤에 "모두의"(πάντων)라는 단어가 뒤따른다. 하지만 이것은 명확히 부차적인 것이다. 이 단어가 생략된 것을 지지하는 알렉산드리아 본문 유형과 서방 본문 유형 모두의 외적 증거는 강력하다($\mathfrak{P}^{46}$, $\aleph^{*}$, B, C^{*}, D, F, G, Ψ, 6, 33, 1241^{s}, 1739, 1881, 2464, 2495 등). 또한 이 단어의 추가는 본문을 로마서 4:16과 부합되도록 일반화한다(참고. Metzger, *Textual Commentary,* 528).

50. 참고. R. Longenecker, *Galatians,* 214; Witherington, *Galatians,* 334-35. Martyn의 생각과 달리 이것은 예루살렘 교회와 하늘의 예루살렘 사이의 대조가 아니다(*Galatians,* 459-66). Martyn의 논증

구성하면서 바울은 "지금 있는 예루살렘"에 주목하고, 자신의 복음에 반대하는 자들을 생각한다. 그러므로 그는 대조하는 다른 한쪽을 이야기하면서 사라나 두 번째 언약의 이름을 언급하지 않는다. 그는 즉시 땅 위의 예루살렘을 위에 있는 예루살렘과 비교한다.

다른 신약에서 하늘의 예루살렘(참고. 히 12:22; 계 3:12; 21:2, 10; 참고. *2 Bar.* 4:2)은 신자를 기다리는 하늘의 도성을 가리킨다.[50] 바울에 따르면, 위에 있는 예루살렘은 지금의 악한 세대에까지 손을 뻗은 종말론적 예루살렘이다.[51] 하늘의 예루살렘은 온전한 모습으로 이르지 않았지만, 오는 시대가 지금의 악한 시대를 뚫고 들어왔다. 그리하여 여기서 우리는 바울이 말하는 '이미'와 '아직'의 종말론의 예를 볼 수 있다.[52] 또한 바울은 위에 있는 예루살렘의 도래가 새로운 창조를 약속하는 새 언약(사 65:17; 66:1–11)의 시작과 그것의 부분적 성취를 나타낸다고 믿었던 것으로 보인다.[53]

새로운 창조의 약속과 같은 문맥에 있는 이사야 66:7–11에서 시온은 아이를 낳는 어머니로 묘사되며, 아이의 출생은 하나님의 구원 약속의 성취를 가져올 것이다.[54] 위에 있는 예루살렘은 신자들의 "어머니"로 밝혀진다.[55] 여기서 신자들의 어머니는 교회가 아닌 하늘의 예루살렘이다. 그리스도 안에 있는 신자인 유대인과 이방인은 모두 하늘 도성의 시민임을 보여준다.[56] 사라가 이삭의 어머니였던 것처럼 신자들은 새 시대에 성령에 의해 태어난다. 그들은 유대주의자들과 같은 종이 아니라 성령의 사역으로 말미암는 자유로운 자녀들이다.[57]

갈 4:27 기록된 바 잉태하지 못한 자여 즐거워하라 산고를 모르는 자여 소리 질러 외치라 이는 홀로 사는 자의 자녀가 남편 있는 자의 자녀보다 많음이라 하였으니(γέγραπται γάρ, Εὐφράνθητι, στεῖρα ἡ οὐ τίκτουσα, ῥῆξον καὶ βόησον, ἡ οὐκ ὠδίνουσα· ὅτι πολλὰ τὰ τέκνα τῆς ἐρήμου μᾶλλον ἢ τῆς ἐχούσης τὸν ἄνδρα). 갈라디아서 4:26의 논증을 지지하기 위해 이사야 54:1이 도입되며, 갈라디아의 이방인 그리스도인들이 위에 있는 예루살렘의 자녀임을 보여준다. 이방인 그리스도인들은 자녀를 기대할 수 없었던 불임의 여인이 낳은 자녀이기 때문이다. 그들은 기적적이고도 초자연적으로 새로운 생명을 얻는다.

이사야 구절과 앞의 구절 사이의 연결점은 사라의 불임이다.[58] 또한 창세기에서 사라의 불임이 사소한 주제가 아닌 이유는 그녀가 아이를 낳지 못하는 사실이 아브라함이 자손을 얻으리라는 하나님의 약속의 성취와 충

은 거짓 형제들(갈 2:3–5)이 야고보와 함께 침투했다는 그의 견해와 연관되는데, 나는 이 견해가 설득력이 없다고 본다(2:1–14에 대한 주석을 보라).

51. 시온이 이스라엘 밖의 많은 곳에서 태어난 자들의 어머니라고 하는 시편 87편을 보라. 또한 2 Esd 10:7에서 "우리 모두의 어머니 시온이 깊은 슬픔과 큰 고통 중에 있다"(NRSV)고 한 것을 보라. 또한 *4 Ezra* 10:25–28; *2 Bar*. 4:2–6을 보라.

52. Lincoln, *Paradise*, 21–22에서도 그렇게 말한다.

53. 바울이 어떻게 위에 있는 예루살렘이 "우리의 어머니"라고 말하는지 주목하라. 따라서 바울은 여기서 자신이 사라인 것처럼 그 자유로운 여인의 자녀가 자신의 자녀라고 주장하는 것이 아니다. 대조적으로 Witherington, *Galatians*, 339를 보라. Susan G. Eastman, "'Cast Out the Slave Woman and Her Son': The Dynamics of Exclusion and Inclusion in Galatians 4.30", *JSNT* 28(2006): 317에서는 이것을 바르게 말한다.

54. *4 Ezra* 10:7, 그리고 R. Longenecker, *Galatians*, 215의 논의를 보라.

55. 참고. Willitts, "Isa 54,1 and Gal 4,24b–27", 205.

56. Betz, *Galatians*, 248에서 이것을 바르게 말한다.

57. Betz는 대적들이 이방인이 하늘의 예루살렘의 시민이 될 수 있다는 생각을 거부했을 것이라고 주장한다(*Galatians*, 248). 그러나 Cosgrove는 그러한 논증에 미묘한 차이가 있는 것이 분명하다고 바르게 말한다. 이방인들이 할례를 받는다면 대적들도 그들을 구성원으로 받아들이는 것을 반대하지 않을 것이다(Cosgrove, "Gal 4:21–30", 224, n. 25).

58. 참고. Barrett, "The Allegory of Abraham", 12; Karen H. Jobes, "Jerusalem, Our Mother: Metalepsis and Intertextuality in Galatians 4:21–31", *WTJ* 55(1993): 302–3. Willitts는 Jobes가 갈라디아서 4:27과 이사야 54:1의 간본문성을 분석하면서 이사야 54:2–17의 역할을 간과했다고 비판한다(Willitts, "Isa 54,1 and Gal 4,24b–27", 191, n. 11). 또한 Jobes는 칠십인역이 바울의 간본문적 논증의 토대임을 주장하면서 칠십인역과 MT를 대조하지만, Willitts는 우리가 이사야 54장을 하나의 전체로 볼 때 "두 본문 전승 모두에서 그 예언은 일관적"이라고 바르게 주장한다("Isa 54,1 and Gal 4,24b–27", 192, n. 13).

돌하며, 이삭과 리브가(창 25:21)와 야곱과 라헬(창 30:1)의 삶에서 같은 주제가 반복되기 때문이다. 이사야의 문맥은 포로 생활에서 귀환하는 것이다. 이스라엘은 마치 자녀가 포로로 끌려가 아이가 없는 여인과 같다.[59] 하지만 여호와가 이스라엘을 원래 거주하던 땅으로 돌아오게 하실 것이며, 이스라엘은 그곳에서 생육하고 번성할 것이다. 유배 중의 이스라엘은 남편(여호와)에게 버림받은 아내와 비교된다. 하지만 새날이 시작되고 있으며, 여호와는 다시 한 번 이스라엘에게 긍휼을 베푸실 것이다. 심판의 날은 끝났으며, 하나님의 "평화의 언약"이 세워질 것이다(사 54:10). 예루살렘 도성은 귀하고 아름다운 보석으로 만들어질 것이며, 누구도 그것을 해치지 못할 것이다.[60]

바울은 자신의 시대에 이 "평화의 언약"이 성취될 것이라고 본다. 예수 그리스도의 복음을 통해 포로 생활에서 귀환할 때가 이르렀다. 여호와는 자기 백성들에게 은혜를 부어주셨다. 사라의 삶에 나타났던 패턴이 반복된다. 하갈이 낳은 아이는 자연적으로 태어났는데, 그것은 아브라함과 사라에게 약속의 성취를 가리키는 것처럼 보였다. 하지만 하나님의 약속의 진정한 성취는 기적으로 난 아들 이삭이었다. 이와 마찬가지로 이스라엘의 미래가 황폐해 보였을 때, 그리고 유배됨으로써 미래의 희망이 모두 사라졌을 때 여호와는 이스라엘의 자녀들을 회복시키리라 약속하셨다.

이 약속의 성취는 이스라엘이 유배지에서 돌아온 것이 아닌, 갈라디아에서 그런 것처럼 곳곳에서 이방인 그리스도인들이 회심한 것을 통해 궁극적으로 실현되었다. 율법이 하나님의 자녀를 낳은 것이 아닌 이유는 율법 아래에 있는 자들이 죄에 매여 있었기 때문이다. 율법은 죽이지만, 바울이 선포한 복음은 자유를 가져온다. 또한 복음은 주님을 위한 진정한 자녀, 즉 이삭과 같은 약속의 자녀를 낳는다. 따라서 갈라디아 사람들 같은 이방인들은 기뻐하며 즐거워해야 한다. 그들이 약속의 성취이며 주님의 진정한 자녀이기 때문이다.

갈 4:28 형제들아 너희는 이삭과 같이 약속의 자녀라(ὑμεῖς[61] δέ, ἀδελφοί, κατὰ Ἰσαὰκ ἐπαγγελίας τέκνα ἐστέ). 여기서 바울은 직접적으로 독자들에게 알레고리를 적용한다.[62] 유대주의자들은 갈라디아 사람들이 할례받기를 거절한다면 그들이 이스마엘 족속(진정한 언약의 자손이 아닌 자들)에 속한다고 생각했던 것이 분명하다. 바울은 직관에 반대되는 방식으로 알레고리를 적용한다. 갈라디아의 그리스도인들은 이삭과 같으며 사라의 진정한 자녀다. 그들은 성령의 사역을 통해 태어난 자녀이기 때문에 약속의 수혜자다.

갈 4:29 그러나 그 때에 육체를 따라 난 자가 성령을 따라 난 자를 박해한 것 같이 이제도 그러하도다(ἀλλ' ὥσπερ τότε

59. 여기서 이사야서에서의 불임과 회복의 주제에 대한 Jobes의 설명을 보라("Jerusalem, Our Mother", 299-320). "예루살렘 성 혹은 시온으로 의인화된" "하나님의 공동체 백성"인 이스라엘을 염두에 두고 있다(Willitts, "Isa 54,1 and Gal 4,24b-27", 194에서 그렇게 말한다).

60. 그렇다면 이사야 54:1의 아이를 낳지 못하는 여인은 "예루살렘에 대한 비유적 묘사다." Willitts, "Isa 54,1 and Gal 4,24b-27", 193에서 그렇게 말하며, 그것은 사라로 이해되어서는 안 된다(Betz, *Galatians*, 249와 대조적으로). Harmon은 창세기 16:3에 근거하여 하갈이 남편을 가졌다고 합법적으로 말할 수 있다고 제안한다("She Must and Shall Go Free", 238-39). 이어서 Harmon은 여기서 하갈의 남편은 율법을 나타내며, 따라서 이사야 54:1은 이스라엘의 경험에서 다른 두 국면, 즉 율법 아래에서의 단계와 하나님의 종말론적 사역을 예언하는 단계를 나타낸다고 주장한다(237-40). 여기서 분명 종말론적인 관심이 나타나고는 있지만, 하갈의 남편으로서 아브라함이 율법을 대표하는지는 의심스럽다. 갈라디아서에서 바울은 아브라함을 율법의 시대에서 분리하기 때문이다.

61. Metzger가 말하는 것처럼, 필경사들은 본문이 4:26의 일인칭 복수와 4:31의 동사 "…이다"(ἐσμέν)와 같은 모양이 되도록 "우리"(ἡμεῖς)와 "…이다"(ἐσμέν)를 삽입했다(ℵ, A, C, D[2], Ψ, 062, 𝔐, lat, syr, cop[sa], Metzger, *Textual Commentary*, 528). 알렉산드리아 사본과 서방 사본들은 NA[27]을 지지한다(𝔓[46], B, D[*], F, G, 0261[vid], 6, 33, 365, 1175, 1739, 1881, *pc*, b, sa, Ir[lat], Ambrosiaster). 또한 1인칭 복수 표현은 이방인 수신자들을 향해 2인칭 복수 형태를 사용하여 연설하는 바울의 수사학적 설득력을 제거한다. 대조적으

ὁ κατὰ σάρκα γεννηθεὶς ἐδίωκεν τὸν κατὰ πνεῦμα, οὕτως καὶ νῦν). 이스마엘이 이삭을 박해했던 것처럼, 유대주의자들은 갈라디아에서 성령으로 말미암아 새로운 생명을 얻은 자들을 박해하고 있었다. 여기서 "그러나"(ἀλλ') 라는 단어는 대조를 나타내지 않고 "다음 논증으로 전환하는 기능을 한다."[63] 갈라디아 사람들이 사라의 진정한 자녀라면, 우리는 갈라디아에 와서 할례를 주장했던 유대주의자들을 어떻게 분류할 수 있는가? 분명히 그들은 자신이 사라와 아브라함의 진정한 자녀라고 생각했다. 하지만 바울은 그들을 이삭을 놀리며 박해했던 이스마엘과 비교한다(참고. 창 21:9).[64]

따라서 할례를 받아야 한다는 유대주의자들의 주장은 이방인들이 교회 안으로 들어오도록 설득하는 하나님의 성령의 사역을 나타내지 않는다. 오히려 갈라디아에서 펼친 유대주의자들의 전도 사역은 박해와 다름없었다(참고. 3:4).[65] 이스마엘의 출생이 아브라함과 사라의 입장에서는 약속을 확고히 하려고 행한 잘못된 인간적 노력을 나타내면서 전적으로 자연적 관점에서 납득될 수 있었던 것처럼(창 16장), 유대인 대적들도 마찬가지로 육신에서 왔으며 지금의 악한 시대에서 온 자들이다(1:4). 그들이 갈라디아 사람들을 대적하는 이유는 후자가 성령으로 났기 때문이다.

성령과 육신 사이의 대조는 뚜렷하게 드러난다. 갈라디아 그리스도인들은 오는 시대에 속한다. 그들은 위에 있는 예루살렘을 어머니로 두었다. 또한 그들은 성령의 사람들이다. 따라서 그들은 유대주의자들의 유혹에 저항해야 한다. 유대주의자들은 영적으로 죽은 자들이며 갈라디아 사람들에게 율법과 할례의 속박을 강요하려는 자들이다.

갈 4:30 그러나 성경이 무엇을 말하느냐 여종과 그 아들을 내쫓으라 여종의 아들이 자유 있는 여자의 아들과 더불어 유업을 얻지 못하리라 하였느니라(ἀλλὰ τί λέγει ἡ γραφή; Ἔκβαλε τὴν παιδίσκην καὶ τὸν υἱὸν αὐτῆς, οὐ γὰρ μὴ κληρονομήσει ὁ υἱὸς τῆς παιδίσκης μετὰ τοῦ υἱοῦ τῆς ἐλευθέρας). 갈라디아 사람들은 이삭과 이스마엘에 관한 성경의 내러티브를 주의 깊게 들어야 한다. 성경은 그들의 상황을 말하며, 여종에게 속하는 자들이 결코 유업을 얻지 못한다는 사실을 알려주기 때문이다.[66]

이스마엘이 이삭을 놀렸을 때 사라는 화를 냈고, 이스마엘을 자기 아들의 적수로 보았다. 그래서 그녀는 아브라함에게 이스마엘과 하갈을 집에서 쫓아내라고 요구했다. 유업은 오직 이삭에게만 속했기 때문이다(창 21:10). 아브라함은 자신의 아들 이스마엘을 사랑했기 때문에 사라의 요청대로 행하기를 주저했다(창 21:11). 하지만 여호와는 사라의 말을 재가하셨고, 아브라함에게 그녀의 요구를 수행하라고 명령하셨다. "사라가 네게 이른 말을 다 행하라 이삭을 통해 네 후손이 지명될 것이기 때문이

로 Robinson은 이 이문을 받아들인다("Jewish and Gentile Believers", 44). Fee, *Galatians,* 183, n. 7에서는 이것을 바르게 설명한다.

62. Betz, *Galatians,* 249; R. Longenecker, *Galatians,* 216; Jobes, "Jerusalem, Our Mother", 301에서 이것을 바르게 말한다. Cosgrove는 이것이 이 논증의 결론이 아니라고 주장하지만("Gal 4:21–30", 222–23) 그는 여기서 말하는 것이 지위가 아닌, 성령 안에서의 삶이라고 결론 내림으로써 잘못된 이분법을 펼친다(234). 실제로 이 구절에서 바울은 그들이 이삭의 자녀임을 선포함으로써 지위를 강조한다. 대조적으로 Perriman 또한 4:28을 4:26–27과 연결한다("Galatians 4:21–5:1", 31).

63. Betz, *Galatians,* 249에서 그렇게 말한다.

64. 창세기 21:9의 히브리어의 의미는 논란이 되고 있다. 일부는 창세기 21:9을 악의 없는 장난으로 본다. 다양한 유대 전통에 대해서는 Bruce, *Galatians,* 223–24를 보라.

65. 참고. Martyn, *Galatians,* 445. 대조적으로 Mitternacht는 대적들을 갈라디아에서 온 유대인들로 본다("Recipient-Oriented", 427).

66. Bruce는 사라의 말이 불합리함에도 바울이 그 말을 성경으로 취급한다고 말한다(*Galatians,* 224–25). 하지만 Bruce의 생각과 달리 창세기 21:12은 주님이 사라의 요구를 확증하셨음을 나타낸다. 따라서 사라의 동기는 악했어도(이것은 전적으로 가능하다), 그녀의 말은 하나님의 뜻을 나타냈다.

다"(창 21:12, ESV). 유업은 이스마엘이 아닌 오직 이삭을 통해서만 이어질 것이다. 이삭만이 약속의 자녀였다.

이 구약 본문은 갈라디아 사람들에게 어떻게 적용되는가? 이 본문은 전통적으로 유대인들이 하나님의 백성에서 제외됨을 가리킨다고 이해되었다.[67] 최근 이러한 견해는 심각하게 도전받고 있다. 최근 학자들은 갈라디아에서 제거되고 교회에서 쫓겨나야 할 사람들이 유대주의자들이었다고 주장한다.[68] 이러한 견해는 가능하기는 하지만 개연성이 낮아 보인다. 바울이 편지의 다른 어느 곳에서도 그렇게 권고하지 않으며, 갈라디아 사람들에게 다른 복음을 들고 찾아온 외부 선생들의 말을 듣지 말 것을 일관되게 호소하기 때문이다.

여기서는 바울의 열망에 초점이 있는 듯하다. 즉, 갈라디아 사람들이 아브라함이 들었던 성경에 나오는 말에 귀 기울이기를 바라는 것이 핵심일 가능성이 더 커 보인다.[69] 우리는 구약에서 여종의 후손이 유업을 받지 못한다는 사실을 알 수 있다.[70] 오직 약속의 자녀인 사라의 후손만이 유업을 받을 것이다. 그러므로 바울은 갈라디아 사람들에게 거짓 선생들을 교회에서 내쫓으라고 강요하지 않는다. 그는 성경에 나오는 말을 빌려 시내 산 언약 아래에 자신을 두는 자들은 유업을 얻지 못한다는 사실을 독자들에게 상기시킨다. 갈라디아 사람들은 거짓 선생들을 추방하라고 권고받지 않는다. 대신 그들은 약속의 영역에 머물도록 격려받는다. 사라의 자손만이 유업을 얻기 때문이다.

갈 4:31 그런즉 형제들아 우리는 여종의 자녀가 아니요 자유 있는 여자의 자녀니라(διό,[71] ἀδελφοί, οὐκ ἐσμὲν παιδίσκης τέκνα ἀλλὰ τῆς ἐλευθέρας). 본질적으로 바울은 4:28에서 도출한 결론을 다른 말로 재진술한다.[72] 접속사 "그런즉"(διό)이 명확히 보여주듯이, 여기서 바울은 앞의 논증 전체(4:21–30)에서 유추하고 있다. 갈라디아 사람들은 육신이 아닌 성령으로 났기 때문에 하갈이 아닌 위에 있는 예루살렘의 자녀이며, 그리하여 약속의 자녀다. 따라서 그들은 자유로운 여인의 자녀이며 땅 위의 예루살렘이 아닌 하늘의 예루살렘에 속한다.

갈 5:1a 그리스도께서 우리를 자유롭게 하려고 자유를 주셨으니(τῇ ἐλευθερίᾳ ἡμᾶς Χριστὸς ἠλευθέρωσεν). 그리스도의 사역의 목적이 짤막하고도 날카로운 진술로써 요약된다. 그리스도는 복음이 주는 자유를 누릴 수 있도록 자기 백성을 해방하셨다. 갈라디아서에서 5:1의 위치는 논란이 된다. 어떤 이들은 그것을 앞부분에 대한 결론으로 본다.[73] 다른 이들은 그것이 권고 부분에 대한 도입이라고 주장한다.[74] 이 구절은 전환하는 역할을 할 가능성이 더 크다. 그러므로 이 구절은 4:21–31에 대한 결

67. 예를 들어, Burton, *Galatians,* 262, 267–68.

68. Martyn은 쫓겨나야 하는 여종이 대적들을 나타내며, 그 아들은 갈라디아에서 대적들의 신학의 희생물이 된 사람들로 제한된다고 말한다(*Galatians,* 446). 거짓 선생들이 교회에서 제거되어야 한다는 생각을 지지하는 것으로 R. Longenecker, *Galatians,* 217; Hays, *Echoes of Scripture,* 126; Matera, *Galatians,* 178–79; Garlington, *Galatians,* 282; Lincoln, *Paradise,* 28–29; Witherington, *Galatians,* 338–39를 보라. 하지만 Eastman은 유대인들이 "처음부터 속한 적이 없는 공동체에서 쫓겨날 수 없다"고 말한다("Galatians 4.30", 312). 다른 이들은 유대인과 유대인 그리스도인(대적들) 모두 제외된다고 본다. Lightfoot, *Galatians,* 184; Dunn, *Galatians,* 258; Hansen, *Abraham in Galatians,* 145–46; Willitts, "Isa 54,1 and Gal 4,24b–27", 206–7에서 그렇게 말한다. 여기서 바울이 시내 산 언약을 버리는 것을 말한다는 주장은 설득력이 없다(Di Mattei, "Gal 4.21–31", 121과 대조적으로).

69. Eastman은 그렇게 말한다. 그는 갈라디아 사람들이 아브라함에게 하신 하나님의 말씀을 우연히 들었고, 그로 인해 자신들의 처지에 대해 깨달음을 얻었다고 주장한다("Galatians 4.30", 309–36). 2인칭 복수 명령법 대신 2인칭 단수 명령법이 사용된 것이 그 견해를 확증한다. 2인칭 복수 명령법은 갈라디아서의 다른 곳에서 회중에게 무언가 행할 것을 권고할 때 사용된다. 따라서 명령법의 사용은 갈라디아 사람들을 향한 경고로 해석되어야 한다. 유사한 견해로 Perriman, "Galatians 4:21–5:1", 41을 보라. 하지만 Perriman의 견해와 달리 4:30은 전체 본문의 목적으로 이해되어서는 안 된다. 4:21–31의 주된 요점은 4:28과 4:31에서 반복되는데, 곧 갈라디아 사람들이 자유로운 여인의 자녀인 이삭과 같다는 것이다.

70. 바울이 종말의 때에 천사와 같은 중개인이 이들을 제외할 것을 염두에 두었으리라는 견해는 설득력이 낮다. Barrett, "The Allegory of

론으로서 기능하는 동시에 다음 부분을 연결하는 다리 역할을 한다.[75]

여격의 "자유롭게 하려고"(τῇ ἐλευθερίᾳ)는 아마도 목적의 여격일 것이다.[76] 그런데 대안으로서 범위나 영역을 가리킬 수도 있다.[77] 4:21–31에서 자유와 종노릇의 대조가 논증을 지배하며, 5:1은 4:21–31과 5:2–6 사이에서 전환하는 역할을 한다. 갈라디아 사람들이 할례에 순종하고 구약 율법을 받아들이는 것은, 종노릇하게 하는 언약인 시내 산 언약으로 돌아가는 것과 같다. 그들은 사실상 이삭의 가족이 아닌 이스마엘의 가족에 속하게 될 것이다. 분명히 유대주의자들은 그 반대를 주장했다! 바울은 갈라디아 사람들이 그리스도인의 삶을 시작했을 때 얻었던 율법에서의 자유를 계속 유지해야 한다고 강력하게 주장한다(참고. 2:4). 이러한 자유는 그리스도가 신자들을 위해 구속 사역을 통해 성취하신 것이다(3:13과 4:5에서 설명됨).[78]

갈 5:1b–c 그러므로 굳건하게 서서 다시는 종의 멍에를 메지 말라(στήκετε[79] οὖν καὶ μὴ πάλιν ζυγῷ δουλείας ἐνέχεσθε). 이 구절은 바울 신학에서 사용된 직설법과 명령법의 가장 중요한 예다. 갈라디아 사람들은 그리스도 안에서 율법으로부터 자유롭기 때문에 그 자유 안에 서야 한다.

유대 문헌에도 율법을 "멍에"로 묘사한 경우가 있다(참고. Sir 51:26).[80] 바울은 율법을 속박하는 멍에로 간주하면서, 율법을 해방의 대리인으로 보았던 유대인의 일반적 견해를 벗어난다. 예루살렘 공회에서 베드로가 율법에 대해 한 말은 바울의 견해와 유사하다. "그런데 지금 너희가 어찌하여 우리 조상과 우리도 능히 메지 못하던 멍에를 제자들의 목에 둠으로써 하나님을 시험하느냐?"(행 15:10, ESV). 그리스도는 신자들을 해방하고 자유롭게 하시지만, 율법은 그 지배 아래에 있는 모든 자를 속박하고 포로로 삼는다. 따라서 갈라디아 사람들이 할례와 율법에 복종하는 것은 어리석으며 파멸적이다.[81]

이 구절은 권고로 핵심을 전하며 끝맺는다. 갈라디아 사람들은 자신에게 주어진 자유 안에 굳게 서서 할례와 율법에 복종하라는 압력에 저항해야 한다. 그들은 위에 있는 예루살렘과 자유로운 여인에게 속하며, 종말론적 약속을 받는 자이자 성령을 받은 자이기 때문에 이미 그들의 소유가 된 자유를 누려야 한다.

Abraham", 13; Bruce, *Galatians,* 225에서 그렇게 말한다.

71. 여기서 다수의 다른 독법이 존재하지만, 모두 결론적 진술을 뒷받침한다. 외적 증거는 NA[27]을 지지한다(א, B, D*, H, 0261, 33, 365, 1175, 1739, 1881, *pc*, sa, Marcion).

72. Betz는 이것을 이 단락뿐 아니라 3:1–4:30 전체의 결론으로 본다(*Galatians,* 251).

73. Lightfoot, *Galatians,* 185; Bruce, *Galatians,* 226. Hays는 이것이 4장의 메시지를 요약하고 "하나의 강력한 표어로 서신 전체의 메시지를 압축한다"고 본다(*Galatians,* 306).

74. Burton, *Galatians,* 269–70; Betz, *Galatians,* 253, 255; Cosgrove, "Gal 4:21–30", 232; Matera, *Galatians,* 180.

75. 참고. R. Longenecker, *Galatians,* 223–24; Fee, *Galatians,* 186. Martyn은 이를 4:21–31의 결론으로 본다(*Galatians,* 468).

76. Betz, *Galatians,* 255–56; R. Longenecker, *Galatians,* 224.

77. Martyn, *Galatians,* 447. 이것을 구격(instrumental)으로 이해할 가능성은 적다(Bruce, *Galatians,* 226).

78. Jan Lambrecht, "Abraham and His Offspring: A Comparison of Galatians 5,1 with 3,13", *Bib* 80(1999): 530에서 그렇게 말한다.

79. 여기서 현저하게 많은 독법이 존재하는데, Metzger가 말한 것과 같이 아마도 본문의 갑작스러운 변화를 누그러뜨리기 위함일 것이다(*Textual Commentary,* 528). 이문의 독법들은 서방본문과 다수본문 전통에서 생겨난 것이며, 알렉산드리아 전통과 NA[27]에 의해 입증된 본문이 채택되어야 하는 것이 분명하다.

80. Karl H. Rengstorf, "ζυγός", *TDNT,* 2:896–901; Bruce, *Galatians,* 226을 보라.

81. Wilson은 여기서 고려되고 있는 배교가 이집트의 속박으로 돌아가고자 했던 이스라엘의 열망을 반영하다고 강조한다("Wilderness Apostasy", 565).

적용에서의 신학

1. 죄에서 해방됨

바울의 알레고리는 여기서 필요에 의해 종말론에 사용된다. 다음과 같은 대조가 이 구절을 지배한다. 지금 있는 예루살렘과 위에 있는 예루살렘, 종과 자유로운 여인, 옛 언약과 새 언약, 종노릇과 자유, 육신과 성령, 쫓겨나는 것과 유업을 받는 것이다. 유대주의자들의 문제는 구원 역사에서 시계를 거꾸로 돌리기 원했다는 것이다.

하지만 그들의 잘못이 단순히 시간과 관련된 것만은 아니었다. 그들의 유일한 문제가 시대를 구분하지 못하는 것이었다고 생각해서는 안 된다. 율법의 시대는 죄에 종노릇하는 시대다. 자유와 생명은 오직 그리스도와 위에 있는 예루살렘을 통해 온다. 옛 시대에 속하는 사람은 성령이 아닌 육신의 지배를 받는다. 따라서 샌더스의 생각과 달리, 바울이 유대교를 문제 삼은 것은 단순히 그것이 기독교가 아니라는 것이 아니었다. 바울이 보기에 율법으로 돌아가는 것은 치명적인 실수였다. 율법은 사람을 죄의 지배 아래에 두어서 죄의 폭정에 예속되게 하기 때문이다.

따라서 율법이나 도덕적 원리들을 가르치는 것으로는 죄에서 해방될 수 없다. 만약 형벌이 즉시 내려진다면 율법은 죄가 외부적으로 표출되는 것을 억제할 수는 있을 것이다. 하지만 그것은 마음이 원하는 것까지 치료할 수 없다. 죄에 대한 유일하고도 진정한 치료는 죽음이다. 옛 사람이 그리스도와 함께 죽고 새 사람이 태어나는 것이다. 우리의 어머니가 위에 있는 예루살렘일 때, 즉 그리스도 안에 있는 새로운 종말론적 시대에 새로운 자유가 실현된다. 신자는 그리스도와 연합되고 그리스도를 사랑한다. 물론 죄와의 씨름은 여전히 지속된다. 신자가 '이미'와 '아직' 사이의 중간기에 살고 있기 때문이다. 하지만 죄의 지배는 예수 그리스도를 통해 끊어졌다.

사람들은 대부분 '자유'를 어떻게 정의하는가? 그들은 자신이 원하는 일을 하는 것이 자유라고 생각한다. 직장에서 하루를 쉬고 싶으면 휴가를 낸다. 도보 여행을 하고 싶으면 도보 여행을 떠난다. 제인과 결혼하고 싶으면 제인과 결혼한다. 물론 제인이 당신과 결혼하고 싶어 한다는 전제 아래서다.

하지만 자유를 이해하는 것은 보기와 달리 더 복잡하다. 나의 아버지는 젊었을 때 담배를 피우기로 결정했고, 그것을 무척 즐겼다. 담배를 피우기 시작했을 때 아버지는 원하는 일을 한 것이다. 담배를 어찌나 좋아했던지 하루에 세 갑이나 피웠다. 아버지는 나이가 들면서 건강에 관심을 쏟게 되었다. 그래서 담배를 끊으려고 했지만, 금연이 심히 어렵다는 것을 깨달았다. 아버지는 일주일 동안 열리는 금연 치료 프로그램에 등록까지 했다. 거기서는 흡연 욕구를 없애려고 충격 요법까지 동원했다. 하지만 그마저도 소용없었다. 아버지는 치료를 마치고 나온 당일에도 담배를 피웠다.

아버지는 선택으로 흡연을 시작했지만, 후에는 담배에 매이게 되었다. 그 습관을 떨쳐버릴 수 없었고, 결국 암과 폐기종에 걸렸다. 삶의 말기에 산소 호흡기에 의지하면서도 여전히 담배를 피웠다. 아버지는 흡연을 시작했을 때 자신이 자유롭다고 생각했지만, 그 습관의 노예가 되는 결과에 이르렀다. 물론 같은 원리가 다양한 삶의 영역에서 똑같이 적용된다. 우리는 하루 세 번 사탕을 먹기로 선택할 수 있다. 하지만 훗날 우리 몸은 온종일 사탕을 갈망하게 될 것이다.

2. 은혜 아래에 사는 것

하지만 그리스도인이라면 우리가 이미 자유롭다는 사실을 떠올려야 한다. 우리는 이미 우리의 것이 된 자유를 누리며 살고 종노릇하던 때로 돌아가지 않도록 부르심을 받았다. 우리는 율법이 아닌 은혜 아래에 살아야 한다. 우리가 은혜 아래에 살고 있다는 표지에는 어떤 것들이 있는가? 한 가지 표지는 우리가 다른 사람들에게 비판받거나 무시당할 때 충격에 빠지지 않는 것이다. 그때 충격에 빠지는 사람은 여전히 은밀하게 율법에 속박되어 살고 있다고 할 수 있다. 우리가 섬기는 신이 다른 사람의 인정이기 때문이다. 자신이 맡아야 한다고 생각했던 일에서 제외되었을 때 평안할 수 있다면, 그 사람은 은혜 아래에 살고 있는 것이다. 율법에 속박되어 살며 자신에게 집중하는 사람은 자신이 제외되었다는 사실 때문에 원망하고 분노한다. 하지만 은혜 아래에 사는 사람은 다른 이들이 실수했다고 생각하더라도 하나님의 목적을 신뢰한다.

자유로워지려 하지만 전혀 변화가 없다면 어떻게 된 것일까? 그 경우 당신이 그리스도인이 아닐 가능성이 있다. 한 목사는 포르노물로 힘들어하는 남성들을 상담하면서 불신자는 그러한 문제를 극복할 수 없다고 말했다. 그리고 그가 보기에 이것은 한 사람이 진정한 신자가 아님을 가리키는 표지 중 하나였다. 믿지 않는 사람은 그리스도께로 돌아서서 그분이 은혜로 죄에서 해방해주실 것을 요청하고, 그분께 삶의 통제권을 맡기기 전까지 속박에서 자유로울 수 없을 것이다. 하지만 그리스도인들의 상황도 단순하지만은 않다. 이번에 살펴보았던 단락은 그리스도인이 그가 한 번 풀려났던 속박과 율법으로 돌아가려는 유혹을 받는 것을 보여준다. 따라서 신자들도 죄와 씨름하기 때문에 자유로워지는 것이 간단한 일만은 아닌 것이다. 그러나 하나님은 신자들이 죄에 대해 실제적이며 가시적이고도 커다란 승리를 얻게 될 것을 약속하셨다(비록 그리스도인이 이 땅에 사는 동안 완전함을 누리지는 못하겠지만).

CHAPTER 18

갈라디아서 5:2–6

문학적 전후 문맥

어떤 학자들은 5:13에서 갈라디아서의 권고 부분이 시작된다고 본다. 그렇게 구분할 수는 있지만 앞에서 말한 것처럼 권고는 실질적으로 4:12에서 시작되며, 5:2–12에서 그 권고가 계속된다. 이 부분에서 바울은 편지에서 처음으로 갈라디아 사람들이 직면한 주요 문제, 즉 할례를 받아야 하는지 여부로[1] 관심을 돌리며 그들에게 할례에 순종하는 것의 위험성을 확실히 경고한다.[2] 갈라디아서 5:1은 4:21–31과 5:2–6 사이에서 전환하는 역할을 하며, 바울은 계속해서 갈라디아 사람들에게 자유 가운데 굳게 설 것을 권면한다. 그들이 구원을 위해 할례받아야 한다는 유대주의자들의 요구에 순종하기를 거부해야만 자유가 그들의 것이 될 것이다.

I. 도입: 바울의 복음을 떠나는 것은 복음을 떠나는 것이다(1:1–2:21)
II. 경험과 성경을 통한 바울의 복음 변호(3:1–4:11)
III. 율법에서 자유롭고 성령 안에서 자유롭도록 부르심(4:12–6:10)
  A. 율법에서 자유롭게 살라: 친밀한 관계를 통한 논증(4:12–20)
  B. 자유 가운데 서라: 알레고리를 통한 논증(4:21–5:1)
  C. 위험한 속박의 메시지를 물리치라(5:2–12)
    ➦ **1. 그것은 할례의 요구를 포함한다(5:2–6)**
    2. 그것을 전파하는 자는 심판을 받을 것이다(5:7–12)

1. 또한 Dahl, "Paul's Letter to the Galatians", 136; Matera, "Gal 5.1–6.17", 79–80을 보라.
2. 경고는 이것이 권면임을 보여준다(대조적으로 Martyn, *Galatians,* 468).
3. S. M. Baugh, "Galatians 5:1–6 and Personal Obligation: Reflections on Paul and the Law", in *The Law Is Not of Faith: Essays on Works and Grace in the Mosaic Covenant*(ed. Bryan D. Estelle, J. V. Fesko, and David VanDrunen; Phillipsburg: Presbyterian and Reformed, 2009), 265.

주요 개념

갈라디아 사람들이 할례에 순종하는 것은 그리스도와 구원에서 자신을 분리시키는 것이다. 자신들의 죄를 용서받을 수 있는 유일한 수단에서 멀어지기 때문이다. 성령을 통해 믿음으로 사는 사람들은 종말론적 선물인 의를 받게 될 것이다.

번역

갈라디아서 5:2–6

2	경고	**보라 나 바울은 너희에게 말하노니**
		너희가 만일 할례를 받으면 그리스도께서 너희에게 아무 유익이 없으리라
3	단언	**내가 할례를 받는 각 사람에게 다시 증언하노니**
		그는 율법 전체를 행할 의무를 가진 자라
4a	단언	**율법 안에서 의롭다 함을 얻으려 하는 너희는 그리스도에게서 끊어지고**
b	단언	**은혜에서 떨어진 자로다**
5a	단언	**우리가…의의 소망을 기다리노니**
b	5a의 대리인	성령으로
c	5a의 수단	믿음을 따라
6a	5a–c의 근거	그리스도 예수 안에서는 **할례나 무할례나 효력이 없으되**
b	6a와 대조	사랑으로써 역사하는 믿음뿐이니라

구조

이 단락은 엄중한 경고로 시작된다. 여기서 바울은 갈라디아 사람들이 할례를 받아들이는 것에 대해 위협한다. "보라 나 바울은 너희에게 말하노니"("Ἴδε ἐγὼ Παῦλος λέγω ὑμῖν)라는 첫 말은 새로운 부분이 시작됨을 알리며 바울이 말하는 내용의 중요성을 강조한다. 바우(Baugh)의 말처럼 "갈라디아서 5:1–6의 사상과 헬라어가 띠는 짧고도 날카로운 스타카토 스타일은 눈에 띄게 비약적이며 직접적이다. 화려한 문체도 없고 견해를 드러내는 미문의 유형도 없다…대신 갈라디아서 5:1–6은 꾸밈없고 직접적이며, 진심 어린 경고와 증언으로 구성되어 있다. 청중이 실천하는 것이 가장 중요한 결과이기 때문이다."[3] 갈라디아 사람들은 할례와 그리스도 중 하나를 신뢰할 것이다. 중간 지대는 없다. 전자를 선택한다면 후자에게서 아무런 유익도 얻지 못한다.

논증은 5:3에서 계속되는데 이 구절은 또다시 "[그리고] 내가 증언한다"(μαρτύρομαι δέ)라는 말로 엄숙하게 시작된다. 갈라디아 사람들 앞에 놓인 문제는 할례에만 제한될 수 없다. 그들이 할례를 수용한다면 자신을 율법 전체의 빚 아래에 두는 셈이다. 달리 말해, 그들은 마지막 때의 구원을 얻기 위해 율법 전체를 지켜야 한다는 것이다. "다시"라는 단어는 3:10을 상기시킨다. 이를 통해 바울은 자신을 율법 아래 두는 것이 견딜 수 없는 짐이라는 논증을 펼친다. 완전한 복종이 요구되며 그러한 순종은 불가능하기 때문이다.

바울은 갈라디아 사람들의 문제를 5:4에서 일반적 진리의 말로 다시 진술한다. 덧붙여 그는 문제가 되는 것을 분명히 밝힌다. 할례를 고려하는 자들은 율법을 통해 의로워지려고 노력하는 것이다. 그런데 의를 위해 율법을 의뢰하는 것은 그리스도에게서 끊어지는 결과를 낳는다. 그들이 의를 위해 율법을 바라본다면 그들은 더 이상 은혜의 영역에 있는 것이 아니다. 5:4과 5:5이 반의의 접속사로 분리되어 있지는 않다. 하지만 바울이 곧바로 하나님께 속한 자들을 묘사하기 때문에 우리는 두 구절 사이에서 대조를 볼 수 있다. 그들은 의롭다고 선포될 종말론적 소망을 기다린다. 하지만 그들은 율법을 의뢰하지 않고, 성령을 의지하며 믿음 안에서 기다린다(참고. 3:1-5).

마지막 구절(5:6)은 왜[접속사 "(왜냐하면)", γάρ] 신자들이 성령을 통해 믿음으로 의의 소망을 기대하는지를 설명한다. 그들은 의의 소망을 기대하는 문제에 대해 그리스도 안에서 할례와 무할례가 구원을 얻는 일과 관계없다는 것을 깨닫는다. 오직 믿음으로 말미암아 약속을 얻는다. 하지만 그것은 홀로 있는 믿음이 절대 아니다. 그것은 사랑을 낳는, 살아 있고 역동적인 믿음이다.

석의적 개요

III. 율법에서 자유롭고 성령 안에서 자유롭도록 부르심(4:12-6:10)

A. 율법에서 자유롭게 살라: 친밀한 관계를 통한 논증(4:12-20)

B. 자유 가운데 서라: 알레고리를 통한 논증(4:21-5:1)

C. 위험한 속박의 메시지를 물리치라(5:2-12)

➦ **1. 그것은 할례의 요구를 포함한다(5:2-6)**

a. 바울의 경고(5:2)

b. 불가능한 의무(5:3)

c. 결과(5:4)

d. 대조(5:5)

e. 관계가 없음(5:6)

2. 그것을 전파하는 자는 심판을 받을 것이다(5:7-12)

본문 설명

갈 5:2 보라 나 바울은 너희에게 말하노니 너희가 만일 할례를 받으면 그리스도께서 너희에게 아무 유익이 없으리라("Ἴδε ἐγὼ Παῦλος λέγω ὑμῖν ὅτι ἐὰν περιτέμνησθε, Χριστὸς ὑμᾶς οὐδὲν ὠφελήσει). 갈라디아 사람들이 할례를 받는다면 그들은 그리스도에게서 오는 모든 구원의 혜택을 잃게 될 것이다. 갈라디아에서 문제가 되는 할례가 편지에서 처음으로 직접 다루어진다. 2:3-5에서 바울은 예루살렘에서 거짓 형제들이 디도에게 할례를 강요하려 했던 사건을 자세히 이야기했다. 바울은 갈라디아 독자들을 위해 예루살렘에서의 결정을 자세히 설명한 것이 분명하다. 하지만 바울은 갈라디아 사람들이 할례에 끌리고 있는 문제를 직접 언급하는 것을 지금까지 미루었다가 그러한 의식을 받아들이지 말 것을 이제 독자들에게 단호하게 권고한다.

갈라디아서에서 이 중대한 시점에 그렇게 권고하는 이유는 바울이 이제 신학적인 기초(2:16-5:1)를 완성했으며, 그것을 토대로 갈라디아 사람들이 그의 명령의 근거와 문제의 심각성을 이해할 수 있을 것이기 때문이다. 명령법이 직설법에서 발전된다는 사실은 바울 서신의 전형적 특성이라는 것 외에도 다른 통찰력을 제공한다. 갈라디아서에서 율법과 할례에 대한 논의는 본질적으로 같은 문제다. 갈라디아 사람들이 할례받기를 원하는 것은 율법 전체 아래에 있으려는 그들의 열망을 나타낸다(4:21). 따라서 2:15-5:1에서 바울이 율법에 관해 말한 모든 것이 할례에 적용된다.

5:2에서 바울의 강력한 단언으로 이루어진 도입부는 엄숙하고 진지하다. 구절 첫머리의 "보라 나 바울은 너희에게 말하노니"라는 말은 뒤따르는 말에 엄청난 무게가 실렸음을 강조한다. 베츠의 말처럼 "그는 사도로서 지닌 자신의 모든 권위를 동원한다."[4] 갈라디아 사람들 앞에 놓인 문제는 대수롭지 않은 일의 의견 차이로 가볍게 일축할 수 없다. 바울에 따르면 그들의 최종적인 운명이 걸려 있다. 따라서 그는 처음부터 독자들에게 자신이 예수 그리스도의 사도라는 권위를 가지고 말하고 있음을 상기시킨다.

"할례를 받다"(περιτέμνησθε)라는 동사는 중간태("너희 자신이 할례를 받는다")나 수동태("너희가 할례를 받는다")로 이해할 수 있는데, 두 경우 모두 의미가 같다. 그들이 칼날에 복종한다면 그들은 마지막 심판 때 그리스도 안에서 아무런 유익을 발견하지 못할 것이다.[5] "유익이 있을 것이다"(ὠφελήσει)라는 동사는 여기서 마지막 심판을 가리킨다.[6] 다른 곳에 쓰인 같은 동사 "유익이 있다"(ὠφελέω)는 할례와 관련된 문맥에 등장한다. 할례는 오직 율법 전체를 지킬 때만 "유익이 된다"(ὠφελεῖ, 롬 2:25). 할례를 받은 자가 율법을 지키지 못하면 그는 할례받지 못한 이방인, 곧 하나님의 언약 백성 밖에 있는 사람처럼 된다.

바울은 로마서에서 아무도 율법 전체를 행하지 못하므로(참고. 3:9-20), 할례는 구원하는 유익이 전혀 없다고 주장한다. 여기서도 동일한 방식으로 갈라디아 사람들이 할례 안에서 구원을 위한 "유익"이나 '이익'을 발견한다고 생각한다면, 그리스도 안에서 그들이 얻는 구원의 유익은 없다. 그들이 구원받기 위해 할례에 의존하면, 구원을 위해 그리스도께 기댈 수 없게 된다. 할례와

4. Betz, *Galatians*, 258.

5. Betz, *Galatians*, 259; Garlington, *Galatians*, 297에서 이것을 바르게 말한다. 이것은 최종 심판에 대한 언급이 없다고 보는 Volf의 생각과 다르다. *Paul and Perseverance: Staying in and Falling Away*(Louisville: Westminster John Knox, 1990), 209.

6. Witherington, *Galatians*, 367에서 이를 바르게 말한다. R. Longenecker, *Galatians*, 226에서 대조적으로 말한다. R. Longenecker는 5:5에 있는 문단의 종말론적 취지를 보지 못하고 5:4의 부정과거 동사를 잘못 해석한다(5:4의 석의를 보라).

그리스도 사이에 중간 지대는 없기 때문이다. 갈라디아 사람들이 할례로 돌아서면 그들은 그리스도와 그분이 주시는 모든 유익을 잃는다.

갈 5:3 내가 할례를 받는 각 사람에게 다시 증언하노니 그는 율법 전체를 행할 의무를 가진 자라(μαρτύρομαι δὲ πάλιν[7] παντὶ ἀνθρώπῳ περιτεμνομένῳ ὅτι ὀφειλέτης ἐστὶν ὅλον τὸν νόμον ποιῆσαι). 할례에 순종하는 자들은 종말론적 구원을 누리기 위해 율법 전체를 완전히 지켜야 하지만, 그러한 흠 없는 순종은 불가능하다. 여기에서는 앞 구절의 엄숙함이 이어지고 있다.[8] 여기서 바울이 마치 법정에서처럼 할례를 받아들이는 자들에 대해 증언하기 때문이다.[9]

이 간결한 진술의 의미는 논란이 되고 있다. 어떤 이들은 갈라디아 사람들이 영지주의 자유 사상으로 가는 통로로서 할례를 받아들이기를 원했으며, 그러한 의식이 다른 모든 도덕적 의무에서 그들을 해방한다고 생각했다고 주장한다.[10] 바울은 그들의 결정이 낳을 결과를 알리고 있다는 것이다. 이러한 견해의 치명적인 결점은 갈라디아에 영지주의 거짓 선생들이 있었다는 사실을 지지하는 증거가 전혀 없다는 것이다.[11]

다른 이들은 갈라디아 사람들이 할례를 받아들이는 것의 의미가 율법의 나머지 부분도 지켜야 함을 내포한다는 사실을 깨닫지 못했다고 제안한다. 그래서 바울이 그들이 내린 결정의 의미를 알려준다는 것이다. 하지만 그러한 견해는 청중을 납득시키지 못하며, 갈라디아서에서의 바울의 논증을 정당하게 펼치지도 못한다. 갈라디아 사람들은 자신들이 율법의 나머지 부분을 지킬 의도가 충분히 있다고 주장함으로써 잘 대답했을 수 있다. 또한 바울이 빚으로 여겼던 것을 그들은 즐겁게 환영했을 수도 있다. 우리는 유대주의자들이 이러한 방식으로 위와 같은 종류의 논증에 반응했다고 추측할 수 있다. 만약 갈라디아 사람들이 할례를 견딜 수 없는 짐으로 생각하지 않았다면, 그들은 율법의 나머지도 동일하게 여겼을 것이다.

또한 갈라디아 사람들은 할례를 나머지 율법에서 분리했을 것 같지 않다. 4:10에서 우리는 그들이 몇몇 구약 절기를 지키고 있었음을 보았다. 따라서 그들이 할례에 대해서만 들었을 것 같지는 않다. 더욱이 4:21에서 갈라디아 사람들은 전체로서의 율법 아래에 있기를 원하는 자들로 묘사되며, 이것은 그들이 자신들을 할례에만 제한하지 않았음을 암시한다.

이보다 더 나은 해석은 5:3을 3:10과 연결한다.[12] 여기서 "다시"(πάλιν)라는 단어가 확실히 5:2을 가리킨다고 볼 수 없다.[13] 두 구절의 내용이 다르기 때문이다. 갈라디아서 5:2은 단순히 할례를 받는 자들이 그리스도께

7. "다시"(πάλιν)라는 단어는 주로 서방사본에 속하는 몇몇 사본에서는 찾아볼 수 없지만, 그것이 포함되었다는 결정적 외적 증거들이 있다. 아마도 몇몇 필경사가 이전에 바울이 어디에서 이 단어를 언급했는지 여부가 확실하지 않았기 때문에 이를 생략했을 것이다.
8. 여기서 불변화사 "이제"(δέ)는 계속의 용법이다(R. Longenecker, *Galatians*, 226에서 그렇게 말한다).
9. 이것은 맹세의 형식이다. 참고. Betz, *Galatians*, 259.
10. Schmithals, *Paul and the Gnostics*, 33–34, 38.
11. 서론을 보라.
12. Betz, *Galatians*, 260–61에서 그렇게 말한다.
13. 대조적으로 Bruce, *Galatians*, 229; R. Longenecker, *Galatians*, 226; Martyn, *Galatians*, 469; Matera, *Galatians*, 181.
14. Baugh, "Galatians 3:20", 63에서 그렇게 말한다.
15. Garlington은 5:2("유익이 없으리라", ὠφελήσει)과 5:3("빚진 자", ὀφειλέτης) 사이의 언어유희에 주목한다(*Galatians*, 298, n. 11).
16. Betz, *Galatians*, 259–61; Bruce W. Longenecker, "Defining the Faithful Character of the Covenant Community: Galatians 2.15–21 and Beyond", in *Paul and the Mosaic Law*(ed. James D. G. Dunn; Tübingen: Mohr Siebeck, 1996), 91, n. 42; Baugh, "Galatians 5:1–6 and Personal Obligation", 270–75에서 이것을 바르게 말한다. 대조적으로 Dunn, *Galatians*, 266–67.
17. 여기서 완전한 순종이 요구된다는 견해를 지지하는 것으로 Barrett, *Freedom and Obligation*, 63; 홍인규, *Law in Galatians*, 109를 보라. 이와 달리 Bruce는 바울이 율법 전체를 다 지켰지만(빌 3:16), 어쨌든 유죄 선고를 받았다고 생각한다(*Galatians*, 231). Bruce와 유사한 견해로 Matera, *Galatians*, 189를 보라.
18. 놀랍게도 Hays는, 바울이 그리스도가 오신 지금 동물을 드리는 구약의 제사가 쓸모가 없다고 보는 것을 이해하지 못하며 이 요점을

아무런 유익을 얻지 못한다고 단언한다. 율법을 지켜야 할 의무나 빚에 대해서는 아무것도 말하지 않는다. 바울이 3:10의 중요한 논증으로 돌아간다고 생각하는 것이 더 이치에 맞다. 거기서 그는 사람이 율법의 저주를 피하려면 율법 전체를 지켜야 한다고 주장했는데, 동시에 그것은 누구도 완벽하게 율법을 지킬 수 없음을 암시했다.[14] 그리하여 바울은 다시 독자들에게 율법 아래 자신을 두는 자들이 담당해야 할 짐을 상기시킨다.[15] 할례를 받는 사람은 율법 전체에 빚진 자가 된다.[16] 야고보의 증언에서도 볼 수 있듯이(약 2:10-11) 사람은 단순히 율법의 일부만을 지킬 수 없다. 율법의 규정 일부만 지키고 나머지를 무시하는 것은 소용이 없다.

야고보에게서 발견하는 것보다 바울의 논증이 더 강력한 이유는 여기서의 의무가 구원과 연결되기 때문이다. 하나님과 바른 관계를 맺기 위해서는 완전한 순종이 요구되기 때문에 율법 아래 자신을 두는 것이 짐이 된다.[17] 그리스도가 오신 지금 동물을 드리는 구약의 제사가 효력이 없으므로, 갈라디아 사람들이 자신을 율법 아래에 둔다면 그들의 유일한 희망은 실수 없이 율법의 모든 부분을 지키는 것뿐이다.[18] 물론 그러한 순종은 불가능하다. 따라서 갈라디아 사람들은 할례를 받아들여서는 안 된다. 그렇게 하면 그들은 구원받기 위해 율법 전체를 지켜야 하는 불가능한 상황에 놓이기 때문이다.

갈 5:4 율법 안에서 의롭다 함을 얻으려 하는 너희는 그리스도에게서 끊어지고 은혜에서 떨어진 자로다(κατηργήθητε ἀπὸ Χριστοῦ, οἵτινες ἐν νόμῳ δικαιοῦσθε, τῆς χάριτος ἐξεπέσατε). 바울은 계속해서 갈라디아 사람들을 위협한다. 그들이 할례를 받음으로써 율법으로 말미암아 의로워지려고 한다면, 그들은 그리스도에게서 끊어지고 복음에 나타난 그리스도를 버리게 될 것이다. 부정과거 동사 "끊어지고"(κατηργήθητε)와 "떨어진"(ἐξεπέσατε)은 격언적 의미다.[19] 따라서 지금 바울은 갈라디아 사람들이 확실히 은혜에서 떨어졌다고 선언하는 것이 아니다.[20] 갈라디아 사람들이 이미 이교 사상에 넘어갔다면 이 편지에서 거짓 선생들에게 저항하라는 권면은 적절하지 않다.

그러므로 바울은 갈라디아 사람들이 율법으로 돌아가면 어떻게 될 것인지를 단언할 가능성이 더 크다.[21] 이 해석이 문맥과 어울리는 이유는 5:2에서 갈라디아 사람들이 할례에 순종하면 그리스도가 그들에게 아무 소용이 없게 될 것이라고 말하기 때문이다. 5:4에서 두 동사는 비슷한 의미로 해석되어야 하는 것으로 보이므로, 바울이 갈라디아 사람들이 배교하면 어떤 일이 일어날 것인지 생각한다고 볼 수 있다.[22] 바울은 또다시 타협할 여지를 남기지 않는다. 그들은 그리스도에게서 멀어지며 은혜에서 떨어질 것이다.

놓친다(*Galatians*, 312).

19. 유사한 설명으로 Lightfoot, *Galatians*, 204를 보라. 또는 이 동사들은 예견적 부정과거(proleptic aorist)로 볼 수 있다(Bruce, *Galatians*, 231에서 그렇게 말한다). 여기서 R. Longenecker의 설명은 어색하다. 그는 이 부정과거 동사들이 현재를 의미하는 것만큼 과거와 현재시제 동사를 지칭하는 것으로("너희는 의롭다 함을 얻으려고 하고 있다", δικαιοῦσθε) 해석하려고 한다(*Galatians*, 228). 동사의 시상(aspect)을 더 잘 이해하기 위해 시제보다 시상을 고려해 동사를 해석할 필요가 있다. 부정과거 동사가 과거의 시간을 의미하는지는 문맥에서 분별되어야 하며, 여기서 문맥은 과거의 시간을 생각하지 않음을 보여준다.

20. 대조적으로 Baugh, "Galatians 5:1-6 and Personal Obligation", 270을 보라.

21. 권연경은 "바울은 그들의 행동이 낳을 끔찍한 결과를 예견하고 있다"고 바르게 말한다(*Eschatology*, 47).

22. 대조적으로 Fee는 은혜에서 떨어져 나가는 것이 종말론적 구원을 잃어버림을 가리키지 않는다고 주장한다(*Galatians*, 189). Eastman은 5:3과 5:4의 동사들(또한 6:1의 권면)이 아마도 갈라디아 사람 중 일부가 할례를 받았음을 암시할 것이라고 해석한다("Galatians 4.30", 329-31). 만약 Eastman이 옳다면, 갈라디아 사람들은 구원을 얻기 위해 할례에 의존하는 것을 포기할 경우 여전히 구원받을 수 있을 것이다. 하지만 Eastman은 동사를 해석할 때 시제에 지나치게 의존하고 있을 개연성이 더 크다. 동사적 측면에 대한 최근의 연구들은 동사를 해석할 때 시제보다는 시상이 핵심적 요소라고 말한다. 따라서 5:3의 현재시제와 5:4의 부정과거 형태가 각각 반드시 현재와 과거 시간을 의미하는 것은 아니다.

여기서 그리스도와 은혜는 둘 다 배타적이다. 따라서 갈라디아 사람들은 그리스도와 복음을 따르거나 할례와 율법을 받아들이거나 둘 중 하나를 행할 것이다. 율법에서 자신의 의를 끌어내려는 자는 그리스도에게서 끊어지고 은혜에서 잘려나간다. 그들이 은혜와 그리스도의 자비를 신뢰하기보다 자신의 구원을 성취하려고 노력하기 때문이다.

동사 "의롭다 함을 얻다"(δικαιοῦσθε)는 이 문맥에서 능동적 혹은 경향적 용법으로 이해되어야 한다. 이것은 그들이 실제로 율법으로 의롭게 되었다기보다, 율법으로 의로워지려는 것을 가리킨다. 분명히 바울은 율법으로 말미암는 의가 불가능하다고 믿었다(3:11). 본 절은 또한 동사 "의롭게 하다"(δικαιόω)가 법정 용어임을 보여주는 또 다른 증거로 보인다. 사람이 율법을 지킬 수 있다면, 그는 율법에 의해 의롭다고 선언될 것이다. 율법을 지키는 것은 사람을 의롭게 만들지 못하지만, 그러한 순종이 가능하다면 의롭다고 선언되는 근거는 된다. 하지만 율법과 은혜는 정반대다. 율법은 행함과 순종으로 의를 발견하려고 노력하는 반면, 은혜와 그리스도는 선물로서 의를 부여한다. 갈라디아 사람들이 할례를 받아들인다면 그들은 은혜와 그리스도를 버리는 것이나 마찬가지다.

갈 5:5 우리가 성령으로 믿음을 따라 의의 소망을 기다리노니(ἡμεῖς γὰρ πνεύματι ἐκ πίστεως ἐλπίδα δικαιοσύνης ἀπεκδεχόμεθα). 신자가 소유한 종말론적 소망은 마지막 날에 최종적으로 의롭다고 선언되는 것이다. 중간기를 살아가는 신자들은 성령을 의지하고 그리스도를 신뢰하며 마지막 날의 선언을 기다린다. 여기서 접속사 "[왜냐하면]"(γάρ)은 5:4과 원활하게 연결되지 않는다. 5:4과 5:5의 시작 사이에 무언의 대조가 있다고 추정된다.[23] 아마도 진정한 신자는 그리스도에게서 끊어지거나 은혜에서 이탈하지 않을 것이라는 무언의 개념이 깔려 있을 것이다.

그러므로 갈라디아서 5:5은 진정한 신자가 은혜에서 이탈하지 않는 이유나 근거를 제공한다. 의를 위해 율법 준수를 의지하지 않고, 신자들은 믿음으로 말미암는 종말론적 의의 선물을 기다린다.[24] 그들은 행함이나 순종이 아닌 그리스도 예수 안에서 하나님의 약속을 믿음으로 말미암아 의를 얻는다. 또한 그들은 육신이나 자신의 노력보다 성령을 의지한다.

"기다리다"(ἀπεκδεχόμεθα)라는 동사는 바울 서신에서 종말론적 실체를 나타낼 때마다 사용된다(롬 8:19, 23, 25; 고전 1:7; 빌 3:20; 참고. 히 9:28). "소망"(ἐλπίδα)이라는 단어는 본문의 초점이 종말론적인 것에 있음을 확증한다. 신자는 소망의 근거를 자신의 순종에 두지 않고 하나님이 그리스도 안에서 그들을 위해 하신 일을 믿음으로 붙든다. 그렇게 자신이 아닌 그리스도를 바라보는 것은 성령의 사역의 결과이며, 그것은 단순히 인간적 의지로 만들어낼 수 없다. 성령님은 사람을 변화시키셔서 그가 자신보다 하나님의 구원 사역을 신뢰하게 만드신다.

"의"(δικαιοσύνη)라는 단어는 법정적 의미로 이해되어야 한다. 그것이 5:4에 나오는 동사적 형태와 같은 의미인 것처럼 보이기 때문이다.[25] 여기서 어려운 문제는 소유격의 명사 "의의"(δικαιοσύνης)를 해석하는 방식이다.

23. 여기서 바울은 자신의 말을 유대인-그리스도인들로만 한정하지 않는다. 대조적으로 R. Longenecker, *Galatians*, 229; Witherington, *Galatians*, 369를 보라.

24. 권연경은 "믿음을 따라"(ἐκ πίστεως)가 수식하는 것이 "우리가 기다리노니"(ἀπεκδεχόμεθα)보다 "성령으로"(πνεύματι)이며(Eschatology, 181), 따라서 성령은 믿음을 따라 주어진다고 주장한다. 이런 해석이 가능하기는 하나, 전치사구는 동사를 수식하는 것이 더 일반적이므로 위에서 제시된 해석은 보류되어야 한다.

최흥식, "Galatians 5:5–6", 479–82에서는 여기서 "믿음을 따라"(ἐκ πίστεως)가 그리스도의 신실하심을 가리킨다고 주장한다. 이러한 주장은 "그리스도의 믿음"(πίστις Χριστοῦ)에 대한 이전의 언급들이 그리스도의 신실하심을 가리킨다는 이해에 근거하는데, 이것은 2:16에 대한 주석에서 논의된 것처럼 의심스러운 주장이다.

25. Moo는 출간되지 않은 논문에서 그렇게 말한다. '의'가 다가올 시대의 특징을 가리킨다고 하는 VanLandingham의 의견은 갈라디아서 다른 곳에서의 바울의 어법과 부합하지 않을뿐더러 칭의가 쟁점인

이 소유격을 근원의 소유격으로 해석하여, 지금 이미 신자의 소유가 된 의에서 소망이 온다고 이해할 수 있다.[26] 이러한 해석의 이점은 바울이 강조하는 바, 의가 신자들이 이미 소유한 선물이라는 주장과 일치한다는 것이다. 그것은 바울의 글에서 중요한 주제다. 하지만 무(Moo)의 지적처럼 이러한 해석은 앞뒤가 맞지 않는 것 같다.

첫째, 이 구절에서 "의"가 신자가 '과거'에 받은 칭의를 가리킨다면, 우리가 간절히 기대하는 대상은 단순히 '우리가 바라는 것'이라는 의미의 "소망"이다. 하지만 이 동사 후에 우리는 이것보다 더 구체적인 대상을 기대한다. '우리는 우리가 소망하는 것을 간절히 기다린다'는 표현은 무의미한 동어 반복에 가까우며, 특별히 앞에서 소망이나 그 내용에 대한 언급이 없는 문맥에서는 더 그렇다.[27]

의는 동격의 용법일 가능성이 훨씬 더 크다.[28] 신자들이 기다리는 소망은 의에 대한 최종적 선고다. 이 해석은 신자가 지금 의롭다는 사실과 대립되지도 않고, 칭의가 새로워지는 과정을 의미하는 것처럼 이해되어야 하는 것도 아니다. 오히려 마지막 날에 하나님의 선고가 온 세상 앞에 선포된다는 의미에서 종말론적 선고는 하나님이 역사 속에서 선언하시는 것과 다르다.[29] 신자들은 그리스도 예수와 연합함으로 말미암아 하나님 앞에서 이미 의로운 자들이다. 하지만 그들의 의는 세상에 감춰져 있으며 마지막 날에서야 드러날 것이다. 사실 신자들의 의는 어느 정도 그들 자신에게도 숨겨져 있다. 그들은 지금 그것을 믿음으로 이해하기 때문이다. 하지만 마지막 날에 신자의 의는 그들 자신과 온 세상 앞에서 명백해질 것이다.

갈 5:6 그리스도 예수 안에서는 할례나 무할례나 효력이 없으되 사랑으로써 역사하는 믿음뿐이니라(ἐν γὰρ Χριστῷ Ἰησοῦ οὔτε περιτομή τι ἰσχύει οὔτε ἀκροβυστία, ἀλλὰ πίστις δι' ἀγάπης ἐνεργουμένη). 할례나 무할례는 모두 아무 의미가 없다. 하나님을 기쁘시게 하는 삶의 특징은 하나님과 그리스도를 향한 신뢰이며, 타인을 향한 사랑은 그러한 믿음의 열매이자 결과다.

6절은 5:5의 근거와 기초 역할을 한다. 의는 마지막 날에 주어지는 선물이다. 그것은 행위에 근거하지 않고 오직 믿음으로 말미암아 얻을 수 있다. 그것이 육신의 행위가 아닌 이유는 육신이 하나님의 요구에 미치지 못하며, 오직 성령의 초자연적 사역만이 효력이 있기 때문이다. 따라서 할례는 종말론적 의를 얻는 일에 아무 역할도 하지 못한다. 어떠한 율법의 행위도 하나님 앞에서 칭의의 근거로 간주되지 않기 때문이다.[30]

동시에 누구도 할례받지 않은 것을 자랑할 수 없다. 할례나 다른 모든 행위가 사람을 의롭게 하지 않는다는 것을 깨달으면, 우리는 자신의 무할례를 자랑할 수 있다. 사람은 무할례로 남기 위해 탁월한 영적인 지각을 지녀야 한다고 생각하면서 자신이 지닌 영적 통찰력을 기뻐할 수 있다. 하지만 무할례 자체에는 영적 차원의 유익이 전혀 없다. 사람이 믿음으로 그리스도를 붙드는지와,[31] 오직 그분 안에서만 의가 발견된다고 이해하는지의 여부가 중요하다.

현재의 문맥과도 부합하지 않는다(*Judgment and Justification*, 318-19).

26. Fung, *Galatians*, 224-27; Matera, *Galatians*, 182; Fee, *Galatians*, 190에서 그렇게 말한다.

27. 출판되지 않은 Moo의 글. Moo는 칭의가 미래적 실체인 것처럼 보이는 다른 본문들을 거론한다(롬 5:19; 8:33; 갈 2:17).

28. Silva는 목적어적 소유격이거나 동격의 용법일 것이라고 말한다(*Interpreting Galatians*, 182). Martyn은 동격의 용법을 지지한다(*Galatians*, 472). 또한 권연경, Eschatology, 66과 Hays, *Galatians*, 313, n. 241을 보라.

29. Barrett은 칭의에 대한 처음의 선고가 마지막 날에 "확정"된다고 말한다. 그의 전체 논의는 *Freedom and Obligation*, 63-65를 보라.

30. Betz가 말하듯이, 할례나 무할례 모두 "하나님 앞에서 구원과 의로움을 얻게 하는 효력"이 없다(*Galatians*, 263, n. 94).

31. 최흥식, "Galatians 5:5-6", 482-89의 견해와 달리, 여기에는 그리스도의 신실하심에 대한 어떤 언급도 없다.

갈라디아 사람들은 그들이 행한 것(할례)이나 그들이 하지 않았던 것(무할례) 때문에 자만심의 포로가 될 수 있었다. 두 경우 모두 초점은 사람의 성취나 지각에 머문다. 하지만 믿음은 전적으로 자신에게서 눈을 돌려 의를 위해 그리스도를 붙든다. 물론 믿음이 아무 역할도 하지 않는 것은 아니다. 믿음은 살아 있고 능동적이며 강력하다. 그것은 사랑을 통해 표현된다. "역사하는"(ἐνεργουμένη)이라는 분사는 여기서 중간태로 해석해야 하므로, 믿음은 뿌리이고 사랑은 열매다.[32]

그렇다면 사랑은 칭의의 근거가 아니라 믿음의 열매, 즉 믿음의 결과다. 본문의 진술이 다소 모호한 이유는 "사랑으로써"라는 표현이 마치 믿음이 실현되는 도구가 사랑인 것처럼 해석될 수 있기 때문이다. 하지만 바울이 믿음을 우선시하는 것을 생각하면 사랑이 믿음의 결과임을 알 수 있다. 이러한 해석은 갈라디아서 5:22로 확증된다. 거기에서 사랑은 성령의 열매이므로, 그리스도를 신뢰하고 그분을 주님으로 받아들이는 사람은 사랑을 통해 그리스도를 믿는 믿음을 보여준다.[33]

바울은 다른 두 곳에서 비슷하게 진술한다. 갈라디아서 6:15에서는 "할례나 무할례가 아무것도 아니며, 오직 새로운 창조만이 중요하다"라고 말한다. 이것은 5:6의 단언과 잘 어울리는데, 새로운 창조가 "사랑으로써 역사하는 믿음"을 대체한다. 달리 말해, 믿음은 하나님의 새로운 창조의 사역이 가져온 결과라는 것이다. 그것은 창의적이고도 초자연적인 하나님의 사역이며, 인간의 독립적 사역의 결실로 볼 수 없다.

또한 고린도전서 7:19에서도 비슷한 단언이 등장한다. "할례받는 것도 아무것도 아니요 할례받지 아니하는 것도 아무것도 아니로되 오직 하나님의 계명을 지킬 따름이니라." 이것은 갈라디아서 5:6, 6:15과 모순되는가? 그렇게 해석될 수도 있지만, 호의적으로 해석하면 확실히 내적 조화를 발견할 수 있다. 갈라디아서 5:6이 말하듯 믿음이 사랑을 통해 표현된다면, 그러한 견해는 믿음이 하나님의 계명을 지키는 것이라는 말과 크게 다르지 않다. 달리 말해, 하나님의 계명을 지키는 것은 믿음의 결과, 즉 새로운 피조물이 된 결과다. 그러한 순종은 칭의의 기초가 아니라 칭의의 결과이며 신자에게 주어진 새로운 삶이 나타내는 모습이다. 사랑이 드러나지 않거나 하나님의 계명을 지키지 않는 자는 진정한 믿음을 소유하지 않았다는 점과 새로운 창조의 일부가 아니라는 사실을 보여주는 것이다.

적용에서의 신학

1. 오직 하나의 길

포스트모던의 상대주의적 세상에서 살아가는 우리는 하나님께 가는 다른 길들을 똑같이 합

32. Bruce, *Galatians,* 232-33과 Matera, *Galatians,* 183에서 그렇게 말한다. Garlington의 설명은 모호하다. 그가 믿음이 스스로 사랑 안에서 표현된다는 것을 의미하는지, 아니면 실제로 사랑에 의해 믿음이 활기를 띠게 된다는 것을 의미하는지 분명하지 않다. "사랑에 의해 추진되는…믿음"(*Galatians,* 304), "활력을 주는 대리인과도 같은 사랑을 가진 행동하는 믿음"(305), "사랑 안에서 표현된다"(305), "사랑을 통해 작용하는 믿음"(306, n. 24, 강조체 저자), "사랑을 통해 역사하는 믿음"(307)과 같은 그의 표현에 주목하라. 이들 중 몇몇 표현은 믿음이 사랑에 의해 형성됨을 시사한다(전통적인 로마 가톨릭 견해—Aquinas와 트렌트 공회가 이렇게 말한다[Riches, *Galatians through the Centuries,* 250, 258-59를 보라]). 이에 대조적인 Luther, Calvin, Perkins의 견해는 Riches, *Galatians through the Centuries,* 254-55, 257, 260을 보라.

33. Calvin, *Galatians,* 152에서 그렇게 말한다.

법적인 것으로 받아들이기 쉽다. 본문이 인상적인 데다 놀랍기까지 한 이유는 바울이 할례와 토라를 하나님께 가는 길로 인정하지 않기 때문이다. 바울은 그리스도와 율법이 양립하지 않고 정반대라고 생각한다. 사람은 그리스도와 그분이 주시는 의를 붙들든지 저주를 받든지 둘 중 하나의 길을 간다. 우리는 구원을 그리스도의 사역과 인간의 성취로 나눌 수 없다.

율법을 지키는 것이 구원으로 이어지면 그리스도는 필요 없다. 사람의 행위가 구원의 근거가 된다면 요구되는 행위를 행하는 자에게 찬양과 영광이 돌아간다. 하지만 구원이 그리스도가 하시는 일이면, 자기 백성을 구속하시는 것에 대한 찬양과 영광은 그리스도께 돌아간다. 바울은 인간의 행위를 단호하게 거절한다. 그것이 그리스도가 중요하다는 것과 중심 역할을 하신다는 사실을 배제하기 때문이다. 그것은 그리스도의 사역을 하찮은 것으로 만든다. 또한 그분의 영광을 빼앗으며, 하나님의 영광이 아닌 인간을 숭배하는 것이 중심이 되게 한다.

2. 배교에 대한 경고

본문의 또 다른 두드러진 특징은 배교에 대한 경고다. 바울은 독자들에게 만일 그들이 할례를 받아들이면 더 이상 그리스도에게서 유익을 얻지 못할 것이라고 경고한다. 즉, 그들이 할례를 받아들이면 영원히 유기되리라는 것이다. 당연히 아르미니우스주의자들은 이 경고가 신자들이 구원을 잃을 수 있다는 가르침을 전한다고 해석한다. 개혁주의 신자들은 너무 자주 그러한 경고 전체를 무시한다. 나는 이 경고가 하나님이 선택하신 자들의 믿음을 보전하기 위해 사용하시는 수단이라고 주장할 것이다. 떨어져 나가는 자들은 그들이 진정으로 하나님께 속하지 않았음을 보여준다(요일 2:19). 이 사실을 근거로 오직 거짓 신자들에게만 경고가 주어진다고 말할 수 없다. 그것은 교회 전체를 향한 것이며, 하나님은 경고의 엄중함을 사용하셔서 신자들에게 끝까지 하나님을 신뢰해야 함을 상기시키신다.

우리는 경고를 구속사의 관점에서 이해하지 않고 구원의 서정(*ordo salutis*)이라는 관점에서 해석함으로써 경고를 실체에서 분리하는 위험(추상화)에 빠질 수 있다. 우리가 역사를 초월하는 관점으로 성경의 강력한 권고를 고려한다면 그것이 불필요하다고 생각하기 쉽다. 하지만 경고와 권고를 하나님이 신자들을 보존하기 위해 사용하시는 수단이라고 이해하면 경고의 기능은 보존된다. 그 경고를 처음 들은 자들과 그 후의 모든 독자는 그것을 가장 심각하게 받아들여야 한다. 우리가 구원을 위해 율법에 의존해서 그리스도를 저버리면 마지막 날 구원을 얻을 소망이 없다. 바울이 엄중하게 경고한 의도는 독자들을 자극하여 끝까지 지속적으로 그리스도를 신뢰하게 함으로써 그들이 해방되기 위해 다른 신에게 돌아서지 않게 하려는 것이다.

우리는 여기서 긴장감을 주는 경고가 일종의 행위 구원에 사로잡히게 한다고 쉽게 결론 내릴 수 있다. 하지만 그것은 바울의 의도를 완전히 잘못 해석하는 것일 수 있다. 바울이 여기서 말하는 것은 "오직 믿음으로"라는 말로 요약될 수 있기 때문이다. 달리 말해, 이 문맥에서 배교는 할례와 율법의 행위에 의존하는 것으로 나타난다는 것이다. 그러므로 바울은 독자들에게 인내를 요청하며 계속해서 하나님을 신뢰하라고 권면한다. 인내를 하나님의 복을 얻는 인간의 끈질긴 수고로 여겨서는 안 된다. 오히려 그것은 자신을 신뢰하거나 의지하던 것에서 벗어나 믿음으로 그리스도만을 붙드는 것이다. 하나님께 속한 자들은 자신의 유일한 의의 소망이 그리스도 안에 있음을 알고 있다.

인내하는 자는 자신이 벌거벗었고, 비천하며, 약하므로 생명을 위해 그리스도와 그분의 의만을 의지해야 함을 매일 새롭게 깨닫는다. 이에 반해 갈라디아서의 배교는 사람이 자신의 행위에 의존하는 것이다. 믿음은 그리스도를 통해 지금 우리의 것이 된 의가 세상에 선포되고 우리에게 확증되는 마지막 날을 간절히 내다본다. 신자들은 지금 믿음으로 말미암아 의롭게 되었지만, 세상은 하나님이 그리스도 안에서 신자들을 의롭다고 간주하시는 것을 알지 못한다. 그리고 신자들은 마지막 선언이 있으리라는 하나님의 약속을 의지한다. 믿음은 종말론적 선고가 이미 그리스도를 신뢰하는 자들에게 선포되었음을 알고 있으며, 확신 가운데 그날을 기다린다.

마지막으로, 믿음으로만 구원받는다고 말하는 것은 믿음이 끝이라는 뜻은 아니다. 믿음은 그리스도와 그분의 모든 유익을 받아들이기에 결국 사랑과 모든 종류의 선한 행위로 이어진다. 사랑은 믿음의 열매이자 활력이 넘치고 살아 있는 믿음의 표현이다.

만일 누군가가 다음과 같이 반대한다면 어떻게 해야 할까? "하지만 나는 그러한 경고가 필요 없습니다. 나는 진정한 그리스도인이며 그리스도에게서 결코 떨어져 나가지 않을 것이기 때문입니다. 그분이 은혜로 나를 지키겠다고 약속하셨습니다." 나는 이 말에 부분적으로 동의한다. 그분은 은혜로 당신을 지키겠다고 약속하셨다. 하지만 경고는 우리가 그리스도를 신뢰하는 선한 길 위에 있도록 지키기 위해 사용하시는 하나님의 수단이다. 경고는 약속과 반대되는 것이 아니라 하나님이 자기 약속을 성취하기 위해 사용하시는 수단 중 하나다. 도로 표지판이 우리가 계속 안전하게 운전하도록 해주듯이, 경고는 우리에게 계속해서 그리스도를 신뢰할 것을 상기시킨다.

최근 몇몇 친구들이 우리 집에 머물렀는데, 그들은 밴을 빌려와서 차고 앞 진입로에 주차해두었다. 나는 차고에서 차를 빼면서 언젠가 그 밴을 들이받게 될 것이라고 농담 삼아 말했다. 하루는 우리 가족이 서둘러 나가야 했다. 모두가 차에 올라타자 나는 신속하게 후진했다. 갑자기 아들 요한이 소리쳤다. "아빠, 멈춰요!" 나는 브레이크를 밟았고 다행이도 뒤에 주차되어 있던 밴을 들이받지 않았다. 나는 밴이 그곳에 있다는 사실을 까맣게 잊어버렸던 것이다! 그때 아들 요한의 경고는 사고를 피하게 해준 수단이었다. 이는 하나님의 경고가 작용하는 방식과 동일하다. 경고는 우리가 그리스도에게서 떨어져 나가지 않도록 막는다.

그런데 이와 같은 경고가 어떻게 복음과 조화되는가? 그것은 우리가 그리스도에게서 떨어져 나가면 저주를 받을 것이라고 말하지 않는가? 이것은 우리를 두려움으로 가득 차게 하고, 우리가 자신을 신뢰하며 자기의 행위를 의지할 것을 촉구하지 않는가? 결코 그렇지 않다! 당신은 여기서 주님이 우리의 의와 행위를 신뢰하는 것을 경고하신다고 보는가? 우리는 바울이 갈라디아 사람들에게 경고하는 죄가 율법과 그들 자신의 의로 돌아가는 것 그리고 그리스도보다 자신을 신뢰하는 것임을 이미 보았다. 바울은 행위 구원이 아니라 그 반대를 가르친다. 그는 갈라디아 사람들에게 율법에서 돌아서서 지속적으로 그리스도를 붙들고 계속해서 그리스도를 신뢰하라고 격려한다.

그러므로 경고는 일종의 강박적인 완벽주의로 향하게 하는 것이 아니라 그 정반대다. 바울은 우리의 구원을 위해 십자가만 신뢰하고, 그리스도 안에서만 우리의 의를 발견하며, 자신에게서 돌아서서 하나님을 바라보라고 우리에게 경고한다. 다음과 같이 경고를 표현할 수 있다. "자신을 신뢰하지 말고 그리스도를 신뢰하라. 그분만을 바라보라. 그분은 당신의 소망과 능력과 방패가 되신다. 당신의 능력, 지능, 지혜, 성취를 신뢰하지 마라. 오직 그리스도만을 바라보라."

우리가 의에 대해 품은 미래의 소망도 위안을 준다. 다음과 같은 루터의 말은 정곡을 찌른다.

> 당신의 의는 보이지도 않고 인지할 수도 없다. 하지만 당신은 그것이 정한 때에 드러날 것이라 기대한다…이것은 정죄감과 마귀의 모든 불화살에 대한 두려움으로 괴로워하고 불안해하는 마음에 아주 중요하고도 즐거운 위안이다. 따라서 당신은 죄에 대해 인식하는 것을 근거로 판단하지 말아야 한다. 죄는 당신을 두려움에 빠지게 하고 혼란스럽게 한다. 당신은 믿음이 약속하는 것과 가르치는 것을 근거로 판단해야 한다. 믿음으로 말미암아 당신에게 주어지는 약속은 그리스도가 당신의 완전하고도 영원한 의가 되신다는 것이다.[34]

34. Luther, *Lectures on Galatians 1535: Chapters 1–4*, 21.

CHAPTER 19

갈라디아서 5:7–12

문학적 전후 문맥

4:12에서 권고 부분이 시작된다. 3:1–4:11에서 바울은 성경을 통해 갈라디아 사람들이 율법에 종속되지 않아야 하는 이유를 설명했다. 이어서 그는 편지의 권고의 부분에서 그러한 진리를 강력하게 적용한다. 갈라디아 사람들은 바울처럼 되고 율법에서 자유롭게 살아야 한다(4:12–20). 그들은 그리스도 안에서 얻은 자유 안에 서야 한다(4:21–5:1).

5:2–4에서 갈라디아 사람들은 할례에 복종하지 않도록 강력한 경고를 받는다. 할례에 복종 하는 것은 그들을 그리스도에게서 분리시키고 마지막 심판으로 이끌 것이기 때문이다. 반면 믿음으로 말미암아, 성령의 능력을 통해 사는 자들은 종말론적 의의 선고를 받을 것이다. 그들은 믿음으로 하나님이 약속하신 것이 완성되기를 간절히 기다린다(5:5). 할례에 반대하는 것이 믿음의 삶을 고취시키지는 않는다(5:6). 사람이 할례를 받거나 받지 않는 것은 중요하지 않다. 중요한 것은 사랑으로 표현되는 진정한 믿음이다.

5:7–12의 논증은 갈라디아 사람들에서, 그들에게 이상한 메시지를 전한 대적으로 전환된다. 바울은 대적들이 끼치는 악영향을 강조하며 그들이 분명 심판을 받을 것이라고 선포한다. 하지만 바울은 갈라디아 사람이 흔들리지 않을 것이라고 확신한다. 그들은 거짓 선생들의 공격을 견뎌낼 것이다.

마지막으로 바울은 화제를 자신에게 돌린다. 바울이 할례를 선호한다는 말은 사실이 아니다. 그가 할례를 선동한다면 박해를 피할 수 있을 것이기 때문이다. 바울은 육체를 잘라내는 것과 할례에 그토록 매혹되어 있는 대적들이 극단에 이르러 자신들을 거세해버리기를 바란다. 갈라디아 사람들이 그들의 메시지에 순종하지 않도록 바울은 이 단락에서 유대주의자들이 받을 심판을 강조한다. 갈라디아 사람들이 대적들을 따르면 그들은 유대주의자들이 받는 것과 동일한 심판에 직면할 것이기 때문이다. 따라서 5:7–12은 거짓 선생들에 저항하라는 암시적 권고의 역할을 한다.

I. 도입: 바울의 복음을 떠나는 것은 복음을 떠나는 것이다(1:1–2:21)
II. 경험과 성경을 통한 바울의 복음 변호(3:1–4:11)
III. 율법에서 자유롭고 성령 안에서 자유롭도록 부르심(4:12–6:10)
A. 율법에서 자유롭게 살라: 친밀한 관계를 통한 논증(4:12–20)
B. 자유 가운데 서라: 알레고리를 통한 논증(4:21–5:1)
C. 위험한 속박의 메시지를 물리치라(5:2–12)
1. 그것은 할례의 요구를 포함한다(5:2–6)
➦ **2. 그것을 전파하는 자는 심판을 받을 것이다(5:7–12)**
D. 성령 안에서 자유를 누리라(5:13–6:10)

주요 개념

여기서 바울이 말하는 중심 주제는 할례를 받으라는 권고가 하나님에게서 오지 않았다는 것이다. 그것은 마지막 날에 심판받게 될 사자들에게서 온 것이다. 또한 바울이 할례를 선동한다는 주장은 신빙성이 없다. 바울은 갈라디아 사람들이 할례를 둘러싼 모든 소란 속에서도 대적들의 유혹에 넘어가지 않을 것을 확신한다.

번역

갈라디아서 5:7–12

7a	단언	**너희가 달음질을 잘 하더니**
b	수사학적 질문	**누가 너희를 막아**
c	결과	진리를 순종하지 못하게 하더냐
8	단언	**그 권면은 너희를 부르신 이에게서 난 것이 아니니라**
9	단언	**적은 누룩이 온 덩이에 퍼지느니라**
10a	단언	**나는 너희가 아무 다른 마음을 품지 아니할 줄을 주 안에서 확신하노라**
b	10a와 대조	**그러나 너희를 요동하게 하는 자는…심판을 받으리라**
c	10b의 확장	누구든지
11a	수사학적 질문	**형제들아 내가 지금까지 할례를 전한다면**

		어찌하여 지금까지 박해를 받으리요
b	11a의 근거	그리하였으면 십자가의 걸림돌이 제거되었으리니
12	외침	너희를 어지럽게 하는 자들은 스스로 베어 버리기를 원하노라

구조

갈라디아 사람들은 신자로서 순조롭게 출발했음에도 할례를 고려하고 있었다. 본문의 연결은 치밀하지 않다. 베츠는 이렇게 말한다. "이 새로운 부분은 더 자유롭다. 그것은 예리한 비평, 수사학적 질문, 격언, 위협, 아이러니 그리고 모든 것의 절정으로 신랄한 풍자를 담은 익살이 두서없이 연결된 것처럼 나타난다."[1] 그러므로 우리는 구절들을 유기적으로 묶는, 구조를 나타내는 표시를 자주 볼 수 없는 것에 놀라지 않는다.

외부의 선생들은 복음에서 이탈하게 하는 동기를 제공했다. 5:7의 수사학적 질문은 왜 자신들이 걸려 넘어졌는지를 독자가 자문하도록 자극한다. 5:8–9에서 바울은 짧고도 날카로운 문장으로 공격을 이어간다. 갈라디아 사람들은 하나님에게서 메시지를 받지 않았다. 오히려 전염성 있고 치명적인 영향력을 행사한 거짓 선생들에게서 받은 것이다. 따라서 그들을 묵인해서는 안 된다. 외부에서 갈라디아 사람들을 위협하고 있지만, 바울은 그들이 바른 길에서 벗어나지 않고 달려갈 것을 확신한다. 그들은 최종적으로 복음에서 이탈하지 않을 것이다(5:10a).

대적들은 그들을 걸어서 넘어뜨리려고 한 것에 대해 틀림없이 심판을 받을 것이다. 또한 마치 바울이 여전히 할례의 메시지를 장려하는 것처럼, 그가 대적들의 편에 있다고 주장할 수 없다(5:11). 그가 계속해서 박해를 받는 것은 그가 십자가의 메시지를 선포한다는 것을 증명한다. 대적들은 바울을 분노하게 하고 있다. 그런 이유로 바울은 그들이 그토록 생식기를 자르는 일에 사로잡혀 있다면, 그들이 차라리 극단에 이르러 그들의 성기를 잘라버리는 편이 낫다고 생각한다.

석의적 개요

III. 율법에서 자유롭고 성령 안에서 자유롭도록 부르심(4:12–6:10)

A. 율법에서 자유롭게 살라: 친밀한 관계를 통한 논증(4:12–20)

1. Betz, *Galatians*, 264. 하지만 Betz와 대조적으로 5:12를 익살로 보는 것은 적절하지 않다.

2. 참고. 같은 책, 264.

3. Hays, *Galatians*, 315.

B. 자유 가운데 서라: 알레고리를 통한 논증(4:21–5:1)

C. 위험한 속박의 메시지를 물리치라(5:2–12)

1. 그것은 할례의 요구를 포함한다(5:2–6)

➡ **2. 그것을 전파하는 자는 심판을 받을 것이다(5:7–12)**

a. 그들은 침입해 온 사람들이다(5:7)

b. 그들은 하나님의 사자가 아니다(5:8)

c. 그들이 끼치는 유해한 영향(5:9)

d. 그들은 갈라디아 사람들을 설득하는 일에 실패할 것이다(5:10)

e. 바울에 대한 그들의 허위 진술(5:11)

f. 바울의 예언적 외침(5:12)

D. 성령 안에서 자유를 누리라(5:13–6:10)

본문 설명

갈 5:7 너희가 달음질을 잘 하더니 누가 너희를 막아 진리를 순종하지 못하게 하더냐(Ἐτρέχετε καλῶς· τίς ὑμᾶς ἐνέκοψεν τῇ ἀληθείᾳ μὴ πείθεσθαι;). 갈라디아 사람들은 그리스도인으로서 경주를 잘 시작했지만, 누군가 그들에게 끼어들었다. 3:1–5에서 우리는 갈라디아 사람들이 율법의 행위에 의지하지 않고 믿음으로 성령을 받았음을 보았다. 달음질을 잘한다는 의미는 달리 말해 그들이 자신의 성취보다 그리스도를 의지했으며, 복음의 메시지를 신뢰하며 복음에 반응했다는 뜻이다.

하지만 경주는 먼 거리를 달려야 하는데 그들은 지금 넘어질 위험에 처해 있다. 수사학적 질문으로써 바울은 경주 도중에 누가 그들에게 끼어들었는지를 묻는다.[2] 그들의 진보가 방해받아서 그들은 진리에 순종하지 않을 위험에 처해 있다. 다음과 같은 헤이즈의 관찰은 옳다. "바울이 선택한 동사는 재치 있는, 이중적 의미를 갖는 어구(double entendre)임이 거의 분명하다. 이 선교사들은 갈라디아 사람들에게 포피의 살을 자를 것을 요구함으로써 그들 안으로 '자르고' 들어왔다."[3]

여기서 "진리"(ἀληθεία)는 복음의 진리를 가리킨다. 우리는 바울이 말하는 바가 그들이 복음의 진리에 순종하는 대신 그것을 믿지 않고 신뢰하지 않는다는 것이라고 추측할 수 있다. 이와 같은 순종의 중요성은 다른 바울 서신에서도 발견된다(참고. 롬 10:16; 15:18). 하지만 모든 순종은 믿음에 뿌리를 둔다(참고. 롬 1:5; 16:26). 믿음은 뿌리이며 순종은 열매다(살전 1:3). 바울은 앞에서 믿음이 사랑을 통해 표현된다고 강조했다(5:6). 그것을 달리 표현하면, 진리에 순종하는 것은 진리를 믿는 것을 뜻한다고 말할 수 있다. 여기서 요한과 바울의 유사점을 발견할 수 있다. 요한의 글에 하나님이 요구하시는 일은 믿는 것이라고 나오기 때문이다(요 6:28–29). 외부에서 온 자들은 갈라디아 사람들을 변절까지 이르게 했다.[4]

4. 여기서 단수형은 총칭적 의미다. 대적들의 배후에 사탄이 있지만 갈라디아 사람들을 방해했던 자들은 사탄이 아니라 대적들이다(Betz, *Galatians*, 264와 대조적으로).

갈 5:8 그 권면은 너희를 부르신 이에게서 난 것이 아니니라(ἡ πεισμονὴ οὐκ[5] ἐκ τοῦ καλοῦντος ὑμᾶς). 바울은 이제 경주에서 달리던 갈라디아 사람들을 방해한 자들에게 심판을 선언한다. 침입해 온 사람들은 어떻게 평가되어야 하는가? 그들은 전적으로 거절되어야 한다. 하나님에게서 온 것이 아니기 때문이다. 바울은 간결한 문장으로 유대주의자들에게 선고를 공표한다. 그들이 보여준 선교의 열정은 일부 사람들에게 대적들이 하나님의 메시지를 선포하는 것이 분명하다고 확신하게 했다. 하지만 그들이 갈라디아에서 영향력을 미친 것이 그들이 하나님께 승인받았다는 뜻이 아니다.[6] 하나님의 부르심(καλοῦντος)에 대한 언급은 갈라디아서 1:6을 떠오르게 한다. 거기서 바울은 갈라디아 사람들은 하나님께 부르심을 받았는데도 믿음을 떠나고 있다고 말한다. 능력으로 갈라디아 사람들을 믿음으로 부르신 하나님이 대적들을 통해 말씀하시지 않는다고 바울은 확증한다.

갈 5:9 적은 누룩이 온 덩이에 퍼지느니라(μικρὰ ζύμη ὅλον τὸ φύραμα ζυμοῖ[7]). 유대주의자들에게서 시작된 악은 억제하지 않으면 교회 전체에 퍼질 것이다. 같은 표현이 교회의 징계의 문맥에서 사용되는데, 고린도 사람들은 근친상간의 죄를 범하는 사람을 교회에서 추방하도록 권고받는다(고전 5:6).

갈라디아에서 교회의 징계의 문맥이 존재하는지는 확실하지 않다. 바울은 갈라디아 사람들에게 거짓 선생들을 추방할 것을 명하지 않는다.[8] 아마도 그들이 교회의 일원이 아닌 밖에서 온 자들이기 때문일 것이다. 그 대신 바울은 거짓 선생들이 끼치는 해로운 영향력을 강조한다. 갈라디아 사람들은 그들의 가르침에 압도되어서는 안 된다. 만약 그렇게 된다면 잘못된 신학이 퍼질 것이다. 바울은 갈라디아 사람들에게 거짓 선생들을 공동체에서 추방할 것을 구체적으로 요청하지 않지만, 그들의 신학에 굴복하지 않도록 격려한다.

갈 5:10a 나는 너희가 아무 다른 마음을 품지 아니할 줄을 주 안에서 확신하노라(ἐγὼ πέποιθα εἰς ὑμᾶς ἐν κυρίῳ ὅτι οὐδὲν ἄλλο φρονήσετε). 대적들의 존재와 영향력에도 불구하고 그리고 갈라디아 사람들이 그 선생들에게서 듣는 가운데 눈에 띄게 무너지고 있음에도 불구하고 바울은 여전히 갈라디아 사람들이 결국 바른 길을 유지할 것임을 확신한다(πέποιθα).[9] 그들 안에서 선한 일을 시작하신 주님이 그것을 완성하실 것이기 때문이다(참고. 빌 1:6). 분명히 바울은 자신의 경고가 갈라디아 사람들이 정신을 차리게 해주는 특효약이 될 것이라고 확신한다. 그들은 거짓 선생들로 인해 흔들렸지만, 바울은 그들이 궁극적으로 그들에게 설득당하지 않을 것임을 주 안에서 확신한다. 갈라디아 사람들은 자신들이 딛고 있어야 할 곳을 발견하고, 거짓 선생들이 강요하는 잘못된 복음에 저항할 것이다.

5:2–4의 강력한 경고는 이제 확신의 말로써 균형이 맞추어진다. 경고가 실제로 확신을 위한 수단이라고 말하는 편이 더 나을 것이다. 바울은 갈라디아 사람들이 자신의 권고에 귀를 기울여서 믿음의 길을 걸어갈 것이

5. "아니다"(οὐκ)가 빠진 것은 소수의 사본에서만 발견되며 부차적인 것이 분명하다. 이것은 본문의 진술을 하나님 혹은 바울이 설득하는 자라고 하는 긍정적 단언으로 바꾼다.

6. 여기서 궁극적으로 "설득하는 자"가 마귀라고 하는 Betz의 제안이 옳을 것이다(*Galatians*, 265, n. 121). 참고. 또한 Bruce, *Galatians*, 234.

7. 서방본문에서 발견되는 부차적이지만 흥미로운 이문은 "누룩"(ζυμοῖ)을 "혼합물"(δολοῖ)로 대체한다.

8. Fee, *Galatians*, 194에서 이것을 바르게 말한다. 대조되는 견해로 Hansen, *Abraham in Galatians*, 146; Hays, *Galatians*, 315를 보라.

9. Dahl은 이것이 편지에서 확신을 말하는 진술임을 주시한다("Paul's Letter to the Galatians", 138–39). 그는 바울이 자신의 편지가 갈라디아 사람들에게 바른 영향을 미칠 것을 확신하고 있음을 바르게 강조한다. R. Longenecker와 대조적으로 여기서 현재완료 시제는 과거의 측면으로 해석되어서는 안 된다(*Galatians*, 231). 그것은 여기서 바울의 현재의 확신을 뜻한다.

10. 여기서 Betz의 논평은 바울의 확신을 반영하지 못한다(*Galatians*, 267).

11. Bruce, *Galatians*, 235; Martyn, *Galatians*, 475; Dunn, *Galatians*,

라고 확신하기 때문이다.[10] 하지만 우리는 여기서 바울이 갈라디아에서 최근에 좋은 소식을 전해들었다거나, 갈라디아 사람들 자체를 믿기 때문에 확신한 것이 아님을 덧붙여 말해야 한다. 그가 확신한 근거는 주님께 있다. 주님의 은혜가 갈라디아 사람들을 끝까지 지탱할 것이다.[11] 라이트풋은 "본문의 헬라어 ἐν κυρίῳ('주 안에서')는 저자가 확신하는 대상이 아닌 그 확신이 발휘되는 영역을 뜻한다"고 말한다.[12]

갈 5:10b–c 그러나 너희를 요동하게 하는 자는 누구든지 심판을 받으리라(ὁ δὲ ταράσσων ὑμᾶς βαστάσει τὸ κρίμα, ὅστις ἐὰν ᾖ). 대조적으로 대적들은 심판을 피하지 못할 것이다. 그들은 갈라디아 교회에서 혼란을 일으킨 것에 대해 하나님의 마지막 징벌을 경험할 것이다. 예수님도 상당히 비슷한 말씀을 하셨다. "실족하게 하는 일들이 있음으로 말미암아 세상에 화가 있도다 실족하게 하는 일이 없을 수는 없으나 실족하게 하는 그 사람에게는 화가 있도다"(마 18:7).

1:7에는 복수형 "어떤 사람들[교란하는 자들]"(οἱ ταράσσοντες)이 쓰이는 반면, 여기서는 단수형의 "요동하게 하는 자"(ὁ ταράσσων)가 사용되었다. 여기서 단수의 분사는 유대주의자들의 지도자를 가리킬 것이다.[13] 하지만 단수 형태는 총칭적 단수로서 대적들 전체를 가리킬 가능성이 있다.[14] 후자의 설명이 더 개연성 있어 보인다.

어쨌든 미래적 표현인 "심판을 받으리라"(βαστάσει τὸ κρίμα)는 잘못된 복음으로 그들을 괴롭히는 자들이 마지막 날에 용서를 받지 못할 것임을 갈라디아 사람들에게 확신시킨다.[15] 동사 "받으리라"(βαστάσει)는 6:5에서도 마지막 심판과 관련하여 사용된다. 거기서 각각의 신자는 마지막 날에 하나님 앞에서 자신의 짐을 "질" 것이다. 물론 현재 구절의 초점은 거짓 선생들의 몫이 될 정반대의 결과에 있다. 어떤 이들은 "누구든지"라는 표현을 바울이 거짓 선생들 중에 있는 지도자의 신원을 안다는 의미로 이해한다.[16] 바울이 갈라디아에서 일어나는 일을 훤히 알고 있는 것으로 보인다는 것이다. 지도자의 신원에 대한 무지를 고백하기보다 그는 심판에서 하나님이 공평하시다는 것을 강조한다. 거짓을 가르치는 자는 누구나 하나님의 심판에서 면제되지 않을 것이다. 그들의 명성이나 수준은 상관없다. 교회에 해로운 가르침을 전하는 사람은 마지막 날에 용서받지 못할 것이다.

갈 5:11a 형제들아 내가 지금까지 할례를 전한다면 어찌하여 지금까지 박해를 받으리요(ἐγὼ δέ, ἀδελφοί, εἰ περιτομὴν ἔτι[17] κηρύσσω, τί ἔτι διώκομαι;). 여기서 바울이 말하는 것은 논란의 여지가 있다. 그가 염두에 둔 것을 밝히는 데 필요한 역사적 정보가 없기 때문이다.[18] 어떤 이들은 바울이 여전히 할례를 선전한다고 주장했다. 하지만 바울은 그 주장이 자신이 박해를 받고 있다는 사실과 대조된다고 말한다. 먼저, 그것은 바울이 그리스도인이 되기 전에 전한 설교를 가리킬 수 있다. 그러나 이방인들을 개종시키는 일이 자주 일어났는지를 입증해줄 증거를 바울의 글이나 유대교에서 찾아볼 수 없다.[19]

둘째, 하워드(Howard)는 바울이 할례를 반대한다는

277에서 이것을 바르게 말한다.

12. Lightfoot, *Galatians*, 206; 참고. Garlington, *Galatians*, 313.
13. Betz, *Galatians*, 267; Fee, *Galatians*, 195에서 그렇게 말한다.
14. Bruce, *Galatians*, 235–36; R. Longenecker, *Galatians*, 232; Hays, *Galatians*, 316에서 그렇게 말한다.
15. 종말론적 심판에 대한 지지로 R. Longenecker, *Galatians*, 232를 보라.
16. Bruce, *Galatians*, 236.
17. 아마도 어떤 필경사들은 바울이 할례의 필요성에 대해 설교한 적이 있었는지를 의심했기 때문에 "지금까지"(ἔτι)를 제거했을 것이다. 어쨌든 그러한 생략은 부차적인 독법을 나타내는 것이 분명하다.
18. 다양한 가능성에 대해 Betz, *Galatians*, 268–69; Dunn, *Galatians*, 278–80을 보라.
19. Scot McKnight, *A Light among the Gentiles: Jewish Missionary Activity in the Second Temple Period*(Minneapolis: Fortress, 1991)를 보라.

사실을 선동자들이 몰랐다고 제안한다.[20] 하워드는 대적들이 다음과 같이 말했다고 생각한다. 바울이 갈라디아 사람들에게 기독교 제자도에 필요한 모든 것을 설명하지 않았지만, 그가 처음 가르쳤던 것을 보충할 작정이었다는 것이다. 이러한 해석은 설득력이 없다. 나는 앞에서 대적들이 바울의 사도적 권위를 공격했다고 주장했다. 그러므로 그들은 바울의 인격에 대해 긍정적으로 생각하지 않았을 것이다(참고. 1:1; 1:10–2:21). 바울이 전한 복음의 내용이 그토록 엄수된 비밀이었다고 믿기 어렵다. 나아가 박해에 관한 바울의 말(5:11)은 그러한 공격이 위선적임을 암시한다. 대적들은 바울이 갈라디아 사람들의 비위를 맞추려 했기 때문에 할례의 필요성을 선포하지 않았다고 주장했다.

셋째, 가장 가능성이 높은 견해는 대적들이 바울이 유대인들 사이에서 할례를 전파했기 때문에 그가 일관성이 없다고 고발했다는 것이다. 우리는 디모데가 할례받은 것(행 16:3)으로 미루어, 구원을 위해 할례를 요구하지 않는 한 바울은 유대인이 할례받는 것을 문제 삼지 않았음을 알 수 있다.[21] 디모데가 할례받은 것이 갈라디아서보다 나중에 일어난 일이라고 해도, 그것이 아마도 바울이 유대인 그리스도인에게 일반적으로 행했던 일일 것이다. 할례가 구원을 위해 요구되지 않는 한 사회적·문화적 이유로 허용되었다. 갈라디아의 대적들은 바울이 위선적이며 할례의 필요성을 언급하지 않음으로써 분쟁을 피하고자 한다고 공격했을 것으로 보인다. 하지만 그들은 바울의 견해를 공정하게 전하지 못했다. 그는 회심 후 구원을 위해 할례가 요구되는 경우에는 항상 할례 베풀기를 거절했기 때문이다(2:3–5).

갈 5:11b 그리하였으면 십자가의 걸림돌이 제거되었으리니(ἄρα κατήργηται τὸ σκάνδαλον τοῦ σταυροῦ). 여기서 "그리하였으면"(ἄρα)이라는 단어는 유추를 나타내는 불변화사로 이해되어야 하므로, 바울은 앞의 진술에서 결론을 끌어내는 것이다. 바울이 할례가 필요하다고 선언했다면 그는 분명히 박해받지 않았을 것이다. 그렇게 하면 십자가가 일으키는 물의가 제거되기 때문이다. 할례가 십자가가 일으키는 물의를 억제하는 이유는 그것이 인간의 능력에 기초하여 의를 세우기 때문이다. 의가 율법으로 말미암아 이루어진다면 인간의 선함이 찬양받고 장려될 것이다.

하지만 십자가는 하나님과 바른 관계를 맺으려는 인간적인 노력을 모두 거부한다. 의는 오직 그리스도 예수님이 죄인을 위해 행하신 일 안에서 발견된다. 십자가의 메시지가 물의나 넘어지게 하는 것인 이유는 그것이 인간의 자부심을 모욕하기 때문이다. 인간이 행하는 최선의 행위도 악으로 물들어 있다는 것과, 그들이 하는 모든 행위는 하나님과 바른 관계를 맺기에 충분하지 않다는 점, 그리고 하나님과의 관계에서 바른 지위를 얻기 위한 유일한 근거가 예수 그리스도의 십자가라는 사실을 인간은 불쾌히 여긴다.

갈 5:12 너희를 어지럽게 하는 자들은 스스로 베어 버리기를 원하노라(ὄφελον καὶ ἀποκόψονται οἱ ἀναστατοῦντες ὑμᾶς). 본문의 외침은 충격적이다. 대적들은 문제를 일으키는 자로 묘사된다(참고. 동사 ἀναστατόω는 행 17:6; 21:38에서도 나타난다). 이 표현은 바울이 편지 앞부분에서 그들에 관해 언급한 것과 조화를 이룬다(1:7; 5:10).

---

20. Howard, *Paul: Crisis in Galatia*. Winger는 어떤 면에서 비슷한 견해를 제안한다. 그는 바울의 대적들이 갈라디아에서 이방인들과 함께 부정한 음식을 먹었으며 그리하여 율법 전체를 지키지 않았다고 주장한다. Winger에 따르면 그들은 "바울을 직접적으로 공격하지 않았으며(567), 율법에 대한 바울의 입장을 이해하지 못했다. 또한 그들은 육체의 문제에 대한 해결책으로 율법을 전파했으며, 예루살렘 교회와의 관계를 내세움으로써 자신들의 권위를 강화했다. Michael Winger "Act One: Paul Arrives in Galatia", *NTS* 48(2002): 548–67을 보라. 대적들이 예루살렘을 내세웠으며, 아마도 그들이 육체에 대항하기 위해 율법을 끌어들였을 것이라는 Winger의 말은 아마도 옳을 것이다. 하지만 대적들이 부정한 음식을 먹었다는 것은 믿기 어렵다. 그랬다면 왜 그들이 할례가 필요하다고 믿었는지

대적들이 일으키는 문제는 그들이 할례에 사로잡혀 있는 데서 기인한다. 바울은 그들이 자르는 일에 관해 끝까지 가서 자신들을 거세해버리기를 원한다. 동사 "베어 버리다"(ἀποκόπτω)는 칠십인역에서 남근을 자르는 것을 표현할 때 사용된다(신 23:1; 23:2 LXX).[22] 바울은 할례의 언약 의식이 이교도의 절단 의식보다 나은 것이 없다고 생각한다.

우리는 빌립보서 3:2에서 동일한 정서를 발견한다. 거기서 할례는 더 이상 하나님에 대한 헌신의 표시가 아니라 육체를 절단하는 것으로 일축된다. 바울에 따르면 인간의 노력으로 하나님과의 관계에서 바른 지위를 끌어내려는 시도는 모두 이교 사상에 불과하므로(참고. 갈 4:3, 8-9), 그것에 철저히 저항해야 한다. 할례가 하나님의 백성이 되는 수단이라는 생각에 사로잡힌 자들은 사실상 자신을 하나님의 백성들에게서 잘라내고 있는 것이다.[23]

적용에서의 신학

1. 거짓 선생들을 향한 반응

복음과 관련하여 갈라디아 사람들을 흔들리게 했던 것은 외부에서 들어와 다른 메시지를 선포한 거짓 선생들이다. 그리스도인의 삶에서 어려움은 내부와 외부에서 온다. 여기서 우리는 갈라디아 사람들이 바울의 복음을 의심해서 변절한 것이 아님을 볼 수 있다. 바깥에서 다른 이들이 들어와 바울이 전한 가르침의 정당성에 의문을 일으켰다.

어려움은 종종 신자들이 복음의 진리를 의심하기 시작할 때 찾아온다. 잘못된 가르침이 넘쳐나며, 그리스도인의 믿음에 대한 지성적 도전은 끝이 없어 보인다. 인내한다는 것은 복음에 대항하여 끊임없이 일어나는 반대 앞에서도 계속 복음을 믿는 것이다. 믿음을 지키는 것은 시련과 어려움 속에서 일어나는 일이다. 믿음은 삶이 일으키는 불확실성과 혼란에 맞서 싸우며 끝까지 그리스도를 신뢰한다. 많은 사람이 복음을 비방할지라도, 혹은 친한 친구가 단번에 전수된 믿음에서 떠날지라도(유 1:3), 믿음은 지속적으로 그리스도를 붙들며 모든 거짓 복음을 거절한다. 진정한 신자는 시련이 위에 있는 예루살렘에 이르게 하기 위해 하나님이 정하신 수단임을 알고 있다.

최근 무신론을 장려하는 여러 책이 발간되었다. 저널리스트이자 작가인 크리스토퍼 히친스(Christopher Hitchens)는 『신은 위대하지 않다』(*God Is Not Great,* 알마 역간)라는 책을 썼다. 영

알기 어렵다. 또한 Winger와 대조적으로 그들이 율법에 대한 바울의 견해를 이해하지 못했다거나 바울을 공격하지는 않았을 것 같지 않다. 이 주석서에서 나는 그들이 바울을 직접적으로 대적했으며 율법에 대한 그의 견해를 이해했다고 생각할 확고한 이유가 있다고 주장한다(서론을 보라).

21. Fee는 갈라디아서가 쓰인 연대를 늦은 시기로 보고 있으며, 따라서 여기서 디모데의 할례를 가리키는 것으로 본다(*Galatians,* 195).

22. 이것이 그런 경우라면 바울은 여기서 거세보다 남근을 제거하는 것을 가리킨다. Hardin, *Galatians and the Imperial Cult,* 7에서 그렇게 말한다.

23. 참고. Barrett, *Freedom and Obligation,* 70.

국 과학자 리처드 도킨스(Richard Dawkins)는 『만들어진 신』(*The God Delusion*, 김영사 역간)이라는 책을 펴냈다. 신경 과학 분야의 권위자 샘 해리스(Sam Harris) 박사는 『종교의 종말』(*The End of Faith*, 한언 역간)과 『기독교 국가에 보내는 편지』(*Letter to a Christian Nation*, 동녘 역간)라는 책을 썼다. 우리는 여기에 어떻게 반응해야 하는가?

우선 그런 책들 때문에 염려하거나 혼란스러워할 필요가 없다고 말하고 싶다. 그리스도인으로서 우리는 요새 심리(fortress mentality)를 가져서는 안 된다. 사람들이 우리의 믿음을 문제시할 때 우리는 겁먹을 필요가 없다. 해 아래 새것이 없다. 우리는 오랫동안 그와 같은 공격을 견뎌왔다. 우리는 그들이 쓴 글에 강력히 대응한 사례가 있음을 아는 한 이 같은 책들을 읽는 것을 두려워해서는 안 된다.

예를 들어, 〈크리스채너티 투데이〉는 무신론자 히친스와 그리스도인인 더글러스 윌슨(Douglas Wilson)의 6부로 된 논쟁을 실은 바 있다. 우리는 그것을 온라인에서 읽을 수 있다. 윌슨이 그 논쟁에서 결정적으로 어떻게 이겼는지를 알면 당신은 놀랄 것이다. 히친스는 왜 무언가가 악하지 않고 선한지를 결코 설명할 수 없다. 윌슨은 히친스에게 설명해줄 것을 거듭 요청하지만, 히친스는 그러한 질문을 피하거나 아무 답도 내놓지 못한다.

그뿐만 아니라 도킨스의 책이 일부 세속주의자들에게서도 통렬한 비평을 받았음을 알아야 한다. 그의 책은 사람들에게 감명을 주지 못했다. 또한 윌슨은 『그리스도인 시민이 보내는 편지』(*Letter from a Christian Citizen*)라는 책으로 해리스에게 대응했다. 우리는 기독교 믿음이 사실이라는 것을 확신할 수 있다. 나는 이디스 쉐퍼(Edith Schaeffer)의 말을 즐겨 인용한다. "왜 기독교 신앙을 믿어야 합니까?"라는 질문에 그녀는 이렇게 대답했다. "그것이 사실이기 때문입니다." 효과가 있어서도 아니고, 기분을 좋게 해주어서도 아니다. 그것이 사실이기 때문이다.

2. 주에 대한 확신

5:10에 나오는 바울의 말은 주님이 시작하신 선한 일을 그분이 완성하실 것이라는 확신을 준다(빌 1:6). 주님은 부르신 자들을 구원하고 끝까지 보존하신다. 따라서 신자의 확신은 궁극적으로 자신이 아닌 그들을 부르신 주님께 있다. 신자들은 자신에게서 눈을 돌려 그리스도를 바라보며, 그분이 자신에게 삶을 위탁한 모든 이를 지키실 것이라는 약속을 신뢰한다. 신자는 자기가 가진 자원을 곰곰이 생각하면, 믿음을 지속할 수단이 자신에게 있지 않다는 사실을 깨닫는다. 물론 본문은 신자에게 끝까지 믿음을 이어나갈 것과 흔들림 없이 주님의 일에 남아 있을 것을 권고한다. 하지만 궁극적으로 하늘의 상급을 얻으리라는 확신은 주님에게서 온다. 그분은 자신에게 속하는 자들을 강건하게 하신다. 그러므로 그들은 이 악한 세대에서 자신을 구하시는 주님에게서 돌아서지 않는다(1:4).

신자가 예수 그리스도의 십자가를 선포하면 박해가 뒤따를 것이다. 박해의 범위는 환경과 문화에 따라 다르다. 어떤 경우에는 박해가 언어폭력, 신랄한 비판, 차별일 수 있다. 다른 경우 신자들은 육체적으로 폭력을 당하고, 고문받거나 심지어 죽임당하기까지 한다.

모든 박해의 근본적인 원인은 복음에 대한 저항이다. 세상은 십자가를 멸시한다. 십자가는 인간의 모든 선함을 우레와 같은 소리로 부정하기 때문이다. 십자가는 하나님 앞에서 우리를 벌거벗은 자로 세우며 우리의 불의와 악함을 드러낸다. 우리는 사람이 교육과 문명화의 영향으로 개혁되고 변화될 수 있다고 생각한다. 하지만 십자가는 사람의 문제를 해결할 수 있는 길이 죽음과 부활임을 우리에게 상기시킨다. 십자가의 메시지가 인간의 의식으로 들어올 때 우리는 회개하거나 혹은 자아에 대한 그러한 무례에 분노한다. 우리는 우리를 칭찬하고, 자신에 대한 만족감을 주며, 우리를 높여주는 복음을 고대한다. 하지만 십자가는 인간의 가능성을 거부한다. 십자가는 인간이 공정하고도 선한 사회를 건설할 수 있다고 믿는 소망을 포기하도록 우리를 가르친다. 새 창조는 오직 십자가만을 통해 온다. 하지만 십자가가 끝은 아니다. 부활이 있다.

CHAPTER 20

갈라디아서 5:13–15

문학적 전후 문맥

바울이 대적들에 맞서 심혈을 기울여 펼친 논증이 끝났다. 그는 자신의 사도적 권위를 변호하며 편지를 시작했다(1:1–2:21). 그가 전하는 복음을 변호하기 위해서였다. 또한 그는 제법 자세하게 유대주의자들의 신학을 논박했다(3:1–4:11). 바울은 독자들이 자신처럼 (율법에서 자유롭게) 되기를 고대한다(4:12). 그는 할례에 대한 순종이 치명적 결과를 낳을 것이라고 경고한다(5:2–4). 외부에서 온 자들이 문제를 일으켰지만 바울은 갈라디아 사람들이 복음에서 떠나지 않을 것을 확신한다(5:10). 분명히 그는 자신의 권고가 그들로 하여금 거짓 선생들의 견해에 굴복하지 못하게 막을 것이라고 믿고 있다.

5:13–6:10에서 바울은 계속해서 독자들에게 권고한다(권고는 4:12부터 시작되었다). 이제 바울은 특별히 독자들에게 자유분방주의를 경고함으로써 그들이 그리스도 안에서 누리는 자유가 방종을 위한 핑계가 되지 않게 한다. 여기서 무엇이 바울의 가르침을 촉발하는가? 종종 갈라디아서에서 바울이 두 종류의 대적을 염두에 두고 있다는 주장이 제기된다. 이 견해는 1:1–5:12은 율법주의자들에 대한 것이고, 5:13–6:10은 자유분방주의자들에 대한 것이라고 제안한다. 하지만 이러한 구분이 설득력 있다고 믿는 학자는 거의 없다. 대적들이 두 부류라는 증거는 확실하지 않다. 5:13–6:10이 추가된 것에 대한 다른 설명이 더 설득력 있다.[1] 어떤 이들은 갈라디아 사람들이 율법에서 자유롭게 살라는 가르침에 과잉 반응할 가능성을 예상했기 때문이라고 적절하게 제안한다. 그래서 바울은 율법에서 자유롭게 되는 것은 모든 도덕적 의무에서 자유로워진다는 뜻이 아니며, 성령 안에서의 삶은 다른 사람에게 봉사하는 것으로 표현된다고 가르친다.

흥미롭게도 베츠는 앞에서 말한 것과 조화되는 또 다른 가능성을 제안한다. 유대주의자들

1. 여기서 말하는 가능성들에 대한 더 많은 논의는 이 주석의 서론을 보라.

이 이르기 전에 갈라디아 사람들이 이미 바울의 복음을 오해하고 있었기 때문에, 그들이 갈라디아 사람들 가운데 손쉽게 침투할 수 있었다는 것이다. 갈라디아 사람들은 성령 안에 사는 것의 의미를 오해해서 여러 면에서 현저하게 육체를 따랐다.[2] 그러므로 유대주의자들은 갈라디아 사람들에게 도덕적 질서와 수양이 절실히 필요하다고 호소했다. 바울은 편지의 주요 내용에서 유대주의자들의 신학을 해체한다. 하지만 그는 갈라디아에서 선생들에게 발판을 제공한 문제에 우선적으로 대응해야 하므로, 편지 후반부에서 성령 안에서의 참된 삶이 자유분방주의로 이어지지 않는다고 설명한다.

이러한 베츠의 재구성은 분명 가능하기는 하지만 증거가 부족하다. 바울은 유대주의자들이 이르기 전에 갈라디아 사람들이 자유분방주의로 힘들어했다는 어떤 암시도 하지 않는다. 그리고 바울은 유대주의자들이 이르기 전에 자유사상의 위험성에 대해 그들에게 이미 경고한 바가 있음을 그들에게 상기시킨다(5:21). 다른 해석이 더 적절해 보인다. 바울이 갈라디아 사람들이 과잉 반응하지 않도록 설득하고자 한다는 견해는 타당성이 있다. 이는 편지에 극단적으로 반응할 수 있음을 예상하는 바울의 목자적 지혜를 보여준다.

또한 바울의 논증이 다른 방향으로 나아가고 있을 수 있다. 율법 아래의 삶이 실제로 죄가 지배하는 삶으로 이어질 수 있는 이유는 율법이 죄를 억제하지 않고 증가시키기 때문이다. 따라서 도덕적 무질서에 대한 해결책은 율법이 아니라 성령이다. 믿음은 관념으로 머무는 무기력한 것이 아니다. 믿음은 항상 하나님을 기쁘시게 하는 삶을 만들어낸다.

I. 도입: 바울의 복음을 떠나는 것은 복음을 떠나는 것이다(1:1–2:21)
II. 경험과 성경을 통한 바울의 복음 변호(3:1–4:11)
III. 율법에서 자유롭고 성령 안에서 자유롭도록 부르심(4:12–6:10)
- A. 율법에서 자유롭게 살라: 친밀한 관계를 통한 논증(4:12–20)
- B. 자유 가운데 서라: 알레고리를 통한 논증(4:21–5:1)
- C. 위험한 속박의 메시지를 물리치라(5:2–12)
- **D. 성령 안에서 자유를 누리라(5:13–6:10)**
  - ➡ **1. 사랑 안에서 표현되는 자유(5:13–15)**
  - 2. 육신이 아닌 성령으로 살기(5:16–24)

2. Betz, *Galatians*, 8–9, 273. 참고. Bruce, *Galatians*, 240; R. Longenecker, *Galatians*, 238.

주요 개념

그리스도 안에 있는 신자는 율법에서 자유롭다. 하지만 진정한 자유는 이기적 욕심을 만족시키는 것이 아니라, 다른 이들을 섬기고 사랑하는 데서 나타난다. 그러한 자유는 구약 율법의 성취를 의미한다.

번역

갈라디아서 5:13–15

13a	단언	**형제들아 너희가 자유를 위하여 부르심을 입었으나**
b	13a의 제한	그러나 **그 자유로 육체의 기회를 삼지 말고**
c	13b와 대조	오직 **사랑으로 서로 종 노릇 하라**
14a	13a–c의 근거	**온 율법은…한 말씀에서 이루어졌나니**
b	14a의 설명	…하신
c	14b의 비교	네 이웃 사랑하기를 네 자신 같이 하라(레 19:8)
15a	조건	만일 서로 물고 먹으면
b	권고	**피차 멸망할까 조심하라**

구조

5:13의 "[왜냐하면]"(γάρ)이라는 단어는 새로운 부분을 도입하는 역할을 할 것이다.[3] 갈라디아 사람들은 하나님께 율법에서 자유롭도록 부르심을 받았다. 어떤 이들은 이 "[왜냐하면]"이 5:1까지 거슬러 올라간다고 주장한다. 바울은 그 구절에서 자유를 누리도록 그리스도가 우리를 해방하셨다고 선포한다.[4] 내용에 비추어 우리는 5:13이 5:1과 잘 조화된다고 볼 수 있다. 하지만 여기서 "[왜냐하면]"이 그렇게 많은 구절을 거슬러 올라가는 것처럼 보이지 않는다. 자유로 부르신 것은 5:2–12과 잘 조화된다. 갈라디아 사람들에게 할례를 요구하는 것은 속박이다. 할례는 그들을 빚진 자가 되게 하며(5:3), 그러한 압제는 그리스도 안에서 그들이 얻은 자유와 조화되지 않는다.

하지만 이러한 자유는 바르게 이해되어야 한다. 자유는 이기적인 욕심을 충족하기 위한

3. Fee, *Galatians*, 203에서 그렇게 말한다.

4. R. Longenecker, *Galatians*, 238–39에서 그렇게 말한다.

구실이 아니다. 역설적이게도 자유는 사랑 안에서 서로를 섬기는 것에서 표현된다. 14절은 5:13의 근거 역할을 한다["(왜냐하면)"(γάρ)]. 신자들은 사랑 안에서 서로 섬겨야 한다. 그러한 섬김이 구약 율법을 완성하기 때문이다. 특별히 그것은 레위기 19:18의 이웃을 자신처럼 사랑하라는 권고를 성취한다. 5:15에서 바울은 다시 교회를 분열시키는 행위와 사랑을 대조한다. 갈라디아 사람들이 서로 미워하며 비판적인 자세로 신랄하게 비난한다면 그들은 교회를 파괴할 것이다.

석의적 개요

III. 율법에서 자유롭고 성령 안에서 자유롭도록 부르심(4:12–6:10)

A. 율법에서 자유롭게 살라: 친밀한 관계를 통한 논증(4:12–20)

B. 자유 가운데 서라: 알레고리를 통한 논증(4:21–5:1)

C. 위험한 속박의 메시지를 물리치라(5:2–12)

D. 성령 안에서 자유를 누리라(5:13–6:10)

➦ **1. 사랑 안에서 표현되는 자유(5:13–15)**

a. 진정한 자유(5:13)

b. 율법의 성취(5:14)

c. 분쟁에 대한 경고(5:15)

2. 육신이 아닌 성령으로 살기(5:16–24)

본문 설명

갈 5:13a 형제들아 너희가 자유를 위하여 부르심을 입었으나(Ὑμεῖς γὰρ ἐπ' ἐλευθερίᾳ ἐκλήθητε, ἀδελφοί). 바울은 호소력 있는 진술로써 신자가 자유롭게 되도록 하나님께 부르심을 받았다고 말한다. 그는 특별히 율법에서 자유로워지는 것을 생각한다. "[왜냐하면]"(γάρ)이라는 헬라어는 여기서 전환을 나타내는 불변화사의 역할을 하는 것으로 보인다. 이것은 이 새로운 부분을 도입하고, 갈라디아 사람들에게 그들을 속박하는 메시지의 포로가 되는 것을 경고하는 앞 구절과 연결된다. 유대주의자들은 갈라디아 사람들을 동요시키고 어지럽게 하고 있었다. 하지만 갈라디아 사람들은 자신이 구약 율법을 지키고 있는지 아닌지 고민하도록 하나님께 부르심받은 것이 아니다. 하나님은 그들을 효과적으로 부르셨을 때, 그들을 자유로 부르셨다.

여기서 "자유를 위하여"(ἐπ' ἐλευθερίᾳ)라는 전치사구는 목적을 뜻하는 것으로 이해해야 한다.[5] 주님은 갈라

5. BDF §235 (4); Bruce, *Galatians,* 240; R. Longenecker, *Galatians,* 239를 보라.

디아 사람들을 자신에게로 부르실 때 그들이 구약 율법 그리고 특별히 할례의 요구에서 자유롭도록 부르셨다.[6] 복종에 근거하여 하나님과 바른 관계를 맺으려고 애쓰는 부담은 더 이상 신자에게 적용되지 않는다. 그들이 예수 그리스도의 십자가 사역을 통해 율법의 저주에서 구속되는 자유를 누리기 때문이다(3:13; 4:4–5). 따라서 그들은 하나님의 자녀로서 자유와 기쁨 속에서 산다. 갈라디아 사람들은 앞 단락의 초점이었던 대적들과 대조적으로 "형제들"로 인정된다는 것도 주목해야 한다.

갈 5:13b 그러나 그 자유로 육체의 기회를 삼지 말고(μόνον μὴ τὴν ἐλευθερίαν εἰς ἀφορμὴν τῇ σαρκί). "그러나"(μόνον)라는 단어는 앞의 진술을 오해하지 않도록 그것을 제한한다. 신자가 누리도록 부르심받은 자유는 육체로 인해 왜곡되거나 그 가치가 저하되어서는 안 된다. 여기서 "육체"는 구속사의 옛 시대, 아담 안에서 인간의 정체성을 대표한다. 물론 신자들은 더 이상 아담이 아닌 그리스도 안에 있다. 하지만 그들은 구원 역사에서의 중요한 시기에 살고 있으며, 우리는 여전히 육체를 따라 살 가능성이 있다. 그들은 그리스도 안에서 누리는 자유가 육체를 위한 핑계가 되도록 자신을 속여서는 안 된다. 바울은 다른 서신에서 율법이 죄가 더욱 활동하게 하는 기회(ἀφορμή, 롬 7:8, 11)가 되었다고 말한다. 여기서 관심사는 자유가 잘못 사용되어 이기적인 의지가 지배할 수 있다는 것이다.

갈 5:13c 오직 사랑으로 서로 종 노릇 하라(ἀλλὰ διὰ τῆς ἀγάπης[7] δουλεύετε ἀλλήλοις). 주님이 갈라디아 사람들이 자유를 누리도록 부르신 것은 이기적인 욕구나 계속해서 죄짓는 구실로 삼으라는 의도가 아니었다. 진정한 자유는 사랑으로 다른 이들을 섬기는 것같이 종으로서 섬기는 것(δουλεύετε)으로 나타난다.

헤이즈는 "이 문구는 충격적인 역설로 다가온다"고 말한다.[8] 자유는 인간에게 자연적 욕구를 충족할 기회를 제안하지만, 그러한 욕구에 굴복하는 것은 자유가 아닌 속박이다. 진정한 자유는 신자를 이기적 의지에서 해방함으로써 그가 다른 이들을 섬기며 기쁨을 찾게 한다. 자유는 사랑으로 나타나며,[9] 다른 사람의 필요를 채우려는 욕구로 드러난다. 윌슨의 말대로 바울이 여기서 한 말은 출애굽 이야기를 차용한다. 거기서 주님은 이스라엘을 해방하셔서 그들이 자신을 섬기게 하셨다(출 4:23; 19:4–6; 20:1–6; 레 25:42).[10] 신자들이 누리는 구속은 그들을 해방하여 선을 추구하게 함으로써 그들이 기쁨으로 다른 사람을 섬기게 한다.

갈 5:14 온 율법은 네 이웃 사랑하기를 네 자신 같이 하

---

6. "너희는 부르심을 받았다"(ἐκλήθητε)라는 수동태 동사는 하나님이 그들을 부르셨음을 가리킨다. Betz, *Galatians*, 271–72; R. Longenecker, *Galatians*, 238에서 그렇게 말한다.
7. 부차적이지만 매혹적인 서방본문의 독법은 "성령의 사랑"으로 되어 있으며, 이것은 아마도 사랑이 성령의 열매라고 말하는 갈라디아서 5:22에 자극받은 것일 수 있다.
8. Hays, *Galatians*, 321.
9. R. Longenecker와 대조적으로 정관사 "그"(τῆς)는 2:20이나 5:6로도 되돌아가지 않는다(*Galatians*, 241). 정관사는 단순히 여기서 추상명사와 함께 사용되고 있다.
10. Wilson, "Wilderness Apostasy", 566–68.
11. 서방본문과 다수본문 유형에서는 이곳이 현재시제로 되어 있으며(πληροῦται), 소수의 사본에서는 로마서 13:9과 조화되기 위해 "종합한다"(ἀνακεφαλαιοῦται)로 되어 있지만, NA[27]의 독법이 원래의 것임이 분명하다(𝔓[46], ℵ, A, B, C, 062, 0254, 33, 81, 104, 326, 1175, 1241[s], 1739 등).
12. Betz는 자신의 주석에서 이 부분(5:13–6:10)과 헬라 문헌 사이의 다수의 평행을 예증으로 들지만, Barclay는 추정된 평행의 상당수가 갈라디아서의 주제와 일치하지 않음을 보여준다(*Obeying the Truth*, 170–77). 참으로 Betz는 갈라디아서에 "구체적인 그리스도인의 윤리"가 없으며 따라서 바울이 단순히 "당시의 헬라 문화에서 다른 모든 교육받은 자들에게 기대할 수 있는 것"을 되풀이한다고 말하며 진로에서 벗어나 다소 극적으로 방향을 바꾼다(*Galatians*, 292). 대조적으로 구약 율법의 성취, 성령, 십자가, 새로운 창조에 대한 초점은 바울이 신자의 삶에서 구약에 나타나는 종말론적 약속의 성취를 보고 있음을 가리킨다. 따라서 여기서 모세 율법에 대한 모든 언급을 제외하는 것은 올바르지 않다(Wilson, *Curse of the Law*, 100–104에서 이것을 바르게 말한다).

라 하신 한 말씀에서 이루어졌나니(ὁ γὰρ πᾶς νόμος ἐν ἑνὶ λόγῳ πεπλήρωται,[11] ἐν τῷ Ἀγαπήσεις τὸν πλησίον σου ὡς σεαυτόν). "[왜냐하면]"(γάρ)이라는 헬라어는 5:13의 근거가 설명되는 것을 가리킨다. 신자들의 자유가 다른 이들을 사랑으로 섬기는 것으로 나타나는 이유는 그러한 사랑의 섬김이 구약 율법의 메시지를 성취하기 때문이다.[12]

바울이 신자가 더 이상 구약 율법 아래에 있지 않다고 그토록 세세히 강조한 후에 구약 율법의 성취를 말하는 것은 놀랍다.[13] 5:3에서 바울은 신자가 할례를 받으면 율법 전체를 지켜야 하기 때문에 할례를 받아서는 안 된다고 말했다. 여기서 그는 방향을 바꾸어 서로 사랑하는 것을 통해 율법 전체가 성취된다고 말하며 레위기 19:18을 인용한다.[14] 레이제넨(Räisänen)이 주장하는 것처럼 여기에 모순이 있는가?[15] 바울은 5:3에서 율법에서 자유롭게 된 것을 확증하고 나서, 그가 지금까지 말한 모든 것과 반대로 5:14에서는 율법을 지켜야 할 의무를 주장하는가?

본문이 모순이라는 주장은 받아들일 수 없다. 바울이 5:3에서 말한 것을 잊어버렸을 리가 없기 때문이다. 바울은 갈라디아서 전체에 걸쳐 율법에서 자유롭게 되었음을 강조하므로(5:11에서도!) 그가 그것을 잊어버렸을 가능성은 희박하다. 구절들을 비교해보면 그 차이는 분명하게 드러난다. (1) 예를 들어, 바울은 5:3에서 "의무"(ὀφειλέτης)에 초점을 맞추지만 5:13에서는 "자유"(ἐλευθερία)를 강조한다. 5:3에서 율법 전체를 행하는 것이 짐이지만, 5:14에서는 율법 전체를 성취하는 것이 자유와 조화된다.

(2) 5:3은 율법을 "행하는 것"(ποιῆσαι)에 초점을 맞추지만, 5:14은 율법을 "성취하는 것"(πεπλήρωται)에 대해 말한다.[16] 의롭다 함을 얻기 위해 율법을 행하는 것이 요구되며, 그렇게 하는 것은 어려운 일이다. 반면 율법을 성취하는 것은 칭의와 성령이 사역하신 결과다.[17]

(3) 또한 5:3과 5:14에 사용된 "온 율법"이라는 표현은 구분된다. 3절에서는 "율법 전체"(ὅλον τὸν νόμον)를 뜻하는 반면, 14절에서는 "온 율법"(ὁ πᾶς νόμος)을 가리키기 때문이다.[18]

(4) 마지막으로 두 진술의 문맥이 구분되어야 한다. 율법 전체를 행할 의무는 갈라디아 사람들이 할례에 복종하면 심판받는다고 경고하는 문맥에 등장하기 때문이다. 온 율법의 성취는 진정한 자유가 사랑을 통해 다른 이들을 섬기는 데서 나타난다고 말하는 문맥에 나온다.

하나님 사랑과 이웃 사랑을 통해 온 율법이 성취된다고 보신 예수님의 생각(마 22:34–40)을 바울이 따르지 않는 것은 다소 놀랍다. 대신 그는 이웃 사랑으로 제한하며 거기에서 온 율법의 성취를 본다. 이웃 사랑에 초

13. Hübner는 5:14이 모세 율법을 가리키지 않는다고 주장한다. 5:3과 모순될 것이기 때문이다. 그리고 그는 5:14을 풍자적으로 이해해야 하며, 그 결과 율법이 서로 사랑하라는 명령으로 축소된다고 말한다(*Law in Paul's Thought*, 36–37). 하지만 이러한 견해와 대조적으로 바울은 확실히 5:14에서 모세 율법을 가리키며, 그 언급이 풍자적이라는 것은 분명하지 않다. 홍인규는 5:14이 하나님의 뜻의 측면에서 율법을 가리키는 반면, 5:3은 모세 언약의 측면에서 율법을 가리킨다고 말함으로써 딜레마를 해결한다(*Law in Galatians*, 172–73).

14. Hays와 대조적으로 레위기 19:18이 여기서 약속으로 이해된다는 암시는 없다(*Galatians*, 324).

15. Heikki Räisänen, *Paul and the Law*(Philadelphia: Fortress, 1986), 113–14.

16. 여기서 Stephen Westerholm, "On Fulfilling the Whole Law(Gal 5:14)", SEÅ 51–52(1986–87): 233–37을 보라. 또한 Betz, *Galatians*, 275; Wilson, *Curse of the Law*, 107–12를 참고하라. 하지만 Westerholm은 갈라디아서 5:14이 명령이 아니라고 잘못 말하며(235), 바울 신학에서 명령과 "행함"의 역할을 과소평가한다.

17. Garlington은 율법을 "성취하는 것"과 "행하는 것" 사이의 구분에 대해 논의한다(*Galatians*, 232). Wilson과 대조적으로 바울이 여기서 율법의 저주를 초래하지 않기 위해 율법을 성취할 것을 요구하는지 분명하지 않다(*Curse of the Law*, 104–16). Wilson이 가정하는 연관성은 바울이 선언한 적이 없다. 바울은 천국에 들어가기 위해(5:21) 그리고 종말론적 멸망을 피하기 위해(6:8) 의가 필요하다고 말하기는 하지만, 그들이 율법의 저주를 받지 않도록 하기 위해 의가 필요하다고 말하지는 않는다.

18. 나는 실제로 주석서에서 그 둘을 똑같이 번역하지만, 여기서는 이 표현이 나타나는 다른 문맥을 강조하기 위해 다르게 번역한다.

점이 있는 이유는 사회적 관계가 이 단락을 지배하기 때문일 것이다. 사랑은 신자들이 서로 잘 지내는 능력에서 드러난다.

또한 성경에는 하나님 사랑이 이웃 사랑으로 표현된다는 견해를 지지하는 가르침이 많이 등장한다. 본문은 레위기 19:18을 그대로 인용했다. 본문은 다른 이들을 사랑할 수 있기 전에 먼저 자신을 사랑하는 법을 배우라고 제안하지 않는다.[19] 대신 우리가 항상 자신의 이익을 추구한다는 점에서 우리가 자신을 사랑한다고 가정한다. 그래서 사랑은 다른 이들의 이익을 구하고 그들이 잘되기를 추구한다.

율법의 다양한 명령들은 사람 사이의 상호 작용과 관련된다는 점에서 다음과 같은 명령들로 요약된다.[20] "도둑질하지 말라", "살인하지 말라", "간음하지 말라"와 같은 명령은 바로 "이웃에게 사랑을 베풀라"고 말하는 것과 같다(참고. 롬 13:8-10). 참으로 어떤 규정집도 다른 이를 사랑하는 것이 내포하는 모든 내용을 요약할 수 없다. 삶은 너무나 다양하고 복잡해서 사랑이 표현되는 방식을 성문화하기가 불가능하기 때문이다.

하지만 율법에서 자유로우며 성령을 통해 능력을 얻는 사람은 사랑의 삶을 산다.[21] 사랑은 율법이 정한 도덕 규범을 우회하거나 범하지 않고, 그것을 초월한다. 사랑하라는 부르심은 아마도 "그리스도의 법"(6:2)을 나타낼 것이다. 그리스도는 자기 백성을 위해 자신을 주시며 사랑의 모범이 되셨다(2:20). 신자도 그처럼 다른 사람의 선을 위해 자신을 내어줄 때 그리스도의 법을 실천한다.

갈 5:15 만일 서로 물고 먹으면 피차 멸망할까 조심하라 (εἰ δὲ ἀλλήλους δάκνετε καὶ κατεσθίετε, βλέπετε μὴ ὑπ' ἀλλήλων ἀναλωθῆτε). 자유는 분쟁이나 말다툼과 동일하게 여겨져서는 안 된다. 그것은 교회를 분열시킬 것이기 때문이다. 갈라디아서의 권고를 살펴보면 사회적 관계에 초점이 있음을 분명히 알 수 있는데, 이 구절도 그것을 확증한다. 바울은 본문에서 다채로운 용어들을 사용하여 갈라디아 사람들이 서로 물고 먹는 동물로 변하지 않도록 권고한다.[22] "물고"(δάκνετε)라는 단어는 종종 구약에서 뱀에 대해 사용된다(창 49:17; 민 21:6, 8, 9; 신 8:15; 전 10:8, 11; 암 5:19; 9:3; 렘 8:17).

위의 구약 구절들이 여기서 반영되었다면, 바울은 성령 안에서의 삶과 '마귀의' 삶을 날카롭게 구별하는 것이다. 갈라디아 사람들은 자유가 다른 사람들에 대한 신랄한 비판과 미움으로 가는 문을 열어준다고 생각해서는 결코 안 된다. 악독한 말이 오고 가는데 막지 않으면 교회는 파괴되고 멸망할 것이다. 그러한 미움이 저지되지 않는다면 교회는 내부적으로 분열될 것이다. 성령은 악을 제어하도록 신자를 자유롭게 하신다. 성령은 악한 충동이 자유롭게 지배하게 하지 않으신다.

---

19. Fee, *Galatians*, 205에서 이것을 바르게 말한다.

20. Martyn은 여기서 율법에 대해 다르게 생각하며, 그리스도를 동사 "성취하다"의 주어로, 그리하여 율법을 완성한 자로 본다(*Galatians*, 490-91). 그의 견해에 대한 더 많은 설명은 503-24를 보라.

21. 따라서 율법의 성취는 예레미야 31:31-34의 새 언약의 예언과 약속된 성령의 선물(사 32:15; 44:3; 59:21; 겔 11:19; 36:26-27; 37:14; 39:29; 욜 2:28-32)을 성취한다. 여기서 Wilson, *Curse of the Law*, 110을 보라.

22. Russell은 유대주의자들이 여기서 금지된 죄에 빠지고 있었다고 주장한다. "Galatians 5:13-26", 341-42. 하지만 이것과 대조적으로 Betz는 또한 여기서 바울의 표현이 "과장적"이라고 바르게 말한다(*Galatians*, 277).

적용에서의 신학

1. 자유와 자연적 욕구

진정한 자유를 인간의 자연적 욕구와 결코 동일하게 여겨서는 안 된다. 아담의 후손인 사람은 자유가 모든 구속이 제거되어 자신이 원하는 것을 모두 할 수 있는 것이라고 생각한다. 하지만 바울이 생각하는 자유는 자연적 욕구와 동일한 것이 아니다. 후자는 육체의 결과이자 자신에게 열중하는 인간적 의지의 결과이기 때문이다.

인간은 자연적 욕구에 더 이상 지배되지 않을 때 진정으로 자유롭다. 자유는 이기적 욕구에 굴복하는 데서 얻어지지 않으며, 역설적으로 신자가 다른 이들을 섬길 때 발견된다. 자연적 욕구에 매이는 자는 자유로운 자가 아니라 종이다. 반면, 사랑 안에 사는 자는 다른 이를 섬기도록 해방된다. 따라서 하나님의 뜻에 복종하는 것이 완전한 자유다. 그러한 자유는 오직 새로운 창조 안에서만 완벽하게 실현된다. 그때 신자가 항상 그리고 오직 하나님의 뜻을 행하기를 갈망할 것이기 때문이다. 하나님의 뜻에 대한 완전한 복종은 완전한 자유를 의미한다.

우리의 가장 깊은 욕구는 우리가 하나님의 뜻을 행할 때 실현된다. 우리는 지금보다 오는 시대에 더 분명히 자신의 이기적 욕구를 따르는 것이 끔찍한 속박이었음을 깨달을 것이다. 하지만 지금의 악한 시대에도 우리는 성령의 첫 열매를 맺으며, 그를 통해 우리는 새로운 창조가 가져오는 자유와 하나님에 대한 순종이 주는 기쁨을 부분적으로 경험한다.

우리는 자신의 자유를 강조함으로써 무언가에 매일 수 있다. 몇몇 그리스도인은 보아서는 안 될 영화를 본 뒤 자신의 자유를 강조하며 그것을 변명한다. 또 어떤 이는 자유를 강조하며 술의 노예가 되고, 어느 날 자신이 술에 흠뻑 빠져 있는 것을 깨닫는다. 누군가는 소위 자신이 가진 자유를 강조하며 마리화나를 피우는 것도 변명할 것이다. 나는 어떤 사람이 자유에 호소함으로써 음란물을 보는 것까지 변명하는 것을 들었다. 정말로, 자유가 속삭이는 유혹의 말은 육체를 위한 발판이 될 수 있다.

무엇이 진정한 자유인가? 바울은 무엇이 진정한 자유인지 우리에게 말해준다. 우리가 서로 생각이 다를 때 화를 내지 않는다면 우리는 은혜로 살고 있는 것이다. 우리가 논쟁에서 이기기 위해 고함을 친다면 우리는 복음에 확고히 서 있지 않은 것이다. 우리는 자신이 옳다는 것을 입증해야 한다. 하지만 우리가 은혜로 산다면 우리는 확고하게 진리를 말하고, 필요하다면 그것을 다시 말하기도 하겠지만, 결과는 하나님께 맡길 것이다.

2. 구약 율법의 진정한 목적

사랑은 구약 율법의 진정한 목적을 성취한다. 한편으로 신자는 더 이상 모세 율법과 그 규정 아래에 있지 않다. 다른 한편으로 신자는 지금 성령에 의해 율법이 의도한 것을 성취한다. 바울이나 다른 어느 저자도 교회 역사 속에서 잘 알려진 대로 율법을 의식법, 사회법, 도덕법으로 엄밀하게 구분하지 않는다.[23] 의식법과 사회법은 종결되었지만, 도덕법은 여전히 신자들에게 유효한 것처럼 말할 수 없다. 대신 바울은 모세 언약과 율법 전체가 지나갔다고 주장한다.

하지만 구약과 신약 사이에 불연속성만 존재한다는 뜻은 아니다. 성령 안에서의 삶은 또한 구약 율법의 성취를 나타낸다. 모세 언약과 구약 율법은 그리스도를 가리키며 예수 그리스도 안에서 성취된다. 율법은 그리스도 안에서 폐지되는 동시에 성취된다. 연속성과 불연속성의 흐름을 추적하기 위해서는 하나님의 구속이 전개되는 이야기의 관점에서 성경을 읽어야 한다. 구약 율법은 예수 그리스도 안에서 시작된 성취에 비추어 이해해야 한다. 그분이 율법의 주권적인 해석자이시기 때문이다(참고. 마 5:17–48).

우리는 신약의 증거를 바탕으로 구약 율법이 여러 방식으로 그리스도를 가리킨다는 사실과, 구약의 많은 도덕적 기준과 서로 사랑하라는 명령 사이에 연속성이 존재한다는 것을 알 수 있다. 갈라디아서 5:14과 평행을 이루는 로마서 13:8–10은 사랑이 명령을 지키는 것을 통해 증명된다는 사실을 분명히 말해준다. 사랑한다고 말하면서 간음, 살인, 도둑질, 탐심의 죄를 범할 수 없다. 그러한 도덕적 기준은 우리가 사랑의 외형을 분별하도록 도와서 이기적 욕구를 충족하기 위해 일그러진 가짜 사랑이 되지 않게 한다.

물론 사랑은 도덕적 기준으로 설명할 수 없다. 매일 내려야 할 수천 가지 결정이 포함된 규정집은 없다. 여기서는 사랑과 성령의 격려가 신자를 위한 안내자 역할을 한다. 하지만 사랑이 도덕적 기준으로 완전히 설명될 수 없다고 해서 그 기준을 무시하는 것은 아니다. 도덕 규칙은 사랑의 전부가 아니며 사랑의 핵심도 아니지만 여전히 사랑의 일부다. 어쨌든 사람은 이기적 욕구에 매이면서도 살인, 간음, 도둑질을 범하지 않을 수 있다. 따라서 사랑은 성경적 윤리의 중심으로 서야 한다. 사랑은 오늘날의 미쉬나를 통해 완전히 성문화되거나 서술될 수 없다. 사랑은, 어떻게 예수 그리스도의 복음과 일치하는 방식으로 다른 사람을 섬기고 그들의 품성을 높일 수 있는지를 묻는다.

남편이 "나는 어떻게 아내를 섬기고 그녀가 주 안에서 강건하도록 만들 수 있는가?"라고 스스로 묻는다면 그는 자유로운 자다. 한편 아내는 "나는 어떤 방식으로 남편을 지원하고 지지해서 그가 영적으로 힘을 얻게 할 수 있는가?"라고 질문할 것이다. 그리고 우리는 모두 "어떻게 나는 그리스도의 몸에서 다른 이들을 섬길 수 있는가? 주님은 내게 무엇을 하게 하시는가? 다른 이들이 영적으로 성숙하도록 돕고, 그들을 그리스도에 대한 믿음으로 이끌기 위해 나는 무엇을 할 수 있는가?"라고 물을 수 있다. "그것은 자유가 아닌 속박처럼 들린다"고 말하는 사람은 진정한 자유가 무엇인지 이해하지 못하는 것이다. 그는 여전히 자신의 이기적 욕구에 매여 있는 사람이다.

23. *Augustine's Commentary on Galatians*, 205, 207과 대조적으로.

갈라디아서 5:16-24

CHAPTER 21

문학적 전후 문맥

4:12에서 시작된 편지의 권고 부분이 이어진다. 갈라디아 사람들은 모세 율법에서 자유로운 삶을 살며 바울의 모범을 따라야 한다(4:12-20). 그들은 그리스도 안에서 자신들이 얻은 자유 안에 서야 한다(4:21-5:1). 그들은 할례에 순종해서는 안 되며, 거짓 선생들의 그러한 촉구에 저항해야 한다(5:2-12). 그들은 자유로 부르심을 받았으며, 그 자유는 사랑으로 다른 이를 섬기는 것에서 나타난다(5:13-15).

이제 바울은 자유로 부르심을 받은 것과 사랑을 따라 사는 것이 무엇인지를 계속해서 설명한다.[1] 그러한 삶은 성령의 능력을 통해서만 실현된다. 본문은 세 개의 하위 부분으로 나뉜다. (1) 성령을 따름으로써 신자는 육체와 율법에 승리할 수 있다(5:16-18). (2) 육체를 따르는 삶과 성령을 따르는 사람의 결과는 쉽게 분별된다(5:19-23). (3) 그리스도께 속하는 자들은 육체의 욕구를 소멸시킨다(5:24).

I. 도입: 바울의 복음을 떠나는 것은 복음을 떠나는 것이다(1:1-2:21)
II. 경험과 성경을 통한 바울의 복음 변호(3:1-4:11)
III. 율법에서 자유롭고 성령 안에서 자유롭도록 부르심(4:12-6:10)
　A. 율법에서 자유롭게 살라: 친밀한 관계를 통한 논증(4:12-20)
　B. 자유 가운데 서라: 알레고리를 통한 논증(4:21-5:1)
　C. 위험한 속박의 메시지를 물리치라(5:2-12)
　D. 성령 안에서 자유를 누리라(5:13-6:10)
　　1. 사랑 안에서 표현되는 자유(5:13-15)
➦　　**2. 육신이 아닌 성령으로 살기(5:16-24)**
　　3. 성령을 통해 서로 돌아봄(5:25-6:5)

1. 대안으로서 Russell은 접속사 δέ가 5:15에 대한 대조를 이끈다고 생각한다("Galatians 5:13-26", 343).

주요 개념

육체의 욕구는 신자에게서 사라지지 않고 끊임없이 신자를 위협한다. 하지만 이제 신자는 성령의 능력을 통해 육체와 그 욕구를 이길 수 있다. 또한 우리가 육체를 따르는지 성령을 따르는지 여부는 불분명하지 않다. 육체가 지배하는지 성령이 지배하는지는 우리의 삶이 보여주기 때문이다.

번역

갈라디아서 5:16–24

16a	권고	**내가 이르노니 너희는 성령을 따라 행하라**
b	결과	**그리하면 육체의 욕심을 이루지 아니하리라**
17a	16a–b의 근거	**육체의 소욕은 성령을 거스르고**
b	연속	**성령은 육체를 거스르나니**
c	17a–b의 근거	**이 둘이 서로 대적함으로**
d	17c의 목적	너희가 원하는 것을 하지 못하게 하려 함이니라
18	17a–d와 대조/조건	너희가 만일 성령의 인도하시는 바가 되면 **율법 아래에 있지 아니하리라**
19a	16–18의 연속	**육체의 일은 분명하니 곧**
19b–21a	목록	음행과 더러운 것과 호색과 우상 숭배와 주술과 원수 맺는 것과 분쟁과 시기와 분냄과 당 짓는 것과 분열함과 이단과 투기와 술 취함과 방탕함과 또 그와 같은 것들이라

b	21c와 비교	전에 너희에게 경계한 것 같이
c	19-21a의 연속	**경계하노니**
d	21b-c의 설명	이런 일을 하는 자들은 하나님의 나라를 유업으로 받지 못할 것이요
22-23a	19-21과 대조/목록	오직 **성령의 열매는**
		사랑과
		희락과
		화평과
		오래 참음과
		자비와
		양선과
		충성과
		온유와
		절제니
23b	22-23a의 연속	**이같은 것을 금지할 법이 없느니라**
24	23의 연속	**그리스도 예수의 사람들은 육체와 함께 그 정욕과 탐심을 십자가에 못 박았느니라**

구조

문학적 전후 문맥에서 본문을 세 개의 하위 부분으로 나눌 수 있다고 말했다(문학적 전후 문맥을 보라). 각 부분마다 더 깊은 분석이 필요하다. (1) 첫 부분은 5:2과 같이 "내가 이르노니"(λέγω δέ)라는 말로 시작된다. 16a절은 성령 안에서 살 것을 권고하며, 16b절은 그렇게 사는 것의 결과를 구체적으로 보여준다. 즉, 성령 안에 사는 자들은 육체의 욕구를 실행하지 않는다는 것이다. 하지만 17절은 육체와 성령이 대립되기 때문에 성령 안에 사는 삶이 쉽지 않다고 설명한다["(왜냐하면)"(γάρ)]. 하지만 18절은 그런 상황이 최종적인 것이 아니라고 말한다. 성령의 인도를 받는 자들은 더 이상 율법의 영역에 있지 않으므로, 그들이 더 이상 죄의 권세에 굴복하지 않기 때문이다.

(2) 사람이 육체에 사는지 성령 안에 사는지 여부는 감춰진 것이 아니다(5:19-23). 바깥으로 드러나는 구체적인 행동과 태도는 이 땅에서 사는 사람의 삶의 근원이 무엇인지 보여준다. 여기서 본문의 두 가지 주요 단위는 "[이제]"(19절)와 "오직"(22절)으로 시작된다(δέ…δέ로 표시됨). 육체의 행위는 일반적으로 네 가지 범주로 분류된다. (a) 처음 세 항목은 성적인 죄를 가리킨다. (b) 네 번째와 다섯 번째 악은 하나님을 영화롭게 하고 경배하는 일에 실패한 것에 초점이 있다. (c) 여섯 번째에서 열세 번째까지의 악은 사회적인 악, 즉 공동체를 붕괴시키는 죄에 집중한다. 이 범주의 죄가 다른 범주의 죄보다 더 많이 열거되는 것으로 보아, 이 죄들이 강조되

는 것이 분명하다. (d) 마지막 두 악은 마시고 떠드는 방탕한 생활과 관련되어 있다. 악의 목록은 포괄적이지 않으며, 바울은 다른 죄를 더 열거할 수 있었다고 말한다. 악의 목록은 육체의 일을 행하는 자들이 하나님의 왕국을 유업으로 받지 못할 것이라는 강력한 경고로 끝을 맺는다.

22-23절에는 악의 목록과 대조되는 선의 목록이 등장한다. 여기서 성령의 열매 안에 있는 아홉 가지 요소가 열거된다. 사랑이 맨 앞에 위치하지만, 전체적으로 선의 목록은 악의 목록처럼 구분할 수 있는 패턴으로 분류되지 않는다. 바울은 어떤 법도 이러한 선에 맞설 수 없다고 말하며 이 부분을 끝맺는다. 즉, 율법은 변화된 삶을 낳지 않는다는 것이다. 새 시대의 선물인 성령이 신자들에게 그러한 방식으로 살 수 있는 힘을 주신다.

(3) 마지막 부분은 직설법 진술로 결론을 맺는다. 신자들은 육체의 욕구를 십자가에 못 박았기 때문에 육체에 대해 승리한다(5:24). 이러한 죽음은 그들이 그리스도와 함께 십자가에 못 박혔을 때 성취되었을 것이다(2:20). 따라서 육체는 모세 율법이 아닌 그리스도의 십자가에 의해 권위의 자리에서 물러나게 되었다.

석의적 개요

III. 율법에서 자유롭고 성령 안에서 자유롭도록 부르심(4:12-6:10)

A. 율법에서 자유롭게 살라: 친밀한 관계를 통한 논증(4:12-20)

B. 자유 가운데 서라: 알레고리를 통한 논증(4:21-5:1)

C. 위험한 속박의 메시지를 물리치라(5:2-12)

D. 성령 안에서 자유를 누리라(5:13-6:10)

1. 사랑 안에서 표현되는 자유(5:13-15)

➦ **2. 육신이 아닌 성령으로 살기(5:16-24)**

a. 성령을 따르라(5:16-18)

i. 육체를 이기기 위해(5:16)

ii. 전투가 격렬하기 때문에(5:17)

iii. 율법에서 자유롭기 위해(5:18)

b. 육체와 성령의 표시(5:19-23)

i. 육체의 행위(5:19-21)

(1) 성적인 죄(5:19b)

(2) 하나님 경배하기를 거부함(5:20a)

(3) 사회적인 죄(5:20b-21a)

(4) 흥청대는 죄(5:21a)

(5) 종말론적 경고(5:21c)

ii. 성령의 열매(5:22-23)

c. 육체를 십자가에 못 박음(5:24)

3. 성령을 통해 서로 돌아봄(5:25-6:5)

본문 설명

갈 5:16 내가 이르노니 너희는 성령을 따라 행하라 그리하면 육체의 욕심을 이루지 아니하리라(Λέγω δέ, πνεύματι περιπατεῖτε καὶ ἐπιθυμίαν σαρκὸς οὐ μὴ τελέσητε).[2] 육체를 이기기 원하는 신자는 지속적으로 성령을 따라야 한다. 이러한 강한 어조의 도입부는 논증의 새로운 방향을 암시할 수도 있고(참고. 3:17; 4:1; 5:2),[3] 5:15에 대한 대조일 수도 있다. 또한 본문의 논증은 5:13-15에서 말한 사랑을 통한 섬김이 무엇인지를 깊이 분석하는 것으로 이해할 수 있는데,[4] 여기서는 이러한 견해를 선호한다. 바울이 여기서 거짓 선생들에게 대응하고 있는지 여부는 다소 확실하지 않다.[5] 그보다 바울은 이제 진정한 자유의 성격을 더욱 명확히 밝힌다.

속박은 육체의 욕구에 굴복하는 것이지만, 자유는 성령님께 굴복하는 데서 온다.[6] 자유는 궁극적으로 인간의 잠재성으로 얻어지지 않는다. 그것은 성령의 초자연적 사역이다.[7] 마찬가지로 사랑을 통해 다른 이들을 섬기는 것은 여전히 아담 안에 있는 자들에 의해, 그리고 육체의 지배 아래 남아 있는 자들을 위해 성취될 수 없다. 사랑의 봉사는 오직 성령의 능력을 통해서만 실현된다. "행하다"(περιπατεῖτε)라는 단어는 성령께 매일 복종해야 할 필요성을 나타낸다. 이 구절에는 하나님의 도우심과 인간의 선택 사이의 긴장이 존재한다. 한편으로 신자는 성령에 의해 사는 것을 선택해야 하며, 다른 한편으로 성령은 신자가 하나님을 기쁘시게 하는 삶을 살 힘을 주신다.

RSV는 이 구절의 마지막 부분을 다음과 같이 번역한다. "그리고 육체의 욕구를 만족시키지 말라." RSV는 두 절을 모두 명령법으로 해석하며 신자들이 성령께 복종하며 육체에 저항할 것을 요청한다. 하지만 이러한 해석은 분명히 잘못되었다.[8] 강조의 가정법은("너희는 결코 이루지 않을 것이다", οὐ μὴ τελέσητε) 여기서 명령법이 아닌 약속으로 해석해야 한다.[9] 신자가 성령 안에 살면 그는 육체의 욕구를 행동으로 옮기지 않을 것이다. 갈라디아 사람들이 성령께 복종하는 한 육체의 욕구는 좌절되고 정복될 것이다. 신자는 옛 아담의 욕구에 영향을 받는다. 그것은 여전히 신자들을 유혹하며 심히 매력적이다. 하지만 성령 안에서 살 때 신자는 그러한 욕구를 이긴다.

---

2. Nick Nowalk에게 감사한다. 그는 내가 가르치는 수업에서 갈라디아서 5:16-18에 대한 뛰어난 연구 보고서를 제출했으며, 그의 연구는 이 본문에 큰 도움이 되었다.

3. Witherington, *Galatians,* 393.

4. Ronald Lutjens, "'You Do Not Do What You Want': What Does Galatians 5:17 Really Mean?" *Presb* 16(1990): 110에서 그렇게 말한다.

5. 대조적으로 Martyn, *Galatians,* 492; Hays, *Galatians,* 325를 보라.

6. Russell의 제안과 대조적으로 여기서 육체의 욕심은 할례에 제한될 수 없으며("Galatians 5:13-26", 343) 좀 더 종합적으로 육체가 원하는 것을 가리킨다. 5:19-21의 악의 목록은 육체의 욕심이 할례를 받으려는 의도를 넘어선다는 것을 입증한다.

7. R. Longenecker는 "대격의 πνεύματι가 근원과 수단을 모두 암시한다"고 말한다(*Galatians,* 244). Martyn은 바울이 성령 안에서의 삶의 시작을 말하거나 인간의 능력에 호소하지 않는다고 바르게 본다(*Galatians,* 535). 하지만 Martyn은 여기서 인간의 의무가 가진 역할을 감소시키는 것으로 보인다.

8. Barclay, *Obeying the Truth,* 111, n. 10; Witherington, *Galatians,* 393; Martyn, *Galatians,* 492; Bruce, *Galatians,* 243에서 그렇게 말한다.

9. Betz, *Galatians,* 278에서 이것을 바르게 말한다.

갈 5:17a-b 육체의 소욕은 성령을 거스르고 성령은 육체를 거스르나니(ἡ γὰρ σὰρξ ἐπιθυμεῖ κατὰ τοῦ πνεύματος, τὸ δὲ πνεῦμα κατὰ τῆς σαρκός). 성령 안에서 행하는 것이 중요한 이유가 이제 설명된다. 신자의 마음에는 큰 싸움이 일어난다.[10] 성령이 신자 안에 거하시므로, 오는 시대에 약속된 선물이 신자들의 것이 된다. 그리고 지금의 악한 시대는 아직 끝나지 않았다(1:4). 육체도 실체로 남아 있으며 그 욕구는 사라지지 않았다. 또한 육체의 욕구는 성령의 사역에 완전히 반대된다. 하지만 육체의 욕구가 지속되는 것으로 끝나지 않는다. 성령 또한 신자 안에 거하시며 그들이 의를 향해 가도록 촉구하신다. 따라서 신자는 선을 향한 강력한 욕구도 갖는다.

갈 5:17c-d 이 둘이 서로 대적함으로 너희가 원하는 것을 하지 못하게 하려 함이니라(ταῦτα γὰρ[11] ἀλλήλοις ἀντίκειται, ἵνα μὴ ἃ ἐὰν θέλητε ταῦτα ποιῆτε). 17절 전반부에 잠재된 것이 여기서 명확히 표현된다. 성령과 육체가 서로 대조를 이루므로 육체의 욕구도 성령의 욕구도 실현되지 않는다는 것이다. 그리스도인은 성령을 통해 오는 시대의 삶을 누리지만 여전히 육체와 싸워야 한다. 육체와 성령은 계속해서 서로 다투므로 유혹이 지속적으로 신자를 괴롭힌다.[12]

이 구절의 마지막 부분은 특별히 해석이 어렵다. 이것은 다음과 같이 여러 다른 방식으로 해석될 수 있다. (1) 성령과 육체는 대조되며, 그 결과 신자는 성령이 촉구하시는 일을 할 수 없다.[13] 이 견해는 거절해야 한다. 이것은 5:17이 로마서 7:14-25과 유사한 것처럼 잘못 해석하는데, 두 본문은 구분되어야 한다. 후자는 성령에 대해 아무 말도 하지 않기 때문이다! 또한 이 견해는 어떻게 5:17이 5:16에 대한 근거로서 역할을 하는지 설명하지 않는다. 전체 논증(5:16-18)은 그리스도인의 존재가 마치 하나님의 뜻을 행하는 일에 끊임없이 실패만 한다는 듯, 그리스도인의 삶에 그토록 부정적 견해를 제기하지 않는다.[14]

(2) 두 번째 견해는 상당히 창의적이게도 이 구절에 삽입구가 존재한다고 본다. "육체가 성령에 반대되는 것을 원하는 이유는 (그리고 성령이 육체에 반대되는 것을 원하는 이유는 그 둘이 대립되기 때문이며) 너희가 원하는 것을 하지 못하게 하려 함이다."[15] 이 견해의 주요 문제점은 삽입구가 존재한다는 것이 불분명하다는 것이다. 이러한 제안은 너무 독창적이고 복잡하기 때문에 설득력이 없다.

(3) 또 다른 해석은 성령과 육체가 대조되며, 그 결과 육체의 욕구가 이루어질 수 없다는 것이다.[16] 이러한 해석은 앞의 두 견해보다 훨씬 개연성이 있다. 이것을 받아들인다면 바울은 성령이 육체에 대해 승리하셨음을 강조하는 것이다. 하지만 이러한 해석은 본문을 읽는 가장 자연스러운 방식이 아니다. 또한 그것은 이 구절에서 육체의 역할을 과도하게 약화시킨다.[17] 만약 바울이 이 견해를 의도했다면, 그는 "너희가 육체가 원하는 것을 하지 못하게 하려 함이니라"고 말했을 것 같다.

(4) 육체와 성령의 싸움은 교착 상태를 만들어내며,

10. 바울이 "유대주의자들의 공동체의 일원이 되고 이스라엘을 따르는 그리스도인에 대해 작용하는 역동성"에 대해 말하는지 분명하지 않다(Russell, "Galatians 5:13-26", 349와 대조적으로).

11. 다수 사본과 몇몇 다른 사본은 δέ의 독법을 지지한다(ℵ², A, C, D², Ψ, 0122, 𝔐). 하지만 γάρ가 원래의 독법일 가능성이 가장 크다(𝔓^46vid, ℵ*, B, D*, F, G, 33, lat).

12. Martyn은 바울이 말하는 것을 단지 일부 갈라디아 사람들에게로, 선동자들의 메시지에 굴복한 자들에게로 제한한다(*Galatians,* 495, 540). 하지만 그럴 개연성이 낮다. 바울이 여기서 자신이 말하는 것을 일부 갈라디아 사람들에게만 제한한다는 증거가 없다.

13. Ridderbos, *Galatians,* 203-4. 어떤 해석자들은 로마서 7:14-25에서 동일한 대립이 발견된다고 주장한다. 예를 들어, Calvin, *Galatians,* 163; R. Longenecker, *Galatians,* 246; George, *Galatians,* 387.

14. Barclay, *Obeying the Truth,* 113을 보라.

15. Lutjens, "Galatians 5:17", 115; 또한 J. J. Kilgallen, "The Strivings of the Flesh…(Galatians 5:17)", *Bib* 80(1999): 113-14에서 그렇게 말한다.

16. Duncan, *Galatians,* 167-68; Guthrie, *Galatians,* 135-36; Eastman, *Paul's Mother Tongue,* 164-65; Fee, *Galatians,* 209-10.

그래서 육체도 성령도 자신이 원하는 것을 할 수 없다.[18] 이러한 견해는 앞의 몇몇 견해와 같은 문제에 부딪힌다. 이 부정적 의미가 5:16과 5:18의 긍정적 진술을 설명하지 않아서, 5:17이 이 두 구절의 발목을 잡는 결과에 이르기 때문이다.[19]

(5) 신자는 육체와 성령의 싸움에서 중간 지대에 머물 수 없다.[20] 본문의 "…하려 함이니라"(ἵνα)는 목적이 아닌 결과로 해석된다. 이 견해는 대부분의 주석가가 이 절을 해석하는 방식이다.[21]

(6) 여기서 "…하려 함이니라"(ἵνα)는 목적을 나타낸다고 이해하는 것이 최선의 설명일 것이다.[22] 바울은 육체와 성령이 대립하는 이유를 설명한다. 즉, 육체의 욕구도 실현되지 않고, 성령이 원하시는 바도 이루어지지 않게 하려는 것이다. 성령이 오심으로써 새로운 종말론적 실체가 시작되었다. 이어서 육체와 성령의 대립이 일어났고, 이것은 신자가 성령 안에서 행하고 성령께 인도받는 것이 왜 중요한지를 설명한다. 따라서 성령 안에서 행하는 것은 순풍에 돛 단 듯 나아가는 것이 아니다. 육체는 성령에 대항하여 전투를 벌이고, 성령은 육체에 맞서 싸우고 있기 때문이다. 하지만 여기서 바울은 사람이 성령에 의해 행하며 성령께 인도받을 때, 육체에 맞서 실제적이고도 중대하며 가시적인 승리를 얻는다고 주장하며 기본적으로 긍정적인 관점을 취한다.

갈 5:18 너희가 만일 성령의 인도하시는 바가 되면 율법 아래에 있지 아니하리라(εἰ δὲ πνεύματι ἄγεσθε, οὐκ ἐστὲ ὑπὸ νόμον). "[하지만]"(δέ)이라는 헬라어는 여기서 반의의 뜻으로 해석해야 한다. 육체와 성령이 큰 싸움을 벌이지만, 성령께 인도받는 자들은 죄에 대해 승리를 거둔다. 그들이 더 이상 율법 아래에 있지 않기 때문이다. 18절은 5:17에 제기된 문제의 해결을 제시하며, 5:16의 내용을 다시 진술한다.[23] 헤이즈는 갈라디아서 5:16-18의 기본 취지를 다음과 같이 잘 요약한다. "그러므로 16-18절의 중심 요지는 종말론적 전쟁터로 묘사되는 세상에서 성령이 강력한 지도력과 나아가야 할 방향을 제공하신다는 것이다."[24]

능력을 주시는 성령의 임재는 신자들이 육체의 욕구를 극복할 수 있는 힘이 된다. "…가 되면"이라는 표현은 조건으로 해석해야 하며 '…이므로'로 번역해서는 안 된다.[25] 이 조건은 독자들에게 전제를 만족시키라는 신호를 보낸다. "인도하다"(ἄγω)라는 단어는 다른 곳에서 성령께 인도받는 것(롬 8:14; 참고. 눅 4:1), 우상에게 끌리는 것(고전 12:2), 여인이 죄의 욕망에 자극받는 것(딤후 3:6), 백성이 회개로 인도되는 것(롬 2:4)에 사용된다. 여기서 요점은 날마다 내리는 결정에 대한 구체적 안내라기보다 하나님을 기쁘시게 하는 삶을 살도록 성령께 인도받는 것이다. 바울은 여기서 이사야 63:11-15에 의존하고 있을 가능성이 크다. 이 이사야 본문은 하나님이 자신의 영으로 마지막 때 자기 백성을 인도하시는 것을 가리킨다.[26]

성령께 인도받는 자들은 "율법 아래에" 있지 않다. 율법에서 자유롭다는 의미는 성령의 인도를 받는 자들

17. Matera, *Galatians*, 207에서 그렇게 말한다.
18. Burton, *Galatians*, 300-302; Betz, *Galatians*, 279-82에서 그렇게 말한다. Betz는 5:17에서 교착 상태를 보지만 그는 5:18이 그러한 교착 상태를 제거한다고 주장한다.
19. Barclay, *Obeying the Truth*, 114.
20. 같은 책, 115-17. 또한 Matera, *Galatians*, 200, 206-7; Hays, *Galatians*, 326을 참고하라.
21. 예를 들어, Fung, *Galatians*, 250-51; Martyn, *Galatians*, 494; Lambrecht, "Galatians 5:17d", 521을 보라. 하지만 몇몇 사람은 그것을 목적으로 해석한다(예를 들어, R. Longenecker, *Galatians*, 245-46; Dunn, *Galatians*, 299; Witherington, *Galatians*, 394-95).
22. 나는 여기서 Nick Nowalk의 논평에 의존한다.
23. "17절의 ἵνα절이 일으키는 문제에 대해 18절은 그 해결책이 된다" (Lutjens, "Galatians 5:17", 116). Dunn, *Galatians*, 300에서도 그렇게 말한다. 대조적으로 R. Longenecker, *Galatians*, 246을 보라.
24. Hays, *Galatians*, 327.
25. 대조적으로 R. Longenecker, *Galatians*, 246을 보라.
26. Beale, "Fruit of the Spirit", 13-14; Harmon, "She Must and Shall Go Free", 294-98에서 그렇게 말한다.

이 도덕적 기준을 초월한다는 것으로 보인다. 그들은 자신이 원하는 것은 무엇이든지, 그것이 도덕적 기준을 따르든 그렇지 않든 상관없이 무엇이든 할 자유가 있다. 뒤따르는 구절은 바울이 도덕률 폐기론을 가르치는 것이 아님을 보여준다. 누군가가 육체의 인도를 받는지 성령의 인도를 받는지는 객관적으로 구분될 수 있다(참고. 5:19-23).

바울은 여기서 구원-역사적 논증을 펼친다. 성령께 인도받는 자는 구속사에서 율법이 다스렸던 옛 시대에 속하지 않기 때문이다.[27] 앞에서 말한 대로(또한 3:23; 4:21을 보라) "율법 아래에" 있다는 것은 "저주 아래에" 있는 것(3:10), "죄 아래에" 있는 것(3:22), "초등교사 아래에" 있는 것(3:25), "후견인과 청지기 아래에" 있는 것(4:2), "세상의 초등학문 아래에 있어서 종노릇하는 것"(4:3), 구속이 필요하다는 것(4:4-5)을 뜻한다. "율법 아래에" 있는 사람은 "은혜 아래에" 있지 않다(롬 6:14-15).

여기서 바울의 논증은 계몽적이며 그가 로마서 6장에서 말하는 내용과도 일치한다. 성령께 인도받는 자들은 더 이상 율법 아래에 있지 않으므로, 그들은 구속사의 옛 시대에서 죄의 지배 아래에 살고 있지 않다. 바울에 따르면 율법에서 자유롭게 된 것은 죄를 범할 자유를 뜻하지 않는다. 그것은 죄에서 자유롭게 된 것을 의미한다. 반대로 율법 아래에 있는 자들은 죄의 지배 아래에 산다. 따라서 갈라디아 사람들이 유대주의자들의 메시지에 복종하는 것은 재앙이 될 것이다. 그것이 갈라디아 공동체에서 죄의 세력이 풀려나는 배출구를 열어줄 것이기 때문이다. 죄의 지배에 대한 해답은 그리스도의 십자가와 성령의 선물이다. 갈라디아 사람들이 성령을 따른다면 죄와 율법의 폭정 아래에 살지 않게 될 것이다.

갈 5:19 육체의 일은 분명하니 곧 음행과 더러운 것과 호색과(φανερὰ δέ ἐστιν τὰ ἔργα τῆς σαρκός, ἅτινά ἐστιν πορνεία, ἀκαθαρσία, ἀσέλγεια). 육체의 일을 식별하는 일은 탁월한 영적 분별력을 요구하지 않는다. 그것은 영지주의 엘리트에게만 밝혀지는 비밀이 아니다. 육체에서 나오는 것들은 약간의 분별력만 있으면 누구나 명백하고 뚜렷하게 알 수 있다. 여기서 "육체의"(σαρκός)라는 용어는 근원을 나타내는 소유격으로서 악한 행위가 옛 아담에게서 나온다는 것을 명시한다. 악의 목록은 바울 서신에서 흔히 발견된다. 그 목록은 하나님을 기쁘시게 하지 않는 것의 특징과 성령 안의 삶과 일치하지 않는 특성을 묘사한다. 본문의 처음 세 가지 악은 성적인 죄에 초점을 맞춘다. 바울은 고린도후서 12:21에서 성적인 죄를 지적하기 위해 동일한 세 단어를 사용한다(순서는 다름).

"음행"(πορνεία)이라는 단어는 에베소서 5:3과 골로새서 3:5에서 "더러운 것"(ἀκαθαρσία)이라는 용어와 함께 사용된다. "음행"이라는 단어는 성적인 죄를 가리키는 일반적 용어로서 신약에서 성적인 위법 행위를 가리킬 때 자주 사용된다.[28] 악의 목록에 사용된 용어들이 서로 명확하게 구분되지 않으므로, 우리는 여기서 성적인 죄를 가리키는 세 단어가 중첩되고 있음을 기억해야 한다.

"더러운 것"(ἀκαθαρσία)이라는 단어는 바울 서신에서 눈에 띌 만큼 자주 사용되지는 않지만(9번 사용됨), 주로 성적인 죄를 뜻한다(롬 1:24; 고후 12:21; 엡 5:3; 골 3:5; 살전 4:7). 다른 경우에도 마찬가지일 것이다(롬 6:19; 엡 4:19; 살전 2:3). 이 단어는 성적인 죄로 인해 생기는 더러움과 불결함에 초점을 맞춘다.

마지막 단어 "호색"(ἀσέλγεια) 또한 성적인 죄에 대

---

27. 이것은 Wilson의 생각과 대조된다. 그는 바울이 여기서 신자가 율법의 저주 아래에 있지 않다고 가르친다고 생각한다(*Curse of the Law,* 117-20). 앞에서 "율법 아래에"라는 표현이 율법의 저주를 가리키지 않는다고 주장했다(Wilson과 대조적으로). 3:22에 대한 주석을 보라. 참으로 이 구절에 대한 다양한 견해를 개략적으로 쓰면서 Wilson은 여기서 선호되는 구속사적 견해에 주목하지 못한다.

28. 그것은 결혼 안에서의 성적인 죄에 국한될 수 없다. Joseph Jensen, "Does *Porneia* Mean Fornication? A Critique of Bruce Malina", *NovT* 20(1978): 161-84에서 이것을 바르게 말한다. 대조적으로 Martyn, *Galatians,* 496; Bruce Malina, "Does *Porneia* mean Fornication?"

해 사용되는 일반적인 단어이며(막 7:22; 롬 13:13; 고후 12:21; 벧전 4:3; 벧후 2:2, 7, 18; 유 1:4), 자유롭고 통제되지 않은 성적인 방종의 욕정을 강조한다. 그것은 "모든 속박을 벗어버리고 자신을 자랑한다."[29] 현혹된 자들은 자신의 성적 욕망을 따르는 것과 성령을 따르는 것을 동일하게 여긴다. 하지만 그런 행위는 성령의 사역이 아닌 이기적인 뜻에서 나온 것이다.

갈 5:20a 우상 숭배와 주술과(εἰδωλολατρία, φαρμακεία). 두 죄가 함께 분류되는 이유는 둘 다 참되신 한 분 하나님을 경배하기를 거절하는 것에 초점이 있기 때문이다. 바울 신학에서 근본적인 죄는 하나님의 선하심에 찬양과 감사를 드리지 못하고 돌아서서 우상을 경배하고(εἰδωλολατρία) 창조자 대신 피조물을 경배하는 것이다(롬 1:21-25). 탐심은 우상숭배다(골 3:5). 그것은 인간의 마음을 지배하는 욕망을 드러내 보이며, 그리하여 자신이 열망하는 바가 하나님보다 우선되기 때문이다.

주술이나 마법(φαρμακεία)은 유대 문헌에서 자주 정죄되었다(출 7:11, 22; 8:14; 사 47:9, 12; 계 18:23; 참고. Wis 12:4; 18:13). 하나님을 신뢰하는 대신 자신이 원하는 결과를 얻기 위해 환경을 조작하려고 하기 때문이다. 그러므로 주술은 사람으로 하여금 살아 계신 하나님이 아니라 다른 근원을 의지하게 한다.

갈 5:20b-21a 원수 맺는 것과 분쟁과 시기와 분냄과 당 짓는 것과 분열함과 이단과 투기와 술 취함과 방탕함과 또 그와 같은 것들이라(ἔχθραι, ἔρις, ζῆλος, θυμοί, ἐριθεῖαι, διχοστασίαι, αἱρέσεις, φθόνοι, μέθαι, κῶμοι, καὶ τὰ, ὅμοια τούτοις). 이 악의 목록에서는 공동체를 붕괴시키는 사회적인 죄가 주류를 이룬다.[30] 여덟 개의 단어는 교회에서 불화를 조장하는 죄를 묘사한다. 이중 여섯 개가 복수 형태다. 이 용어들은 의미가 서로 중복되므로, 각각의 의미 차이를 항상 명확하게 구분할 수 없다.

"원수 맺는 것"(ἔχθραι)이라는 단어는 바울의 악의 목록 중 오직 이곳에만 등장한다. 이는 불화의 근원에 자리 잡은 미움을 뜻한다.[31] 여기서 복수 형태가 사용된 것이 눈에 띈다. 리처드 롱게네커는 다음과 같이 말한다. "항상 그러지는 않지만 헬라어 추상명사는 자주 단수형에서 표시되는 특성을 표현하고 입증하며, 그 특성을 나타내는 표시나 행위를 의미하기 위해 복수 형태로 사용된다."[32]

"분쟁"(ἔρις)은 바울의 악의 목록 중에서 더 일반적으로 사용되는 단어다(롬 1:29; 13:13; 고후 12:20; 딤전 6:4; 참고. 또한 고전 1:11; 3:3; 빌 1:15; 딛 3:9). 이것은 사람들을 분열시키는 논쟁에 중점을 둔다.

"시기"(ζῆλος)는 분쟁과 함께 사회적 죄의 목록에서 단수형으로 사용된 유일한 단어다. 이 단어는 주로 긍정적인 뜻을 내포하며, 하나님이나 옳은 것을 향한 열심이나 열정을 의미한다(롬 10:2; 고후 7:7, 11; 9:2; 11:2; 빌 3:6). 하지만 또한 우월감에 사로잡힌 질투를 가리킬 수 있다(롬 13:13; 고전 3:3; 고후 12:20; 참고. 약 3:14, 16).

"분냄"(θυμοί)은 구약에서 일반적으로 화를 가리키는 단어에서 왔다. 바울은 이 단어를 악의 목록에서 이따금 사용한다(또한 고후 12:20; 엡 4:31을 보라). 그것은 다른 사람에게 한순간 쏟아붓는 잔혹한 분노이자, 가는 곳마다 사람들에게 독설을 퍼붓는 통제되지 않는 화를 가리킨다.

"당 짓는 것"(ἐριθεῖαι)은 칠십인역에서는 발견되지 않

NovT 14(1972): 10-17을 보라.

29. Bruce, *Galatians*, 247.

30. 참고. Barclay, *Obeying the Truth*, 152-53; Wilson, "Wilderness Apostasy", 569; Hays, *Galatians*, 327.

31. B. Longenecker는 주술과 원수 맺는 것 사이의 구분을 과도하게 해석하는 것을 경고한다. 전자는 후자가 동기가 되었기 때문이라는 것이다. "Until Christ Is Formed in You", 98-99, 98, n. 17.

32. R. Longenecker, *Galatians*, 253.

지만, 신약에서 여섯 번 등장한다(롬 2:8; 고후 12:20; 빌 1:17; 2:3; 약 3:14, 16).[33] 당 짓는 것이 불화를 낳는 이유는 그것이 다른 사람의 선에 초점을 맞추지 않고 자신을 위한 명예와 찬양에 매달리기 때문이다.

"분열함"(διχοστασίαι)은 자주 사용되는 용어가 아니다(참고. 1 Macc 3:29; 롬 16:17). 그것은 죄의 결과로서 공동체에 일어나는 분열과 붕괴에 주의를 환기한다.

"이단"(αἱρέσεις)은 사도행전에서 발견되는 것과 같이 좋은 의미든 나쁜 의미든 분파를 가리키는 데 사용된다(행 5:17; 15:5; 24:5, 14; 26:5; 28:22). 이 단어는 "분열함"과 명확하게 구분될 수 없으며, 어떤 경우는 거짓 가르침을 나타낼 것이다(예를 들어, 벧후 2:1). 여기서 초점은 분열이 없어야 할 곳에(참고. 고전 11:19) 그것을 만들어 내는 이기적 배타주의와 "당파심"(RSV와 같이)에 있다.

"투기"(φθόνοι)는 다른 바울 서신의 악의 목록에서도 발견된다(롬 1:29; 딤전 6:4; 딛 3:3; 참고. 빌 1:15). 그것은 다른 이가 가진 것을 소유하고자 하는 욕구에 집중하며, 그로써 사람은 하나님이 주신 선물에 만족하지 않는다. "투기는 다른 사람이 잘되는 것을 생각하기 힘들어하는 시기의 마음이다."[34]

"술 취함"(μέθαι)과 "방탕함"(κῶμοι)은 사람이 도덕적 기준으로 제어되지 않은 상태의 방탕한 생활 방식을 가리킬 때 사용된다. 우리는 이 두 단어가 로마서 13:13에서 비슷하게 짝을 이루는 것을 볼 수 있다. 또한 베드로전서 4:3에서도 갈라디아서와 유사하게 사용되었다. 환락과 난잡한 파티에 자신을 내어주는 자들은 그들이 예수 그리스도로 말미암아 시작된 새로운 시대에 살지 않고 여전히 옛 아담의 지배 아래에 있음을 보여준다.

"그와 같은 것들"이라는 표현은 이 악의 목록이 일부일 뿐이며 죄를 총망라한 것이 아님을 가리킨다.

갈 5:21b-d 전에 너희에게 경계한 것 같이 경계하노니 이런 일을 하는 자들은 하나님의 나라를 유업으로 받지 못할 것이요(ἃ προλέγω ὑμῖν, καθὼς προεῖπον ὅτι οἱ τὰ τοιαῦτα πράσσοντες βασιλείαν θεοῦ οὐ κληρονομήσουσιν). 육체의 일을 행하는 것은 대수롭지 않게 여기고 간단히 넘길 문제가 아니다. 바울은 갈라디아 사람들에게 육체의 일을 실천하는 자들이 종말론적 왕국을 유업으로 받지 못하리라고 경고하기 때문이다.[35] 그들은 마지막 날에 나머지 악한 자들과 함께 심판에 직면할 것이다(6:8).

바울은 마지막 날을 가리키기 위해 반드시 "왕국"(βασιλεία)이라는 단어를 사용하지는 않는다. 어떤 문맥에서는 왕국의 현재적 측면에 초점이 있기 때문이다(롬 14:17; 고전 4:20; 골 1:13; 4:11). 하지만 이 용어는 종종 마지막 왕국을 가리킨다(고전 6:9-10; 15:24, 50; 엡 5:5; 살전 2:12; 살후 1:5; 딤후 4:1, 18). 고린도전서 6:9-10과 에베소서 5:5에서 갈라디아서 5:21과의 평행이 특별히 눈에 띈다. 두 본문 모두 유업과 왕국을 결합하기 때문이다. 또한 고린도전서 6:9-10과 에베소서 5:5은 모두 종말론적 유업에서 사람을 제외시키는 죄들을 명시한다. 이것은

33. 이러한 의미에 대해 R. Longenecker, *Galatians*, 256을 보라.
34. Bruce, *Galatians*, 249.
35. Russell은 여기서 경고나 권고를 존재론적인 진술로 바꾸는 실수를 범하고 있으며("Galatians 5:13-26", 350-51), 따라서 그는 바울이 여기서 이스라엘과 유대주의자들을 가리킨다고 말하기에 이른다. 바울이 거짓 복음을 전하는 자들이 저주를 받을 것이라고 믿는 것은 맞지만(1:8-9), 이 본문은 대적들의 영적인 상태에 대한 선언보다 신자들에게 주어지는 경고의 기능을 한다.
36. 대조적으로 Betz는 그것이 바울의 신학과 긴장 관계에 있다고 생각한다(*Galatians*, 285).
37. Calvin은 회개하지 않는 자들은 왕국을 상속받지 못할 것이라고 말한다(*Galatians*, 166).
38. 몇몇 사본은 "정결"(ἁγνεία)을, 다른 몇몇 사본은 "인내"(ὑπομονή)를 추가하지만 그러한 독법은 분명히 부차적이다.
39. 대조적으로 Betz, *Galatians*, 287-88을 보라.
40. "열매"라는 단어를 사용하는 것 자체는 하나님의 사역을 가리키지 않는다. 바울이 또한 악한 태도에 대해 "열매"라는 단어를 사용하기 때문이며(참고. 롬 6:21), 따라서 여기서 초자연적인 특성은 성령에 초점을 맞추는 것에서 분명히 드러난다. 참고. Barclay, *Obeying the Truth*, 120; Bruce, *Galatians*, 251; R. Longenecker, *Galatians*, 259-60.
41. Betz, *Galatians*, 286; Matera, *Galatians*, 202에서 그렇게 말한다.

바울이 선포하는 주요 주제임이 분명하다.[36]

이 구절이 말하는 것처럼 실제로 갈라디아 사람들은 육체의 일이 지배하도록 허락하는 것이 어떤 결과를 낳는지 이전에 구두로 가르침을 받았다. 이러한 악이 가져오는 끔찍한 결과가 여기서 매우 엄숙하게 되풀이된다. 율법의 행위가 아닌 믿음으로 말미암은 의는 죄의 삶으로 이어져서는 안 된다. 하나님의 은혜로 의롭다 함을 얻은 자들은 또한 새로운 방식으로 살도록 성령에 의해 능력을 얻는다. 육체의 행위가 지배한다면 어떤 종말론적 상급도 받지 못할 것이다. 선한 행위가 칭의의 근거는 아니다. 하지만 그것이 아직 불완전하고 부분적이라고 해도 칭의의 결과임이 분명하다.[37]

갈 5:22-23a 오직 성령의 열매는 사랑과 희락과 화평과 오래 참음과 자비와 양선과 충성과 온유와 절제니(ὁ δὲ καρπὸς τοῦ πνεύματός ἐστιν ἀγάπη, χαρά, εἰρήνη, μακροθυμία, χρηστότης, ἀγαθωσύνη, πίστις, πραΰτης, ἐγκράτεια[38]). 악의 목록은 이제 덕의 목록과 대조된다[반의의 접속사 "오직"(δέ)]. 이 목록은 사랑이 가장 먼저 나온다는 것을 제외하고 분별할 수 있는 순서가 없다.[39] 신령한 특성들은 성령의 열매다. 즉, 그것들은 옛 아담이나 인간적인 힘의 결과가 아니다.[40] 단수 형태의 "열매"라는 단어는 성령의 열매가 단일한 것임을 나타낼 수 있다.[41] 베츠의 말처럼 "그것들은 사람이 선택하고, 개발하며, 자신의 특성의 일부로 사유할 수 있는 개인적 태도의 특성들을 가리키지 않는다."[42] 그 대신 열매는 단순히 집합명사일 수 있다.[43]

신자들은 자신에게 있는 능력을 불러일으키도록 요청받지 않는다. 그들의 새로운 삶의 방식은 성령의 강력한 사역에서 나오는 초자연적인 것이기 때문이다.[44] 신자들은 율법의 일을 행함으로써가 아니라 믿음으로 복음을 듣는 것으로 말미암아 성령을 받았다(3:2, 5). 하지만 성령을 받은 자들은 활동력 없고 생명 없는 존재로 만들어지지 않았다. 성령이 율법보다 나은 이유는 하나님을 기쁘시게 하는 삶이 성령의 사역이 낳는 결과이기 때문이다. 따라서 "성령의"(πνεύματος)라는 단어는 근원을 나타내는 소유격이 분명하다.[45] "율법은 특정 행위를 명령하거나 다른 것들을 금지할 수 있지만, 사랑과 희락과 화평과 나머지 것들은 율법적으로 강요될 수 없다."[46]

가장 먼저 "사랑"(ἀγάπη)이라는 열매가 열거된다. 이것이 놀랍지 이유는, 바울에 따르면 사랑이 그리스도 안에 있는 새로운 삶을 나타내는 표시이기 때문이다(참고. 고전 13장). 다른 사람을 향한 신자의 사랑은 성령을 통해 그의 마음에 부어진 하나님의 사랑에 근거한다(롬 5:5). 진정한 사랑은 모두 성령에게서 온 것이다(롬 15:30; 골 1:8). 또한 그러한 사랑은 아버지(롬 8:39; 고후 13:14; 엡 1:4; 2:4)나 아들(롬 8:35; 고후 5:14; 13:14)에게까지 추적될 수 있으며, 하나님의 사랑의 삼위일체적 특성을 보여준다. 사랑은 바울이 주장하는 윤리의 핵심

42. Betz, *Galatians,* 286.

43. Fee, *Galatians,* 217에서 그렇게 말한다.

44. 아마도 바울은 이스라엘이 여호와를 위해 열매를 맺는 것에 대해 말하는 구약 본문을 암시할 것이다(시 80:8-18; 사 5:1-7; 27:2-6; 렘 2:21; 11:16; 12:10; 호 14:6). David S. Dockery, "Fruit of the Spirit", *DPL,* 317에서 그렇게 말한다. Barclay는 바울이 성령의 사역을 통해 성취되는 구약의 종말론적 약속을 보고 있을 수 있다고 제안한다(*Obeying the Truth,* 121). Beale은 좀 더 구체적으로 이사야 32:15-18에 대한 암시와 함께 이사야 57:15-19을 염두에 두고 있으며, 아마도 이사야 11:1-5과 44:2-4 또한 생각할 수 있다고 주장한다(Beale, "Fruit of the Spirit", 1-38; 참고. 또한 Harmon, "She Must and Shall Go Free", 284-94). 여기서 Beale의 견해를 따르지 않더라도, 성령에 대한 언급을 통하여 우리는 바울이 구약에서 성령의 약속을 이끌어 내며, 그리하여 하나님의 새로운 창조의 사역을 강조하는 것을 알 수 있다.

45. Betz는 문맥이 "'성령의 열매'가 사람의 능동적인 참여를 전제로 한다는 것"을 암시한다고 말한다(*Galatians,* 287). 5:25-6:10을 근거로 외적 명령은 성령 안에서의 삶과 모순되지 않는 것이 분명하다. T. J. Deidun, *New Covenant Morality in Paul*(AnBib 89; Rome: Biblical Institute, 1981), 88-217, 251-58; Barclay, *Obeying the Truth,* 229에서 이것을 바르게 말한다.

46. Bruce, *Galatians,* 255.

이다. 사랑이 율법을 성취하기 때문이다(롬 13:8–10; 갈 5:14).

고린도에서 일어난 영적 은사 문제는 고린도전서 13장이 밝히는 것처럼 사랑의 부재로 귀결될 수 있다. 사실 음식에 대한 다툼의 근본적인 문제도 사랑하는 일에 실패한 탓으로 돌릴 수 있다(롬 14:1–15:6; 고전 8:1–11:1). 다른 곳에서 그리스도인의 삶의 덕이 묘사될 때 바울은 사랑으로 시작한다(롬 12:9). 또한 골로새서 3:14은 사랑이 모든 덕을 함께 묶는 끈이라고 말한다. 가난한 사람을 돕기 위해 내어놓는 것은 사랑에서 나오며(고후 8:7, 8, 24), 그리스도인의 삶 전체의 목표는 사랑으로 특징지어질 수 있다(딤전 1:5). 사랑은 다른 이들을 위해 자신을 내어줌으로써 그들이 하나님께 더 온전히 자신을 드리도록 격려하는 것으로 정의될 수 있다.

희락(χαρά) 또한 성령의 사역이며(참고. 롬 14:17) 인간은 기여한 바가 없다. 특별히 기쁨이라는 주제는 빌립보서에 두드러지게 나타난다(빌 1:4, 18, 25; 2:2, 17, 18, 28, 29; 3:1; 4:1, 4, 10). 빌립보서에는 동료 신자들의 연합을 위한 희생이 강조된다. 신자들은 하나님이 자신들의 선을 위해 모든 것을 함께 역사하신다는 것을 신뢰하면서 어떤 상황에서든 기뻐하도록 요구된다(살전 5:16). 슬픔은 신자들이 이 땅에서 살아가는 삶의 한 부분이다. 그런데 슬픔 속에서도 기뻐할 수 있는 이유는(고후 6:10) 가장 깊은 고통 가운데서도 하나님이 은혜를 주시기 때문이다.

"화평"(εἰρήνη)은 보통 바울 서신의 머리말에 사용된다.[47] 바울은 다른 서신에서 화평을 기쁨과 연합시키는데(롬 14:17; 15:13), 그러한 화평은 성령의 사역이 가져오는 결과다(롬 14:17). 그리스도 예수는 십자가를 통해 유대인과 이방인 모두에게 화평을 가져다주셨다(엡 2:14, 15, 17). 화평이 기독교 공동체를 지배해야 한다(골 3:15).

"오래 참음"(μακροθυμία)은 다른 바울 서신에서 덕의 목록에 포함된다(고후 6:6; 엡 4:2; 골 3:12; 딤후 3:10). 사람은 하나님의 성령의 사역 때문에 어려운 상황과 자신을 힘들게 하는 사람을 평정을 잃지 않고 견딜 수 있다.

"자비"(χρηστότης)라는 단어는 다른 곳에서 덕의 목록에 등장한다(고후 6:6; 골 3:12). 또한 그것은 특별히 그리스도 예수를 통해 구원을 주시는 하나님의 자비에 대해 사용된다(롬 2:4; 11:22; 엡 2:7; 딛 3:4). 신자는 다른 이들에게 자비롭게 행할 때마다 하나님과 그리스도를 본받아 행하는 것이다. 그런데 특별히 사랑으로 보답하지 않는 자들에게 선행을 베풀며 그것을 실천한다.

"양선"(ἀγαθωσύνη)은 자비와 엄격하게 구분되지 않아야 한다. 이 단어는 바울 서신에서 몇몇 경우에만 등장한다(롬 15:14; 엡 5:9; 살후 1:11). 하나님의 성령을 받은 자는 도덕적으로 아름다운 삶을 살도록 힘을 얻으며, 그의 관대함은 악으로 황폐화된 세상에서 밝게 빛난다.

"충성"(πίστις)으로 번역된 단어는 바울 서신에서 주로 '믿음'을 뜻한다. 그런데 본문과 같은 덕의 목록에서 그것은 분명히 "신실함"을 뜻하며(딛 2:10)[48] 아마도 다른 몇몇 구절에서도 그럴 것이다(딤전 4:12; 6:11; 딤후 2:22; 3:10; 딛 2:2). 성령께 인도받는 자들은 충성스럽고 신뢰할 수 있다. 우리는 그들이 맡은 의무를 다하리라 기대한다.

성령에 의해 생기는 또 다른 덕은 "온유"(πραΰτης)다. 이 단어도 다른 바울 서신의 덕의 목록에 나타난다

47. 1:3에 대한 논평을 보라.

48. Betz, *Galatians,* 288; Bruce, *Galatians,* 254; R. Longenecker, *Galatians,* 262에서 그렇게 말한다.

49. Betz와 대조적으로 '절제'가 덕의 목록에서 '절정'인지 분명하지 않다(*Galatians,* 288). Betz가 이러한 결론을 이끌어 내는 것은 그가 여기서 열거된 덕을 헬라 윤리의 관점에서 해석하기 때문이다.

50. R. A. Campbell, "'Against Such Things There Is No Law'? Galatians 5:23b Again", *ExpTim* 107(1996): 271–72. Campbell은 이 구절이 율법이 그러한 사람들에 반대하지 않는다는 것, 즉 율법이 성령의 열매에 부합되게 행하는 자들을 정죄하지 않는다는 것을 의미한다고 주장한다. Campbell과 대조적으로 "이 같은 것을 금지할"(κατὰ τῶν τοιούτων)이라는 표현이 율법에서 파생하는 정죄와 관련되는

(엡 4:2; 골 3:12; 딛 3:2). 죄를 범하는 자들은 온화하게 타일러야 하며(6:1), 온유함은 예수 그리스도의 특성이다(고후 10:1). 신자는 불신자들이 회개할 것이라는 소망을 품고 온화하게 훈계해야 한다(딤후 2:25). 강압적이고 거친 태도는 성령이 사역하셨다는 표징이 아니다. 온유함과 부드러움은 변화된 마음을 드러낸다.

"절제"(ἐγκράτεια)는 신약에서 드물게 사용되는 단어다(행 24:25; 벧후 1:6; 참고. 또한 4 Macc 5:34).[49] 이 단어는 고린도전서 7:9과 9:25에서 동사의 형태로 사용된다. 절제하는 자는 육체의 욕구에 지배받는 자들과 달리 자신을 억제할 수 있다.

갈 5:23b 이같은 것을 금지할 법이 없느니라(κατὰ τῶν τοιούτων οὐκ ἔστιν νόμος). 이 짧은 구의 의미를 해석하는 것은 어렵다. "이 같은 것"(τῶν τοιούτων)이라는 표현은 아마도 남성(사람을 가리킴)이 아닌 중성(성령의 열매를 가리킴)일 것이다.[50] 어떤 법도 성령의 열매를 금지할 수 없는데, 그것은 거기에 어떠한 결점도 없기 때문이다.[51] 혹은 율법이 이러한 경건한 특성들을 낳을 수 없으며, 그것들은 성령이 사역하신 결과라는 것이 요점일 것이다. 바울이 여기서 두 견해를 모두 염두에 두었을 가능성이 있다. 우리는 갈라디아서에서 지속적으로 율법이 의를 낳지 못하며(3:21), 성령께 인도받는 자들은 율법 아래에 있지 않음(5:18)을 보았다. 달리 말해, 율법 아래에 있는 자들은 죄의 지배 아래에 있다는 것이다. 따라서 성령은 율법이 만들어낼 수 없는 열매를 맺게 하신다.[52]

갈 5:24 그리스도 예수의 사람들은 육체와 함께 그 정욕과 탐심을 십자가에 못 박았느니라(οἱ δὲ τοῦ Χριστοῦ Ἰησοῦ[53] τὴν σάρκα ἐσταύρωσαν σὺν τοῖς παθήμασιν καὶ ταῖς ἐπιθυμίαις). 신자는 자신의 태도를 제어하기 위해 율법이 필요하지 않다. 그는 "그리스도 예수"께 속하기 때문에(Χριστοῦ Ἰησοῦ는 소유를 뜻하는 소유격) 육체의 욕구를 십자가에 못 박았다. 바울이 신자 자신이 육체를 십자가에 못 박았음이 강조되는 능동태 동사를 사용한 것은 놀랍다. 신자는 언제 육체를 그 욕구와 함께 죽였는가? 갈라디아서 전체 문맥에 비추어 볼 때, 바울은 갈라디아 사람들이 자율적으로 육체를 십자가에 못 박았다고 말하는 것이 아니다. 그러한 견해는 갈라디아서 전체 내용에 위배된다. 아담 안에 있으며 육체 안에 있는 자들은 육체를 십자가에 못 박을 능력이 없다.

분명히 "십자가에 못 박다"라는 동사는 이 구절을 해석하는 단서가 된다. 이 표현은 독자들에게 갈라디아서 2:20을 상기시킨다. 거기서는 신자들이 그리스도와 함께 십자가에 못 박혔다고 말한다.[54] 그러므로 육체가 십자가에 못 박힌 것은 회심의 순간에, 신자가 그리스도와 함께 죽었을 때 일어났다. 아마도 "십자가에 못 박았다"라는 동사가 능동태로 사용된 이유는 신자가 회심할 때 그리스도와 함께하기로 선택했다는 사실을 가리키기 위해서일 것이다. 더불어 그가 그리스도께 믿음을 두었을 때 아담 안에 있는 자신의 삶과 육체 안에서의 삶을 부인했다는 것을 나타내기 위함일 것이다. 육체의 죽음은 새로운 시대의 시작, 곧 신자가 지금의 악의 시대에서 해방되었음을 나타낸다(1:4).

육체의 죽음은 신자가 육체의 욕구와 치열하게 다투지 않는다는 뜻이 아니다(5:17). 하지만 육체는 십자가

지는 분명하지 않다. 다른 어느 곳에서도 바울은 "금지할"(κατὰ)이라는 전치사를 사용하여 구약의 정죄를 말하지 않기 때문이다.

51. 참고. Ridderbos, *Galatians,* 208; Barclay, *Obeying the Truth,* 122–24; 홍인규, *Law in Galatians,* 185; R. Longenecker, *Galatians,* 263.

52. Wilson과 대조적으로, 바울이 여기서 율법의 저주가 취하되었다고 말한다는 주장은 설득력이 없다. *Curse of the Law,* 117–20.

53. "예수"(Ἰησοῦ)라는 말이 원래의 것인지 결정하는 일은 쉽지 않다. 필경사들이 전례의 목적으로 인해 그것을 포함시키기 쉬웠을 것으로 보인다. 그리고 그것은 많은 사본에서 나타나지 않는다($\mathfrak{P}^{46}$, D, F, G, 0122^{c}, 𝔐, latt, sy). 다른 한편으로 그것이 포함된 증거들은 상당히 많으며(א, A, B, C, P, Ψ, 0122*, 33, 104*, 1175, 1241^{s}, 1739, [1881], *pc*, co), 따라서 나는 그것이 포함된 것을 약간 더 선호한다.

54. 대조적인 견해는 권연경, *Eschatology,* 174–77을 보라.

에서 결정적인 타격을 입었다. 육체가 열망하며 바라는 것은 사라지지 않았지만, 더 이상 통치하며 지배하지는 않는다. 성령으로 말미암아 행하며 성령의 인도를 받는 사람은, 불완전하고 부분적이기는 하지만 전에 자신을 지배했던 육체의 열망에 대해 자신이 승리를 거둔 것을 발견하게 된다.

적용에서의 신학

1. 싸움

성령의 새 시대가 이르렀으며 신자는 더 이상 옛 아담 안에 있지 않다. 그는 육체를 그 욕구와 함께 십자가에 못 박았고, 이제 그리스도 예수께 속한다. 하지만 신자는 '이미'와 '아직' 사이의 중간기에 살고 있다. 죄에 대한 욕구는 없어지지 않았으며, 때때로 그러한 욕구는 믿기 어려울 정도로 강력하다(5:17). 그것은 너무나 강렬해서 신자 안에 육체와 성령의 싸움이 일어난다.[55]

신자의 삶에 그러한 다툼이 있음은 다른 서신에서도 발견된다(롬 8:13; 골 3:5; 벧전 2:11). 따라서 그리스도인의 삶은 이 세상과의 다툼이 종료된 천상의 생활이 아니다. 신자는 지금의 악한 시대의 압박이나 욕구와 단절된 새로운 공간으로 '들려 올라가지' 않는다. 악을 행하려는 욕구는 여전히 우리를 괴롭히고 혼란스럽게 한다. 신자가 "의식적으로 자유 의지를 하나님의 뜻에 굴복시켜야"(let go and let God) 한다고 말하는 것이나, 영적 승리를 위한 특정 공식을 적용하면 이 땅의 삶에서 죄와의 싸움이 사라지리라 약속하는 것은 너무나 단순한 접근이다. 세상, 육체, 마귀와의 싸움은 죽는 날까지 계속된다.

다툼을 가리키는 단어는 아주 실질적이다. 우리 삶에서 육체와 성령의 다툼이 강렬하더라도 낙심하지 말아야 하며, 죄와 씨름한다고 해서 자신이 그리스도인이 아니라고 생각해서는 안 된다. 육체와 성령의 대립은 정상적인 그리스도인의 삶이다. 그리스도인의 삶은 완전함이 아닌 전쟁이 그 특징이다. 루터는 다툼의 성격과 관련해 그것을 완전함과 혼동해서는 안 된다고 강조하며 우리에게 다음과 같은 사실을 상기시킨다.

> 이러한 예술(성령이 인도하시는 삶)을 잘 아는 사람은 누구나 신학자라고 불릴 자격이 있다. 성령에 대해 항상 자랑하는 우리 시대의 광신자들과 그의 제자들은 그것을 잘 알고 있는 것처럼 보인다. 하지만 나뿐만 아니라 나와 같은 다른 이들은 이러한 예술의 기본 요소를 알지 못하며, 아직 그러한 예술을 가르치는 학교에서 열심히 배우는 학생이다. 우리는 그

55. 바울이 말하는 육체와 성령의 대립과 그 해석의 역사에 관한 유용한 자료로 Barclay, *Obeying the Truth*, 178-215를 보라. Barclay는 바울 서신의 종말론의 관점에서 그 용어들을 해석하며 또한 그 용어들의 사회적 차원에 초점을 맞춘다. Russell의 유용한 연구를 보라. 그는 육체와 성령이 구속사의 관점에서 해석해야 한다고 주장한다(Russell, "Galatians 5:13-26", 333-57). 하지만 그는 바울 사상에 담긴 인간학적인 차원을 과소평가한다.

것을 배우는 중이지만, 육체와 죄가 남아 있는 한 완전히 배울 수는 없다.[56]

2. 비관적으로 생각할 여지가 없음

하지만 우리는 그리스도인의 삶에 대한 바울의 견해가 기본적으로 비관적이라고 생각해서는 안 된다. 새 시대의 선물인 성령은 이제 신자의 것이 되었다. 성령에 의해 사는 신자는 육체의 욕구를 실행하지 않을 것이다. 성령께 굴복하는 자는 율법과 죄의 지배 아래에 살지 않을 것이다. 삶의 새로운 특성(5:22–23)은 성령의 사역의 결과다. 옛 시대는 더 이상 신자들 위에 군림하지 않는다. 옛 아담은 정욕과 함께 십자가에 못 박혔으므로, 육체는 더 이상 신자를 얽매지 않는다.

달리 말해, 신자는 그리스도 안에서의 새로운 삶 가운데 실질적이며 중대하고 가시적인 승리를 누린다. 신자는 '이미'와 '아직' 사이의 중간기에 살기 때문에 완전함은 그들의 몫이 아니다. 하지만 이제 신자는 성령의 첫 열매를 얻고 새로운 피조물이 되므로(고후 5:17), 바울은 성도에게 가능해진 새로운 삶에 대해 기본적으로 낙관적이다.

3. 객관적 척도

악과 덕의 목록은 누군가가 성령 안에 사는지 육체 안에 사는지를 가늠할 수 있는 객관적인 척도다. 바울은 그것을 잣대로 성령으로 산다고 주장하면서도 그 삶에서 "육체의 일"이 현저한 영적 열심을 반격한다. 사람이 성령을 따르는지 분별할 수 없다는 의미에서 그것이 신비라고 한다면, 실제로 성령께 인도받는 삶은 신비로운 것이 아니다. 아담의 자손은 성령의 열매를 맺을 수 없지만, 그들이 그 열매를 분별하는 것은 어렵지 않다. 성적인 죄, 자기도취와 자기 숭배, 분쟁과 말다툼, 약물과 알코올에 지배되는 방탕한 생활이 있는 곳은 육체가 지배하는 것이다. 사랑, 화합, 기쁨, 용서, 자비가 있는 곳에서 우리는 성령의 능력을 본다.

바울은 갈라디아 사람들에게 더 고결해질 것을 요구하지 않는다. 성령 안에서 행하고 성령의 인도를 받으라고 권고한다. 우리는 성령 안에서 행하고 성령께 굴복해야 한다. 하지만 하나님을 기쁘시게 하는 방식으로 사는 것은 인간이 스스로 노력해서 얻은 결과가 아니다. 그것은 하나님의 기적적인 사역이 맺은 열매다.

---

56. Luther, *Galatians 1535: Chapters 1–4*, 342.

CHAPTER 22

갈라디아서 5:25-6:5

문학적 전후 문맥

4:12에서 시작된 권고가 이어진다. 바울은 독자들에게 자신을 본받아 율법에서 해방될 것과(4:12-20), 그리스도 안에서 자유 가운데 설 것(4:21-5:1), 거짓 선생들의 유인책에 저항할 것(5:2-12), 육체의 정욕을 물리치고 성령으로 사랑 안에 살 것(5:13-24)을 촉구했다. 5:25에서 새로운 단락이 시작되는 것으로 보이므로, 5:25-26은 앞부분(5:19-24)보다 뒷부분(6:1-5)에 속할 것이다.

이러한 문제를 결정하는 일은 쉽지 않다. 성령에 대한 언급으로 미루어, 이 구절들과 앞부분이 조화된다고 볼 수 있기 때문이다. 또한 6:1의 "형제들아"라는 표현은 새로운 부분이 시작됨을 알린다고 말할 수 있다.[1] 이러한 주장에도 불구하고 5:25-26은 뒷부분과 함께 묶는 것이 선호된다. "형제들아"라는 표현은 새로운 부분을 시작하는 단어일 수 있다(1:11; 3:15; 4:12; 5:13). 그런데 어떤 경우에는 이 단어가 새로운 단락의 시작을 뜻하지 않으므로(4:28, 31; 5:11), 이러한 논증은 결정적이지 않다.

내가 5:25-26이 뒷부분과 연결된다고 보는 이유는 5:25-6:5이 공동체와 서로를 돌보는 것을 강조하는 특징을 띠기 때문이다.[2] 6:1의 석의에서 말하겠지만, 이 구절은 특별히 5:26과 밀접하게 연결되는 것으로 보인다. 서로 노엽게 하거나 투기하지 말고 신자들은 죄를 짓는 자들을 회복시켜야 한다.[3] 권고의 여러 부분을 완벽히 구분할 수 없는 이유는 바울이 5:13-24과 5:25-6:10에서 신자가 오직 성령 안에서 행함으로써 권고받은 것을 실천한다고 가르치기 때문이다.[4]

1. 참고. R. Longenecker, *Galatians*, 264-65.
2. 참고. Betz, *Galatians*, 254-55, 291. 이 구절들 또한 전환하는 역할을 할 것이다. David W. Kuck, "'Each Will Bear His Own Burden': Paul's Creative Use of an Apocalyptic Motif", *NTS* 40(1994): 290에서 그렇게 말한다.
3. Jan Lambrecht, "Paul's Coherent Admonition in Galatians 6,1-6: Mutual Help and Individual Attentiveness", *Bib* 78(1997): 41에서 그렇게 말한다.
4. Martyn, *Galatians*, 545에서 이것을 바르게 말한다. 대조적으로 Betz는 여기서 권고가 그리스도인의 윤리를 가리키지 않는다고 주장한다(Betz, *Galatians*, 292).

I. 도입: 바울의 복음을 떠나는 것은 복음을 떠나는 것이다(1:1–2:21)
II. 경험과 성경을 통한 바울의 복음 변호(3:1–4:11)
III. 율법에서 자유롭고 성령 안에서 자유롭도록 부르심(4:12–6:10)
  A. 율법에서 자유롭게 살라: 친밀한 관계를 통한 논증(4:12–20)
  B. 자유 가운데 서라: 알레고리를 통한 논증(4:21–5:1)
  C. 위험한 속박의 메시지를 물리치라(5:2–12)
  D. 성령 안에서 자유를 누리라(5:13–6:10)
    1. 사랑 안에서 표현되는 자유(5:13–15)
    2. 육신이 아닌 성령으로 살기(5:16–24)
➡ **3. 성령을 통해 서로 돌아봄(5:25–6:5)**
    4. 성령을 통해 선을 행함(6:6–10)

주요 개념

신자는 서로 경쟁하지 않으며 서로 돕고 서로의 짐을 진다. 동시에 신자는 마지막 날에 하나님 앞에 홀로 서며 자신의 행위에 책임을 지리라는 사실을 깨달아야 한다.

번역

갈라디아서 5:25–6:5

25a	조건		만일 우리가 성령으로 살면
b	권고	**또한 성령으로 행할지니**	
26a	권고	**헛된 영광을 구하여**	
b	방식	서로 노엽게 하거나	
c	연속	서로 투기하지 말지니라	
1a		**형제들아**	
	양보		사람이 만일 무슨 범죄한 일이 드러나거든
b	권고	**신령한 너희는**	**온유한 심령으로 그러한 자를 바로잡고**
c	연속		**너 자신을 살펴보아**
d	목적		너도 시험을 받을까 두려워하라
2a	권고	**너희가 짐을 서로 지라**	
b	방식	그리하여 [이런 방식으로 너희는] **그리스도의 법을 성취하라**	

3a	3b의 양보	만일 누가 아무 것도 되지 못하고
b	2a–b의 근거	된 줄로 생각하면
c	3a–b의 결과	**스스로 속임이라**
4a	권고	**각각 자기의 일을 살피라**
b	결과	그리하면 **자랑할 것이** 자기에게는 **있어도**
c	4b와 대조	남에게는 있지 아니하리니
5	4의 근거	**각각 자기의 짐을 질 것이라**

구조

본문에는 권고가 스며들어 있다. 이 본문과 다음 본문(6:6–10)의 구조를 분별하는 일은 쉽지 않다. 어떤 학자들은 본문이 서로 관련 없는 금언들로 구성되어 있으므로 분별할 수 있는 구조가 명확히 드러나지 않는다고 주장한다.[5] 하지만 바클레이가 5:25–6:10에서 개인의 의무와 공동체의 책임이 번갈아 언급되는 것을 주목하며 구조적 통일성을 보는 것은 적절하다. 다시 말해, 바울은 신자들에게 서로 돌볼 것을 상기시킨다는 것이다.[6]

5:25의 "만일"(εἰ)은 독자들에게 긍정적인 답을 이끌어 내려는 의도다. 그들은 참으로 성령으로 살므로 계속해서 성령과 보조를 맞추어야 한다. 5:26에서 갈라디아 사람들은 자만을 버리라는 권고를 받는다. 자만은 서로 화나게 하고 질투하는 것을 통해 드러난다. 우리는 사회적인 죄가 강조되는 본문을 또다시 보게 된다. 서로 화나게 하고 질투하는 대신 동료 신자들에게 관심을 갖는 것은 그리스도인 공동체를 나타내는 표지가 분명하다.

6장은 "형제들아"(ἀδελφοί)라는 단어로 시작된다. 이 단어가 반드시 새로운 부분이 시작됨을 뜻하지는 않는다(참고. 5:11; 6:18). 어떤 사람이 죄에 빠졌다고 판명되면 그는 회복되어야 한다. 이때 권고하는 자는 온유해야 하며 자신도 죄에 빠지지 않도록 해야 한다(6:1). 아마도 6:1은 본문의 네 번째 권고로서 6:2의 구체적 실례의 기능을 할 것이다. 신자들은 서로의 짐을 져야 한다. 그렇게 함으로써 그들은 그리스도의 법을 성취한다. 그것은 사랑의 법일 가능성이 가장 크다. 6:2과 6:3을 연결하는 접속사 "[왜냐하면]"(γάρ)은 이해하기 쉽지 않다. 요점은 분리되어 살면서 다른 이들을 돕지 않는 사람은 자신의 오만을 입증한다는 것일 수 있다.

6:1–3이 동료 신자를 돕는 것을 강조한다면, 6:4–5은 신자들에게 개인적 의무를 상기시킨다. 궁극적으로 각 사람은 하나님 앞에서 자신의 일을 점검받아야 하며, 마지막 날에 자신이

5. Betz, *Galatians*, 292.

6. Barclay, *Obeying the Truth*, 149–50. Matera는 여기서 Barclay를 따른다 (*Galatians*, 217–18).

한 일에 대한 상을 받을 것이다(6:4). 5절은 4절의 근거이며["(왜냐하면)"(γάρ)을 보라], 각 사람이 자신의 일을 살펴야 하는 이유를 제시한다. 각 사람은 마지막 날에 하나님 앞에서 자신의 짐을 질 것이며 심판의 날에 홀로 하나님 앞에 설 것이다.

석의적 개요

III. 율법에서 자유롭고 성령 안에서 자유롭도록 부르심(4:12–6:10)
- A. 율법에서 자유롭게 살라: 친밀한 관계를 통한 논증(4:12–20)
- B. 자유 가운데 서라: 알레고리를 통한 논증(4:21–5:1)
- C. 위험한 속박의 메시지를 물리치라(5:2–12)
- **D. 성령 안에서 자유를 누리라(5:13–6:10)**
  - 1. 사랑 안에서 표현되는 자유(5:13–15)
  - 2. 육신이 아닌 성령으로 살기(5:16–24)
  - ➦ **3. 성령을 통해 서로 돌아봄(5:25–6:5)**
    - a. 성령과 함께 보조를 맞추라(5:25)
    - b. 자만하지 말라(5:26)
    - c. 죄 짓는 자를 회복시키라(6:1)
    - d. 다른 이들의 근심을 담당하라(6:2)
    - e. 자만심을 경계하라(6:3)
    - f. 자신의 일을 점검하라(6:4)
    - g. 마지막 심판을 기억하라(6:5)
  - 4. 성령을 통해 선을 행함(6:6–10)

본문 설명

갈 5:25 만일 우리가 성령으로 살면 또한 성령으로 행할지니(εἰ ζῶμεν πνεύματι, πνεύματι καὶ στοιχῶμεν). 신자는 성령의 힘으로 살아가므로, 그 성령과 보조를 맞추어 나아가며 성령께 복종해야 한다. "만일"(εἰ)이라는 단어는 '…때문에'로 번역되어서는 안 된다.[7] 조건은 의도적으로 사용되었다. 바울은 갈라디아 사람들이 참으로 성령으로 사는지 자문하기를 원하기 때문이다. 물론 그는 긍정적인 대답을 기대한다. 하지만 우리는 해석자로서 긍

7. 대조적으로 R. Longenecker, *Galatians,* 264–65; Garlington, *Galatians,* 350.

정적 대답을 기대한다는 결론을 섣불리 내리기에 앞서 본문의 문법에 주의를 기울여야 한다.

"살면"(ζῶμεν)이라는 단어는 지금 신자들의 것이 된 종말론적 삶을 가리킨다. 갈라디아 사람들이 성령에 의해 그러한 삶을 소유하게 되었다면, 그들은 계속해서 성령과 함께하며 성령과 보조를 맞추도록 권고받는다. 따라서 신자들은 그리스도인의 삶을 시작했던 것과 같은 방식으로 살도록 다시금 요청받는다(참고. 갈 3:3).[8]

"행하다"(στοιχέω)라는 동사는 신약에서 단지 네 번 더 사용되는데, 그중 세 번은 바울 서신에 등장한다(행 21:24; 롬 4:12; 갈 6:16; 빌 3:16). 그것은 "행하다"(περιπατέω)라는 동사와 같은 의미 영역 안에 있으며, 신자들이 계속해서 성령과 함께해야 함을 강조한다.[9] "하지만 '성령으로 사는 것'은 사람이 안이하게 그것을 소유한다거나, 그것에 의해 매일의 삶의 고투에서 벗어나는 것을 의미하지 않는다."[10] 아마도 이 동사는 4:3과 4:9에서 말하는 세상의 초등학문(στοιχεῖα)과 대조되는 역할을 할 것이다. 따라서 여기서 바울은 성령의 새로운 창조의 삶을 세상의 초등학문의 옛 창조와 대조하고 있을 것이다.[11] 신자들은 지금 성령 안에서의 삶을 누리고 있지만, 그들은 계속해서 성령과 보조를 맞추어 행진해야 한다.[12] 성령 안에서의 삶은 자동으로 이루어지지 않는다. 육체에 맞선 싸움이 계속되므로(5:17), 신자들은 계속해서 성령으로 살고(5:16) 성령께 인도받아야 하기(5:18) 때문이다.

갈 5:26 헛된 영광을 구하여 서로 노엽게 하거나 서로 투기하지 말지니라(μὴ γινώμεθα κενόδοξοι, ἀλλήλους προκαλούμενοι, ἀλλήλοις φθονοῦντες). 이제 성령과 보조를 맞추는 것이 무엇을 뜻하는지 더 구체적으로 설명된다. 갈라디아 사람들은 오만과 자랑에 굴복하지 않도록 권고를 받는다. "헛된 영광을 구하여"(κενόδοξος)라는 단어는 신약에서 오직 이곳에만 나오는데, 이 표현과 관련된 단어인 "자만"(κενοδοξία)은 빌립보서 2:3에 등장한다. 여기서 바울은 자랑을 금한다. 자랑은 다른 이들을 화나게 하고 자극하여 말다툼과 싸움이 시작되게 하는 데서 나타난다.

"동사 προκαλέομαι(노엽게 하다)는…전투나 경기에서 경쟁으로 이어지는 상호 도전을 가리킬 때 사용된다."[13] 신자들이 다른 이들을 노엽게 하고 괴롭히거나 다른 이들이 분노하고 좌절하도록 자극한다면, 그는 성령과 보조를 맞추고 있지 않다. 자랑에서도 질투가 생긴다. 그래서 사람은 다른 이의 성공과 행복에 격분하거나, 다른 이의 불행에 즐거워한다. 신자가 사랑 안에서 서로 섬긴다면 그는 질투에 굴복하지 않을 것이다.[14]

갈 6:1a–b 형제들아 사람이 만일 무슨 범죄한 일이 드러나거든 신령한 너희는 온유한 심령으로 그러한 자를 바로잡고(Ἀδελφοί, ἐὰν καὶ προλημφθῇ ἄνθρωπος ἔν τινι παραπτώματι, ὑμεῖς οἱ πνευματικοὶ καταρτίζετε τὸν τοιοῦτον ἐν πνεύματι πραΰτητος). 신자들은 죄 가운데 넘어진 동료 신자를 친절하게 회복시켜야 한다. 신자들은 서로 오만한 태도를 취하고, 노하게 하며, 질투하지 말고, 다른 이들에게 관심과 사랑을 보여줌으로써 자신의 목표가 서로를 세워주는 것이 되어야 한다. 바울

8. Dunn, *Galatians*, 317에서 그렇게 말한다.
9. 참고. Bruce, *Galatians*, 257.
10. Betz, *Galatians*, 293.
11. Hays, *Galatians*, 328–29.
12. "성령으로 행하다"(στοιχέω)가 가리키는 이러한 의미에 대해 Betz, *Galatians*, 293–94를 보라. 이 단어는 또한 신자가 성령에 순응하거나 동의해야 한다는 의미일 수 있다(Delling, "στοιχεῖον", *TDNT*, 7:669를 보라).
13. Bruce, *Galatians*, 257.
14. Kuck, "Each Will Bear His Own Burden", 291에서 그렇게 말한다.
15. Garlington, *Galatians*, 356에서 그렇게 말한다. Gerhard Delling, "προλαμβάνω", *TDNT*, 4:14; Fung, *Galatians*, 284; Fee, *Galatians*, 230. Eastmann은 그들이 할례를 받았을 수 있지만 바울은 그들이 회개하면 용서받을 수 있다고 약속한다고 제안한다("Galatians 4.30", 329–31). 하지만 갈라디아서 5:2–4의 경고는 그럴 개연성이 없음을 보여준다. Martyn과 대조적으로 여기서는 마치 바울이 그들이 "경고를 피하는 것이 가능하기 전에" 죄에 붙잡혀 있다고 암시하는 것 같은 시간의 개념이 없다(*Galatians*, 546).

은 갈라디아 사람들에게 다른 이들이 넘어진 것을 즐거워하기보다 죄에 빠진 자를 회복시킬 것을 권고한다. "바로잡다"(καταρτίζω)라는 단어는 벽을 다시 세우는 것(스 4:12, 13)과 그물을 수선하는 것(마 4:21)을 묘사할 때 사용된다. 여기서는 영적 건강과 활기를 회복하는 것을 염두에 두고 있다.

여기서 "드러나거든"(προλημφθῇ)이라는 동사에 함축된 의미를 밝히는 것은 어렵다. 그것은 단순히 죄에 빠진 것이 다른 사람에게 감지되는 것을 뜻할 수 있지만, 누군가가 뜻밖에 죄에 압도되었음을 의미할 가능성이 더 커 보인다.[15] 신자는 성령 안에서 생명을 소유하고 있지만, 여전히 지금의 악한 시대에 살고 있다(1:4). 따라서 죄는 예상치 못한 방식으로 신자를 공격한다. 바울은 그러한 잘못을 범하는 자들이 단순히 본의 아니게 그런 일을 당한 희생자라고 암시하지 않는다. 그들은 자신의 죄에 전적인 책임이 있다. 하지만 바울은 신자가 계획하지도 예상하지도 않은 방식으로 죄를 짓는–그리하여 회복이 필요한–상황을 상상한다. 바울이 여기서 설명하는 것은 일반적으로 마태복음 18:15–20에서 말하는 교회의 징계 첫 번째 단계와 일치할 가능성이 있다. 다른 이들의 죄를 알게 된 자는 죄를 지은 사람이 그리스도와의 관계를 회복하게 하기 위해 그에게 개인적으로 말해야 한다.

"신령한" 자들(οἱ πνευματικοί)은 넘어진 자를 보살피고 회복시키도록 요청받는다. "신령하다"는 표현은 그리스도인 엘리트 집단을 의미하지도 않고,[16] 회중 가운데 특정 사람들을 제한적으로 가리키지도 않는다.[17] 갈라디아 사람들 모두 복음의 메시지를 들었을 때 성령을 받았다(3:2, 5). 그들은 성령의 약속을 받았기 때문에 아브라함의 복을 누린다(3:14). 하나님은 자녀인 그들에게 성령을 주셨으며(4:6), 그들은 성령으로 산다(5:25). 따라서 성령을 따라 행하는 자들(5:16)은 성령께 인도를 받으며(5:18), 성령과 보조를 맞추며(5:25), 죄에 빠진 자들을 회복시켜야 한다.

또한 그들은 죄에 빠진 자들을 친절하고 온유하게 회복시킨다. 여기서 우리는 6:1이 5:26의 내용을 제한한다는 또 다른 증거를 발견한다. 온유하고 겸손한 마음은 죄에 빠진 사람을 자극하지 않고 존엄성을 가진 자로 대한다. 그러한 온유함은 성령의 열매다(5:23).[18] 다른 이를 질투하는 사람은 다른 사람의 죄를 즐거워한다. 다른 이들의 실수가 온전히 드러나며 그것이 비교를 통해 더 잘 보이기 때문이다. 하지만 다른 이들을 진정으로 사랑하며 성령으로 행하는 자는 겸손(그들을 온유하게 대하기 위해)과 단호함(그들이 죄를 지었기 때문에)으로 그들에게 접근한다.

갈 6:1c–d 너 자신을 살펴보아 너도 시험을 받을까 두려워하라(σκοπῶν σεαυτόν μὴ καὶ σὺ πειρασθῇς). 바울은 겸손에 속하는 것을 설명한다. 우리는 다른 이들이 죄에 빠졌다고 해서 그들의 죄에 집중하며 그들을 자극하거나 낙심시키지 않는다. 그 대신 죄에 빠진 자들을 회복시키는 자들은 겸손함에 머문다. 자신의 연약함과 죄의 성향을 기억하기 때문이다.[19] 그들은 자신들도 유혹을 받고 실패할 수 있음을 안다. 오늘은 그들이 죄 지은 자

16. 이것과 대조적으로 Barrett은 바울이 풍자적으로 스스로 영적이라고 믿었던 자들을 언급하고 있을 수 있다고 제안한다(*Freedom and Obligation,* 79; 또한 Dahl, "Paul's Letter to the Galatians", 128; Bruce, *Galatians,* 260에서 그렇게 말한다). Stott는 바울이 여기서 말하는 것을 성숙한 그리스도인들로 잘못 제한한다. John R. W. Stott, *The Message of Galatians*(London: IVP, 1968), 161.

17. Barclay, *Obeying the Truth,* 157; R. Longenecker, *Galatians,* 273; Martyn, *Galatians,* 546; Witherington, *Galatians,* 422에서 이것을 바르게 말한다.

18. 참고. Garlington, *Galatians,* 357; Fee, *Galatians,* 231–32.

19. 어떤 이들은 시험이 타락한 자가 짓는 죄를 범하는 것이라고 생각한다(Dunn, *Galatians,* 321에서 그렇게 말한다). 다른 이들은 죄가 거만하게 되려는 시험이라고 주장한다(Bruce, *Galatians,* 260에서 그렇게 말한다). 경고는 오히려 일반적인 것으로 보이며 둘 다 포함할 수 있다(Hays, *Galatians,* 332에서 그렇게 말한다).

를 회복시키고 있을 수 있지만, 내일은 그들 자신이 회복되어야 할 수도 있다. 자신의 실패를 인식하는 것은 신자가 승리주의나 자만에 빠지지 않게 할 것이다.

갈 6:2 너희가 짐을 서로 지라 그리하여 [이런 방식으로 너희는] 그리스도의 법을 성취하라(Ἀλλήλων τὰ βάρη βαστάζετε καὶ οὕτως ἀναπληρώσετε τὸν νόμον τοῦ Χριστοῦ). 본문의 명령은 서로의 짐을 지라는 일반적 권고를 나타낸다.[20] 6:1에 비추어 그것은 죄를 지은 이들을 돕고 격려하는 것을 가리킬 수 있다. 하지만 이 권고는 폭넓게 진술되고 있으며, 다른 이들의 죄를 담당하는 것으로만 제한되어야 하는 것 같지 않다.[21] 특별히 신자는 박해, 재정적 어려움, 질병과 같이 죄가 될 수 없는 다양한 짐을 지고 있기 때문이다.

다른 이들은 여기서 짐이 재정적인 것이므로, 신자는 재정적 어려움에 처한 다른 신자들을 돕도록 요청받는다고 제안한다.[22] 다시 한 번 말하지만, 그러한 해석은 너무 구체적이다. 그리스도의 법이 구체적으로 동료 신자들을 재정적으로 도우라는 예수님의 권고를 가리키는지 분명하지 않기 때문이다. 이 권고는 다른 신자들이 겪는 어려움을 도우라는 넓은 범위의 요청으로 이해된다.[23]

신자들은 다른 이들의 짐을 질 때 "그리스도의 법을 성취한다." 다른 사본에서 이 구절은 명령법으로 되어 있다. 즉, 그리스도의 법을 "너희는 성취해야 한다"(ἀναπληρώσατε)는 것이다. 하지만 메츠거(Metzger)는 미래시제가 선호되는 이유를 잘 요약한다.

> 부정과거 명령법("너희는 성취해야 한다") ἀναπληρώσατε가 강력한 지지를 얻고 있지만(א A C D^{gr} K P Ψ 614 1739 syr^{h} arm 등), 위원회는 미래시제를 선호하는 것으로 보인다. 이는 초기의 다양한 외적 증거와($\mathfrak{P}^{46}$ B G 그리고 대부분의 고대 번역본), 필사상의 개연성 때문이다[필경사들이 미래시제를 앞서 나온 "바로잡으라"(καταρτίζετε, 1절)와 "담당하라"(βαστάζετε, 2절)와 같은 명령법 형태로 바꾸었을 것이다].[24]

심층 연구 **그리스도의 법**

현재 본문은 갈라디아서 5:14을 반영한다. 거기서 우리는 또한 성취와 율법의 개념을 발견한다("온 율법은…한 말씀에서 이루어졌나니", ὁ γὰρ πᾶς νόμος ἐν ἑνὶ λόγῳ πεπλήρωται).[25] 본문의 성취는 모세 율법이 아닌 그

20. "이러한 좀 더 일반적인 명령은 1절의 가르침을 포함한다"(Bruce, *Galatians*, 260).
21. Lambrecht, "Galatians 6,1-6", 44에서 이것을 바르게 말한다. 대조적으로 Hofius, "Das Gesetz des Mose and das Gesetz Christi", 282; Matera, *Galatians*, 214; Mussner, Galaterbrief, 399; Garlington, *Galatians*, 361; Kuck, "Each Will Bear His Own Burden", 292를 보라.
22. J. G. Strelan, "Burden Bearing and the Law of Christ: A Re-examination of Galatians 6:2", *JBL* 94(1975): 266-76에서 그렇게 말한다.
23. Bruce, *Galatians*, 261에서 이것을 바르게 말한다.
24. Metzger, *Textual Commentary*, 530.
25. "그리스도의 법"의 해석에 대한 개관은 Barclay, *Obeying the Truth*, 126-35; Schreiner, "Law of Christ", *DPL*, 542-44를 보라.
26. 하지만 모세 율법의 역할에 대한 아래의 논의를 보라.
27. Betz는 바울이 이 용어를 논쟁적으로 사용한다고 생각한다(Betz, *Galatians*, 300-301).
28. W. D. Davies, *Paul and Rabbinic Judaism*(4th ed.; Philadelphia: Fortress, 1980), 142-44; C. H. Dodd, "ENNOMOS CHRISTOU", in *Studia Paulina in honorem J. de Zwaan*(Haarlem: Bohn, 1953), 96-110; A. Feuillet, "Loi de Dieu, Loi du Christ, et Loi de l'Esprit d'apres Les Epitres Paulinennes", *NovT* 22(1980): 45-57.
29. Albert Schweitzer, *The Mysticism of Paul the Apostle*(trans. William Montgomery; repr.; New York: Seabury, 1986), 187-92; Schoeps, *Paul*, 171-73을 보라.
30. Dale Allison, "The Pauline Epistles and the Synoptic Gospels: The

리스도의 법이 성취됨을 가리킨다.[26] 이와 마찬가지로 갈라디아서 5:14에서도 법은 그리스도 안에서의 율법 성취를 가리킨다.

어떤 이들은 여기서 "법"이라는 단어는 대적들이 사용한 것이며, 바울은 모세 율법이 아닌 그리스도의 법(νόμος)을 말함으로써 그들의 표현을 달리 말한 것이라고 주장한다.[27] 또 다른 이들은 예수님의 말씀이 신자들에게 새로운 토라를 형성한다고 생각한다.[28] 그러한 견해는 메시아의 시대가 시작될 때 율법이 그칠 것이라고 주장하는 랍비의 견해와 때때로 연결된다.[29] 예수님의 말씀이 초대 그리스도인들에게 권위가 있었던 것은 분명하며, 바울 서신에는 예수님의 가르침에 대한 인용과 암시가 많다.[30]

하지만 우리는 그리스도의 법을 예수님의 말씀에 한정해서는 안 된다. 바울 서신에 예수님의 가르침을 암시하는 구절이 많지만, 바울이 그것들을 예수님의 말씀으로 분명하게 소개하는 경우는 드물다. 그리스도가 가르치신 말이 바울에게 새로운 법이었다면, 우리는 그가 예수님의 가르침을 자주 명확하게 인용했을 것이라고 기대할 수 있다. 메시아 시대가 토라의 종말을 가져올 것이라는 견해는 랍비 문헌이 분명하게 가르치지 않는다. 기껏해야 그다지 중요하지 않은 몇몇 명령이 변경될 것이며 토라에 대한 완전한 이해가 실현될 것이라고 가르친다.[31]

그리스도의 법이 시온의 토라와 일치한다는 비슷한 견해가 있다. 이 견해에 따르면 모세 율법은 시온의 토라가 확정될 때 폐지된다. 시온의 토라는 시온에서 소리쳐 사람들을 초청하고(사 2:1-4; 미 4:1-4), 종말론적이며(렘 31:31-34) 보편적이다.[32] 이러한 견해는 구약 율법과 신약 사이의 불연속성을 바르게 본다. 하지만 예로 든 구약 본문이 시온에서 오는 새로운 법을 암시하는지는 의문스럽다.[33]

다른 이들은 원리로서의 법을 언급한 것으로 본다.[34] 하지만 편지에서 도덕적 권고가 포함된 부분에는 '원리'보다 "법"에 대한 언급이 더 잘 어울려 보인다. 고린도전서 9:21에서 "그리스도의 율법 아래에"(ἔννομος Χριστοῦ)라는 유사한 표현은 본문이 대적들을 향해 직접 대답하는 것이 아님을 암시한다. 이 표현은 모세 율법을 열렬히 전파하던 유대인 대적들을 향한 대답으로 나온 것일 수도 있다. 바울은 인상적인 표현을 사용하여(참고. 5:14) 그리스도 안에서의 율법 성취에 초점을 맞추고 있다.

바울에 따르면 율법은 그리스도 중심적으로 해석되어 그리스도 안에서 그것이 의도된 완성과 목표에 이르게 해야 한다.[35] "그리스도의 법"은 사랑의 법과 동일하다(5:13-14).[36] 따라서 신자가 다른 이들의

Pattern of the Parallels", *NTS* 28(1982): 1-32; Peter Stuhlmacher, "Jesustradition im Römerbrief: Eine Skizze", *TBei* 14(1983): 240-50; Michael Thompson, *Clothed with Christ: The Example and Teaching of Jesus in Romans 12.1-15.13*(JSNTSup 59; Sheffield: JSOT Press, 1991).

31. 증거에 대한 면밀한 조사는 W. D. Davies, *Torah in the Messianic Age*(Philadelphia: SBL, 1952)를 보라. 그러한 견해에 대조되는 결정적인 논증은 Peter Schäfer, "Die Torah der messianischen Zeit", *ZNW* 65(1974): 27-42를 보라.

32. Harmut Gese, *Essays on Biblical Theology*(Minneapolis: Augsburg, 1981), 80-92; Peter Stuhlmacher, *Reconciliation, Law, and Righteousness*(Philadelphia: Fortress, 1986), 110-33, 특별히 114-17.

33. Martin Kalusche, "'Das Gesetz als Thema biblischer Theologie'? Anmerkungen zu einem Entwurf Peter Stuhlmachers", *ZNW* 77(1986): 194-205; Heikki Räisänen, "Zionsstora and Biblische Theologie: Zu einer Tübinger Theorie", in *The Torah and Christ*(Helsinki: Finnish Exegetical Society, 1986), 337-65를 보라.

34. Räisänen, *Paul and the Law,* 80; Sanders, *Paul, the Law,* 15, n. 26; Burton, *Galatians,* 329(사랑의 원리); Bruce, *Galatians,* 261.

35. 하지만 그리스도의 법이 모세 율법의 의도를 성취한다는 것을 잊지 말아야 한다. B. Longenecker, *Triumph of Abraham's God,* 85-87; Stanton, "Law of Moses and Law of Christ", 116; B. Longenecker, "Defining the Faithful Character of the Covenant Community", 92; 홍인규, *Law in Galatians,* 173-83; Sanders, *Paul, the Law,* 97-98;

짐을 질 때 그는 그리스도가 행하셨던 것처럼 행하며 그분의 법을 성취한다.[37] 이런 의미에서 그리스도의 삶과 죽음 또한 사랑에 대한 모범이자 예증과 설명이 된다.[38]

갈 6:3 만일 누가 아무 것도 되지 못하고 된 줄로 생각하면 스스로 속임이라(εἰ γὰρ δοκεῖ τις εἶναί τι μηδὲν ὤν, φρεναπατᾷ ἑαυτόν). 자랑하는 자에게 경고가 주어진다. 자신이 대단한 사람이라고 생각하는 자기기만을 경고한다. 이 구절과 6:2 사이의 논리적 관계는 다소 이해하기 어렵다. 다른 이들의 짐을 지는 것이 자만심과 어떻게 관련되는가? 여기서 우리는 5:26이 이 단락에 속한다는 견해의 또 다른 증거를 발견한다. 5:26도 자만을 경고하기 때문이다. 자만하며 자랑하는 자는 다른 이들보다 자신에게 사로잡혀 있다.

이와 같은 관찰은 6:2과 6:3을 연결하는 "[왜냐하면]"(γάρ)을 이해하는 단서가 된다.[39] 어려움에 처한 다른 이들을 돕지 않고, 고고하게 분리되어 살아가는 사람들은 자만심이라는 죄를 짓는 것이다. 그들은 아무것도 아니면서 자신이 대단한 사람이라고 착각한다.[40] 혹은 바울은 자만하는 사람들을 염두에 두었을 것이다. 그들은 자신이 '유혹에 영향을 받지 않는다'고 여긴다. 그리하여 자신의 실패를 걱정할 필요가 없고, 다른 이들을 돕는 일에 자신의 삶을 헌신할 수 있다고 생각하기 때문에 자만에 빠진다.[41] 오만은 누군가를 다른 이들의 삶에서 분리시킨다. 그러므로 오만은 또한 사람을 속인다. 거만한 사람은 자신이 실제로 아무것도 아닐 때에도 자신에게 감명받기 때문이다. 영적으로 싸우고 있는 이들을 돕는 사람은 자신의 죄를 인식해야 한다. 그로써 자신이 영적 엘리트라고 하는 속임수의 희생물이 되지 않을 것이다.

갈 6:4 각각 자기의 일을 살피라 그리하면 자랑할 것이 자기에게는 있어도 남에게는 있지 아니하리니(τὸ δὲ ἔργον ἑαυτοῦ δοκιμαζέτω ἕκαστος, καὶ τότε εἰς ἑαυτὸν μόνον τὸ καύχημα ἕξει καὶ οὐκ εἰς τὸν ἕτερον). 한편으로 성령과 보조를 맞추어 나아가는 신자들은 다른 이들에게 관심을 보여야 한다. 그들은 다른 이들의 짐을 지고, 온유와 겸손으로 죄에 빠진 자들을 회복시킬 때 그리스도의 사랑의 법을 성취한다. 반면 자만심에 물들어 손상되고 서로 화나게 할 때 그리스도가 보이신 자기희생의 모범

Barclay, Obeying the Truth, 132에서 그렇게 말한다. 홍인규는 모세 율법의 진정한 의도가 성취되고, 그러한 율법의 성취는 율법의 모든 명령을 지키는 것을 포함하지 않으며, 따라서 유대인과 이방인 사이에 국가적인 불화를 만들었던(할례와 같은) 법들이 폐지된다고 강조한다. Wilson의 귀중한 개관을 보라. Todd A. Wilson, "The Law of Christ and the Law of Moses: Reflections on a Recent Trend in Interpretation", *CurrBR* 5(2006): 123–44. Wilson은 모세 율법(갈 5:14에 따르면)과 그리스도의 법의 밀접한 연결을 제안한다.

36. Karl Kertelge, "Gesetz und Freiheit im Galaterbrief", *NTS* 30(1984): 390–91에서 그렇게 말한다. 이것과 대조적으로, 홍인규, *Law in Galatians,* 176을 보라. 그는 사랑이 5:14의 명령이 성취되는 수단이며, 따라서 명령의 내용이 될 수 없다고 말하기 때문이다.

37. 대조적으로 Winger는 그리스도의 법을 성령 안에서의 삶으로 제한하며 그리스도의 법에서 어떤 규범도 제외시킨다. Michael Winger, "The Law of Christ", *NTS* 46(2000): 537–46.

38. Hans Schürmann, "'Das Gesetz des Christus'(Gal 6,2): Jesus Verhalten und Wort als letzgültige sittliche Norm nach Paulus", in *Neues Testament und Kirche. Festschrift für Rudolf Schnackenburg*(ed. J. Gnilka; Freiburg: Herder, 1974), 282–300; Richard B. Hays, "Christology and Ethics in Galatians: The Law of Christ", *CBQ* 49(1987): 268–90에서 그렇게 말한다. Hays는 이 견해를 수정하였으며, 덧붙여 토라의 성취에 대한 언급을 보는데, 이것은 여기서 주장하는 것과 일치한다(*Galatians,* 333). Hofius는 이사야에서 죄를 담당하는 종에 비추어 그리스도의 법을 이해한다. Hofius, "Das Gesetz des Mose and das Gesetz Christi", 262–86. Hofius는 그리스도가 구속 사역에서 사랑의 법을 실현하신다는 것을 바르게 상기시

을 위반한다. 성령을 따르는 것은 공동체 안에서 다른 이들과 함께 사는 것과 다른 이들의 필요를 채우는 것을 의미한다.

다른 한편으로 신자는 개인적으로 하나님 앞에서 자기 삶에 대해 책임을 진다. 따라서 바울은 신자들에게 자신의 삶을 신중하게 평가하고 점검할 것을 촉구한다(참고. 롬 12:3).[42] 그들은 자신이 성취한 것을 과대평가함으로써 자신을 속이지 말아야 한다. 그들이 실제에 비추어 자신을 점검하면, 정당하게 자신을 자랑할 수 있다.

신자가 자신의 행위를 자랑할 수 있다는 말은 매우 이상하게 들린다. 특별히 바울은 갈라디아서 전체에 걸쳐 신자는 행위가 아닌 믿음으로 말미암아 의로워진다고 강조하기 때문이다(참고. 또한 롬 3:27-28; 4:2-5). 바울은 편지 전체에 걸쳐 자신이 가르친 것을 잊어버리고 행위 지향의 윤리로 후퇴했는가? 여기서 우리는 본문이 미래시제로 구성된 것에 주목해야 한다. 이 구절은 "그는 자랑할 것이 있을 것이다"(τὸ καύχημα ἕξει)라는 뜻이다. 아마도 이것은 마지막 심판, 즉 주님이 각 사람의 행위를 평가하시는 날을 가리킬 것이다.[43] 따라서 여기서 권장하는 자랑은 이 땅에서의 삶보다 오는 시대의 삶과 연관되며, 그날에는 헛되고 우쭐대는 자랑은 모두 사라질 것이다.

또한 우리는 문맥을 통해 여기서 말하는 자랑이 신자들 안에서 성령이 사역하신 결과임을 알게 된다(5:16, 18, 22-23, 25; 6:8). 그것은 새로운 창조의 결과다(6:15). 그러므로 본문이 말하는 자랑은 자율적인 것이 아니다. 바울은 갈라디아 사람들에게 하나님 앞에서 각자의 삶을 평가받도록 지금 서로 비교하지 말라고 권고하는 것일 수 있다.[44]

위더링턴(Witherington)은 이 구절의 마지막 부분을 다소 설득력 있게 해석한다. 그는 "남에게는"(εἰς τὸν ἕτερον)이라는 표현이 비교를 뜻하지 않는다고 주장한다.[45] 대신 바울이 비판하는 것은 "다른 사람의 성취나 행위를 자랑하는 (그리고 그것의 공을 차지하는) 통상적인 모든 관습"이다.[46] 이것은 6:13과 조화될 것이다. 거기서 대적들은 갈라디아 사람들이 할례받은 것을 자랑한다. 신자는 오직 자신의 삶에서 하나님이 행하신 일에 대해서만 하나님을 찬양할 수 있다. 하지만 하나님이 다른 이들 안에서 성취하신 것에는 어떤 공적도 주장할 수 없을 것이다.

갈 6:5 각각 자기의 짐을 질 것이라(ἕκαστος γὰρ τὸ ἴδιον φορτίον βαστάσει). 5절은 4절의 근거가 된다["(왜냐하면)"(γάρ)이라는 접속사를 보라]. 사람은 심판 날에 오직 자신의 행위를 자랑할 수 있을 것이다. 그날 사람은 하나님 앞에서 자신의 짐을 질 것이기 때문이다.

킨다. 하지만 그리스도의 죽으심에 대한 직접적인 언급이 없다는 것을 주목할 필요가 있다.

39. Lightfoot, *Galatians*, 216; Lambrecht, "Galatians 6,1-6", 46에서 그렇게 말한다. 이것은 그것을 6:1과 연결시키는 사람들의 견해와 대조된다. 6:2과 6:3의 관계를 이해할 수 있으면 우리는 6:1로 건너뛰어서는 안 된다. Kuck은 연결이 6:1과 6:2 모두와 이루어진다고 주장하지만("Each Will Bear His Own Burden", 292), 그러한 해결은 지나치게 복잡하다. Fee는 바울이 여기서 5:26로 돌아간다고 생각한다(*Galatians*, 233-34).

40. R. Longenecker, *Galatians*, 276; Witherington, *Galatians*, 426에서 그렇게 말한다. Barrett과 대조적으로 동사 "생각하다/보이다"(δοκέω)는 바울이 기둥 같은 사도들을 염두에 두고 있음을 가리키지 않는다(*Freedom and Obligation*, 80-81).

41. Martyn, *Galatians*, 549에서 그렇게 말한다. Matera는 "문맥은 동료 신자를 회복시킨 후의 자부심 혹은 자신의 삶에서 비슷한 실패를 겪지 않을 것이라는 생각을 암시한다"고 말한다(*Galatians*, 214).

42. Martyn과 대조적으로 바울이 여기서 생각하는 사역이 복음 전파에 제한될 수 있는지 분명하지 않다(*Galatians*, 550).

43. 대조적으로 Witherington, *Galatians*, 427을 보라. 다른 이들은 그것을 논리적 미래로 생각한다. R. Longenecker, *Galatians*, 277에서 그렇게 말한다.

44. 예를 들어, Kuck, "Each Will Bear His Own Burden", 293-94; Lambrecht, "Galatians 6,1-6", 48에서 그렇게 말한다.

45. Witherington, *Galatians*, 428. 하지만 Witherington과 대조적으로 나는 여기서 종말론을 고려하고 있다고 생각한다.

46. 같은 책, 428, n. 40.

본문은 매일의 삶과 관련된 일반적 금언으로 해석될 수 있다.[47] 이 구절이 일종의 잠언처럼 해석된다면, 단순히 바울은 우리가 신자로서 서로 돕고 서로의 짐을 져야 하지만 최종적으로 우리는 이 땅의 삶에서 자신의 짐을 진다고 말하는 것이다. 즉, 우리는 자신의 태도에 책임이 있다는 것이다.

그런데 미래시제 "질 것이라"(βαστάσει)는 마지막 심판을 염두에 두고 있음을 암시한다. 이 해석은 6:4과 조화된다. 거기서 사용된 미래시제도 마지막 상급을 가리킨다. 또한 6:7–9은 마지막 심판을 가리키는 것이 분명하다. 바울은 5:10에서 마지막 심판과 관련하여 "심판을 받으리라"(βαστάσει)라는 동사를 사용한다.[48] 마지막으로, 6:5을 6:4과 연결하는 "[왜냐하면]"(γάρ)은 본문이 개별적인 금언이 아님을 나타낸다.[49]

그러므로 바울은 이 단락에서 신자들이 삶의 짐이나 염려와 관련하여 서로 지원하고 도와야 함을 강조한다. 동시에 그들은 자신이 심판 날에 홀로 하나님 앞에 서게 된다는 사실과, 다른 사람이 행한 일이 아니라 자신이 성취한 것과 관련하여 심판받게 될 것임을 깨달아야 한다. "짐"을 가리키는 다른 단어(6:2의 βάρη 대신 사용된 φορτίον)는 이 구절의 의미를 결정하는 중요한 단서로 해석되어서는 안 된다. 버튼의 말처럼 이 두 단어를 "날카롭게 구분할 수 없다."[50]

적용에서의 신학

1. 겸손하게 다른 이들을 보살핌

오늘날 현대인들은 개인주의적인 삶을 살아간다. 이 개인주의는 문화를 통해 우리에게 전달된다. 우리는 이 단락에서 성령 안에서의 삶이 공동체적인 생활임을 배운다. 우리는 풍성한 그리스도인의 삶을 개인적으로 기도하고 성경을 읽는 것과 자주 동일시하며, 다른 신자를 섬기는 것은 생각하지 않는다. 그리스도께 기쁨이 되는 삶은 겸손하며, 자기중심적이거나 자만하지 않는 삶이다. 누군가가 거만함에 빠져 있음을 드러내는 한 가지 표지는 그가 다른 사람과 함께 있을 때 그들을 자극하고 괴롭히는지 여부다. 비슷하게 누군가 다른 이들의 성공을 보고 의기소침해지고 그들보다 더 높은 영광과 명예를 얻기를 갈망한다면, 그는 마음속의 자만심을 드러내는 것이다.

우리는 자신에게 사로잡혀 있는 데서 벗어나 다른 이들을 보살피도록 부름받는다. 예수 그리스도의 교회 안에서의 삶은 어려움에 직면한 사람들을 돕는 것이다. 우리는 어떻게 다른

47. 그 경우 미래시제 "담당할 것이다"(βαστάσει)는 격언적 미래 용법이다. Betz, *Galatians*, 303–4; Burton, *Galatians*, 334; Witherington, *Galatians*, 429에서 그렇게 말한다. 대조적으로 Lambrecht는 그것을 명령으로 받아들인다("Galatians 6,1–6", 50).

48. Matera, *Galatians*, 22; Kuck, "Each Will Bear His Own Burden", 296; Garlington, *Galatians*, 369; Hays, *Galatians*, 335. 사람이 져야 할 짐은 복음 전파만이 아니라 삶 전체와 연관된다(Martyn, *Galatians*, 550과 대조적으로).

49. Kuck, "Each Will Bear His Own Burden", 294에서 이것을 바르게 말한다.

50. Burton, *Galatians*, 334.

신자들을 재정적으로 도울 수 있는가? 교회에서 외롭게 지내며 방문이 필요한 사람은 누구인가? 상담과 회복이 필요한 사람은 누구인가? 병들고 도움이 필요한 사람은 누구인가?

다른 이들을 돌보는 것은 말과 위로만으로 제한될 수 없다. 우리는 6:1에서 죄에 빠진 자들과 마주 대해야 함을 본다. 때때로 사랑은 꺼내기 어려운 말을 할 것을 요구한다. 교회 안에서 악을 참는 것이 사랑으로 보일 수 있다. 그것은 '무조건적 수용'이라는 이름으로 모르는 척하는 것일 뿐이다. 하지만 그러한 관용은 사랑이 아니다. 주변에 퍼질 것이 확실한 악에 맞서지 않기 때문이며(참고. 5:9), 그 악은 죄를 범한 사람을 망하게 할 것이 분명하기 때문이다.

우리는 자신을 의롭게 여기는 것을 조심해야 한다. 우리에게 큰 결함이 있으며 다른 이와 같이 죄의 경향이 있음을 깨닫지 못한다면, 다른 이들을 교정하려는 우리의 행동은 자만의 냄새를 풍길 것이다. 우리가 자신을 떠받든다면, 우리는 겸손하게 다른 이들을 교정하는 것으로써 그들을 섬길 수 없다. 아마도 부모와 자녀를 생각하면 도움이 될 것이다. 우리는 자녀를 교정한다(그러기를 바란다!). 우리가 자녀를 깊이 사랑하기 때문이며, 자녀가 하나님이 그들을 부르신 그대로 온전히 되기를 간절히 바라기 때문이다.

2. 섬세한 균형

공동체적 의무와 개인적 의무에는 섬세한 균형이 존재한다. 다른 이의 도움이 절실히 필요한 사람들은 자신을 피해자로 여기고 자신의 태도에 책임지기를 거절할 수 있다. 또한 우리는 공동체 생활에 집중한 나머지 개인의 삶과 우리가 내려야 할 결정을 간과할 수 있다. 따라서 우리는 마지막 심판에서 평가를 받고 그에 따라 상급을 얻게 될 것이라는 사실을 상기한다(6:4-5).

달리 말해, 주님은 신자로서 우리가 행한 것을 두고 우리를 개인적으로 심판하실 것이라는 뜻이다. 서구 사람들은 개인주의적 성향을 띤다. 그런데 동양에서 온 신자들은 나에게 두려움 때문에 다수의 생각에 맞서지 못하는 경우가 종종 있다고 말한 적이 있다. 우리는 모두 하나님 앞에서 자신의 결정과 행위에 책임이 있다. 또한 우리는 마지막 날에 우리 삶으로 행한 것에 대해 심판을 받으리라는 것과 우리가 자신의 짐을 지게 될 것을 인식하며 살아가야 한다.

CHAPTER 23

갈라디아서 6:6–10

문학적 전후 문맥

갈라디아서의 권고 부분(4:12–6:10)이 여기서 막을 내린다. 갈라디아서 6:4–5은 모든 사람에게 마지막 심판을 언도하실 하나님 앞에 각 사람이 홀로 설 것이라는 사실을 강조함으로써 마쳤다. 갈라디아서 6:6–10은 특별히 재정적으로 다른 이들, 특히 동료 신자를 돕는 것을 강조하며 공동체를 향한 의무라는 주제로 돌아간다. 다른 신자들의 실제적 필요를 채우는 일은 성령과 보조를 맞추어 전진한다는(5:25) 의미의 일부다. 그리스도의 법을 성취하는 사람(6:2)은 다른 이들을 위한 자기희생에 대해 그리스도가 보여주신 모범을 따르는 자들이다(5:14). 그러한 사랑은 다른 이들의 현실적인 필요를 채우는 데서 드러난다.

I. 도입: 바울의 복음을 떠나는 것은 복음을 떠나는 것이다(1:1–2:21)
II. 경험과 성경을 통한 바울의 복음 변호(3:1–4:11)
III. 율법에서 자유롭고 성령 안에서 자유롭도록 부르심(4:12–6:10)
  A. 율법에서 자유롭게 살라: 친밀한 관계를 통한 논증(4:12–20)
  B. 자유 가운데 서라: 알레고리를 통한 논증(4:21–5:1)
  C. 위험한 속박의 메시지를 물리치라(5:2–12)
  D. 성령 안에서 자유를 누리라(5:13–6:10)
    1. 사랑 안에서 표현되는 자유(5:13–15)
    2. 육신이 아닌 성령으로 살기(5:16–24)
    3. 성령을 통해 서로 돌아봄(5:25–6:5)
    ➦ **4. 성령을 통해 선을 행함(6:6–10)**
IV. 마지막 요약(6:11–18)

주요 개념

10절은 이 단락의 중심 진리를 포착한다. 신자는 모든 사람에게 선을 행해야 하는데 특별히 다른 신자들에게 그렇게 해야 한다. 여기서 말하는 선은 다른 이들을 재정적으로 지원하는 것이다. 매일의 삶에서 그들의 실제적인 필요를 채우는 것이다.

번역

갈라디아서 6:6–10

6	권고	**가르침을 받는 자는…함께 하라**
		말씀을 가르치는 자와
		모든 좋은 것을
7a	권고	**스스로 속이지 말라**
b	7a의 근거	**하나님은 업신여김을 받지 아니하시나니**
c	7b의 근거	사람이 무엇으로 심든지 **그대로 거두리라**
8a	7c의 설명	자기의 육체를 위하여 심는 자는 육체로부터 썩어질 것을 거두고
b	8a와 대조	성령을 위하여 심는 자는 성령으로부터 영생을 거두리라
9a	권고	**우리가 선을 행하되 낙심하지 말지니**
b	9c의 조건	포기하지 아니하면
c	9a의 근거	때가 이르매 **거두리라**
10a	6–9에서 유추/	그러므로
	권고	**우리는…모든 이에게 착한 일을 하되**
b	10a의 때	기회 있는 대로
c	10a의 제한	더욱 믿음의 가정들에게 할지니라

구조

이 본문은 공동체와 관련된 권고로 시작된다(6:6). 복음의 말씀으로 가르침을 받는 사람들은 자신을 가르치는 자들을 재정적으로 도와야 한다. 이 구절은 분리된 금언으로 볼 수 있다.[1] 역으로 우리는 여기서 재정적 의무에 초점을 맞추는 완전히 새로운 부분이 시작된다고 주장

1. Ridderbos, *Galatians,* 216.

할 수 있다.[2] 우리는 후자의 견해를 받아들이는 동시에 바울이 6:4-5에서 개인적 책임을 강조한 후 여기서 공동체적 의무를 다시 강조한다고 말할 수 있다.[3]

선생들을 도우라는 명령은 매우 중요하다. 신자들은 속기 쉽기 때문이다(6:7a). 그리고 하나님은 업신여김을 받지 않으시기 때문에(6:7b) 그들은 속임수를 주의해야 한다. 우리는 하나님이 업신여김을 받지 않으실 것을 안다. 왜냐하면(γάρ) 하나님이 각자가 성취한 것에 근거하여 모든 사람을 심판하실 것이기 때문이다(6:7c). 바울은 6:8에서 그 말의 의미를 밝힌다. 성령에 따라 사는 자는 영원한 생명을 누릴 것이지만, 육체를 따라 사는 자는 마지막 심판("썩어질 것")을 경험할 것이다.

바울은 6:6의 권고가 중요함을 설명한 뒤, 6:9-10에서 요점으로 돌아간다. 신자들은 선을-이 문맥에서는 다른 이들을 물질적으로 돕는 것-행하는 데 게을러져서는 안 된다. 다른 이들을 돕는 사람은 심판 날에 마지막 상급을 얻을 것이기 때문이다(6:9). 이 구절은 6:10에서 유추의 접속사("그러므로", ἄρα οὖν)로써 요약된다. 신자들은 모든 사람에게 선을 행해야(즉 재정적으로 도와야) 하지만, 하나님의 가족에 속한 자들을 우선순위에 두어야 한다. 도와야 할 첫 번째 대상은 동료 신자들이다.

석의적 개요

III. 율법에서 자유롭고 성령 안에서 자유롭도록 부르심(4:12-6:10)

- A. 율법에서 자유롭게 살라: 친밀한 관계를 통한 논증(4:12-20)
- B. 자유 가운데 서라: 알레고리를 통한 논증(4:21-5:1)
- C. 위험한 속박의 메시지를 물리치라(5:2-12)
- **D. 성령 안에서 자유를 누리라(5:13-6:10)**
  - 1. 사랑 안에서 표현되는 자유(5:13-15)
  - 2. 육신이 아닌 성령으로 살기(5:16-24)
  - 3. 성령을 통해 서로 돌아봄(5:25-6:5)
  - ➡ **4. 성령을 통해 선을 행함(6:6-10)**
    - a. 선생들을 재정적으로 지원하라(6:6)
    - b. 하나님이 우리가 하는 일을 심판하실 것이다(6:7)
    - c. 우리가 뿌리는 방식이 우리의 생사를 결정한다(6:8)
    - d. 다른 이들을 도울 때 인내할 것을 촉구함(6:9)

---

2. Burton은 6:6에서 재정에 관한 언급, 그리고 6:10까지는 좀 더 일반적인 권고를 본다(*Galatians,* 334).

3. 참고. Barclay, *Obeying the Truth,* 163; Lambrecht, "Galatians 6,1-6", 53-54.

4. "말씀"은 여기서 복음의 메시지 전체를 가리킨다. R. Longenecker, *Galatians,* 278; Burton, *Galatians,* 337에서 그렇게 말한다.

5. 대조적으로 Fee는 문맥에서 바울이 재정적 지원을 언급하고 있음을 알지 못한다(*Galatians,* 236).

e. 모든 사람, 특별히 신자들을 도울 것을 권고함(6:10)

IV. 마지막 요약(6:11-18)

본문 설명

갈 6:6 가르침을 받는 자는 말씀을 가르치는 자와 모든 좋은 것을 함께 하라(Κοινωνείτω δὲ ὁ κατηχούμενος τὸν λόγον τῷ κατηχοῦντι ἐν πᾶσιν ἀγαθοῖς). 바울에 따르면 성령 안에 있는 삶의 기본적인 표지 중 하나는 서로를 향한 관심이며, 이것은 실제적인 방식으로 나타난다. 여기서 바울은 가르침을 받는 자들이 자신의 선생들을 재정적으로 지원할 의무에 초점을 맞춘다. "가르치다"(κατηχέω)라는 단어는 신약에서 이 구절에서 두 번 그리고 다른 곳에서 여섯 번 등장한다(눅 1:4; 행 18:25; 21:21, 24; 롬 2:18; 고전 14:19). 여기서 선생들은 "장로"(예를 들어, 딤전 5:17, 19; 딛 1:5)나 "감독"(빌 1:1; 딤전 3:2; 딛 1:7)과 같은 칭호로 확인되지 않는다. 바울은 지도자들의 역할에 초점을 맞추고 있다. 그들은 신실하게 회중을 가르침으로써 지도력을 발휘하기 때문이다. 거짓 선생들이 갈라디아 사람들을 혼란스럽게 했기 때문에 지도자의 역할이라는 측면이 강조되었을 것이다.

선생들은 "말씀"(τὸν λόγον)을 가르쳤는데, 이 표현은 복음을 가리킨다(참고. 고전 1:18; 2:4; 15:2; 고후 1:18; 2:17; 4:2).[4] 가르침을 받는 자들은 말씀을 가르치는 자들을 재정적으로 지원할 것을 권고받는다. 그로써 선생들이 시간과 힘을 연구와 발표에 투자할 수 있게 하기 위함일 것이다. "함께 하라"(κοινωνείτω)라는 말은 다른 곳에서 동사(롬 12:13; 빌 4:15)와 실명사(롬 15:26; 고후 8:4; 빌 1:5; 참고. 딤전 6:18)의 형태로 너그러운 기부를 가리킨다(롬 12:13; 빌 4:15). "좋은 것"이라는 표현도 다른 본문에서 생활에 필요한 것들을 소유하는 것을 가리킨다(예를 들어, 신 28:11; 눅 12:18-19; 16:25; Sir 22:23).[5] 선생들의 가르침에서 유익을 얻는 자들은 그들을 지원해야 한다. 바울이 다른 서신에서 가르치듯이, 영적으로 유익을 얻는 사람들은 자신에게 유익을 준 사람들과 물질적인 복을 나누어야 하기 때문이다(롬 15:26-27).[6]

갈 6:7 스스로 속이지 말라 하나님은 업신여김을 받지 아니하시나니 사람이 무엇으로 심든지 그대로 거두리라(Μὴ πλανᾶσθε, θεὸς οὐ μυκτηρίζεται. ὃ γὰρ ἐὰν σπείρῃ ἄνθρωπος, τοῦτο καὶ θερίσει). 바울은 다른 곳에서 "속지 말라"는 표현을 두 가지 경우에 사용한다(고전 6:9; 15:33; 참고. 또한 약 1:16). 두 경우 모두 바울은 자신이 경고하는 자들의 종말론적 유업을 염려한다. 그러한 권고는 무시되거나 가볍게 받아들여져서는 안 된다. 하나님은 멸시당하는 것을 허용하시지 않을 것이기 때문이다. 그 분은 분노를 일으키게 하는 자들을 벌하실 것이다.

마지막 구는 왜 하나님이 업신여기는 것을 참지 않으시는지 설명한다["(왜냐하면)", γάρ를 보라]. 하나님은 사람이 뿌린 것을 거두리라는 원리를 세상에 가르치셨다. 여기서 마지막 심판을 위해 농사의 이미지가 사용된다.[7] 특별히 이 문맥에서 "심는 것"과 "거두는 것"은 베풀 때의 너그러움을 가리키는 단어다.[8] 두 단어는 너그

6. Hurtado는 여기서 예루살렘을 위한 모금을 지원한다는 구체적인 언급을 보면서 본문을 벗어나고 있다. 본문은 갈라디아 회중 가운데 교사들을 위한 지원을 말하고 있는 것이 분명하다("Jerusalem Collection", 53-55).

7. Betz, *Galatians*, 307에서 그렇게 말한다.

8. Hurtado, "Jerusalem Collection", 53에서 이것을 바르게 말한다. 하지만 Hurtado와 대조적으로 6절과의 연결은 여기서 예루살렘을 위한 모금을 고려하지 않는 것으로 보이게 한다(55).

러운 기부를 가리킬 때뿐만 아니라, 고린도후서 9:6에서와 같이 마지막 심판을 설명할 때도 사용된다. "요점은 적게 심는 자(ὁ σπείρων)는 적게 거둘 것이며(θερίσει) 많이 심는 자(ὁ σπείρων)는 많이 거두리라는(θερίσει) 것이다"(ESV).

바울이 6:7에서 말하는 바는 베푸는 것에만 한정될 수 없으며 삶 전체를 요약하는 원리일 것이다. 하지만 초점은 베푸는 것에 있다.[9] 다른 이들을 위해 그리고 하나님의 영광을 위해 사는 사람은 영원한 상급을 받을 것이다. 8절이 가리키듯 그들은 영원한 생명을 얻을 것이다. 그러한 선행이 영생의 궁극적 근거가 될 수 없는 이유는 갈라디아서가 보여주듯이 구원이 오직 은혜로 말미암아 주어지는 하나님의 선물이기 때문이다. 그 선행은 사람이 하나님의 은혜로 말미암아 변화되었음을 드러내는 증거라고 말하는 것이 최선으로 보인다.[10]

갈 6:8 자기의 육체를 위하여 심는 자는 육체로부터 썩어질 것을 거두고 성령을 위하여 심는 자는 성령으로부터 영생을 거두리라(ὅτι ὁ σπείρων εἰς τὴν σάρκα ἑαυτοῦ ἐκ τῆς σαρκὸς θερίσει φθοράν, ὁ δὲ σπείρων εἰς τὸ πνεῦμα ἐκ τοῦ πνεύματος θερίσει ζωὴν αἰώνιον). 여기서 '즉'(ὅτι)으로 번역되는 헬라어 단어는 '왜냐하면'으로도 번역되어 하나님이 업신여김을 받지 않으시는 이유를 설명할 수 있다.[11] 하지만 이 단어는 설명의 용법으로서, 사람이 자신이 심은 것을 거둘 것이라는 6:7의 마지막 구의 의미를 자세히 설명할 가능성이 더 커 보인다.[12] 우리가 이 해석을 받아들이면 ὅτι는 '즉'이나 '말하자면'으로 번역되어야 한다.

6:7에 사용된 동사 "심다"(σπείρω)와 "거두다"(θερίζω)가 8절에 반복된다. 이로써 6:7이 말하는 심는 것과 거두는 것의 본질이 드러나 위의 해석을 더욱 확증한다. 두 가지 종류의 심는 일이 묘사된다. 사람은 육체에 심거나 성령에 심는다. 육체와 성령의 대비는 갈라디아 사람들의 모든 것을 특징짓는 종말론적 대조를 가리킨다. 육체에 심는 자들은 그들이 지금의 악한 시대에 속하며(1:4) 멸망하게 될 것을 입증하고, 성령에 심는 자들은 그들이 새로운 창조에 속하며 영생을 얻게 될 것(6:15)을 입증한다. "육체"는 그것이 지닌 타락한 욕구와 소원과 더불어 '옛 아담'을 나타낸다. "자기의"(ἑαυτοῦ)라는 말은 신자가 새로운 창조에 속할지라도 그가 부활의 날까지 육체와 그 유혹에서 완전히 자유롭지 못함을 암시한다. 이 단락에서 육체에 심는 것의 의미는 사람이 소유한 세상의 것들을 자신의 유익을 위해, 이기적인 욕구에 따라 사용한다는 것이다.

성령에 심는 것은 성령을 따라 행하는 것(5:16), 성령께 인도받는 것(5:18), 성령과 보조를 맞추는 것(5:25)을 표현하는 또 다른 방식일 것이다. 만약 바울이 여기서 사람의 영을 가리킨 것이라면, 그는 성령을 언급할 때 "자기의"(ἑαυτοῦ)라는 말을 반복했을 것이다. "자기의"라는 표현이 없는 점과 다른 문맥에서 성령이 강조된다는 사실은 성령을 염두에 두었음을 뜻한다. 성령에 심는 자는 성령의 열매를 맺는다(5:22-23). 본문의 문맥에서 성령에 심는 것은 다른 사람의 필요를 채우기 위해 너그럽게 베푸는 것이다.

사람이 소유한 것으로 행하는 것이 주요 고려 대상이지만, 바울이 여기서 말하는 것은 더 광범위한 원리를 반영하는 것으로 보인다. 따라서 육체에 심는 것은 모든 악한 행위를 포함한다. 육체에 심는 사람은 "자신

9. 여기서 Martyn, *Galatians,* 552를 참고하라.

10. De Roo, *Works of Law,* 130-33에서 이것을 바르게 말한다. 권연경은 이러한 공식화를 거부하며, 선한 행위가 조건이며 증거가 아니라고 말한다(*Eschatology,* 190, 218-19). 권연경과 대조적으로 선한 행위가 새로운 생명의 필수 증거로 작용한다는 의미에서 그것이 조건이라고 말하는 것은 반드시 모순이라고 할 수 없다.

11. Betz, *Galatians,* 308에서 그렇게 말한다.

12. R. Longenecker, *Galatians,* 280-81에서 그렇게 말한다.

의 구원의 소망을 할례와 유대인의 토라에 대한 복종에 두는 것에 있으며, 이는 구원을 완전히 잃어버리는 결과를 낳는 행동"이라고 보는 베츠의 생각은 옳다.[13] 또한 "육체의 일"(5:19-21)은 육체에 심는 자들에게서 나타나며, 성령에 심는 것은 성령의 열매로 요약되듯이 사랑스럽고 선한 모든 것을 포함한다(5:22-23).

두 종류의 심는 일과 더불어 두 가지 대조적 결과도 고려된다. 육체에 심는 자는 "썩어질 것을 거둘 것이다"(θερίσει φθοράν). "거둘 것이다"라는 미래시제는 마지막 심판을 가리킨다. 여기서 염두에 두고 있는 썩어질 것의 특성은 무엇인가? 그것은 단지 이 땅의 삶에서 열매 맺지 못하는 것이나, (영생 자체는 확보된 채로) 영생 너머의 상급을 받지 못하는 것을 포함하는 일반적 용어일 수 있다. 하지만 본문의 대조는 썩어질 것이 최종적 멸망과 마지막 심판을 가리킴을 보여준다. 성령에 심는 자는 "영생을 거둘 것이기"(θερίσει ζωὴν αἰώνιον) 때문이다. "영생"이 "썩어질 것"과 대조되기 때문에, 영생은 성령에 심는 자들에게 약속된 종말론적 생명의 상급을 가리킨다. 반면 썩어질 것은 사람이 오는 시대의 삶을 누리지 못할 것을 의미한다.[14] 바울이 갈라디아서에서 말하는 은혜의 복음은 도덕적 해이를 장려하지 않는다. 의는 행위에 근거하지 않지만, 선한 일을 실천하지 않는 사람은 마지막 유업을 얻지 못할 것이다.[15] 바울이 전하는 은혜의 복음은 방종할 근거를 제공하지 않는다.

갈 6:9 우리가 선을 행하되 낙심하지 말지니 포기하지 아니하면 때가 이르매 거두리라(τὸ δὲ καλὸν ποιοῦντες μὴ ἐγκακῶμεν, καιρῷ γὰρ ἰδίῳ θερίσομεν μὴ ἐκλυόμενοι). 갈라디아 사람들은 선을 행하면서 낙심하지 말 것을 권고받는다. 그들이 마지막 날에 상급을 얻게 될 것이기 때문이다. 다른 바울 서신에서도 독자들은 낙담하지(ἐγκακέω) 않을 것을 권고받는다(고후 4:1, 16; 엡 3:13; 살후 3:13; 참고. 눅 18:1). 여기서는 갈라디아 사람들이 선을 행하다가 마음이 약해지지 않도록 격려받는다.

여기서 "선을 행하는 것"(καλὸν ποιοῦντες)은 특별히 고통을 완화시키거나 다른 이들의 필요를 채우는 재정적인 도움에 초점을 맞춘다. 이 구절이 데살로니가후서 3:13과 평행을 이루는 것은 주목할 만하며, 두 구절은 의미가 같다. 게으른 자들을 책망하고, 일하기를 거부하는 자들을 돕지 말 것을 데살로니가 사람들에게 가르친 후(게으른 자들은 유익한 일로써 자신의 필요를 공급해야 하기 때문에), 바울은 "형제들아 너희는 선을 행하다가 낙심하지 말라"고 말한다. "낙심하다"라는 동사와 "선을 행하는 것"의 개념 모두 갈라디아서 본문과 일치한다.

데살로니가후서 3:13의 문맥에서 "선을 행하는 것"의 의미는 데살로니가 사람들이 일하기를 거부하는 사람들은 지원하지 말아야 하지만, 재정적 어려움이 있는 사람들은 계속 도와야 한다는 것이다. 이와 같이 갈라디아 사람들도 관대함으로 다른 이들을 지속적으로 돕고 그 일에 게을러지지 말 것을 권고받는다. "선을 행하는 것"이 다른 사람을 재정적으로 돕는 것에만 한정되지 않지만,[16] 후자가 바울의 권고의 초점이라고 다시 한 번 말할 수 있다.

바울은 6:7-8에서와 같이 갈라디아 사람들에게 종말론적 상급을 상기시킨다. 관대하게 베푼 자들은 바른 때에, 즉 하나님만이 아시며 갈라디아 사람들은 물론 다른 누구에게도 알려지지 않은 때에, 상급을 받을 것이다. 미래시제 "거두리라"(θερίσομεν)가 확증하듯이 여

13. Betz, *Galatians,* 308; 참고. Lührmann, *Galatians,* 117.
14. Betz, *Galatians,* 308-9에서 이것을 바르게 말한다.
15. 대조적으로 VanLandingham은 복종이 "구원의 원인이 된다"고 말한다(*Judgment and Justification,* 209). 바울 신학에서 복종은 구원을 위해 필요하며 구원의 증거지만, 결코 구원의 근거는 아니다.
16. Betz, *Galatians,* 309; R. Longenecker, *Galatians,* 281에서 그렇게 말한다.

기서 "때"(καιρός)는 마지막 심판(참고. 고전 4:5)을 가리킨다.[17] 6:7–8의 동사 "거두다" 또한 마지막 심판을 가리키기 때문이다.[18] 상급은 낙심하지 않는 자들을 위해 준비되어 있다. 그리하여 바울은 다른 이들에게 자비를 보임으로써 계속해서 성령과 보조를 맞출 것을 갈라디아 사람들에게 권고한다.

갈 6:10 그러므로 우리는 기회 있는 대로 모든 이에게 착한 일을 하되 더욱 믿음의 가정들에게 할지니라(ἄρα οὖν ὡς καιρὸν ἔχομεν,[19] ἐργαζώμεθα[20] τὸ ἀγαθὸν πρὸς πάντας, μάλιστα δὲ πρὸς τοὺς οἰκείους τῆς πίστεως). 이 단락은 문자 그대로 "그러므로"(ἄρα οὖν)로 번역되는 강력한 유추의 접속사로 결론을 맺는다. 이로써 6:6–10의 요점이 요약된다. "기회"(καιρός)라는 단어는 마지막 심판이라기보다 삶이 지속되는 동안 선을 행할 기회를 가리킨다(참고. 엡 5:16; 골 4:5).

여기서 말하는 "선"은 특별히 다른 이들을 물질적으로 도와서 그들이 일상생활에서 필요한 것들을 공급하는 것이다.[21] 모든 필요를 공급할 수 없다는 인식에서 신자들의 자원이 제한적이라는 사실이 인지된다. 실제로 동료 신자들, 즉 믿음의 가족의 구성원들에게 우선순위를 두도록 등급(hierarchy)이 설정된다. 하지만 신자들은 다른 이들의 필요도 공급할 수 있도록 일해야 한다. 자원이 있다면 그들은 "모든 사람"에게 선을 행해야 하는데, "모든 사람"에는 불신자가 포함되기 때문이다.

적용에서의 신학

1. 다른 이들을 돕기 위해 드리는 것

이 짧은 편지에서 바울이 다른 이들을 돕기 위해 드리는 것에 보이는 관심에 비추어 보면, 이 주제의 중요성이 강조됨을 알 수 있다(6:6–10; 참고. 2:10). 디모데전서 5:3–16에서 비슷한 주제를 볼 수 있다. 바울은 거기서 신자들에게 그들과 관계가 있는 과부들을 도우라고 명령한다. 그들을 돕지 않는 것은 믿음을 부인하는 것으로 간주된다. 바울은 가족 중에 궁핍한 과부들을 도우려 하지 않는 자들은 불신자보다 더 악하다고 말한다(딤전 5:8). 즉, 어려움에 처한 가족 구성원들을 돕지 않는 자는 진정한 신자가 아니라는 뜻이다. 과부에 대한 본문은 갈라디아서 6:10이 말하는 등급의 원리를 확증한다. 신자들은 자신의 가족을 돕는 일에 우선적으

17. Betz, *Galatians*, 309. Betz는 바울이 그들에게 "구원을 파괴하는 것"을 경고한다고 바르게 보며(310), 나아가 "따라서 그 자유를 유지하는 것이 장차 구원의 성취에 이르는 조건이 된다"고 말한다(310). Betz는 이 새로운 생명이 율법의 행위와 다른 것은 그것이 성령의 사역의 결과이기 때문이라고 강조한다. 신자는 "'선한' 일에 대해 권태를 느끼거나 피곤해해서는 안 된다"(310).

18. 대조적으로 R. Longenecker, *Galatians*, 282. 그리고 Martyn은 그것을 성령의 선물과 연결시킨다(*Galatians*, 554).

19. 소수의 사본은 가정법 "우리는…있게 하자"(ἔχωμεν)로 되어 있지만, ο와 ω를 혼동하는 일이 통상적으로 있었으며, 6:9–10에 있는 가정법 때문에 필경사들은 실수로 가정법을 포함시키기 쉬웠을 것이다.

20. 여기서 몇몇 필경사는 직설법 "우리는 행한다/일한다"(ἐργαζόμεθα)를 포함시키지만, Metzger의 말처럼 "중요한 외적 증거뿐 아니라 내적 개연성 때문에 문맥에서 권고의 가정법을 선호하게 된다(*Textual Commentary*, 530).

21. 그것이 아마도 "성령의 열매"를 뜻할 것이라고 말하는 Betz의 생각 또한 옳다(*Galatians*, 311).

로 자원을 사용해야 한다. 여분의 자금이 있다면 교회를 위해 사용해야 한다. 그 나머지는 믿음의 공동체 밖의 궁핍한 사람들을 돕는 데 써야 한다.

바울에 따르면 관대하게 드리는 것은 선택 사항이 아니다. 그것은 사람이 성령 안에서 행하며(5:16), 성령께 인도받고(5:18), 성령에게 심는 것(6:8)을 드러내는 기본적인 표지다. 사실 관대함이 5:22–23의 목록에 포함되지 않지만, 그것은 성령의 열매 중 하나라고 말할 수 있다. 성령의 열매의 목록에 모든 것이 포함되어 있지는 않다.

바울이 예루살렘의 가난한 성도들을 위한 모금에 보인 관심에서도 동료 신자들을 돕는 일의 중요성이 강조된다. 고린도전서 16:1–4, 고린도후서 8:1–9:15, 로마서 15:22–29에서 볼 수 있듯이 바울은 모금을 중요한 문제로 여겼다. 성령 안에 사는 것이 의미하는 바는 다른 이들에게 관심을 보이는 것이며, 물질적 필요를 공급하는 것은 그것을 실천하는 가장 구체적인 방식이다. 이것을 통해 바울은 신자가 자신의 돈을 사용하는 방식을 그들의 종말론적 상급과 연결한다. 관대한 자는 마지막 날에 영생을 얻으며, 인색하며 자신에게만 몰두한 사람은 심판을 받을 것이다.

2. 선생들을 지원함

복음을 가르치는 자들은 재정적으로 지원을 받아야 한다(6:6). 이와 동일한 가르침이 다른 신약에도 반영되어 있다(참고. 마 10:10; 눅 10:7 고전 9:14; 딤전 5:17–18). 가능하다면 교회는 하나님의 말씀을 설교하고 가르치는 일에 전적으로 헌신할 수 있는 최소 한 사람을 재정적으로 지원해야 한다(참고. 행 6:4).

이것이 신약 시대에 옳았다면 오늘날에도 마찬가지다. 우리가 사는 복잡한 세상에서 말씀을 전하는 사람은 성도에게 신실하고도 적절하게 설교할 수 있도록 충분히 연구해야 한다. 오늘날 우리가 직면하는 수많은 문제에 성경의 메시지를 적용하는 일은 쉽지 않다. 따라서 말씀을 전파하는 이들에게 연구와 성실함이 요구된다. 설교자에게 가장 필요한 것은 그러한 연구와 묵상에 임하기 위한 시간이다. 그러므로 회중 안에서 신자들이 재정적으로 지원하는 것이 무엇보다 중요하다. 그것은 목사들이 자유롭게 말씀과 기도의 사역을 수행하는 데 도움이 되기 때문이다(참고. 행 6:4).

우리가 가치 있다고 여기는 것을 위해 돈을 마련하는 방식을 보면 참으로 놀랍다. 외식하는 것을 가치 있게 여기는 사람은 종종 그것을 위해 어떻게 해서든 돈을 모은다. 아이팟이나 컴퓨터를 가치 있게 여기는 사람은 자신이 원하는 것을 사기 위해 여기저기에서 돈을 끌어모은다. 그러므로 적어도 한 명의 목사를 지원하는 것은 우리가 삶에서 그것을 가치 있게 여긴다는 뜻이다. 그것은 회중에서 말씀을 가르치는 것이 얼마나 중요한지를 보여준다. 개인적인 성경공부도 좋지만, 우리는 신약이 거기에 초점을 맞추지 않음을 기억해야 한다. 신약이 강조하는 것은 사람들에게 말씀을 신실하게 가르쳐서 회중이 교리적으로 조화를 이루게 하는 것이다.

또한 우리는 일상생활을 통해 뿌린 것을 거둔다는 원리를 깨닫는다. 한 예로, 나는 차에 시동이 잘 걸리지 않았는데도 계속 수리를 미루었다. 하루는 시동이 걸리지 않아서 견인차를 불러야 했고, 늦게 출발한 대가로 별도의 비용을 내야 했다. 만약 우리가 먹어야 하는 것보다 많이 먹는다면 몸무게가 증가하는 것으로 나타날 것이다. 내가 미네소타에 살았을 때, 살짝 얼어 있는 도로에서 너무 빨리 운전하다가 앞 차를 들이받은 적이 있다. 바울은 이와 같은 원리를 영적 삶에 적용한다. 육체의 일에 투자하면 우리는 심판을 맞이하겠지만, 성령의 일에 투자하면 영생을 누릴 것이다.

CHAPTER 24

갈라디아서 6:11–18

문학적 전후 문맥

갈라디아서 6:11–18은 편지의 마무리 부분으로 분류되어야 한다. 권고는 6:10에서 끝났으며, 바울은 이제 편지의 여러 주요 주제를 가볍게 언급한다. 코스그로브는 "추신은 편지에 포함된 내용을 제공하지 않는다"고 말하며 결론의 역할을 과소평가한다.[1] 바울은 결론에서 편지의 중심 주제들을 가볍게 다룸으로써 갈라디아 사람들에게 논의의 중대사를 상기시킬 뿐이라는 것이다.

대조적으로 베츠는 추신이 "편지에서 바울의 주요 관심사를 전체적으로 이해하게 하는 해석적 단서를 포함하며, 사도의 의도를 해석하는 열쇠로 사용되어야 한다"고 말하며 자신의 주장을 과장한다.[2] 하지만 결론이 편지를 해석하는 데 중요한 역할을 한다는 베츠의 견해는 정당하다. 우리는 결론을 한쪽으로 제쳐놓는 코스그로브의 견해를 따를 수 없다. 베츠는 이 부분을 페로라티오(*peroratio*, 요약과 결론)로 밝힌다. 그리고 이것이 "판사나 청중에게 정당성을 상기시키는 마지막 기회이며, 그들에게 강렬한 감정적 인상을 주려 한다"고 말한다.[3]

바울의 편지는 보통 은혜를 구하는 기도로 결론을 맺는다(6:18). 여기서 놀라운 것은 끝맺기 두 구절 전에 평강과 긍휼을 구하는 기도가 나온다는 점이다(6:16). 하지만 이러한 결론적 요소는 대부분 갈라디아서에만 나타나며, 이는 갈라디아서가 다루는 상황 때문이라고 할 수 있다.

---

1. Cosgrove, *Cross and the Spirit,* 38, 참고. 30–31.
2. Betz, *Galatians,* 313. 또한 Weima, "Gal 6:11–18", 92–93; R. Longenecker, *Galatians,* 286–89에서도 그렇게 말한다.
3. Betz, *Galatians,* 313.

I. 도입: 바울의 복음을 떠나는 것은 복음을 떠나는 것이다(1:1–2:21)
II. 경험과 성경을 통한 바울의 복음 변호(3:1–4:11)
III. 율법에서 자유롭고 성령 안에서 자유롭도록 부르심(4:12–6:10)
  A. 율법에서 자유롭게 살라: 친밀한 관계를 통한 논증(4:12–20)
  B. 자유 가운데 서라: 알레고리를 통한 논증(4:21–5:1)
  C. 위험한 속박의 메시지를 물리치라(5:2–12)
  D. 성령 안에서 자유를 누리라(5:13–6:10)
➦ **IV. 마지막 요약(6:11–18)**

주요 개념

편지의 주요 주제 중 많은 것이 결론에서 요약된다. 바울은 그리스도의 십자가가 역사에서 새로운 창조의 막을 여는 결정적 전환점이라고 가르친다. 그러므로 여전히 할례를 주장하는 자들은 십자가를 부정하는 것이며 지금의 악한 시대에 속한다(1:4).

번역

갈라디아서 6:11–18

11	감탄문	**내 손으로 너희에게 이렇게 큰 글자로 쓴 것을 보라**
12a	단언	**무릇 육체의 모양을 내려 하는 자들이 억지로 너희에게** 할례를 받게 함은
b	12a의 목적	그들이 그리스도의 십자가로 말미암아 박해를 면하려 함뿐이라
13a	12a–b의 근거	**할례를 받은 그들이라도 스스로 율법은 지키지 아니하고**
b	13a와 대조	**너희에게 할례를 받게 하려 하는 것은**
c	13b의 목적	그들이 너희의 육체로 자랑하려 함이라
14a	13a–b와 대조/ 소원	그러나 **내게는…결코 자랑할 것이 없으니** 우리 주 예수 그리스도의 십자가 외에
b	14a의 연속	그리스도로 말미암아 세상이 나를 대하여 십자가에 못 박히고
c	14b의 연속	내가 또한 세상을 대하여 그러하니라
15a	14a–c의 근거	**할례나**
b	15a의 연속	**무할례가 아무 것도 아니로되**
c	15a–b와 대조	**오직 새로 지으심을 받는 것만이 중요하니라**

16a	기도의 소원	**무릇 이 규례를 행하는 자에게와…평강과 긍휼이 있을지어다**
b	16a의 설명	하나님의 이스라엘에게
17a	결론	이 후로는 **누구든지 나를 괴롭게 하지 말라**
b	17a의 근거	**내가** 내 몸에 **예수의 흔적을 지니고 있노라**
18a	기도의 소원	**형제들아 우리 주 예수 그리스도의 은혜가 너희 심령에 있을지어다**
b	감탄사	**아멘**

구조

웨이마(Weima)는 이 단락의 여러 독특한 특성을 언급한다.[4] (1) 바울은 큰 글자로 써서 결론의 중요성을 강조하고(6:11) 이 단락을 "보라"(ἴδετε)는 감탄사로 시작한다. (2) 끝맺는 진술은 다른 서신보다 훨씬 길다(6:12-15). (3) "평화의 축복 기도는 조건적이다(16절)."[5] (4) "하나님의 이스라엘"이라는 표현이 색다르다(6:16). (5) 6:17의 분위기는 "신랄하다." (6) 바울은 전형적인 은혜의 축복 기도를 하지만(6:18), 개인적 인사는 생략하며 마지막 송영에서 찬양이나 감사의 표현을 하지 않는다.

이 편지의 결론은 바울이 갈대 펜을 집어 들고 손으로 직접 씀으로써(6:11) 편지가 진짜임을 입증하고, 그 내용을 강조하는 것으로 시작된다. 6:12-13에서 그는 마지막으로 대적들의 위험성을 상기시킨다. 바울은 할례를 장려하는 그들의 동기가 순수하지 않다고 말한다. 그들은 십자가의 박해를 피하고자 한다(6:12). 바울은 선동자들이 율법을 지키지 않는다고 주장함으로써 6:12에서 한 말을 입증한다["(왜냐하면)"(γάρ), 6:13]. 그들은 오직 자신의 진보를 위해 할례를 장려한다.

6:14에서 십자가의 중심성이 다시 한 번 강조된다. 이것이 놀랍지 않은 이유는 할례가 십자가를 가리키며 십자가에서 성취되기 때문이다.[6] 바울은 대적과 대조적으로 자신을 자랑하지 않고 오직 십자가만을 자랑한다(6:14). 십자가를 통해 지금의 세상이 바울을 대하여 십자가에 못 박혔으며, 바울은(그리고 모든 신자는) 세상을 대하여 십자가에 못 박혔다. 세상의 유혹은 바울의 회심 전처럼 더 이상 위풍당당하지 않다.

6:15은 그리스도의 십자가 때문에["(왜냐하면)"(γάρ)을 보라] 할례와 무할례가 더 이상 중요하지 않다고 말한다. 중요한 것은 그리스도의 십자가를 통해 시작된 새로운 창조다. 새로운 창조의 의미를 이해하는 자들은 그에 발맞추어 행진하며, 할례와 무할례가 그 자체로는 의미가 없음을 인식한다. 그들은 새로운 창조만이 중요함을 확실히 이해한다. 그러므로 바울은 이

4. Weima, "Gal 6:11-18", 90-91.

5. Weima는 다른 바울 서신에서 발견되는 마지막 평안의 축복 어느 것도 조건적이지 않다는 것에 주목한다(같은 책, 91, n. 2).

6. 추신과 편지에서의 십자가의 중심성에 대해 같은 책, 104를 보라.

"규례"(κάνων)를 따르는 자들이 하나님의 평강과 긍휼을 누리기를 그리고 이 평강과 긍휼이 하나님의 이스라엘, 곧 예수 그리스도의 교회의 일부가 되기를 기도한다(6:16).

새로운 창조의 시작과 십자가의 중심성을 언급한 바울은 더 이상 아무도 자신을 괴롭게 하지 않기를 바라며(6:17) 편지를 맺는다["이후로는"(τοῦ λοιποῦ)이라는 표현을 보라]. 결국 복음을 위해 바울이 받는 육체의 고난은 삶의 중심이 십자가임을 가리킨다. 바울은 마지막으로 은혜에 대한 소망으로 적절하게 편지를 끝맺는다(6:18).

석의적 개요

III. 율법에서 자유롭고 성령 안에서 자유롭도록 부르심(4:12-6:10)

➡ **IV. 마지막 요약(6:11-18)**

- **A. 결론의 중요성(6:11)**
- **B. 박해를 피하려는 대적들의 열망(6:12)**
- **C. 아첨하려는 대적들의 열망(6:13)**
- **D. 오직 십자가를 자랑함(6:14)**
- **E. 새로운 창조의 중심이 됨(6:15)**
- **F. 하나님의 이스라엘을 위한 평강과 긍휼(6:16)**
- **G. 십자가로 인한 바울의 고난(6:17)**
- **H. 기도의 소원: 은혜(6:18)**

본문 설명

갈 6:11 내 손으로 너희에게 이렇게 큰 글자로 쓴 것을 보라 (ἴδετε πηλίκοις ὑμῖν γράμμασιν ἔγραψα τῇ ἐμῇ χειρί). 바울은 대필자에게서 갈대 펜을 받아 자신이 손수 결론을 쓰는 것으로 결론을 나타낸다.[7] 우리는 다른 바울 서신에서 편지를 소위 자신의 서명으로 끝맺는 것을 본다(참고. 고전 16:21; 골 4:18; 살후 3:17; 몬 1:19). 이 서명들은

---

7. Gordon J. Bahr는 바울이 5:2부터 직접 편지를 쓰기 시작한다고 주장한다. "The Subscriptions in the Pauline Letters", *JBL* 87(1968): 35를 보라. 하지만 R. Longenecker는 헬라 편지에서 더 짧은 서명 승낙이 발견된다는 것을 지적한다(Richard N. Longenecker, "Ancient Amanuenses and the Pauline Epistles", in *New Dimensions in New Testament Study*[Grand Rapids: Zondervan, 1974], 290-91).

8. Betz, *Galatians*, 314; Weima, "Gal 6:11-18", 90-91, n. 1; R. Longenecker, *Galatians*, 290에서 이것을 바르게 말한다. 여기서 언급된 다른 견해에 대해 Weima를 보라.

9. 몇몇 사본에는 "예수"(Ἰησοῦ)가 추가되어 있지만 그것은 부차적인 것이 거의 분명하며, 아마도 전례 때문에 추가되었을 것이다.

10. 여기서 본문 비평의 증거는 직설법과 가정법 사이에서 나뉘고 있지만, 다행히도 의미에는 영향을 미치지 않는다.

11. 많은 주석가가 말하듯이 여기서 "…하게 하다"(ἀναγκάζουσιν)라는 동사는 능동적이다(conative). 예를 들어, Fung, *Galatians*, 302, n. 12; Longenecker, *Galatians*, 291; Matera, *Galatians*, 225.

12. 박해는 토라를 지키지 않는 데서 온 것일 수 있다. Betz, *Galatians*, 315-16을 보라.

다른 서신에서 거의 끝에 등장한다. 그런데 갈라디아서에서는 끝맺기 전에 편지의 주요 주제 대다수를 다시 요약한다. 큰 글자로 쓴 이유는 바울의 시력이 나빴다거나, 손이 변형되었거나, 정신적으로 고뇌하기 때문이 아니다. 그것은 독자들에게 바울의 마지막 주장에 특별히 주의를 기울일 것을 촉구하며 결론의 중요성을 드러낸다.[8]

갈 6:12 무릇 육체의 모양을 내려 하는 자들이 억지로 너희에게 할례를 받게 함은 그들이 그리스도의 십자가로 말미암아 박해를 면하려 함뿐이라(ὅσοι θέλουσιν εὐπροσωπῆσαι ἐν σαρκί, οὗτοι ἀναγκάζουσιν ὑμᾶς περιτέμνεσθαι, μόνον ἵνα τῷ σταυρῷ τοῦ Χριστοῦ[9] μὴ διώκωνται[10]). 바울은 대적들이 박해를 피하기 위해 할례를 장려한다고 말하며 그들의 동기를 고발한다. 바울이 이 편지를 쓴 동기는 유대주의자들이 할례를 장려해서 갈라디아 사람들을 혼란스럽게 한 것이다(1:7; 5:2-4, 10). 바울은 이제서야 할례에 대한 옹호가 대적들에게서 온 것임을 직접적으로 말한다.

"억지로…하게 하다"(ἀναγκάζουσιν)라는 단어가 편지에서 세 번째로 등장한 것은 의미가 있다. 2:3-4에서 디도에게 "억지로" 할례를 받게 하려고 시도했던 사람들은 거짓 형제들이었고, 바울은 복음의 진리를 보존하기 위해 단호하게 맞섰다. 베드로는 이방인들이 유대 음식의 규정을 지킬 것을 요구하며 거짓 형제들처럼 행동했다(2:11-14). 그렇게 함으로써 베드로는 그들이 하나님의 백성 안에 들게 하려고 사실상 "억지로" 유대인이 되게 하고 있었다. 따라서 여기서 "억지로…하게 하다"라는 단어를 사용한 것은 갈라디아의 대적들이 거짓 형제들과 다르지 않음을 가리킨다.[11]

또한 바울은 대적들에게 선한 의도와 순수함이 있었다고 칭찬하지 않는다. 그는 그들의 동기를 고발하며, 그들이 "육체의 모양을 내려고" 갈라디아 사람들의 할례를 선전하고자 했다고 주장한다. 바울에 따르면 그들은 다른 이들의 칭찬과 아첨을 갈망했다. 동시에 갈라디아 사람들의 할례는 유대주의자들이 박해를 받지 않도록 보호할 것이다. 유대인 대적 중 누구도 자신이 율법 지키기를 거부한다고 말할 수 없다. 그들이 율법에 대한 충성의 증거로 갈라디아 사람들의 할례를 제시할 수 있기 때문이다.[12] 주이트는 박해가 열심당원에게서 비롯되었다고 생각한다.[13] 하지만 그 정확한 신원을 입증하기에는 증거가 부족하다. 에슬러가 지적하듯 30년대에 신자들이 박해를 받았지만 열심당원들은 거기에 참여하지 않았다.[14] 비슷하게 무디만은 그들이 엄밀하게 열심당원으로 밝혀지지 않더라도, 유대주의자들은 유대인 대적들을 두려워했을 가능성이 크다고 말한다.[15]

바울은 그들이 박해를 피하려 하는 것이 그리스도의 십자가를 멀리했다는 증거라고 주장한다. 바울은 사람이 할례나 십자가 둘 중 하나로 말미암아 의로워진다고 생각한다. 율법 아니면 그리스도다. 할례를 장려함으로써 이 대적들은 십자가 때문에 생기는 모욕(offense)을 피했다(참고. 5:11).[16] 동시에 그들은 그리스도의 사역을 통해 오는 모든 유익을 잃었다(5:2-4). 사람은 할례와 십자가를 동시에 신뢰할 수 없다. 십자가는 구원을 주님의 공으로 돌리지만 할례는 인간의 복종에 초점을 맞추기 때문이다.

---

13. Jewett, "Agitators", 340-41. Bruce, *Galatians,* 269; R. Longenecker, *Galatians,* 291; Weima, "Gal 6:11-18", 97에서는 Jewett를 따른다.

14. Esler, *Galatians,* 74. 또한 Fung, *Galatians,* 6-7의 비평을 보라.

15. Muddiman, "Anatomy of Galatians", 259-60. 어떤 이들은 여기서 바울이 말하는 것을 수사학으로 간단히 처리하도록 유혹을 받지만, Muddiman은 만일 바울이 부정확하게 대적들을 비판한다면 그는 자신의 주장을 허무는 것이 된다고 바르게 결론을 내린다(260). 하지만 Muddiman은 대적들이 할례와 토라에 대한 헌신을 열정적으로 주장하지 않았다고 말하며 너무 멀리 나간다(264-67). 그들은 자유분방주의자들이 아니었으며, 가장 그럴듯한 해석은 그들이 토라에 대한 복종을 주장했다는 것이다. 바울은 단순히 그들이 그렇게 하는 동기를 폭로한다.

16. 여격의 "십자가"(τῷ σταυρῷ)는 여기서 원인의 소유격일 가능성이 있다. Bruce, *Galatians,* 269; Moule, *Idiom Book,* 45; Wallace, *Greek Grammar,* 167-68; Turner, *Syntax,* 242에서 그렇게 말한다.

갈 6:13 할례를 받은 그들이라도 스스로 율법은 지키지 아니하고 너희에게 할례를 받게 하려 하는 것은 그들이 너희의 육체로 자랑하려 함이라(οὐδὲ γὰρ οἱ περιτεμνόμενοι[17] αὐτοὶ νόμον φυλάσσουσιν ἀλλὰ θέλουσιν ὑμᾶς περιτέμνεσθαι, ἵνα ἐν τῇ ὑμετέρᾳ σαρκὶ καυχήσωνται). 6:12에서 바울은 선동자들이 비열한 동기로 할례를 주장했다고 말했다. 그들은 진정으로 율법에 헌신하지 않았다. 실제로 그들은 박해를 피하고자 했다. 6:13에서는 그 고발을 입증한다[구절들을 연결하는 접속사 "(왜냐하면)"(γάρ)을 보라].[18] 대적들은 할례를 받았는데도 정작 자신들은 율법을 지키지 않는다.[19]

여기서 바울의 의도를 정확히 파악하기는 어렵다. 바울은 그들이 율법을 지키려 했지만 그러지 못했다고 말하는가? 이 해석은 율법을 지키는 것이 불가능하다는 바울의 가르침과 일치한다(3:10; 5:3; 롬 1:18–3:20).[20] 아니면 바울은 대적들이 개종시킨 이들의 육체를 자랑하고자 했기 때문에 그들이 율법을 어겼다고 말했을 수 있다.[21] 예수님은 마태복음 23장에서 두 가지 이유로 바리새인들을 비판하셨다. 그것은 그들이 율법을 지키지 못한 것과 그들의 기본적인 동기였다. 우리가 두 번째 견해를 받아들인다면, 유대주의자들이 율법에 헌신한 것은 다른 이들의 눈에 인상적으로 보이려는 열망에서 유래한 것이다.

하지만 바울은 여기서 대적들의 동기보다(6:12에서 그것을 고발했다) 그들이 율법의 요구를 행하지 못한 것을 지적할 가능성이 더 커 보인다(앞 단락의 첫 번째 견해). 그렇다면 여기서 바울의 비판은 마태복음 23장에서 예수님이 말씀하신 것과 유사하다. 따라서 유대주의자들은 마음의 동기(6:12)와 객관적인 불순종(6:13) 때문에 비난을 받는 것이다. 바울이 그들이 율법을 지키지 못했다고 말할 때, 그들의 동기에 초점을 맞추지 않았을 가능성이 더 크다. 율법에 대한 불순종은 객관적 방식, 즉 특정 명령을 어기는 것으로 분명히 드러난다. 달리 말해, 바울은 로마서 2:17–24에서 유대인들에 관해 말한 것과 유사한 견해를 염두에 두고 있다.

대적들은 여기서 "할례를 받은 그들"(οἱ περιτεμνόμενοι)로 명시된다. 어떤 이들은 이것이 현재시제라는 것을 근거로 대적들이 최근 할례에 순종한 이방인들이라는 결론을 내린다.[22] 그러한 주장은 분사의 현재시제를 과도하게 해석한 것이다. 현재분사는 반드시 현재 시간을 가리키지 않는다.[23] 그것은 일반적인 명시로서 할례받은 사람을 한 부류로 가리킨다. 여기서 그것은 대적들을 가리킨다. 그들은 유대인들임이 거의 분명하다.[24]

갈 6:14 그러나 내게는 우리 주 예수 그리스도의 십자가 외에 결코 자랑할 것이 없으니 그리스도로[그것으로, οὗ] 말미암

17. 현재완료 시제 "할례를 받은 그들"(περιτετμημένοι)은 상당한 사본의 증거에서 지지를 받는다(𝔓[46], B, F, [G], L, Ψ, 6, 365, 614, 630, 1175, 2495 등). 또한 NA[27]의 현재시제에 대한 지지도 상당하다(א, A, C, D, K, P, 33, 81, 104, 1241[s] 등). NA[27]의 독법을 채택해야 하는 이유는 필경사들이 대적들이 과거에 받았던 할례를 강조하기 위해 현재완료 시제를 사용할 가능성이 더 크기 때문이다.
18. 하지만 Betz는 두 번째 "왜냐하면"(γάρ)이 "단순히 연속을 나타낼 수 있다"고 말한다(Betz, *Galatians*, 316, n. 40).
19. Burton은 여기서 갈라디아의 유대주의자들이 개종시킨 자들을 가리킨다고 주장한다(*Galatians*, 351–53). 그러한 견해를 받아들일 수 없는 이유는 "왜냐하면"(γάρ)이 12–13절을 함께 묶기 때문이다. Burton의 견해에서 치명적인 점은 동사 "그들이 원한다"(θέλουσιν)다. Burton도 인정하듯이 그것은 분명히 대적들을 가리키기 때문이다. 동사 "지키다"(φυλάσσουσιν)와 "원하다"(θέλουσιν) 모두에 같은 주어를 염두에 두고 있다고 생각하는 것이 훨씬 더 자연스럽다(Fung, *Galatians*, 304에서 그렇게 말한다).
20. 홍인규, *Law in Galatians*, 108에서 그렇게 말한다.
21. Barrett, *Freedom and Obligation*, 87에서 그렇게 말한다. 이 동사의 의미에 관한 Hardin의 바람직하지 않은 제안은 서론에서 갈라디아서가 로마 제국에 맞서 쓰였는지에 대해 설명한 심층 연구를 보라. A. B. du Toit의 생각과 대조적으로 바울의 언어는 여기서 단지 과장이 아니다. "Galatians 6:13: A Possible Solution to an Old Exegetical Problem", *Neot* 28(1994): 157–61.
22. Munck, *Paul and the Salvation of Mankind*, 87–90; Schoeps, *Paul*, 65. R. Longenecker는 이방인이 유대인에게 박해를 당할 위험에 직면했다고 보기 어렵다고 바르게 말한다(Longenecker, *Galatians*, 292).
23. 여기서 Barrett, *Freedom and Obligation*, 57; 홍인규, *Law in Galatians*, 117–18; Martyn, *Galatians*, 549; Howard, *Paul: Crisis in Galatia*, 17을 참고하라.
24. 더 깊은 논의는 서론을 보라.

아 세상이 나를 대하여 십자가에 못 박히고 내가 또한 세상을 대하여 그러하니라(ἐμοὶ δὲ μὴ γένοιτο καυχᾶσθαι εἰ μὴ ἐν τῷ σταυρῷ τοῦ κυρίου ἡμῶν Ἰησοῦ Χριστοῦ, δι᾽ οὗ ἐμοὶ κόσμος ἐσταύρωται κἀγὼ κόσμῳ). 대적들은 자신에게만 몰두하며 다른 이들의 칭찬을 얻기 위해 율법에 헌신한다. 이와 대조적으로 바울은 오직 그리스도의 십자가만 자랑할 수 있기를 기도한다. 율법에 헌신된 자들은 율법에 불순종하더라도 자신의 성취와 행위를 자랑한다. 십자가를 자랑하는 자들은 그리스도가 그들을 위해 하신 일에 모든 확신을 둔다. 그들은 구원이 전적으로 주님으로 말미암는다는 것을 안다.

예수 그리스도의 십자가는 새로운 창조를 시작했다(6:15). 지금의 악한 시대는 십자가로 말미암아 해방된 자들을 더 이상 지배하지 않는다.[25] 십자가를 자랑하는 자들은 율법이 의를 가져오지 않는다는 사실과 십자가가 옛 사람을 죽이고 새로운 실체를 시작한다는 것을 이해한다(2:21). 그리스도가 친히 저주를 담당하심으로써 율법의 저주가 제거되었다(3:13). 그리하여 십자가를 자랑하는 사람은 자신이 세상의 초등학문에서 해방된 것과 율법에서 자유로워졌음을 즐거워한다(4:3–5). 관계대명사 "그것"(οὗ)은 예수 그리스도보다 십자가를 가리키는 것으로 보인다. 십자가가 그리스도인들에게 옛 세상 질서의 종말을 가져왔기 때문이다.[26] 세상은 더 이상 그들을 지배하지 않으며, 그들은 더 이상 세상에 빚진 것이 없다.[27]

여기서 일반적인 그리스도인들에 대해 말한다고 보는 것은 타당하다. 바울의 경험은 모든 신자의 경험을 반영하기 때문이다. 인류의 문제에 대한 해답은 죽음이다. 그런데 신자의 죽음은 그리스도의 십자가에서 일어난다. 신자는 그분과 함께 십자가에 못 박혔으며(2:20),[28] 그로써 육체의 정욕과 열망이 십자가에 못 박혔기 때문이다(5:24).

갈 6:15 할례나 무할례가 아무 것도 아니로되 오직 새로 지으심을 받는 것만이 중요하니라(οὔτε γὰρ[29] περιτομή τί ἐστιν οὔτε ἀκροβυστία ἀλλὰ καινὴ κτίσις). 접속사 "[왜냐하면]"(γάρ)은 여기서 6:14에 대한 근거를 말한다. 바울을 대하여(더 나아가 모든 그리스도인을 대하여) 세상이 십자가에 못 박혔기 때문에 할례를 받은 여부는 전혀 중요하지 않다. 주목할 만한 점은 할례가 옛 세상 질서, 즉 새로운 창조가 아닌 옛 창조에 해당된다는 것이다. 율법은 옛 시대의 일부이고 십자가는 새로운 시대를 시작한다. 새로운 창조의 중심적 역할은 도입 부분과 함께 내용을 감싸는 편지 봉투로서 기능한다. 앞부분에서는 그리스도의 죽으심이 지금의 악한 시대에서 우리를 구한다(1:4).[30] 즉, 그리스도의 십자가를 통해 새로운 창조가 시작되었다는 것이다.[31]

---

25. "세상"은 "새 창조"의 반대말의 기능을 한다. Fung, *Galatians*, 306–7; Weima, "Gal 6:11–18", 102–3에서 그렇게 말한다.

26. Calvin, *Galatians*, 184; Lightfoot, *Galatians*, 223; R. Longenecker, *Galatians*, 294. 이 대명사(οὗ)가 "십자가"(σταυρῷ)보다 "예수 그리스도"(Ἰησοῦ Χριστοῦ)를 가리킨다면 해석상의 차이는 최소화된다. 그리스도는 십자가에 못 박히신 분이시기 때문이다(Betz, *Galatians*, 318; Weima, "Gal 6:11–18", 103에서 그렇게 말한다).

27. 세상은 할례와 율법 준수가 신뢰받는 장소다. 참고. 홍인규, *Law in Galatians*, 86.

28. 따라서 여기서 초점은 여전히 그리스도 안에서 하나님이 하시는 일에 있다. Martyn, *Galatians*, 564에서 그렇게 말한다.

29. 여기서 다수의 사본이 갈라디아서 5:6과 조화되며 따라서 이 구절의 시작은 "그리스도 예수 안에서 [할례나…무할례가] 아무 것도 아니로되"(ἐν γὰρ Χριστῷ Ἰησοῦ οὔτε)로 되어 있으며 "의미하다"(ἰσχύει)가 "…이다"(ἐστιν)를 대체한다. 필경사들은 조화시키는 경향이 있었으며 NA^{27}에 대한 사본의 지지가 상당하기 때문에 위에서 표기한 본문(NA^{27})을 받아들일 필요가 있다.

30. "세상"과의 대조는 단순히 새로운 피조물보다 새로운 창조에 대한 언급을 암시한다. Weima, "Gal 6:11–18", 102, n. 32에서 그렇게 말한다. 대조적인 견해는 Lightfoot, *Galatians*, 224; Ridderbos, *Galatians*, 226을 보라. 아마도 여기서 이사야 65:17과 66:22이 말하는 새 하늘과 새 땅에 대한 암시가 있을 것이다. 참고. Hays, *Echoes of Scripture*, 157–59.

31. 권연경은 바울이 신자들에게 새로운 창조에 따라 행할 것을 권면한다고 바르게 보지만, 그의 생각과 대조적으로 여기서 '이미'와 '아직'의 개념이 존재한다(*Eschatlogy*, 173–74). 바울은 갈라디아 사람들이 시작된 새로운 창조에 따라 살도록 격려한다.

우리는 고린도후서 5:14–21에서 동일한 역동성을 본다. 바울은 거기에서도 새로운 창조를 언급하는데, 그것은 필연적으로 그리스도의 십자가와 연결된다. 그리스도 안에서 새로운 창조가 시작되었으며 종말에 완성될 것이다. 그때에는 옛 창조의 특성인 탄식이 지나갈 것이다(롬 8:18–22).

놀랍게도 바울은 할례에 대항하여 싸우면서 무할례를 높이지도 않는다. 무할례에서 의미를 찾는 자도 옛 세상 질서에 속한다. 무할례에는 특별한 유익이 없다. 이는 바울이 디모데에게 할례를 허락했던 이유를 설명한다(행 16:3). 문화적 이유로 할례를 행하고 할례로써 구원을 얻으려는 것이 아니라면, 그것을 지키는 것은 개인의 양심에 달렸다.

15절은 갈라디아서 5:6, 고린도전서 7:19과 평행을 이룬다. 사랑을 통해 표현되는 믿음(5:6)이 이제 실현되는 이유는 새로운 창조가 시작되었기 때문이다. 하나님의 명령을 지키는 능력은 새로운 창조 안에서 실체가 된다(고전 7:19). 그러므로 종말론은 갈라디아서에서 지극히 중요한 역할을 한다. 유대주의자들은 옛 시대에 속하며 새로운 시대가 왔음을 알지 못하기 때문이다. 하지만 그들의 잘못은 단순히 종말론적인 것이 아니었다. 인간론적인 결과와 원인이 있었다. 옛 시대에 속한 자들이 거기에 집착한 것은 그들이 하나님에게서 의를 얻는 대신 자신의 의를 세우려고 갈망했기 때문이다(참고. 롬 10:3).

갈 6:16 무릇 이 규례를 행하는 자에게와 하나님의 이스라엘에게 평강과 긍휼이 있을지어다(καὶ ὅσοι τῷ κανόνι τούτῳ στοιχήσουσιν, εἰρήνη ἐπ' αὐτοὺς καὶ ἔλεος καὶ ἐπὶ τὸν Ἰσραὴλ τοῦ θεοῦ). 바울은 6:15에 명시한 규례를 따라 행할 자들을 위한 기도를 추가한다. 그가 생각하는 규례는 새로운 창조의 탁월함이다. 그것은 할례와 무할례가 상관이 없다는 결론으로 이어진다.[32] 바울은 "행하다"(στοιχέω)라는 동사를 사용한다. 그는 5:25에서 성령과 보조를 맞추어 행하는 것을 가리킬 때 이 동사를 사용했다(참고. 또한 빌 3:16). 성령과 보조를 맞추는 자들은 또한 새로운 창조와 보조를 맞추는 것이다.[33]

성령과 새로운 시대의 연관성이 놀랍지 않은 이유는 성령이 새로운 창조의 선물이기 때문이다. 실제로 이사야 32:12–18에서 성령을 부어주시는 것은 새로운 창조의 도래를 의미한다.

> 그들은 좋은 밭으로 인하여 열매 많은 포도나무로 인하여 가슴을 치게 될 것이니라
> 내 백성의 땅에 가시와 찔레가 나며 희락의 성읍, 기뻐하는 모든 집에 나리니
> 대저 궁전이 폐한 바 되며 인구 많던 성읍이 적막하며 오벨과 망대가 영원히 굴혈이 되며 들나귀가 즐기는 곳과 양 떼의 초장이 되려니와
> 마침내 위에서부터 영을 우리에게 부어 주시리니 광야가 아름다운 밭이 되며 아름다운 밭을 숲으로 여기게 되리라
> 그 때에 정의가 광야에 거하며 공의가 아름다운 밭에 거하리니
> 공의의 열매는 화평이요 공의의 결과는 영원한 평안

32. 그렇다면 기준은 단순히 새로운 창조가 아니라(Martyn, *Galatians*, 567; Matera, *Galatians*, 226) 6:15의 진술 전체다(Betz, *Galatians*, 319; R. Longenecker, *Galatians*, 296–97). 여기서 새 창조에 대해 Martyn, *Galatians*, 570–74를 보라.

33. Betz는 여기서 이 동사를 "따르다 혹은 순응하다"로 해석한다(*Galatians*, 320–21).

34. Betz, *Galatians*, 321에서 그렇게 말한다.

35. 예를 들어, S. Lewis Johnson Jr., "Paul and 'the Israel of God': An Exegetical and Eschatological Case-Study", in *Essays in Honor of J. Dwight Pentecost*(ed. Stanley D. Touissaint and Charles H. Dyer; Chicago: Moody Press, 1986), 181–96; W. S. Campbell, "Israel", *DPL*, 441–42; Robinson, "Jewish and Gentile Believers", 45–47; Mussner, *Galaterbrief*, 417; Peter Richardson, *Israel in the Apostolic Church*(SNTSMS 10; Cambridge: Cambridge Univ. Press, 1969), 74–84; Gottlob Schrenk, "Was bedeutet 'Israel Gottes'?" *Jud* 5(1949): 81–94에서 그렇게 말한다. Schrenk의 기본적인 논증은 이스라엘이

과 안전이라
내 백성이 화평한 집과 안전한 거처와 조용히 쉬는 곳에 있으려니와

이사야 본문은 광야와 밭의 변화(새로운 창조)를 보여준다. 그것은 하나님의 백성에게 성령이 부어질 때 일어날 것이다.

바울은 새로운 창조의 규례에 따라 행하는 자들에게 하나님의 평강과 자비가 주어지기를 기도한다. 반대로 그러한 방식으로 살지 않는 자들은 저주 아래에 있다(1:8-9).[34] 이 본문은 바울 서신에서 은혜에 대한 언급 없이(6:18에서 은혜를 구하는 기도의 소원이 편지를 끝맺지만) 평강과 자비가 함께 나타나는 유일한 곳이다(참고. 딤전 1:2; 딤후 1:2). 아마도 바울은 선동자들이 일으킨 혼란과 동요 때문에 평강을 위해 기도할 것이다(참고. 또한 1:3). 바울이 긍휼을 간구하는 이유는 그가 마지막 심판을 바라보기 때문이며, 그날에 하나님에게 받아야 할 것은 공적에 따른 심판이 아닌 그분의 자비심 많은 긍휼이기 때문이다.

심층 연구

하나님의 이스라엘

갈라디아서 6:16의 마지막 구인 "[그리고] 하나님의 이스라엘에게"(καὶ ἐπὶ τὸν Ἰσραὴλ τοῦ θεοῦ)는 이스라엘 민족이나 예수 그리스도의 교회를 가리킨다고 해석될 수 있다. 학자들은 바울이 가리키는 대상이 (1) 예수 그리스도의 교회 안에 있는 유대인 신자들의 남은 자인지,[35] 혹은 (2) 하나님의 새로운 백성을 형성하는 이방인 신자들(유대인 신자들과 함께), 즉 새로운 진정한 이스라엘인지를 두고 논쟁을 벌인다.[36] 이스라엘 민족을 지칭한다면 그리스도 안에 있는 유대인 신자들로 제한되는데, 그것이 단순히 민족적 이스라엘이 아닌 "하나님의 이스라엘"이기 때문이다.[37] 버튼은 축복 기도에서 단어의 순서가 이스라엘 민족을 가리킨다고 주장한다. 그는 바울이 교회를 염두에 두었다면 "긍휼"이 "평강" 앞에 나왔을 것이라고 설명한다.[38] 긍휼이 구속받지 못한 유대인들을 위한 요청인 반면 평강은 교회를 위한 탄원이라는 것이다.[39]

리처드슨(Richardson)은 규례를 따르는 자들에게 평강이 주어지는 반면 긍휼은 특정 집단, 즉 하나님의 이스라엘과 관련이 있다고 주장한다.[40] 그는 또한 "이스라엘"이 주후 160년 유스티누스(Justin Martyr)의 글 이전에는 교회를 의미하지 않았다고 주장한다.[41] 마지막으로, 존슨(S. Johnson)은 여기서 사용된 접속사(καί)가 '그리고'를 뜻하는 것이 거의 분명하며, 민족적 이스라엘이 고려되는 것을 가리킨다고 주장한다.[42]

항상 민족으로서의 이스라엘을 가리키며, 바울은 주께 속하는 이스라엘 민족을 언급함으로써 결론을 내린다는 것이다. Bachmann은 이것이 이스라엘 민족에 대한 언급이며 유대인 그리스도인으로 제한되어서는 안 된다고 주장한다. Bachmann, *Anti-Judaism in Galatians?*, 101-23을 보라.

36. 이어지는 논의에서 이 견해를 지지하는 학자들의 입장을 보라.

37. Burton, *Galatians,* 358; Bruce, *Galatians,* 275; Mussner, *Galaterbrief,* 417; Richardson, *Israel,* 82에서 그렇게 말한다.

38. 또한 Richardson, *Israel,* 76-80에서 그렇게 말한다.

39. Burton, *Galatians,* 358.

40. Richardson, *Israel,* 74-84. Richardson은 다음과 같이 의역함으로써 자신의 견해를 밝힌다. "하나님이 이 규례에 따라 행할 모든 자에게 평강을 주시며, 또한 그의 신실한 백성 이스라엘에게 긍휼을 베푸시기를"(84).

41. Richardson, *Israel*, 9-32, 83, n. 2.

42. S. Johnson, "Paul and 'the Israel of God'", 187-88.

이 같은 논쟁은 문법에만 근거하여 해결될 것 같지 않다. 쾨스텐버거(Köstenberger)는 "평강"과 "긍휼"이라는 단어가 동일한 암시된 동사 "있다"에 속하므로, 하나님의 이스라엘이 별개의 민족적 통일체가 아니라고 조심스럽게 제안한다.[43] 또한 여기서 접속사(καί)는 강조 용법으로 해석될 수 있으므로('참으로'를 의미), 교회를 하나님의 이스라엘로 보는 것이 석의적으로 가능하다. 하지만 그러한 문제는 문맥으로 해결되어야 한다.[44] 로마서 9:6과 11:26에서는 두 번째로 사용된 지시 대상이 논란이 되고 있지만, 바울 서신에서 대부분의 경우 "이스라엘"은 민족적 이스라엘을 가리키는 것이 사실이다(롬 9:6, 27, 31; 10:19, 21; 11:2, 7, 25, 26; 엡 2:12; 빌 3:5). 하지만 많이 사용되었다는 사실은 크게 중요하지 않다. 대부분 로마서 9-11장에 등장하는데, 그 문맥은 바울이 민족적 이스라엘의 운명을 논하고 있음을 분명히 보여주기 때문이다.[45]

또한 고린도전서 10:18에서 바울은 (문자적으로) "육신을 따라 난 이스라엘"에 관해 말한다. 이것은 적어도 육신을 따라 난 이스라엘과 성령을 따라 난 이스라엘이 대조된다는 것과, 후자가 이방인 그리스도인들을 포함할 가능성이 있음을 암시한다. "이스라엘"이라는 단어가 어떤 경우에도 결정적이지 않은 이유는 항상 그렇듯이 문맥에 따라 의미를 결정해야 하기 때문이다. 여기서 이스라엘이 유대인과 이방인 모두로 구성된 예수 그리스도의 교회를 가리킨다는 주장은 강력하다.

갈라디아서의 핵심 문제는 하나님의 백성에 속하기 위해 유대인이 되고 할례를 받아야 하는가 하는 것이다. 사람은 아브라함의 가족에 속하기 위해 할례를 받아야 하는가? 거짓 선생들은 아브라함의 가족이 되기 위해 할례와 율법 준수가 요구된다고 주장했다. 하지만 바울은 편지 전체에 걸쳐 할례가 필요 없으며 그리스도를 믿는 자가 아브라함의 가족에 속한다고 주장했다. 바울이 편지의 주요 주제들을 되풀이하는 편지의 결론에서 "하나님의 이스라엘"을 언급할 때, 그는 그리스도 안에 있는 신자들, 곧 새로운 창조의 구성원들이 진정한 이스라엘이라는 요점을 인식시키는 것이다.[46]

이 해석이 편지의 전체 내용과 조화되는 이유는 그리스도 안에 있는 신자들이 아브라함의 진정한 자녀이기 때문이다. 그들이 아브라함의 자녀이며 그의 가족에 속한다면, 그들은 하나님의 이스라엘에 속한다. 앞에서 바울은 그리스도 안에서 유대인과 이방인이 평등하다고 주장하고(3:28), 신자가 하나님의 자녀임을 강조했다. 그 후에 결론에서 예수님을 믿는 유대인만이 하나님의 이스라엘에 속한다고 말한다면 갈라디아 사람들을 크게 혼란스럽게 할 것이다.[47] 그렇게 함으로써 이방인이 진정한 이스라엘에

43. Andreas Köstenberger, "The Identity of the ἸΣΡΑΗΛ ΤΟΥ ΘΕΟΥ (Israel of God) in Galatians 6:16", *Faith and Mission* 19(2001): 13. 또한 Burton(*Galatians,* 357)과 대조적으로 Köstenberger는 단어의 순서("긍휼" 앞에 "평강"이 있는 것)가 결정적이지 않다고 주장한다. 바울 서신 머리말에 나타난 패턴이 "더 많은 다양성"을 가진 결말에 적용되어서는 안 된다는 것이다("Galatians 6:16", 14). 바울이 *Shemoneh Esreh*의 축복에 의존했다는 Richardson의 주장(*Israel,* 79-81; 참고. 또한 Betz, *Galatians,* 322)은 이 전통의 늦은 시기에 비추어 가능성이 낮다(Köstenberger, "Galatians 6:16", 14). Beale은 그러한 축복의 주후 70-100년 판에 주요 단어 "긍휼"이 빠져 있으며, 따라서 추정된 평행은 조금도 확고하지 않음을 주시한다. G. K. Beale, "Peace and Mercy Upon the Israel of God: The Old Testament Background of Galatians 6:16b", *Bib* 80(1999): 207-8을 보라.

44. 접속사의 강의의 용법에 대해 Turner, *Syntax,* 335; Köstenberger, "Galatians 6:16", 12-13; Beale, "Israel of God", 206-7, n. 8; Charles A. Ray Jr. "The Identity of the 'Israel of God'", *The Theological Educator* 50(1994): 106-8, 112-14를 보라.

45. 로마서 9-11장의 문맥을 갈라디아서 6:16에 강요하지 않도록 주의해야 한다. Nils A. Dahl, "Der Name Israel: Zur Auslegung von Gal

속하지 않는다고 암시하며 편지 말미에서 유대인과 이방인을 분열시킬 원인을 제공할 수 있기 때문이다. 그것은 진정한 이스라엘에 속하기 위해 할례를 받아야 한다고 주장하는 대적들에게 유리하게 작용할 것이다.[48]

대신 바울은 편지의 주요 주제 중 하나를 확증한다. 그리스도 안에 있는 모든 신자는 진정한 이스라엘, 즉 하나님의 이스라엘의 일부라는 것이다.[49] 이것은 바울이 다른 서신에서 신자가 진정한 할례라고 말하는 것과 조화된다(빌 3:3). 그리스도 안에 있는 신자들이 진정한 아브라함의 가족이며 진정한 할례이기 때문에 그들은 진정한 이스라엘의 일부다.

빌(Beale)은 "하나님의 이스라엘"을 교회로 보는 견해에 구약의 배경을 제시하며 또 다른 논증을 펼친다.[50] 그는 이사야 54장 그리고 특별히 하나님의 긍휼과 평강이 이스라엘에게 약속되는 이사야 54:10이 배경의 역할을 한다고 제안한다. 또한 이스라엘을 위한 평강과 긍휼은 새로운 창조를 가져오는데(참고. 사 54:11–12), 바울은 갈라디아서 6:15에서 이것을 강조한다. 빌은 이스라엘에게 약속된 긍휼과 평강이 종말론적 이스라엘, 즉 유대인과 이방인으로 구성된 새로운 이스라엘의 몫이 될 것이라고 제안한다.

갈라디아서 본문에는 새로운 창조라는 주제가 분명히 존재한다. 따라서 바울은 이사야 54장과 더불어 동일한 주제가 담긴 다른 본문을 되돌아보고 있을 수 있다. 갈라디아서 6:16의 "평강과 긍휼"이 이사야 54:10과 동일한 순서로 나오지 않기 때문에, 학자들은 54:10과의 관련성이 입증되는지를 두고 논쟁할 수 있다. 문자적 평행이 더 제시된다면 그 입장은 설득력을 얻을 것이다. 어떤 경우든 교회를 하나님의 이스라엘로 보는 견해의 결정적 논증은 갈라디아서 전체다.

갈 6:17 이 후로는 누구든지 나를 괴롭게 하지 말라 내가 내 몸에 예수의 흔적을 지니고 있노라(Τοῦ λοιποῦ κόπους μοι μηδεὶς παρεχέτω, ἐγὼ γὰρ τὰ στίγματα τοῦ Ἰησοῦ ἐν τῷ σώματί μου βαστάζω). "이후로는"(τοῦ λοιποῦ)이라는 표현은 때를 가리키며 이 편지의 결말 진술을 이끈다.[51] 또한 이것은 앞 구절들과도 연결된다. 이제 새로운 창조가 시작되었으며, 누구도 바울이 개종시킨 자들에게 율법을 강요함으로써 옛 창조의 요구와 규정들로 바울을 괴롭혀서는 안 된다.[52]

바울은 고난 속에서 자신이 해야 할 말의 근거를 설

6,16", *Jud* 6(1950): 161; Köstenberger, "Galatians 6:16", 14에서 그렇게 말한다.

46. 이 견해에 대한 결정적 논증은 Dahl이 주장했다. 그는 특별히 Schrenk와 의견을 주고받는다(Dahl, "Der Name Israel", 161–70). Dahl과 같은 견해를 펼치는 이들로 R. Longenecker, *Galatians,* 298–99; Weima, "Gal 6:11–18", 105; Martyn, *Galatians,* 574–77; Köstenberger, "Galatians 6:16", 3–24를 보라.

47. 또한 Beale, "Israel of God", 207을 참고하라.

48. 참고. R. Longenecker, *Galatians,* 298; Weima, "Gal 6:11–18", 105.

49. Ulich Luz는 갈라디아서에서 유대인 그리스도인이나 민족적 이스라엘의 역할이 거론되지 않는다고 말한다(*Das Geschichtsverständnis des Paulus*[BEvT 49; Munich: Chr. Kaiser, 1968], 285).

50. Beale, "Israel of God", 204–23. Beale은 207–8에서 다른 제안들을 평가한다.

51. Bruce, *Galatians,* 275; Betz, *Galatians,* 342, n. 122에서 그렇게 말한다. 또한 이 구조는 시간적인 것보다 논리적인 것으로 받아들일 수 있다. R. Longenecker, *Galatians,* 299에서 그렇게 말한다.

52. 참고. Betz, *Galatians,* 324.

명한다(접속사 γάρ). 그는 예수 그리스도의 제자이기에 그에게 남겨진 상처들은 그가 진정한 이스라엘에 속한다는 증거의 역할을 한다. 그리스-로마 세계에서 그러한 자국들은 문신처럼 노예에게 표시되어 소유권을 나타내기도 하고, 누군가가 사람이 신에게 헌신되었거나 그 보호 아래 있음을 명시했다.[53] 하지만 바울은 여기서 문신을 가리킨 것이 아니다. 그가 구약이 금지하는(레 19:28) 문신을 받아들였을 것으로 보이지 않기 때문이다.[54] 또한 그 자국이 눈병에서 온 것인지 혹은 바울이 임박한 순교를 생각하고 있는지는 분명하지 않다. 이 자국은 "그가 사도로서 경험했던 다양한 고난의 결과로 그의 몸에 남은 상처나 흉터"를 가리킨다.[55]

할례가 남기는 육신의 표시는 옛 세상에 속하며 구원하는 의미는 내포하지 않는다. 할례는 하나님 앞에서 아무 소용이 없다(5:6; 6:15). 하지만 십자가를 전파하는 일 때문에 바울의 몸에 남은 자국은 그에게 속한다. 반면 대적들에게는 그러한 자국이 없다. 그들이 십자가의 수치를 전파하기를 거절함으로써 박해를 피했기 때문이다(5:11).[56] 바울의 상처가 중요한 유일한 이유는 그것이 십자가를 가리키기 때문이다.

"지니다"(βαστάζω)라는 단어는 바울이 십자가를 염두에 두고 있음을 확증한다.[57] 누가복음에서 이 동사는 제자들이 날마다 자기 십자가를 지는 것을 말할 때 사용된다(눅 14:27). 요한복음에서는 예수님이 처형 장소로 가시며 십자가를 지신 것을 묘사할 때 사용된다(요 19:17). 바울은 예수 그리스도의 사도로서 복음을 위해 고난을 받았다. 그가 몸에 지닌 상처 자국은 그가 사도로서 행한 사역의 진정성을 입증한다. 바울이 받은 고난(참고. 4:12-14)은 그가 사역에 부적합하다고 판정을 내리지 않았다. 사실 그의 고난은 그리스도의 고난과 같은 성질의 것은 아니었다. 예수님의 죽음만이 지금의 악한 시대에서 우리를 해방하고(1:4), 의를 가져오며(2:21), 율법의 저주를 제거하고(3:13), 세상의 초등학문과 율법의 권세에서 구속하기 때문이다(4:3-5). 하지만 바울의 고난은 그리스도의 고난의 필연적 결과였다. 이제 바울은 자신이 받은 고난의 의미를 통해 갈라디아 사람들을 자극한다. 베츠는 바울이 편지를 쓰는 이유를 전체적으로 잘 포착한다.

> 그러므로 갈라디아서는 바울의 사도적 임재(apostolic parousia)와 갈라디아 사람들의 기독교화(christianization)를 다시 한 번 규정한다. 차이가 있다면, 처음에 그들은 "그리스도의 복음"을 받아들여야 하는지 여부에 직면했지만, 이제 그들은 자신에게 배교로 인한 저주가 임하지 않도록 충성할 것을 요청받는다는 점이다.[58]

갈 6:18 형제들아 우리 주 예수 그리스도의 은혜가 너희 심령에 있을지어다 아멘(Ἡ χάρις τοῦ κυρίου ἡμῶν Ἰησοῦ Χριστοῦ μετὰ τοῦ πνεύματος ὑμῶν, ἀδελφοί· ἀμήν). 그리스도의 은혜가 갈라디아에 있는 신자들의 것이 되기를 바라는 소원의 기도로 적절하게 끝을 맺는다. 바울은 보통 서신의 결론이나 그 주변에서 이와 같은 기도의 소원을 포함시킨다(롬 16:20; 고전 16:23; 고후 13:14; 엡 6:24; 빌 4:23; 골 4:18; 살전 5:28; 살후 3:18; 딤전 6:21; 딤후 4:22; 딛 3:15; 몬 1:25). 갈라디아서에 나오는 축복 기도는 다른 어느 편지와도 정확하게 일치하지 않는다. 빌립보서 4:23과 빌레몬서 1:25이 가장 가깝다. 이 두 경우 바

---

53. 이 용어의 용법에 대한 유용한 개관은 Otto Betz, "στίγμα", *TDNT*, 7:657-64를 보라.

54. Weima는 이것을 바르게 말한다. 그는 다른 제안들을 개관한다("Gal 6:11-18", 97-98). 또한 Betz, *Galatians*, 324를 참고하라. 하지만 아마도 그는 그가 그리스도의 종임을 암시하고 있을 것이다(Hays, *Galatians*, 347에서 그렇게 말한다).

55. Weima, "Gal 6:11-18", 98. 대부분의 주석가가 그렇게 말한다.

56. 같은 책, 99에서 그렇게 말한다.

울은 은혜가 그의 독자들의 영과 함께하기를 기도하기 때문이다. "심령에"(πνεύματος)라는 단어는 여기서 사람 전체를 가리키므로, 본문은 '은혜가 너희와 함께 있을지어다'라고 말하는 것과 큰 차이가 없다.

6:18에는 세 가지 특성이 두드러진다. (1) "우리"(ἡμῶν)라는 단어가 더해져서 "우리 주 예수 그리스도"가 되고, (2) "형제들아"라는 단어가 추가되며,[59] (3) 마지막에 "아멘"이 더해진다. (1)과 (2)는 바울이 갈라디아 사람들이 하나님 가족의 일원, 즉 아브라함의 자녀임을 명확히 드러내고자 했음을 암시한다. 예수 그리스도는 그들의 주이시므로, 그들은 진정으로 하나님의 백성에 속한다. 또한 그들은 "형제들"이므로, 하나님 가족의 진정한 일원이다. "아멘"은 은혜의 기도를 확증하고 승인한다.[60] 갈라디아서는 그리스도 안에 있는 하나님의 은혜에 초점을 맞추며 의가 율법에서 올 수 없다고 단언한다. 바울은 그러한 은혜의 능력을 갈라디아 사람들에게 상기시킴으로써 편지를 맺으며, 그 은혜가 그들의 삶에 계속해서 역사하기를 기도한다.

적용에서의 신학

1. 새로운 창조

본문에서 바울은 인생에서 중요한 것은 새로운 창조임을 상기시킨다. 우리가 받을 미래의 유업은 육체에서 분리된 존재를 포함하지 않는다. 우리는 무형의 비물질적 공간에서 구름 위에 떠 있지 않을 것이다. 우리는 죽음에서 일으킴을 받아 다가오는 물질적인 새 하늘과 새 땅을 누릴 것이다(벧후 3:13; 계 21:1; 참고. 사 65:17; 66:22). 현재의 세상을 황폐화하는 저주(창 3:17–19)가 물러가고 "슬픔과 탄식이 사라질 것이다"(사 35:10). 현재의 창조의 탄식이 그치고, 하나님의 자녀와 창조된 질서에 약속된 자유가 시작될 것이다(롬 8:18–25). 새로운 창조의 약속은 할례와 무할례라는 문제가 궁극적으로 중요하지 않음을 가르친다. 종교적 의식과 사람의 관례는 중요하지 않다. 중요한 것은 사람이 그리스도 안에서 새롭게 창조되었는지의 여부다(고후 5:17).

덧붙여 새로운 창조에 관한 가르침은 이 세상에서 우리의 행위가 중요함을 보여준다. 창조된 세상은 필요악이 아니다. 그것은 하나님의 선하고 아름다운 작품이므로, 우리가 이 세상에서 하는 사역은 의미가 있다. 페인트칠, 건축, 식사 준비, 조경 공사 등은 모두 창조주의 사역을 반영하며 하찮은 것으로 무시되어서는 안 된다. 그런데 지금의 세상 질서는 지나간다. 전도서는 우리가 이 세상에서 하는 일이 무익함을 상기시킨다.

오는 세상과 관련하여 연속성과 불연속성이 모두 존재한다. 따라서 우리는 이 세상에서

57. Betz, *Galatians*, 325에서 그렇게 말한다.

58. 같은 책, 325.

59. Betz가 지적하듯 이것은 바울의 축복 중 "형제들"이라는 단어를 포함하는 유일한 것이다(*Galatians*, 325).

60. Betz는 그것이 원래의 것이 아니며 후에 "교회가" 그것을 추가했다고 주장한다(*Galatians*, 325). 이러한 가설을 지지하는 증거는 없다. Betz가 옳다면 우리는 모든 바울 서신에서 똑같이 추가될 것을 기대할 수 있다. 하지만 그것은 로마서 16:27과 디모데후서 4:18에서만 나타난다.

쏟는 수고가 늘 새 하늘과 새 땅을 가져오리라 생각해서는 안 된다. 유토피아적 계획은 모두 새로운 창조가 이르기 전까지는 실패할 수밖에 없다. 우리는 인간이 완벽해질 수 있다는 유혹을 조심해야 한다. 그것은 지금의 악한 시대에 우리가 낙원을 누릴 수 있다고 한목소리로 노래한다. 믿는 자로서 우리는 긍정적이지만 현실적일 필요가 있다. 믿음과 소망이 충만하면서도 지금의 세상에 여전히 존재하는 저주를 부인해서는 안 된다.

2. 하나님의 이스라엘

바울은 갈라디아서에서 신자들이 아브라함의 자녀이며 진정한 할례를 받은 자임을 분명히 밝힌다. 그들은 진정한 "하나님의 이스라엘"이다(6:16). 이것은 이스라엘을 영원히 뒤로하는 대체신학(supersessionism)의 견해인가? 여기서 모든 쟁점을 적절하게 조사하기에는 지면이 부족하다. 하지만 우리는 로마서 9-11장에 비추어 갈라디아서에서 바울이 이스라엘에 관해 말하는 바를 종합해야 한다.

물론 이 로마서 본문도 석의적 논쟁이 오가는 주제다![61] 여기서 나는 단지 내가 내린 결론을 진술할 것이다. 바울은 이스라엘 민족에게 미래의 그리고 마지막 때의 구원이 있음을 약속한다. 이 약속은 바울이 갈라디아서와 에베소서에서 예수 그리스도의 교회가 그리스도 안에서 연합된 유대인과 이방인으로 구성된다고 말하는 것(엡 2:11-22)과 모순되는가? 갈라디아서에서 바울은 이스라엘에 부여된 특별한 위치를 부인했는데, 모순적으로 그것을 다시 도입하는가? 복음과 별개로 이스라엘에게 구원이 약속되는가? 이 모든 질문에 대한 답은 그렇지 않다는 것이다. 미래에 찾아올 이스라엘의 구원은 그리스도 안에서의 유대인과 이방인의 연합과 모순되지 않는다. 구원받는 유대인들은 그리스도의 교회의 일부가 되기 때문이다. 유대인들이 예수 그리스도를 믿을 때, 그들은 새로운 통일체의 일부가 되는 것이 아니다. 그들은 이방인 형제자매와 함께 구속받은 자들로 구성되는 새로운 집합체에 속한다.

또한 복음과 별개로 이스라엘이 구원받는 것도 아니다. 미래에 찾아올 이스라엘의 구원은 그들이 예수 그리스도를 구주로 믿을 때 일어날 것이다. 그런데 이것이 편파적인가? 결코 그렇지 않다! 로마서 9-11장에 따르면 모든 이의 구원은 하나님의 택하시는 은혜에 기인한다. 하나님이 왜 어떤 사람은 택하시고 다른 이는 그렇게 하시지 않는지는 그분의 뜻의 의도에 숨겨져 있다. 하나님이 역사의 마지막 때 많은 유대인에게 긍휼을 보이기로 결정하셨다면 그것은 그분의 특권이다.

그러므로 우리는 신자로서 그리스도 예수 안에서 하나가 됨을 찬양한다. 우리는 하나님의 가족 안에서 형제자매이며, 한 몸이고 서로에게 속한다. 따라서 갈라디아서에서 바울이 가르

61. 이 본문에 대한 나의 견해는 Schreiner, *Romans*, 469-638을 보라.

치는 것처럼 우리는 신자로서 서로 사랑하고 돌보도록 그리고 서로의 짐을 지도록 부르심을 받았다(6:2). 우리가 서로 사랑하는 것을 세상이 보고 우리가 예수님의 제자임을 알 수 있기를 소망한다(요 13:34–35)!

갈라디아서의 신학

갈라디아서는 매우 신학적이다. 유대주의자들은 바울의 복음에 호응했던 갈라디아의 이방인들에게 할례를 요구하고 있었다. 하나님의 백성에 속하기 위해서는 할례를 받아야 한다는 것이다. 갈라디아 사람들을 향한 바울의 반응은 '신학적 광풍'이라고 부를 만하다. 바울이 반박하는 글에서 우리는 하나님, 그리스도, 성령, 그리스도 밖에 있는 인간이 처한 곤경, 복음, 믿음으로 말미암는 칭의, 십자가, 율법, 침투해 들어온 종말, 신자의 새로운 삶, 하나님의 백성에 대한 그의 견해를 본다. 바울이 다루는 주제들의 범위와 중요성을 살펴보면 아주 놀랍다. 당연히 갈라디아서는 이 주제 중 어느 것도 완전히 설명하지 않지만, 바울은 계몽적인 방식으로 마중물을 붓는다.

하나님

구약을 배우며 자란 유대인으로서 그리고 구약의 계시를 성취하는 복음을 본 자로서 바울은 오직 한 분이신 하나님을 고백한다(3:20). 그러므로 바울이 '쉐마'를 중요하게 여겼음은 분명하다(신 6:4). 한 분 하나님은 만물의 창조자이자 주권자이시다. 그분이 만물의 주이시기 때문에 바울은 하나님 앞에서 자신의 정직함을 맹세하며(1:20), 하나님을 위해 살고(2:19) 그분을 기쁘시게 함으로써(1:10) 하나님을 영화롭게 하는 것(1:5, 24)이 자기 삶의 목표라고 말한다.

하나님의 주권과 권세는 그리스도를 죽음에서 일으키신 사건과(1:1), 오는 왕국에 표현된 그분의 통치에서 드러난다(5:21). 실제로 하나님은 역사 속에서 자신의 뜻을 이루신다. 하나님은 다메섹 도상에서 바울에게 그리스도를 계시하기로 결정하셨으며 그를 사도로 부르셨다(1:1, 15-16). 같은 방식으로 하나님은 그리스도의 죽으심으로 인간을 현재 시대의 악에서 해방하기로 결정하셨으며(1:4), 세상을 구속하기 위해 역사의 어느 때에 자기 아들을 보내실지도 정하셨다(4:4-5).

하나님이 다메섹 도상에서 바울을 부르셨던 것처럼, 그분은 또한 그리스도 안에서 신자들을 믿음으로 부르셨다(1:6). 하나님의 부르심은 효과적이고 능력이 있다. 이는 그분이 구원받는 자들을 알며 택하시는 가운데 주도권을 행사하신다는 것을 보여준다(4:9). 하나님은 인류의 구속을 위해 자기 아들(2:20; 4:4)과 성령을 보내심으로써(4:6) 역사에서 구원 계획을 이루신다. 따라서 이제 신자들은 예수 그리스도를 통해 하나님의 자녀가 된다(3:26; 4:6). 하나님은 그들이 사랑하는 아버지이시며(1:1, 3, 4), 신자는 기도하며 확신과 기쁨으로 하나님께 나아간다(4:6). 구원이 주에게서 나오므로, 은혜와 평안도 그분으로 말미암는다(1:3; 2:20; 3:18; 6:18). 하나님은 구원받기 위해 자신을 신뢰하는 자들을 의롭게 하신다(3:6, 8). 칭의와 구원을 얻는 자들은 하나님을 알며(4:8-9) 그분의 교회(1:13), 즉 진정한 이스라엘에 속한다(6:16).

하나님은 주권자이므로 업신여김을 받지 않으신다. 그분을 따르기를 거부하는 자들은 마지막 날에 심판을 받을 것이다(5:21; 6:7-8). 하나님은 진리를 따라 심판하실 것이다. 그분은 인간의 평판에 따라 흔들리시지 않기 때문이다(2:6).

그리스도

바울은 갈라디아서에서 "그리스도"라는 칭호를 약 38번 사용한다(본문비평에서 어떻게 결정하는지에 따라). 바울은 이 칭호를 언제나 중요하게 여긴다. 예수님이 그리스도라는 사실은 그분이 다윗에게 주어진 언약을 성취하셨으며(삼하 7장) 그분이 기름 부음을 받은 자, 즉 이스라엘의 메시아라는 뜻이다. 바울은 "예수"라는 이름을 17번 사용한다. "예수 그리스도"는 8번 그리고 "그리스도 예수"는 8번 사용한 것으로 확인된다. 아마도 전자는 그분의 인성을, 후자는 그분의 메시아 되심을 어느 정도 강조할 것이다.

또한 바울은 예수님을 하나님의 아들로 밝힌다. 하나님은 다메섹 도상에서 자신의 아들을 바울에게 계시하셨으며(1:16), 바울은 하나님의 아들을 믿음으로 말미암아 산다. 그분은 바울을 위해 자기 목숨을 내놓음으로써 사랑을 나타내셨다(2:20). 예수님의 아들 되심은 또한 그분이 십자가에서 행하신 사역과 연결된다(4:4-5). 4:6은 삼위일체 형태의 놀라운 진술이다. 바울은 성령을 보내신 하나님을 언급하고 성령을 "그의 아들의 영"으로 묘사한다. 예수님은 하나님의 아들일 뿐 아니라 만물의 주이시므로(1:3, 19; 5:10; 6:14, 18), 하나님과 동일하게 공경받으셔야 한다.

예수님은 분명히 하나님과 같은 위상을 공유하신다. 그분은 하나님처럼 바울을 사도가 되도록 부르셨으며(1:1) 은혜와 평강의 근원이시다(1:3; 6:18). 바울은 자신을 그리스도의 종으로 생각한다. 그는 다메섹 도상에서 그리스도를 보았다(1:12, 16). 그리하여 그는 하나님을 기쁘시게 하기 위해 살듯이 그리스도를 기쁘시게 하기 위해 산다(1:10). 구원은 예수 그리스도를 믿음으로 말미암아 오며(2:16; 3:22), 바울이 전파하는 복음은 그리스도이신 예수께 초점이 맞춰져 있다(1:7).

신자는 그리스도 안으로 통합되고(1:22; 2:4, 17; 3:14, 26, 28; 5:6), 그리스도와 함께 죽으며

(2:20) 세례를 통해 그분과 연합하고(3:27) 그분으로 옷 입는다(3:27). 참으로 그리스도는 신자 안에 사시며(2:20) 신자 안에 형상을 이루신다(4:19). 신자가 그리스도께 속하는지가 근본적인 문제다(3:29; 5:24). 그리스도께 속하는 사람은 아브라함의 후손이며, 육체의 권세가 그의 삶의 권좌에서 내려왔기 때문이다. 구원을 위해 할례에 의존함으로써 그리스도에게서 단절된 자는 저주를 받을 것이다(5:2, 4).

우리는 뒤에서 그리스도의 십자가가 갈라디아서에서 차지하는 중심적 위치를 개관할 것이다. 구원은 할례가 아닌 예수 그리스도가 십자가에서 이루신 일을 통해 온다. 신자를 해방하신 분은 그리스도 예수이시다(2:4; 5:1). 복음은 그리스도의 복음이며(1:7) 그 안에 그분의 은혜가 계시된다(1:6). 신자는 그리스도의 법을 성취하도록 부르심을 받는다(6:2). 그리스도가 오신 지금 시내 산 율법은 더 이상 요구되지 않는다(3:24). 그분이 아브라함의 진정한 후손이며 구원 역사의 절정이시기 때문이다(3:16).

인류가 처한 곤경

갈라디아서는 인류가 빠진 곤경을 조직적인 도표로 보여주지 않는다. 하지만 갈라디아서의 주요 주제 중 하나는 의가 율법의 행위가 아닌 오직 예수 그리스도를 믿음으로 말미암아 온다는 것이다(참고. 2:16; 3:2, 5, 10). 왜 의는 율법의 행위를 통해 오지 않는가? 바울의 논증이 구원 역사로만 한정될 수 없지만, 그것이 대답의 일부임은 분명하다. 율법의 행위는 시내 산 언약에 속하며, 이제 그리스도가 오심으로써 만료되었다. 그런데 바울은 또한 인간의 죄 때문에 율법의 행위가 의를 가져올 수 없다고 주장한다. 3:10과 2:16을 자세히 읽어보면(해당 주석을 보라), 하나님은 완전함을 요구하시지만 인간의 죄 때문에 누구도 순종을 통해 하나님과 바른 관계를 맺을 수 없음을 알 수 있다. 인간은 죄 때문에 저주 아래에 놓여 있다(3:10). 인간이 율법을 통해 의를 얻으려고 한다면 그는 오직 자신이 죄로 가득함을 확증하게 될 뿐이다(2:17–18).

율법은 인간의 악함을 치료하기보다 그것을 악화했다. 율법은 죄를 증가시키기 위해 주어졌기 때문이다(3:19). 갈라디아서에서 "아래에"가 포함된 표현은 암담한 인간의 상태를 설명한다. 인간은 "저주 아래에"(3:10), "죄 아래에"(3:22), "율법 아래에"(3:23; 4:5, 21; 5:18), "초등교사 아래에"(3:25), "세상의 초등학문 아래에"(4:3) 있다. 이 모든 표현은 서로를 설명한다. 그러므로 "율법 아래에" 있는 것은 구원 역사의 옛 시대에 속함을 의미한다. 거기서 사람은 죄의 권세와 저주 아래에 있다.

실제로 바울은 "초등학문 아래에" 있는 자들(4:3)과 율법 아래에 사는 자들이 매여 있다고 말한다. 따라서 바울은 두 여인에 관한 알레고리를 통해 율법 아래에 있는 자들을 여종 하갈과 비교한다. 율법은 그 권위 아래에 있는 자들을 가둔다(3:22–23). 따라서 인류는 예수 그리스도에 의해 해방되어야 한다. 그분만이 율법 아래에 있는 자들을 해방하고 구속할 유일한 분이시기 때문이다(3:13; 4:5). "초등학문"(4:3, 9)에 대한 언급도 인간이 영적 세력에 묶여 있음을 나타낸다(해당 주석을 보라). 그것은 인간을 노예 상태로 묶고 있는 영적 존재들["(신들)", 4:8]이다. 즉, 사람은 죄뿐 아니라 귀신들에게도 예속되어 있다는 것이다.

바울은 궁극적으로 율법을 비난하지 않는다. 율법은 단순히 인간의 죄와 악을 드러낸다. 인간은 죄와 영적 세력에 매여 있으며 스스로 벗어날 능력이 없다. 그러므로 그들은 구원받기 위해 예수 그리스도 안에 있는 하나님의 구원 사역이 절대적으로 필요하다. 그들은 구원받기 전에 "이 악한 세대"에 매여 있기 때문이다(1:4). 옛 사람인 "내가" 죽어야 하는데, 이것은 하나님에 대해 살기 위해 그리스도와 함께 십자가에 못 박힘으로써 가능하다(2:19-20; 5:24; 6:14).

복음의 진리

갈라디아서에서 바울은 "복음의 진리"를 두 번 언급한다(2:5, 14). 첫 번째 경우에는 거짓 형제들을 고발한다. 그들은 디도에게 할례를 강요하기 위해 예루살렘 공회로 교묘하게 들어왔다(2:3-5). 바울은 복음의 진리를 보존하기 위해 할례를 강요하는 것에 맞섰다. 그다음에는 베드로가 복음의 진리를 위협했다고 주장한다. 음식법을 따르지 않는 수리아 안디옥의 이방인들과 함께 식사하기를 거절함으로써 베드로는 사실상 그들에게 유대인이 될 것을 촉구했기 때문이다.

"복음의 진리"라는 표현이 이 두 사건과 연결될 뿐 아니라(2:5, 14), 바울은 두 경우를 묘사할 때 "억지로…하게 하다"라는 동사를 사용한다(2:3, 14). 베드로는 거짓 형제들과 구분되어야 한다. 그의 행위는 확신이 아니라 외식에서 왔기 때문이다. 그런데 베드로가 이방인들과 함께 먹기를 거절한 것은 실질적으로 거짓 형제들의 압박과 동일한 효과를 낸다. 거짓 형제들과 베드로 모두 사람이 구원받기 위해서는 모세 율법을 지켜야 한다고 말하는 것이기 때문이다.

이 두 사건은 복음의 진리를 규정하는 일에 큰 도움을 준다. 복음의 진리는 사람이 율법의 행위가 아닌 오직 예수 그리스도를 믿음으로 말미암아 의롭다 함을 받는다는 것이다(2:16). 바울이 베드로에게 맞서며 이러한 진리를 설명하는 것은 우연이 아니다. 안디옥에 있는 이방인들의 구원이 걸린 문제였기 때문이다. 갈라디아에서 유대주의자들의 문제는 그들이 거짓 복음을 전파하고 참된 복음을 왜곡한 것이었다(1:6-7). 우리는 서론에서 하나님의 백성이 되기 위해 유대주의자들이 요구했던 것이 모세 율법 전체를 지키겠다는 약속과 더불어 할례를 받아들이는 것이었음을 보았다. 바울은 그러한 "복음"을 전하는 자가 반드시 저주, 즉 종말론적 저주를 받게 되리라고 단언한다(1:8-9). 바울은 특별히 이방인들에게 복음을 전하도록 부르심을 받았다(1:16; 2:7). 그는 3:8에서 이러한 복음이 아브라함에게 약속되었던 보편적인 복(창 12:3)이라고 밝힌다. 하지만 본문 주석에서 주장했듯이 아브라함에게 미리 선포된 복음은 창세기 15:6의 관점으로 본 믿음으로 말미암는 의의 측면에서 설명된다.

그렇다면 복음의 진리는 인간이 율법의 행위가 아닌 예수 그리스도를 믿음으로 말미암아 구원을 얻는다는 사실을 가리키는 것이 분명해 보인다. 사람은 자신을 위해 예수님이 행하신 대속의 죽음을 신뢰하며 그로 말미암아 하나님과의 관계에서 의롭다고 선언된다.

믿음으로 말미암는 칭의

갈라디아서의 중심 주제 중 하나는 칭의가 오직 믿음으로 말미암는다는 것이다. 이전에 신교도들은 이러한 주제를 잘 알았다. 하지만 오늘날에는 그 명성을 잃어버린 것처럼 보이며, 일부는 종교개혁이 끝난 것은 아닌지 의아해한다. 바울에 관한 새 관점과 지금의 포스트모던 시대는 많은 사람의 생각에 의심의 씨앗을 뿌렸다. 칭의는 진정으로 바울의 복음에서 중심 요소인가? 그것은 기독교 공동체에 분열을 용납할 만큼 정말로 충분히 중요한가?

성경 본문이 계속해서 우리의 권위로서 역할을 하고 있다면, 우리는 오직 믿음으로 말미암는 칭의의 진리에 대해 새롭게 들어야 한다. 또한 성령이 우리가 회의적인 생각을 피하도록 분명히 단정하신다고 전하는 루터의 확신을 기억해야 한다. 포스트모더니즘은 하나님에게서 온 분명한 말씀을 부인할 때 일종의 해석학적 무신론의 기능을 한다. 그때 성경의 진리는 특정 문화와 역사 속에 사는 인간에게 결코 전달될 수 없다. 신학적 견해는 주석에 밝혔기 때문에 나는 여기서 그것을 상세하게 변호하지 않을 것이다.

이 서신에서 칭의가 맡은 역할은 부수적이지 않다. 유대주의자들은 분명히 자신의 기독론에 따라 정통이었으며, 그들은 예수님이 메시아이자 하나님의 아들이심을 믿었다. 하지만 바울은 그들이 다른 복음을 제시한다고 고발하며 그들의 잘못된 구원론이 최종 심판에 직면할 것이라고 경고한다(1:6–9). 같은 방식으로 어떤 이들은 예루살렘에서 하나님의 백성에 속하기 위해 할례가 요구된다고 말하면서 디도에게 할례를 강요했다(2:3–5). 다시 한 번 말하지만, 우리는 그들이 어떤 영역에서도 신학적으로 완전히 틀렸다고 언급한 것을 찾을 수 없다. 하지만 바울은 그들을 거짓 형제들로 부른다(2:4). 분명히 오늘날 많은 그리스도인은 그러한 강력한 비판에 반대할 것이다. 하지만 바울이 구원에 대해 말할 때 우리가 그를 멀리한다면, 그의 말은 모든 권위를 잃고 성경이 아닌 인간적 판단이 권위를 얻게 될 것이다.

바울이 베드로에게 상기시키는 것처럼 모든 진정한 그리스도인은 어릴 때부터 토라를 배우며 자랐을지라도 율법의 행위가 아닌 예수 그리스도를 믿음으로 말미암아 칭의가 온다는 것을 알고 있다(2:15–16). 주석에서 나는 "의롭게 하다"라는 동사와 "의"라는 명사가 모두 법정적 의미라고 결론 내릴 근거가 충분히 있다고 주장했다. 두 표현은 하나님을 신뢰하는 자가 신적 재판관이신 하나님 앞에서 옳다고 선언되며 무죄를 선고받는 것을 가리킨다. 이러한 의는 신자의 것이 된다. 신자가 그리스도의 죽음과 부활에서 그분과 연합되기 때문이다(참고.

1:4; 2:16–20; 3:13, 26–28; 4:4–5; 5:24; 6:14).

율법에 대한 복종을 통해 사람이 하나님과 바른 관계를 맺을 수 있다면 그리스도는 헛되이 죽으신 것이다(2:21). 오직 은혜에 의해, 오직 믿음으로 말미암아 얻는 칭의는 복음의 핵심이다(3:6, 8, 11, 24). 의가 인간의 성취로 얻어진다면 구원은 인간의 일이며(3:12), 거저 주시는 하나님의 강력한 은혜는 손상된다. 행위가 하나님과의 바른 관계를 보증한다면 사람은 자신의 성취에 대해 찬사와 찬양을 받아야 한다. 대조적으로 바울은 칭의가 전적으로 하나님의 일이므로, 우리의 구원과 관련된 모든 찬양과 명예를 오직 하나님께만 돌려야 한다고 말한다. 믿음은 예수 그리스도와 십자가에서 그분이 하신 일을 통해 하나님이 주신 선물을 받는 반면, 행위는 인간의 성취에 근거하여 의를 얻는다.

칭의와 관련된 또 다른 진리는 칭의가 기본적으로 종말론적이라는 것이다(2:17; 5:5). 칭의는 자신이 아닌 그리스도를 신뢰하는 자들이 마지막 날에 무죄하다고 선언되는 하나님의 판결이다. 하지만 종말론적 선고는 예정보다 빨리 선포되었다. 그리하여 십자가에서 죽으시고 부활하신 그리스도를 신뢰하는 자들은 지금 하나님의 유죄 판결에서 자유롭다. 이러한 선고는 믿음으로 이해되며 눈에 보이지 않는다. 신자는 의심과 시험에 빠질 수 있고 자신이 진정으로 하나님과 바른 관계에 있는지 의문을 품을 수 있다. 따라서 신자는 자신의 의가 되시는 그리스도를 날마다 믿음으로 붙들어야 한다. 하지만 심판의 날에 의롭게 된 자를 향한 하나님의 선고는 온 세상 앞에서 선포될 것이며, 지금 신자가 믿음으로 붙든 것은 모든 의심이 제거되는 방식으로 확인되고 확증될 것이다.

십자가의 중심성

칭의와 십자가는 불가분 뒤얽혀 있다. 갈라디아 사람들이 할례에 미혹된 사실은 그들이 놀라울 정도로 십자가의 역할이 무엇인지 몰랐음을 보여준다. 바울은 갈라디아 사람들이 마법에 걸려 그들이 더 이상 십자가에 달리신 그리스도의 중요성을 깨닫지 못하는 것이 아닌지 의아해한다(3:1). 우리는 마치 단어 연구의 접근 방식이 충분하다 여기고, 바울이 "십자가"라는 단어를 사용하는 곳에서만 십자가가 중심이 된다고 생각하는 실수를 저질러서는 안 된다. 갈라디아서에서 바울이 그리스도의 죽음을 언급하는 곳마다 십자가 신학이 존재하며, 이 편지에서 십자가는 다양한 방식으로 소개된다.

편지의 서두에서부터 그리스도의 죽으심이라는 주제가 소개된다. 보통 바울 서신의 서두는 간결하지만 갈라디아서는 예외다. 더욱이 바울이 그리스도의 죽으심이 의미하는 바를 설명한다는 점에서 이 편지의 서두는 독특하다(1:4). 다른 서신에서는 그렇게 하지 않기 때문이다. 따라서 우리는 그것이 갈라디아서 해석에 중요한 역할을 한다고 결론 내릴 수 있다. 바울은 그리스도가 신자들을 "이 악한 세대에서 건지시려고" 그들을 위해 자신을 내어주셨다고 말한다(1:4). 그리스도의 죽으심이 사람을 약속의 시대로 인도한다는 점에서 그것의 종말론적 의미가 강조된다. 바울은 갈라디아 사람들이 구원 역사에서 후퇴하고 있었던 것을 염려했다. 그들이 할례를 받고 율법을 지켜야 한다는 요구에 완전히 매료되었기 때문이다. 바울은 그들에게 그리스도가 죽으신 목적이 시내 산 언약의 규정들을 포함하는 옛 질서에서 그들을 해방하는 것임을 상기시킨다.

십자가는 갈라디아서의 북엔드 역할을 한다. 바울이 십자가를 통해 얻은 자유를 강조하며 편지를 시작해서 십자가의 중요성을 강조하는 것으로 편지를 맺기 때문이다. 바울의 유일한 자랑은 그리스도의 십자가다. 그는 세상에 대해 십자가에 못 박혔고, 세상은 그에 대해 십자가에 못 박혔다(6:14). 다시 한 번 강조하지만, 십자가와 종말론은 분리될 수 없다. 십자가가 신자들을 지금의 악한 시대에서 해방했듯이(1:4), 그것은 이 세상에 대한 애착도 십자가에 못 박는다(6:14). 대적들이 개종자들에게 할례를 주는 것을 자랑하고 외적 성취에서 즐거움을 얻었던 이유는 그들이 다른 이들의 칭찬을 얻기 위해 살았기 때문이다(6:12–13). 그들은 박해를 피하기 위해 안락함을 추구하며 살았다. 십자가는 세상을 향한 사랑을 단절시키며 사람에게 오직 (은혜로 말미암아!) 십자가를 자랑하려는 열망을 준다. 새로운 실체, 즉 새로운 시대가 십자가를 통해 시작되었으며, 바울은 갈라디아 사람들과 모든 신자에게 오직 십자가 안에서 기쁨을 발견하고 인간적 성취에 대한 모든 자랑을 단념할 것을 요구한다.

하나님과 바른 관계를 맺기 위해 율법 준수에 의지하는 자들은 십자가를 무효화한다(2:21). 인간이 행위와 순종을 통해 의를 얻을 수 있다면 그리스도가 죽으실 필요가 없었기 때문이다. 마치 십자가의 목적이 우리로 하여금 그리스도를 모방할 것을 촉구하는 것인 양, 그리스도의 죽으심은 기본적으로 하나님을 향한 헌신을 보여주는 실례로서 기능하지도 않고, 근본적으로 사람이 예수님의 삶을 모방하라고 요청하지도 않는다. 그러한 주제가 바울 서신과(6:2) 신약의 나머지 부분에 등장하기는 한다. 하지만 그러한 주제가 지배적이 되면, 십자가의 근본적인 목적이 불분명해지며 인간의 악이 등한시된다.

죄와 사망에 대한 유일한 해결책은 하나님의 아들이 죽으시는 것뿐이다. 오직 그리스도가 율법의 저주–인간이 자신의 죄로 말미암아 마땅히 받아야 할 저주–를 친히 담당하신 것만이 사망과 죽음을 정복할 수 있다(3:13). 다시 말해, 인간은 저주 아래(3:10), 죄의 권세 아래(3:22), 초등교사 아래(3:23, 25), 율법 아래에(4:21; 5:18) 있기 때문에 죄에 종노릇한다는 것이다(4:3). 십자가의 경이로움은 그리스도가 우리를 대표하고 대체하는 자로서 행하시며, 우리가 받아야 할 형벌을 친히 담당하시는 데서 나타난다. 율법 아래에 태어나고(4:4) 항상 율법을 지키셨던 분으로서 그리스도는 율법 아래에 살았던 자들을 해방하셨다(4:5). 그리스도의 십자가는 인간의 능력과 행위를 향해 "아니다!"라고 외친다. 또한 십자가는 자신이 아닌 하나님을 존경하도록 이끈다. 인간적인 의를 부인하고(5:11) 하나님의 의를 맞이하게 한다. 앞에서 말했듯이 십자가는 의의 근본 요소다.

바울은 할례가 침례로 대체되기 때문에 더 이상 할례가 적용되지 않는다고 주장할 수도 있었다. 놀랍게도 그는 그렇게 주장하지 않는다. 그는 더 심오하고도 근본적인 차원에서 할례를 거부한다. 할례를 대체하는 것은 그리스도의 십자가다. 구원을 위해 할례를 받아들이는 자는 더 이상 그리스도에게서 유익을 얻지 못한다(5:2). 그들은 할례를 수용하면서 그리스도와 그분이 주시는 유익을 거부하기 때문이다.

성령의 선물

코스그로브는 3:1–5과 성령을 이 편지의 주요 주제로 지정하는 실수를 저지른다.[1] 하지만 성령이 갈라디아서에서 중요한 역할을 하는 것은 분명하다. 성령은 신자가 하나님과 바른 관계에 있으며(3:1–5) 진정한 하나님의 자녀(4:6)라는 증거다. 성령은 새로운 시대가 이르렀으며 약속의 시대가 시작되었다는 것의 확실한 증거가 된다. 유대주의자들은 갈라디아 사람들에게 하나님의 백성 안으로 인도받아 들어가기 위해 할례를 요구했다. 하지만 바울은 그들에게 하나님께 속하는지에 관한 모든 의심을 물리치고 할례의 요구를 거부하라고 가르쳤다. 성령의 임재는 극적이고도 카리스마적으로 갈라디아 사람들의 삶에 분명히 나타났으므로(3:1–5), 그들이 하나님의 백성에 속한다는 것은 의심할 여지가 없다(참고. 행 15:7–11).

갈라디아 사람들은 율법의 명령을 행함으로써가 아니라 십자가에 못 박히신 그리스도의 복음을 신뢰함으로써 성령을 받았다. 달리 말해, 바울은 성령이 복음을 믿은 결과임을 강조하며 갈라디아 사람들이 하나님의 진정한 이스라엘에 속함을 확신시킨다(6:16). 대적들은 갈라디아 사람들이 아브라함처럼 할례를 받지 않았기 때문에 그의 가족에 속하지 않는다고 주장했다. 그러나 바울은 그들이 성령을 받았기 때문에 아브라함의 복을 누린다고 강조함으로써 반박한다(3:14). 그리고 아브라함의 복을 누리는 자들은 그의 가족에 속하는 것이 분명하다.

또한 칭의와 성령은 밀접하게 연관된다. 그러므로 이 둘을 너무 엄격하게 구분하는 것은 오해를 일으키기 쉽다. 칭의와 성령 모두 새로운 시대의 선물이다. 그리고 한편으로 성령의 선물이 칭의의 열매이자 믿음의 결과라면, 다른 한편으로 믿는 자들이 성령을 따라 태어나는 것도 사실이다(4:29). 새로운 삶은 사람이 만들어낼 수 없다. 사람은 "육체"이며 옛 아담에 속하고 죄와 죽음의 지배 아래에 있기 때문이다. 생명에 대한 유일한 소망은 성령의 다시 살리시는 사역이다. 성령은 새로운 생명을 낳을 뿐 아니라 같은 생명의 선물로서 얻어진다.

성령은 또한 갈라디아서에서 윤리와 관련하여 핵심 역할을 한다. 갈라디아 사람들은 성령을 따라 행하도록(5:16), 성령께 인도받도록(5:18), 성령과 보조를 맞추어 행진하도록(5:25), 성령에 심도록(6:8) 권고받기 때문이다. 이로써 그들은 성령의 열매를 맺을 수 있으며(5:22–23) 육체와 성령의 싸움에서 육체를 이길 수 있다(5:17). 하나님을 기쁘시게 하는 삶은 인간적 능력

1. 3:3에 대한 주석을 보라.

이나 노력에 근거하여 설명할 수 없다. 그러한 삶은 초자연적이며 성령의 사역이 맺는 열매다. 믿음 안에서 인내하는 것은 사람의 열심에 달려 있지 않다. 그것은 성령이 공급하시는 믿음의 결과다(3:3; 5:5).

바울은 성령의 사역을 사람의 새로운 생명의 시작에만 제한하지 않는다. 성령은 신자가 삶의 매순간에 하나님을 기쁘시게 할 수 있는 능력을 주신다. 새로운 삶의 능력은 초자연적인 것이지만, 신자는 성령께 복종하도록, 성령에 심도록, 성령과 보조를 맞추어 행진하도록, 성령 안에서 행하도록 권고받는다. 성령 안에서의 삶은 공중에 영적으로 떠다니는 것처럼 신자들이 영적 황홀경에 사로잡혀 성령이 그들을 움직이시는 수동적인 것으로 여겨질 수 없다. 대신 신자는 성령이 그들 안에서 강력하게 역사하실 수 있도록 매일 그분께 자신을 드릴 것을 권고받는다.

'이미'와 '아직'의 종말론

지금 살펴보고 있는 모든 주제는 서로 연결되어 있다. 그러므로 우리는 갈라디아서의 종말론적 특성에 대해 이미 가볍게 다룬 것이다. 바울 서신에 포함된 묵시에 관한 베커(Beker)의 책을 보면, 갈라디아서에 묵시의 특성이 없다고 주장하며 갈라디아서를 바울 서신 중에서 묵시에 초점을 맞추지 않는 예외로 보았다.[2] 하지만 마틴(Martyn)은 이와 같은 베커의 생각을 바르게 교정했으며, 묵시–나는 이것을 종말론이라는 단어와 유사하게 사용한다–가 갈라디아서에서 중요한 역할을 하고 있음을 보여주었다.[3]

우리는 앞에서 다루었던 주제들에서 이미 종말론의 중요성을 보았다. 칭의는 마지막 날에 앞서 미리 선포된 종말론적 선고다. 이는 지금 선언된 선고가 단순히 미래의 실체를 가리킨다는 뜻이 아니다. 신자는 이미 의롭다 함을 받았지만, 동시에 그는 심판 날에 내려질 최종 선언을 기다린다. 하나님이 이미 선언하셨던 선고가 그날에 공표된다(5:5).

비록 신자들은 오늘날의 악한 시대에 살고 있지만(1:4), 같은 방식으로 예수 그리스도의 십자가는 신자들을 오는 시대로 진출시켰다. 즉, 구약에 약속된 새로운 출애굽이 십자가에서 죽으시고 부활하신 예수님을 통해 실현되었다는 것이다(사 40:3–11; 42:16; 43:2, 5–7, 16–19; 48:20–21; 49:8–11; 51:10–11). 유대인은 부활이 옛 악의 시대가 끝나고 평안과 풍요의 새 시대가 도래했음 또한 나타낸다고 생각한다(참고. 사 26:19; 겔 37:1–14; 단 12:2–3).

부활은 갈라디아서에서 중요한 주제는 아니지만 첫 구절에 등장한다(1:1). 이는 오는 시대가 지금의 시대로 침투해 들어왔음을 나타낸다. 예수 그리스도의 십자가로 인해 옛 악의 세상은 신자들에 대해 지배권을 잃었다(6:14). 따라서 신자들은 이제 새로운 창조에 속한다(6:15).

---

2. Beker, *Paul the Apostle*, 58.

3. Martyn, "Apocalyptic Antinomies", 410–24를 보라.

새로운 창조는 완성되지 않았지만(사 65:17; 66:22), 예수 그리스도의 사역을 통해 시작되었다. 앞에서 주장한 대로 성령의 선물은 새로운 창조의 도래를 나타낸다(사 32:15; 44:3; 겔 11:18–19; 36:26–27; 욜 2:28). 성령은 마지막 날의 선물이며, 갈라디아 사람들 가운데 성령이 계시며 거하신다는 것은 마지막 날이 시작되었음을 보여준다.

갈라디아서에는 종말론적 대조가 지배적으로 나타난다. 따라서 육체로 대표되는 옛 시대와 성령으로 대표되는 새 시대의 대조를 볼 수 있다. 바울의 견해를 따르면, 육체는 옛 시대와 아담 안에 있는 사람을 나타내는 반면, 성령은 오는 시대가 지금의 시대로 침투함을 나타낸다. 우리는 율법과 복음에서도 동일한 종말론적 대조를 본다. 모세 율법은 이전 시대에 속하며, 신자는 더 이상 율법 아래에 있지 않다(특별히 3:15–4:7을 보라). 율법 아래에 있는 것은 죄의 권세에 매여 있는 것을 뜻한다(3:10, 22, 23, 25; 4:3, 21–31; 5:18). 그러한 속박은 이전 시대에 속한다. 그리스도의 복음(새로운 출애굽에 대한 약속의 성취! 사 40:9; 52:7)이 선포된 지금 율법의 시대는 지나갔다. 신자는 십자가, 부활, 성령의 선물의 시대에 산다. 고린도후서 5:17은 갈라디아서를 다음과 같이 바르게 요약한다. "누구든지 그리스도 안에 있으면 새로운 피조물이라 이전 것은 지나갔으니 보라 새 것이 되었도다."

어떤 이들은 옛 시대와 새 시대의 불연속성을 근거로 바울이 갈라디아서에서 구원 역사를 말하지 않는다고 결론 내렸다.[4] 분명히 갈라디아서는 여러 방식으로 율법과 약속의 불연속성을 강조한다. 모세 언약은 영원히 시행되기로 의도되지 않은 임시 언약으로 밝혀진다(3:15–4:7). 그것은 하나님의 목적 안에서 임시적이고도 중간기적 역할을 한다. 하지만 복음은 또한 아브라함에게 주어졌던 약속과 복을 성취한다(3:8–9, 14). 나는 4:21–5:1 주석에서 바울이 선포했던 메시지가 아브라함 언약과 새 언약을 성취하며, 그리하여 복음이 구약에서 발견되는 구원 약속을 예시한다고 주장했다.

구약과 신약에는 연속성과 불연속성이 모두 존재한다. 구원 역사에서 연속성이 일정한 일직선으로 이어지지는 않지만, 바울이 구약과 신약 사이의 묵시적 단절만을 보고 있다고 할 수 없다. 율법의 경우에도 바울은 율법이 하나님의 약속과 반대된다고 가르치지 않는다(3:21). 하나님은 율법에 대해서도 구원-역사적 목적을 품으셨다. 율법은 이스라엘과 모든 사람에게 인간적 행위와 순종을 통해 의를 획득할 수 없음을 드러냈기 때문이다. 이러한 주제가 과장될 수도 있지만, 루터는 율법이 복음을 위해 사람들을 준비시킨다고 보았다.

따라서 결국 가장 중요한 사실은 율법과 복음이 함께 일하며, 둘 다 조화롭게 하나님의 한 계획에 꼭 들어맞는다는 것이다. 달리 말해, 시내 산 언약이 임시적으로 기능하는 것은 하나님의 구원-역사적 계획의 일부였다는 것이다. 하나님은 구약과 신약 사이에 묵시적 단절을 의도하셨다. 그러므로 구약 율법이 신자들에게 더 이상 구속력이 없음을 이해하는 것은 중요

4. Martyn, *Galatians*의 여러 곳에서 그렇게 말한다. 이 문제에 대한 더 깊은 논의는 B. Longenecker, *Triumph of Abraham's God*을 보라(하지만 나는 B. Longenecker의 결론을 모두 받아들이지는 않는다).

하다. 모세 언약의 규정들은 구약 아래에 있던 이스라엘을 위해 의도되었으며, 그리스도가 오심으로써 그 시대는 끝났다.

율법과 언약

갈라디아서에서 "율법"이라는 단어는 32번 사용된다. 거의 모든 주석가는 이 표현이 대부분(32번 중 적어도 29번) 모세 율법을 가리킨다는 데 동의한다. 예외는 4:21에서 두 번째로 사용된 "율법"이 성경을 가리킨다는 것과, 6:2에서 "그리스도의 법"에 대한 언급과, 아마도 5:23의 법에 대한 언급일 것이다.

바울은 갈라디아서에서 "율법의 행위"라는 표현을 여섯 번 사용한다(2:16에서 세 번 그리고 3:2, 5, 10). 그는 모든 경우에 의나 성령을 받는 것이 율법의 행위로 말미암지 않는다고 주장한다. 사실 그는 모든 경우 율법의 행위와 믿음을 대조한다. 본문 주석에서 나는 "율법의 행위"라는 표현이 기본적으로 경계 표지도 율법주의도 가리키지 않는다고 주장했다. 그것은 율법이 명령하는 모든 행위를 가리킨다. 즉 "율법의 행위"는 율법 전체를 가리키며, 새 관점의 주장과 달리 유대인을 이방인과 구분하는 율법의 사회학적 특성에 초점을 맞추지 않는다는 것이다. 인간의 죄는 율법의 행위로 말미암아 의와 성령을 받지 못하게 한다. 아무도 율법이 명하는 것을 행하지 않기 때문이다(2:16; 3:10; 5:3; 6:13). 하나님은 완전한 순종을 요구하시지만, 인간은 그것을 행할 수 없기 때문에 저주 아래에 있다.

그러므로 율법은 믿음과 대조된다(2:16; 3:2, 5, 10, 11, 12, 18; 5:2–6). 율법은 하나님의 명령에 초점을 맞추며 인간의 행위를 요구한다. 하지만 믿음은 인간의 문제에서 눈을 돌려 십자가에서 죽으시고 부활하신 그리스도 안에서 의를 찾는다. 만약 인간이 율법을 지킬 수 있다면, 그것은 인간과 그들의 덕을 높일 것이다. 하지만 믿음은 인간을 속박에서 해방하신 그리스도를 찬양한다. 따라서 율법의 문제에 대한 유일한 해결책은 죽음이다. 사람이 그리스도께 속할 때 그는 그리스도의 죽음과 부활에 동참한다(2:19–20; 3:26–28; 5:24; 6:14–15). 그는 새로운 창조에 속하며, 그것은 그리스도의 부활과 함께 시작되었다(1:1, 4).

새로운 창조, 그리스도의 부활, 시대의 중복(1:4)에 대한 초점은 우리가 율법을 옛 창조와 옛 언약–그것이 더 이상 규범이 되지 않는 지나간 시대–의 일부로 이해해야 함을 깨닫게 한다. 바울의 논증은 인간론적일 뿐 아니라(사람은 복종하지 않는다) 구원–역사적이다(율법이 시행되던 시기가 지나갔다). 바울은 "율법 아래에"라는 표현을 구원–역사적 의미로 사용한다(3:23; 4:4–5, 21; 5:18; 참고. 롬 6:14–15; 고전 9:20). 그것은 모세 언약이 유효했던 옛 시대를 가리킨다. 하지만 이제 그리스도가 오심으로써 그 시대는 지나갔다.

이것을 다르게 표현하는 방식은 율법이 모세 언약의 일부라고 말하는 것이다. 3:15–18에서 바울이 설명하듯이 율법과 모세 언약은 중간기 제도로 의도되었다. 율법은 아브라함과 언약을 맺은 후 430년이 지나서 주어졌으며, 율법과 모세 언약은 아브라함 언약을 취소할 수 없었다. 바울은 언약들이 동일하다고 주장하지 않는다. 그는 언약들의 시간적 간격이 지닌 중대한 의미를 간파하며, 또한 언약들의 성격이 서로 다르다고 주장한다(3:18). 즉 아브라함 언약이 약속에 초점을 맞추는 반면, 모세 언약은 인간의 복종을 강조한다는 것이다.

모세 언약이 아브라함 언약과 완전히 다르다면 율법은 왜 주어졌는가(3:19)? 바울은 하나님이 율법이 죄를 증가시키도록 정하셨다고 주장한다(해당 주석을 보라). "율법 아래에"(앞의 설명을 보라) 있는 자들은 또한 "죄 아래에"(3:22) 있으며 "저주 아래에" 있고(3:10) "세상의 초등학문 아래에서 종노릇한다"(4:3). 사라와 하갈의 알레고리는 율법 아래에 사는 자들이 매여 있음을 나타낸다(4:21–5:1). 따라서 바울은 갈라디아서에서 율법이 죄를 억제한다고 주장하지 않는다(그것은 유대주의자들의 입장이었다!). 또한 그가 전하려는 요점은 율법이 유대인을 이방인에게서 분리한다는 것도 아니다(그것이 사실일지라도). 율법은 죄의 윤곽을 명확히 드러내지만, 그 이상의 역할을 한다. 율법은 이스라엘을 죄 아래에 둘러싸고 가두었다(3:22–23). 그러한 진술은 부수적으로 이스라엘의 역사로 입증된다. 북이스라엘과 남유다 모두 모세 언약을 지키지 못해서 포로로 끌려갔다. 율법은 죄를 감소시키지 않았고 그것을 최대화했다.

하지만 바울은 그리스도가 오신 지금 신자가 더 이상 율법 아래에 있지 않다고 주장한다. 그리스도는 율법 아래에 사셨고 (이스라엘과 대조적으로 하나님께 순종하셨으며) 율법 아래에 있는 자들을 그 지배에서 해방하셨다(4:4–5). 그리스도는 아브라함 언약에 예언된 약속된 후손이시며(3:16), 율법과 모세 언약은 후손(그리스도)이 오기 전까지만 유효했다(3:19). 율법과 모세 언약은 그리스도가 오시기 전까지 관리인과 보모의 역할을 했지만, 그분이 오신 지금 율법의 시대는 지나갔다(3:24–25). 어린아이와 미성년의 시대는 끝났으며, 하나님의 자녀가 되는 시대가 이르렀다(4:1–7).

덧붙여 말하자면, 나는 모세 언약이 율법주의적이었다고 제안하는 것이 아니다. 주님은 은혜로 이스라엘을 애굽의 속박에서 해방하셨다. 그분은 독수리의 날개로 그들을 업어 자신에게 인도해내셨다(출 19:4; 20:1). 하나님이 은혜로 이스라엘을 애굽의 속박에서 해방하셨지만, 출애굽기 이야기와 그에 대한 신약의 설명(고전 10:1–12; 히 3:12–4:11)에 따르면 이스라엘은 대부분 완고했다. 그리하여 그들은 하나님의 율법을 지킬 수 없었다. 하나님은 율법을 그들의 마음에 심지 않으셨다. 그것은 새 언약의 선물이었다(렘 31:31–34; 참고. 겔 11:18–19; 36:26–27). 이것은 하나님을 기쁘시게 하는 남은 자들의 존재를 부정하는 것이 아니다. 하지만 이스라엘은 대부분 진정으로 구원받지 않았다.

하나님은 모세 율법과 언약을 구원 역사에서 제한된 시간 동안만 유효하도록 의도하셨다. 바울은 갈라디아서에서 율법의 역할이 약속과 대조적으로 죄를 드러내는 것이라고 주장한다. 그리스도가 오신 지금 신자는 더 이상 율법 아래에 있지 않다. 율법의 시대는 지나갔다. 율법 아래에 자신을 두는 자들은 그것을 완벽하게 지켜야 한다. 구약의 제사를 통해 받았던 용서가 더 이상 유효하지 않기 때문이다. 그리스도의 희생만이 율법에 불순종함으로 오는 저주를 제거한다(3:13). 하지만 구약 언약 아래에 사는 자들은 그리스도의 희생을 부인하면서 그분이 주시는 용서에서 자신을 단절시킨다(참고. 5:2-4). 따라서 그들이 하나님 앞에서 옳다고 인정받을 수 있는 유일한 길은 율법을 완전히 지키는 것뿐이다. 하지만 그러한 완전함은 불가능하다. 결과적으로 구원을 위해 율법에 의존하는 자들은 저주 아래에 있다(2:16; 3:10; 5:3; 6:13).

유대인과 이방인의 하나 됨

갈라디아서가 제시하는 문제는 할례다. 이방인들은 하나님의 백성에 속하기 위해 할례에 순종해야 하는가? 유대주의자들은 하나님의 백성을 모세 언약의 관점으로 생각했다. 달리 말해, 하나님의 백성은 기본적으로 유대인이라는 것이다. 유대주의자들에 따르면, 예수 그리스도를 믿는 자들은 모세 언약 아래에서 신자들이 행했던 것과 같은 방식으로, 즉 할례를 받아들임으로써 이스라엘의 일부가 된다. 하지만 바울은 이러한 해석에서 멀리 벗어난다. 앞에서 우리는 유대주의자들이 칭의, 십자가의 중요성, 성령의 선물 그리고 이것들이 구원 역사에서 차지하는 위치를 이해하지 못했음을 보았다. 유대주의자들은 시계를 거꾸로 돌려 옛 악의 시대에 살고자 했으며, 불행하게도 갈라디아 사람들은 그들의 제안에 유혹을 받았다. 유대주의자들은 예수 그리스도를 믿는 자들이 아브라함의 가족에 속하고 아브라함의 복을 받기 위해서는 할례를 받아야 한다고 확신했다.

놀라운 점은 바울의 종말론적 견해가 이스라엘에 대한 그의 이해를 어떻게 바꾸어놓았는가 하는 것이다. 누가 아브라함의 자녀인가? 아브라함의 가족에 속하기 위해 무엇이 필요한가? 3:6-14에서 바울은 아브라함의 복을 얻고 그의 가족에 속하는 것이 오직 믿음으로 말미암아 가능하다고 강력하게 주장한다. 아브라함처럼 믿는 자들만이 아브라함의 자녀다. 분명히 유대주의자들은 할례가 하나님의 복을 가져온다고 주장했겠지만 바울은 극적으로 다른 방향을 꾀한다. 그는 율법과 할례를 통해 하나님의 가족이 되려는 자들은 저주를 받는다고 말한다(3:10-12). 하나님의 백성이 되는 유일한 길은 십자가에 달리신 그리스도를 통하는 길이다(3:13-14). 할례로 돌아서는 자들은 그리스도와 은혜에서 자신을 단절시킨다(5:2-4).

그러므로 아브라함의 진정한 가족은 예수 그리스도를 믿는 자들로 구성된다. 그들은 예수 그리스도의 십자가를 통해 진정한 할례를 받았다. 바울에 관한 새 관점은 유대교와 바울 서신에서 율법과 은혜의 관계를 이해하는 데는 실패했지만, 진정한 새 이스라엘이 기본적으로 나라나 민족이 아님은 바르게 보았다.

따라서 바울이 하나님의 이스라엘을 위해 복을 빌 때(6:16) 그는 예수 그리스도의 교회를 염두에 둔 것이 분명하다. 하나님의 이스라엘을 할례받은 유대인 신자들로 제한한다면 편지에서 바울이 주장한 모든 내용과 모순될 것이다. 바울은 갈라디아서에서 그리스도를 신뢰하는 자들이 아브라함 가족의 구성원이며 진정한 할례임을 강조했다. 만약 바울이 유대인 신자와 이방인 신자를 구분했다면 이방인 신자들에게 큰 혼란을 주었을 것이다. 그들이 하나님의 이스라엘의 일부가 되기를 원했기에 유대주의자들에게 흔들렸음을 생각해야 한다. 바울은 편지를 맺으며 이방인 그리스도인들이 하나님의 이스라엘이라는 사실을 확증한다. 그들은 그리스도의 십자가로 말미암아 지금의 악한 시대에서 해방되었고(1:4), 새로운 창조에 속하며(6:15), '무죄'라는 마지막 날의 선고를 받았고, 성령의 선물을 받았기 때문이다. 그들은 예수 그리스도를 믿음으로 말미암아 하나님의 이스라엘에 속하게 되었다.

그리스도 안에서 순종의 자유

갈라디아서는 특별히 신자들이 모세 율법에서 자유롭다는 사실을 강조한다. 앞에서 말한 대로 신자는 더 이상 율법 아래에 있지 않다. 모세 언약은 예수 그리스도가 오시기 전까지만 유효한 것으로 의도되었으므로 그것은 지나갔다. 그리하여 신자는 모세 언약에 성문화된 할례, 안식일 준수, 십일조, 음식 규정 같은 명령에 종속되지 않는다.

하지만 신자들은 지금도 서로 사랑하고(레 19:18) 십계명의 많은 명령을 지킬 의무가 있으므로, 신자들에게 살인, 간음, 도둑질, 거짓말, 탐내는 것은 여전히 잘못된 일이 아닌가? 바울은 로마서 13:8–10에서 사랑이 무엇인지 묘사하며 이러한 명령 중 많은 것을 열거한다. 또한 에베소서 6:2에서 바울은 부모를 공경하라고 명령한다. 우리는 이것을 어떻게 설명할 것인가? 어떤 이들은 단순히 바울이 모순된 말을 한다고 주장한다. 하지만 이것은 설득력이 거의 없다. 바울이 율법 성취에 대해 말할 때(5:14) 바로 몇 구절 앞에서 우리가 율법에서 자유롭다고 말한 것(5:1)을 잊어버렸을 리가 없다. 또한 바울은 사회법, 의식법, 도덕법을 간단명료하게 구분하지도 않는다. 그는 율법 전체가 지나갔다고 분명히 가르친다.

율법이 파기되었다면, 우리는 바울이 도덕적인 삶을 위해 율법의 일부에 호소하는 것을 어떻게 설명할 수 있는가? 이러한 문제는 답하기 쉽지 않다. 그 때문에 역사에서 바울이 도덕법과 의식법을 구분했다는 견해를 포함해 다양한 설명이 존재했다. 아마도 그리스도의 법이 신자들에게 권위가 있다는 견해가 가장 타당할 것이다(6:2). 이 법은 근본적으로 사랑의 법이다(5:14). 따라서 신자는 이웃의 유익을 위해 산다. 사랑을 보여주는 것은 간음, 살인, 도둑질 등을 멀리하는 것을 의미한다. 이러한 도덕적 기준에 권위가 있는 이유는 그것이 모세 율법의 일부여서가 아니다. 그것이 그리스도의 법의 일부이기 때문이며, 보편적 도덕 기준이기 때문이다.

바울은 모든 사람에게 저주가 임하는 이유가 그들이 율법을 지킬 수 없기 때문이라는 사실을 강조한다(3:10; 5:3). 하나님은 완전한 순종을 요구하시지만, 모든 인간은 그분의 요구를 만족시킬 수 없으므로 하나님의 심판 아래에 놓여 있다. 불신자는 죄에 종노릇하며(4:3, 21–31)

율법을 통해 그 속박에서 해방되지 않는다. 제2성전 유대교는 율법이 생명으로 인도한다고 여겼지만, 바울은 율법이 실제로는 죄를 증가시킨다고 주장한다(3:19). 율법은 해답이 아닌 문제의 일부가 되었다. 앞에서 주장한 것처럼 죄에 대한 유일한 해결책은 그리스도의 십자가이며, 이제 신자는 더 이상 율법 아래에 있지 않다.

모세 언약의 임시적 특성과 율법의 연약함에 대한 바울의 강조는 우리로 하여금 바울이 도덕적 삶에 무관심하다고 생각하게 할 수 있다. 하지만 이것은 너무 성급한 판단이다. 인간은 선한 행위에 근거해서 의를 얻을 수 없다. 하지만 성령을 따라 행하며(5:16), 성령께 인도받고(5:18), 성령과 보조를 맞추어 행진하며(5:25), 성령에 심는 자들(6:8)은 성령의 열매를 맺는다(5:22-23). 그들은 여전히 날마다 육체와 싸우고 죄와 씨름하지만(5:17), 자신에게 있는 자원에 근거하지 않고 성령의 초자연적 사역의 능력으로 새로운 삶을 산다.

이러한 새로운 삶의 방식은 선택 사항이 아니다. 육체의 일을 행하고(5:19-21) 육체에 심는 자(6:8)는 마지막 날에 하나님의 왕국에 들어가지 못할 것이다. 이는 바울이 강조하는 바 은혜와 복음을 통해 주어지는 구원과 대조되는가? 신자의 새로운 순종을 마지막 때 그들이 받을 상급의 근거로 이해할 수 없다. 이 점에 관해서는 완전함이 요구되며, 모두가 거기에 미치지 못하기 때문이다. 성령으로 말미암아 가능해지는 신자의 새로운 순종도 부분적이고 단편적이다. 그러므로 그것은 주님과 맺는 관계의 근거가 될 수 없다. 따라서 신자의 순종은 그가 주님께 속함을 보여주는 필수 증거의 기능을 한다는 것과, 그것이 새로운 삶의 열매이자 표현이라고 결론 내리는 것이 최선으로 보인다. 이 점은 5:6에서 바울이 "사랑을 통해 역사하는 믿음"을 말할 때 볼 수 있다. 진정한 믿음은 사랑의 삶으로 이어지며, 성령이 그러한 믿음과 사랑의 삶을 살도록 힘 주신다.

배교의 위험성

갈라디아서는 복음이 전하는 자유와 예수 그리스도의 십자가를 통해 율법의 속박에서 해방된 것을 중요하게 다룬다. 바울은 갈라디아 사람들에게 복음을 부인하고 할례를 받아들이는 자는 종말론적 심판을 받게 되리라고 경고한다(1:8-9; 5:2-4). 그들이 복음에서 돌아서서 배교한다면 저주를 받을 것이다. 이러한 위협은 바울의 복음이 말하는 자유와 대조되는 새로운 율법주의인가? 바울의 위협은 그가 구원의 근거가 될 수 없다고 말한 율법보다 더 엄격한 율법을 재도입한 것인가? 갈라디아서를 이해하기 위해서는 이 서신이 말하는 배교의 특성을 이해해야 한다.

바울이 갈라디아 사람들에게 경고하는 배교는 의와 구원을 위해 율법으로 돌아가는 것이다. 그리하여 복음에서 돌아서는 자는 그리스도와 그분의 십자가를 신뢰하기를 멈추고 마지막 유업을 얻기 위해 자신의 의와 순종에 의존한다. 갈라디아 사람들이 십자가의 효력을 부인하고 율법에 대한 순종에 의지하면 그들은 배교의 죄를 짓게 될 것이다. 그러므로 배교는 새로운 종류의 율법주의를 나타내지 않는다. 배교는 그리스도를 향한 신뢰를 거부하고 자신의 의로 돌아서는 것이다. 이것이 배교의 핵심이다! 성령의 능력으로 그리스도와 복음을 붙드는 것만이 유일한 해결책이다.

결론

갈라디아서에서 바울의 신학은 심오하고 요점에 따라 복잡하다. 그리스도가 십자가에서 이루신 사역의 중요성이 독특한 방식으로 설명된다. 우리는 칭의와 십자가와 복음이 지닌 중심적 위치를 발견하는데, 이는 우리로 하여금 인간의 죄의 깊이와 하나님의 사랑의 높이를 이해하게 한다. 동시에 바울은 종말론을 강조한다. 그리스도의 죽음과 부활과 더불어 새로운 시대가 이르렀다는 것이다. 새로운 창조의 시작과 함께 모세 언약과 율법이 지나갔다. 새 시대의 선물로서 성령이 주어졌으며, 그분은 신자가 주님께 순종할 능력을 주신다. 하지만 신자는 시대가 중복되는 때에 살고 있다. 그들은 할례에 순종함으로써 옛 악의 시대로 돌아가지 말라는 경고를 받는다(1:4; 5:2-4). 그들은 그들이 시작했던 방식에 머물러야 한다. 즉, 성령 안에서 행하고 그리스도를 신뢰하는 것이다(3:2, 3, 5; 5:5-6, 16, 18, 25; 6:8).

성구 찾아보기

고린도전서

고린도후서

갈라디아서

에베소서

빌립보서

골로새서

데살로니가전서

데살로니가후서

디모데전서

디모데후서

디도서